Selected Verb Forms

REGULAR VERBS — Simple Tenses and Present Perfect

	PRESENT	PRETERITE	IMPERFECT	PRESENT PERFECT
hablar	hablo	hablé	hablaba	he hablado
comer	como	comí	comía	he comido
vivir	vivo	viví	vivía	he vivido

COMMON IRREGULAR VERBS — Present and Preterite (Indicative)

caer	caigo	caí	**poner**	pongo	puse
dar	doy	di	**saber**	sé	supe
decir	digo	dije	**ser**	soy	fui
estar	estoy	estuve	**tener**	tengo	tuve
hacer	hago	hice	**traer**	traigo	traje
ir	voy	fui	**venir**	vengo	vine
oír	oigo	oí	**ver**	veo	vi
poder	puedo	pude			

IRREGULAR VERBS — Imperfect (Indicative)

ir	iba	**ser**	era	**ver**	veía

REGULAR VERBS — Simple Tenses and Present Perfect (Subjunctive)

	PRESENT	IMPERFECT	PRESENT PERFECT
hablar	hable	hablara	haya hablado
comer	coma	comiera	haya comido
vivir	viva	viviera	haya vivido

REGULAR AND IRREGULAR VERBS — Future and Conditional

hablar	hablaré	hablaría
comer	comeré	comería
vivir	viviré	viviría

decir	diré	diría	**saber**	sabré	sabría
hacer	haré	haría	**tener**	tendré	tendría
poder	podré	podría	**venir**	vendré	vendría
poner	pondré	pondría			

PUNTOS

DE PARTIDA

Marty Knorre

Thalia Dorwick

Ana María Pérez-Gironés
Wesleyan University

William R. Glass
Pennsylvania State University

Hildebrando Villarreal
California State University, Los Angeles

Enhanced pronunciation activities by
Manuela González-Bueno
University of Southwestern Louisiana

New cultural material by
Mark Porter

Boston, Massachusetts   Burr Ridge, Illinois   Dubuque, Iowa
Madison, Wisconsin   New York, New York   San Francisco, California   St. Louis, Missouri

PUNTOS

DE PARTIDA

AN INVITATION TO SPANISH

EDITION 5

This is an  book

McGraw-Hill

A Division of The **McGraw·Hill** Companies

Puntos de partida
An Invitation to Spanish

This book is printed on acid-free paper.

5 6 7 8 9 0 DOW DOW 9 0 3 2 1 0 9 8

ISBN 0-07-038226-3 (Student Edition)
ISBN 0-07-038227-1 (Instructor's Edition)

This book was set in Palatino by GTS Graphics, Inc.
The editors were Thalia Dorwick, Scott Tinetti, and Richard Lange.
The production supervisor was Diane Renda.
Illustrations were by David Bohn, Wayne Clark, Lori Heckelman, Stephanie O'Shaughnessy, and Joe Veno.
The text and cover designer was Vargas/Williams Design; the cover illustration was by Don Baker.
The photo researcher was Susan Friedman.
The compositor was GTS Graphics, Inc.
R. R. Donnelley was printer and binder.

Because this page cannot legibly accommodate all the copyright notices, page 609 constitutes an extension of the copyright page.

Library of Congress Cataloging-in-Publication Data

Puntos de partida : an invitation to Spanish / Marty Knorre . . . [et
    al.] : enhanced pronunciation activities by Manuela González-Bueno;
    new cultural material by Mark Porter.—5th ed.
        p.   cm.
    Includes index.
    ISBN (invalid) 0382263
    1. Spanish language—Textbooks for foreign speakers—English.
I. Knorre, Marty.
PC4129.E5P86   1996
468.2'421—dc20
                                                                96-43950
                                                                CIP

http://www.mhhe.com

Contents

VOCABULARIO: PREPARACIÓN	MINIDIÁLOGOS Y GRAMÁTICA

Preface

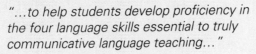

> *"...to help students develop proficiency in the four language skills essential to truly communicative language teaching..."*
>
> from the preface to *Puntos de partida*,
> first edition, 1981

The coauthors of *Puntos de partida* (or *Puntos*, as the series has come to be called) are grateful for the tremendous positive response to its approach and goals, which have remained constant since the first edition. Instructors will find in the fifth edition those features that they have come to know and trust over the years and that have made the text, which is both teacher- and student-friendly, one of the most widely adopted in the country:

- grammar, vocabulary, and culture that work together as interactive units
- an abundance of practice materials, ranging from form-focused to communicative
- an emphasis on the meaningful use of Spanish
- an upbeat portrayal of Hispanic cultures
- numerous supplementary materials that are carefully coordinated with the core text and that "work"

At the same time, *Puntos* and its ancillary package have, we hope, evolved and changed in important ways. Here are some of the most important features in this edition:

- new communicative activities throughout and new chapter themes, including art and culture and the pressures of modern life
- a text-specific, integrated video shot on location in Spain, Ecuador, Mexico, and Spanish-speaking areas of the United States
- an innovative CD-ROM that provides meaningful practice with the vocabulary and grammar of each chapter, along with an engaging e-mail feature
- a new text design that, in response to suggestions by students, clearly indicates the material to be learned
- a rethinking of the treatment of the subjunctive
- virtually all new readings, plus changes in readings from previous editions to make them more accessible
- a new cultural focus on Hispanics in this country, called **En los Estados Unidos...**
- new **El mundo hispánico de cerca** sections that present the major areas of the Spanish-speaking world, accompanied by an innovative timeline feature
- A new Glossary of Grammar Terms (Appendix 1) that illustrates with brief explanations and examples grammar terms and topics covered in *Puntos*

Please turn the page for a fully illustrated Guided Tour of *Puntos de partida*.

Organization

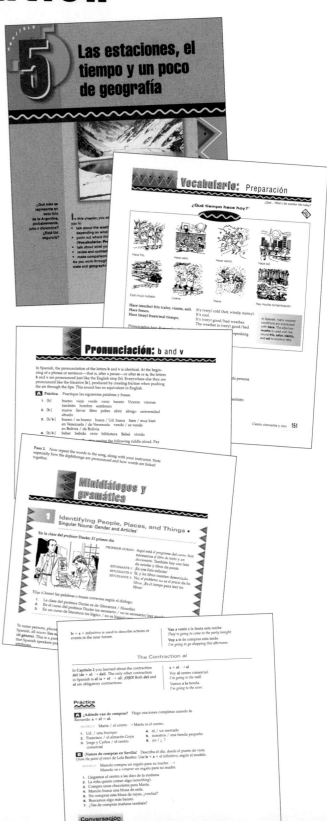

Chapter-Opening Page

Each chapter begins with an organizing outline of what the chapter contains: thematic vocabulary, grammar points, and cultural highlights. The chapter openers also have a series of brief questions that will help you start discussing the chapter theme.

Vocabulario: Preparación

This section presents and practices the chapter's thematic vocabulary. The lexical lists in these sections are read on the Student Tape and are signaled by a cassette tape icon. Each new lexical list is followed by a **Conversación** section that practices the new vocabulary in context.

Pronunciación

This section, a feature of the first seven chapters, focuses on individual sounds that are particularly difficult for native speakers of English.

Minidiálogos y gramática

This section presents two to four grammar points. Each point is introduced by a minidialogue, a cartoon or drawing, realia, or a brief reading that presents the grammar topic in context. Grammar explanations, in English, appear in the left-hand column of the new two-column design; paradigms and sample sentences appear in the right-hand column. Each grammar presentation is followed by a series of contextualized exercises and activities that progress from more controlled (**Práctica**) to open-ended (**Conversación**). The **Conversación** sections especially contain many partner-pair activities.

Situaciones

These dialogues illustrate functional language and practical situations related to the chapter theme. The printed dialogues are part of a fully developed, integrated video scene, which continues and expands on the situation presented in the printed text. A Function sidebar also points out the function that students will read about in the dialogue. A follow-up activity called **Con un compañero / una compañera** asks students to practice an aspect of functional language featured in the dialogue.

Un poco de todo

The exercises and activities in this follow-up section combine and review grammar presented in the chapter as well as important grammar from previous chapters. Major topics that are continuously spiraled in this section include **ser** and **estar,** preterite and imperfect, gender and gender agreement, and indicative and subjunctive.

Vocabulario

The end-of-chapter vocabulary lists include all important words and expressions from the chapter that are considered active. Brief **Repaso** lists call the students' attention to the vocabulary listed as active in previous chapters but also used in the current chapter.

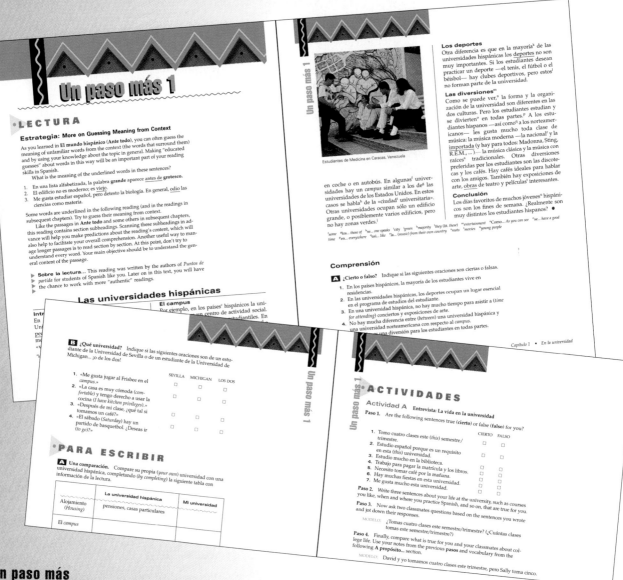

Un paso más

At the end of each chapter, this supplementary section presents tasks and activities that round out each of the four skills and complement the chapter theme.

◀ At the beginning of each **Un paso más** section is the **Lectura.** Each reading is accompanied by a reading strategy (**Estrategia**). Readings are author-written in the early chapters and realia-based or completely authentic (taken from Hispanic magazines and newspapers) in later chapters. Some readings have been edited for length, but not for content or language.

◀ Following the reading section is **Para escribir,** comprised of writing tasks that vary from writing simple sentences to extended narrations.

◀ Each **Un paso más** section ends with **Actividades** that emphasize the use of conversational strategies, realia, and creative language in a cultural and often humorous context. **A propósito...** boxes in each **Actividades** section present additional survival vocabulary and strategies, followed by realistic role-playing activities.

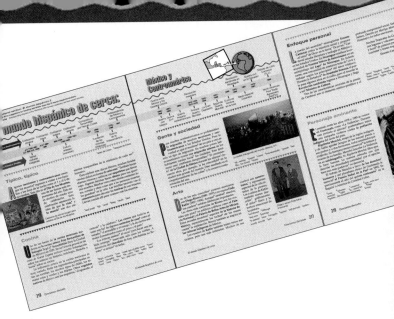

El mundo hispánico de cerca

New to this edition are cultural features that focus on the various regions of the Spanish-speaking world, including the United States. Accompanied by an innovative timeline feature, these sections present cultural information on the food, art, people, literature, and history of each region or country.

Additional Features

Other important features that appear throughout the text include:

◀ **Nota cultural** features that highlight an aspect of Hispanic cultures throughout the world

◀ **En los Estados Unidos…**, brief sections that focus on U.S. Hispanics. Key words and phrases are highlighted in these sections in order to facilitate comprehension.

◀ **Nota comunicativa** sections that provide additional information about communication in Spanish

◀ **Clave para estudiar** sections that offer useful hints for studying Spanish

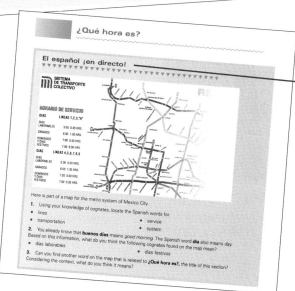

◀ **El español ¡en directo!**, a new realia-based feature that provides an activity for realia pieces in order to enhance comprehension of material prepared by and for native speakers of Spanish

◀ **Vocabulario útil** boxes that give additional vocabulary that may be necessary to work through a chapter's activities

Video and Interactive Multimedia

The Video

New to the fifth edition of *Puntos* is an exclusive integrated two-hour video, filmed on location in Mexico, Ecuador, Spain, and the United States. Students will enjoy watching the lives of the cast of characters that appear continuously throughout the video as well as in the student text. A unique feature of the video is its guide, a Hispanic professor who introduces each vignette and prepares students for what they will see in each scene.

Part of each video scene can be found in the **Situaciones** section of the text. But whereas the **Situaciones** dialogue in the text features just a part of the situation, the video displays the entire scene in context.

Additional information on using the video in the classroom, as well as pre- and post-viewing activities and a complete video-script, are all included in the Instructor's Manual.

The Cast of Characters

Featured throughout the video are many main and supporting characters. Here are some of the main characters you will meet.

MEXICO

Diego González, an American graduate student living in Mexico City

Lupe Carrasco, an anthropology student from Mexico City

Antonio Sifuentes, a graduate student from Mexico City

ECUADOR

Elisa Velasco,
a travel writer
from Quito

José Miguel Martín
Velasco, son of Elisa
and a university
freshman

Paloma Velasco, José
Miguel's cousin, also a
university freshman

SPAIN

Manolo Durán García,
a university professor
of literature in Seville

Lola Benítez Guzmán,
a Spanish professor
for American students
in Seville

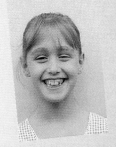

Marta Durán
Benítez, their eight-
year-old daughter

The CD-ROM

Available in both IBM and Macintosh formats, the *Puntos* CD-ROM continues the emphasis on the meaningful use of Spanish that characterizes the student text. Throughout the CD-ROM's innovative and visually appealing activities, students must understand what they are reading or hearing and exercise critical thinking skills. Many activities focus on the vocabulary and grammar of a given chapter. Others introduce students to characters from the new video, inviting students to write to them on e-mail or to converse with them. Recording and printing capabilities make the CD-ROM a true four-skill ancillary. The CD-ROM also contains a link to the *Puntos* page on the World Wide Web.

The World Wide Web

Bringing the Spanish-speaking world more directly into the classroom, the *Puntos* web page provides links to other culturally authentic sites and also offers additional activities for each chapter of the text. Available after June 1, 1997, the *Puntos* web page can be accessed through the McGraw-Hill Spanish web page at: http://www.mhcollege.com/foreign/spanish.html

What's New to the Fifth Edition?

The Number of Chapters and the Chapter Themes

The number of regular chapters has been reduced to eighteen (from nineteen) in this edition, making lesson planning for both semesters and quarters easier. Instructors familiar with previous editions will notice the following important changes in the chapter themes.

- Capítulo 11 (Accidentes y presiones) expands the previous theme of accidents to include the pressures of modern life in general.

- Capítulo 13 (El arte y la cultura) is a completely new theme, designed to help students express themselves about many aspects of classic and popular culture.

- Capítulo 14 (El medio ambiente) now includes vocabulary for both cars and the environment, a natural link that is explored in many activities.

- Capítulo 16 (¿Trabajar para vivir o vivir para trabajar?) combines the themes of careers and finances.

"Starters," Exercises, and Activities

The new edition of *Puntos* continues to provide ample presentation and practice materials of all kinds. Instructors will note that many minidialogues from previous editions have been replaced by new ones, many containing characters from the video, or by presentation devices that will allow them to present grammar in a realistic context. The division of practice materials into **Práctica** (form-focused or for-recognition) and **Conversación** (communicative, often open-ended, often requiring that students work with others) has been

retained, with the design of those headings strengthened so that they are more obvious to both students and instructors. New to this edition is the **El español ¡en directo!** feature, which presents up-to-date realia along with brief activities that help students explore it.

Presentation of the Subjunctive and Other Verb Forms

Many comments from adopters and potential adopters of the fourth and earlier editions, as well as our knowledge of how *Puntos* is actually used in the classroom, have led us to modify the presentation and handling of the subjunctive in this edition. The subjunctive is still presented early, in the context of the formal commands (**Capítulo 6**), and students are offered an overview of its uses. However, this section is designed primarily to make students aware of the existence of the subjunctive in Spanish and to let them know that they will see—and hear!—the subjunctive where it occurs naturally from this point on in the text.

However, sustained productive practice of the subjunctive has been postponed in this edition until **Capítulo 12.** From **Capítulo 6** through **Capítulo 12,** annotations in the Instructor's Edition call attention to subjunctive-use points in the student text and to opportunities for a discussion of it. In addition, Instructor's Edition notes in each chapter provide listening comprehension practice with the subjunctive.

We believe that handling the subjunctive in this way will help to avoid the shock that students experience when the presentation of the subjunctive is delayed until late in the beginning language sequence. At the same time, the delay of active practice with the subjunctive allows for an earlier presentation of the preterite and the imperfect. Careful and sustained review of the forms and uses of those tenses, along with a step-by-step presentation of the classic uses of the subjunctive and a review of them, as well as of **ser** and **estar,** are characteristics of *Puntos* that have been retained from previous editions.

Readings

Throughout its many editions, an identifiable feature of *Puntos* has been its attention to the development of second-language reading skills through the reading passages in each chapter. These passages—a combination of simulated and authentic texts—also provide the student with additional cultural information about the Spanish-speaking world. The fifth edition continues this important tradition. More than half of the readings are new to this edition, and all are authentic passages culled from sources written for native speakers of Spanish. We believe it is crucial that students be exposed to authentic written language not only for the development of reading skills but also for the acquisition of language. Students also feel a tremendous sense of accomplishment knowing that they have read (and understood!) a text written for native speakers.

Additionally, the few readings retained from the fourth edition have been modified to make them more accessible to the reader. Specifically, longer readings have been broken down into sections through the use of subheadings so as to make the task of reading manageable for the students, allowing them to read section by section and to look for specific information. This modification—which does not simplify the language in any way—is an example of how research findings about second-language reading have formed some of our decisions in the revision process. We have also included more visual support in the form of photographs for many of the readings. Moreover, each reading activity in the fifth edition highlights a particular reading strategy that serves to assist students, thus making their task more successful. For example, in one passage we bring to the students' attention the function that cognates can play in the reading process; in another passage we underscore the importance of rhetorical structure and organization. These strategies can be carried from one reading to the next, and even to texts that students might read on their own outside of class!

The New Design

Although it has always been clear to us as instructors what students are supposed to learn in *Puntos* (and in other texts), the results of focus groups with students lead us to believe that it is not always quite so clear to students what they are supposed to do and learn. Thus, the new design of *Puntos* does a number of things:

- It boldly marks vocabulary sections with engaging graphics, visuals, and a design that sets these sections off from the rest of the text.

- It reorganizes grammar explanations into two columns, so that they are easy to spot and so that prose grammar explanations can be largely separated from the Spanish charts and paradigms. Thus, students can "work through" the explanations (in the left-hand column) plus examples (in the right-hand column) on a first reading, then simply scan for the examples when reviewing for a test.

- It strongly separates **Práctica** sections (form-focused exercises) from the more communicative **Conversación** activities.

- It sets off realia with a strong design element and always includes brief activities with realia, to help students explore these "real" elements from the Spanish-speaking world.

To accommodate the new design of the grammar explanations, the Instructor's Edition notes for those sections have been moved to the back of the book, along with the **Vocabulario: Preparación** notes for each chapter. Suggestions for and about specific exercises and activities, however, remain on-page.

Using *Puntos de partida* in the Classroom: Developing Language Proficiency

The authors believe that students' (and instructors') class time is best spent in *using* Spanish: listening to and speaking with the instructor and classmates, listening to and viewing audiovisual materials of many kinds, and reading in-text and supplementary materials. For that reason, grammar explanations have been written to be self-explanatory, and sample answers for many exercises are provided in the back of the book so that students can check their work before coming to class. Thus, instructors can spot-check exercises as needed in class, but devote more time to the marginal-note extensions of exercises and their variations in the Instructor's Edition, as well as to the many optional exercises and activities found there. Consequently, class time can be focused on new material and novel language experiences that will maintain student interest and provide more exposure to spoken and written Spanish. Research in second language acquisition has revealed that environments that expose learners to the language and also offer them opportunities to use the language in meaningful ways provide an optimal learning situation. Students make few gains in language learning when all of their class time is spent correcting exercises.

The preceding comments underscore the authors' conceptualization of *Puntos* throughout its many editions: as a text that fosters students' proficiency in Spanish. The following features of *Puntos* help realize this objective:

- A focus on the acquisition of vocabulary during the early stages of language learning (**Ante todo**) and then in each chapter throughout the text

- An emphasis on meaningful and creative use of language

- Careful attention to skills development rather than grammatical knowledge alone

- A cyclical organization in which vocabulary, grammar, and language functions are consistently reviewed and reentered

- An integrated cultural component that embeds practice in a wide variety of culturally significant contexts

- Content that aims to raise student awareness of the interaction of language, culture, and society

The overall text organization progresses from a focus on formulaic expressions, to vocabulary and structures relevant to the "here and now" (student life, family life), to survival situations (ordering a meal, travel-related activities), and to topics of broader interest (current events, social and environmental issues). This breadth of thematic diversity—coupled with the focus on vocabulary, grammatical structures, and language functions—helps develop students' language proficiency, thus preparing them to function in Spanish in situations that they are most likely to encounter outside the classroom.

Supplementary Materials for the Fifth Edition*

A variety of additional components are available to support *Puntos de partida*. Many are free to adopting institutions. Please contact your local McGraw-Hill representative for details on policies, prices, and availability.

The *Workbook*, by Alice Arana (Fullerton College) and Oswaldo Arana (formerly of California State University, Fullerton), continues the successful format of previous editions by providing additional practice with vocabulary and structures through a variety of input-based, controlled, and open-ended exercises; review sections; and guided compositions. Retained from the fourth edition are the **Los hispanos hablan** and **Mi diario** sections. New to the fifth edition is the chapter-ending quiz (**Prueba corta**), which may serve as review or warm-up for a more complete exam. **El mundo hispánico de cerca** sections offer focused vocabulary and fact-based activities related to the sections of the same name in the student text.

The *Laboratory Manual* and *Tape Program*, by María Sabló-Yates (Delta College), continue to emphasize listening comprehension activities, as well as cultural listening passages with listening strategies. Chapters continue to offer mechanical speaking practice as well as inter-

view and dialogue-based activities (including **Situaciones** sections from the Video). A Tapescript is also available. Cassette tapes are free to adopting institutions and are also available for student purchase upon request.

The *Instructor's Edition* of the student text, revised by Ana María Pérez-Gironés (Wesleyan University) contains on-page suggestions, many supplementary exercises for developing listening and speaking skills, and abundant variations and follow-ups on student text materials. As in the previous edition, annotations for the **Vocabulario: Preparación** sections are bound into the back of the Instructor's Edition rather than appearing directly on the page. The bound-in section also contains supplementary notes for explanations in the **Mini-diálogos y gramática** sections. Annotations to exercises in the grammar sections, however, appear directly on the page.

The *Instructor's Manual and Resource Kit* offers an extensive introduction to teaching techniques, general guidelines for instructors, suggestions for lesson planning in semester and quarter schedules, models for vocabulary introduction, conversation cards, supplementary exercises, and suggestions for the **Situaciones, Lectura,** and **El mundo hispánico de cerca** sections of the student text.

*See also *Video and Interactive Multimedia* (pages XXIV—XXV) earlier in the Preface.

Also included are a wide variety of interactive and communicative games for practicing vocabulary and grammar. This portion of the *Instructor's Manual and Resource Kit* was created by Linda H. Colville (Citrus College) and Deana Alonso (Southwestern College).

 Packaged with every student text is a free *Student Tape* that provides additional vocabulary practice for the **Vocabulario: Preparación** sections of the text. The tape was specifically designed to meet the needs of individual students. It need not be used with the textbook and can be listened to and used in a variety of situations: on a portable cassette player, in the car, at home, and so on.

The *Testing Program* reflects the revisions in the student text for the fifth edition. It also includes selections for testing reading and listening comprehension, as well as tests for oral proficiency. New to this edition are sections designed to test cultural material presented in the program. A new configuration of tests is offered in the *Testing Program* for this edition: of the five tests for each chapter, two are communicative, two are more grammar-based, and one is designed to be given as a make-up exam. Also included are semester and quarter exams.

A set of *overhead transparencies,* many in full color, contains drawings from the text and supplementary drawings for use with vocabulary and grammar presentation.

Supplemental Materials to accompany Puntos de Partida, by Sharon Foerster and Jean Miller (University of Texas, Austin). Comprised of a worktext and a teacher's guide, these two supplements are a compilation of materials that include short pronunciation practice, listening exercises, grammar worksheets, integrative communication-building activities, comprehensive chapter reviews, and language games.

The *McGraw-Hill Electronic Language Tutor* (MHELT) offers most of the more controlled exercises from the student text as well as some supplementary mechanical practice. Available in both IBM and Macintosh formats, the computer program has been thoroughly revised for this edition.

Sets of *slides* from various parts of the Spanish-speaking world, with activities for classroom use, are also available to adopting institutions.

A *training/orientation manual* for use with teaching assistants, by James F. Lee (University of Illinois, Urbana-Champaign), offers practical advice for beginning language instructors and language coordinators.

Also available for use with *Puntos de partida* is a software program called *Spanish Tutor*, available for purchase by students. Developed at Vanderbilt University by Monica Morley and Karl Fisher, *Spanish Tutor* is a user-friendly program that helps students master first-year vocabulary and grammar topics. The program also offers clear, student-oriented feedback that helps students learn from their mistakes.

The *Destinos Video Modules* are also avilable for use with the fifth edition of *Puntos*. Containing footage from the popular "Destinos" television series, as well as original footage shot on location, the modules offer high-quality video segments that enhance learning of vocabulary, functional language, situational language, and culture.

The McGraw-Hill Video Library of Authentic Spanish Materials consists of various volumes of video materials.

A Practical Guide to Language Learning, by H. Douglas Brown (San Francisco State University), provides beginning foreign language students with a general introduction to the language learning process. This guide is free to adopting institutions, and it can also be made available for student purchase.

Acknowledgments

The suggestions, advice, and work of the following friends and colleagues is gratefully acknowledged by the authors of the fifth edition.

- Dr. Bill VanPatten (University of Illinois, Urbana-Champaign), whose creativity has been an inspiration to us for a number of editions and from whom we have learned so very much about language teaching and about how students learn

- Dr. Manuela González-Bueno (University of Southwestern Louisiana), whose thoughtful suggestions on the **Pronunciación** sections have helped to make them more lively

- Mark Porter, whose research and creativity are responsible for the new **En los Estados Unidos...** and **El mundo hispánico de cerca** cultural sections

- Christa Harris, whose videoscripts and **Situaciones** dialogues contribute an exciting new feature to the fifth edition

- Laura Chastain (El Salvador), whose invaluable contributions to the text range from language usage to suggestions for realia

- Ruth Ordás and Dr. Theodore V. Higgs, whose contributions to previous editions are still evident in the fifth edition

In addition, the publishers wish to acknowledge the suggestions received from the following instructors and professional friends across the country. The appearance of their names in this list does not necessarily constitute their endorsement of the text or its methodology.

Virginia Adán-Lifante
Wayne State University

Aleta Anderson
Westmont College

Carlota Babilon
City College of San Francisco

Deborah A. Dougherty
Alma College

Sharon Foerster
University of Texas, Austin

Marianne Franco
Modesto Junior College

Terri Gebel
University of Northern Iowa

Graciela Gilman
Late of University of California, Santa Barbara

María Grana
Houston Community College

Jacqueline W. Green
City College of San Francisco

Felisa Guillén
Occidental College

Zulma Iguina
Cornell University

Richard Keenan
University of Idaho

Juergen Kempff
University of California, Irvine

Sharon Kuusisto
City College of San Francisco

A.H. Lozano
City College of San Francisco

Joseph McArthur
Lutheran College

Reinaldo Machado
State University of New York at Rockland

Paco Ramírez
University of California, Santa Cruz

Cynthia Ramsey
University of Southern California

Hildebrando Ruiz
University of Georgia

Sara Saz
University of Indiana, Bloomington

Lorraine Sciadini
Vanderbilt University

David Tolladay

Wayne Walters
Georgia College

Gloria Yampey
Houston Community College

Many other individuals deserve our thanks and appreciation for their help and support. Among them are the people who, in addition to the authors, read the fifth edition at various stages of development to ensure its linguistic and cultural authenticity and pedagogical accuracy: Alice Arana (United States), Oswaldo Arana (Perú), Laura Chastain (El Salvador), and María Sabló-Yates (Panamá).

Within the McGraw-Hill family, we would like to acknowledge the contributions of the following "cast of characters": Karen Judd and the McGraw-Hill production group, especially Diane Renda, Sharla Volkersz, and Florence Fong; Francis Owens and Juan Vargas, who have made the new design of *Puntos* easier to follow than in any of the previous editions; Richard Lange at GTS Graphics; Lesley Walsh, Francisco Caravayo, and Martha Gove, for their helpful assistance at various stages of the project. Special thanks are due to Eirik Børve, who originally brought some of us together; and to Margaret Metz and the McGraw-Hill sales staff, for their constant support and efforts. Finally, and most important, the coauthors would like to thank Scott Tinetti for his careful, thoughtful, creative, and patient developmental work on the manuscript for the main text as well as on all other parts of the package. We are not an easy team of people to manage, but Scott did so with alacrity and with a sense of humor. This edition would not be here without him.

The only reasons for publishing a new textbook or to revise an existing one are to help the profession evolve in meaningful ways and to make the task of daily classroom instruction easier and more enjoyable for experienced instructors and teaching assistants alike. Foreign language teaching has changed in important ways in the almost 20 years since the publication of the first edition of *Puntos de partida*. We are delighted to have been—and to continue to be—one of the agents of that evolution. And we are grateful to McGraw-Hill for its continuing creative support for our ideas.

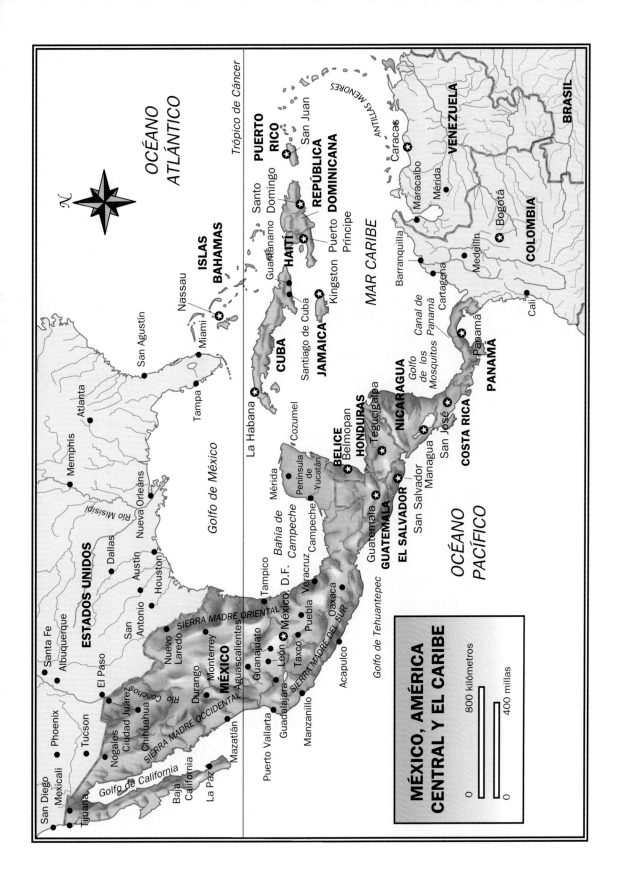

MÉXICO, AMÉRICA CENTRAL Y EL CARIBE

OCÉANO ATLÁNTICO

Trópico de Cáncer

PUERTO RICO
San Juan

ANTILLAS MENORES

VENEZUELA

BRASIL

REPÚBLICA DOMINICANA
Santo Domingo

Caracas

Maracaibo
Mérida

HAITÍ
Guantánamo
Puerto Príncipe

Bogotá

COLOMBIA

ISLAS BAHAMAS

Kingston

JAMAICA

Santiago de Cuba

CUBA

MAR CARIBE

Barranquilla
Cartagena

Medellín

Nassau

Miami

Cali

San Agustín

CANAL de Panamá
Golfo de los Mosquitos

Panamá

PANAMÁ

La Habana

Golfo de México

Tampa

Atlanta

BELICE
Belmopan

HONDURAS
Tegucigalpa

NICARAGUA

COSTA RICA
San José

Memphis

Nueva Orleáns

Península de Yucatán

Cozumel

Managua

Mérida

Bahía de Campeche

GUATEMALA
Guatemala

EL SALVADOR
San Salvador

Dallas

Houston

Tampico

Veracruz
Campeche

Río Conchos

San Antonio

Austin

SIERRA MADRE ORIENTAL

Puebla

México, D.F.
Taxco

Oaxaca

OCÉANO PACÍFICO

ESTADOS UNIDOS

Santa Fe

Albuquerque

El Paso

Nuevo Laredo

Monterrey

Durango

Aguascalientes

Guanajuato

León

MÉXICO

Golfo de Tehuantepec

Phoenix

Tucson

Nogales

Ciudad Juárez

Chihuahua

SIERRA MADRE OCCIDENTAL

Guadalajara

SIERRA MADRE DEL SUR

Acapulco

San Diego
Mexicali

Tijuana

Puerto Vallarta

Manzanillo

Baja California

La Paz

Mazatlán

Golfo de California

Río Misisipi

OCÉANO ATLÁNTICO

N

MÉXICO, AMÉRICA CENTRAL Y EL CARIBE

0   800 kilómetros

0   400 millas

MAR CARIBE

OCÉANO ATLÁNTICO

Barranquilla
Maracaibo
Caracas
PANAMÁ
VENEZUELA
GUYANA
Georgetown
Medellín
Paramaribo
Panamá
Río Orinoco
Cayena
Bogotá
Cali
SURINAME
GUYANA FRANCESA
COLOMBIA
Quito
Ecuador
Río Amazonas
ECUADOR
Belém
Guayaquil
Manaus
PERÚ
BRASIL
Recife
Cuzco
Lima
La Paz
Arequipa
Brasília
BOLIVIA
Sucre
PARAGUAY
Antofagasta
Rio de Janeiro
CHILE
Trópico de Capricornio
Asunción
San Miguel
de Tucumán
São Paulo
OCÉANO PACÍFICO
La Serena
Córdoba
Rosario
URUGUAY
OCÉANO ATLÁNTICO
Valparaíso
Santiago
ARGENTINA
Concepción
Buenos Aires
Montevideo
Río de la Plata
Bahía Blanca
N
Puerto Montt
Bariloche
Chiloé

CORDILLERA DE LOS ANDES

AMÉRICA DEL SUR

Islas Malvinas
0   1500 kilómetros
Estrecho de Magallanes
Punta Arenas
0   1000 millas
Tierra del Fuego
Cabo de Hornos

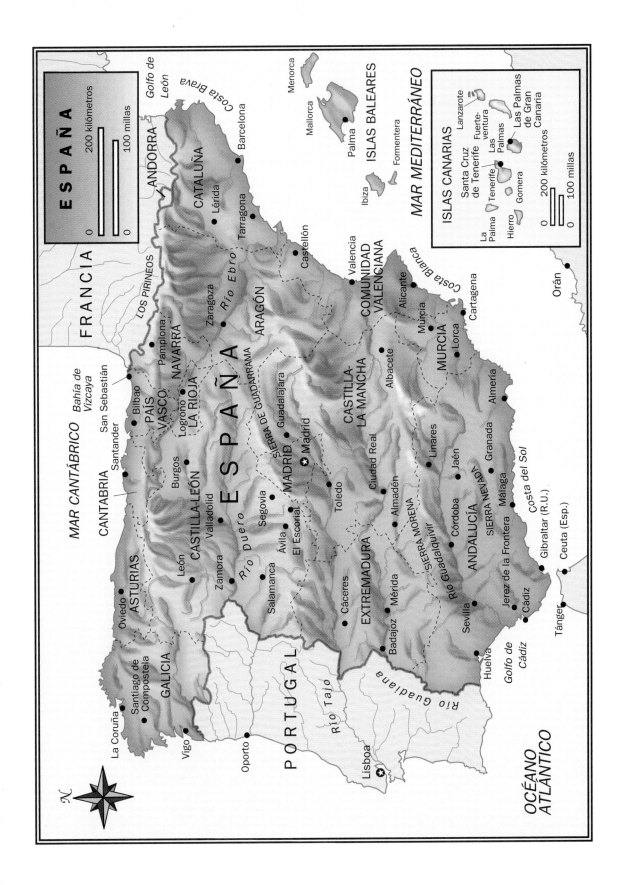

ESPAÑA

200 kilómetros
0

100 millas
0

FRANCIA

MAR CANTÁBRICO
Bahía de Vizcaya

Golfo de León

Costa Brava

Menorca

ANDORRA

LOS PIRINEOS

CATALUÑA
Barcelona
Lérida
Tarragona

Mallorca
Palma
ISLAS BALEARES
Ibiza
Formentera

MAR MEDITERRÁNEO

San Sebastián
Santander
CANTABRIA
Bilbao
PAÍS VASCO
Pamplona
NAVARRA
Logroño
LA RIOJA
Zaragoza
Río Ebro

ARAGÓN

Castellón
Valencia
COMUNIDAD VALENCIANA
Costa Blanca
Alicante

ISLAS CANARIAS
Lanzarote
Fuerte-ventura
La Palma
Santa Cruz de Tenerife
Tenerife
Las Palmas
Gomera
Hierro
Las Palmas de Gran Canaria

200 kilómetros
0
100 millas
0

Orán

Cartagena
MURCIA
Murcia
Lorca
Almería

ASTURIAS
Oviedo
León
CASTILLA-LEÓN
Burgos
Valladolid
Zamora
Río Duero
Salamanca
Segovia
Ávila

ESPAÑA

SIERRA DE GUADARRAMA
Guadalajara
MADRID
☆ Madrid
El Escorial
Toledo
CASTILLA-LA MANCHA
Albacete
Ciudad Real
Almadén
Linares
Jaén
SIERRA MORENA
Córdoba
Río Guadalquivir
ANDALUCÍA
Granada
SIERRA NEVADA
Málaga
Costa del Sol

GALICIA
Santiago de Compostela
La Coruña
Vigo
Oporto

PORTUGAL
Río Tajo
Lisboa

EXTREMADURA
Cáceres
Mérida
Badajoz
Río Guadiana
Sevilla
Jerez de la Frontera
Cádiz
Huelva
Golfo de Cádiz
Tánger
Gibraltar (R.U.)
Ceuta (Esp.)

OCÉANO ATLÁNTICO

N

PRELIMINAR

Ante todo

San José, Costa Rica

Puntos de partida means *points of departure* in Spanish. This book will be your point of departure into Spanish language and culture.

With *Puntos de partida* you will begin to learn Spanish and get ready to communicate with Spanish speakers in this country and in Spanish-speaking countries. You will also pick up cultural information that will help you understand and appreciate the traditions and values of Spanish-speaking people all over the world.

In **Ante todo,** you will study vocabulary and structures that will allow you to

- meet and greet others (**Primera parte**)
- describe yourself and others (**Primera parte**)
- count to 30 (**Segunda parte**)
- talk about what you like and don't like (**Segunda parte**)
- tell time (**Tercera parte**)
- get information by asking questions (**Tercera parte**)

As you work through **Ante todo,** see how many Spanish words you can recognize because of their similarity to English words and also how much information you can learn about the Spanish-speaking world.

Primera parte

Saludos° y expresiones de cortesía

Greetings

Here are some words, phrases, and expressions that will enable you to meet and greet others appropriately in Spanish.

1.   MANOLO: ¡Hola, Maricarmen!
  MARICARMEN: ¿Qué tal, Manolo? ¿Cómo estás?
    MANOLO: Muy bien. ¿Y tú? → *familiar you*
  MARICARMEN: Regular. Nos vemos, ¿eh?
    MANOLO: Hasta mañana.

2. ELISA VELASCO: Buenas tardes, señor Gómez.
 MARTÍN GÓMEZ: Muy buenas, señora Velasco. ¿Cómo está?
 ELISA VELASCO: Bien, gracias, ¿Y usted? → *formal*
 MARTÍN GÓMEZ: Muy bien, gracias. Hasta luego.
 ELISA VELASCO: Adiós.

¿Qué tal?, ¿Cómo estás?, and **¿Y tú?** are expressions used in informal situations with people you know well, on a first-name basis.
    ¿Cómo está? and **¿Y usted?** are used to address someone with whom you have a formal relationship.

3.   LUPE: Buenos días, profesor.
 PROFESOR: Buenos días. ¿Cómo te llamas?
    LUPE: Me llamo Lupe Carrasco.
 PROFESOR: Mucho gusto, Lupe.
    LUPE: Igualmente.

1.

Sevilla, España

2.

Quito, Ecuador

3.

La Ciudad de México, México

---

1. MANOLO: Hi, Maricarmen! MARICARMEN: How's it going, Manolo? How are you? MANOLO: Very well. And you? MARICARMEN: OK. See you around, OK? MANOLO: See you tomorrow.
2. ELISA VELASCO: Good afternoon, Mr. Gómez. MARTÍN GÓMEZ: Afternoon, Mrs. Velasco. How are you? ELISA VELASCO: Fine, thank you. And you? MARTÍN GÓMEZ: Very well, thanks. See you later. ELISA VELASCO: Bye.
3. LUPE: Good morning, professor. PROFESSOR: Good morning. What's your name? LUPE: My name is Lupe Carrasco. PROFESSOR: Nice to meet you, Lupe. LUPE: Likewise.

¿**Cómo se llama usted?** is used in formal situations. ¿**Cómo te llamas?** is used in informal situations—for example, with other students. The phrases **mucho gusto** and **igualmente** are used by both men and women when meeting for the first time. In response to **mucho gusto**, a woman can also say **encantada**; a man can say **encantado**.

Nota comunicativa	**Otros saludos y expresiones de cortesía**
buenos días	good morning (*used until the midday meal*)
buenas tardes	good afternoon (*used until the evening meal*)
buenas noches	good evening; good night (*used after the evening meal*)
señor (Sr.)	Mr., sir
señora (Sra.)	Mrs., ma'am
señorita (Srta.)	Miss (**¡OJO!*** *There is no Spanish equivalent for Ms. Use* **Sra.** *or* **Srta.** *as appropriate.*)
gracias	thanks, thank you
muchas gracias	thank you very much
de nada, no hay de qué	you're welcome
por favor	please (*also used to get someone's attention*)
perdón	pardon me, excuse me (*to ask <u>forgiveness</u> or to get someone's attention*)
con permiso	pardon me, excuse me (*to request permission to pass by or through a group of people*)

Conversación

A **Cortesía.** How many different ways can you respond to the following greetings and phrases?

1. Buenas tardes.
2. Adiós.
3. ¿Qué tal?
4. Hola.
5. ¿Cómo está? *formal*
6. Buenas noches.
7. Muchas gracias.
8. Hasta mañana.
9. ¿Cómo se llama usted? *formal*
10. Mucho gusto.

B **Situaciones.** If the following persons met or passed each other at the times given, what might they say to each other? Role-play the situations with a classmate.

1. Mr. Santana and Miss Pérez, at 5:00 P.M.
2. Mrs. Ortega and Pablo, at 10:00 A.M.
3. Ms. Hernández and Olivia, at 11:00 P.M.
4. you and a classmate, just before your Spanish class

Watch out!, Careful!* **¡OJO! will be used throughout *Puntos de partida* to alert you to pay special attention to the item that follows.

C **Más** (*More*) **situaciones.** Are these people saying **por favor, con permiso,** or **perdón**?

D **Entrevista** (*Interview*). Turn to a person sitting next to you and do the following.

- Greet him or her appropriately, that is, with informal forms.
- Find out his or her name.
- Ask how he or she is.
- Conclude the exchange.

Now have a similar conversation with your instructor, using the appropriate formal forms.

El alfabeto español

There are twenty-eight letters in the Spanish alphabet (**el alfabeto**)—two more than in the English alphabet. The two additional letters are the **ñ** and **rr** (considered one letter even though it is a two-letter group). The letters **k** and **w** appear only in words borrowed from other languages.

Until recently, the **Real Academia de la Lengua** (*Royal Spanish Academy of Language*), located in Spain, considered the **ch** (**che**) and **ll** (**elle**) to be separate letters of the Spanish alphabet. In *Puntos de partida,* you will not see them listed as separate letters. However, the **ch** and **ll** *do* maintain a distinct pronunciation.*

Listen carefully as your instructor pronounces the names listed with the letters of the alphabet.

---

*The **ch** is pronounced with the same sound as in English *cherry* or *chair,* as in **nachos** or **muchacho**. The **ll** is pronounced as a type of *y* sound. Spanish examples of this sound that you may already know are **tortilla** and **Sevilla**

Letters	Names of Letters	Examples		
a	a	Antonio	Ana	(la) Argentina
b	be	Benito	Blanca	Bolivia
c	ce	Carlos	Cecilia	Cáceres
d	de	Domingo	Dolores	Durango
e	e	Eduardo	Elena	(el) Ecuador
f	efe	Felipe	Francisca	Florida
g	ge *che*	Gerardo	Gloria	Guatemala
h	hache	Héctor	Hortensia	Honduras
i	i	Ignacio	Inés	Ibiza
j	jota *chota*	José	Juana	Jalisco
k *not native*	ca (ka)	(Karl)	(Kati)	(Kansas)
l	ele	Luis	Lola	Lima
m	eme	Manuel	María	México
n	ene	Nicolás	Nati	Nicaragua
ñ	eñe	Íñigo	Begoña	España
o	o	Octavio	Olivia	Oviedo
p	pe	Pablo	Pilar	Panamá
q	cu	Enrique	Raquel	Quito
r	ere	Álvaro	Clara	(el) Perú
rr	erre *or* ere doble	Rafael	Rosa	Monterrey
s	ese	Salvador	Sara	San Juan
t	te	Tomás	Teresa	Toledo
u	u	Agustín	Lucía	(el) Uruguay
v	ve *or* uve *be*	Víctor	Victoria	Venezuela
w *not native*	doble ve, ve doble, *or* uve doble	Oswaldo	(Wilma)	(Washington)
x	equis	Xavier	Ximena	Extremadura
y	i griega	Pelayo	Yolanda	(el) Paraguay
z	ceta (zeta)	Gonzalo	Esperanza	Zaragoza

[handwritten note next to rr row]: only when r at begining and, or if indicated.

Práctica

A **¡Pronuncie!** The letters and combinations of letters listed on the following page represent the Spanish sounds that are the most different from English. You will practice the pronunciation of some of these letters in upcoming chapters of *Puntos de partida*. For the moment pay particular attention to their pronunciation when you see them. Can you match the Spanish letters with their equivalent pronunciation?

(Continúa.)

EXAMPLES/SPELLING

1. mucho: **ch**
2. Geraldo: **ge** (also: **gi**)
   Jiménez: **j**
3. hola: **h**
4. gusto: **gu** (also: **ga, go**)
5. me llamo: **ll**
6. señor: **ñ**
7. profesora: **r**
8. Ramón: **r** (to start a
   word)
   Monterrey: **rr**
9. nos vemos: **v**

PRONUNCIATION

a. like the *g* in English *garden*
b. similar to *tt* of *butter* when
   pronounced very quickly
c. like *ch* in English *cheese*
d. like Spanish **b**
e. similar to a "strong" English *h*
f. like *y* in English *yes* or like the
   li sound in *million*
g. a trilled sound, several Spanish **r**'s in a row
h. similar to the *ny* sound in
   canyon
i. never pronounced

B **Deletreo** (*Spelling*)

Paso (*Step*) **1.** Spell aloud in Spanish these U.S. place names. Pronounce the names in Spanish before you begin to spell them. All of them are of Hispanic origin: Toledo, Los Ángeles, Texas, Montana, Colorado, El Paso, Florida, Las Vegas, Amarillo, San Francisco.

Paso 2. Spell your own name in Spanish aloud, and listen as your classmates spell their names. Try to remember as many of their names as you can.

MODELO: Me llamo María: **M** (eme) **a** (a) **r** (ere) **í** (i acentuada) **a** (a).

Los cognados

Many Spanish and English words are similar or identical in form and meaning. These related words are called *cognates* (**los cognados**). Spanish and English share so many cognates because a number of words in both languages are derived from the same Latin root words—and also because Spanish and English are "language neighbors," especially in the southwestern United States. Each language has borrowed words from the other and adapted them to its own sound system.

Many cognates are used in **Ante todo.** Don't try to memorize all of them—just get used to the sound of them in Spanish.

Here are some Spanish adjectives that are cognates of English words. These adjectives can be used to describe either a man or a woman.

leader ⟶ **el líder**
el lagarto (*the lizard*) ⟶
   alligator

adjectives = words used to describe people, places, and things

arrogante	importante	pesimista
cruel	independiente	realista
eficiente	inteligente *g = ch*	rebelde
egoísta	interesante	responsable
elegante	liberal	sentimental
emocional	materialista	terrible
flexible	✗ optimista	valiente *brave + courages*
idealista	✗ paciente	*b*

Sensible = sensitive
espiritual

The following adjectives change form. Use the **-o** ending when describing a
man, the **-a** ending when describing a woman.

~~s~~ extrovertido/a	~~ch~~ religioso/a	serio/a
ch generoso/a	reservado/a	sincero/a
impulsivo/a	romántico/a	tímido/a

arrevido/a   daring

El español ¡en directo!°

¡en... *Live!*

ªNuestro... *Our land is one of the main producers . . . of? . . .*

The little girl in this cartoon is Mafalda, the main character in a famous Argentine comic strip drawn by the cartoonist Quino. The Mafalda cartoons poke fun at human foibles as well as offer pointed criticism of social and political issues.

In this cartoon, Quino highlights what he believes to be a major personality trait of the Argentine people. Because many of the words in the cartoon are cognates, you will be able to understand the point of the cartoon.

1. You already know a Spanish word that tells what the woman in the first panel does for a living. What is it? **Es** (*She's a*)**...**
2. How does Mafalda characterize people who live in Argentina? **Los argentinos son** (*are*)**...**
3. In most Hispanic countries, grades are given in numbers, not letters. What grade did Mafalda get today for a particular personality trait? **En sinceridad,...**

What are you like

¿Cómo es usted?°   *Asking for characteristics*

¿Cómo... *What are you like?*

You can use these forms of the verb **ser** (*to be*) to describe
yourself and others.

(yo)	**soy**	*I am*
(tú)	**eres**	*you (familiar) are*
(usted)	**es**	*you (formal) are*
(él, ella)	**es**	*he/she is*

—¿Cómo es usted?
—Bueno...° Yo soy moderna, urbana, sofisticada, ...

Well . . .

Conversación

A **¿Cómo es usted?** Describe yourself, using cognate adjectives (see p. 6–7).

> MODELO: Yo soy muy sentimental y sincero/a. Yo no soy pesimista.

B **Reacciones**

Paso 1. Use the following adjectives, or any others you know, to create one sentence about a classmate. You can begin with **Creo que...** (*I think that . . .*). Your classmate will listen to your sentence, then tell you if you are right.

Adjetivos: sincero/a, eficiente, emocional, generoso/a, inteligente, impulsivo/a, liberal

> MODELO: ESTUDIANTE 1: Alicia, (creo que) eres generosa.
> ESTUDIANTE 2: Sí, soy generosa. (Sí, soy muy generosa.) (No, no soy generosa.)

Paso 2. Now find out what kind of person your instructor is, using the same adjectives. Use the appropriate formal forms.

> MODELO: **¿Es usted** optimista (generoso/a...)?

Spanish in the United States and in the World

Although no one knows exactly how many languages are spoken around the world, linguists estimate that there are between 3,000 and 6,000. Spanish, with 392 million native speakers, is among the top five languages. It is the language spoken in Spain, in México, in all of South America (except Brazil and the Guianas), in most of Central America, in Cuba, in Puerto Rico, and in the Dominican Republic—in approximately twenty countries in all. It is also spoken by a great number of people in the United States.

Like all languages spoken by large numbers of people, modern Spanish varies from region to region. The Spanish of Madrid is different from that spoken in Mexico City, Buenos Aires, or Los Angeles, just as the English of London differs from that of Chicago or Sydney. Although these differences are most noticeable in pronunciation ("accent"), they are also found in vocabulary and special expressions used in different geographical areas. In Great Britain one hears the word *lift*, but the same apparatus is called an *elevator* in the United States. What is called an **autobús** (*bus*) in Spain may be called a **guagua** in the Caribbean. Although such differences are noticeable, they result only rarely in misunderstandings among native speakers, since the majority of structures and vocabulary are common to the many varieties of each language.

You don't need to go abroad to encounter people who speak Spanish on a daily basis. The Spanish language and people of Hispanic descent have been an integral part of United States life for centuries. In fact, the United States is now the fifth largest Spanish-speaking country in the world!

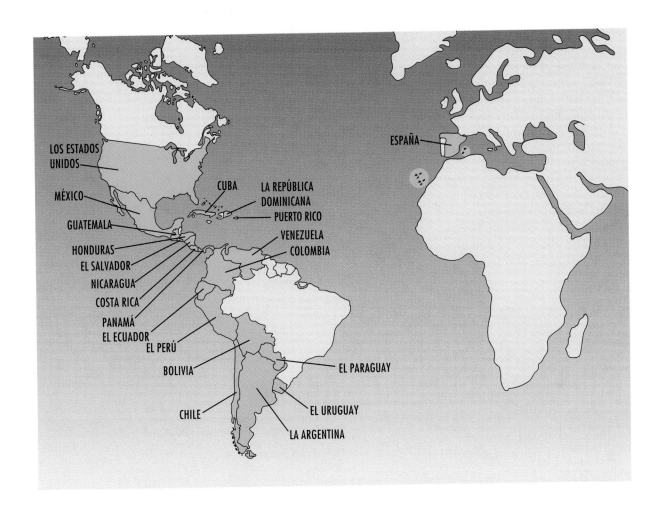

Who are the over 22 million people of Hispanic descent living in the United States today? For one thing, not all Hispanics are similar. They are characterized by great diversity, the result of their ancestors' or their country of origin, socioeconomic and professional factors, and, of course, individual talents and aspirations.

There is also great regional diversity among U.S. Hispanics. Many people of Mexican descent inhabit the southwestern part of the United States, including populations as far north as Colorado. Large groups of Puerto Ricans can be found in New York, while Florida is host to a large Cuban and Central American population. More recent immigrants include Nicaraguans and Salvadorans, who have established large communities in many U.S. cities, among them San Francisco and Los Angeles.

Although not all people of Hispanic origin speak Spanish, many are in fact bilingual and bicultural. This dual cultural identity is being increasingly recognized by the media and business community. Many major U.S. cities have one or more Spanish-language newspapers as well as television and radio stations. A wide variety of

Comparing origins of U.S. Hispanic population

Total population based on U.S. census of 1990: 22 million

Percentages:

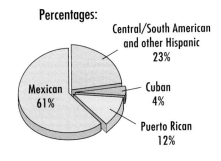

Central/South American and other Hispanic 23%

Cuban 4%

Puerto Rican 12%

Mexican 61%

businesses are owned and operated by Hispanics, and major corporations in the food, clothing, entertainment, and service fields appeal to Hispanic clients . . . in both English and Spanish!

As you will discover in subsequent chapters of *Puntos de partida*, the Spanish language and people of Hispanic descent have been and will continue to be an integral part of the fabric of this country. Take special note of **En los Estados Unidos...** , a routinely occurring section of *Puntos de partida* that profiles U.S. Hispanics.

Mural de la Pequeña Habana, el barrio cubano de Miami

Segunda parte

Más cognados

[a]Su... *(Here is) Your dinner (lit. little piece of lettuce).*

Although some English and Spanish cognate nouns are spelled identically (*idea, general, gas, animal, motor*), most will differ slightly in spelling: *position/* **posición,** *secret/***secreto,** *student/***estudiante,** *rose/***rosa,** *lottery/***lotería,** *opportunity/***oportunidad,** *exam/***examen.**

The following exercises will give you more practice in recognizing and pronouncing cognates. Remember: Don't try to learn all of these words. Just get used to the way they sound.

noun = person, place, or thing

Práctica

A **Categorías.** Pronounce each of the following cognates and give its English equivalent. You will also recognize the meaning of most of the categories (**Naciones, Personas,**...). Based on the words listed in the group, can you guess the meaning of the categories indicated with a gloss symbol (°)?

Naciones: el Japón, Italia, Francia, España, el Brasil, China, el Canadá, Rusia

Personas: líder, profesor, actriz, pintor, político, estudiante

Lugares:° restaurante, café, museo, garaje, bar, banco, hotel, oficina, océano, parque

Conceptos: libertad, dignidad, declaración, cooperación, comunismo

Cosas:° teléfono, fotografía, sofá, televisión, radio, bomba, novela, diccionario, dólar, lámpara, yate

Animales: león, cebra, chimpancé, tigre, hipopótamo

Comidas y bebidas:° hamburguesa, cóctel, patata, café, limón, banana

Deportes:° béisbol, tenis, vólibol, fútbol americano

Instrumentos musicales: guitarra, piano, flauta, clarinete, trompeta, violín

O J O In **Práctica A,** note that Spanish has two different ways to express *a (an)*: **un** and **una.** All nouns are either masculine (*m.*) or feminine (*f.*) in Spanish. **Un** is used with masculine nouns, **una** with feminine nouns. You will learn more about this aspect of Spanish in **Capítulo 1.**

Don't try to learn the gender of nouns now. You do not have to know the gender of nouns to do **Práctica B.**

B **¿Qué es esto?** (*What is this?*) Being able to tell what something is or to identify the group to which it belongs is a useful conversation strategy. Begin to practice this strategy by pronouncing these cognates and identifying the category from **Práctica A** to which they belong. Use the following sentences as a guide.

Es **un** lugar (concepto, animal, deporte, instrumento musical).*

Es **una** nación (persona, cosa, comida, bebida).*

MODELO: béisbol → Es un deporte.

1. calculadora
2. burro
3. sándwich
4. golf
5. México
6. actor
7. clase
8. limonada
9. elefante
10. refrigerador
11. universidad
12. fama
13. terrorista
14. acordeón
15. democracia

*The English equivalent of these sentences is *It is a place (concept, . . .); It is a country (person, . . .).*

Conversación

Identificaciones. With a classmate, practice identifying words, using the categories given in **Práctica B.**

MODELO: ESTUDIANTE 1: ¿Qué es un hospital? *ke es*
ESTUDIANTE 2: Es un lugar.

1. un saxofón
2. un autobús
3. un rancho *au*

4. un doctor
5. Bolivia
6. una Coca-Cola

7. una enchilada
8. una jirafa
9. una turista

Pronunciación

You have probably already noted that there is a very close relationship between the way Spanish is written and the way it is pronounced. This makes it relatively easy to learn the basics of Spanish spelling and pronunciation.

Many Spanish sounds, however, do not have an exact equivalent in English, so you should not trust English to be your guide to Spanish pronunciation. Even words that are spelled the same in both languages are usually pronounced quite differently. It is important to become so familiar with Spanish sounds that you can pronounce them automatically, right from the beginning of your study of the language.

Las vocales (*Vowels*): *a, e, i, o, u*

Unlike English vowels, which can have many different pronunciations or may be silent, Spanish vowels are always pronounced, and they are almost always pronounced in the same way. Spanish vowels are always short and tense. They are never drawn out with a *u* or *i* glide as in English: **lo** ≠ *low;* **de** ≠ *day.*

a: pronounced like the *a* in *father,* but short and tense
e: pronounced like the *e* in *they,* but without the *i* glide
i: pronounced like the *i* in *machine,* but short and tense*
o: pronounced like the *o* in *home,* but without the *u* glide
u: pronounced like the *u* in *rule,* but short and tense

OJO

The *uh* sound or schwa (which is how most unstressed vowels are pronounced in English: *canal, waited, atom*) does not exist in Spanish.

A **Sílabas.** Pronounce the following Spanish syllables, being careful to pronounce each vowel with a short, tense sound.

1. ma fa la ta pa
2. me fe le te pe
3. mi fi li ti pi

4. mo fo lo to po
5. mu fu lu tu pu
6. mi fe la tu do

7. su mi te so la
8. se tu no ya li

---

*The word **y** (*and*) is also pronounced like the letter **i.**

B **Palabras** (*Words*).   Pronounce the following words, paying special attention to the vowel sounds.

1. hasta tal nada mañana natural normal fascinante
2. me qué Pérez Elena rebelde excelente elegante
3. sí señorita permiso terrible imposible tímido Ibiza
4. yo con cómo noches profesor señor generoso
5. uno usted tú mucho Perú Lupe Úrsula

C **Trabalenguas** (*Tongue-twister*)

Paso 1.   Here is a popular nonsense rhyme, the Spanish version of "Eeny, meeny, miney, moe." (*Note:* The person who corresponds to **fue** is "it".) Listen as your instructor pronounces it.

> Pin, marín
> de don Pingüe
> cúcara, mácara
> títere, fue.

Paso 2.   Now pronounce the vowels clearly as you repeat the rhyme.

El español ¡en directo!

▼▼▼▼▼▼▼▼▼▼▼▼▼▼▼▼▼▼▼▼▼▼▼▼▼▼▼▼

1.   Here is part of a rental car ad in Spanish. Say aloud the names of the countries where you can find this company's offices.

2.   Can you find the following information in the ad?

- How many cars does the agency have available?
- How many offices does the agency have?
- What Spanish word expresses the English word *immediately*?
- If not confirmed immediately, when are reservations confirmed by the agency?

ai Ansa International

RENT A CAR

Si necesita un coche para su trabajo o placer, nosotros tenemos el adecuado para Vd.

Con una flota de 40.000 coches y 1.000 oficinas, estamos a su servicio en los siguientes países;

- ALEMANIA
- ARABIA SAUDITA
- ARGENTINA
- AUSTRIA
- BELGICA
- BRASIL
- CHIPRE
- DINAMARCA
- ESPAÑA
- FINLANDIA
- FRANCIA
- GRAN BRETAÑA
- GRECIA
- HOLANDA
- IRLANDA
- ISLANDIA
- ITALIA
- JAMAICA
- LUXEMBURGO
- MALASIA
- MARRUECOS
- MARTINICA
- PARAGUAY
- PORTUGAL
- SUECIA
- SUIZA
- URUGUAY
- U.S.A.

En la mayoría de los casos, podemos confirmar su reserva inmediatamente.

Cuando esto no sea posible, su reserva le será confirmada en un plazo máximo de 48 horas.

Los números 0-30; hay

Canción infantil

Dos y dos son cuatro,
cuatro y dos son seis,
seis y dos son ocho,
y ocho dieciséis.

0	cero				
1	uno	11	once	21	veintiuno
2	dos	12	doce	22	veintidós
3	tres	13	trece	23	veintitrés
4	cuatro	14	catorce	24	veinticuatro
5	cinco	15	quince	25	veinticinco
6	seis	16	dieciséis*	26	veintiséis
7	siete	17	diecisiete	27	veintisiete
8	ocho	18	dieciocho	28	veintiocho
9	nueve	19	diecinueve	29	veintinueve
10	diez	20	veinte	30	treinta

The number *one* has several forms in Spanish. **Uno** is the form used in counting. **Un** is used before masculine singular nouns, **una** before feminine singular nouns: **un señor, una señora.** Also note that the number **veintiuno** becomes **veintiún** before masculine nouns and **veintiuna** before feminine nouns: **veintiún señores, veintiuna señoras.**

OJO

uno, dos, tres,... veinti**uno,** veintidós,...

> *but*

un señor, veinti**ún** señores
una señora, veinti**una** señoras

Use the word **hay** to express both *there is* and *there are* in Spanish. **No hay** means *there is not* and *there are not.* **¿Hay... ?** asks *Is there . . . ?* or *Are there . . . ?*

hay = there is / there are

—¿Cuántos estudiantes **hay** en la clase?
—(**Hay**) Treinta.

How many students are there in the class?
(There are) Thirty.

—¿**Hay** pandas en el zoo?
—**Hay** veinte osos, pero **no hay** pandas.

Are there any pandas at the zoo?
There are twenty bears, but there aren't any pandas.

A children's song   Two and two are four, four and two are six, six and two are eight, and eight (makes) sixteen.

*The numbers 16 to 19 and 21 to 29 can be written as one word (**dieciséis... veintiuno...**) or as three (**diez y seis... veinte y uno...**).

Práctica

A **Los números.** Practique los números según (*according to*) el modelo.

MODELO: 1 señor → Hay un señor.

1. 4 señoras
2. 12 pianos
3. 1 café (*m.*)
4. 21 cafés (*m.*)
5. 14 días

6. 1 clase (*f.*)
7. 21 ideas (*f.*)
8. 11 personas
9. 15 estudiantes
10. 13 teléfonos

11. 28 naciones
12. 5 guitarras
13. 1 león (*m.*)
14. 30 señores
15. 20 oficinas

B **Problemás de matemáticas.** Do the following simple mathematical equations in Spanish. *Note:* + (y), − (menos), = (son).

MODELO: $2 + 2 = 4$ → Dos y dos son cuatro.
$4 - 2 = 2$ → Cuatro menos dos son dos.

1. $2 + 4 = ?$
2. $8 + 17 = ?$
3. $11 + 1 = ?$
4. $3 + 18 = ?$

5. $9 + 6 = ?$
6. $5 + 4 = ?$
7. $1 + 13 = ?$
8. $15 - 2 = ?$

9. $9 - 9 = ?$
10. $13 - 8 = ?$
11. $14 + 12 = ?$
12. $23 - 13 = ?$

Conversación

Preguntas (*Questions*)

1. ¿Cuántos estudiantes hay en la clase de español? ¿Cuántos estudiantes hay en clase hoy (*today*)? ¿Hay tres profesores o un profesor?
2. ¿Cuántos días hay en una semana (*week*)? ¿Hay seis? (No, no hay...) ¿Cuántos días hay en un fin de semana (*weekend*)? Hay cuatro semanas en un mes. ¿Qué significa **mes** en inglés? ¿Cuántos días hay en el mes de febrero? ¿en el mes de junio? ¿Cuántos meses hay en un año?
3. Hay muchos edificios (*many buildings*) en una universidad. En esta (*this*) universidad, ¿hay una cafetería? ¿un teatro? ¿un cine (*movie theater*)? ¿un laboratorio de lenguas (*languages*)? ¿un bar? ¿una clínica? ¿un hospital? ¿un museo? ¿muchos estudiantes? ¿muchos profesores?

Gustos° y preferencias

°*Likes*

¿Te gusta el fútbol? →

- Sí, me gusta mucho el fútbol.
- No, no me gusta el fútbol.
- Sí, me gusta, pero me gusta más el fútbol americano.

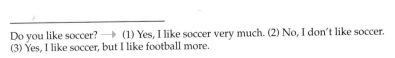

Do you like soccer? → (1) Yes, I like soccer very much. (2) No, I don't like soccer. (3) Yes, I like soccer, but I like football more.

En español, **fútbol** = *soccer* y **fútbol americano** = *football*.

To indicate that you like something in Spanish, say **Me gusta** _____. To indicate that you don't like something, use **No me gusta** _____. Use the question **¿Te gusta** _____**?** to ask a classmate if he or she likes something. Use **¿Le gusta** _____**?** to ask your instructor the same question.

In the following conversations, you will use the word **el** to mean _the_ with masculine nouns and the word **la** with feminine nouns. Don't try to memorize which nouns are masculine and which are feminine. Just get used to using the words **el** and **la** before nouns.

You will also be using a number of Spanish verbs in the infinitive form, which always ends in **-r.** Here are some examples: **estudiar** = _to study;_ **comer** = _to eat._ Try to guess the meanings of the infinitives used in these activities from context. If someone asks you, for instance, **¿Te gusta** _beber_ **Coca-Cola?,** it is a safe guess that **beber** means _to drink._

verb = a word that describes an action or a state of being

Conversación

✈ **A** Gustos y preferencias

Paso 1. Make a list of six things you like and six things you don't like, following the model. If you wish, you may choose items from the **Vocabulario útil** box below. All words are provided with the appropriate definite article.

MODELO: Me gusta _la clase de español._ No me gusta _la clase de matemáticas._

> ## Vocabulario útil*
>
> el café, el té, la limonada, la cerveza (_beer_)
> la música moderna, la música clásica, el rap, la música _country_
> la pizza, la pasta, la comida mexicana, la comida de la cafetería (_cafeteria food_)
> el actor _____, la actriz _____
> el/la cantante (_singer_) _____ (**¡OJO!** **cantante** is used for both men _and_ women)
> el cine (_movies_), el teatro, la ópera, el arte abstracto

1. Me gusta _____. No me gusta _____.
2. Me gusta _____. No me gusta _____.
3. _____
4. _____
5. _____
6. _____

Paso 2. Now ask a classmate if he or she shares your likes and dislikes.

MODELO: ¿Te gusta la clase de español? ¿Y la clase de matemáticas?

---

*The material in **Vocabulario útil** lists is not active, that is, it is not part of what you need to focus on at this point. You may use these words and phrases to complete exercises or to help you converse in Spanish, if you need them.

B Más (More) gustos y preferencias

Paso 1. Here are some useful verbs and nouns to talk about what you like. For each item, combine a verb (shaded) with a noun to form a sentence that is true for you. Can you use context to guess the meaning of verbs you don't know?

MODELO: Me gusta _____ _____. → Me gusta estudiar inglés.

1. beber   café   té   limonada   chocolate
2. comer   pizza   enchiladas   hamburguesas   pasta
3. estudiar   español   matemáticas   historia
              computación (*computer science*)
4. hablar   español   con mis amigos (*with my friends*)
              por teléfono (*on the phone*)
5. jugar   al tenis   al fútbol   al fútbol americano   al béisbol
              al basquetbol
6. tocar   la guitarra   el piano   el violín

Paso 2. Ask a classmate about his or her likes using your own preferences as a guide.

MODELO: ¿Te gusta comer enchiladas?

Paso 3. Now ask your professor if he or she likes certain things. **¡OJO!** Remember to address your professor in a formal manner.

MODELO: ¿Le gusta jugar al tenis?

◦LECTURA

El mundo hispánico (Parte 1)

Estrategia:° Recognizing Interrogative Words and *estar*

Strategy

In the following brief reading, note that the word **está** means *is located;* **está** and other forms of the verb **estar** (*to be*) are used to tell where things are. You will learn more about the uses of **estar** in **Capítulo 5.**

The reading also contains a series of questions with interrogative words. You are already familiar with **¿cómo?, ¿qué?,** and **¿cuántos?** (and should be able to guess the meaning of **¿cuántas?** easily). The meaning of other interrogatives may not be immediately obvious to you, but the sentences in which the words appear may offer some clues to meaning. You probably do not know the meaning of **¿dónde?** and **¿cuál?,** but you should be able to guess their meaning in the following sentences.

Cuba está en el Mar Caribe. ¿Dónde está la República Dominicana?
Managua es la capital de Nicaragua. ¿Cuál es la capital de México?

Note that the reading has been divided into four very short parts. Each part corresponds with a map that offers geographical and population information about the countries of the Spanish-speaking world. Use the statements in the short parts as models to answer the questions.

Las naciones del mundo hispánico

Parte 1 México y Centroamérica

Hay noventa y cuatro (94) millones de habitantes en México. ¿Cuántos habitantes hay en Guatemala? ¿en El Salvador? ¿en las demás[a] naciones de Centroamérica? ¿En cuántas naciones de Centroamérica se habla español? México es parte de Norteamérica. ¿En cuántas naciones de Norteamérica se habla español? ¿Cuál es la capital de México? ¿de Costa Rica?

Parte 2 El Caribe

Cuba está en el Mar Caribe. ¿Dónde está la República Dominicana? ¿Qué parte de los Estados Unidos está también[b] en el Mar Caribe? ¿Dónde está el Canal de Panamá?

Parte 3 Sudamérica

¿En cuántas naciones de Sudamérica se habla español? ¿Se habla español o portugués en el Brasil? ¿Cuántos millones de habitantes hay en Venezuela? ¿en Chile? ¿en las demás naciones? ¿Cuál es la capital de cada[c] nación?

Parte 4 España

España está en la Península Ibérica. ¿Qué otra nación está también en esa[d] península? ¿Cuántos millones de habitantes hay en España? No se habla español en Portugal. ¿Qué lengua se habla allí[e]? ¿Cuál es la capital de España? ¿Está en el centro de la península?

[a]*las... other* [b]*also* [c]*each* [d]*that* [e]*there*

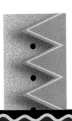

Tercera parte

¿Qué hora es?

El español ¡en directo!

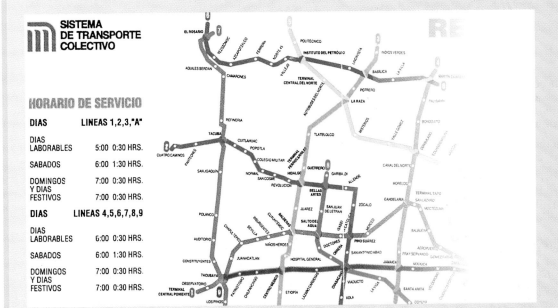

SISTEMA DE TRANSPORTE COLECTIVO

HORARIO DE SERVICIO

DIAS	LINEAS 1,2,3,"A"
DIAS LABORABLES	5:00 0:30 HRS.
SABADOS	6:00 1:30 HRS.
DOMINGOS Y DIAS FESTIVOS	7:00 0:30 HRS.
	7:00 0:30 HRS.
DIAS	**LINEAS 4,5,6,7,8,9**
DIAS LABORABLES	6:00 0:30 HRS.
SABADOS	6:00 1:30 HRS.
DOMINGOS Y DIAS FESTIVOS	7:00 0:30 HRS.
	7:00 0:30 HRS.

Here is part of a map for the metro system of Mexico City.

1. Using your knowledge of cognates, locate the Spanish words for

- lines
- transportation
- service
- system

2. You already know that **buenos días** means *good morning.* The Spanish word **día** also means *day.* Based on this information, what do you think the following cognates found on the map mean?

- días laborables
- días festivos

3. Can you find another word on the map that is related to **¿Qué hora es?,** the title of this section? Considering the context, what do you think it means?

Es la una. **Son** las dos. **Son** las cinco.

¿Qué hora es? is used to ask *What time is it?* In telling time, one says *Es* **la una** but *Son* **las dos** (**las tres, las cuatro,** and so on).

Es la una y { cuarto.
quince. } Son las dos y { media.
treinta. }

Son las cinco **y diez.** Son las ocho **y veinticinco.**

Note that from the hour to the half-hour, Spanish, like English, expresses time by adding minutes or a portion of an hour to the hour.

Son las dos **menos** { cuarto.
quince. } **Son las ocho menos diez.** Son las once **menos veinte.**

From the half-hour to the hour, Spanish usually expresses time by subtracting minutes or a part of an hour from the *next* hour.

Nota comunicativa **Para expresar° la hora** *Para... To express*

de la mañana	A.M., in the morning
de la tarde	P.M., in the afternoon (*and early evening*)
de la noche	P.M., in the evening
en punto	exactly, on the dot, sharp
¿a qué hora?	(at) what time?
a la una (las dos,...)	at 1:00 (2:00, . . .)

Capítulo preliminar • Ante todo

Son las cuatro de la tarde **en punto.**

It's exactly 4:00 P.M.

¿A qué hora es la clase de español?

(At) What time is Spanish class?

Hay una recepción **a las once** de la mañana.

There is a reception at 11:00 A.M.

OJO

Don't confuse **Es/Son la(s)...** with **A la(s)...** The first is used for telling time, the second for telling at what time something happens (at what time class starts, at what time one arrives, and so on).

Práctica

A ¡Atención! Listen as your instructor says a time of day. Find the clock or watch face that corresponds to the time you heard and say its number in Spanish.

1.   **2.**   **3.**   **4.**   **5.**   **6.**   **7.**   **8.**

B ¿Qué hora es?

1. 1:00
2. 6:00
3. 11:00
4. 1:30
5. 3:15
6. 6:45
7. 4:15
8. 11:45 exactly
9. 9:10 on the dot
10. 9:50 sharp

Conversación

A Entrevista

Paso 1. Ask a classmate at what time the following events or activities take place. He or she will answer according to the cue or will provide the necessary information.

MODELO: la clase de español (10:00 A.M.) →
ESTUDIANTE 1: ¿A qué hora es la clase de español?
ESTUDIANTE 2: A las diez de la mañana... ¡en punto!

1. la clase de francés (1:45 P.M.)
2. la sesión de laboratorio (3:10 P.M.)
3. la excursión (8:45 A.M.)
4. el concierto (7:30 P.M.)

(Continúa.)

Paso 2. Now ask what time your partner likes to perform these activities. He or she should provide the necessary information.

MODELO: cenar (*to have dinner*) →
ESTUDIANTE 1: ¿A qué hora te gusta cenar?
ESTUDIANTE 2: Me gusta cenar a las ocho de la noche.

1. almorzar (*to have lunch*)
2. mirar (*to watch*) la televisión
3. ir (*to go*) al laboratorio de lenguas
4. ir al cine

B **Situaciones.** How might the following people greet each other if they met at the indicated time? With a classmate, create a brief dialogue for each situation.

MODELO: Jorge y María, a las once de la noche →
JORGE: Buenas noches, María.
MARÍA: Hola, Jorge. ¿Cómo estás?
JORGE: Bien, gracias. ¿Y tú?
MARÍA: ¡Muy bien!

1. el profesor Martínez y Gloria, a las diez de la mañana
2. la Sra. López y la Srta. Luna, a las cuatro y media de la tarde
3. usted y su (*your*) profesor(a) de español, en la clase de español

Palabras interrogativas

You have already used a number of interrogative words and phrases to get information. Some other useful ones are listed here, along with the ones you already know, and you will learn more in later chapters. Be sure you know the meaning of all these words before you begin the activities in the **Práctica** section.

What time?	**¿a qué hora?**	¿A qué hora es la clase?
how?	**¿cómo?**	¿Cómo estás? ¿Cómo es Gloria Estefan? ¿Cómo te llamas? ↳ *What is she like?*
What	**¿cuál?***	¿Cuál es la capital de Colombia?
When	**¿cuándo?**	¿Cuándo es la fiesta?
how much	**¿cuánto?**	¿Cuánto es?
how many	**¿cuántos?, ¿cuántas?**	¿Cuántos días hay en una semana? ¿Cuántas naciones hay en Sudamérica?
where	**¿dónde?**	¿Dónde está España?
What	**¿qué?***	¿Qué es un hospital? ¿Qué es esto? ¿Qué hora es?
Who? Whom	**¿quién?**	¿Quién es el presidente?

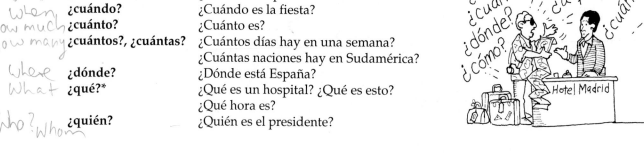

---

*Use **¿qué?** to mean *what?* when you are asking for a definition or an explanation. Use **¿cuál?** to mean *what?* in all other circumstances. See also Grammar Section 28.

Note that in Spanish the voice falls at the end of questions that begin with interrogative words.

¿Qué es un tren?　　　　　¿Cómo estás?

Práctica

Preguntas y respuestas (*Questions and answers*)

Paso 1. What interrogative words do you associate with the following information?

1. ¡A las tres en punto!
2. En el centro de la península.
3. Soy profesor.
4. Muy bien, gracias.
5. ¡Es muy arrogante!
6. Hay 5 millones (de habitantes).
7. Dos pesos.
8. (La capital) Es Caracas.
9. Es un instrumento musical.
10. Mañana, a las cinco.
11. Son las once.
12. Soy Roberto González.

Paso 2. Now ask the questions that would result in the answers given in **Paso 1.**

Conversación

Más preguntas. What questions are being asked by the indicated persons? More than one answer is possible for some items. Select questions from the following list or create your own questions.

PREGUNTAS

¿A qué hora es el programa sobre (*about*) México?

¿Cómo estás?

¿Cuál es la capital de Colombia?

¿Cuándo es la fiesta?

¿Cuántas personas hay en la fiesta?

¿Dónde está Buenos Aires?

¿Dónde está el diccionario?

¿Qué es esto?

¿Qué hay en la televisión hoy?

¿Quién es?

El mundo hispánico (Parte 2)

Estrategia: Guessing Meaning from Context

You will recognize the meaning of a number of cognates in the following reading about the geography of the Hispanic world. In addition, you should be able to guess the meaning of the underlined words from the context (the words that surround them); they are the names of geographical features. The photo captions will also be helpful. You have learned to recognize the meaning of the word **¿qué?** in questions; in this reading, **que** (with no accent mark) means *that* or *which.*

Note also that a series of headings divides the reading into brief parts. It is always a good idea to scan such headings before starting to read, in order to get a sense of a reading's overall content.

La geografía del mundo hispánico

Introducción

La geografía del mundo hispánico es impresionante y muy variada. En algunas[a] regiones hay de todo.[b]

La cordillera de los Andes, Chile

En las Américas

En la Argentina hay <u>pampas</u> extensas en el sur[c] y la <u>cordillera</u> de los Andes en el oeste. En partes de Venezuela, Colombia y el Ecuador,

Una selva tropical en Colombia

hay regiones tropicales de densa <u>selva</u>. En el Brasil está el famoso <u>río</u> Amazonas. En el centro de México y también en El Salvador, Nicaragua y Colombia, hay <u>volcanes</u> activos. A veces[d] producen erupciones catastróficas. El Perú y Bolivia comparten[e] el enorme <u>lago</u> Titicaca, situado en una <u>meseta</u> entre los dos países.[f]

[a]*some* [b]*de... a bit of everything* [c]*south* [d]*A... Sometimes* [e]*share* [f]naciones

La isla de Caja de Muertos, Puerto Rico

En las naciones del Caribe

Cuba, Puerto Rico y la República Dominicana son tres islas situadas en el Mar Caribe. Las bellas playas[g] del Mar Caribe y de la península de Yucatán son populares entre[h] los turistas de todo el mundo.

Una meseta de La Mancha, España

En la Península Ibérica

España, que comparte la Península Ibérica con Portugal, también tiene[i] una geografía variada. En el norte están los Pirineos, la cordillera que separa a España del[j] resto de Europa. Madrid, la capital del país, está situada en la meseta central. En las costas del sur y del este hay playas tan bonitas como las de[k] Latinoamérica y del Caribe.

La ciudad de Montevideo, Uruguay

¿Y las ciudades?

Es importante mencionar también la gran[l] diversidad de las ciudades del mundo hispánico. En la Argentina está la gran ciudad de Buenos Aires. Muchos consideran a Buenos Aires «el París» o «la Nueva York» de Sudamérica. En Venezuela está Caracas, y en el Perú está Lima, la capital, y Cuzco, una ciudad antigua de origen indio.

Conclusión

En fin,[m] el mundo hispánico es diverso respecto a la geografía. ¿Y Norteamérica?

[g]bellas... *beautiful beaches*   [h]*among*   [i]*has*   [j]*from the*   [k]tan... *as pretty as those of*   [l]*great*   [m]En... *In short*

Comprensión

Demonstrate your understanding of the words underlined in the reading and other words from the reading by giving an example of a similar geographical feature found in this country or close to it. Then give an example from the Spanish-speaking world.

MODELO: un río → *the Mississippi*, el río Orinoco

1. un lago
2. una cordillera
3. un río
4. una isla
5. una playa
6. una costa
7. un mar
8. un volcán
9. una península

Situaciones

Each regular chapter of *Puntos de partida* will contain a section like this one called **Situaciones,** a cognate whose meaning you should be able to guess. The dialogues in this section feature very functional, everyday language that will provide useful models for interacting with native speakers of Spanish, wherever you may meet them. The printed dialogue is featured verbatim on a videotape that your instructor may choose to show in class or ask you to watch in a language lab or media center. The video also contains another part, not printed in your text, that will challenge your listening skills in Spanish!

In this **Situaciones** dialogue, a professor at **la Universidad Nacional Autónoma de México (UNAM),** in Mexico City, is speaking with a student when another student joins them. You should be able to get the gist of the dialogue easily, as it contains many cognates as well as a lot of vocabulary that you already know.

Diego se acerca al[a] profesor Salazar.

DIEGO: Perdón. ¿Es usted el profesor Salazar?
PROFESOR: Sí, yo soy.
DIEGO: Buenas tardes. Me llamo Diego González. Soy el estudiante de la Universidad de California.
PROFESOR: Ah, sí. El estudiante de Los Ángeles. Mucho gusto.
DIEGO: Igualmente.
PROFESOR: ¡Bienvenido[b] a México! Él es Antonio Sifuentes. Es estudiante posgraduado en la facultad.[c]
ANTONIO: ¿Qué tal, Diego?
DIEGO: Muy bien, gracias. ¿Y tú?
ANTONIO: Muy bien. Mucho gusto.
DIEGO: Igualmente, Antonio.

[a]*se... approaches* [b]*Welcome* [c]*department*

FUNCTION
greetings and leave-takings

Con un compañero / una compañera

With a partner, practice greeting one another. In your conversation, you should try to ask and answer the following information:

- your name
- where you are from
- how you are doing

 ## Vocabulario: Ante todo

Although you have used and heard many words in this preliminary chapter of *Puntos de partida*, the following words are the ones considered to be active vocabulary. Be sure that you know all of them before beginning **Capítulo 1.**

Saludos y expresiones de cortesía

Buenos días. Buenas tardes. Buenas noches.
Hola. (Muy) Buenas. ¿Qué tal? ¿Cómo está(s)?
Regular. (Muy) Bien.
¿Y tú? ¿Y usted?
Adiós. Hasta mañana. Hasta luego. Nos vemos.

¿Cómo te llamas? ¿Cómo se llama usted?
   Me llamo _____.

señor (Sr.), señora (Sra.), señorita (Srta.)

(Muchas) Gracias.
De nada. No hay de qué.
Por favor. Perdón. Con permiso.
Mucho gusto. Igualmente. Encantado/a.

¿Cómo es usted?

soy, eres, es

Los números

cero, uno, dos, tres, cuatro, cinco, seis, siete, ocho, nueve, diez, once, doce, trece, catorce, quince, dieciséis, diecisiete, dieciocho, dieci- nueve, veinte, treinta

Gustos y preferencias

¿Te gusta _____? ¿Le gusta _____? Sí, me gusta _____. No, no me gusta _____.

¿Qué hora es?

es la... , son las... y/menos cuarto (quince), y media (treinta), en punto, de la mañana (tarde, noche), ¿a qué hora?, a la(s)...

Palabras interrogativas

¿cómo?	how?; what?
¿cuál?	what?, which?
¿cuándo?	when?
¿cuánto?	how much?
¿cuántos/as?	how many?
¿dónde?	where?
¿qué?	what?, which?
¿quién?	who?, whom?

Palabras adicionales

sí	yes
no	no
está	is (located)
hay	there is/are
no hay	there is not / are not
hoy	today
mañana	tomorrow
y	and
o	or
a	to; at (*with time*)
de	of; from
en	in; on; at
pero	but
también	also

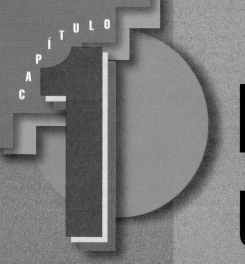

En la universidad

La UNAM en la Ciudad de México es muy moderna y urbana.

UNAM: La Universidad Nacional Autónoma de México

In this chapter, you will study vocabulary and structures that will allow you to

- talk about your college or university and what you are studying there (**Vocabulario: Preparación**)
- identify and name people and things in Spanish (**Grammar Sections 1 and 2**)
- express actions (**3**)
- get information by asking questions (**4**)

As you work through the chapter, see how much you can learn about what university life is like in Spanish-speaking countries.

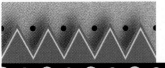 # Vocabulario: Preparación

En la clase

la ventana — la puerta — el papel — la pizarra — el cuaderno — la silla — el escritorio — la mesa — la mochila

¿Dónde? Lugares en la universidad

la biblioteca	the library
la cafetería	the cafeteria
la clase	the class
el edificio	the building
la librería	the bookstore
la oficina	the office
la residencia	the dormitory

¿Qué? Cosas

What

el bolígrafo	the pen
la calculadora	the calculator
el diccionario	the dictionary
el dinero	the money
el lápiz	the pencil
el libro	the book
el libro de texto	the textbook

¿Quién? Personas

el bibliotecario	the (male) librarian
la bibliotecaria	the (female) librarian
el compañero de clase	the (male) classmate
la compañera de clase	the (female) classmate
el compañero de cuarto	the (male) roommate
la compañera de cuarto	the (female) roommate
el consejero	the (male) advisor
la consejera	the (female) advisor
el estudiante	the (male) student
la estudiante	the (female) student
el hombre	the man
la mujer	the woman
el profesor	the (male) professor
la profesora	the (female) professor
el secretario	the (male) secretary
la secretaria	the (female) secretary

el consejero j=ch

la mujer j=ch

Conversación

A **¿Dónde están?** (*Are they?*)   Tell where these people are. Then identify the numbered people and things: 1 = **la mesa,** 3 = **el consejero,** and so on. Refer to the drawing and lists on page 29 as much as you need to.

1. Están en _____.

2. Están en _____.

3. Están en _____.

4. Están en _____.

B **Identificaciones.**   ¿Es hombre o mujer?

MODELO: ¿La consejera? → Es mujer.

1. ¿El profesor?
2. ¿La estudiante?
3. ¿El secretario?

4. ¿El estudiante?
5. ¿La bibliotecaria?
6. ¿El compañero de cuarto?

Las materias

The names for most of these subject areas are cognates. See if you can recognize their meaning without looking at the English equivalent. You should learn in particular the names of subject areas that are of interest to you.

la administración de empresas	business	**la computación**	computer science
		las comunicaciones	communications
el arte	art	**la economía**	economics

las is plural

el español	Spanish
la filosofía	philosophy
la física	physics
la historia	history
el inglés	English
la literatura	literature
las matemáticas	mathematics
la química	chemistry
la sicología	psychology
la sociología	sociology
las ciencias	sciences
las humanidades	humanities
las lenguas extranjeras	foreign languages

Conversación

A **Asociaciones.** ¿Con qué materia(s) asocia usted a... ?

1. Louis Pasteur, Marie Curie
2. la doctora Joyce Brothers, B. F. Skinner
3. Barbara Walters, Peter Jennings
4. Aristóteles, Confucio
5. Mark Twain, Toni Morrison
6. Frida Kahlo, Pablo Picasso
7. Donald Trump, Lee Iacocca
8. Microsoft, IBM
9. Isaac Newton, Stephen Hawkings

B **¿Qué estudias?** (*What are you studying?*)   The right-hand column lists a number of university subjects. Tell about your academic interests by creating sentences using one word or phrase from each column. You can tell what you *are* studying (**Estudio...**), *want* to study (**Deseo estudiar...**), *need* to study (**Necesito estudiar...**), and *like* to study (**Me gusta estudiar...**). Using the word **no** makes the sentence negative.

(No) Estudio _____ .
(No) Deseo estudiar _____ .
(No) Necesito estudiar _____ .
(No) Me gusta estudiar _____ .

español, francés, inglés
arte, filosofía, literatura, música
ciencias políticas, historia
antropología, sicología, sociología
biología, física, química
matemáticas, computación
¿ ?

The educational system in Hispanic countries differs considerably from that of this country. Elementary school (**la escuela primaria, el colegio**) can last five to eight years, depending on the country. After that, secondary school (**la escuela secundaria**) may last four to seven years.

At the university (always called **la universidad,** and never **el colegio** or **la escuela**), students immediately begin specialized programs (**la carrera**) in areas such as law, medicine, engineering, literature, and languages. These university-level programs are established by national ministries of education, and there are few elective courses.

Students are often required to take as many as eight different subjects in a single academic term, which usually lasts nine to ten months. In most countries, academic performance is evaluated on a scale of one to ten, with five considered passing.

Esta estatua de Fray Luis de León está en la Universidad de Salamanca. La Universidad, que (*which*) data del año 1220, es una de las más antiguas (*oldest*) de España.

Clave para estudiar°: El vocabulario

°Clave... *Study Hint*

▼▼▼▼▼▼▼▼▼▼▼▼▼▼▼▼▼▼▼▼▼▼▼▼▼▼▼▼▼

Vocabulary is one of the most important basic needs for successful communication. What does it mean to "know vocabulary"? And how can you best learn vocabulary in Spanish?

- Memorization is only part of the learning process. Using new vocabulary to communicate requires practicing that vocabulary in context. What do you associate with this word? When might you want to use it? Create a context—a place, a situation, a person, or a group of people—for the vocabulary that you want to learn, or use a context from the text.
- Carefully study the words in vocabulary lists and drawings. If a word is a cognate or shares a root with an English word, be especially aware of differences in spelling and pronunciation. For example, note that **clase** is spelled with only one **s,** and that **ciencias** does not begin with an **s.** Keep in mind that a slight difference in spelling may lead to a miscommunication: **el libro** (*the book*) versus **la libra** (*the pound*); **la mesa** (*the table*) versus **el mes** (*the month*); **el consejero** (*male advisor*) versus **la consejera** (*female advisor*).

- You also need to remember which words require **el** and which require **la** to express *the*, as well as which words require a written accent—**el lápiz, el bolígrafo,** for example—and where the accent occurs.
- After studying the vocabulary list and drawings, cover the English in the list and give the English equivalent of each Spanish word. When you are able to give the English without hesitation and without error, reverse the procedure.
- Vocabulary lists based on your own associations and flash cards can also be useful as a review or as a self-test.

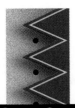

Pronunciación: Diphthongs and Linking

Two successive weak vowels (**i, u**) or a combination of a strong vowel (**a, e,** or **o**) and a weak vowel (**i** or **u**) are pronounced as a single syllable, forming a *diphthong* (**un diptongo**): **Luis, siete, cuaderno.**

When words are combined to form phrases, clauses, and sentences, they are linked together in pronunciation. In spoken Spanish, it is usually impossible to hear the word boundaries—that is, where one word ends and another begins.

A **Vocales.** Más práctica con las vocales.

1. hablar   regular   reservar   llamar
2. trece   clase   papel   general
3. pizarra   oficina   bolígrafo   libro
4. hombre   profesor   dólares   los
5. universidad gusto   lugar   mujer

B **Diptongos.** Practique las siguientes (*following*) palabras.

1. historia   secretaria gracias   estudiante materia
2. bien   Oviedo   siete   ciencias   diez
3. secretario biblioteca adiós   diccionario Antonio
4. cuaderno   Eduardo   el Ecuador Guatemala   Managua
5. bueno   nueve   luego   pueblo   Venezuela

C **Frases.** Practice saying each phrase as if it were one long word, pronounced without a pause.

1. el papel y el lápiz
2. la profesora y la estudiante
3. las ciencias y las matemáticas
4. la historia y la sicología
5. la secretaria y el profesor
6. el inglés y el español
7. la clase en la biblioteca
8. el libro en la librería

D **Canción española** (*Spanish song*)

Paso 1. Listen as your instructor says the following Spanish song. (The translation is given for you.)

Al Uruguay, ¡guay!
yo no voy, voy
porque temo naufragar.

To Uruguay, alas!
I'm not going, no
Because I fear my ship will founder.

Mándeme a París,
si es que le da igual.

Send me to Paris
if it's all the same to you.

Al Uruguay, ¡guay!
yo no voy, voy
porque temo naufragar.

To Uruguay, alas!
I'm not going, no
Because I fear my ship will founder.   (Continúa.)

Paso 2. Now repeat the words to the song, along with your instructor. Note especially how the diphthongs are pronounced and how words are linked together.

Minidiálogos y gramática

1 Identifying People, Places, and Things •
Singular Nouns: Gender and Articles*

En *la clase* del *profesor* Durán: *El* primer *día*

PROFESOR DURÁN: Aquí está *el programa* del *curso.* Son necesarios *el libro de texto* y *un diccionario.* También hay *una lista* de *novelas* y *libros* de *poesía.*

ESTUDIANTE 1: ¡Es *una lista* infinita!

ESTUDIANTE 2: Sí, y *los libros* cuestan demasiado.

ESTUDIANTE 3: No, *el problema* no es *el precio* de *los libros.* ¡Es *el tiempo* para leer *los libros*!

Elija (*Choose*) las palabras o frases correctas según el diálogo.

1. La clase del profesor Durán es de (literatura / filosofía).
2. En el curso del profesor Durán (es necesario / no es necesario) leer mucho.
3. En un curso de literatura (es lógico / no es lógico) usar un diccionario.

To name persons, places, things, or ideas, you need to be able to use nouns. In Spanish, all *nouns* (**los sustantivos**) have either masculine or feminine *gender* (**el género**). This is a purely grammatical feature of nouns; it does not mean that Spanish speakers perceive things or ideas as having male or female attributes.

---

*The grammar sections of *Puntos de partida* are numbered consecutively throughout the book. If you need to review a particular grammar point, the index will refer you to its page number.

In Professor Durán's class: The first day PROFESSOR DURÁN: Here's the course syllabus. The textbook and a dictionary are required. There is also a list of novels and poetry books. STUDENT 1: It's an immense list! STUDENT 2: Yes, and the books cost too much. STUDENT 1: No, the problem is not the price of the books. It's the time to read the books!

Since the gender of all nouns must be memorized, it is best to learn the definite article along with the noun; that is, learn **el lápiz** rather than just **lápiz**. The definite article will be given with nouns in vocabulary lists in this book.

	Masculine Nouns		Feminine Nouns	
Definite Articles	**el** hombre **el** libro	*the man* *the book*	**la** mujer **la** mesa	*the woman* *the table*
Indefinite Articles	**un** hombre **un** libro	*a (one) man* *a (one) book*	**una** mujer **una** mesa	*a (one) woman* *a (one) table*

Gender

A. Nouns that refer to male beings and most nouns that end in **-o** are *masculine* (**masculino**) in gender.

> **sustantivos masculinos:** hombre, libro

B. Nouns that refer to female beings and most nouns that end in **-a, -ción, -tad,** and **-dad** are *feminine* (**femenino**) in gender.

> **sustantivos femeninos:** mujer, mesa, nación, libertad, universidad

C. Nouns that have other endings and that do not refer to either male or female beings may be masculine or feminine. The gender of these words must be memorized.

> el lápiz, la clase, la tarde, la noche

D. Many nouns that refer to persons indicate gender
   1. by changing the last vowel

> el compañero ⟶ la compañera
> el bibliotecario ⟶ la bibliotecaria

   2. by adding **-a** to the last consonant of the masculine form to make it feminine

> un profesor ⟶ una profesora

E. Many other nouns that refer to people have a single form for both masculine and feminine genders. Gender is indicated by an article.

> **el** estudiante (*the male student*), **la** estudiante (*the female student*)
> **el** cliente (*the male client*), **la** cliente (*the female client*)
> **el** dentista (*the male dentist*), **la** dentista (*the female dentist*)

However, a few nouns that end in **-e** also have a feminine form that ends in **-a**.

> el presidente, la president**a**
> el dependiente (*the male clerk*), la dependient**a** (*the female clerk*)

OJO
A common exception to the normal rules of gender is the word **el día,** which is masculine in gender. Many words ending in **-ma** are also masculine: **el problema, el programa, el sistema,** and so on. Watch for these exceptions as you continue your study of Spanish.

Articles

A. In English, there is only one *definite article* (**el artículo definido**): *the.* In Spanish, the definite article for masculine singular nouns is **el;** for feminine singular nouns it is **la.**

definite article: *the*
m. sing. → **el**
f. sing. → **la**

B. In English, the singular *indefinite article* (**el artículo indefinido**) is *a* or *an.* In Spanish, the indefinite article, like the definite article, must agree with the gender of the noun: **un** for masculine nouns, **una** for feminine nouns. **Un** and **una** can mean *one* as well as *a* or *an.* Context determines meaning.

indefinite article: *a, an*
m. sing. → **un**
f. sing. → **una**

Práctica

A Artículos

Paso 1. Dé (*Give*) el artículo definido (**el, la**) apropiado.

1. escritorio *el*
2. biblioteca *la*
3. bolígrafo *el*
4. mochila *la*

5. hombre *el*
6. diccionario *el*
7. universidad *la*
8. dinero *el*

9. mujer *la*
10. nación *la*
11. bibliotecario *el*
12. calculadora *la*

Paso 2. Ahora (*Now*) dé el artículo indefinido (**un, una**) apropiado.

1. día *una*
2. mañana *una*
3. problema *una*

4. lápiz *un*
5. clase *una*
6. noche *una*

7. papel *un*
8. condición *una*
9. programa *una*

B Escenas de la universidad

Paso 1. Haga una oración con las palabras (*words*) indicadas.

MODELO: estudiante / librería → Hay un estudiante en la librería.

1. consejero / oficina
2. profesora / clase
3. lápiz / mesa
4. cuaderno / escritorio
5. libro / mochila

6. bolígrafo / silla   *There is*
7. palabra / papel
8. oficina / residencia
9. compañero / biblioteca

Paso 2. Now create new sentences by changing one of the words in each item in **Paso 1.** If you do this with a partner, try to come up with as many variations as possible.

MODELO: Hay un estudiante en la *residencia.* (Hay *una profesora* en la librería.)

Conversación

A Definiciones. Con un compañero / una compañera, definan estas palabras en español según el modelo.

MODELO: biblioteca / edificio → ESTUDIANTE 1: ¿La biblioteca?
ESTUDIANTE 2: Es un edificio.

Categorías: cosa, edificio, materia, persona

1. cliente / persona
2. bolígrafo / cosa
3. residencia / edificio
4. dependiente / ¿ ? ▷clerk
5. hotel (m.) / ¿ ?
6. calculadora / ¿ ?
7. computación / ¿ ?
8. inglés / ¿ ?
9. ¿ ?

B Asociaciones. Identifique dos cosas y dos personas que usted asocia con los siguientes (*following*) lugares.

MODELO: la clase → la silla, el libro de texto
el profesor, el estudiante

1. la biblioteca
2. la librería
3. una oficina
4. la residencia

2 Identifying People, Places, and Things •
Nouns and Articles: Plural Forms

El español ¡en directo!

inlingua®

CURSOS INTENSIVOS DE VERANO

INGLES, ALEMAN, ESPAÑOL, FRANCES, ITALIANO.

Cursos en nuestros propios centros en el extranjero con la garantía INLINGUA

SERVICIO TRADUCCIONES, INTERPRETES.

Pelayo, 58. Tel. 318 25 88
Fax 318 24 99
Rambla Cataluña, 33. Tel. 318 23 36
Vía Augusta, 82. Tel. 217 79 35
20 AÑOS DE EXITO

ANGLO AMERICAN INSTITUTE

INTENSIVOS EN BARCELONA
Julio y Septiembre

Curso especial de Recuperación
Especial COU - SELECTIVIDAD
Especial COU - USA

Grupos reducidos, lunes a jueves, énfasis en comprensión y expresión, para elevar el nivel oral. Equivalente a un trimestre como mínimo.

Información - Inscripción:
10-13 h. y 4 a 9 h.
lunes a jueves.

Vía Augusta 143, T. 209.87.11.

1. You should be able to find many nouns in these ads. Can you guess the meaning of most of them? There are also many plural nouns (nouns that indicate more than one of a group). Can you tell how to make nouns plural in Spanish, based on the nouns in the ads?

2. Look for the Spanish equivalent of the following English words.

- intensive
- small in size
- translations
- emphasis

Minidiálogos y gramática

	Singular	Plural	
Nouns Ending in a Vowel	**el** libro **la** mesa **un** libro **una** mesa	**los** libros **las** mesas **unos** libros **unas** mesas	*the books* *the tables* *some books* *some tables*
Nouns Ending in a Consonant	**la** universidad **un** papel	**las** universidades **unos** papeles	*the universities* *some papers*

A. Spanish nouns that end in a vowel form plurals by adding **-s.** Nouns that end in a consonant add **-es.** Nouns that end in the consonant **-z** change the **-z** to **-c** before adding **-es:**
lápiz → **lápices.**

Plurals in Spanish:

- vowel + **s**
- consonant + **es**
- **-z** → **-ces**

B. The definite and indefinite articles also have plural forms: **el** → **los, la** → **las, un** → **unos, una** → **unas. Unos** and **unas** mean *some, several,* or *a few.*

- **el** → **los**
- **la** → **las**
- **un** → **unos**
- **una** → **unas**

C. In Spanish, the masculine plural form of a noun is used to refer to a group that includes both males and females.

los amigos
the friends (both male and female)

unos extranjeros
some foreigners (both male and female)

Práctica

A **Singular** → **plural.** Dé la forma plural.

1. la mesa
2. el papel
3. el amigo
4. la oficina
5. un cuaderno
6. un lápiz
7. una universidad
8. un bolígrafo
9. un edificio

B **Plural** → **Singular.** Dé la forma singular.

1. los profesores
2. las calculadoras
3. las bibliotecarias
4. los estudiantes
5. unos hombres
6. unas tardes
7. unas residencias
8. unas sillas
9. unos escritorios

Conversación

A **Identificaciones.** Identifique las personas, las cosas y los lugares.

MODELO: Hay _____ en _____. → Hay unos estudiantes en la clase.

[handwritten: Some]
[handwritten: unas = some Female]
[handwritten: jente = people]

Palabras útiles: la computadora, el experimento, la planta, el teléfono

1.   2.

B **Semejanzas** (*Similarities*) **y diferencias**

Paso 1. ¿Cuáles son las semejanzas y las diferencias entre los dos cuartos?
Hay por lo menos (*at least*) seis diferencias.

MODELO: En el dibujo A, hay _____.
En el dibujo B, hay sólo (*only*) _____.
En el escritorio del dibujo A, hay _____.
En el escritorio del dibujo B, hay _____.

[handwritten: esta en → on]
[handwritten: writing - desk]

Palabras útiles: la cama (*bed*), la computadora, el estante (*bookshelf*), la
lámpara, la planta

Ⓐ   Ⓑ

Paso 2. Ahora indique qué hay en su propio (*own*) cuarto. Use palabras del
Paso 1.

MODELO: En mi cuarto hay _____. En mi escritorio hay _____.

Minidiálogos y gramática

La profesora Alma Flor Ada

Training a generation of young teachers to teach a wide variety of subjects to children in Spanish-language bilingual education programs is the mission of Cuban-born professor Alma Flor Ada. Although the issue of bilingual education is a controversial one for many people, since the passage of the Bilingual Education Act in 1968, public schools have been mandated to teach non-English-speaking students in their native language until they have learned enough English to enter regular classes. Because Spanish is the most widely spoken language in the U.S. other than English, the majority of the country's bilingual education programs involve Spanish-speaking teachers and students.

La doctora Alma Flor Ada

Dr. Ada is a professor of education at the University of San Francisco and has been training teachers for more than two decades. In addition to her regular teaching duties, she conducts seminars and workshops across the country and is the author of numerous books of stories and poems for children. In 1988 she was awarded the prestigious Premio Martha Salotti for her book *Encaje de piedra*.[a] She also appears on a series of videos in which she reads classic Spanish children's poems as well as her own works.

Exposing Spanish-speaking children to their rich literary heritage is important both because of its intrinsic value and because it helps affirm the child's culture, family, and self. Children who are encouraged to have a strong, positive self-image in school are children who tend to excel.

[a]Encaje... *Stone Lace*

---

3 | Expressing Actions • Subject Pronouns; Present Tense of *-ar* Verbs; Negation

Escuchando furtivamente

Escuche lo que Diego le dice a Lupe. Luego haga el papel de Lupe. Modifique las oraciones de Diego con **no** si es necesario.

DIEGO: *Yo hablo* con mi familia con frecuencia. Por eso *pago* mucho en cuentas de teléfono. ¿Y *tú*?

LUPE: [...]

DIEGO: *Sí. Necesito* dinero para comprar libros. Por eso *enseño* inglés a un estudiante de matemáticas. ¿Y *tú*?

LUPE: [...]

DIEGO: En mi tiempo libre *escucho* música. También *toco* la guitarra. En las fiestas *bailo* mucho y *tomo* cerveza con mis amigos. Los fines de semana, *busco* libros de antropología en las librerías. ¿Y *tú*?

LUPE: [...]

Eavesdropping   *Listen to what Diego is saying to Lupe. Then play the role of Lupe. Modify Diego's sentences with **no** if necessary.*
DIEGO: I speak often with my family. That's why I pay a lot in telephone bills. And you? LUPE: [...]
DIEGO: Yes. I need money to buy books. That's why I teach English to a math student. And you?
LUPE: [...] DIEGO: In my spare time I listen to music. I also play guitar. At parties I dance a lot and drink beer with my friends. On weekends, I look for anthropology books in bookstores. And you?
LUPE: [...]

Comprensión: ¿Cierto o falso?

1. Diego no habla mucho con su familia.
2. Es estudiante de ciencias.
3. No le gusta la música.
4. Es una persona introvertida y solitaria.
5. Habla francés.

	Subject Pronouns		
Singular		**Plural**	
yo	I	**nosotros / nosotras**	we
tú	you (*fam.*)	**vosotros / vosotras**	you (*fam. Sp.*)
usted (Ud.)[*]	you (*form.*)	**ustedes (Uds.)**[*]	you (*form.*)
él	he	**ellos / ellas**	they
ella	she		

A. Several *subject pronouns* (**los pronombres personales**) have masculine and feminine forms. The masculine plural form is used to refer to a group of males as well as to a group of males and females.

> **pronoun** = a word that takes the place of a noun
> Ted → *he*
> Martha and Ted → *they*

ellos = *they* (all males; males and females)
ellas = *they* (all females)

B. Spanish has different words for *you*. In general, **tú** is used to refer to a close friend or a member of your family, while **usted** is used with people with whom the speaker has a more formal or distant relationship. The situations in which **tú** and **usted** are used also vary among different countries and regions.

C. In Latin America and this country, the plural for both **usted** and **tú** is **ustedes.** In Spain, however, **vosotros/vosotras** is the plural of **tú,** while **ustedes** is used as the plural of **usted** exclusively.

Latin America, North America
tú
usted } ustedes

Spain
tú → vosotros/vosotras
usted → ustedes

D. Subject pronouns are not used as frequently in Spanish as they are in English and may usually be omitted. You will learn about the uses of Spanish subject pronouns in **Capítulo 2.**

---

[*]**Usted** and **ustedes** are frequently abbreviated in writing as **Ud.** or **Vd.,** and **Uds.** or **Vds.,** respectively.

Verbs: Infinitives and Personal Endings

A. The *infinitive* (**el infinitivo**) of a verb indicates the action or state of being, with no reference to who or what performs the action or when it is done (present, past, or future). In Spanish all infinitives end in **-ar, -er,** or **-ir.**

-ar: habl*ar*   *to speak*
-er: com*er*   *to eat*
-ir: viv*ir*   *to live*

Infinitives in English are indicated by *to: to* speak, *to* eat, *to* live.

B. To *conjugate* (**conjugar**) a verb means to give the various forms of the verb with their corresponding subjects: *I speak, you speak, she speaks,* and so on. All regular Spanish verbs are conjugated by adding *personal endings* (**las terminaciones personales**) that reflect the subject doing the action. These are added to the *stem* (**la raíz** or **el radical**), which is the infinitive minus the infinitive ending.

hablar → habl-
comer → com-
vivir → viv-

C. The right-hand column shows the personal endings that are added to the stem of all regular **-ar** verbs:

Regular **-ar** verb endings:
-o, -as, -a, -amos, -áis, -an.

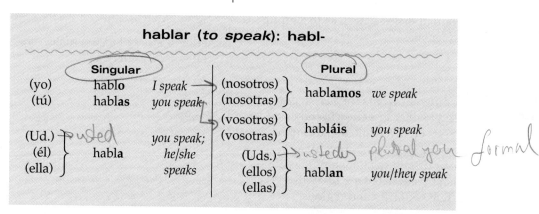

hablar (*to speak*): habl-

	Singular				Plural	
(yo)	hablo	*I speak*	(nosotros) (nosotras)		hablamos	*we speak*
(tú)	hablas	*you speak*	(vosotros) (vosotras)		habláis	*you speak*
(Ud.) (él) (ella)	~~usted~~ habla	*you speak; he/she speaks*	(Uds.) (ellos) (ellas)	~~ustedes~~ *plural you formal*	hablan	*you/they speak*

Some important **-ar** verbs in this chapter include those on the right.

O J O Note that in Spanish the meaning of the English word *for* is included in the verbs **buscar** (*to look for*) and **pagar** (*to pay for*); *to* is included in **escuchar** (*to listen to*).

bailar	to dance	**hablar**	to speak; to talk
buscar	to look for	**necesitar**	to need
cantar	to sing	**pagar**	to pay (for)
comprar	to buy	**practicar**	to practice
desear	to want	**regresar**	to return (*to a place*)
enseñar	to teach, *to show*	**tocar**	to play (*a musical instrument*) *to touch*
escuchar	to listen (to)	**tomar**	to take; to drink
estudiar	to study	**trabajar**	to work

tocar → to touch

D. As in English, when two Spanish verbs are used in sequence and there is no change of subject, the second verb is usually in the infinitive form.

Necesito llamar a mi familia.
I need to call my family.
Me **gusta bailar.**
I like to dance.

E. In both English and Spanish, conjugated verb forms also indicate the *time* or *tense* (**el tiempo**) of the action: *I speak* (present), *I spoke* (past).

Some English equivalents to the present tense forms of Spanish verbs are shown at the right.

hablo
{
I speak	Simple present tense
I am speaking	Present progressive (indicates an action in progress)
I will speak	Near future action

Negation

In Spanish the word **no** is placed before the conjugated verb to make a negative sentence.

↳ *important*

El estudiante **no** habla español.
The student doesn't speak Spanish.

No, **no** necesito dinero.
No, I don't need money.

Práctica

A **Mis compañeros y yo**

Paso 1. Read the following statements and tell whether they are true for you and your classmates and for your classroom environment. If any statement is not true for you or your class, make it negative or change it in another way to make it correct.

MODELO: Toco el piano. → Sí, toco el piano.
(No, no toco el piano. Toco la guitarra.)

1. Necesito dinero. *Sing.*
2. Trabajo en la biblioteca. *Sing*
3. Tomo ocho clases este semestre/trimestre (*this term*). *Sing* en = in
4. En clase, cantamos en francés. *Plural*
5. Deseamos practicar el español. *plural*
6. Tomamos cerveza en clase. *plur.*
7. El profesor / La profesora enseña español. *el or ella*
8. El profesor / La profesora habla muy bien el alemán. ↳ *german*

Paso 2. Now turn to the person next to you and rephrase each sentence, using **tú** forms of the verbs in all cases. Your partner will indicate whether the sentences are true for him or her.

MODELO: ¿Tocas el piano? → Sí, toco el piano. (No, no toco el piano.)

B **En una fiesta.** The following paragraphs describe a party. Scan the paragraphs first, to get a general sense of their meaning. Then complete the paragraphs with the correct form of the numbered infinitives.

Esta noche[a] hay una fiesta en el apartamento de Marcos y Julio. Todos[b] los estudiantes (cantar[1]) y (bailar[2]). Una persona (tocar[3]) la guitarra y otras personas (escuchar[4]) la música.

Jaime (buscar[5]) un café. Marta (hablar[6]) con un amigo. María José (desear[7]) enseñarles a todos[c] un baile[d] de Colombia. Todas las estudiantes desean (bailar[8]) con el estudiante mexicano—¡él (bailar[9]) muy bien!

La fiesta es estupenda, pero todos (necesitar[10]) regresar a casa[e] o a su[f] cuarto temprano.[g] ¡Hay clases mañana!

[a]Esta... *Tonight* [b]*All* [c]enseñarles... *to teach everyone* [d]*dance* [e]a... *home* [f]*their* [g]*early*

Comprensión: ¿Cierto o falso?

1. Marcos es un profesor de español.
2. A Jaime le gusta la cerveza.
3. María José es de Colombia.
4. Los estudiantes desean bailar.

Conversación

A **Oraciones lógicas.** Form at least eight complete logical sentences by using one word or phrase from each column. The words and phrases may be used more than once, in many combinations. Be sure to use the correct form of the verbs. Make any of the sentences negative, if you wish.

MODELO: Yo no estudio francés.

yo	comprar	la guitarra, el piano, el violín
(estudiante), tú	regresar	el edificio de ciencias
nosotros (los miembros de esta clase)	buscar	en la cafetería, en la universidad
los estudiantes de aquí (*here*)	trabajar	en una oficina, en una librería
el extranjero	hablar	a casa por la noche
	tocar	a la biblioteca a las dos
un secretario	enseñar	francés, alemán
un profesor de español	pagar	bien el español
un dependiente	tomar	los libros de texto con un cheque
	estudiar	libros y cuadernos en la librería
	desear	tomar una clase de computación
	necesitar	hablar bien el español
		estudiar más (*more*)
		comprar una calculadora, una mochila
		pagar la matrícula (*tuition*) en septiembre

(no) is placed before the verb column.

The Verb *estar*

Estar is another Spanish **-ar** verb. It means *to be*, and you have already used forms of it to ask how others are feeling or to tell where things are located. Here is the complete conjugation of **estar.** Note that the **yo** form is irregular. The other forms take regular **-ar** endings, and some have a shift in the stress pattern (indicated by the accented **á**).

yo	**estoy**	nosotros/as	**estamos**
tú	**estás**	vosotros/as	**estáis**
Ud., él, ella	**está**	Uds., ellos, ellas	**están**

esta used for location and for permanent condition

You will learn the uses of the verb **estar,** along with those of **ser** (the other Spanish verb that means *to be*), gradually, over the next several chapters. For now, just answer the following questions, using forms of **estar.**

1. ¿Cómo está Ud. en este momento (*right now*)?
2. ¿Cómo están sus (*your*) compañeros de clase?
3. ¿Dónde está Ud. en este momento?

B **¿Qué hacen?** (*What are they doing?*) *doing (they)* Tell where these people are and what they are doing. Note that the definite article is used with titles when you are talking about a person: **el señor, la señora, la señorita, el profesor, la profesora.**

MODELO: La Sra. Martínez _____. →
La Sra. Martínez está en la oficina. Busca un libro, trabaja...

Frases útiles: hablar por teléfono, preparar la lección, pronunciar las palabras, tomar apuntes (*to take notes*), usar una computadora

1. Estas (*These*) personas _____.
   La profesora Gil _____.
   Casi (*Almost*) todos los estudiantes _____.
   Unos estudiantes _____.

2. Estas personas están _____.
   El Sr. Miranda _____.
   La bibliotecaria _____.
   El secretario _____.

3. Estas personas _____.
   El cliente _____.
   La dependienta _____.

You can use the preposition **por** to mean *in* or *during*.

Estudio **por** la mañana y trabajo **por** la tarde. **Por** la noche, estoy en casa con
la familia.
*I study in the morning and I work in the afternoon. During the evening (At night),
I'm at home with my family.*

Remember that the phrases **de la mañana (tarde, noche)** are used when a
specific hour of the day is mentioned.

C **Entrevista.** Use the following questions as a guide to interview a classmate, and take notes on what he or she says. (Remember to write down the
answers to your partner's questions using the **él/ella** form of the verbs.) Your
instructor may want you to hand in your notes so that he or she can get to
know the students better.

MODELO: ESTUDIANTE 1: Karen, ¿estudias filosofía?
ESTUDIANTE 2: No, no estudio filosofía. Estudio música.
ESTUDIANTE 1: (escribe [*writes*]): Karen no estudia filosofía.
Estudia música.

1. ¿Estudias mucho o poco (*a lot or a little*)? ¿Dónde estudias, en casa (*at
home*), en la residencia o en la biblioteca? ¿Cuándo estudias, por la tarde
o por la noche?
2. ¿Cantas bien o mal (*poorly*)? ¿Tocas algún (*any*) instrumento musical?
¿Cuál es (el piano, la guitarra, el violín...)?
3. ¿Trabajas? ¿Dónde? ¿Cuántas horas a la semana (*per week*) trabajas?
4. ¿Quiénes pagan los libros de texto, tú o los profesores? ¿Qué más
necesitas pagar? ¿diccionarios? ¿el alquiler (*rent*)? ¿ ?

4 Getting Information • Asking Yes/No Questions

En una universidad: La oficina de matrícula

ESTUDIANTE: Necesito una clase más por la mañana.
¿*Hay sitio* en la clase de sicología 2?
CONSEJERO: Imposible, señorita. No hay.
ESTUDIANTE: ¿*Hay un curso* de historia o de matemáticas?
CONSEJERO: Sólo por la noche. ¿*Desea Ud. tomar* una clase
por la noche?
ESTUDIANTE: Trabajo por la noche. Por eso necesito una clase
por la mañana.
CONSEJERO: Pues... ¿qué tal el francés 10? Hay una clase a
las diez de la mañana.

ESTUDIANTE: *¿El francés 10? Perfecto. Pero, ¿no necesito tomar* primero el francés 1?

Comprensión

1. ¿Necesita la señorita dos clases más?
2. ¿Hay sitio en sicología 2?
3. ¿Hay cursos de historia o de matemáticas por la mañana?
4. ¿A qué hora es la clase de francés 10?
5. ¿Cuál es el problema con la clase de francés 10?

There are two kinds of questions: information questions and yes/no questions. Questions that ask for new information or facts that the speaker does not know often begin with *interrogative words* such as *who, what,* and so on. (You learned many interrogative words in **Ante todo**.) *Yes/no questions* are those that permit a simple *yes* or *no* answer.

Yes/no questions:
Do you speak French? →
No, I don't (speak French).

Rising Intonation

A common way to form yes/no questions in Spanish is to simply to make your voice rise at the end of the question.

> **O J O**
> There is no Spanish equivalent to English *do* or *does* in questions. Note also the use of an inverted question mark (¿) at the beginning of a question.

STATEMENT:	Ud. trabaja aquí todos los días. *You work here every day.*
	Arturo regresa a casa hoy. *Arturo is returning home today.*
QUESTION:	¿Ud. trabaja aquí todos los días? *Do you work here every day?*
	¿Arturo regresa a casa hoy? *Is Arturo returning home today?*

Inversion

Another way to form yes/no questions is to invert the order of the subject and verb, in addition to making your voice rise at the end of the question.

STATEMENT:	**Ud.** trabaja aquí todos los días.
QUESTION:	¿Trabaja **Ud.** aquí todos los días?
STATEMENT:	**Arturo** regresa a casa hoy.
QUESTION:	¿Regresa **Arturo** a casa hoy?

At a university: The registration office STUDENT: I need one more class in the morning. Is there space in Psychology 2? ADVISOR: Impossible, Miss. There's no room. STUDENT: Is there a history or math class? ADVISOR: Only at night. Do you want to take a night course? STUDENT: I work at night. That's why I need a class in the morning. ADVISOR: Well . . . what about French 10? There's a class at ten in the morning. STUDENT: French 10? Perfect. But don't I need to take French 1 first?

Práctica

Una conversación entre (*between*) **Diego y Lupe.** Diego and Lupe recently met each other. While having coffee, Lupe asks Diego some questions to find out more about him. Ask Lupe's questions that led to Diego's answers.

MODELO: Sí, estudio antropología. → ¿Estudias antropología?

1. Sí, soy norteamericano (*from the United States*).   *De donde erres*
2. Sí, estudio con frecuencia.   *Quanto estudias*
3. No, no toco el piano. Toco la guitarra clásica.   *Que tocas*
4. No, no deseo trabajar más horas.   *Quantas oras*
5. No, no hablo francés, pero hablo un poco de (*a little bit of*) italiano.
6. ¡No, no soy reservado! Soy muy extrovertido.

Conversación

¿Qué haces? (*What do you do?*)

Paso 1.   Use the following cues as a guide to form questions to ask a classmate. Of course, you may ask other questions as well. Write the questions on a sheet of paper first, if you like. (¡OJO! Use the **tú** form of the verbs with your partner.)

1. estudiar en la biblioteca por la noche
2. practicar español con un amigo / una amiga
3. tomar café por la mañana
4. bailar mucho en las fiestas
5. tocar un instrumento musical
6. regresar a casa muy tarde a veces (*sometimes*)

Paso 2.   Now use the questions to get information from your partner. Jot down his or her answers for use in **Paso 3.**

MODELO: ¿Estudias en la biblioteca... ?

Paso 3.   With the information you gathered in **Paso 2,** report your partner's answers to the class. (You will use the **él/ella** form of the verbs when reporting.)

MODELO: Jenny no estudia en la biblioteca por la noche. Estudia en casa.

^a¿Qué... *What the devil is that?*   ^bvos = tú en la Argentina y el Uruguay   ^c*Do you understand?*

Situaciones

In this **Situaciones** dialogue, Diego González and Lupe Carrasco, two students at UNAM, run into each other at the campus bookstore. Pay close attention to the topic of their discussion. What are they talking about?

Diego y Lupe se tropiezan[a] *en la librería.*

DIEGO: ¡Ay, perdón!
LUPE: No hay por qué. ¡Ay, Diego!
DIEGO: ¡Lupe! ¿Qué haces?[b]
LUPE: Busco un libro para la clase de antropología.
DIEGO: ¿Te gusta la antropología?
LUPE: Sí, me gusta mucho. Sobre todo,[c] me gusta la antropología precolombina.
DIEGO: ¿En serio?[d] Es mi[e] materia favorita. ¿Qué clase tomas?
LUPE: Tomo la clase del profesor Salazar. Es una clase fascinante.
DIEGO: Yo tambien tomo esa[f] clase. Así que[g] somos compañeros... Bueno, Lupe, nos vemos en clase.
LUPE: Sí, nos vemos.

[a]*se... bump into each other* [b]*¿Qué... What are you doing?* [c]*Sobre... Above all* [d]*¿En... Really?* [e]*my*
[f]*that* [g]*Así... So*

Con un compañero / una compañera

With a partner, practice telling each other what classes you are taking this semester / quarter. You should be able to give the following information:

- course names
- professor names
- which class is your favorite

Un poco de todo

A **Conversaciones en la cafetería**

Paso 1. Form complete questions and answers based on the words given, in the order given. Conjugate the verbs and add other words if necessary. Do not use the subject pronouns in parentheses.

PREGUNTAS

1. ¿buscar (tú) / libro de español?
2. ¿no trabajar / Paco / aquí / en / cafetería?
3. ¿qué más / necesitar / Uds. / en / clase de cálculo?
4. ¿dónde / estar / Juanita?
5. ¿no desear (tú) / estudiar / minutos / más?

RESPUESTAS

1. no, / (yo) necesitar / regresar / a casa
2. no, / (yo) buscar / mochila
3. (nosotros) necesitar / calculadora / y / cuaderno
4. no, / él / trabajar / en / biblioteca
5. ella / trabajar / en / residencia / por / tardes

Paso 2. Now match the answers with the questions to form short conversational exchanges or practice them with a partner, if you wish.

B **Una carta** (*letter*) **a una amiga.** Complete the following paragraphs from Ángela's letter about college to a friend in her hometown. Give the correct form of the words in parentheses, as suggested by the context. When two possibilities are given in parentheses, select the correct word.

Mi amiga Kathy y yo estamos muy contentas. ¡Todo (ser[1]) fantástico! Kathy (tomar[2]) cuatro clases y yo, cinco. (*Nosotras:* estudiar[3]) mucho. A mí (me/te[4]) gusta ir[a] temprano a la cafetería. A esas horas[b] hay unos donuts riquísimos.[c] (*Yo:* comprar[5]) un café y dos donuts y (estudiar[6]) unos minutos o media hora, especialmente para[d] (el/la[7]) clase de español.

En la residencia hay (un/una[8]) estudiante de Puerto Rico, Luisa, que vive[e] en el cuarto de enfrente.[f] Con Luisa (*nosotras:* practicar[9]) (el/la[10]) pronunciación. Ella también nos[g] enseña canciones en español. Kathy (cantar[11]) muy mal, pero (bailar[12]) la salsa muy bien... o «chévere», como dice Luisa.[h]

Kathy y yo también (trabajar[13]). Yo trabajo en la biblioteca (por/de[14]) las tardes. Kathy no trabaja en (el/la[15]) universidad, pero su trabajo no (ser[16]) muy diferente. Es (cliente/dependienta[17]) en una librería. ¡Las dos (*nosotras:* estar[18]) con libros todo (el/la[19]) día!

[a]*to go* [b]*A... At that hour* [c]*extremely delicious* [d]*for* [e]*que... who lives* [f]*de... in front (of us)* [g]*us* [h]*como... as Luisa says*

Comprensión: ¿Cierto o falso? Which of these statements do you agree with after reading Ángela's letter? Change incorrect statements to make them true.

1. Ángela toma español 1 en la universidad.
2. A Ángela no le gusta el español como materia.
3. Ángela no estudia con frecuencia.
4. Todos los amigos de Ángela son de habla inglesa (*English-speaking*).

C **¿Qué pasa** (*What's happening*) **en la fiesta?**

Paso 1. With a classmate, briefly describe what's going on in the following scene.

Paso 2. Now compare the scene above with parties *you* go to. You can use the **nosotros** form of verbs to describe what you and your friends do at these parties.

Vocabulario útil: descansar (*to rest*), escuchar, fumar (*to smoke*), mirar una película/la tele (*to watch a movie/TV*), tocar el piano/la guitarra, tomar cerveza/vino/refrescos (*beer/wine/soft drinks*)

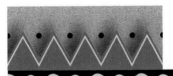
Vocabulario

Los verbos

bailar	to dance
buscar	to look for
cantar	to sing
comprar	to buy
desear	to want
enseñar	to teach
escuchar	to listen (to)
estar (*irreg.*)	to be
estudiar	to study
hablar	to speak; to talk

hablar por teléfono	to talk on the phone
necesitar	to need
pagar	to pay (for)
practicar	to practice
regresar	to return (*to a place*)
regresar a casa	to go home
tocar	to play (*a musical instrument*)
tomar	to take; to drink
trabajar	to work

Los lugares

el apartamento	apartment
la biblioteca	library
la cafetería	cafeteria
la clase	class
el cuarto	room
el edificio	building
la fiesta	party
la librería	bookstore
la oficina	office
la residencia	dormitory
la universidad	university

Las personas

el/la amigo/a	friend
el/la bibliotecario/a	librarian
el/la cliente	client
el/la compañero/a (de clase)	classmate
el/la compañero/a de cuarto	roommate
el/la consejero/a	advisor
el/la dependiente/a	clerk
el/la estudiante	student
el/la extranjero/a	foreigner
el hombre	man
la mujer	woman
el/la profesor(a)	professor
el/la secretario/a	secretary

Las lenguas (extranjeras)

el alemán	German
el español	Spanish
el francés	French
el inglés	English
el italiano	Italian

Otras materias

la administración de empresas, el arte, las ciencias, la computación, las comunicaciones, la economía, la filosofía, la física, la historia, las humanidades, la literatura, las matemáticas, la química, la sicología, la sociología

Las cosas

el bolígrafo	pen
la calculadora	calculator
el cuaderno	notebook
el diccionario	dictionary
el dinero	money
el escritorio	desk
el lápiz (*pl.* lápices)	pencil
el libro (de texto)	(text)book
la mesa	table
la mochila	backpack
el papel	paper
la pizarra	chalkboard
la puerta	door
la silla	chair
la ventana	window

Otros sustantivos

el café	coffee
la cerveza	beer
el día	day
la matrícula	tuition

¿Cuándo?

el fin de semana	weekend
con frecuencia	frequently
por la mañana (tarde, noche)	in the morning (afternoon, evening)
tarde/temprano	late/early
todos los días	every day

Palabras adicionales

aquí	here
con	with
en casa	at home
mal	poorly
más	more
mucho	much; a lot
muy	very
poco	little; a little bit
por eso	therefore
si	if
sólo	only

Un paso más 1

•LECTURA

Estrategia: More on Guessing Meaning from Context

As you learned in **El mundo hispánico** (**Ante todo**), you can often guess the meaning of unfamiliar words from the context (the words that surround them) and by using your knowledge about the topic in general. Making "educated guesses" about words in this way will be an important part of your reading skills in Spanish.

What is the meaning of the underlined words in these sentences?

1. En una lista alfabetizada, la palabra **grande** aparece <u>antes de</u> **grotesco.**
2. El edificio no es moderno; es <u>viejo</u>.
3. Me gusta estudiar español, pero detesto la biología. En general, <u>odio</u> las ciencias como materia.

Some words are underlined in the following reading (and in the readings in subsequent chapters). Try to guess their meaning from context.

Like the passages in **Ante todo** and some others in subsequent chapters, this reading contains section subheadings. Scanning these subheadings in advance will help you make predictions about the reading's content, which will also help to facilitate your overall comprehension. Another useful way to manage longer passages is to read section by section. At this point, don't try to understand every word. Your main objective should be to understand the general content of the passage.

▶ **Sobre la lectura...** This reading was written by the authors of *Puntos de*
▶ *partida* for students of Spanish like you. Later on in this text, you will have
▶ the chance to work with more "authentic" readings.

Las universidades hispánicas

Introducción

En el mundo hispánico—y en los Estados Unidos—hay universidades grandes[a] y <u>pequeñas</u>; públicas, religiosas y privadas; modernas y antiguas. Pero el concepto de «vida[b] universitaria» es diferente.

El campus

Por ejemplo, en los países[c] hispánicos la universidad no es un centro de actividad social. No hay muchas residencias estudiantiles. En general, los estudiantes <u>viven</u> en pensiones[d] o en casas particulares[e] y <u>llegan</u> a la universidad

(Continúa.)

[a]*large* [b]*life* [c]*naciones* [d]*boarding houses* [e]*private*

Estudiantes de Medicina en Caracas, Venezuela

Los deportes

Otra diferencia es que en la mayoría[k] de las universidades hispánicas los <u>deportes</u> no son muy importantes. Si los estudiantes desean practicar un deporte —el tenis, el fútbol o el béisbol— hay clubes deportivos, pero estos[l] no forman parte de la universidad.

Las diversiones[m]

Como se puede ver,[n] la forma y la organización de la universidad son diferentes en las dos culturas. Pero los estudiantes estudian y se divierten[o] en todas partes.[p] A los estudiantes hispanos —así como[q] a los norteamericanos— les gusta mucho toda clase de música: la música moderna —la nacional[r] y la <u>importada</u> (y hay para todos: Madonna, Sting, R.E.M., ...)— la música clásica y la música con raíces[s] tradicionales. Otras diversiones preferidas por los estudiantes son las discotecas y los cafés. Hay cafés ideales para hablar con los amigos. También hay exposiciones de arte, <u>obras</u> de teatro y películas[t] interesantes.

Conclusión

Los días favoritos de muchos jóvenes[u] hispánicos son los fines de semana. ¿Realmente son muy distintos los estudiantes hispanos? ●

en coche o en autobús. En algunas[f] universidades hay un *campus* similar a los de[g] las universidades de los Estados Unidos. En estos casos se habla[h] de la «ciudad[i] universitaria». Otras universidades ocupan sólo un edificio grande, o posiblemente varios edificios, pero no hay zonas verdes.[j]

[f]*some* [g]*los... those of* [h]*se... one speaks* [i]*city* [j]*green* [k]*majority* [l]*they* (lit. *these*) [m]*entertainment* [n]*Como... As you can see* [o]*se... have a good time* [p]*en... everywhere* [q]*así... like* [r]*la... (music) from their own country* [s]*roots* [t]*movies* [u]*young people*

Comprensión

A **¿Cierto o falso?** Indique si las siguientes oraciones son ciertas o falsas.

1. En los países hispánicos, la mayoría de los estudiantes vive en residencias.
2. En las universidades hispánicas, los deportes ocupan un lugar esencial en el programa de estudios del estudiante.
3. En una universidad hispánica, no hay mucho tiempo para asistir a (*time for attending*) conciertos y exposiciones de arte.
4. No hay mucha diferencia entre (*between*) una universidad hispánica y una universidad norteamericana con respecto al *campus*.
5. La música es una diversión para los estudiantes en todas partes.

B ¿Qué universidad? Indique si las siguientes oraciones son de un estudiante de la Universidad de Sevilla o de un estudiante de la Universidad de Michigan... ¡o de los dos!

	SEVILLA	MICHIGAN	LOS DOS
1. «Me gusta jugar al Frisbee en el *campus.*»	☐	☐	☐
2. «La casa es muy cómoda (*comfortable*) y tengo derecho a usar la cocina (*I have kitchen privileges*).»	☐	☐	☐
3. «Después de mi clase, ¿qué tal si tomamos un café?»	☐	☐	☐
4. «El sábado (*Saturday*) hay un partido de basquetbol. ¿Deseas ir (*to go*)?»	☐	☐	☐

PARA ESCRIBIR

A Una comparación. Compare su propia (*your own*) universidad con una universidad hispánica, completando (*by completing*) la siguiente tabla con información de la lectura.

	La universidad hispánica	Mi universidad
Alojamiento (*Housing*)	pensiones, casas particulares	
El *campus*		
Deportes		
Diversiones	música, discotecas, cafés, películas, exposiciones de arte	

B In light of what you now know about some differences and similarities between universities in the United States and in Hispanic countries, what information do you think would be important to share with a Hispanic student planning on studying at *your* university? In a brief paragraph, describe your university to such a student. Use the information from the table above as well as other facts: **el número de residencias; si la universidad es grande/ pequeña, pública/privada; el edificio más grande** (*biggest*); and so on.

Mi universidad...

ACTIVIDADES

Actividad A   Entrevista: La vida en la universidad

Paso 1.   Are the following sentences true (**cierto**) or false (**falso**) for you?

		CIERTO	FALSO
1.	Tomo cuatro clases este (*this*) semestre/trimestre.	☐	☐
2.	Estudio español porque es un requisito en esta (*this*) universidad.	☐	☐
3.	Estudio mucho en la biblioteca.	☐	☐
4.	Trabajo para pagar la matrícula y los libros.	☐	☐
5.	Necesito tomar café por la mañana.	☐	☐
6.	Hay muchas fiestas en esta universidad.	☐	☐
7.	Me gusta mucho esta universidad.	☐	☐

Paso 2.   Write three sentences about your life at the university, such as courses you like, when and where you practice Spanish, and so on, that are true for you.

Paso 3.   Now ask two classmates questions based on the sentences you wrote and jot down their responses.

MODELO: ¿Tomas cuatro clases este semestre/trimestre? (¿Cuántas clases tomas este semestre/trimestre?)

Paso 4.   Finally, compare what is true for you and your classmates about college life. Use your notes from the previous **pasos** and vocabulary from the following **A propósito...** section.

MODELO: David y yo tomamos cuatro clases este trimestre, pero Sally toma cinco.

A propósito... Using Linking Words

When you first begin to study Spanish, you may think that you can only speak or write very simple sentences because your knowledge of Spanish vocabulary and grammar seems limited. The following words can help you form more interesting sentences by linking together two or more words, phrases, or short sentences.

y and   **también** also   **pero** but   **por eso** therefore

Note the different impression made by the following sentences.

- María enseña inglés. Estudia francés. → María enseña inglés **y** (**pero**) estudia francés.

- Pepe canta bien. José canta mal. → Pepe canta bien **pero** José canta mal.
- No bailo bien. No bailo esta noche (*tonight*). → No bailo bien; **por eso** no bailo esta noche.

Actividad B   Las correcciones de la profesora

Paso 1.   As Professor Jiménez corrects the compositions of her first-year Spanish students, she finds that the following pairs of sentences are all grammatically correct, but they could be combined. Consider the probable relationship between the two sentences and, using the words given in **A propósito...** , combine them as you think she might.

1. Hans habla alemán. Estudia inglés.
2. Gina habla italiano y francés. No habla español.
3. Necesitamos comprar un diccionario. Buscamos una librería.
4. Marta estudia ciencias. Necesita estudiar matemáticas.
5. Julio canta mal. Baila bien.
6. Ellos estudian el capítulo uno. Nosotros estudiamos el capítulo dos.
7. Delia necesita pagar la matrícula. Trabaja todas las tardes.

^aYo... *I trust*   ^bQué... *How gullible can you get?*

Paso 2.   Now go back to the information you learned by doing the interview in **Actividad A.** (If you prefer, you can also use the information you learned in any of the **Entrevista** activities in **Capítulo 1.**) Can you take the sentences and link them together so that they flow more smoothly?

La familia

Aquí está una familia española. ¿Quiénes son los miembros de la familia? ¿Cuántas generaciones hay en la foto?

Cádiz, España

In this chapter, you will study vocabulary and structures that will allow you to
- talk about your family and family members and express numbers up to 100 (**Vocabulario: Preparación**)
- use the verb *ser* (to be) to identify and describe (**Grammar Section 5**)
- describe people and things using adjectives (**6**)
- express more actions (**7**)

As you work through the chapter, see how much you can learn about what families and family life are like in Spanish-speaking countries.

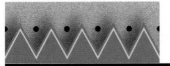

Vocabulario: Preparación

relatives

La familia y los parientes°

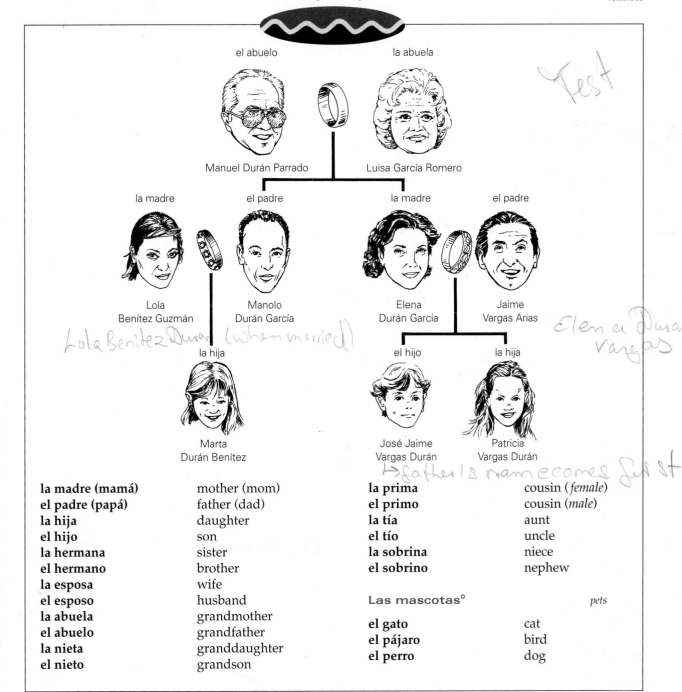

el abuelo — Manuel Durán Parrado

la abuela — Luisa García Romero

la madre — Lola Benítez Guzmán

Lola Benitez Duran (when married)

el padre — Manolo Durán García

la madre — Elena Durán García

Elena Duran Vargas

el padre — Jaime Vargas Arias

la hija — Marta Durán Benítez

el hijo — José Jaime Vargas Durán

la hija — Patricia Vargas Durán

→ father's name comes first

Test

la madre (mamá)	mother (mom)	la prima	cousin (*female*)
el padre (papá)	father (dad)	el primo	cousin (*male*)
la hija	daughter	la tía	aunt
el hijo	son	el tío	uncle
la hermana	sister	la sobrina	niece
el hermano	brother	el sobrino	nephew
la esposa	wife		
el esposo	husband	**Las mascotas°**	*pets*
la abuela	grandmother	el gato	cat
el abuelo	grandfather	el pájaro	bird
la nieta	granddaughter	el perro	dog
el nieto	grandson		

el padrastro / la madrastra	stepfather/stepmother
el hijastro / la hijastra	stepson/stepdaughter
el hermanastro / la hermanastra	stepbrother/stepsister
el medio hermano / la media hermana	half-brother/half-sister
el suegro / la suegra	father-in-law/mother-in-law
el yerno / la nuera	son-in-law/daughter-in-law
el cuñado / la cuñada	brother-in-law/sister-in-law
...(ya) murió	. . . has (already) died

Conversación

A **¿Cierto o falso?** Look at the drawing of the family tree that appears on page 59. Decide whether each of the following statements is true (**cierto**) or false (**falso**) according to the drawing. Correct the false statements.

1. José Jaime es el hermano de Marta.
2. Luisa es la abuela de Patricia.
3. Marta es la sobrina de Jaime y Elena.
4. Patricia y José Jaime son primos. *son hermanos = siblings*
5. Elena es la tía de Manolo.
6. Jaime es el sobrino de José Jaime.
7. Manuel es el padre de Manolo y Elena.
8. Elena y Lola son las esposas de Jaime y Manolo, respectivamente.

Vocabulario útil

You can use the following words to express possession.

mi(s)	my
tu(s)	your (*fam.*)
su(s)	your (*form.*) *also his, her, their*

Use the plural form when talking about more than one thing.

mi hermano	my brother
mis hermanos	my brothers (and sisters; siblings)

You will learn more about using words of this type in Grammar Section 8.

B **¿Quién es?**

Paso 1. Complete las oraciones lógicamente.

1. La madre de mi padre es mi _____ la abuela
2. El hijo de mi tío es mi _____. el primo
3. La hermana de mi padre es mi _____ la tía
4. El esposo de mi abuela es mi _____. el abuelo

Paso 2. Ahora defina estas (*these*) personas, según el mismo (*same*) modelo.

1. prima 2. sobrino 3. tío 4. abuelo

C **Entrevista.** Find out as much about the family of a classmate as you can, using the following dialogue as a guide. Use **tengo** (*I have*) and **tienes** (*you have*), as indicated. Use **¿cuántos?** with male relations and **¿cuántas?** with females.

MODELO: E1: *¿Cuántos hermanos tienes?
E2: Bueno, tengo seis hermanos y una hermana.
E1: ¿Y cuántos primos?
E2: ¡Uf! Tengo un montón (*bunch*). Más de veinte.

Adjetivos

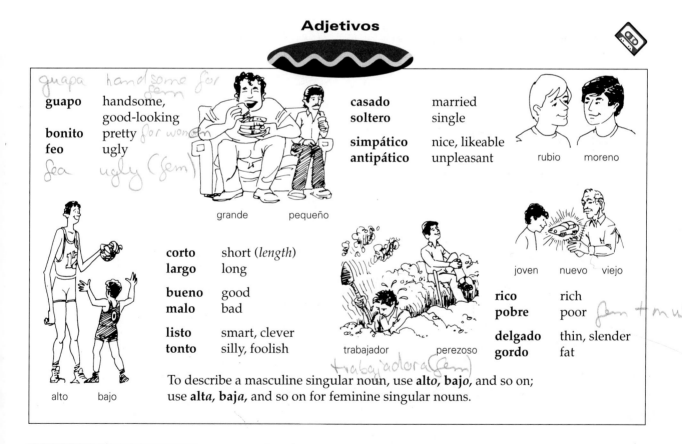

guapo	handsome, good-looking
bonito	pretty
feo	ugly

guapa handsome for fem
for women
fea ugly (fem)

grande   pequeño

corto	short (*length*)
largo	long
bueno	good
malo	bad
listo	smart, clever
tonto	silly, foolish

casado	married
soltero	single
simpático	nice, likeable
antipático	unpleasant

rubio   moreno

joven   nuevo   viejo

rico	rich
pobre	poor
delgado	thin, slender
gordo	fat

fem + m us

trabajador   perezoso

trabajadora (fem)

To describe a masculine singular noun, use **alt*o*, baj*o*,** and so on; use **alt*a*, baj*a*,** and so on for feminine singular nouns.

alto   bajo

---

*From this point on in the text, ESTUDIANTE 1 and ESTUDIANTE 2 will be abbreviated as E1 and E2, respectively.

Conversación

A **Preguntas.** Conteste según los dibujos.

El chimpancé

Einstein

Roberto

José

1.95

1.60

Pepe   Pablo

1. Einstein es listo.
¿Y el chimpancé?

2. Roberto es trabajador.
¿Y José?

3. Pepe es bajo.
¿Y Pablo?

Satanás

el ángel

Ramón Ramírez

Paco Pereda

el libro

el lápiz

4. El ángel es bueno y
simpático. También es
guapo. ¿Y el demonio?

5. Ramón Ramírez es
casado. También es
viejo. ¿Y Paco Pereda?

6. El libro es
viejo y corto.
¿Y el lápiz?

Felicia   Elena

la familia Pérez

la familia Gómez

7. Elena es gorda y morena.
¿Y Felicia? (¡OJO!)

8. La familia Pérez es grande y rica.   pequeño
¿Y la familia Gómez? (¡OJO!)

B **¿Cómo son?** Describe the following personalities, using as many adjectives as possible. Don't forget to use cognate adjectives you have seen in **Ante todo** and **Capítulo 1.**

1. Shaquille O'Neal   2. Jerry Seinfeld   3. la princesa Diana   4. Roseanne

Los números 31–100

Continúe la secuencia:

treinta y uno, treinta y dos...
ochenta y cuatro, ochenta y cinco...

31	treinta y uno	36	treinta y seis	50	cincuenta
32	treinta y dos	37	treinta y siete	60	sesenta
33	treinta y tres	38	treinta y ocho	70	setenta
34	treinta y cuatro	39	treinta y nueve	80	ochenta
35	treinta y cinco	40	cuarenta	90	noventa
				100	cien, ciento

¿Qué cuenta (*counts*) el perro?

Beginning with 31, Spanish numbers are *not* written in a combined form; **treinta y uno,*** **cuarenta y dos, sesenta y tres,** and so on must be three separate words.

   Cien is used before nouns and in counting.

cien casas	*a (one) hundred houses*
noventa y ocho, noventa y nueve, **cien**	*ninety-eight, ninety-nine, one hundred*

Conversación

A **Más problemas de matemáticas.**   Recuerde: **+ y, − menos, = son.**

1. $30 + 50 = ?$
2. $45 + 45 = ?$
3. $32 + 58 = ?$
4. $77 + 23 = ?$
5. $100 - 40 = ?$
6. $99 - 39 = ?$
7. $84 - 34 = ?$
8. $78 - 36 = ?$
9. $88 - 28 = ?$

Hispanic Last Names

In many Hispanic countries, people are given two last names (**apellidos**) such as in the case of **Amalia *Lázaro Aguirre*.** The first last name (**Lázaro**) is that of Amalia's father; the second (**Aguirre**) is her mother's. This system for assigning last names is characteristic of all parts of the Spanish-speaking world, although it is not widely used by Hispanics living in this country.

---

*Remember that when **uno** is part of a compound number (**treinta y uno, cuarenta y uno,** and so on), it becomes **un** before a masculine noun and **una** before a feminine noun: **cincuenta y *una* mesas; setenta y *un* coches.**

B **Los números de teléfono**

Paso 1. Here are parts of several pages from Hispanic telephone books. What can you tell about the names? (See the **Nota cultural** on page 63.)

Paso 2. With a classmate, practice giving telephone numbers at random from the list. Your partner will listen and identify the person. **¡OJO!** In many Hispanic countries phone numbers are said differently than in the United States. Follow the model.

MODELO: 4-15-00-46 →

E1: Es el *cuatro-quince-cero cero-cuarenta y seis.*
E2: Es el número de *A. Lázaro Aguirre.*

Paso 3. Now give your classmate your phone number and get his or hers.

MODELO: Mi número es el...

LAZARO AGUIRRE, A. –Schez Pacheco, 17	**415 0046**
LAZCANO DEL MORAL, A. –E. Larreta, 14	**215 8194**
LAZCANO DEL MORAL, A. –Ibiza, 8	**274 6868**
LEAL ANTON, J. –Pozo, 8	**222 3894**
LIEBANA RODRIGUEZ, A.	
Guadarrama, 10	**463 2593**
LOPEZ BARTOLOME, J. –Palma, 69	**232 2027**
LOPEZ CABRA, J. –E. Solana, 118	**407 5086**
LOPEZ CABRA, J. –L. Van, 5	**776 4602**
LOPEZ GONZALEZ, J. A. –Ibiza, 27	**409 2552**
LOPEZ GUTIERREZ, G. –S. Cameros, 7	**478 8494**
LOPEZ LOPEZ, J. –Alamedilla, 21	**227 3570**
LOPEZ MARIN, V. –Illescas, 53	**218 6630**
LOPEZ MARIN, V. –N. Rey, 7	**463 6873**
LOPEZ MARIN, V. –Valmojado, 289	**717 2823**
LOPEZ NUÑEZ, J. –Pl. Pinazo, s/n	**796 0035**
LOPEZ NUÑEZ, J. –Rocafort, Bl. 321	**796 5387**
LOPEZ RODRIGUEZ, C. –Pl. Jesus, 7	**429 3278**
LOPEZ RODRIGUEZ, J. –Pl. Angel, 15	**239 4323**
LOPEZ RODRIGUEZ, M. E.	
B. Murillo, 104	**233 4239**
LOPEZ TRAPERO, A. –Cam. Ingenieros, 1	**462 5392**
LOPEZ VAZQUEZ, J. –A. Torrejón, 17	**433 4646**
LOPEZ VEGA, J. –M. Santa Ana, 5	**231 2131**
LORENTE VILLARREAL, G. –Gandia, 7	**252 2758**
LORENZO MARTINEZ, A. –Moscareta, 5	**479 6282**
LORENZO MARTINEZ, A. –P. Laborde, 21	**778 2800**
LORENZO MARTINEZ, A.	
Av. S. Diego, 116	**477 1040**
LOSADA MIRON, M. –Padilla, 31	**276 9373**
LOSADA MIRON, M. –Padilla, 31	**431 7461**
LOZANO GUILLEN, E.	
Juan H. Mendoza, 5	**250 3884**
LOZANO PIERA, F. J. –Pinguino, 8	**466 3205**
LUDEÑA FLORES, G. –Lope Rueda, 56	**273 3735**
LUENGO CHAMORRO, J.	
Gral Ricardos, 99	**471 4906**
LUQUE CASTILLO, J. –Pto Arlaban, 121	**478 5253**
LUQUE CASTILLO, L. –Cardeñosa, 15	**477 6644**
LLANES FERNANDEZ CAPALLEJA, R.	
Galileo, 93	**234 7204**
LLOMBART GALIANO, J. –Cavanilles, 37	**433 6711**
LLOVEZ FERNANDEZ, R.	
Av. N. Sra Fátima, 17	**461 7935**

Nota comunicativa   **Expressing Age**

NIETA: ¿Cuántos años tienes, abuela?
ABUELA: Setenta y tres, Nora.
NIETA: ¿Y cuántos años tiene el abuelo?
ABUELA: Setenta y cinco, mi amor (*love*). Y ahora, dime (*tell me*), ¿cuántos años tienes tú?
NIETA: Tengo tres.

In Spanish, age is expressed with the phrase **tener** _____ **años** (literally, *to have . . . years*). You have now seen all the singular forms of **tener** (*to have*): **tengo, tienes, tiene.**

C **¡Seamos** (*Let's be*) **lógicos!**   Complete las oraciones lógicamente.

1. Un hombre que (*who*) tiene noventa años es muy _____.
2. Un niño (*small child*) que tiene sólo un año es muy _____.
3. La persona más vieja (*oldest*) de mi familia es mi _____. Tiene _____ años.
4. La persona más joven de mi familia es mi _____. Tiene _____ años.
5. En mi opinión, es ideal tener _____ años.
6. Cuando una persona tiene _____ años, ya es adulta.
7. Para tomar cerveza en este estado, es necesario tener _____ años.
8. Para mí, ¡la idea de tener _____ años es inconcebible (*inconceivable*)!

Pronunciación: Stress and Written Accent Marks (Part 1)

By now you will have noticed that some Spanish words have *written accent marks* over one of the vowels. That mark is called **el acento (ortográfico)**. It means that the syllable containing the accented vowel is stressed when the word is pronounced, as in the word **bolígrafo (bo-LI-gra-fo)**, for example.

Although all Spanish words of more than one syllable have a stressed vowel, most words do not have a written accent mark. Most words have the spoken stress exactly where native speakers of Spanish would predict it. These two simple rules tell you which syllable is accented when a word does not have a written accent.

> In this chapter you will learn predictable patterns of stress. In the next chapter, you will learn when the written accent mark is needed.

- Words that end in a vowel, or **-n,** or **-s** are stressed on the next-to-last syllable.

co-sa	e-**xa**-men	i-ta-**lia**-no
gra-cias	**e**-res	**len**-guas

- Words that end in any other consonant are stressed on the last syllable.

us-**ted**	es-pa-**ñol**	doc-**tor**
na-tu-**ral**	pro-fe-**sor**	es-**tar**

A **Sílabas.** The following words have been separated into syllables for you. Read them aloud, paying careful attention to where the spoken stress should fall.

1. Stress on the next-to-last syllable

chi-no	me-sa	li-bro	cien-cias
ar-te	si-lla	con-se-je-ra	o-ri-gen
cla-se	Car-men	li-te-ra-tu-ra	com-pu-ta-do-ra

2. Stress on the last syllable

se-ñor	ac-tor	li-ber-tad	lu-gar
mu-jer	co-lor	ge-ne-ral	u-ni-ver-si-dad
fa-vor	po-pu-lar	sen-ti-men-tal	con-trol

B **Vocales.** Indicate the stressed vowel in each of the following words.

1. mo-chi-la
2. me-nos
3. re-gu-lar
4. i-gual-men-te
5. E-cua-dor
6. e-le-gan-te
7. li-be-ral
8. hu-ma-ni-dad

Minidiálogos y gramática

¿Recuerda Ud.?

Before beginning Grammar Section 5, review the forms and uses of **ser** that you have already learned by answering these questions.

1. ¿Eres estudiante o profesor(a)?
2. ¿Cómo eres? ¿Eres una persona sentimental? ¿inteligente? ¿paciente? ¿elegante?
3. ¿Qué hora es? ¿A qué hora es la clase de español?
4. ¿Qué es un hospital? ¿Es una persona? ¿una cosa? ¿un edificio?

5 Expressing *to be* •
Present Tense of *ser;* Summary of Uses

Presentaciones

—Hola. Me llamo Manolo Durán.

- *Soy* profesor en la universidad.
- *Soy* alto y moreno.
- *Soy* de Sevilla, España.

—¿Y Lola Benítez, mi esposa? Complete la descripción de ella.

Es _____ (profesión).	Málaga, España.
Es _____ y _____ (descripción).	bonita
Es de _____ (origen).	profesora delgada

As you know, there are two Spanish verbs that mean *to be*: **ser** and **estar.** They are not interchangeable; the meaning that the speaker wishes to convey determines their use. In this chapter, you will review the uses of **ser** that you already know and learn some new ones. Remember to use **estar** to express location and to ask how someone is feeling. You will learn more about the uses of **estar** in **Capítulo 5.**

A. Here are some basic language functions of **ser.**
You have used or seen all of them already in
this and previous chapters.

ser (*to be*)			
yo	**soy**	nosotros/as	**somos**
tú	**eres**	vosotros/as	**sois**
Ud.		Uds.	
él }	**es**	ellos }	**son**
ella		ellas	

Test

• To *identify* people and things

[Práctica A]

When you see a note in small type [**Práctica A**] here, it refers you to that exercise for that grammar point. In this case, Exercise A (page 68) in the next **Práctica** section will allow you to practice this point.

Yo soy **estudiante.**
Alicia y yo somos **amigas.**
La doctora Ramos es **profesora.**
Esto es **un libro.**

• To *describe* people and things*

Soy **sentimental.**
I'm sentimental (a sentimental person).
El coche es **muy viejo.**
The car is very old.

• With **de,** to express *origin*

[Práctica B–C]

Exercises B and C (pages 68 and 69) in the **Práctica** section are about this point.

Somos **de los Estados Unidos,** pero nuestros padres son **de la Argentina. ¿De dónde** es Ud.?
We're from the United States, but our parents are from Argentina. Where are you from?

• To express *generalizations* (only **es**)

[Conversación B]

Exercise B (page 70) in the **Conversación** section will allow you to practice this point.

Es **importante** estudiar, pero no es **necesario** estudiar todos los días.
It's important to study, but it's not necessary to study every day.

---

*You will practice this language function of **ser** in Grammar Section 6 in this chapter and in subsequent chapters.

Minidiálogos y gramática

B. Here are two basic language functions of **ser** that you have not yet practiced.

- With **de,** to express *possession*

[Práctica D]

Note that there is no **'s** in Spanish.

The masculine singular article **el** contracts with the preposition **de** to form **del.** No other article contracts with **de.**

Es el perro **de Carla.**
It's Carla's dog.

Son las gatas **de Jorge.**
They're Jorge's (female) cats.

Es la casa **del** profesor.
It's the (male) professor's house.

Es la casa **de la** profesora.
It's the (female) professor's house.

de + el → del

- With **para,** to tell for whom or what something *is intended*

[Conversación A]

¿Romeo y Julieta? Es **para** la clase de inglés.
Romeo and Juliet? It's for English class.

—¿**Para** quién son los regalos?
—(Son) **Para** mi nieto.
Who are the presents for?
(They're) For my grandson.

Práctica

A **Los parientes de Manolo.** Look back at the family tree on page 59. Then tell whether the following statements are true (**cierto**) or false (**falso**) from Manolo's standpoint. Correct the false statements.

1. Lola y yo somos hermanos.
2. Mi esposa es la prima de Patricia.
3. Manuel y Luisa son mis padres.
4. José Jaime es mi sobrino.
5. Mi hermana es la esposa de Jaime.
6. Mi padre no es abuelo todavía (*yet*).
7. Mi familia no es muy grande.

B **Nacionalidades**

Paso 1. ¿De dónde son, según los nombres y apellidos?

Naciones: Francia, México, Italia, los Estados Unidos, Inglaterra (*England*), Alemania (*Germany*)

1. John Doe
2. Karl Lotze
3. Graziana Lazzarino
4. María Gómez
5. Claudette Moreau
6. Timothy Windsor

Paso 2. Ahora, ¿de dónde es Ud.? ¿de este estado? ¿de una metrópoli? ¿de un pueblo rural? ¿Es Ud. de una ciudad (*city*) que tiene un nombre hispano? ¿Es de otro país (*country*)?

C Personas extranjeras

Paso 1. ¿Quiénes son, de dónde son y dónde trabajan ahora?

MODELO: Teresa: actriz / de Madrid / en Cleveland →
Teresa es actriz. Es de Madrid. Ahora trabaja en Cleveland.

1. Carlos Miguel: médico / de Cuba / en Milwaukee
2. Maripili: profesora / de Burgos / en Miami
3. Mariela: dependienta / de Buenos Aires / en Nueva York
4. Juan: dentista* / de Lima / en Los Ángeles

Paso 2. Ahora hable sobre (*about*) un amigo o pariente suyo (*of yours*) según el **Paso 1.**

D ¡Seamos (*Let's be*) lógicos! ¿De quién son estas cosas? Con un compañero / una compañera, haga y conteste preguntas según el modelo.

MODELO: E1: ¿De quién es el perro?
E2: Es de...

Personas: las estudiantes, la actriz, el niño, la familia con diez hijos, el estudiante extranjero, los señores Schmidt

¿De quién es/son... ?

1. la casa en Beverly Hills
2. la casa en Viena
3. la camioneta (*station wagon*)
4. el perro
5. las fotos de la Argentina
6. las mochilas con todos los libros

Nota comunicativa **Explaining Your Reasons**

In conversation, it is often necessary to explain a decision, tell why someone did something, and so on. Here are some simple words and phrases that speakers use to offer explanations.

porque because **para** in order to

—¿Por qué necesitamos un televisor nuevo? | *Why do we need a new TV set?*
—Pues... **para** mirar el partido de fútbol... ¡Es el campeonato! | *Well . . . (in order) to watch the soccer game . . . It's the championship!*

—¿Por qué trabajas tanto? | *Why do you work so much?*
—¡**Porque** necesitamos el dinero! | *Because we need the money!*

Note the differences between **porque** (one word, no accent) and the interrogative **¿por qué?**

---

*A number of professions end in **-ista** in both masculine and feminine forms. The article indicates gender: **el/la dentista, el/la artista,** and so on.

Conversación

A **El regalo ideal.** The first column below lists gifts that Diego would like to give to certain members of his family, listed in the second column. For him, money is no object! Decide who receives each gift, and explain your decisions by using the additional information included about the family members.

MODELO: _____ es para _____ →

El dinero es para Carmina, la hermana. Ella desea estudiar en otro estado. Por eso necesita el dinero.

REGALOS

1. la calculadora
2. los libros de literatura clásica
3. los discos compactos de Andrés Segovia
4. el televisor
5. el radio
6. el dinero

MIEMBROS DE LA FAMILIA

a. José, el padre: Le gusta escuchar las noticias (*news*).
b. Julián y María, los abuelos: Les gusta mucho la música de guitarra clásica.
c. Carmen, la madre: Le gusta mirar (*to watch*) programas cómicos.
d. Joey, el hermano: Le gustan mucho las historias viejas.
e. Carmina, la hermana: Desea estudiar en otro estado.
f. Raulito, el primo: Le gustan las matemáticas.

B **¿Qué opinas?** (*What do you think?*) Exprese opiniones originales, afirmativas o negativas, con estas palabras.

(No) {
Es importante
Es muy práctico
Es necesario
Es tonto (*foolish*)
Es fascinante
Es una lata (*pain, drag*)
Es posible
}

mirar la televisión todos los días
hablar español en la clase
tener muchas mascotas
llegar a clase puntualmente
tomar cerveza en clase
hablar con los animales / las plantas
tomar mucho café y fumar cigarrillos
trabajar dieciocho horas al día
tener muchos hermanos
ser amable con todos los miembros de la familia
estar en las fiestas familiares
pasar mucho tiempo con la familia

Clave para estudiar: La gramática
▼▼▼▼▼▼▼▼▼▼▼▼▼▼▼▼▼▼▼▼▼▼▼▼▼▼

Learning a language is similar to learning any other skill; knowing *about* it is only part of what is involved. If you memorize all the grammar rules but spend little time *practicing* them, you will not be able to communicate very well in Spanish.

As you study each grammar point in *Puntos de partida*, you will learn how the structure works; then you need to put your knowledge into practice. First, read the grammar discussion, study and analyze the examples, and pay special attention to any ¡OJO!

sections, which will call your attention to problem areas. Then do the exercises and check your answers. As you do each item, think about what you are conveying and the context in which you could use each sentence, as well as about spelling and pronunciation.

Always remember that language learning is cumulative. This means that you are not finished with a grammar point when you go on to the next chapter. Even though you are now studying the material in **Capítulo 2,** you must still remember how to conjugate **-ar** verbs and how to form yes/no questions, because **Capítulo 2** builds on what you have learned in **Capítulo 1**—as all subsequent chapters will build on the material leading up to them.

6 Describing • Adjectives: Gender, Number, and Position

Un poema sencillo

Amigo
Fiel
Amable
Simpático
¡Lo admiro!

Amiga
Fiel
Amable
Simpática
¡La admiro!

According to their form, which of the adjectives below can be used to describe each person? Which can refer to you?

Marta: ⎰ fiel   amable   simpática   simpático
Mario: ⎱

Adjectives (**Los adjetivos**) are words used to talk about nouns or pronouns. Adjectives may describe or tell how many there are.

You have been using adjectives to describe people since **Ante todo.** In this section, you will learn more about describing the people and things around you.

> **adjective** = a word used to describe a noun or pronoun
>
> *large* desk   *few* desks
> *tall* woman   *several* women

Adjectives with *ser*

In Spanish, forms of **ser** are used with adjectives that describe basic, inherent qualities or characteristics of the nouns or pronouns they modify.

Tú **eres amable.**
You're nice. (You're a nice person.)

El diccionario **es barato.**
The dictionary is inexpensive.

A simple poem   Friend   Loyal   Kind   Nice   I admire him/her!

Forms of Adjectives

Spanish adjectives agree in gender and number with the noun or pronoun they modify. Each adjective has more than one form.

A. Adjectives that end in **-o** (**alto**) have four forms, showing gender and number.*

	Masculine	Feminine
Singular	amigo alt**o**	amiga alt**a**
Plural	amigos alt**os**	amigas alt**as**

B. Adjectives that end in **-e** (**inteligente**) or in most consonants (**fiel**) have only two forms, a singular and a plural form. The plural of adjectives is formed in the same way as that of nouns.

[Práctica A–D]

	Masculine	Feminine
Singular	amigo inteligent**e** amigo fiel	amiga inteligent**e** amiga fiel
Plural	amigos inteligent**es** amigos fiel**es**	amigas inteligent**es** amigas fiel**es**

C. Most adjectives of nationality have four forms.

The names of many languages—which are masculine in gender—are the same as the masculine singular form of the corresponding adjective of nationality: **el español, el inglés, el alemán, el francés,** and so on.

[Práctica E]

> Note that in Spanish the names of languages and adjectives of nationality are not capitalized, but the names of countries are: **español, española,** but **España.**

	Masculine	Feminine
Singular	el doctor mexican**o** español alemán inglés	la doctor**a** mexican**a** español**a** aleman**a** ingles**a**
Plural	los doctor**es** mexican**os** español**es** aleman**es** ingles**es**	las doctor**as** mexican**as** español**as** aleman**as** ingles**as**

Placement of Adjectives

As you have probably noticed, adjectives do not always precede the noun in Spanish as they do in English. Note the following rules for adjective placement.

A. Adjectives of quantity, like numbers, *precede* the noun, as do the interrogatives **¿cuánto/a?** and **¿cuántos/as?**

Hay **muchas** sillas y **dos** escritorios.
There are many chairs and two desks.

¿Cuánto dinero necesitas?
How much money do you need?

---

*Adjectives that end in **-dor, -ón, -án,** and **-ín** also have four forms: **trabajador, trabajadora, trabajadores, trabajadoras.**

OJO

Otro/a by itself means *another* or *other*. The indefinite article is never used with **otro/a**.

Busco **otro** coche.
I'm looking for another car.

B. Adjectives that describe the qualities of a noun and distinguish it from others generally *follow* the noun. Adjectives of nationality are included in this category.

un perro **bueno**
un dependiente **trabajador**
una joven **delgada** y **morena**
un joven **español**

C. The adjectives **bueno** and **malo** may precede or follow the noun they modify. When they precede a masculine singular noun, they shorten to **buen** and **mal** respectively.

un **buen** perro / un perro **bueno**
una **buena** perra / una perra **buena**
un **mal** día / un día **malo**
una **mala** noche / una noche **mala**

D. The adjective **grande** may also precede or follow the noun. When it precedes a singular noun—masculine or feminine—it shortens to **gran** and means *great* or *impressive*. When it follows the noun, it means *large* or *big*.
[Práctica C–D, Conversación]

Nueva York es una ciudad **grande**.
New York is a large city.

Nueva York es una **gran** ciudad.
New York is a great (impressive) city.

Exercises C and D (page 75) work with this point. You can also proceed with the **Conversación** section (page 75).

Forms of *this/these*

A. The demonstrative adjective *this/these* has four forms in Spanish.* Learn to recognize them when you see them.

este hijo	*this son*
esta hija	*this daughter*
estos hijos	*these sons*
estas hijas	*these daughters*

B. You have already seen the neuter demonstrative **esto**. It refers to something that is as yet unidentified. **What is this?**

¿Qué es esto?
What is this?

---

*You will learn all forms of the Spanish demonstrative adjectives (*this, that, these, those*) in Grammar Section 13.

Minidiálogos y gramática

Práctica

A **La familia de José Miguel.** The following incomplete sentences describe some members of the family of José Miguel Martín Velasco, a student from Quito, Ecuador. For each item, scan through the adjectives to see which ones can complete the statement. Pay close attention to the form of each adjective.

1. El tío Miguel es _____. (trabajador / alto / nueva / grande / fea / amable)
2. Los abuelos son _____. (rubio / antipático / inteligentes / viejos / religiosos / sinceras)
3. La madre de José Miguel es _____. (rubio / elegante / sentimental / buenas / casadas / simpática)
4. Las primas son _____. (solteras / morenas / lógica / bajos / mala)

Vocabulario útil

Here are some additional adjectives to use in this section. You should be able to guess the meaning of some of them.

agresivo/a	¿ ?	**difícil**	difficult
amistoso/a	friendly	**encantador(a)**	delightful
animado/a	lively	**fácil**	easy
atrevido/a	daring	**sensible**	sensitive
cariñoso/a	affectionate	**suficiente**	¿ ?
chistoso/a	amusing	**tolerante**	¿ ?
comprensivo/a	understanding	**travieso/a**	mischievous

B **Hablando** (*Speaking*) **de la universidad.** Tell what you think about aspects of your university by telling whether you agree (**Estoy de acuerdo.**) or disagree (**No estoy de acuerdo.**) with the statements. If you don't have an opinion, say **No tengo opinión.**

1. Hay suficientes actividades sociales.
2. Los profesores son excelentes.
3. Las residencias son buenas.
4. Hay suficientes gimnasios.
5. Es fácil aparcar el coche.
6. Es fácil llegar a la universidad en autobús.
7. Hay suficientes zonas verdes.
8. Los restaurantes, cafeterías y cafés son buenos.
9. En la librería, los precios son bajos.
10. Los bibliotecarios son cooperativos.

C **Descripciones.** Describa a su familia, haciendo oraciones completas con estas palabras.

Mi familia
Mi padre/madre
Mi ¿ ? (otro pariente)   (no) es
Mi perro/gato

interesante, importante,
    amable, (im)paciente,
    grande, ¿ ?
intelectual, fiel, ¿ ?
nuevo, viejo, pequeño, bueno,
    malo, famoso, ¿ ?

tiene   ...años

D **¡Dolores es igual!** Cambie Diego → Dolores.

una buena   *lista*
Diego es un buen estudiante. Es listo y trabajador y estudia mucho. Es norteamericano[a] de origen mexicano, y por eso habla español. Desea ser profesor de antropología. Diego es moreno, guapo y atlético. Le gustan las fiestas grandes y tiene buenos amigos en la universidad. Tiene parientes norteamericanos y mexicanos

[a] *from the United States*

E **Nacionalidades.** Tell what nationality the following persons could be and where they might live: **Portugal, Alemania, China, Inglaterra, España, Francia, Italia.**

1. Monique habla francés; es _____ y vive (*she lives*) en _____. *Francesa, Francia*
2. José habla español; es _____ y vive en _____. *español, España*
3. Greta y Hans hablan alemán; son _____ y viven en _____. *alemanas, Alemania*
4. Gilberto habla portugués; es _____ y vive en _____. *portugués*
5. Gina y Sofía hablan italiano; son _____ y viven en _____. *italianas*
6. Winston habla inglés; es _____ y vive en _____. *inglés*
7. Hai (*m.*) y Han (*m.*) hablan chino; son _____ y viven en _____. *chinos*

Conversación

Asociaciones. With several classmates, how many names can you associate with the following phrases? To introduce your suggestions, you can say **Creo que (_____ es un gran hombre).** To express agreement or disagreement, use **(No) Estoy de acuerdo.**

1. un mal restaurante
2. un buen programa de televisión
3. una gran mujer, un gran hombre
4. un buen libro (¿una novela?), un libro horrible

RAIN OF GOLD

Víctor Villaseñor

Rain of Gold is the fictionalized narrative of three generations of Víctor Villaseñor's family. The tale begins in 1911, during the Mexican Revolution, when the families of Víctor's grandparents, Salvador Villaseñor and Lupe Gómez, are forced to cross the United States border to escape the war in Mexico. The Villaseñor family saga is a tale of poverty, immigration, hard work, and eventual success.

Víctor Villaseñor was born on a ranch north of San Diego, California. His family spoke Spanish at home, and at school he felt alienated from the English-speaking culture in which he lived. When he turned 19, Villaseñor went to Mexico to live with some relatives. Mexico was a revelation: He visited museums, read voraciously, and learned about the nation's indigenous and European her-itage, which were both a part of him. He returned to the United States determined to write about this heritage.

He struggled for ten years until the acceptance of his first novel, *Macho!*, which was well received when published. Villaseñor is also the author of a nonfiction book, *Jury: The People vs. Juan Corona*, and several movie scripts. One of these scripts is for *The Ballad of Gregorio Cortez*, based on the exploits of a **tejano** who, on the basis of a mistaken translation, was falsely accused of murder and forced to flee the Texas Rangers. After his capture and a trial in which the whole misunderstanding was revealed, Cortez was freed, and his adventure became the subject of a popular **corrido**.[a]

[a]*ballad*

¿Recuerda Ud.?

The personal endings used with **-ar** verbs share some characteristics of those used with **-er** and **-ir** verbs, which you will learn in the next section. Review the endings of **-ar** verbs by telling which subject pronoun(s), you associate with each of these endings.

1. -amos   2. -as   3. -áis   4. -an   5. -o   6. -a

7 Expressing Actions •
Present Tense of *-er;* and *-ir* Verbs; More About Subject Pronouns

Diego se presenta.

Hola. Me llamo Diego González. Soy estudiante de UCLA, pero este año *asisto* a la Universidad Nacional Autónoma de México. *Vivo* con mi tía Matilde en la Ciudad de México. *Como* pizza con frecuencia y *bebo* cerveza en las fiestas. Me

gusta la ropa de moda; por eso *recibo* varios catálogos. *Leo* muchos libros de antropología para mi especialización. También *escribo* muchas cartas a mi familia. *Creo* que una educación universitaria es muy importante. Por eso estudio y *aprendo* mucho. ¡Pero *comprendo* también que es muy importante estar con los amigos y con la familia!

¿Es Diego un estudiante típico? ¿Cómo es Ud.? Adapte las oraciones de Diego a su conveniencia.

Verbs That End in *-er* and *-ir*

A. The present tense of **-er** and **-ir** verbs is formed by adding personal endings to the stem of the verb (the infinitive minus its **-er/-ir** ending). The personal endings for **-er** and **-ir** verbs are the same except for the first and second person plural.

comer (*to eat*)		vivir (*to live*)	
como	comemos	vivo	vivimos
comes	coméis	vives	vivís
come	comen	vive	viven

B. Some frequently used **-er** and **-ir** verbs in this chapter include those on the right.

-er verbs		**-ir verbs**	
aprender	to learn	abrir	to open
beber	to drink	asistir (a)	to attend, go to
comer	to eat		(*a class, function*)
comprender	to understand	escribir	to write
creer (en)	to think, believe (in)	recibir	to receive
deber (+ *inf.*)	should, must, ought to	vivir	to live
	(*do something*)		
leer	to read		
vender	to sell		

Remember that the Spanish present tense has a number of present tense equivalents in English and can also be used to express future meaning.

como = *I eat, I am eating, I will eat.*

Diego introduces himself. Hello. My name is Diego González. I'm a student at UCLA, but this year I attend the Universidad Nacional Autónoma de México. I live with my aunt Matilde in Mexico City. I eat pizza frequently and I drink beer at parties. I like the latest fashions; that's why I receive various catalogues. I read lots of anthropology books for my major. I also write a lot of letters to my family. I think that a university education is very important. That's why I study and learn a lot. But I also understand that it's very important to be with friends and family!

Minidiálogos y gramática

Use and Omission of Subject Pronouns

In English, a verb must have an expressed subject (a noun or pronoun): *she says, the train arrives.* In Spanish, however, as you have probably noticed, an expressed subject is not required. Verbs are accompanied by a subject pronoun only for clarification, emphasis, or contrast.

- *Clarification:* When the context does not make the subject clear, the subject pronoun is expressed. This happens most frequently with third person singular and plural verb forms.

Ud./él/ella vende
Uds./ellos/ellas venden

- *Emphasis:* Subject pronouns are used in Spanish to emphasize the subject when in English you would stress it with your voice.

—¿Quién debe pagar?
—¡**Tú** debes pagar!
Who should pay?
You should pay!

- *Contrast:* Contrast is a special case of emphasis. Subject pronouns are used to contrast the actions of two individuals or groups.

Ellos leen mucho; **nosotros** leemos poco.
They read a lot; we read little.

Práctica

A **En la clase de español**

Paso 1. Read the following statements and tell whether they are true for your classroom environment. If any statement is not true for you or your class, make it negative or change it in another way to make it correct.

MODELO: Bebo café en clase. → Sí, bebo café en clase.
(No, no bebo café en clase. Bebo café en casa.)

1. Debo estudiar más para esta clase.
2. Leo todas las partes de las lecciones.
3. Comprendo bien cuando el profesor / la profesora habla.
4. Asisto al laboratorio con frecuencia.
5. Debemos abrir más los libros en clase.
6. Escribimos mucho en clase.
7. Aprendemos a hablar español en esta clase.*
8. Vendemos los libros al final del año (*year*).

Paso 2. Now turn to the person next to you and rephrase each sentence, using **tú** forms of the verbs. Your partner will indicate whether the sentences are true for him or her.

MODELO: Debes estudiar más para esta clase, ¿verdad? (*right*) →
Sí, debo estudiar más.
(No, no debo estudiar más.)
(No. Debo estudiar más para la clase de matemáticas.)

---

*Note: **aprender** + **a** + infinitive = to learn how to (*do something*)

B **Diego habla de su padre.** Complete este párrafo con la forma correcta de los verbos entre paréntesis.

Mi padre (vender[1]) coches y trabaja mucho. Mis hermanos y yo (aprender[2]) ~~vende, aprendemos~~ mucho de papá. Según mi padre, los jóvenes (deber[3]) (asistir[4]) a clase todos los ~~deben, asistir~~ días, porque es su[a] obligación. Papá también (creer[5]) que no es necesario mirar ~~cre~~ la televisión por la noche. Es más interesante (leer[6]) el periódico[b] o un buen ~~leer~~ libro. Por eso nosotros (leer[7]) o (escribir[8]) por la noche y no miramos la tele- ~~leemos, escribimos,~~ visión mucho. Yo admiro mucho a* mi papá y (creer[9]) que él (comprender[10]) ~~creo, comprende~~ la importancia de la educación.

[a]*their* [b]*newspaper*

C **Un sábado** (*Saturday*) **en Sevilla.** Using all the cues given, form complete sentences about Manolo's narration of a certain Saturday at home with his family. Make any changes and add words when necessary. When the subject pronoun is in parentheses, do not use it in the sentence.

1. yo / leer / periódico ~~leo~~
2. mi hija, Marta / mirar / televisión ~~mira~~
3. también / (ella) escribir / composición ~~escribe~~
4. mi esposa, Lola / abrir / y / leer / cartas ~~abre, lee~~
5. ¡hoy / (nosotros) recibir / carta / tío Ricardo! ~~recibimos~~
6. (él) ser de / España / pero / ahora / vivir / México ~~es de~~
7. ¡ay! / ser / dos / tarde ~~Son las dos de la tarde.~~
8. ¡(nosotros) / deber / comer / ahora! ~~Debemos comer ahora~~

Conversación

Telling How Frequently You Do Things

Use the following words and phrases to tell how often you perform an activity. Some of them will already be familiar to you.

todos los días, siempre	every day, always
con frecuencia	frequently
a veces	at times
casi nunca	almost never
nunca	never

Hablo con mis amigos **todos los días.** Hablo con mis padres **una vez a la semana.** **Casi nunca** hablo con mis abuelos. Y **nunca** hablo con mis tíos que viven en Italia.

For now, use the expressions **casi nunca** and **nunca** only at the beginning of a sentence. You will learn more about how to use them in Grammar Section 18.

---

*Note the use of **a** here. In this context, the word **a** has no equivalent in English. It is used in Spanish before a direct object that is a specific person. You will learn more about this use of **a** in **Capítulo 6.** Until then, the exercises and activities in *Puntos de partida* will indicate when to use it.

A ¿Con qué frecuencia?

Paso 1. How frequently do you do the following things?

	CON FRECUENCIA	A VECES	CASI NUNCA	NUNCA
1. Asisto al laboratorio de lenguas (o uso las cintas).	☐	☐	☐	☐
2. Recibo cartas.	☐	☐	☐	☐
3. Escribo poemas.	☐	☐	☐	☐
4. Leo novelas románticas.	☐	☐	☐	☐
5. Como en una pizzería.	☐	☐	☐	☐
6. Recibo y leo catálogos.	☐	☐	☐	☐
7. Aprendo palabras nuevas en español.	☐	☐	☐	☐
8. Asisto a todas las clases.	☐	☐	☐	☐
9. Compro regalos para los amigos.	☐	☐	☐	☐
10. Vendo los libros al final del semestre/trimestre.	☐	☐	☐	☐

Paso 2. Now compare your answers with those of a classmate.
Then answer the following questions. (*Note:* **los/las dos** = *both [of us]*;
ninguno/a = *neither*)

	YO	MI COMPAÑERO/A	LOS/LAS DOS	NINGUNO/A
1. ¿Quién es muy estudioso/a?	☐	☐	☐	☐
2. ¿Quién come mucha pizza?	☐	☐	☐	☐
3. ¿Quién compra muchas cosas?	☐	☐	☐	☐
4. ¿Quién es muy romántico/a?	☐	☐	☐	☐
5. ¿Quién recibe mucho por correo (*by mail*)?	☐	☐	☐	☐

B ¿Qué hacen? (*What do they do?*)

Form complete sentences using one word or phrase from each column. Be sure to use the correct form of the verbs. Make any of the sentences negative if you wish.

yo	abrir	novelas de ciencia ficción / de horror
(estudiante), tú	leer	la situación / los problemas de los estudiantes
Ud., profesor(a)	escribir	el periódico / una revista (*magazine*) todos los días
los estudiantes de aquí	beber	Coca-Cola/café/cerveza antes de (*before*) la clase
los hombres / las mujeres	vender	mi ropa (*clothing*), un estéreo viejo
un consejero	comprender	la puerta para las mujeres / los hombres
mis padres/hijos	recibir	
	vivir	mucho/poco
me gusta	deber	muchas/pocas cartas, novelas, revistas
	¿ ?	muchos/pocos ejercicios, libros, regalos

en una casa / un apartamento / una residencia
en otra ciudad, en otro estado/país
en un cuaderno / con un bolígrafo / con un lápiz

mirar mucho la televisión
llegar a casa temprano

Situaciones

In this **Situaciones** dialogue, which takes place in Quito, Ecuador, Paloma Velasco introduces her boyfriend Gustavo to her aunt Elisa. How do you greet your friends' parents?

F U N C T I O N

introductions

Suena el timbre[a] *en casa de Elisa Velasco. La criada*[b] *contesta la puerta y Paloma entra.*

PALOMA: ¡Buenas tardes, tía Elisa!

ELISA: ¡Hola! ¡Adelante![c]

PALOMA: Tía, quiero presentarte a mi novio,[d] Gustavo. Gustavo, esta es mi tía, Elisa Velasco.

GUSTAVO: Mucho gusto en conocerla,[e] señora.

ELISA: El gusto es mío,[f] Gustavo.

PALOMA: Y ya conoces a[g] mi primo José Miguel.

JOSÉ MIGUEL: ¿Qué tal?

GUSTAVO: ¡Hola!

[a]*Suena... The doorbell rings* [b]*maid* [c]*Come on in!* [d]quiero... *I'd like to introduce to you my boyfriend*
[e]*en... to meet you* [f]*mine* [g]ya... *you already know*

Con un compañero / una compañera

With other students, practice making the following introductions, using formal or informal phrases, as appropriate. Tell something about the person you are introducing.

1. You are at home, and a good friend stops by for a few minutes. Introduce him or her to your family.

(Continúa.)

2. You are in the library and happen to run into two of your professors at the circulation desk. Introduce them to each other.
3. You are at a party. Introduce one good friend to another.
4. Introduce the student next to you to another student.

Un poco de todo

A La familia del nuevo nieto

Paso 1. The following sentences will form a description of a family in which there is a new grandchild. The name of the person described is given in parentheses after each description when necessary. Form complete sentences based on the words given, in the order given. Conjugate the verbs and add other words if necessary. Be sure to pay close attention to adjective endings.

As you create the sentences, complete the family tree given below with the names of the family members. *Hint:* Hispanic families pass on first and middle names just as families in the United States do.

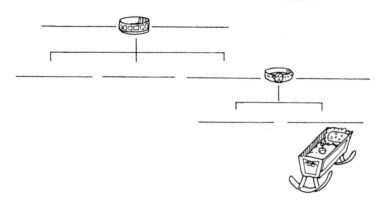

1. yo / ser / abuela / panameño (Anita)
2. nuevo / nieto / ser / de / Estados Unidos (Juan José)
3. Juan José / ser / padre / nieto
4. Juan José / también / ser / hijo / abuelo / panameño
5. uno / de / tías / de / nieto / ser / médico (Pilar)
6. otro / tía / ser / profesor / famoso (Julia)
7. madre / niño / ser / norteamericano (Paula)
8. hermana / niño / se llama / Concepción

Paso 2. Ahora conteste estas preguntas según la descripción de la familia.

1. ¿De dónde son los abuelos y tíos?
2. ¿De dónde es la madre del niño?
3. ¿Cómo se llama el abuelo de la familia?

B **¿Existe la familia hispánica típica?** Complete the following paragraphs about families. Give the correct form of the words in parentheses, as suggested by the context.

Muchas personas (creer[1]) que (todo[2]) las familias (hispánico[3]) son (grande[4]). Pero el concepto de la familia (ser[5]) diferente ahora, sobre todo[a] en las ciudades (grande[6]).

(Ser[7]) cierto que la familia rural (típico[8]) es grande, pero es así[b] en casi (todo[9]) las sociedades rurales del mundo.[c] Muchos hijos (trabajar[10]) la tierra[d] con sus padres. Por eso es bueno y (necesario[11]) tener muchos niños.

Pero en los grandes centros (urbano[12]), las familias con sólo dos o tres hijos (ser[13]) más comunes. Es caro[e] mantener a* (mucho[14]) hijos en una sociedad (industrializado[15]). Y cuando los padres (trabajar[16]) fuera de[f] casa, ellos (pagar[17]) mucho para cuidar a[g] los niños. Esto pasa especialmente en las familias de clase (medio[18]) y (alto[19]).

Pero es realmente difícil[h] (hablar[20]) de una familia (hispánico[21]) típica. ¿Hay una familia (norteamericano[22]) típica?

[a]sobre... *above all*   [b]es... *that's the way it is*   [c]*world*   [d]*land*   [e]*expensive*   [f]fuera... *outside of the* [g]cuidar... *care for*   [h]*difficult*

Comprensión: ¿Cierto o falso? Corrija las oraciones falsas.

1. Todas las familias hispánicas son iguales.
2. Las familias rurales son grandes en casi todas partes del mundo.
3. Las familias rurales necesitan muchos niños.
4. Por lo general (*Generally*), las familias urbanas son más pequeñas.

Vocabulario

Los verbos

abrir	to open
aprender	to learn
asistir (a)	to attend, go to (*a function*)
beber	to drink
comer	to eat
comprender	o understand
creer (en)	to think, believe (in)
deber (+ *inf.*)	should, must, ought to (*do something*)
escribir	to write
leer	to read
llegar	to arrive
mirar	to look at, watch
mirar la televisión	to watch television
recibir	to receive
ser (*irreg.*)	to be
vender	to sell
vivir	to live

La familia y los parientes

el/la abuelo/a	grandfather/grandmother
los abuelos	grandparents
el/la esposo/a	husband/wife

---

*Remember that the word **a** goes before a direct object referring to a specific person or persons. This **a** has no equivalent in English. You will learn to use the word **a** in this way in **Capítulo 6.**

el/la hermano/a	brother/sister		largo/a	long
el/la hijo/a	son/daughter		listo/a	smart; clever
los hijos	children		mal, malo/a	bad
la madre (mamá)	mother (mom)		moreno/a	brunet(te)
el/la nieto/a	grandson/granddaughter		mucho/a	a lot of
el/la niño/a	small child; boy/girl		muchos/as	many
el padre (papá)	father (dad)		necesario/a	necessary
los padres	parents		nuevo/a	new
el/la primo/a	cousin		otro/a	other, another
el/la sobrino/a	niece/nephew		pequeño/a	small
el/la tío/a	uncle/aunt		perezoso/a	lazy
			pobre	poor
			posible	possible

Las mascotas

el gato	cat
el pájaro	bird
el perro	dog

rico/a	rich
rubio/a	blond(e)
simpático/a	nice; likeable
soltero/a	single (*not married*)
todo/a	all; every
tonto/a	silly, foolish
trabajador(a)	hardworking
viejo/a	old

Otros sustantivos

la carta	letter
la casa	house, home
la ciudad	city
el coche	car
el/la médico/a	(medical) doctor
el país	country
el periódico	newspaper
el regalo	present, gift
la revista	magazine

Los adjetivos de nacionalidad

alemán/alemana, español(a), francés/francesa, inglés/inglesa, mexicano/a, norteamericano/a

Los números

treinta, cuarenta, cincuenta, sesenta, setenta, ochenta, noventa, cien (ciento)

¿Con qué frecuencia... ?

a veces	sometimes, at times
casi nunca	almost never
nunca	never
siempre	always

Los adjetivos

alto/a	tall
amable	kind; nice
antipático/a	unpleasant
bajo/a	short (*in height*)
bonito/a	pretty
buen, bueno/a	good
casado/a	married
corto/a	short (*in length*)
delgado/a	thin, slender
este/a	this
estos/as	these
feo/a	ugly
fiel	faithful
gordo/a	fat
gran(de)	large, big; great
guapo/a	handsome; good-looking
inteligente	intelligent
joven	young

Palabras adicionales

bueno...	well . . .
¿de dónde es Ud.?	where are you from?
¿de quién?	whose?
del	of the, from the
(no) estoy de acuerdo	I (don't) agree
para	(intended) for; in order to
¿por qué?	why?
porque	because
pues...	well . . .
que	that; who
tener... años	to be . . . years old

Un paso más 2

•LECTURA

Estrategia: Connecting Words; A Reminder About Cognates

Some words or phrases indicate what kind of information they introduce. For example, as you know, **por eso** (*for this reason, that's why*) is a signal that the information following it is a justification or a reason for the information that came before.

> Necesito dinero. **Por eso** trabajo en la librería.

What kinds of clues do these words give you about the information that follows?

1. Por otra parte,... (*On the other hand, . . .*)
2. También...
3. En cambio,... (*On the other hand, . . .*)
4. ...porque...
5. Por ejemplo,...
6. Por lo general,...
7. ¡Hasta... ! (*Even . . . !*)

Scan the following reading to see if you can find any of the preceding connectors. You may wish to circle them in the reading so that you pay particular attention to them when you get to them.

Note: The following reading contains a number of cognates that you should be able to guess in context, including some verb forms with endings different from those you have learned about. You will recognize the meaning of most of those verbs easily, however.

▶ **Sobre la lectura...** This reading was written by the authors of *Puntos*
▶ *de partida* for language learners like you. The contrast that it presents
▶ between families in this country and in Spanish-speaking countries is a
▶ generalization that does not hold true for all situations.

La unidad familiar: ¿Perspectivas culturales válidas o estereotipadas?

La familia estadounidense

Cuando un hispano observa la estructura de la familia norteamericana, puede[a] llegar muy pronto a esta conclusión: La familia ya no[b] existe en los Estados Unidos. ¿Por qué cree esto?

Los padres e hijos norteamericanos no se quieren.[c] Cuando los hijos tienen unos 18

[a]*he can*   [b]*ya... no longer*   [c]*no... don't love each other*

Tamalada (*Making Tamales*), por Carmen Lomas Garza (estadounidense)

años, sus padres los mandan[d] a vivir a otra parte. A veces[e] los hijos trabajan en otras ciudades y, a veces, abandonan la casa familiar sólo porque sí.[f] Los padres ancianos viven <u>solos</u> porque cuando sus hijos ya tienen otra familia los padres son para ellos una gran molestia. ¡Hasta hay <u>hospicios</u> para los viejos! No están en casa, que es donde deberían[g] estar.

La familia hispánica

Por otra parte, un norteamericano que mira la estructura de la familia hispánica puede <u>concluir</u> lo siguiente: La influencia de la familia es demasiado fuerte.[h] ¿Por qué cree esto?

Los padres no confían[i] en sus hijos, y no los[j] preparan para la vida. Por ejemplo, hay hijos ya <u>mayores</u> —de 30 años o más— que todavía viven en la casa de sus padres. Estos hijos tienen buenos trabajos y suficiente dinero para vivir aparte. Obviamente los padres no desarrollan[k] en ellos la capacidad

de vivir independientemente y por eso los hijos no dejan el nido.[l]

Culturas diferentes

¿Son válidas estas conclusiones? El concepto de la unidad familiar existe en las dos culturas. En los Estados Unidos la independencia personal tiene gran importancia social. Es una gran responsabilidad de los padres el hacer[m] independientes a sus hijos. La integridad de la familia depende menos de la cercanía[n] física y geográfica.

En cambio, en la cultura hispánica es muy importante <u>mantener</u> intacto el grupo familiar. En muchos casos, los hijos dejan la casa cuando <u>contraen</u> matrimonio y no cuando terminan sus estudios o <u>comienzan</u> a trabajar. Las dos sociedades tienen perspectivas diferentes; es imposible evaluar una cultura según las normas de otra. ●

[d]los... *send them off* [e]*A... Sometimes* [f]sólo... *just because they want to* [g]*they should* [h]demasiado... *too strong* [i]*trust* [j]*them* [k]*develop* [l]dejan... *leave the nest* [m]el... *to make* [n]*closeness*

Comprensión

A **¿Opinión o hecho** (*fact*)**?** Indique si las siguientes oraciones representan una opinión o un hecho.

	OPINIÓN	HECHO
1. A veces los hijos norteamericanos trabajan en otras ciudades porque sus padres no los quieren (*don't love them*).	☐	☐
2. En muchos casos, los hijos hispanos viven con su familia aun (*even*) cuando tienen buenos trabajos (*jobs*).	☐	☐
3. La proximidad geográfica de los parientes es muy importante para la familia hispana.	☐	☐
4. Los padres ancianos representan una molestia para los hijos norteamericanos.	☐	☐

B **¿Quién habla?** Indique quién habla en las siguientes oraciones. **¡OJO!** Hay diferentes normas culturales.

	UN HISPANO	UN NORTE-AMERICANO
1. «Tengo 28 años. Soy soltero y vivo con mis padres.»	☐	☐
2. «Necesito visitar a mi madre. Tiene 79 años y vive en el Meadowbrook Home.»	☐	☐
3. «La independencia es muy importante en mi vida. No deseo depender de mis padres el resto de mi vida (*life*).»	☐	☐
4. «Mi hija tiene un buen trabajo en la IBM. Vive con una amiga en Los Ángeles y yo vivo aquí, en Nueva York.»	☐	☐

PARA ESCRIBIR

A **Ud. y su familia.** ¿Cómo son sus relaciones con su familia? ¿Es Ud. como el típico hijo norteamericano de la lectura? ¿Es Ud. independiente o todavía (*still*) vive con sus padres? ¿Por qué? ¿Tiene relaciones estrechas (*close*) con su familia? ¿O son un poco distantes? Conteste en un breve párrafo (*paragraph*). Trate de (*Try to*) usar palabras y frases de Estrategia (p.85).

B **¿Quién es Ud.?** You have already learned enough Spanish to be able to say a lot about yourself and your family. Answer the following questions. Then rewrite them in the form of one or two brief paragraphs that tell as much about you as possible.

(Continúa.)

1. ¿Cómo se llama Ud.?
2. ¿Cuántos años tiene Ud.?
3. ¿Qué profesión tiene? (¿Es estudiante?)
4. ¿Dónde estudia Ud.? ¿Qué estudia?
5. ¿Vive Ud. solo/a (*alone*), con amigos o con la familia? ¿En qué ciudad vive?
6. Económicamente, ¿es Ud. completamente independiente de sus padres? ¿O depende en parte o mucho de ellos?

•ACTIVIDADES

Actividad A   Un árbol genealógico

Paso 1.   Prepare a family tree for your family, identifying your paternal and maternal grandparents, your parents, your siblings (if any), and your children (if any). If you have in-laws and nephews or nieces, include them too.

Paso 2.   Working with a partner, describe your family tree. Your partner will draw it according to your description. Then listen to your partner's description and draw his or her family tree.

> MODELO: Mi abuelo paterno es Paul y mi abuela paterna es Mary. Mi abuelo materno es Frank. Ya murió. Mi abuela materna es Helen. Mi padre es...

Paso 3.   Now compare the drawings you each did with the original family trees. Did you each get all the details right?

Paso 4.   Now choose a family member and describe him or her to your partner, but without saying the person's name. Be alert to the use of adjectives. Can you give enough information to allow your partner to guess whom you are describing?

> MODELO: La persona es hombre. Es joven y simpático. Es el hermano de Anita. También es mi tío.

ªnunca... *didn't it ever occur to you*

A propósito... Giving the Opposite

When you want to disagree with something that someone has said, it is often easiest to do so by contradicting or giving the opposite. Examine the contrasts in these sentences.

No es **rico** sino **pobre**.	*He isn't rich but (rather) poor.*
No es **mexicana** sino **salvadoreña**.	*She isn't Mexican but (rather) Salvadoran.*

The word that establishes the contradiction or contrast in each of these sentences is **sino,** which means *but,* implying *but rather.* Use **sino** in **Paso 3** of **Actividad B.**

Actividad B   Antónimos

Paso 1.   Look at the following list of *antonyms* (words that are opposite in meaning). Sometimes Spanish antonyms are not at all similar in form: **bueno/malo, trabajador/perezoso.** In Spanish, as in English, however, many antonyms are formed by adding negative prefixes, such as **ir-, des-, in-, im-,** and **anti-,** to the adjective.

ANTÓNIMOS

(ir)regular	(des)agradable	(in)competente
(ir)racional	(in)activo/a	(im)probable
(in)justo/a	(im)perfecto/a	(anti)patriótico/a
(in)útil	(anti)comunista	(ir)responsable
(im)paciente	(ir)religioso/a	(des)cortés
(ir)reverente	(des)leal	(im)práctico/a

Paso 2.   Describe your concept of an ideal friend. Use as many of the preceding adjectives as you can in your definitions.

MODELO: Un amigo ideal es paciente. No es descortés. No importa (*It doesn't matter*) si es guapo o no.

Paso 3.   Now state your opinions about the following sentences. If you disagree with a statement, correct it using **sino.**

MODELO: Mi hermano es impaciente. →
Sí. Mi hermano es impaciente. (No, mi hermano no es impaciente, sino paciente.)

1. Mi madre (hermano, tía,...) es impaciente.
2. El presidente es competente.
3. Es necesario ser rico/a para ser feliz (*happy*).
4. Mis clases este semestre/trimestre son estupendas.
5. Madonna es una persona muy discreta.
6. La música rap es fenomenal.
7. Una educación universitaria es útil.

3

De compras

Granada, España

En el mundo hispánico, hay muchos lugares para ir de compras, como este mercado de artes en Granada.

In this chapter, you will study vocabulary and structures that will allow you to

- talk about shopping, clothing and colors, as well as count from 100 on up (**Vocabulario: Preparación**)
- tell what belongs to you and others (**Grammar Section 8**)
- express more actions and states of mind such as preferences and wishes (**9**)
- tell where you want to go and talk about the future (**10**)

As you work through the chapter, see how much information you can learn about clothing in Spanish countries.

De compras°

De... *Shopping*

el impermeable · el reloj · la camisa · la chaqueta · el suéter

el abrigo

los calcetines

los *bluejeans*

el sombrero

la blusa

la falda

la camiseta

las medias

los pantalones · los zapatos · la ropa interior

la corbata · el cinturón

Los verbos

comprar	to buy
llevar	to wear; to carry; to take
regatear	to haggle, bargain
usar	to wear; to use
vender	to sell
venden de todo	they sell (have) everything

Los lugares

el almacén	department store
el centro	downtown
el centro comercial	shopping mall
el mercado	market(place)
la tienda	shop, store

¿Cuánto cuesta?

el precio	price
el precio fijo	fixed (set) price
las rebajas	sales
barato/a *Ch*	inexpensive
caro/a	expensive

Otras expresiones útiles

un par de (zapatos, medias,...)	a pair of (shoes, stockings, . . .)
es de (lana, algodón, seda)*	it is made of (wool, cotton, silk)
¡Es de última moda!	It's the latest style!
¡Es una ganga!	It's a bargain!

¿Qué más?

la bolsa *billetera*	purse *wallet*
las botas	boots
la cartera	(wallet) *purse*
las sandalias	sandals
el traje	suit
el traje de baño	swimsuit
el vestido	dress
los zapatos de tenis	tennis shoes

monedera   *moneda*

*Note another use of **ser** + **de**: to tell what material something is made of.

Conversación

A **La ropa** (*Clothing*).   ¿Qué ropa llevan estas personas?

1. El Sr. Rivera lleva _____.

2. La Srta. Alonso lleva _____.
El perro lleva _____.

3. Sara lleva _____.

4. Alfredo lleva _____.
Necesita comprar _____.

De estas personas, ¿quién trabaja hoy? ¿Quién va a (*is going to*) una fiesta?
¿Quién no trabaja en este momento?

B **Asociaciones.**   Complete las oraciones lógicamente.

1. Un _____ es una tienda grande.
2. No es posible _____ cuando hay precios fijos.
3. En la librería, _____ de todo: textos y otros libros, cuadernos, lápices,
cintas (*tapes*)... y hay grandes _____ al final del semestre/trimestre,
cuando todo es muy barato.
4. Siempre hay *boutiques* en los _____.
5. El _____ de una ciudad es la parte céntrica.
6. Estos artículos de ropa no son para hombres: _____.
7. Estos artículos de ropa son para hombres y mujeres: _____.
8. La ropa de _____ (*material*) es muy elegante.
9. La ropa de _____ es muy práctica.

La guayabera

In the Caribbean and other warm parts of Latin America, it is common for men to wear an article of clothing called **una guayabera.** It's an elegant short-sleeved shirt, often embroidered or with pleats, that is worn outside the pants (not tucked in). It is ideal for warm, humid climates and can be worn in formal and informal situations. The famous Colombian writer Gabriel García Márquez even wore a similar shirt, a **liquelique,** when he accepted the Nobel Prize for literature in 1982.

Gabriel García Márquez

Vocabulario útil

The preposition **para** can be used to express *in order to*, followed by an infinitive.

Para llegar al centro, tomo el autobús número 16.

(In order) To get downtown, I take the number 16 bus.

C **¿Qué lleva Ud.?** Para hablar de Ud. y de la ropa, complete estas oraciones lógicamente.

1. Para ir (*go*) a la universidad, me gusta usar _____.
2. Para ir a las fiestas con los amigos, me gusta usar _____.
3. Para pasar un día en la playa (*beach*), me gusta llevar _____.
4. Cuando estoy en casa todo el día, llevo _____.
5. Nunca uso _____.
6. _____ es/son un artículo de ropa absolutamente necesario para mí.

More About Getting Information

Tag phrases can change statements into questions.

Venden de todo aquí, { **¿no?** **¿verdad?**   *They sell everything here, right? (don't they?)*

No necesito impermeable hoy, **¿verdad?**   *I don't need a raincoat today, do I?*

¿Verdad? is found after affirmative or negative statements; **¿no?** is usually found after affirmative statements only. Note that the inverted question mark comes immediately before the tag question, not at the beginning of the statement.

D **Preguntas.** Using tag questions, ask a classmate questions based on the following statements. He or she will answer based on general information—or as truthfully as possible—if the question is about aspects of his or her life.

MODELO: E1: Estudias en la biblioteca por la noche, ¿verdad?
E2: No. Estudio en la biblioteca por la mañana. (No, no estudio en la biblioteca. Me gusta estudiar en casa.)

1. En un almacén hay precios fijos.
2. Regateamos mucho en los Estados Unidos.
3. No hay muchos mercados en esta ciudad.
4. Los *bluejeans* Gap son muy baratos.
5. Es necesario llevar traje y corbata a clase.
6. Eres una persona muy independiente.
7. Tienes una familia muy grande.
8. No hay examen (*test*) mañana.

¿De qué color es?

¿Cuántos colores hay en este cuadro (*painting*) de Frida Kahlo? ¿Cuáles son?

Here are colors and other helpful phrases you can use to describe clothing and other objects.

amarillo/a	yellow
anaranjado/a	orange
azul	blue
blanco/a	white
gris	gray
morado/a	purple
negro/a	black
pardo/a	brown
rojo/a	red
rosado/a	pink
verde	green

Otras frases útiles

de cuadros	plaid
de lunares	polka-dotted
de rayas	striped

OJO Note that some colors only have one form for masculine and feminine nouns.

el traje **azul,** la camisa **azul**

Autorretrato con monos (Self-Portrait with Monkeys), por Frida Kahlo (mexicana)

Conversación

A **¿Escaparates idénticos?** These showcase windows are almost alike . . . but not quite! Can you find at least eight differences between them? In Spanish, activities like this one are often called **¡Ojo alerta!** (*Eagle eye!*).

MODELO: En el dibujo A hay _____, pero en el dibujo B hay _____.

A.   **B.**

B **¿De qué color es?**

Paso 1. Tell the color of things in your classroom, especially the clothing your classmates are wearing.

MODELO: El bolígrafo de Anita es amarillo. Roberto lleva calcetines azules, una camisa de cuadros morados y azules, *bluejeans*...

Paso 2. Now describe what someone in the class is wearing, without revealing his or her name. Using your clues, can your classmates guess whom you are describing?

C **Asociaciones.** ¿Qué colores asocia Ud. con... ?

1. el dinero
2. la una de la mañana
3. una mañana bonita
4. una mañana fea
5. el demonio
6. los Estados Unidos
7. una jirafa
8. un pingüino
9. un limón
10. una naranja
11. un elefante
12. las flores (*flowers*)

Vocabulario: Preparación

El español ¡en directo!

▼▼▼▼▼▼▼▼▼▼▼▼▼▼▼

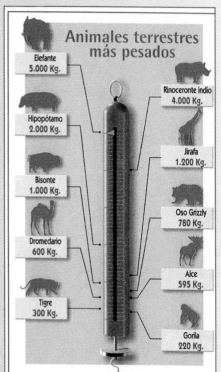

Animales terrestres más pesados

- Elefante 5.000 Kg.
- Rinoceronte indio 4.000 Kg.
- Hipopótamo 2.000 Kg.
- Jirafa 1.200 Kg.
- Bisonte 1.000 Kg.
- Oso Grizzly 780 Kg.
- Dromedario 600 Kg.
- Alce 595 Kg.
- Tigre 300 Kg.
- Gorila 220 Kg.

De los animales terrestres, el elefante, con sus 5.000 kilos de peso medio entre todas sus especies, es sin duda el mamífero más pesado. El hipopótamo y el rinoceronte son los siguientes en la lista, y el hombre, ni aparece.

El gráfico muestra (*shows*) el peso de varios animales terrestres. Lea el gráfico y conteste las siguientes preguntas.

1. Las palabras **peso, pesado** y **pesar** están relacionadas la una con la otra. ¿Qué significa cada una?

2. ¿Qué animal del gráfico es el más pesado? ¿el menos pesado? ¿Cuánto pesa cada uno?

3. Busque las palabras en español para:
   terrestrial
   mammal

Continúe la secuencia:

noventa y nueve, cien, ciento uno,...
mil, dos mil,...
un millón, dos millones,...

100	cien, ciento	700	setecientos/as
101	ciento uno/una	800	ochocientos/as
200	doscientos/as	900	novecientos/as
300	trescientos/as	1.000*	mil
400	cuatrocientos/as	2.000	dos mil
500	quinientos/as	1.000.000	un millón
600	seiscientos/as	2.000.000	dos millones

- **Ciento** is used in combination with numbers from 1 to 99 to express the numbers 101 through 199: **ciento uno, ciento dos, ciento setenta y nueve,** and so on. **Cien** is used in counting and before numbers greater than 100: **cien mil, cien millones.**

- When the numbers 200 through 900 modify a noun, they must agree in gender: **cuatrocientas niñas, doscientas dos casas.**

- **Mil** means *one thousand* or *a thousand.* It does not have a plural form in counting, but **millón** does. When used with a noun, **millón (dos millones,** and so on) must be followed by **de.**

1.899	mil ochocientos noventa y nueve
3.000 habitantes	tres mil habitantes
14.000.000 de habitantes	catorce millones de habitantes

*In many parts of the Spanish-speaking world, a period in numerals is used where English uses a comma, and a comma is used to indicate the decimal where English uses a period: **$10,45; 65,9%.**

A **¿Cuánto es?** Diga los precios.

el dólar (los Estados Unidos, el Canadá, Puerto Rico)
el nuevo peso (México)
el bolívar (Venezuela)
la peseta (España)
el quetzal (Guatemala)

1. 7.345 pesetas
2. $100
3. 5.710 quetzales
4. 670 bolívares
5. 2.486 pesetas
6. $1.000.000

7. 528 nuevos pesos
8. 836 bolívares
9. 101 pesetas
10. $4.000.000,00
11. 6.000.000,00 nuevos pesos
12. 25.000.000,00 pesetas

B **Compras personales**

Paso 1. With a classmate, determine how much the following items probably cost, using **¿Cuánto es... ?** or **¿Cuánto cuesta(n)... ?** Keep track of the prices that you decide on.

1. una calculadora pequeña
2. un coche nuevo
3. un coche usado
4. un estéreo
5. una computadora Mac o IBM

6. un reloj Timex
7. un reloj de diamantes
8. unos zapatos de tenis Nike
9. unos *bluejeans* Levi's
10. una casa en esta ciudad

Paso 2. Now compare the prices you selected with those of others in the class. What is the most expensive thing on the list? **(¿Cuál es la cosa más cara?)** What is the least expensive? **(¿Cuál es la cosa más barata?)**

Pronunciación: Stress and Written Accent Marks (Part 2)

The written accent mark is used in the following situations.

- A written accent mark is needed when a word does not follow the two basic rules presented. Look at the words in this group.

    ta-bú   a-le-mán   na-ción   in-glés   es-tás

    These words end in a vowel, **-n,** or **-s,** so one would predict that they would be stressed on the next-to-last syllable. But the written accent mark shows that they are in fact accented on the last syllable.

Now look at the words in this group.

lá-piz   dó-lar   ál-bum   á-gil   dó-cil

These words end in a consonant (other than **-n** or **-s**), so one would predict that they would be stressed on the last syllable. But the written accent mark shows that they are in fact accented on the next-to-last syllable.

- All words that are stressed on the third-to-last syllable must have a written accent mark.

    bo-lí-gra-fo   ma-trí-cu-la   ma-te-má-ti-cas

- When two consecutive vowels do not form a diphthong (see **Capítulo 1**), the vowel that receives the spoken stress will have a written accent mark. This pattern is very frequent in words that end in **-ía**.

    Ma-rí-a   dí-a   po-li-cí-a   bio-lo-gí-a   as-tro-no-mí-a

Contrast the pronunciation of those words with the following words in which the vowels **i** and **a** *do* form a diphthong: **Patricia, Francia, infancia, distancia.**

- Some one-syllable words have accents to distinguish them from other words that sound like them. For example:

    él (*he*) / el (*the*)   tú (*you*) / tu (*your*)
    sí (*yes*) / si (*if*)   mí (*me*) / mi (*my*)

- Interrogative and exclamatory words have a written accent on the stressed vowel. For example:

    ¿quién?   ¿dónde?   ¡Qué ganga! (*What a bargain!*)

A **Sílabas.**   The following words have been separated into syllables for you. Read them aloud, paying careful attention to where the spoken stress should fall. Don't worry about the meanings of words you haven't heard before. The rules you have learned will help you pronounce them correctly.

1. a-quí	pa-pá	a-diós	bus-qué
2. prác-ti-co	mur-cié-la-go	te-lé-fo-no	ar-chi-pié-la-go
3. Ji-mé-nez	Ro-drí-guez	Pé-rez	Gó-mez
4. si-co-lo-gí-a	so-cio-lo-gí-a	sa-bi-du-rí-a	bu-jí-as
5. his-to-ria	te-ra-pia	Pre-to-ria	me-mo-ria

B **Reglas** (*Rules*).   Indicate the stressed vowel of each word in the list that follows. Give the rule that determines the stress of each word.

1. exámenes	**7.** dólares	**12.** mujer
2. lápiz	**8.** francés	**13.** plástico
3. necesitar	**9.** están	**14.** María
4. perezoso	**10.** hombre	**15.** Rodríguez
5. actitud	**11.** peso	**16.** Patricia
6. acciones		

Minidiálogos y gramática

¿Recuerda Ud.?

Before beginning Grammar Section 8, review what you already know about expressing possession. Tell which of your friends or relatives has something that you like. Use **de** + *noun* as well as the possessive adjectives **mi** or **mis**.

> MODELO: Me gusta mucho el coche **de mi tío Harry.** Me gusta la casa **de mis abuelos.**

1. coche
2. casa (apartamento, cuarto)
3. computadora

4. patio
5. horario (*schedule*)

8 Expressing Possession •
Possessive Adjectives (Unstressed)*

Los gustos de Guillermo y Gloria

La ropa que llevo es seria y sofisticada. *Mis* colores favoritos son el negro, el blanco y el gris. Me gusta la ropa elegante y la compro en tiendas caras.

Mi novia Gloria es todo lo contrario. *Su* ropa es informal y *sus* colores favoritos son los básicos. Ella sólo compra cuando hay rebajas.

Pero *nuestros* gustos son similares en otras cosas. A los dos nos gusta leer, mirar películas viejas, jugar al tenis... Por eso *nuestras* relaciones son tan buenas.

¿Y Ud.?

1. ¿Es formal o informal su estilo respecto a la moda? ¿Cuáles son sus colores favoritos?
2. ¿En qué se basan sus relaciones con su mejor amigo/a (su novio/a, su esposo/a, sus hijos...)?

Guillermo's and Gloria's Preferences   The clothing I wear is serious and sophisticated. My favorite colors are black, white, and gray. I like elegant clothing and I buy it in expensive stores.

My girlfriend Gloria is the complete opposite. Her clothing is informal and her favorite colors are the basic ones. She only shops when there are sales.

But our tastes are similar in other things. We both like to read, to watch old movies, to play tennis . . . That's why our relationship is so good.

*There is another set of possessives called the *stressed possessive adjectives*. They can be used as nouns. For information on them, see Grammar Section 48.

Minidiálogos y gramática

You have already seen and used several possessive adjectives in Spanish. Here is the complete set.

the tu in the possessive have no accent

Possessive Adjectives

my	**mi** libro/mesa **mis** libros/mesas		*our*	**nuestro** libro **nuestros** libros	**nuestra** mesa **nuestras** mesas
your	**tu** libro/mesa **tus** libros/mesas		*your*	**vuestro** libro **vuestros** libros	**vuestra** mesa **vuestras** mesas
your, his, *her, its*	**su** libro/mesa **sus** libros/mesas		*your,* *their*	**su** libro/mesa **sus** libros/mesas	

In Spanish, the ending of a possessive adjective agrees in form with the person or thing possessed, not with the owner or possessor. Note that these possessive adjectives are placed before the noun.

The possessive adjectives **mi(s), tu(s),** and **su(s)** show agreement in number only with the nouns they modify. **Nuestro/a/os/as** and **vuestro/a/os/as,** like all adjectives that end in **-o,** show agreement in both number and gender.

O J O **Su(s)** can have several different equivalents in English: *your* (*sing.*), *his, her, its, your* (*pl.*), and *their.* Usually its meaning will be clear in context. When context does not make the meaning of **su(s)** clear, **de** and a pronoun are used instead, to indicate the possessor.

Son { mis / tus / sus } zapatos.

Es { nuestra / vuestra / su } casa.

el coche <br> la casa <br> los libros <br> las mesas } de él (de ella, de Ud., de ellos, de ellas, de Uds.)

¿Son jóvenes los hijos **de él**?
  Are his children young?

¿Dónde vive el abuelo **de ellas**?
  Where does their grandfather live?

Práctica

A **Posesiones.** Which nouns can these possessive adjectives modify without changing form?

1. su: problema primos dinero pantalones escritorios mesa
2. tus: camisetas idea hijos falda vestidos examen
3. mi: ventana ejercicios suéter coche bolsa cartera
4. sus: trajes periódico nietas zapato abrigos abuelo
5. nuestras: blusa libro tiendas camisa mercado paredes
6. nuestro: gustos calcetines parientes puerta clase sombrero

B **¿Cómo es la tienda de Isabel?**

Paso 1. Conteste según el modelo. Cambie los adjetivos si es necesario.

MODELO: tienda / grande →
    Su tienda es grande.

1. dependientas / simpático
2. precios / fijo
3. ropa / diverso
4. zapatos / informal
5. blusas / elegante
6. pantalones / barato

Paso 2. Cambie las respuestas del 1 al 3 para indicar que la tienda es de Ud.

MODELO: Mi tienda es grande.

Paso 3. Ahora cambie las respuestas del 4 al 6 para indicar que la tienda es de Isabel y Ud.

MODELO: Nuestra tienda es grande.

Conversación

A **Entrevista.** You have already learned a great deal about the families of your classmates and instructor. This interview will help you gather more information. Use the questions as a guide to interview your instructor or a classmate and take notes on what he or she says. (Use **tu[s]** when interviewing a classmate.) Then report the information to the class.

1. ¿Cómo es su familia? ¿grande? ¿pequeña? ¿Cuántas personas viven en su casa?
2. ¿Son simpáticos sus padres? ¿generosos? ¿cariñosos (*caring*)?
3. ¿Cuántos hijos tienen sus padres? ¿Cuántos años tienen?
4. ¿Cómo son sus hermanos? ¿listos? ¿traviesos (*mischievous*)? ¿trabajadores? Si son muy jóvenes, ¿prefieren (*do they prefer*) estudiar o mirar la televisión? Si son mayores (*older*), ¿trabajan o estudian? ¿Dónde?
5. ¿Viven sus padres en una casa o en un apartamento? ¿Cómo es su casa/apartamento?
6. ¿Viven sus abuelos/tíos en la casa / el apartamento también?
7. ¿Tiene Ud. esposo/a (compañero/a de cuarto)? ¿Cómo es? ¿Trabaja o estudia?

B **Asociaciones.** Working with several classmates, see how many words you can associate with the following phrases. Everyone in the group must agree with the associations decided on. Remember to use the words and phrases you know to agree or disagree with the suggestions of others.

MODELO: nuestro país →
Nuestro país es _____. (En nuestro país hay _____. En nuestro país uno puede _____.)

1. nuestro país
2. nuestra clase de español
3. nuestra universidad (librería)
4. nuestra ciudad (nuestro estado)
5. el centro de nuestra ciudad

It is not uncommon that fashion designers discover their interest in designing clothes through their youthful artistic pursuits. Such is the case of Óscar de la Renta, who studied painting in his native Dominican Republic and in Spain.

While still a student, de la Renta worked part-time sketching clothes for the Madrid fashion house Balenciaga. His sketches impressed the wife of the United States ambassador to Spain so much that she asked him to design a gown for her daughter. As luck would have it, the young lady appeared on the cover of *Life* magazine—wearing de la Renta's gown—and the art student felt encouraged to put aside his painting career and enter the fashion world full-time.

After several years of apprenticeship at Balenciaga, de la Renta became assistant designer for Antonio del Castillo at the house of Lanvin in Paris. In

Una modelo lleva un vestido diseñado por (*designed by*) Óscar de la Renta.

1963 he moved to New York to work for Elizabeth Arden, beginning his long career in the United States. At a time when youth culture was beginning to capture the nation's consciousness, de la Renta's clients were typically elegant, conservative, and traveled women who found great appeal in the figure-flattering, feminine clothing he designed and to which he was able to give a certain romantic touch.

De la Renta soon left Elizabeth Arden to buy into a wholesaler that produced simple clothing that looked custom-made. This move brought him both professional and financial success. The Óscar de la Renta label was eventually acquired by a fashion conglomerate, and de la Renta won the distinction of being the first high-fashion designer whose business ventures were publicly traded on the stock market.

9 Expressing Actions and States •
tener, venir, preferir, querer, and *poder;* Some Idioms with *tener*

Una gorra para José Miguel, después de mirar en tres tiendas

ELISA: ¿Qué gorra *prefieres*, José Miguel?
JOSÉ MIGUEL: *Prefiero* la gris.
ELISA: ¡Pero ya *tienes* una gris, y es prácticamente idéntica!
JOSÉ MIGUEL: Pues, no *quiero* estas otras gorras. ¿*Podemos* mirar en la tienda anterior otra vez?
ELISA: ¿Otra vez? Bueno, si realmente insistes...

A cap for José Miguel, after looking in three stores ELISA: Which cap do you prefer, José Miguel? JOSÉ MIGUEL: I prefer the gray one. ELISA: But you already have a gray one, and it's practically identical! JOSÉ MIGUEL: Well, I don't want these other caps. Can we look in the previous store again? ELISA: Again? Well, if you really insist . . .

Comprensión: ¿Sí o no?

1. José Miguel quiere comprar una corbata.
2. Él prefiere la gorra azul.
3. No puede decidir entre las gorras.
4. Parece que (*It seems that*) Elisa tiene mucha paciencia.

tener *(to have)*	venir *(to come)*	preferir *(to prefer)*	querer *(to want)*	poder *(to be able, can)*
tengo	vengo	prefiero	quiero	puedo
tienes	vienes	prefieres	quieres	puedes
tiene	viene	prefiere	quiere	puede
tenemos	venimos	preferimos	queremos	podemos
tenéis	venís	preferís	queréis	podéis
tienen	vienen	prefieren	quieren	pueden

- The **yo** forms of **tener** and **venir** are irregular.

- In other forms of **tener, venir, preferir,** and **querer,** when the stem vowel **e** is stressed, it becomes **ie.**

- Similarly, the stem vowel **o** in **poder** becomes **ue** when stressed. In vocabulary lists these changes are shown in parentheses after the infinitive: **poder (ue).** You will learn more verbs of this type in Grammar Section 11.

O J O **Nosotros** and **vosotros** forms for these verbs do not have irregular changes.

Irregularities:
tener: yo tengo, tú tienes (e ⟶ ie)...
venir: yo vengo, tú vienes (e ⟶ ie)...
preferir, querer: (e ⟶ ie)
poder: (o ⟶ ue)

Some Idioms with *tener*

A. Many ideas expressed in English with the verb *to be* are expressed in Spanish with *idioms* (**los modismos**) using **tener.** You have already used one **tener** idiom: **tener... años.** At the right are some additional ones. Note that they describe a condition or state that a person can experience.

tener miedo (de)	to be afraid (of)
tener prisa	to be in a hurry
(no) tener razón	to be right (wrong)
tener sueño	to be sleepy

Idiomatic expressions are often different from one language to another. For example, in English, *to pull Mary's leg* usually means *to tease her,* not *to grab her leg and pull it.* In Spanish, *to pull Mary's leg* is **tomarle el pelo a Mary** (literally, *to take Mary's hair*).

B. Other **tener** idioms include **tener ganas de** (*to feel like*) and **tener que** (*to have to*). The infinitive is always used after these two idiomatic expressions.

> Note that the English translation of one of these examples results in a verb ending in *-ing*, not the infinitive.

Tengo ganas de **comer.**
I feel like eating.

¿No tiene Ud. que **leer** este capítulo?
Don't you have to read this chapter?

◀ **Nota comunicativa** Using *mucho* and *poco*

In the first chapters of *Puntos de partida,* you have used the words **mucho** and **poco** as both adjectives and adverbs. *Adverbs* **(Los adverbios)** are words that modify verbs, adjectives, or other adverbs: *quickly,* **very** *smart,* **very** *quickly.* In Spanish and in English, adverbs are invariable in form.

> **adverb** = a word that modifies a verb, adjective, or another adverb

ADVERB

Rosario estudia **mucho** hoy.

Rosario is studying a lot today.

ADJECTIVE

Rosario tiene **mucha** ropa. Sobre todo tiene **muchos** zapatos.

Rosario has a lot of clothes. She especially has a lot of shoes.

Práctica

A ¡Sara tiene mucha tarea!

Paso 1. Haga oraciones con las palabras indicadas. Añada (*Add*) palabras si es necesario.

1. Sara / tener / muchos exámenes
2. (ella) venir / a / universidad / todos los días
3. hoy / trabajar / hasta (*until*) / nueve / de / noche
4. (ella) preferir / estudiar / en / biblioteca
5. querer / leer / más / pero / no poder
6. por eso / regresar / a / casa
7. tener / ganas de / leer / más
8. pero / unos amigos / venir a mirar / televisión
9. Sara / decidir / mirar / televisión / con ellos

Paso 2. Now retell the same sequence of events, first as if they had happened to you, using **yo** as the subject of all but sentence number 8, then as if they had happened to you and your roommate, using **nosotros/as**.

B **Situaciones.** Expand the situations described in these sentences by using an appropriate idiom with **tener.** There is often more than one possible answer.

MODELO: Tengo un examen mañana. Por eso... → Por eso tengo que estudiar mucho.

1. ¿Cuántos años? ¿Cuarenta? No, yo...
2. Un perro feroz vive en esta casa. Por eso yo...
3. ¿Ya son las tres de la mañana? Ah, por eso...
4. No, dos y dos no son cinco. Son cuatro. Tú...
5. Tengo que estar en el centro a las tres. Ya son las tres menos cuarto. Yo...
6. Cuando hay un terremoto (*earthquake*), todos...
7. ¿Los exámenes de la clase de español? ¡Son siempre muy fáciles! Yo no...
8. Sí, la capital de la Argentina es Buenos Aires. Tú...

Conversación

A **Estereotipos.** Draw some conclusions about Isabel based on this scene. Think about things that she has, needs to or has to do or buy, likes, and so on. When you have finished, compare your predictions with those of others in the class. Did you all reach the same conclusions?

Palabras útiles: los aretes (*earrings*), el juguete (*toy*), llamar por teléfono, los muebles (*furniture*), el sofá, tener alergia a

B **Entrevista: Preferencias.** Try to predict the choices your instructor will make in each of the following cases. Then, using tag questions, find out if you are correct.

MODELO: El profesor / La profesora tiene...
(muchos libros)/ pocos libros →
Ud. tiene muchos libros, ¿verdad?

1. El profesor / La profesora tiene...
   mucha ropa / poca ropa
   sólo un coche / varios coches
2. Prefiere...
   los gatos / los perros
   la ropa elegante / la ropa informal
3. Quiere comprar...
   un coche deportivo, por ejemplo, un Porsche / una camioneta (*station wagon*) / un abrigo / un impermeable
4. Viene a la universidad...
   todos los días / sólo tres veces a la semana
   en coche / en autobús / en bicicleta / a pie (*on foot*)
5. Esta noche tiene ganas de...
   mirar la tele / leer
   comer en un restaurante / comer en casa

C **Entrevista: Más preferencias.** With a classmate, explore preferences in a number of areas by asking and answering questions based on the following cues. Form your questions with expressions like these:

¿Prefieres... o... ?
¿Te gusta más (*infinitive*) o (*infinitive*)?

If you have no preference, express that by saying **No tengo preferencia.** Be prepared to report some of your findings to the class. If you both agree, you will express this by saying **Preferimos...** or **No tenemos preferencia.** If you do not agree, give the preferences of both persons: **Yo prefiero... , pero Cecilia prefiere...**

1. Los animales: ¿los gatos siameses o los persas? ¿los perros pastores alemanes o los perros de lanas (*poodles*)?
2. El color de la ropa informal: ¿el color negro o el blanco? ¿el rojo o el azul?
3. La ropa informal: ¿las camisas de algodón o las de seda? ¿los *bluejeans* de algodón o los pantalones de lana?
4. La ropa de mujeres: ¿las faldas largas o las minifaldas? ¿los pantalones largos o los pantalones cortos?
5. La ropa de hombres: ¿las camisas de cuadros o las de rayas? ¿las camisas de un solo (*single*) color? ¿chaqueta y pantalón o un traje formal?
6. Las actividades en casa: ¿mirar la televisión o leer una novela? ¿escribir cartas o hablar con unos amigos?

Clave para estudiar: Los verbos

▼▼▼▼▼▼▼▼▼▼▼▼▼▼▼▼▼▼▼▼▼▼▼▼▼▼▼

- Study carefully any new grammar section that deals with verbs. Are the verbs regular? What is the stem? What are the personal endings? Don't just memorize the endings (**-o, -as, -a,** and so on). Practice the complete forms of each verb (**hablo, hablas, habla,** and so on) until they are "second nature" to you. Be sure that you are using the appropriate endings: **-ar** endings with **-ar** verbs, for example. Be especially careful when you write and pronounce verb endings, since a misspelling or mispronunciation can convey inaccurate information. Even though there is only a one-letter difference between **hablo** and **habla** or between **habla** and **hablan,** for example, that single letter makes a big difference in the information communicated.

- Are you studying irregular verbs? If so, what are the irregularities? Practice the irregular forms many times so that you "overlearn" them and will not forget them: **tengo, tienes, tiene, tienen.**

- Once you are familiar with the forms, practice asking short conversational questions using **tú/Ud.** and **vosotros/Uds.** Answer each question, using the appropriate **yo** or **nosotros** form.

¿Hablas español?
¿Habla español? } Sí, hablo español.

¿Comen Uds. en clase?
¿Coméis en clase? } No, no comemos en clase.

- Practice the forms of all new verbs given in the vocabulary lists in each chapter. Any special information that you should know about the verbs will be indicated either in the vocabulary list or in a grammar section.

---

10 Expressing Destination and Future Actions • *ir; ir + a +* Infinitive; The Contraction *al*

¿Qué *va a* hacer Ud. este fin de semana?

- ¿*Va a* jugar *al* fútbol?
- ¿*Va a* ir de compras?
- ¿*Va a* hablar con sus padres?
- ¿*Va a* estudiar español?

Sí, *voy a* jugar *al* fútbol.
No, no *voy a* ir de compras.
Sí, *voy a* hablar con mis padres.
¡Claro que sí!

Si quiere añadir (*add*) otras actividades a la lista, use la frase **También voy a** + *infinitive.*

Ir is the irregular Spanish verb used to express *to go.*

ir *(to go)*	
voy	vamos
vas	vais
va	van

The first person plural of **ir, vamos** (*we go, are going, do go*), is also used to express *let's go.*

Vamos a clase ahora mismo.
Let's go to class right now.

Minidiálogos y gramática

Ir + a + infinitive is used to describe actions or events in the near future.

Van a venir a la fiesta esta noche.
They're going to come to the party tonight.

Voy a ir de compras esta tarde.
I'm going to go shopping this afternoon.

The Contraction *al*

In **Capítulo 2** you learned about the contraction **del** (**de** + **el** → **del**). The only other contraction in Spanish is **al** (**a** + **el** → **al**). ¡OJO! Both **del** and **al** are obligatory contractions.

a + **el** → **al**

Voy **al** centro comercial.
I'm going to the mall.

Vamos **a la** tienda.
I'm going to the store.

Práctica

A **¿Adónde van de compras?** Haga oraciones completas usando **ir**. Recuerde: **a** + **el** = **al**.

MODELO: Marta / el centro → Marta *va al* centro.

1. Ud. / una *boutique*
2. Francisco / el almacén Goya
3. Jorge y Carlos / el centro comercial
4. tú / un mercado
5. nosotros / una tienda pequeña
6. yo / ¿ ?

B **¡Vamos de compras en Sevilla!** Describa el día, desde el punto de vista (*from the point of view*) de Lola Benítez. Use **ir** + **a** + el infinitivo, según el modelo.

MODELO: Manolo compra un regalo para su madre. →
Manolo *va a comprar* un regalo para su madre.

1. Llegamos al centro a las diez de la mañana.
2. La niña quiere comer algo (*something*).
3. Compro unos chocolates para Marta.
4. Manolo busca una blusa de seda.
5. No compras esta blusa de rayas, ¿verdad?
6. Buscamos algo más barato.
7. ¿Vas de compras mañana también?

Conversación

A **¿Adónde vas si... ?** ¿Cuántas oraciones puede hacer Ud.?

Me gusta
- leer novelas.
- ir de compras —y ¡no importa el precio!
- buscar gangas y regatear.
- beber cerveza con mis amigos.
- comer en restaurantes elegantes.
- mirar programas de detectives.

Por eso voy a _____ .

B Entrevista: El fin de semana

Paso 1. Interview a classmate about his or her plans for the weekend. Try to "personalize" the interview by asking additional questions. For example, if your partner is going to read a novel, ask questions like **¿Qué novela?** or **¿Quién es el autor?**

¿Vas a... ?   SÍ   NO

1. ir de compras   ☐ ☐
2. leer una novela   ☐ ☐
3. asistir a un concierto   ☐ ☐
4. estudiar para un examen   ☐ ☐
5. ir a una fiesta   ☐ ☐
6. escribir una carta   ☐ ☐
7. ir a una discoteca   ☐ ☐
8. escribir los ejercicios para la clase de español   ☐ ☐
9. practicar un deporte (*sport*)   ☐ ☐
10. mirar mucho la televisión   ☐ ☐

Paso 2. En general, ¿es muy activo/a su compañero/a? ¿O prefiere la tranquilidad? En el **Paso 1,** los números pares (2, 4, 6,...) son actividades más o menos pasivas o tranquilas. Los números impares (1, 3, 5,...) representan actividades más activas. ¿Cómo es su compañero/a?

Situaciones

In this **Situaciones** dialogue, José Miguel Martín Velasco goes shopping for clothes in his hometown of Quito, Ecuador. What similarities are there between shopping in this country and in an Hispanic country? What differences do you notice?

F U N C T I O N
shopping for clothes

José Miguel está en una tienda de ropa. Una empleada[a] se acerca a[b] él.

EMPLEADA: Buenos días. ¿En qué puedo servirle?[c]

JOSÉ MIGUEL: ¿Qué precio tienen estas camisas?

EMPLEADA: Están en rebaja. Cuestan 40.000 sucres[d] cada una.

JOSÉ MIGUEL: Es un precio excelente.

EMPLEADA: Sí. Las camisas son de puro algodón, y las tenemos de[e] muchos colores. Aquí tiene una verde, otra roja, otra amarilla y otra azul. ¿Qué talla[f] usa?

JOSÉ MIGUEL: La 38, por lo general.

EMPLEADA: Mire. Estos pantalones son perfectos para esta camisa. Con este pantalón negro y esta camisa azul, Ud. está a la última moda.

JOSÉ MIGUEL: Me gustan mucho los pantalones. Y la camisa también. ¿Me los puedo probar?[g]

EMPLEADA: Sí, cómo no. Por allí[h] están los probadores.[i]

[a]*employee* [b]*se... approaches* [c]*¿En... How may I help you?* [d]*monetary unit of Ecuador* [e]*las... we have them in* [f]*size* [g]*¿Me... May I try them on?* [h]*Por... Over there* [i]*fitting rooms*

Con un compañero / una compañera

Although it is often possible—and lots of fun—to bargain over the price of an item in a shop or open-air market, merchandise is normally sold at a fixed price in many, if not most, Hispanic stores.

With your instructor acting as the salesperson, try to make the purchases described in one of the following situations. Use the phrases and expressions from the previous dialogue as a model.

1. Ud. está en una *boutique*. Desea comprar un suéter. Quiere un color y un estilo específicos.
2. Ud. está en un almacén. Necesita comprar un traje elegante / un vestido de noche para asistir a una fiesta muy elegante.

Un poco de todo

A **¿Qué prefieren?** Forme oraciones completas usando una palabra o frase de cada (*each*) columna. Si quiere, las oraciones pueden ser negativas también.

1. yo
2. mi mejor (*best*) amigo/a
3. mis padres
4. nuestro profesor / nuestra profesora
5. mi familia
6. tú y yo

(no)

poder
tener que
tener ganas de
querer
preferir
ir (a)
venir a

estudiar en la biblioteca
visitar mi universidad
ir de compras en el centro
comprar cuando hay rebajas
escribir un informe (*report*) para la clase de ¿ ?
ir al cine (*movies*)
llevar ropa informal
leer novelas de ciencia ficción / terror / ¿ ?

B **Pero, ¿no se puede** (*can't one*) **regatear?** Complete the following paragraph with the correct form of the words in parentheses, as suggested by the context. When two possibilities are given in parentheses, select the correct word.

En (los/las[1]) ciudades hispánicas, hay una (grande[2]) variedad de tiendas para (ir[3]) de compras. Hay almacenes, centros comerciales y *boutiques* (elegante[4]), como en (los/las[5]) Estados Unidos, donde los precios son siempre (fijo[6]).

También hay tiendas (pequeño[7]) que venden un solo[a] producto. Por ejemplo,[b] en una zapatería sólo hay zapatos. En español el sufijo **-ería** se usa[c] para (formar[8]) el nombre de la tienda. ¿Dónde (creer[9]) Ud. que venden papel y (otro[10]) artículos de escritorio? ¿A qué tienda (ir[11]) a ir Ud. a comprar fruta?

Si Ud. (poder[12]) pagar el precio que piden,[d] (deber[13]) comprar los recuerdos[e] en (los/las[14]) almacenes o *boutiques*. Pero si (tener[15]) ganas o necesidad de regatear, tiene (de/que[16]) ir a un mercado: un conjunto[f] de tiendas o locales[g] donde el ambiente[h] es más (informal[17]) que[i] en los (grande[18]) almacenes. Ud. no (deber[19]) pagar el primer[j] precio que menciona el vendedor.[k] ¡Casi siempre va (a/de[20]) ser muy alto!

[a]*single* [b]*Por... For example* [c]*se... is used* [d]*they ask* [e]*souvenirs* [f]*group* [g]*stalls* [h]*atmosphere* [i]*than* [j]*first* [k]*seller*

Comprensión: ¿Cierto o falso? Corrija las oraciones falsas.

1. En el mundo hispánico, todas las tiendas son similares.
2. Uno puede regatear en un almacén hispánico.
3. Es posible comprar limones en una papelería.
4. En un mercado, el vendedor siempre ofrece un precio bajo al principio (*beginning*).

C **¿Somos tan diferentes?**

Paso 1. Answer the following questions. Then ask the same questions of other students in the class to try to find at least one person who answered a given question the way you did.

1. De la siguiente lista, ¿qué cosa tienes ganas de tener? ¿Por qué? (**¡OJO!** También es posible contestar: **No quiero tener ninguna.**)
   _____ un abrigo de pieles (*fur*)
   _____ unas botas de cuero (*leather*)
   _____ unos aretes de oro (*gold*)
   _____ un reloj de diamantes
2. ¿Cuál de las siguientes cosas que dicta la moda es la más tonta, en tu opinión?
   _____ llevar aretes en la nariz (*nose*)
   _____ llevar las gorras (*caps*) para atrás (*backwards*)
   _____ los *bluejeans* de los grandes diseñadores como Calvin Klein y Guess
   _____ la ropa de estilo rap

(Continúa.)

3. ¿Cierto o falso?

_____ Las personas mayores (*older*) deben llevar siempre ropa de colores oscuros, como negro, gris, etcétera.

_____ Una mujer que tiene más de 30 años nunca debe llevar minifalda.

_____ Sólo las mujeres deben usar arete(s).

_____ Cuando la moda cambia (*changes*), es necesario comprar mucha ropa nueva.

Paso 2. Now ask a classmate his or her opinion about the following items. You can start your questions with the phrases **¿Qué opinas de... ?** or **¿Qué piensas de... ?** Your partner can begin his or her questions with **Creo que...** or **Pienso que...** .

1. las personas que sólo llevan ropa oscura
2. las personas que llevan los *bluejeans* rotos en las rodillas (*torn at the knees*)
3. la ropa de los diseñadores famosos que vemos (*we see*) en las revistas como *Elle, Vogue,* etcétera

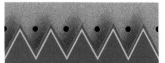

Vocabulario

Los verbos

descansar	to rest
ir (*irreg.*)	to go
ir a + *inf.*	to be going to (*do something*)
ir de compras	to go shopping
llevar	to wear; to carry; to take
poder (ue)	to be able, can
preferir (ie)	to prefer
querer (ie)	to want
regatear	to haggle, bargain
tener (*irreg.*)	to have
usar	to wear; to use
venir (*irreg.*)	to come

La ropa

el abrigo	coat
los aretes	earrings
los *bluejeans*	jeans
la blusa	blouse
la bolsa	purse
la bota	boot
los calcetines	socks
la camisa	shirt
la camiseta	T-shirt
la cartera	wallet
la chaqueta	jacket
el cinturón	belt
la corbata	tie
la falda	skirt
el impermeable	raincoat
las medias	stockings
los pantalones	pants
el par	pair
el reloj	watch
la ropa interior	underwear
la sandalia	sandal
el sombrero	hat
el suéter	sweater
el traje	suit
el traje de baño	swimsuit
el vestido	dress
el zapato (de tenis)	(tennis) shoe

Los colores

amarillo/a	yellow
anaranjado/a	orange
azul	blue

blanco/a	white
gris	gray
morado/a	purple
negro/a	black
pardo/a	brown
rojo/a	red
rosado/a	pink
verde	green

De compras

de cuadros	plaid
de lunares	polka-dotted
de rayas	striped
de última moda	the latest style
la ganga	bargain
el precio (fijo)	(fixed) price
las rebajas	sales, reductions
¿cuánto cuesta?	how much does it cost?
¿cuánto es?	how much is it?

Los materiales

es de...	it is made of . . .
algodón	cotton
lana	wool
seda	silk

Los lugares

el almacén	department store
el centro	downtown
el centro comercial	shopping mall
el mercado	market(place)
la tienda	shop

Otros sustantivos

la cinta	tape
el ejercicio	exercise
el examen	exam, test

Los adjetivos

barato/a	inexpensive
caro/a	expensive
poco/a	little

Los números

doscientos/as, trescientos/as, cuatrocientos/as, quinientos/as, seiscientos/as, setecientos/as, ochocientos/as, novecientos/as, mil, un millón (de)

Repaso: cien(to)

Adjetivos posesivos

mi(s)	my
tu(s)	your
su(s)	his, hers, its, your (*form. sing.*)
nuestro/a(s)	our
vuestro/a(s)	your (*form. pl. Sp.*)
su(s)	their, your (*form. pl.*)

Palabras adicionales

¿adónde?	where (to)?
al	to the
algo	something
de todo	everything
tener...	
ganas de + *inf.*	to feel like (*doing something*)
miedo (de)	to be afraid (of)
prisa	to be in a hurry
que + *inf.*	to have to (*do something*)
razón	to be right
sueño	to be sleepy
no tener razón	to be wrong
¿no?, ¿verdad?	right?, don't they (you, etc.)?

Un paso más 3

Estrategia: Visual Aids and Predicting Content

In **Capítulo 1** you learned that you can use section subheadings to help you better understand a passage. Another useful strategy is to use photographs and other visuals (charts, drawings, and so on) that accompany the reading as tools to help you predict what the passage will be about. A successful reader is able to make predictions in advance about the content of a text, and then confirm or reject these predictions as he or she reads.

As you look at the photo that accompanies the passage below, what do you think this passage will be about? Does this information help you guess the meaning of an unfamiliar word in the title? What is the English equivalent of the word **calzado**?

▶ **Sobre la lectura...** This reading is adapted from a general-interest mag-
▶ azine from the Spanish-speaking world. Just as we are often interested in
▶ what goes on in other countries, Spanish speakers abroad take an interest
▶ in information about this country, such as that contained in this article.

El calzado de Nueva York

Los que van a la ciudad de Nueva York admiran sus enormes rascacielos,[a] asisten a las famosas salas de teatro de Broadway o se trasladan[b] de un punto a otro en los famosos trenes subterráneos... Pero también existe otro espectáculo aparte,[c] y no hay que elevar la vista[d] para presenciarlo:[e] los zapatos de la «Gran Manzana» (como es llamada[f] Nueva York).

Una fotógrafa norteamericana recorrió[g] los barrios[h] neoyorquinos y aquí está el resultado de lo que vio:[i] zapatos de plataforma (que están otra vez[j] de moda), botas, calzado deportivo[k]... ¡de todos los colores y para todos los gustos! Según la fotógrafa, «los zapatos de

Nueva York son los más variados del mundo... » Y ella puede decirlo,[l] porque ha visitado[m] muchos países. ●

---

[a]*skyscrapers* [b]*se... travel* [c]*separate* [d]*sight* [e]*notice it* [f]*es... is called* [g]*visited* [h]*neighborhoods* [i]*lo... what she saw* [j]*otra... again* [k]*sports*
[l]*say it* [m]*ha... she has visited*

Comprensión

A **En Nueva York.** The passage identifies a number of things a tourist might do in New York. Which of the following were mentioned?

	SÍ	NO
1. ir de compras a los almacenes famosos	☐	☐
2. visitar lugares como la Torre Trump o el edificio Chrysler	☐	☐
3. viajar (*traveling*) en el metro	☐	☐
4. ir al Parque Central	☐	☐
5. asistir a una función teatral	☐	☐
6. observar una variedad de zapatos	☐	☐

B **¡Adivine!** (*Guess!*)   Relying on what you already know about New York and its nicknames, what do you think **la «Gran Manzana»** means in English?

•PARA ESCRIBIR

A **Mis zapatos favoritos.**   Complete the following information about your favorite shoes.

1. Estilo: ☐ sandalias   ☐ botas   ☐ mocasines   ☐ zuecos (*clogs*)

   ☐ de plataforma   ☐ deportivos   ☐ zapatillas (*slippers*)

   ☐ de tacón (*heel*) alto/bajo   ☐ ¿ ?

2. Color: _____

3. Número/Talla (*Size*): _____

B **¿Quién soy?**

Paso 1.   In a brief paragraph, write a description of your favorite shoes based on the information from **Actividad A.** You may also include additional information, such as what material they are made of, why you like them, and so on. Your instructor can help you with words or constructions that are unfamiliar to you.

   Mis zapatos favoritos...

Paso 2.   How well do you know the individual style of your classmates? Hand in your paragraph to your instructor. He or she will read the paragraphs aloud without mentioning who wrote them. You and your classmates should try to identify the author of each paragraph.

•ACTIVIDADES

Actividad A   Los colores... y un poco más

Paso 1.   ¿Cómo es Ud.? ¿Es Ud. romántico/a? ¿agresivo/a? ¿creativo/a? Escriba cuatro adjetivos que lo/la describen (*that describe you*).

Paso 2.   Ahora, ¿cuál es su color favorito?

Paso 3.   Según un artículo en una revista hispánica, los colores representan distintas emociones y potencias (*abilities*). Empareje (*Match*) los colores de la columna A con lo que representan en la columna B. **¡OJO!** Las respuestas están al pie (*foot*) de esta página.

A

1. ____ blanco
2. ____ azul
3. ____ verde
4. ____ rojo
5. ____ negro
6. ____ amarillo
7. ____ anaranjado
8. ____ morado
9. ____ rosado

B

a. Representa la parte abstracta o imaginativa de una persona y el instinto. Infunde valentía (*courage*).

b. Una combinación de inteligencia y movilidad. Regula el sistema circulatorio.

c. Representa la energía completa.

d. Capta la energía creativa de la mente (*mind*) y está asociado con los procesos digestivos.

e. Ayuda (*It helps*) a recuperar la capacidad de dar (*giving*) y recibir los sentimientos amorosos.

f. Representa la ausencia de fuerza y movimiento.

g. Se asocia con la paz y la armonía. Es bueno para relajarse.

h. Simboliza una fuerza vital, sexual y creativa.

i. Color positivista y práctico, compensa los estados depresivos.

Paso 4.   Ahora, considerando la información de los tres pasos anteriores, ¿hay alguna relación entre su color favorito y los adjetivos que cree que lo/la describen a Ud.? Busque (*Look for*) una frase en **A propósito...** , si quiere.

A propósito... Expressing Agreement and Disagreement

You have already learned to express agreement or disagreement with the phrase (**no**) **estoy de acuerdo.** Here are some additional phrases to use to agree or disagree with an opinion.

Creo que sí. Creo que no.	*I think so. I don't think so.*
¡Claro que sí!	*Of course!*
¡Claro que no!	*Of course not!*
¡En absoluto!	

Respuestas: 1. c   2. g   3. b   4. h   5. f   6. d   7. i   8. a   9. e

Actividad B   Ud. y el arte

1. El Greco (español)

2. Francisco Oller (puertorriqueño)

3. Julio Grano Nicandro
   (norteamericano)

Paso 1.   Escoja uno de los cuadros y descríbalo (*describe it*) con oraciones breves. Fíjese sobre todo en (*Pay particular attention to*) la ropa que lleva la gente y en los colores.

Paso 2.   Lea su descripción a un compañero / una compañera. ¿Puede identificar el cuadro según su descripción?

Paso 3.   Ahora trate de adivinar (*try to guess*) lo que pasa en cada cuadro. Aquí hay unas posibilidades.

> Es una fiesta de cumpleaños.
> Es un velorio (*wake*).
> Es un nacimiento (*birth*).
> Es un día nuevo y emocionante.
> Es un día deprimente (*depressing*).

Paso 4.   Dígale (*Tell*) a un compañero / una compañera su descripción de cada cuadro. ¿Está de acuerdo con Ud.? Deben usar expresiones de **A propósito...** .

MODELO: E1: El cuadro número uno es un velorio.
            E2: Creo que no. Creo que es...

El mundo hispánico de cerca: de...

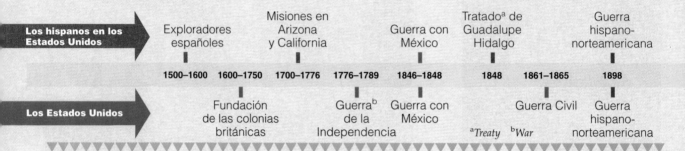

Los hispanos en los Estados Unidos →	Exploradores españoles	Misiones en Arizona y California		Guerra con México	Tratado[a] de Guadalupe Hidalgo		Guerra hispano-norteamericana
	1500–1600	1600–1750	1700–1776	1776–1789	1846–1848	1848	1861–1865	1898
Los Estados Unidos →		Fundación de las colonias británicas		Guerra[b] de la Independencia	Guerra con México		Guerra Civil	Guerra hispano-norteamericana

[a]Treaty [b]War

Típico, típico

Desde el siglo XIX[a] las comunidades hispanas de Texas han hecho[b] contribuciones importantes a dos tipos populares de música latina. Uno es **el corrido,** un poema con música que narra una noticia[c] con los comentarios del poeta. El otro es **la música norteña,**[d] también muy popular en Texas, que se caracteriza por[e] el uso del acordeón, instrumento favorito de los inmigrantes alemanes del siglo XIX.

Otro tipo de música latina, **la salsa,** es una combinación del jazz norteamericano y de la música africana del Caribe. Su inspiración viene de la música de los barrios populares[f] de las ciudades de los Estados Unidos y del Caribe.

[a]Desde... *Since the nineteenth century* [b]han... *have made*
[c]*piece of news* [d]*northern (referring to northern Mexico)*
[e]se... *is characterized by* [f]barrios... *working-class neighborhoods*

Enfoque° personal

Focus

El cómico y actor **John Leguizamo** tiene un sentido del humor[a] muy irreverente. Es nativo de Nueva York, hijo de padre **puertorriqueño** y madre **colombiana.** Los números satíricos de Leguizamo tienen como tema principal la vida de los jóvenes latinos en los centros urbanos. Él quiere ofrecer al público programas y personajes[b] latinos en situaciones que revelan su humanidad. Al satirizar[c] a sus personajes latinos, destruye[d] estereotipos que el público anglosajón[e] tiene de ellos y también los estereotipos que los hispanos tienen de los anglosajones. Leguizamo ha hecho papeles secundarios[f] en las películas[g] *Carlito's Way* y *Whispers in the Dark,* y tiene un papel principal en *To Wong Foo, Thanks for Everything, Julie Newmar...* .

[a]sentido... *sense of humor* [b]*characters* [c]Al... *As he satirizes*
[d]*he destroys* [e]*Anglo* [f]ha... *has played supporting roles* [g]*films*

El actor y cómico John Leguizamo

Los hispanos en los Estados Unidos

Gente° y sociedad

People

Los hispanos de los Estados Unidos provienen[a] de todo el mundo hispánico. Muchos de ellos son **inmigrantes** llegados[b] recientemente. Otros son **descendientes** de inmigrantes que llegaron aquí antes de[c] los peregrinos[d] ingleses. Los más de[e] 22 millones de hispanos que viven en los Estados Unidos son un ingrediente vital de la cultura de este país.

[a]*come* [b]*arrived* [c]*antes... before* [d]*pilgrims* [e]*Los... The more than*

Arte

Carmen Lomas Garza forma parte de un grupo de **artistas chicanos** cuyos[a] «años formativos» corresponden al principio[b] del movimiento chicano en los años sesenta y setenta.[c] La importancia de este movimiento para ella es evidente en sus cuadros.[d] Desea mostrar[e] los elementos emocionantes y de gran importancia en su cultura.

Lomas Garza es de Kingsville, Texas. La familia de su madre ha vivido[f] por muchos años en Texas y la familia de su padre se escapó[g] de la violencia de la Revolución mexicana de 1910. Muchos de sus cuadros representan **la vida familiar en Texas.** En «Sandía», uno de sus cuadros típicos, Lomas Garza muestra tres generaciones de una familia juntos.[h]

[a]*whose* [b]*beginning* [c]*los... the sixties and seventies*
[d]*paintings* [e]*to show* [f]*ha... has lived* [g]*se... escaped*
[h]*together*

Sandía (*Watermelon*) por Carmen Lomas Garza (estadounidense)

Personaje° eminente

Personality

La contribución de **César Chávez** (1927–1993) al movimiento de los trabajadores agrícolas[a] es enorme. Hijo de padres **campesinos migrantes,**[b] Chávez asiste a treinta escuelas diferentes y su educación sólo llega al séptimo[c] grado.

En 1962, Chávez se dedica a[d] organizar a los campesinos que cosechan uvas.[e] Como resultado de **las huelgas**[f] **y el boicot de las uvas de mesa,** los campesinos obtienen contratos más favorables para ellos; se establece **el United Farm Workers** como un sindicato[g] oficial.

César Chávez tiene 66 años cuando muere[h] en 1993. Hoy en día,[i] la vida,[j] los sacrificios y los ideales de Chávez sirven de[k] inspiración a muchas personas.

[a]trabajadores... *agricultural workers* [b]campesinos... *migrant farm workers* [c]*seventh* [d]se... *dedicates himself to* [e]cosechan... *harvest grapes* [f]*strikes* [g]*labor union* [h]*he dies* [i]*Hoy... Nowadays* [j]*life* [k]sirven... *serve as an*

César Chávez

Cocina°

Cuisine

En los Estados Unidos **la cocina «panlatina»** es actualmente[a] muy popular. Esta nueva cocina es creación de cocineros[b] latinos que[c] combinan los platos[d] tradicionales latinos con las nuevas tendencias culinarias. El resultado son platos originales que muestran[e] la influencia de varias culturas. Los pioneros de esta tendencia son cocineros de diferentes nacionalidades hispanas como, por ejemplo,[f] el cubano **Efraín Vega,** de Miami, y el mexicano **David Garrido,** de Austin, Texas. Los nuevos cocineros trabajan en restaurantes de Nueva York, Florida, Texas y California donde sus clientes son personas que buscan nuevas experiencias culinarias.

[a]*currently* [b]*cooks, chefs* [c]*who* [d]*dishes* [e]*show* [f]por... *for example*

4 En casa

¿Dónde vive Ud.?
¿Dónde quiere
vivir? ¿Le gustaría
vivir en un edificio
de apartamentos
como este?

Madrid, España

In this chapter, you will study vocabulary and structures that will allow you to

- express the days of the week in Spanish and talk about where you live (**Vocabulario: Preparación**)
- express more actions (**Vocabulario: Preparación** and **Grammar Section 11**)
- talk about actions generally expressed in English with *-self* (**12**)
- point out people and things (**13**)

As you work through the chapter, see how much you can learn about what housing is like in the Spanish-speaking world.

Vocabulario: Preparación

¿Qué día es hoy?

lunes	Monday
martes	Tuesday
miércoles	Wednesday
jueves	Thursday
viernes	Friday
sábado	Saturday
domingo	Sunday
el lunes, el martes...	on Monday, on Tuesday . . .
los lunes, los martes...	on Mondays, on Tuesdays . . .
Hoy (Mañana) es viernes.	Today (Tomorrow) is Friday.
Ayer fue miércoles.	Yesterday was Wednesday.
el fin de semana	(on) the weekend
pasado mañana	the day after tomorrow
el próximo (martes, miércoles,...)	next (Tuesday, Wednesday, . . .)

agosto

lunes 14	jueves 17
martes 15	viernes 18
miércoles 16	sábado 19 domingo 20

la próxima semana   next week

OJO

- Except for **el sábado / los sábados** and **el domingo / los domingos,** all the days of the week use the same form for the plural as they do for the singular.
- The definite articles are used to express *on* with the days of the week. The days are not capitalized in Spanish.
- In Spanish-speaking countries, the week usually starts with **lunes.**

Conversación

A Preguntas

1. ¿Qué día es hoy? ¿Qué día es mañana? Si hoy es sábado, ¿qué día es mañana? Si hoy es jueves, ¿qué día es mañana? ¿Qué día fue ayer?
2. ¿Qué días de la semana tenemos clase? ¿Qué días no?

3. ¿Estudia Ud. mucho durante (*during*) el fin de semana? ¿y los domingos por la noche?

4. ¿Qué le gusta hacer (*to do*) los viernes por la tarde? ¿Le gusta salir (*to go out*) con los amigos los sábados por la noche?

B **Mi semana**

Paso 1. Indique una cosa que Ud. quiere, necesita, puede o tiene que hacer cada (*each*) día de esta semana.

> MODELO: El lunes tengo que (necesito, puedo, quiero) ir al laboratorio de lenguas.

Palabras útiles: dormir (*to sleep*) hasta muy tarde, jugar (*to play*) al tenis (al golf, al vólibol, al...), ir al cine (*movies*), ir al bar (al parque, al museo, a...)

Paso 2. Ahora considere sus planes para la semana. ¿Tiene sólo actividades muy serias o hay también actividades divertidas (*fun*)? ¿Es una semana típica?

Los cuartos, los muebles° y las otras partes de una casa

furniture

la alcoba*	bedroom	**la cama (de agua)**	(water) bed
el baño	bathroom	**la cómoda**	bureau; dresser
la cocina	kitchen	**el escritorio**	desk
el comedor	dining room	**el estante**	bookshelf
el garaje	garage	**la lámpara**	lamp
el jardín	yard	**el lavabo**	(bathroom) sink
la pared	wall	**la mesa**	table
el patio	patio; yard	**la mesita**	end table
la piscina	swimming pool	**los platos**	dishes
la sala	living room	**la silla**	chair
		el sillón	armchair
la alfombra	rug	**el sofá**	sofa
el armario	closet	**el televisor**	television set
la bañera	bathtub		

Note: This is the first group of words you will learn for talking about where you live and the things found in your house or apartment. You will learn additional vocabulary for those topics in **Capítulos 9, 12,** and **14.**

---

*Other frequently used words for *bedroom* include **el dormitorio** and **la habitación.**

El español ¡en directo!

▼▼▼▼▼▼▼▼▼▼▼▼▼▼▼▼▼▼▼▼▼▼▼▼▼▼▼▼▼▼▼▼

Mire el siguiente anuncio para muebles y conteste lo siguiente.

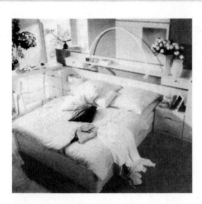

Piensa como quieres tu habitación

- Piensa en una habitación muy personal.
- Con muebles que resuelvan el espacio con inteligencia y calidad.
- Piensa en la comodidad y en la calidez.

1. ¿Qué muebles y cosas en la foto puede Ud. nombrar (*name*)? ¿Qué cosas *no* puede nombrar?
2. De las cosas que no puede nombrar, ¿puede emparejar (*match*) los siguientes nombres con lo que (*what*) representan?

   a. el despertador (despertarse = *to wake up*)   *pillow*
   b. la almohada (el almohadón = *cushion*)   *tennis racket*
   c. el florero (la flor = *flower*)   *alarm clock*
   d. la raqueta de tenis (¿ ?)   *flower vase*

Conversación

A **¿Qué hay en esta casa?** Identifique las partes de esta casa y diga lo que hay en cada cuarto. ¿Qué hay en el patio? ¿Hay una piscina? ¿O solamente hay plantas?

B **Asociaciones**

Paso 1. ¿Qué muebles o partes de la casa asocia Ud. con las siguientes actividades?

1. estudiar para un examen
2. dormir la siesta (*taking a nap*) por la tarde
3. pasar una noche en casa con la familia
4. celebrar con una comida (*meal*) especial
5. tomar el sol (*sunbathing*)
6. hablar de temas (*topics*) serios con los amigos (padres, hijos)

Paso 2. Ahora compare sus asociaciones con las (*those*) de otros estudiantes. ¿Tienen todos las mismas costumbres (*customs*)?

There is no such thing as a typical Hispanic house. Often, the style of housing depends on geographic location. For example, in hot regions, many houses are built around a central interior patio. These patios are filled with plants, and some even have a fountain.

However, the population in Hispanic countries tends to be centered in urban areas. That's why the majority of people that live in a city live in apartments, like people in larger cities in this country. Here are some more details about Hispanic houses.

El balcón de una casa en San Juan, Puerto Rico

- While the Spanish word **hogar** literally means *home*, Hispanics often speak of a **casa,** whether they live in an actual house or an apartment.

    Voy a casa.   *I'm going home.*

- Hispanics are generally more concerned with the appearance of the inside of their homes than the outside.
- A balcony or terrace is a very desirable feature in an apartment.
- Many houses are also homes to birds. They are normally small birds that sing beautifully, such as canaries.

Expressing Actions: *hacer, oír, poner, salir, traer,* and *ver*

¿«Estos muchachos sólo quieren *salir*... No *ponen* sus cosas en orden en sus cuartos... Los jóvenes de hoy día no *hacen* nada bien; no son responsables... ¡También quieren *traer* a muchachas a sus cuartos!»

Estas oraciones son típicas de muchas personas mayores (*elderly*) en el mundo hispánico. ¿Son típicas de las personas mayores en este país también? ¿Cree Ud. que tienen razón?

hacer (to do; to make)		oír (to hear)		poner (to put; to place)		salir (to leave; to go out)		traer (to bring)		ver (to see)	
hago	hacemos	oigo	oímos	pongo	ponemos	salgo	salimos	traigo	traemos	veo	vemos
haces	hacéis	oyes	oís	pones	ponéis	sales	salís	traes	traéis	ves	veis
hace	hacen	oye	oyen	pone	ponen	sale	salen	trae	traen	ve	ven

- **hacer**

  Some common idioms with **hacer** are **hacer ejercicio** (*to exercise*), **hacer un viaje** (*to take a trip*), and **hacer una pregunta** (*to ask a question*).

  ¿Por qué no **haces** los ejercicios?
  Why aren't you doing the exercises?

  Quieren **hacer un viaje** al Perú.
  They want to take a trip to Peru.

  Los niños siempre **hacen muchas preguntas.**
  Children always ask a lot of questions.

- **oír**

  The command forms of **oír**—**oye** (**tú**), **oiga** (**Ud.**), and **oigan** (**Uds.**)—are used to attract someone's attention in the same way that English uses *Listen!* or *Hey!*

  No **oigo** bien por el ruido.
  I can't hear well because of the noise.

  Oye, Juan, ¿vas a la fiesta?
  Hey, Juan, are you going to the party?

  ¡Oigan! ¡Silencio, por favor!
  Listen! Silence, please!

- **poner**

  Many Spanish speakers use **poner** with appliances to express *to turn on*.

  Siempre **pongo** leche y mucho azúcar en el café.
  I always put milk and a lot of sugar in my coffee.

  Voy a **poner** el televisor.
  I'm going to turn on the TV.

- **salir**

  Note that **salir** is always followed by **de** to express leaving a place. **Salir con** can mean *to go out with, to date*.

  Use **salir para** to indicate destination.

  Salen de la clase ahora.
  They're leaving class now.

  Salgo con el hermano de Cecilia.
  I'm going out with Cecilia's brother.

  Salimos para la sierra pasado mañana.
  We're leaving for the mountains the day after tomorrow.

- **traer**

  ¿Por qué no **traes** la radio a la cocina?
  Why don't you bring the radio to the kitchen?

- **ver**

  No **veo** bien sin mis lentes de contacto.
  I can't see well without my contact lenses.

Conversación

A Cosas rutinarias

Paso 1. ¿Cierto o falso?

1. Hago ejercicio en el gimnasio con frecuencia.
2. Siempre veo la televisión por la noche.
3. Nunca salgo con mis primos por la noche.
4. Siempre hago los ejercicios para la clase de español.
5. Salgo para clase a las ocho de la mañana.
6. Nunca pongo la ropa en la cómoda o en el armario.
7. Siempre traigo todos los libros necesarios a clase.
8. Siempre oigo todo lo que dice (*says*) el profesor / la profesora de español.

Paso 2. Now rephrase each sentence in **Paso 1** as a question and interview a classmate. Use the **tú** form of the verb.

B Consecuencias lógicas.
Indique una acción lógica para cada situación, usando (*using*) las siguientes frases.

Frases útiles: poner el televisor / el estéreo, oír al profesor / a la profesora,* salir con/de/para... , hacer un viaje / una pregunta, traer el libro a clase, ver mi programa favorito.

1. Me gusta esquiar en las montañas. Por eso...
2. En la clase de español usamos este libro todos los días. Por eso...
3. Mis compañeros de cuarto hacen mucho ruido (*noise*) en la sala. Por eso...
4. El televisor no funciona. Por eso no...
5. Hay mucho ruido en la clase. Por eso no...
6. Estoy en la biblioteca y ¡no puedo estudiar más! Por eso...
7. Queremos bailar y necesitamos música. Por eso...
8. No comprendo la lección. Por eso...

C Preguntas

1. ¿Qué pone Ud. en el armario? ¿en la cómoda? ¿Qué pone en su mochila o bolsa todos los días para ir a clase? ¿Qué más trae a clase generalmente?
2. ¿Qué quiere hacer esta noche (*tonight*)? ¿Qué necesita hacer? ¿Qué va a hacer? ¿Va a salir con sus amigos? ¿Adónde van?
3. ¿A qué hora sale Ud. de la clase de español? ¿de las otras clases? ¿A veces sale tarde de clase? ¿Por qué?
4. ¿Oye Ud. las noticias (*news*) todos los días? ¿Pone Ud. la radio o el televisor para oír las noticias? ¿Y para oír música? ¿Qué programa ve en la televisión todas las semanas?

---

*Remember that the word **a** is necessary in front of a human direct object. You will study this usage of **a** in **Capítulo 6.** For now, you can answer following the pattern of the **frase útil.**

Prepositions express relationships in time and space.	The book is *on* the table. The homework is *for* tomorrow.

Some common prepositions you have already used include **a, con, de, en, para,** and **por.**

Here are some prepositions that express time relationships.

antes de	*before*	**durante**	*during*
después de	*after*	**hasta**	*until*

The infinitive is the only verb form that can follow a preposition.

¿Adónde vas **después de estudiar**?
Where are you going after studying (after you study)?

Conversación

A **¿Antes o después?** Complete las oraciones lógicamente, con **antes de** o **después de.**

1. Voy a la clase de español _____ preparar la lección.
2. Por lo general, prefiero estudiar _____ mirar un poco la televisión.
3. Los viernes siempre descanso _____ salir para una fiesta.
4. Me gusta investigar un tema _____ escribir una composición.
5. Prefiero comer fuera (*to eat out*) _____ ir al cine.
6. Tengo que estudiar mucho _____ tomar un examen.

B **Preguntas**

1. ¿Estudia Ud. durante su programa favorito de televisión? ¿Qué más hace cuando estudia?
2. ¿Habla por teléfono antes o después de estudiar? ¿Dónde habla por teléfono, en la sala o en su cuarto?
3. ¿Hasta qué hora estudia, generalmente? ¿Estudia hasta dormirse (*you fall asleep*)?
4. ¿Lee durante las conferencias (*lectures*) en una clase? ¿Hace preguntas antes o después de la explicación (*explanation*) del profesor / de la profesora?
5. ¿Trabaja durante las vacaciones? ¿Cuántas horas? ¿Trabaja por la noche hasta muy tarde?

Pronunciación: b and v

In Spanish, the pronunciation of the letters **b** and **v** is identical. At the beginning of a phrase or sentence—that is, after a pause—or after **m** or **n,** the letters **b** and **v** are pronounced just like the English stop [b]. Everywhere else they are pronounced like the fricative [β], produced by creating friction when pushing the air through the lips. This sound has no equivalent in English.

A **Práctica.**   Practique las siguientes palabras y frases.

1. [b]   bueno viejo verde venir barato Vicente viernes
   también hombre sombrero
2. [β]   nueve llevar libro pobre abrir abrigo universidad
   abuelo
3. [b/β]   bueno / es bueno   busca / Ud. busca   bien / muy bien
   en Venezuela / de Venezuela   vende / se vende
   en Bolivia / de Bolivia
4. [b/β]   beber bebida vivir biblioteca Babel vívido

B **Adivinanza** (*Riddle*).   Practice saying the following riddle aloud. Pay special attention to the pronunciation of the **b** sound.

Busca, busca, estoy abajo;	*Look, look, I'm below;*
busca, busca, estoy arriba;	*look, look, I'm above;*
busca, busca, en la cabeza,	*look, look, in your head,*
busca, busca, en la barriga.	*look, look, in your belly.*
¿No me encuentras? Busca, busca,	*You can't find me? Look, look,*
que me doblo en las bombillas.	*because I appear twice in lightbulbs.*

Minidiálogos y gramática

¿Recuerda Ud.?

The change in the stem vowels of **querer** and **poder** (**e** and **o,** respectively) follows the same pattern as that of the verbs in the next section. Review the forms of **querer** and **poder** before beginning that section.

querer: **e** → ¿ ? qu____ro   queremos
                 qu____res   queréis
                 qu____re   qu____ren

poder: **o** → ¿ ? p____do   podemos
                  p____des   podéis
                  p____de   p____den

Expressing Actions •
Present Tense of Stem-Changing Verbs

¡Nunca más!

ALICIA: ¡No *vuelvo* a comprar en la papelería Franco!
ARMANDO: Yo también *empiezo* a cansarme de esa tienda. Nunca *tienen* los materiales que les *pido*.
ALICIA: ¿No *piensas* que los precios son muy caros? Yo creo que siempre *perdemos* dinero cuando compramos allí.
ARMANDO: Te *entiendo* perfectamente. Los precios son horribles. Como la papelería está tan cerca de la facultad, ¡*piensan* que *pueden* pedir mucho dinero por todo!

¿Quién piensa que... ?

1. los precios de la papelería son muy caros
2. la papelería no tiene muchas cosas necesarias
3. pueden pedir mucho dinero porque la papelería está muy cerca de la facultad
4. los estudiantes pierdan dinero cuando compran en la papelería Franco

e → ie **pensar (ie)** (*to think*)		o (u) → ue **volver (ue)** (*to return*)		e → i **pedir (i)** (*to ask for; to order*)	
pienso	pensamos	vuelvo	volvemos	pido	pedimos
piensas	pensáis	vuelves	volvéis	pides	pedís
piensa	piensan	vuelve	vuelven	pide	piden

Never again! ALICIA: I'm not going to shop at Franco's stationery store again! ARMANDO: I'm also beginning to get fed up with that store. They never have the things I ask them for. ALICIA: And don't you think that the prices are very expensive? I think that we lose money when we buy there. ARMANDO: I understand you perfectly. The prices are awful. Since the stationery store is so close to the campus, they think that they can ask a lot of money for everything!

A: You have already learned five *stem-changing verbs* (**los verbos que cambian el radical**): **querer, preferir, tener, venir,** and **poder.** In these verbs the stem vowels **e** and **o** become **ie** and **ue,** respectively, in stressed syllables. The stem vowels are stressed in all present tense forms except **nosotros** and **vosotros.** All three classes of stem-changing verbs follow this regular pattern in the present tense. In vocabulary lists, the stem change will always be shown in parentheses after the infinitive: **volver (ue).**

Stem vowel changes:

e → ie
e → i
o → ue

Nosotros and **vosotros** forms do not have a stem vowel change.

B: Some stem-changing verbs practiced in this chapter include the following.

e → ie		o (u) → ue		e → i	
cerrar (ie)	*to close*	almorzar (ue)	*to have lunch*	pedir (i)	*to ask for; to order*
empezar (ie)	*to begin*	dormir (ue)	*to sleep*	servir (i)	*to serve*
entender (ie)	*to understand*	jugar (ue)*	*to play* (a game, sports)		
pensar (ie)	*to think*				
perder (ie)	*to lose; to miss* (a function)	volver (ue)	*to return*		

- When used with an infinitive, **empezar** is followed by **a.**

Uds. **empiezan a hablar** muy bien el español.
You're beginning to speak Spanish very well.

- When used with an infinitive, **volver** is also followed by **a.** The phrase then means *to do* (*something*) *again.*

¿Cuándo **vuelves a jugar** al tenis?
When are you going to play tennis again?

- When followed directly by an infinitive, **pensar** means *to intend, plan to.*

The phrase **pensar en** can be used to express *to think about.*

¿Cuándo **piensas contestar** la carta?
When do you intend to answer the letter?

—¿**En** qué **piensas**?
What are you thinking about?

—**Pienso en** la tarea para la clase de física.
I'm thinking about the homework for physics class.

*****Jugar** is the only **u** → **ue** stem-changing verb in Spanish. **Jugar** is often followed by **al** when used with the name of a sport: **Juego *al* tenis.** Some Spanish speakers, however, omit the **al.**

Práctica

A **¿Dónde están Diego y Antonio?**   Tell in what part of Antonio's apartment the following things are happening. More than one answer is possible in some cases.

MODELO: Diego y Antonio empiezan a hacer la tarea. →
Están en la alcoba.

1. Antonio sirve el desayuno.
2. Antonio cierra la revista y pone el televisor.
3. Los dos almuerzan con un compañero de la universidad.
4. Los dos juegan al ajedrez (*chess*), y Diego pierde.
5. Diego piensa en las cosas que tiene que hacer hoy.
6. Antonio vuelve a casa después de las clases.
7. Antonio duerme la siesta.
8. Diego pide una pizza por teléfono.

B **Una tarde típica en casa.**   ¿Cuáles son las actividades de todos? Haga oraciones completas con una palabra o frase de cada grupo. Use sólo los nombres que son apropiados para Ud.

yo		almorzar	descansar, dormir
mi padre/madre		volver	en un sillón / en el patio / en la cocina
mi esposo/a		preferir	toda la tarde
los niños		perder	su pelota (*ball*)
mi amigo/a _____ y yo	(no)	pensar	muchos refrescos (*soft drinks*)
el perro/gato		jugar	tarde/temprano a casa
mi compañero/a		pedir	afuera (*outside*)
		dormir	la siesta
		¿ ?	en el patio / en la piscina
			al golf (tenis, vólibol...)
			las películas (*movies*) viejas/recientes
			¿ ?

C **Hoy queremos comer paella**

Paso 1.   Using the following cues as a guide, tell about the visit of Ismael's family to a restaurant that specializes in Hispanic cuisine. Use **ellos** as the subject except where otherwise indicated.

1. familia / de / Ismael / tener ganas / comer / paella
2. volver / a / su / restaurante / favorito
3. pensar / que / paella / de / restaurante / ser / estupendo
4. pedir / paella / para / seis / persona
5. pero / hoy / sólo / servir / menú (*m.*) / mexicano
6. por eso / pedir / tacos / y / guacamole (*m.*)
7. almorzar / mucho / y / ahora / querer / dormir la siesta
8. pero / también / querer / estar / más tiempo / junto°   *together*
9. por eso / jugar / al dominó / en / parque (*m.*)

Paso 2.   Now retell the story as if it were your family, using **nosotros** as the subject, except in item 5, where you will use **ellos.**

Conversación

Preguntas

1. ¿A qué hora cierran la biblioteca? ¿A qué hora cierran la cafetería? Y durante la época de los exámenes finales, ¿a qué hora cierran?
2. ¿A qué hora almuerza Ud., por lo general? ¿Dónde le gusta almorzar? ¿Con quién? ¿Dónde piensa Ud. almorzar hoy? ¿mañana?
3. Cuando almuerza en la cafetería de la universidad, ¿qué pide? ¿una hamburguesa? ¿un taco? ¿una ensalada? ¿un refresco? ¿Sirven la comida en la cafetería o hay autoservicio?
4. ¿Es Ud. un poco olvidadizo/a? Es decir (*That is*), ¿pierde las cosas con frecuencia? ¿Qué cosa pierde Ud.? ¿el dinero? ¿su cuaderno? ¿su mochila? ¿sus llaves (*keys*)?
5. Los días de entresemana (*On weekdays*), ¿a qué hora sale Ud. de casa (de su cuarto/apartamento), por lo general? ¿A qué hora vuelve? ¿A qué hora empieza a comer? ¿a estudiar? ¿a mirar la tele? Y los fines de semana, ¿en qué forma es diferente su rutina?

12 Expressing -self/selves •
Reflexive Pronouns

La rutina diaria de Diego

Me despierto a las siete y media y *me levanto* en seguida (1). Primero, *me ducho* (2) y luego *me cepillo* los dientes (3). *Me peino* (4), *me pongo* la bata (5) y voy al cuarto a *vestirme* (6). Por fin, salgo para mis clases (7). No tomo nada antes de salir para la universidad porque, por lo general, ¡tengo prisa! (Continúa.)

Diego's daily routine   I wake up at seven-thirty and I get up right away. First, I take a shower and then I brush my teeth. I comb my hair, I put on my robe and I go to my room to get dressed. Finally, I leave for my classes. I don't eat or drink anything before leaving for the university because I'm generally in a hurry!

Minidiálogos y gramática

Ciento treinta y tres **133**

¿Cómo es la rutina diaria de Ud.?

1. Yo me levanto a las _____.
2. Me ducho por la (mañana/noche).
3. Me visto en (el baño/mi cuarto).
4. Me peino (antes de/después de) vestirme.
5. Antes de salir para las clases, (tomo/no tomo) el desayuno (*breakfast*).

Uses of Reflexive Pronouns

bañarse (*to take a bath*)		
(yo)	**me** baño	*I take a bath*
(tú)	**te** bañas	*you take a bath*
(Ud.)		*you take a bath*
(él)	**se** baña	*he takes a bath*
(ella)		*she takes a bath*
(nosotros)	**nos** bañamos	*we take baths*
(vosotros)	**os** bañáis	*you take baths*
(Uds.)		*you take baths*
(ellos)	**se** bañan	*they take baths*
(ellas)		*they take baths*

A. The pronoun **se** at the end of an infinitive indicates that the verb is used reflexively. The reflexive pronoun in Spanish reflects the subject doing something to or for himself, herself, or itself. When the verb is conjugated, the reflexive pronoun that corresponds to the subject must be used.

Many English verbs that describe parts of one's daily routine—to get up, to take a bath, and so on—are expressed in Spanish with a reflexive construction.

me baño = I take a bath (*bathe myself*)

Reflexive Pronouns	
me	myself
te	yourself (*fam. sing.*)
se	himself, herself, itself; yourself (*form. sing.*)
nos	ourselves
os	yourselves (*fam. pl. Sp.*)
se	themselves; yourselves (*form. pl.*)

B. On the following page are some reflexive verbs you will find useful as you talk about daily routines. Note that some of these verbs are also stem-changing.

acostarse (ue)	to go to bed	levantarse	to get up; to stand up
afeitarse	to shave		
bañarse	to take a bath	ponerse	to put on (clothing)
despertarse (ie)	to wake up		
divertirse (ie)	to have a good time, enjoy oneself	quitarse	to take off (clothing)
		sentarse (ie)	to sit down
dormirse (ue)	to fall asleep	vestirse (i)	to get dressed
ducharse	to take a shower		

Note also the verb **llamarse** (*to be called*), which you have been using since **Ante todo: Me llamo _____. ¿Cómo se llama Ud.?**

All of these verbs can also be used nonreflexively, often with a different meaning. Some examples of this appear at the right:

dormir = to sleep   **dormirse** = to fall asleep
poner = to put, place   **ponerse** = to put on

OJO

After **ponerse** and **quitarse,** the definite article, not the possessive as in English, is used with articles of clothing.

[Práctica A–B]

Se pone **el** abrigo.
He's putting on his coat.

Se quitan **el** sombrero.
They're taking off their hats.

Placement of Reflexive Pronouns

Reflexive pronouns are placed before a conjugated verb but after the word **no** in a negative sentence: **No** *se* **bañan.** They may either precede the conjugated verb or be attached to an infinitive.

[Práctica C]

Me tengo que levantar temprano.
Tengo que levantar**me** temprano.
I have to get up early.

Práctica

A Su rutina diaria

Paso 1. ¿Hace Ud. lo mismo (*the same thing*) todos los días? Conteste con sí o no.

	LOS LUNES		LOS SÁBADOS	
	SÍ	NO	SÍ	NO
1. Me levanto antes de las ocho.	☐	☐	☐	☐
2. Siempre me baño o me ducho.	☐	☐	☐	☐
3. Siempre me afeito.	☐	☐	☐	☐
4. Me pongo un traje / un vestido / una falda.	☐	☐	☐	☐
5. Me quito los zapatos después de llegar a casa.	☐	☐	☐	☐
6. Me acuesto antes de las once de la noche.	☐	☐	☐	☐

(Continúa.)

Paso 2. ¿Tiene Ud. una rutina diferente los sábados? ¿Qué día prefiere? ¿Por qué?

B. La rutina diaria de los Durán

Paso 1. ¿Qué acostumbran hacer los miembros de la familia Durán? Conteste, imaginando (*imagining*) que Ud. es Manolo Durán. Use el sujeto pronominal cuando sea (*whenever it is*) necesario.

1. yo / levantarse / a las siete
2. mi esposa Lola / levantarse / más tarde
3. nosotros / ducharse / por la mañana
4. por costumbre / nuestro / hija Marta / bañarse / por la noche
5. yo / vestirse / antes de tomar el desayuno
6. Lola / vestirse / después de tomar un café
7. por la noche / Marta / acostarse / temprano
8. yo / acostarse / más tarde, a las once
9. por lo general / Lola / acostarse / más tarde que (*than*) yo

Paso 2. En la familia Durán, ¿quién... ?

1. se levanta primero
2. se acuesta primero
3. no se baña por la mañana
4. se viste antes de tomar el desayuno

C. Un día típico

Paso 1. Complete las siguientes oraciones lógicamente para describir su rutina diaria. Use pronombres reflexivos cuando sea necesario. **¡OJO!** Use el infinitivo después de las preposiciones.

1. Me levanto después de _____.
2. Primero (yo) _____ y luego _____.
3. Me visto antes de / después de _____.
4. Luego me siento a la mesa para _____.
5. Me gusta estudiar antes de _____ o después de _____.
6. Por la noche me divierto un poco y luego _____.
7. Me acuesto antes de / después de _____ y finalmente _____.

Paso 2. Con las oraciones del **Paso 1,** describa los hábitos de su esposo/a, su compañero/a de cuarto/casa, sus hijos...

Conversación

A. Entrevista: ¿Cómo es tu rutina diaria?

Paso 1. Ahora, con un compañero / una compañera, hagan y contesten preguntas breves sobre su rutina diaria. Anote (*Jot down*) las respuestas de su compañero/a.

1. Los días de entresemana (*weekdays*), ¿te levantas temprano? ¿antes de las siete de la mañana? ¿A qué hora te levantas los sábados?
2. ¿Te bañas o te duchas? ¿Cuándo lo haces (*you do it*), por la mañana o por la noche?
3. ¿Te afeitas todos los días? ¿Usas una afeitadora eléctrica? ¿Prefieres no afeitarte los fines de semana?

4. Por lo general, ¿te vistes con elegancia o informalmente? ¿Qué ropa te pones cuando quieres estar elegante? ¿cuando quieres estar muy cómodo/a? ¿Qué te pones para ir a la universidad?

5. ¿A qué hora vuelves a casa, generalmente? ¿Qué haces cuando regresas? ¿Te quitas los zapatos? ¿Te pones ropa más cómoda? ¿Estudias? ¿Miras la televisión? ¿Preparas la cena (*dinner*)?

6. ¿A qué hora te acuestas? ¿Cuál es la última (*last*) cosa que haces antes de acostarte? ¿Cuál es la última cosa o persona en que piensas antes de dormirte?

Paso 2. Ahora, describa la rutina de su compañero/a a la clase, usando las respuestas del **Paso 1.** ¿Cuántos de la clase tienen rutinas parecidas (*similar*)?

B **Hábitos.** ¿Dónde hace Ud. lo siguiente? Indique el cuarto o la parte de la casa donde Ud. hace cada actividad. Debe indicar también los muebles y otras cosas que usa.

MODELO: estudiar →
Cuando estudio, prefiero estar (por lo general estoy) en la alcoba. Uso el escritorio, una silla, los libros y la computadora.

1. estudiar
2. dormir la siesta
3. quitarse los zapatos
4. bañarse o ducharse
5. despertarse
6. tomar el desayuno
7. sentarse a almorzar
8. vestirse
9. divertirse
10. acostarse

Vicente Wolf

Designer Vicente Wolf attributes his success as an interior decorator to his Cuban roots and to the fact that he is an immigrant in this country. As a boy, Wolf spent hours in architects' studios and at construction sites, and the visits he paid to museums in Havana when he was a teenager awakened his love for art. The experience of being a Cuban refugee who moved to Miami at age 14 and was forced to begin a new life in a foreign country also drove him in his determination to succeed.

Una sala decorada por Vicente Wolf

Wolf never formally studied interior design, but rather learned it on the job. When he was 18, he moved from Miami to New York and found work at the Design and Decoration Building in Manhattan. He successfully completed several commissions and then became a business associate of the Spanish designer Robert Patino, a partnership that lasted for sixteen years.

Currently, Wolf runs his own business and lectures at the Parsons School of Design. He says that he underlines two points at the beginning of his lectures: one, that he has never formally studied design and, two, that he is Hispanic. He believes that it is important for Hispanics to hear about the success that other Hispanic immigrants have had in this country, with the hope that it will instill in them the desire to succeed as he has done.

¿Recuerda Ud.?

You have already used the forms of **este** (*this*), one of the Spanish demonstrative adjectives. Review them by describing objects near you and the clothes you are wearing.

MODELO: Esta camisa es de rayas. Estos lápices son amarillos.

13 Pointing Out People and Things •
Demonstrative Adjectives

Un casa llena

«Hay muchos invitados... y no hay cama para todos, con tantas personas en casa. ¿Dónde quieres dormir? *Este* sillón grande es muy cómodo. *Ese* sofá es viejo pero cómodo. Y también tenemos *aquella* hamaca en el patio.»

¿Y Ud.? ¿Qué diría (*would you say*)?

1. Creo que voy a dormir en el sofá.
2. Bueno, me voy a un hotel.
3. Prefiero el sillón. Puedo dormir parado (*sitting up*).

	Singular			Plural	
this	este libro	esta mesa	*these*	estos libros	estas mesas
that	ese libro	esa mesa	*those*	esos libros	esas mesas
	aquel libro (allí)	aquella mesa (allí)		aquellos libros (allí)	aquellas mesas (allí)

O J O — est**e** *but* est**os**, es**e** *but* es**os** (no **o** in the masculine singular forms)

este cuaderno	*this notebook*
esa casa	*that house*
aquellos chicos	*those boys (over there)*

Demonstrative adjectives (**los adjetivos demostrativos**) are used to point out or indicate a specific

---

A full house "There are many guests . . . and not everybody gets a bed, with so many people in the house. Where do you want to sleep? This big armchair is very comfortable. That sofa is old but comfortable. And we also have that hammock out on the patio."

noun or nouns. In Spanish, demonstrative adjectives precede the nouns they modify. They also agree in number and gender with the nouns.

- There are two ways to say *that/those* in Spanish. Forms of **ese** refer to nouns that are not close to the speaker in space or in time. Forms of **aquel** are used to refer to nouns that are even farther away.

Este niño es mi hijo. **Ese** joven es mi hijo también. Y **aquel** señor allí es mi esposo.
This boy is my son. That young man is also my son. And that man over there is my husband.

- To express English *this one (that one)*, just drop the noun.

este coche y **ese**
this car and that one

aquella casa y **esta***
that house (over there) and this one

- Use the neuter demonstratives **esto, eso,** and **aquello** to refer to as yet unidentified objects or to a whole idea, concept, or situation.
[Práctica B]

¿Qué es **esto**?
What is this?

Eso es todo.
That's it. That's all.

¡**Aquello** es terrible!
That's terrible!

Práctica

A Comparaciones

Paso 1. Restate the sentences, changing forms of **este** to **ese** and adding **también,** following the model.

MODELO: Este garaje es muy grande. →
Ese garaje es muy grande también.

1. Esta mesa es muy baja.
2. Este televisor es nuevo.
3. Estas lámparas son bonitas.
4. Estos estantes son muy altos.

Paso 2. Now change the forms of **este** to **aquel** and add **allí.**

MODELO: Este garaje es muy grande. →
Aquel garaje allí es muy grande también.

B **Situaciones.** Find an appropriate response for each situation.

Posibilidades: ¡Eso es un desastre!, ¿Qué es esto?, ¡Eso es magnífico!, ¡Eso es terrible!

1. Aquí hay un regalo para Ud.
2. Hay un accidente en la cocina. Desgraciadamente, todos los platos...
3. No hay clases mañana.
4. El profesor de química cancela el examen.
5. Su gato destruye (*destroys*) su sillón favorito.

---

*Some Spanish speakers prefer to use accents on these forms: **este coche y ése, aquella casa y ésta.** However, it is acceptable in modern Spanish, per the **Real Academia de la Lengua** in Madrid, to omit the accent on these forms when context makes the meaning clear and no ambiguity is possible. To learn more about these forms, consult Appendix 2, Using Adjectives as Nouns.

Conversación

Una tarde en un patio mexicano

Paso 1. ¿A qué parte del dibujo se refieren las siguientes oraciones?

1. Aquella mujer es de Cuernavaca.
2. Estas plantas son un regalo de un amigo chileno.
3. Ese pájaro habla inglés y español.
4. Aquel joven es un primo de Taxco.

Paso 2. Ahora, con un compañero / una compañera, inventen oraciones sobre el dibujo. Su compañero/a va a contestar con el número correspondiente del dibujo.

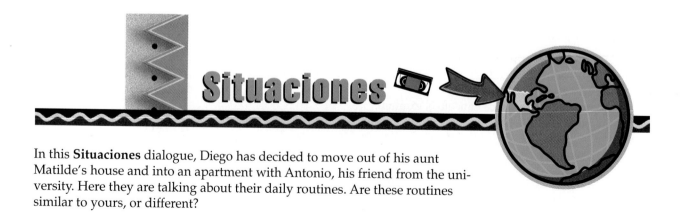

In this **Situaciones** dialogue, Diego has decided to move out of his aunt Matilde's house and into an apartment with Antonio, his friend from the university. Here they are talking about their daily routines. Are these routines similar to yours, or different?

Diego acaba de mudarse[a] *al apartamento de su amigo Antonio. Los dos hablan de su rutina diaria.*

DIEGO: Dime,[b] Antonio, ¿cómo es el horario de Uds.?

ANTONIO: Normalmente, yo me levanto a las siete y Juan se levanta a las seis y media. ¿A qué horas te levantas tú?

DIEGO: Si tengo clases, me levanto a las siete y media.

ANTONIO: ¡Perfecto! Primero Juan se baña y se afeita, después yo y por último tú.

DIEGO: ¿Y vuelven Uds. a casa para almorzar?

ANTONIO: Bueno, los lunes, miércoles y viernes sí vuelvo a casa para almorzar, porque no tengo clases por la tarde. Pero los martes y jueves almuerzo en la cafetería de la universidad. Juan no vuelve a casa para almorzar. Come en casa de su novia.[c]

DIEGO: Muy bien. Entonces, los lunes, miércoles y viernes podemos almorzar aquí tú y yo. Antonio, creo que sí me va a gustar mucho vivir aquí.

[a]*acaba... has just moved in* [b]*Tell me* [c]*girlfriend*

Con un compañero / una compañera

Find a classmate with whom you have not yet spoken about your daily schedule. Take turns repeating the dialogue with real information about your routines. Take notes about what the other person says. Then, report your information to the class.

Un poco de todo

A **Un día normal.**   Ángela es dependienta en una tienda de ropa para jóvenes en El Paso. ¿Cómo es un día normal de trabajo para ella? Complete la narración en la página 143 con los verbos apropiados, según los dibujos.

(Continúa.)

Un poco de todo

Vocabulario útil

These adverbs (**los adverbios**) will help you express the sequence of events.

primero	first		**luego**	then, afterward
entonces	then, next		**finalmente**	finally

1.

2.

3.

4.

5.

6.

Verbos: almorzar, cerrar, comer, dormir, empezar, hablar, ir, pedir, ser, volver

1. Llego a la tienda a las 9:50 de la mañana con mis compañeras de trabajo. Primero (yo) _____ a ordenar (*put in order*) la ropa. La ropa de la tienda _____ bonita.

2. A las 10 abren la tienda y entonces los clientes _____ a llegar.

3. Mis compañeras no _____ español. Por eso yo siempre atiendo a los clientes hispanos.

4. (Yo) _____ a las 12:30 con mi amiga Susie, que trabaja en una zapatería. Generalmente (nosotras) _____ en la pizzería San Marcos y casi siempre _____ pizza.

5. Luego, (yo) _____ a la tienda y _____ a trabajar. Nunca _____ la siesta.

6. Finalmente, la supervisora _____ la tienda a las 6:00 en punto. Entonces yo _____ a casa.

B **De compras y amistades** (*friendships*). Complete the following paragraphs with the correct forms of the words in parentheses, as suggested by the context. When two possibilities are given in parentheses, select the correct word. In addition to reviewing vocabulary from previous chapters, these paragraphs ask you to choose between **ser** and **estar** in several situations that you should already know well. You will learn more about **ser** and **estar** in **Capítulo 5.**

(Me/Mi[1]) gusta ir de (comprar/compras[2]) con mi amiga Margarita cuando ella tiene (gangas/ganas[3]) de acompañarme.[a] (Este/Esta[4]) fin de semana, necesito (buscar[5]) unos regalos para los hijos (de el / del[6]) Sr. Suárez. Él (trabajar[7]) con mi madre en el hospital. (Mi[8]) padres (ser/estar[9]) muy buenos amigos de los Suárez, aunque[b] no (ser/estar[10]) siempre de acuerdo con sus opiniones (político[11]). La familia Suárez (venir[12]) a (nuestro[13]) casa con frecuencia.

Este mes[c] todos los niños de los Suárez (celebrar[14]) su cumpleaños.[d] Por (ese/eso[15]) tengo que (ir[16]) de compras antes (de/en[17]) su visita. La hija mayor,[e] Ana, (ser/estar[18]) una chica muy simpática que (asistir[19]) a la secundaria. (Yo: querer[20]) comprarle[f] un vestido de cuadros o de (rayos/rayas[21]). Ya tiene (tres/trece[22]) años y (empezar[23]) a tener interés en (vestirse[24]) con más elegancia. (Su[25]) hermanos son muy jóvenes todavía —casi siempre (llevar[26]) camisetas y pantalones cortos. Por eso no (*yo:* ir[27]) a comprarles[g] ropa. Creo que (*ellos:* divertirse[28]) más con los juguetes.[h]

> *Más tarde, por teléfono*
>
> —¿Diga?[i]
> —Margarita, ¿eres tú?
> —Sí, chica. ¿Qué hay?[j] ¿Cómo (*tu:* ser/estar[29])?
> —Muy bien. Oye, ¿qué (hacer[30]) ahora?
> —(*Yo:* leer[31]) una novela para la clase de literatura (inglés[32]). ¿Por qué?
> —¿Qué te parece si[k] (*nosotros:* ir[33]) al centro? Hay (mucho[34]) gangas en las tiendas (este[35]) días y tengo que comprar unos regalos.
> —¡(Encantado[36])! Voy a (ponerse[37]) el abrigo y (salir[38]) de casa en unos minutos. (*Continúa.*)

[a]*going with me*   [b]*although*   [c]*month*   [d]*birthday*   [e]*oldest*   [f]*to buy her*   [g]*buy them*
[h]*toys*   [i]*Hello?* (on the telephone, *Spain*)   [j]¿Qué... *What's up?*   [k]¿Qué...*What if*

Un poco de todo

Comprensión. Who might have said the following? Look for possible names in the story. Call the person who is speaking **la persona que narra la historia.** *Hint:* More than one answer is possible for some items.

1. Tengo que comprar muchos regalos esta semana.
2. Voy a leer toda la tarde.
3. ¡Necesitamos más juguetes!
4. Trabajo con el Sr. Suárez. Es simpático, pero... sus ideas políticas son otra cosa.
5. Antes no necesitaba (*I didn't used to need*) mucha ropa, pero ahora sí.
6. Paso por tu casa en unos minutos.
7. Celebro mi cumpleaños este mes.

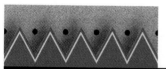# Vocabulario

Los verbos

almorzar (ue)	to have lunch
cerrar (ie)	to close
contestar	to answer
dormir (ue)	to sleep
dormir la siesta	to take a nap
empezar (ie)	to begin
entender (ie)	to understand
hacer (*irreg.*)	to do; to make
hacer ejercicio	to exercise
hacer una pregunta	to ask a question
hacer un viaje	to take a trip
jugar (ue)	to play (*a game, sport*)
oír (*irreg.*)	to hear
pedir (i)	to ask for; to order
pensar (ie)	to think; to intend
perder (ie)	to lose; to miss (*a function*)
poner (*irreg.*)	to put; to place
salir (*irreg.*)	to leave; to go out
servir (i)	to serve
traer (*irreg.*)	to bring
ver (*irreg.*)	to see
volver (ue)	to return (*to a place*)
volver a + *inf.*	to (*do something*) again

Los verbos reflexivos

acostarse (ue)	to go to bed
afeitarse	to shave
bañarse	to take a bath
cepillarse los dientes	to brush one's teeth
despertarse (ie)	to wake up
divertirse (ie)	to have a good time, enjoy oneself
dormirse (ue)	to fall asleep
ducharse	to take a shower
levantarse	to get up; to stand up
llamarse	to be called
peinarse	to comb one's hair
ponerse (*irreg.*)	to put on (*clothing*)
quitarse	to take off (*clothing*)
sentarse (ie)	to sit down
vestirse (i)	to get dressed

Los cuartos y las otras partes de una casa

la alcoba	bedroom
el baño	bathroom
la cocina	kitchen
el comedor	dining room

el garaje	garage
el jardín	yard
la pared	wall
el patio	patio; yard
la piscina	swimming pool
la sala	living room

Los muebles y otras cosas en una casa

la alfombra	rug
el armario	closet
la bañera	bathtub
la cama	bed
la cómoda	bureau; dresser
el estante	bookshelf
la lámpara	lamp
el lavabo	(bathroom) sink
la mesita	end table
los platos	dishes; plates
el sillón	armchair
el sofá	sofa
el televisor	television set

Repaso: el escritorio, la mesa, la silla

Otros sustantivos

el ajedrez	chess
el cine	movies, movie theater
el desayuno	breakfast
la película	movie
el ruido	noise
la rutina diaria	daily routine

Los adjetivos

cada (*inv.*)	each, every
cómodo/a	comfortable

Formas demostrativas

aquel, aquella, aquellos/as	that, those (*over there*)
ese/a, esos/as	that, those
esto, eso, aquello	this, that, that (*over there*)

Repaso: este/a, estos/as

Preposiciones

antes de	before
después de	after
durante	during
hasta	until
sin	without

¿Cuándo?

ayer fue (miércoles)	yesterday was (Wednesday)
hoy es (jueves)	today is (Thursday)
pasado mañana	the day after tomorrow
el próximo (martes)	next (Tuesday)
la próxima semana	next week

los días de la semana: lunes, martes, miércoles, jueves, viernes, sábado, domingo

Palabras adicionales

allí	there, over there
por fin	finally

Un paso más 4

•LECTURA

Estrategia: Recognizing Cognate Patterns

You already know that cognates are words that are similar in form and meaning from one language to another: for example, English *poet* and Spanish **poeta.** The more cognates you can recognize, the more easily you will read Spanish.

The endings of many Spanish words correspond to English word endings according to fixed patterns. Learning to recognize these patterns will increase the number of close and not-so-close cognates that you can recognize. Here are a few of the most common.

| -dad → -ty | -ción → -tion | -ico → -ic, -ical |
| -mente → -ly | -sión → -sion | -oso → -ous |

What are the English equivalents of these words?

1. unidad
2. reducción
3. explosión
4. idéntico
5. estudioso
6. frecuentemente

Now try to deduce the meaning of the following words, which are taken from the reading in this section.

1. totalmente
2. transportación
3. espaciosa
4. información
5. preciosa

Try to spot additional cognates in the following reading and remember that you should be able to guess the meaning of underlined words from context.

▶ **Sobre la lectura...** The reading on the following page is
▶ adapted from real estate ads in a Puerto Rican newspaper.
▶ Since Puerto Rico is part of the United States, you will find
▶ examples of English or the influence of English scattered
▶ throughout the ads.

❶ Alto Apolo	❷ LOMAS DEL SOL	❸ Borinquen Gardens	❹ TORRIMAR I	❺ Sta. María
Bonito «townhouse», área exclusiva. 3 dorms., 3 baños. Equipado. «Family», tres terrazas. Cerca centros comerciales, transportación. Bajos $80s. Hipoteca $57.250 al 8½%. Mens. $478. 790-6811, 789-9331.	Hermosa res. 3 dorms., 2 baños. Fabulosa vista con lago en el patio. Gallinero, árboles frutales, marq. doble. 2.179 mts. de solar. Hip. $64.000 al 8%. Mens. $489. Pronto $36.000. Información 725-0773.	Con un poquito de amor usted arregla esta amplia casa de 4 dorms., 2 baños. Su precio en los $60s.	Recién remodelada con buen gusto, casa de 5 dorms., 4 baños, en calle tranquila. Dueños bajan precio para venta rápida. Haga un cita exclusiva, hoy.	Preciosa residencia de ejecutivo con: • 4 dorms • 3 baños • cuarto de servicio • amplia terraza • barra • piscina • y mucho más. Haga su cita exclusiva, hoy.

❻ Santa Paula	❼ CAPARRA HILLS	❽ Villa Ávila.
Amplísima residencia 4 dorms., 4 baños. Moderna fachada, espaciosa cocina. Inmenso cuarto de juego. Estudio, «family». Piscina. Solar sobre 1.000 metros. Medios $100s. Financiamiento especial. 790-6811, 789-9331.	Atractiva res. de 2 años construida, moderna, sencilla. Perfecta para familia pequeña. Con doble garaje, patio interior, terraza cubierta, en más de 650 m.s. Con hipoteca alta. En los medios $100s. Llama ahora. UNIVERSAL HOMES (Selected Homes Specialista) 781-7605.	Encantadora residencia totalmente redecorada. 3 dorms., 2 baños. Cocina y equipos nuevos. Toda empapelada y alfombrada. «Family». Preciosa piscina. Cable TV. Bajos $100s con términos. Conveniente mensualidad $509. 790-6811, 789-9331.

Comprensión

A **El inglés en Puerto Rico.** ¿Ve Ud. la influencia lingüística del inglés en el español en estos anuncios de Puerto Rico? A veces se «copian» algunas palabras directamente. Por ejemplo, la palabra *family* aparece en tres anuncios. ¿A qué tipo de cuarto se refiere? ¡Es muy fácil de deducir!

B **La casa perfecta.** Vuelva a leer los anuncios rápidamente e indique cuáles de las siguientes casas serían (*would be*) apropiadas para los Juárez, una familia «extendida» que consiste en los padres, cuatro hijos y una abuela.

	SÍ	NO
Número 4, Torrimar I	☐	☐
Número 7, Caparra Hills	☐	☐
Número 8, Villa Ávila	☐	☐
Número 2, Lomas del Sol	☐	☐

▶PARA ESCRIBIR

A **Los clientes.** Lea los anuncios en la lectura para encontrar la mejor casa para los siguientes clientes. Escriba por qué a estos clientes les gustaría (*would like*) esa casa.

1. Pedro Aquino, un carpintero a quien le gusta el trabajo manual.
2. Los Pino, un matrimonio mayor (*elderly couple*) que no tiene coche pero que le gusta ir de compras.
3. Oscar Sifuentes, un banquero por vocación pero mecánico por diversión. Los fines de semana repara su coche antiguo, llueva o no (*rain or shine*).
4. Los Pérez, una familia con cuatro hijos muy activos. Desean una casa espaciosa donde los hijos puedan (*could*) jugar sin molestar (*bothering*) a los adultos.

B **Su casa... y su casa ideal.**   Describa la casa o apartamento donde Ud. vive ahora. Luego, para cada detalle (*detail*), describa su casa o apartamento ideal. Escriba oraciones cortas, como las (*those*) del modelo.

MODELO: Mi apartamento es pequeño. Mi apartamento ideal es grande.

•ACTIVIDADES

Actividad A   Los bienes personales y la personalidad

Paso 1.   Invente un cuento (*story*) que explique este dibujo. Use estas preguntas como guía.

1. ¿Quiénes son estos señores?
2. ¿Dónde viven?
3. ¿Por qué se suscribe (*subscribes*) la señora a una revista de decoración?
4. ¿Qué muebles necesitan?
5. ¿Por qué no tienen muebles?
6. ¿Qué consejos (*advice*) tiene Ud. para estos señores? ¿Deben comprar muebles nuevos o usados? ¿antigüedades (*antiques*)? ¿Qué colores deben emplear? ¿Cuáles son las cosas que deben hacer o comprar primero para decorar la sala? ¿por último (*last*)?

—¿Te has suscrito tú[a] a una revista de decoración?

[a]¿Te... *Have you subscribed*

Paso 2.   En el **Paso 1,** Ud. explicó (*explained*) ciertos aspectos de la vida de dos personas por lo que *no* tienen. Ahora, la pregunta es distinta. ¿Qué se puede decir de la personalidad o las circunstancias de una persona juzgándola por (*judging by*) lo que tiene o hace?

¿Cómo cree Ud. que son las siguientes personas? No olvide (*Don't forget*) consultar la lista de **Palabras útiles.**

Palabras útiles: materialista, liberado/a, temeroso/a (*fearful*), solitario/a, raro/a, egoísta, perezoso/a, científico/a, tímido/a

1. una mujer que tiene en casa cinco (¡cinco!) perros pastores alemanes
2. un matrimonio (*married couple*) que tiene tres coches, una casa grande y elegante en el centro y otra en las montañas, una colección de arte impresionante... y ningún hijo (*no children*)
3. una persona que vive en el campo (*countryside*), aislada de la civilización
4. un hombre que está todo el día en casa con los niños, mientras (*while*) su esposa sale a trabajar
5. una joven que tiene en su casa una colección de libros de astronomía

Paso 3.   Ahora compare sus respuestas con las de algunos compañeros de clase. ¿Sacaron todos (*Did all of you arrive at*) las mismas conclusiones?

Paso 4.   Ahora en grupos de tres o cuatro personas, comenten qué cosas son importantes para Uds. en una casa. No debe ser su casa ideal, sino (*but rather*) una casa cómoda y no extravagante.

Actividad B Una mañana magnífica, hasta que...

Paso 1. Describa lo que (*what*) pasa en casa de Mafalda esta mañana.

Palabras útiles: la bata (*bathrobe*), besar a (*to kiss* [*a person*]), la calle (*street*), fumar (*to smoke*), salir a (*to go out into*)

[a]*cigarette with light tobacco*   [b]deja... *stops being the way it is in the ads*

Paso 2. Ahora escuche la descripción de un compañero / una compañera. Hágale preguntas como las de **A propósito...** si no entiende por completo. Luego, entre los dos, hagan una descripción que combine detalles (*details*) de las dos descripciones.

Paso 3. Para el padre de Mafalda, la mañana deja de ser (*stops being*) perfecta cuando sale a la calle. Para Ud.... , ¿dónde o cuándo deja de ser su día como en los avisos? Escuche las respuestas de varios compañeros de clase. Luego decidan entre todos cuál es la respuesta más original.

---

*Repite is the informal command form. Use it with a classmate or with someone you know well. **Repita** is the formal command.

Las estaciones, el tiempo y un poco de geografía

Bariloche, Argentina

¿Qué mes se representa en esta foto de la Argentina, probablemente, julio o diciembre? ¿Está Ud. seguro/a?

In this chapter, you will study vocabulary and structures that will allow you to

- talk about the weather and seasons and the different activities you do depending on what it's like outside (**Vocabulario: Preparación**)
- point out where things are located with reference to other things (**Vocabulario: Preparación**)
- talk about what you are doing right now (**Grammar Section 14**)
- review and contrast the uses of two Spanish verbs that mean *to be* (**15**)
- make comparisons (**16**)

As you work through the chapter, see how much you can learn about climate and geographical differences in the Spanish-speaking world.

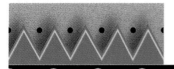
¿Qué... *What's the weather like today?*

¿Qué tiempo hace hoy?°

Hace frío.

Hace calor.

Hace viento.

Hace sol.

Está (muy) nublado.

Llueve.

Nieva.

Hay mucha contaminación.

Hace (mucho) frío (calor, viento, sol). It's (very) cold (hot, windy, sunny).
Hace fresco. It's cool.
Hace (muy) buen/mal tiempo. It's (very) good/bad weather.
  The weather is (very) good/bad.

Pronunciation hint: Remember that, in most parts of the Spanish-speaking world, **ll** is pronounced exactly like **y: llueve.**

> In Spanish, many weather conditions are expressed with **hace**. The adjective **mucho** is used with the nouns **frío, calor, viento,** and **sol** to express *very.*

Conversación

A **El tiempo y la ropa.** Diga qué tiempo hace, según la ropa de cada persona.

1. San Diego: María lleva pantalones cortos y una camiseta.
2. Madison: Juan lleva suéter, pero no lleva chaqueta.
3. Toronto: Roberto lleva suéter y chaqueta.
4. San Miguel de Allende: Ramón lleva impermeable y botas y también tiene paraguas (*umbrella*).
5. Buenos Aires: Todos llevan abrigo, botas y sombrero.

B **¿Dónde debe vivir Joaquín?** Joaquín es de Valencia, España. El clima allí es moderado y hace mucho sol. Hay poca contaminación. Va a venir a los Estados Unidos y quiere vivir en un lugar con un clima similar. ¿Dónde debe —o *no* debe— vivir?

MODELO: Joaquín, (no) debes vivir en _____ porque allí _____.

1. Seattle
2. Los Ángeles
3. Phoenix
4. New Orleans
5. Buffalo
6. ¿ ?

C **El tiempo y las actividades.** Haga oraciones completas, indicando una actividad apropiada para cada situación.

cuando llueve
cuando hace buen tiempo
cuando hace calor
cuando hace frío
cuando nieva
cuando hay mucha contaminación

me quedo (*I stay*) en
    cama/casa
juego al básquetbol/vólibol
    con mis amigos
almuerzo afuera (*outside*) /
    en el parque
me divierto en el parque / en
    la playa (*beach*) con mis
    amigos
no salgo de casa
vuelvo a casa y trabajo o
    estudio

Nota comunicativa **More *tener* Idioms**

Several other conditions expressed in Spanish with **tener** idioms—not with *to be*, as in English—include the following.

tener (mucho) calor to be (very) warm, hot
tener (mucho) frío to be (very) cold

These expressions are used to describe people or animals only. To be comfortable—neither hot nor cold—is expressed with **estar bien.**

D **¿Tienen frío o calor? ¿Están bien?** Describe the following weather conditions and tell how the people pictured are feeling.

Los meses y las estaciones° del año

seasons

se(p)tiembre octubre noviembre	} el otoño	marzo abril mayo	} la primavera
diciembre enero febrero	} el invierno	junio julio agosto	} el verano

enero							abril						
	1	2	3	4	5	6		1	2	3	4	5	6	7
7	8	9	10	11	12	13	8	9	10	11	12	13	14
14	15	16	17	18	19	20	15	16	17	18	19	20	21
21	22	23	24	25	26	27	22	23	24	25	26	27	28
28	29	30	31				29	30					

febrero							mayo						
				1	2	3			1	2	3	4	5
4	5	6	7	8	9	10	6	7	8	9	10	11	12
11	12	13	14	15	16	17	13	14	15	16	17	18	19
18	19	20	21	22	23	24	20	21	22	23	24	25	26
25	26	27	28				27	28	29	30	31		

marzo							junio						
				1	2	3						1	2
4	5	6	7	8	9	10	3	4	5	6	7	8	9
11	12	13	14	15	16	17	10	11	12	13	14	15	16
18	19	20	21	22	23	24	17	18	19	20	21	22	23
25	26	27	28	29	30	31	24	25	26	27	28	29	30

La fecha°

date

¿Cuál es la fecha de hoy?   What is today's date?
(Hoy) Es el primero de abril.   (Today) It is the first of April.
(Hoy) Es el cinco de febrero.   (Today) It is the fifth of February.

- The ordinal number **primero** is used to express the first day of the month. Cardinal numbers (**dos, tres,** and so on) are used for other days.
- The definite article **el** is used before the date. However, when the day of the week is expressed, **el** is omitted: **Hoy es jueves, tres de octubre.**
- Use **mil** to express the year after 999.

  1997   mil novecientos noventa y siete

Conversación

A   **El mes de noviembre.**   Mire este calendario para el mes de noviembre. ¿Qué día de la semana es el 12 (1, 20, 16, 11, 4, 29) de noviembre?

B   **Fechas.**   Exprese estas fechas en español. ¿En qué estación caen (*do they fall*)?

1. March 7
2. August 24
3. December 1
4. June 5

5. September 19, 1997
6. May 30, 1842
7. January 31, 1660
8. July 4, 1776

C   **¿Cuándo se celebran?**

1. el Día de la Raza (*Columbus Day*)
2. el Día del Año Nuevo
3. el Día de los Enamorados (de San Valentín)
4. el Día de la Independencia de los Estados Unidos
5. el Día de los Inocentes (*Fools*), en los Estados Unidos
6. la Navidad (*Christmas*)
7. su cumpleaños (*birthday*)

O J O   Note that the word **se** before a verb changes the verb's meaning slightly. **¿Cuándo se celebran?** = *When are they celebrated?* You will see this construction throughout *Puntos de partida.* Learn to recognize it, for it is frequently used in Spanish.

The Southern Hemisphere

Seasons are reversed in the Southern Hemisphere, where many Spanish-speaking countries lie. This means, of course, that when it is summer in this country, it is winter in Argentina, and vice versa. You may never have thought about the effect of this phenomenon on the celebration of many traditional holidays. Christmas and New Year's Eve, winter holidays for residents of this country, are generally associated with snow and ice, snow figures, winter sports, and so on.

El español ¡en directo!

▼▼▼▼▼▼▼▼▼▼▼▼▼▼▼

Este anuncio es para un hotel chileno. Léalo (*Read it*) con cuidado y conteste las preguntas.

1. ¿Qué fiesta se celebra? Por eso, ¿qué mes debe ser?
2. ¿En qué estación se celebra la fiesta?
3. ¿Qué actividades se ofrecen? Uno puede...

D **¿En qué año... ?**   Lea los siguientes años en español. ¿A qué hecho (*event*) corresponden?

1. 1492
2. 1776
3. 1945
4. 2001
5. 1963
6. 1984
7. ¿ ?
8. ¿ ?

a. el año de mi nacimiento (*birth*)
b. la Declaración de la Independencia
c. el asesinato de John F. Kennedy
d. Cristóbal Colón llega a América
e. la bomba atómica
f. una película famosa
g. la novela de George Orwell
h. este año

E ¡Feliz (*Happy*) **cumpleaños!**

Paso 1. Entreviste a un compañero / una compañera de clase acerca de (*about*) su cumpleaños. Use las siguientes preguntas.

1. ¿Cuál es la fecha de tu cumpleaños?
2. ¿En qué estación es?
3. Generalmente, ¿qué tiempo hace en tu ciudad el día de tu cumpleaños?
4. ¿Cómo celebras tu cumpleaños? (por lo menos tres actividades)
5. ¿Con quién(es) prefieres celebrar tu cumpleaños?

Paso 2. Su profesor(a) o un(a) estudiante va a escribir en la pizarra los nombres de los meses del año. Luego cada estudiante va a escribir la fecha de su cumpleaños en la columna apropiada. ¿En qué mes son la mayoría de los cumpleaños de los estudiantes de la clase? ¿Qué signo del horóscopo tienen?

Los signos: Aries, Tauro, Géminis, Cáncer, Leo, Virgo, Libra, Escorpio, Sagitario, Capricornio, Acuario, Piscis

¿Dónde está? Las preposiciones

¿Dónde está España? Está *en* la Península Ibérica, *al lado de* Portugal. *Al norte* está Francia, y el continente de África está *al sur.* *Al oeste* está el Océano Atlántico y *al este* está el Mar Mediterráneo. La capital de España es Madrid. *Cerca de* la Península Ibérica están las Islas Baleares, que son parte de España. Las Islas Canarias, también parte de España, están *al oeste de* África. Gibraltar está *entre* España y África. No es parte de España. Pertenece (*It belongs*) a Inglaterra.

cerca de	close to	**delante de**	in front of
lejos de	far from	**detrás de**	behind
encima de	on top of	**a la izquierda de**	to the left of
debajo de	below	**a la derecha de**	to the right of
al lado de	alongside of		
entre	between, among		

al este/oeste/norte/sur de   to the east/west/north/south of

In Spanish, the pronouns that serve as objects of prepositions are identical in form to the subject pronouns, except for **mí** and **ti.**

Julio está delante de **mí.**	*Julio is in front of me.*
María está detrás de **ti.**	*María is behind you.*
Me siento a la izquierda de **ella.**	*I sit on her left.*

OJO

Note that **mí** has a written accent, but **ti** does not. This is to distinguish the object of a preposition (**mí**) from the possessive adjective (**mi**).

Conversación

A ¿De qué país se habla?

Paso 1. Escuche la descripción que da (*gives*) su profesor(a) de un país de Sudamérica. ¿Puede Ud. identificar el país?

Paso 2. Ahora describa un país de Sudamérica. Sus compañeros de clase van a identificarlo. Siga el modelo, usando (*using*) todas las frases que sean apropiadas.

> MODELO: Este país está al norte/sur/este/oeste de _____. También está cerca de _____. Pero está lejos de _____. Está entre _____ y _____. ¿Cómo se llama?

Paso 3. Ahora trate de (*try to*) emparejar los nombres de estas capitales de Sudamérica con sus países.

> MODELO: _____ es la capital de _____.

Capitales: Brasilia, Buenos Aires, Bogotá, La Paz, Santiago, Asunción, Quito, Caracas, Montevideo, Lima

B ¿De dónde es Ud.? Give as much information as you can about the location of your hometown or state, or about the country you are from. You should also tell what the weather is like there.

> MODELO: Soy del pueblo (de la ciudad) de _____. Está cerca de la ciudad de _____. En verano hace _____. En invierno _____. (No) Llueve mucho en primavera.

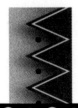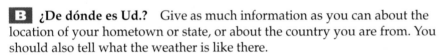

Pronunciación: r and rr

Spanish has two **r** sounds, one of which is called a *flap*, the other a *trill*. The rapid pronunciation of *tt* and *dd* in the English words *Betty* and *ladder* produces a sound similar to the Spanish flap **r:** The tongue touches the alveolar ridge (behind the upper teeth) once. Although English has no trill, when English speakers imitate a motor they often produce the Spanish trill, which is a rapid series of flaps.

The trilled **r** is written **rr** between vowels (**carro, correcto**) and **r** at the beginning of a word (**rico, rosa**). Any other **r** is pronounced as a flap. Be careful to distinguish between the flap **r** and the trilled **r.** A mispronunciation

will often change the meaning of a word—for example, **pero** (*but*) versus
perro (*dog*).

A **Comparaciones**

inglés:	*potter*	*ladder*	*cotter*	*meter*	*total*	*motor*
español:	para	Lara	cara	mire	toro	moro

B **Práctica**

1. rico
2. ropa
3. roca
4. Roberto

5. Ramírez
6. rebelde
7. reportero
8. real

C **¡Necesito compañero/a!** With a classmate, pronounce one word from the following pairs of words, alternatively choosing one containing **r** or **rr.** Your partner will pronounce the one that you did not.

1. coro/corro
2. coral/corral
3. pero/perro
4. vara/barra

5. ahora/ahorra
6. caro/carro
7. cero/cerro
8. para/parra

D **Pronuncie**

1. el nombre correcto
2. un corral grande
3. una norteamericana
4. Puerto Rico
5. rosas amarillas
6. un libro negro y rojo
7. una mujer refinada
8. Enrique, Carlos y Rosita
9. El perro está en el corral.
10. Estos errores son raros.
11. Busco un carro caro.
12. Soy el primo de Roberto Ramírez.

E **Trabalenguas** (*Tongue-twister*)

Paso 1. Listen as your instructor says the following tongue-twister.

Erre con erre, guitarra,
Erre con erre, barril;[a]
¡qué rápido corren[b] los carros
del ferrocarril[c]!

[a]*barrel*   [b]*run*   [c]*train*

Paso 2. Now repeat the tongue-twister, paying special attention to the pronunciation of the trilled **r** sound.

14 ¿Qué estás haciendo? •
Present Progressive: *estar* + *-ndo*

¿Qué están haciendo en Quito, Ecuador?

José Miguel corre y levanta pesas con frecuencia. Pero ahora no *está corriendo.* Tampoco *está levantando* pesas. ¿Qué *está haciendo? Está* _____.

Elisa es periodista. Por eso escribe mucho y habla mucho por teléfono. Pero ahora, no *está escribiendo.* Tampoco *está hablando* por teléfono. ¿Qué *está haciendo? Está* _____.

¿Y Ud.? ¿Qué está haciendo Ud. en este momento?

1. ¿Está estudiando en casa? ¿en clase? ¿en la cafetería?
2. ¿Está leyendo? ¿Está mirando la tele al mismo tiempo?
3. ¿Está escuchando al profesor / a la profesora?

Uses of the Progressive

In Spanish, you can use special verb forms to describe an action in progress—that is, something actually happening at the time it is being described. These Spanish forms, called **el progresivo,** correspond in form to the English *progressive: I am walking, we are driving, she is studying.* But their use is not identical. Compare the Spanish and English verb forms in the sentences at the right.

In Spanish, the present progressive is used primarily to describe an action that is actually *in progress,* as in the first example. The simple Spanish present is used in other cases where English would use the

1. Ramón **está comiendo** ahora mismo.
   Ramón is eating right now.
2. **Compramos** la casa mañana.
   We're buying the house tomorrow.
3. Adelaida **estudia** química este semestre.
   Adelaida is studying chemistry this semester.

present progressive: to tell what is going to happen (the second sentence), and to tell what someone is doing over a period of time but not necessarily at this very moment (the third sentence).

Formation of the Present Progressive

A. The Spanish present progressive is formed with **estar** plus the *present participle* (**el gerundio**), which is formed by adding **-ando** to the stem of **-ar** verbs and **-iendo** to the stem of **-er** and **-ir** verbs.* The present participle never varies; it always ends in **-o**.

tomar → **tomando**	*taking; drinking*
comprender → **comprendiendo**	*understanding*
abrir → **abriendo**	*opening*

Unaccented **i** represents the sound [y] in the participle ending **-iendo: comiendo, viviendo.** Unaccented **i** between two vowels becomes the letter **y: leyendo, oyendo.**

B. The stem vowel in the present participle of **-ir** stem-changing verbs also shows a change. From this point on in *Puntos de partida*, both stem changes for **-ir** verbs will be given with infinitives in vocabulary lists.

preferir (ie, i) → prefiriendo	*preferring*
pedir (i, i) → pidiendo	*asking*
dormir (ue, u) → durmiendo	*sleeping*

Using Pronouns with the Present Progressive

Reflexive pronouns may be attached to a present participle or precede the conjugated form of **estar.** Note the use of a written accent mark when pronouns are attached to the present participle.

Pablo **se** está bañando. ⎫
Pablo está bañándo**se.** ⎭ *Pablo is taking a bath.*

Práctica

A **Un sábado típico.** Indique lo que Ud. está haciendo a las horas indicadas en un sábado típico. En algunos casos hay más de una respuesta posible.

A las ocho de la mañana...

	SÍ	NO
1. estoy durmiendo	☐	☐
2. estoy tomando el desayuno	☐	☐
3. estoy mirando los dibujos animados (*cartoons*) en la tele	☐	☐
4. estoy duchándome	☐	☐
5. estoy trabajando	☐	☐
6. estoy _____	☐	☐ (Continúa.)

***Ir, poder,** and **venir** have irregular present participles: **yendo, pudiendo, viniendo.** These three verbs, however, are seldom used in the progressive.

A mediodía (*noon*)...	SÍ	NO
1. estoy durmiendo	☐	☐
2. estoy almorzando	☐	☐
3. estoy estudiando	☐	☐
4. estoy practicando algún deporte	☐	☐
5. estoy trabajando	☐	☐
6. estoy _____	☐	☐

A las diez de la noche...	SÍ	NO
1. estoy durmiendo	☐	☐
2. estoy preparándome para salir	☐	☐
3. estoy mirando algo en la tele	☐	☐
4. estoy bailando en una fiesta o en una discoteca	☐	☐
5. estoy trabajando	☐	☐
6. estoy hablando por teléfono con un amigo/una amiga	☐	☐
7. estoy _____	☐	☐

B **Un día especial.** Ricardo Guzmán Rama, el tío de Lola Benítez, acaba de llegar (*has just arrived*) de México para visitar a su familia en Sevilla. Por eso, hoy es un día especial. Complete las siguientes oraciones para indicar lo que (*what*) está pasando hoy en la familia de Lola.

1. Generalmente, Lola está en la universidad toda la mañana. Hoy Lola... (hablar con su tío Ricardo)
2. Casi siempre, Lola va a casa después de sus clases. Hoy Lola y su tío... (tomar un café en la universidad)
3. De lunes a viernes, la hija Marta va al colegio por la tarde. Esta tarde ella... (jugar con Ricardo)
4. Generalmente, la familia come a las dos. Hoy todos... (comer a las tres)
5. Por lo general, Lola lee las composiciones de sus estudiantes por la tarde. Esta tarde Lola... (leer el periódico con su tío)
6. Marta siempre escribe la tarea (*homework*) a las siete de la noche. Esta noche ella... (escribir la tarea a las ocho)
7. Manolo y Lola generalmente escuchan la radio por la noche. Esta noche, ellos y el tío Ricardo... (ver un vídeo)
8. Casi todas las noches, Manolo y Lola beben café descafeinado antes de dormirse. Pero esta noche ellos... (beber champán)

C **En casa con la familia Duarte**

Paso 1. Read the following sentences and tell which drawing each refers to.

MODELO: Se está duchando. Dibujo A.

1. Está levantándose.
2. Está escribiendo cartas.
3. Están mirando la tele.
4. Está vistiéndose.
5. Está preparando la cena (*dinner*).
6. Está leyendo el periódico.
7. Están durmiendo.
8. Están divirtiéndose.
9. Está trabajando.
10. Están jugando con el perro.
11. Están comiendo.
12. Está haciendo ejercicio.

A.

B.

C.

D.

Paso 2. Now tell what is happening in each drawing.

MODELO: Dibujo A. Son las seis. Los niños están...

Palabras útiles: los gemelos (*twins*), saltar (*to jump*)

Conversación

Preguntas

1. ¿Pasa Ud. más tiempo leyendo o viendo la televisión? ¿tocando música o escuchando? ¿trabajando o estudiando? ¿estudiando o viajando?
2. ¿Cómo se divierte Ud. más, viendo la tele o bailando en una fiesta? ¿practicando un deporte o leyendo una buena novela? ¿haciendo un *picnic* o preparando una cena (*dinner*) elegante en casa? ¿mirando una película en casa o en el cine?

¿Recuerda Ud.?

You have been using forms of **ser** and **estar** since **Ante todo,** the preliminary chapter of *Puntos de partida.* The following section will help you consolidate everything you know so far about these two verbs, both of which express *to be* in Spanish. You will learn a bit more about them as well.

Before you begin, think in particular about the following questions: **¿Cómo está Ud.? ¿Cómo es Ud.?** What do these questions tell you about the difference between **ser** and **estar?**

15 ¿*Ser o estar?* • Summary of the Uses of *ser* and *estar*

Una conversación por larga distancia

Aquí hay un lado de la conversación entre una esposa que *está* en un viaje de negocios y su esposo, que *está* en casa. Habla el esposo.

Aló. [...[1]] ¿Cómo *estás*, mi amor? [...[2]] ¿Dónde *estás* ahora? [...[3]] ¿Qué hora *es* allí? [...[4]] ¡Huy!, *es* muy tarde. Y el hotel, ¿cómo *es*? [...[5]] Oye, ¿qué *estás* haciendo ahora? [...[6]] Ay, pobre, lo siento. *Estás* muy ocupada. ¿Con quién *estás* citada mañana? [...[7]] ¿Quién *es* el dueño de la compañía? [...[8]] Ah, él *es* de Cuba, ¿verdad? [...[9]] Bueno, ¿qué tiempo hace allí? [...[10]] Muy, bien, mi vida. Hasta luego, ¿eh? [...[11]] Adiós.

A long-distance conversation Here is one side of a conversation between a wife who is on a business trip and her husband, who is at home. The husband is speaking. Hello . . . How are you, dear? . . . Where are you now? . . . What time is it there? . . . Boy, it's very late. And how's the hotel? . . . Hey, what are you doing now? . . . You poor thing, I'm sorry. You're very busy. Who are you meeting with tomorrow? . . . Who's the owner of the company? . . . Ah, he's from Cuba, isn't he? . . . Well, what's the weather like? Very well, sweetheart. See you later, OK? . . . Goodbye.

Capítulo 5 • Las estaciones, el tiempo y un poco de geografía

Aquí está el otro lado de la conversación... pero las respuestas no están en orden. Ponga las respuestas en el orden apropiado.

a. _____ Es muy moderno. Me gusta mucho.

b. _____ Sí, pero vive en Nueva York ahora.

c. _____ Son las once y media.

d. _____ Hola, querido (*dear*). ¿Qué tal?

e. _____ Es el Sr. Cortina.

f. _____ Pues, todavía (*still*) tengo que trabajar.

g. _____ Sí, hasta pronto.

h. _____ Estoy en Nueva York.

i. _____ Un poco cansada, pero estoy bien.

j. _____ Pues, hace buen tiempo, pero está un poco nublado.

k. _____ Con un señor de Computec, una nueva compañía de computadoras.

Summary of the Uses of *ser*

• To *identify* people and things	Ella **es doctora.**
• To express *nationality;* with **de** to express *origin*	**Son cubanos. Son de** La Habana.
• With **de** to tell of what *material* something is made	Este bolígrafo **es de plástico.**
• With **para** to tell *for whom something is intended*	El regalo **es para Sara.**
• To tell *time*	**Son las once. Es la una y media.**
• With **de** to express *possession*	**Es de Carlota.**
• With *adjectives* that describe *basic, inherent characteristics*	Ramona **es inteligente.**
• To form many *generalizations*	**Es necesario** llegar temprano. **Es importante** estudiar.

Summary of the Uses of *estar*

• To tell *location*	El libro **está en** la mesa.
• To describe *health*	**Estoy** muy **bien,** gracias.
• With *adjectives* that describe *conditions*	**Estoy** muy **ocupada.**
• In a number of *fixed expressions*	**(No) Estoy de acuerdo. Está bien.**
• With *present participles* to form the *progressive tense*	**Estoy estudiando** ahora mismo.

Ser and estar with Adjectives

A. **Ser** is used with adjectives that describe the fundamental qualities of a person, place, or thing.

Esa mujer es muy **baja.**
That woman is very short.

Sus calcetines son **morados.**
His socks are purple.

Este sillón es **cómodo.**
This armchair is comfortable.

Sus padres son **cariñosos.**
Their parents are affectionate people.

B. **Estar** is used with adjectives to express conditions or observations that are true at a given moment but that do not describe inherent qualities of the noun. The following adjectives are generally used with **estar.**

abierto/a	open	**limpio/a**	clean
aburrido/a	bored	**loco/a**	crazy, "nuts"
alegre	happy	**nervioso/a**	nervous
cansado/a	tired	**ocupado/a**	busy
cerrado/a	closed	**ordenado/a**	neat
congelado/a	frozen, very cold	**preocupado/a**	worried
contento/a	content, happy	**seguro/a**	sure, certain
desordenado/a	messy	**sucio/a**	dirty
enfermo/a	sick	**triste**	sad
furioso/a	furious, angry		

C. Many adjectives can be used with either **ser** or **estar,** depending on what the speaker intends to communicate. In general, when *to be* implies *looks, feels,* or *appears,* **estar** is used. Compare the following pairs of sentences.

Daniel **es** guapo.
Daniel is handsome. (He is a handsome person.)

Daniel **está** muy guapo esta noche.
Daniel looks very nice (handsome) tonight.

—¿Cómo **es** Amalia?
—**Es** simpática.
What is Amalia like (as a person)?
She's nice.

—¿Cómo **está** Amalia?
— **Está** enferma todavía.
How is Amalia (feeling)?
She's still feeling sick.

Práctica

A **Un regalo especial.** Hay algo nuevo en el comedor. Es una computadora. ¿Qué puede Ud. decir de ella (*say about it*)? Haga oraciones completas con **es** o **está.**

La computadora es/está...

1. en la mesa del comedor
2. un regalo de cumpleaños
3. para mi compañero de cuarto
4. de la tienda Computec

Capítulo 5 • Las estaciones, el tiempo y un poco de geografía

5. en una caja (*box*) verde
6. de los padres de mi compañero
7. un regalo muy caro pero estupendo
8. de metal y plástico gris
9. una IBM, el último (*latest*) modelo
10. muy fácil (*easy*) de usar

Vocabulario útil

Por often expresses *because of* or *about*, especially with adjectives such as **preocupado, nervioso, contento,** and **furioso.**

Amalia está preocupada **por** los examenes finales.
Amalia is worried about her final exams.

B **¿Quiénes son?** Ahora identifique a los jóvenes que aparecen en esta foto.

Los jóvenes son/están...

1. mis primos argentinos
2. de Buenos Aires
3. aquí este mes para visitar a la familia
4. al lado de los abuelos en la foto
5. muy simpáticos
6. muy contentos con el viaje en general
7. un poco cansados por el viaje

C **Actividades sociales.** Complete the following description with the correct form of **ser** or **estar,** as suggested by the context.

Las fiestas
Las fiestas (ser/estar[1]) populares entre los jóvenes de todas partes del mundo. Ofrecen una buena oportunidad para (ser/estar[2]) con los amigos y conocer[a] a nuevas personas. Imagine que Ud. (ser/estar[3]) en una fiesta con unos amigos hispanos en este momento: todos (ser/estar[4]) alegres, comiendo, hablando y bailando... ¡Y (ser/estar[5]) las dos de la mañana!

La pandilla[b]
Ahora en el mundo hispánico no (ser/estar[6]) necesario tener chaperona. Muchas de las actividades sociales se dan[c] en grupos. Si Ud. (ser/estar[7]) miembro de una pandilla, sus amigos (ser/estar[8]) el centro de su vida social y Ud. y su novio[d] o novia salen frecuentemente con otras parejas[e] o personas del grupo.

[a]*to meet* [b]*group of friends* [c]*se... occur* [d]*boyfriend* [e]*couples*

Comprensión: **¿Sí o no?** ¿Son estas las opiniones de un joven hispano?

1. Me gustan mucho las fiestas.
2. Nunca bailamos en las fiestas.
3. Es necesario salir con chaperona.
4. La pandilla tiene poca importancia para mí.

D Una tarde terrible

Paso 1. Describa lo que (*what*) pasa hoy por la tarde en esta casa, cambiando por antónimos las palabras indicadas.

1. No hace *buen* tiempo; hace _____.
2. El bebé no está *bien*; está _____.
3. El gato no está *limpio*; está _____.
4. El esposo no está *tranquilo*; está _____ por el bebé.
5. El garaje no está *cerrado*; está _____.
6. Los niños no están *ocupados*; están _____.
7. La esposa no está *contenta*; está _____ por el tiempo.
8. La casa no está *ordenada*; está _____.

Paso 2. Ahora imagínese que son las 6:30 de la tarde. Exprese lo que están haciendo los miembros de la familia en este momento. Use su imaginación y diga también lo que generalmente hacen estas personas a esa hora.

MODELO: Hoy, a las seis y media, la madre está conduciendo su coche a casa. Generalmente está preparando la comida a esa hora.

Palabras útiles: cenar (*to have dinner*), conducir (*to drive*), ladrar (*to bark*), llorar (*to cry*)

Conversación

A Ana y Estela. Describa este dibujo de un cuarto típico de la residencia. Invente los detalles necesarios. ¿Quiénes son las dos compañeras de cuarto? ¿De dónde son? ¿Cómo son? ¿Dónde están en este momento? ¿Qué hay en el cuarto? ¿En qué condición está el cuarto? ¿Son ordenadas o desordenadas las dos?

Palabras útiles: el cartel (*poster*), la foto

Ana   Estela

B **Sentimientos.** Complete the following sentences by telling how you feel in the situations described. Then ask questions of other students in the class to find at least one person who completed a given sentence the way you did.

MODELO: Cuando saco (*I get*) una «A» en un examen, estoy *alegre*. →
¿Cómo te sientes (*do you feel*) cuando sacas una «A» en un examen?

1. Cuando saco una «D» en un examen, estoy _____.
2. Cuando tengo mucho trabajo, estoy _____.
3. En otoño generalmente estoy _____ porque _____.
4. En verano estoy _____ porque _____.
5. Cuando llueve (nieva) estoy _____ porque _____.
6. Los lunes por la mañana estoy _____.
7. Los viernes por la noche estoy _____.
8. Cuando me acuesto muy tarde, estoy _____ al día siguiente (*the next day*).

En los Estados Unidos... **Alfredo Jaar**

El arte electrónico de Alfredo Jaar

Upon arriving in the United States, Chilean artist Alfredo Jaar was surprised to learn that English speakers generally don't think of Canadians, Mexicans, Colombians, and so forth as "Americans." It bothered him that he was perceived as "Hispanic" or "Latin" but not as "American." "This country has coopted the word *America*," he claimed.

So, Jaar used his artistic talents in an effort to enlighten people in the United States about the true meaning of the word *America*. He created a computerized animation that appeared on a sign board above New York City's Times Square in April of 1987. The computer animation depicted a lighted map of the United States with the statement "This is not America" written across it. Slowly the word *America* would grow larger and larger until it filled the entire sign. At the same time, the letter R transformed itself into a map of North and South America. This use of *America* is the meaning used in Spanish, the meaning that Jaar had known.

The message that Jaar was trying to send was that *America* does not belong only to the United States. Another thirty-three nations say that they are a part of America and that their approximately 500 million inhabitants are also Americans.

Jaar was also trying to combat the stereotype that all Hispanics are alike and that all the inhabitants of South America are Hispanics. For one thing, many inhabitants of South America are Brazilians. In addition, there are many indigenous peoples throughout Latin America that have traditions, cultures, and languages that precede Columbus' arrival in this hemisphere.

Ricardo, el tío de Lola Benítez, hace comparaciones entre la Ciudad de México, o el D.F. (Distrito Federal), y Sevilla.

México, D.F. (Distrito Federal)

El barrio de Santa Cruz, Sevilla, España

«De verdad, me gustan las dos ciudades.

- La Ciudad de México es *más* grande *que* Sevilla.
- Tiene *más* edificios altos *que* Sevilla.
- En el D.F. no hace *tanto* calor *como* en Sevilla.

Pero...

- Sevilla es *tan* bonita *como* la Ciudad de México.
- No tiene *tantos* habitantes *como* el D.F.
- Sin embargo, los sevillanos son *tan* simpáticos *como* los mexicanos.

En total, ¡me gusta Sevilla *tanto como* la Ciudad de México!»

Ahora, hable Ud. de su ciudad o pueblo.

Mi ciudad/pueblo...

- (no) es tan grande como Chicago
- es más/menos cosmopolita que Salt Lake City

Me gusta _____ (nombre de mi ciudad/pueblo)

- más que _____ (nombre de otra ciudad)
- menos que _____ (nombre de otra ciudad)
- tanto como _____ (nombre de otra ciudad)

Ricardo, Lola Benítez' uncle, makes comparisons between Mexico City, or the D.F. (Federal District), and Seville.
"Truly, I like both cities.
- Mexico City is bigger than Seville.
- It has more tall buildings than Seville.
- It is not as hot in Mexico City as it is in Seville.
But...
- Seville is as beautiful as Mexico City.
- It doesn't have as many inhabitants as Mexico City.
- Nevertheless, the people from Seville are as nice as those from Mexico City.
All told, I like Seville as much as Mexico City!"

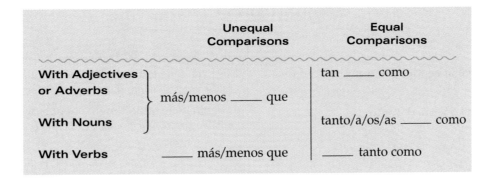

	Unequal Comparisons	Equal Comparisons
With Adjectives or Adverbs	más/menos _____ que	tan _____ como
With Nouns		tanto/a/os/as _____ como
With Verbs	_____ más/menos que	_____ tanto como

Comparison of Adjectives

EQUAL COMPARISONS

tan + *adjective* + como
(*as*)   (*as*)

[Práctica A–B]

Enrique es **tan** trabajador **como** Amalia.
Enrique is as hardworking as Amalia.

UNEQUAL COMPARISONS (REGULAR)

más + *adjective* + que
(*more*)   (*than*)

menos + *adjective* + que
(*less*)   (*than*)

> In English the *comparative* (**el comparativo**) is formed by using the adverbs *more* or *less* (***more** intelligent,* ***less** important*), or by adding *-er* at the end of the adjective (*tall**er**, smart**er***).

Alicia es **más** perezosa **que** Marta.
Alicia is lazier than Marta.

Julio es **menos** listo **que** Jaime.
Julio is not as bright as Jaime.

UNEQUAL COMPARATIVES WITH IRREGULAR FORMS

bueno/a → mejor

malo/a → peor

mayor (*older*)

menor (*younger*)

[Práctica C]

Estos coches son **buenos,** pero esos son **mejores.**
These cars are good, but those (ones) are better.

Mi lámpara es **peor que** esta.
My lamp is worse than this one.

Mi hermana es **mayor que** yo.
My sister is older than I (am).

Mis primos son **menores que** yo.
My cousins are younger than I (am).

Comparison of Nouns

EQUAL COMPARISONS

Tanto must agree in gender and number with the noun it modifies.

tanto/a/os/as + *noun* + como
(*as much/many*)   (*as*)

Alicia tiene **tantas** bolsas **como** Pati.
Alicia has as many purses as Pati (does).

Pablo tiene **tanto** dinero **como** Sergio.
Pablo has as much money as Sergio (does).

UNEQUAL COMPARISONS

más/menos + *noun* + que
(*more/less*)   (*than*)

The preposition **de** is used when the comparison is followed by a number.

más/menos de + *noun*
(*more/less than*)

[Práctica D]

Alicia tiene **más/menos** bolsas **que** Susana.
Alicia has more/fewer purses than Susana (does).

Alicia tiene **más de** cinco bolsas.
Alicia has more than five purses.

Comparison of Verbs

EQUAL COMPARISONS

Note that **tanto** is invariable is this construction.

tanto como
(*as much as*)

Yo estudio **tanto como** mi hermano mayor.
I study as much as my older brother (does).

UNEQUAL COMPARISONS

más/menos que
(*more/less than*)

Yo duermo **más que** mi hermano menor.
I sleep more than my younger brother (does).

Comparison of Adverbs

EQUAL COMPARISONS

tan + *adverb* + como

Yo juego al tenis **tan** bien **como** mi hermano.
I play tennis as well as my brother (does).

UNEQUAL COMPARISONS

más/menos + *adverb* + que

mejor/peor que

[Práctica E]

Yo como **más** rápido **que** mi padre.
I eat faster than my father (does).

Yo juego al tenis **peor que** mi hermana.
I play tennis worse than my sister (does).

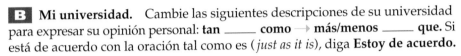

A **¿Estereotipos?**   Conteste según el dibujo.

1. Micaela, ¿es más alta o más baja que Paco?
2. ¿Es tan tímida como Paco? ¿Quién es más extrovertido?
3. Paco, ¿es tan atlético como Micaela?
4. ¿Quién es más intelectual? ¿Por qué cree Ud. eso?
5. ¿Es Micaela tan estudiosa como Paco? ¿Es tan trabajadora como él?
6. ¿Quién es más listo? ¿Por qué cree Ud. eso?

B **Mi universidad.**   Cambie las siguientes descripciones de su universidad para expresar su opinión personal: **tan _____ como → más/menos _____ que.** Si está de acuerdo con la oración tal como es (*just as it is*), diga **Estoy de acuerdo.**

1. Mi casa (apartamento, residencia) es tan grande como la casa del presidente / de la presidenta de esta universidad.
2. El béisbol es tan popular como el fútbol americano.
3. Los profesores son tan dedicados como los estudiantes.
4. Las artes son tan importantes como las ciencias.
5. Las pruebas (*quizzes*) son tan difíciles como los exámenes.
6. Los estudios son menos importantes que los deportes.
7. Los hombres son tan estudiosos como las mujeres.
8. Las clases son tan importantes como las telenovelas (*soap operas*) de la tarde.

C **La familia de Amalia y Sancho Jordán**

Paso 1.   Mire la siguiente foto e identifique a los miembros de esta familia. Luego compárelos (*compare them*) con otro pariente. **¡OJO!** Amalia tiene dos hermanos y un sobrino.

MODELO: Amalia es la hermana de Sancho. Ella es menor que Sancho, pero es más alta que él.

Paso 2.   Now compare the members of your own family, making ten comparative statements.

MODELO: Mi hermana Mary es mayor que yo, pero yo soy más alto/a que ella.

Paso 3.   Now read your sentences from **Paso 2** to a classmate, who should not take notes on them. Ask him or her questions about your comparisons and see if he or she remembers the details of your family.

MODELO: ¿Qué miembro de mi familia es mayor que yo?

D **Alfredo y Gloria.** Compare la casa y las posesiones que tienen Alfredo y Gloria, haciendo oraciones con **más/menos** _____ **que** o **tanto/a/os/as** _____ **como.**

	ALFREDO	GLORIA
cuartos en total	8	6
baños	2	1
alcobas	3	3
camas	3	5
coches	3	1
dinero en el banco	$500.000	$5.000

E **Más opiniones.** Cambie, indicando su opinión personal: **tanto como** → **más/menos que,** o viceversa. O, si es apropiado, diga **Estoy de acuerdo.**

1. Los profesores trabajan más que los estudiantes.
2. Los hombres hablan por teléfono más que las mujeres.
3. Me divierto tanto con mis amigos como con mis parientes.
4. Los niños necesitan dormir más que los mayores (*adults*).
5. Aquí llueve más en primavera que en invierno.
6. Y nieva más en diciembre que en enero.
7. Necesito el dinero más que la amistad (*friendship*).
8. Hoy día, los hombres se visten tan elegantemente como las mujeres.

Conversación

A **¿Cómo es Ud.? ¿Qué tiene?**

Paso 1. Conteste las preguntas lógicamente. ¿Es Ud.... ?

1. tan guapo/a como Brad Pitt / Cindy Crawford
2. tan rico/a como los Rockefeller
3. tan fiel como su mejor amigo/a
4. tan inteligente como Einstein
5. tan romántico/a como su novio/a (esposo/a, amigo/a)

Paso 2. **¿Tiene Ud.... ?**

1. tanto dinero como los Ford
2. tantos tíos como tías
3. tantos amigos como amigas
4. tantas ideas buenas como _____
5. tantos años como su profesor(a)

B **La rutina diaria... en invierno y en verano**

Paso 1. ¿Es diferente nuestra rutina diaria en diferentes estaciones? Complete las siguientes oraciones sobre su rutina.

Palabras útiles: el gimnasio, el parque, afuera

EN INVIERNO...

1. me levanto a _____ (hora)
2. almuerzo en _____

EN VERANO...

me levanto a _____
almuerzo en _____

EN INVIERNO…	EN VERANO…
3. me divierto con mis amigos en ____	me divierto con mis amigos en ____
4. estudio ____ horas todos los días	(no) estudio ____ horas todos los días
5. estoy / me quedo en ____ (lugar) por la noche	estoy / me quedo en ____ por la noche
6. me acuesto a ____	me acuesto a ____

Paso 2. Ahora compare sus actividades en invierno y en verano, según el modelo.

MODELO: En invierno me levanto más temprano/tarde que en verano.
(En invierno me levanto a la misma hora que en verano.)
(En invierno me levanto tan temprano como en verano.)

In this **Situaciones** dialogue, Manolo Durán, from Seville, Spain, takes a phone call for his daughter Marta. Do you think brief phone conversations like this one in Spain are more or less formal than in this country?

Suena[a] el teléfono. Manolo lo contesta.[b]

MANOLO: ¿Diga?[c]
CAROLINA: Buenos días. Habla Carolina Díaz. ¿Está Marta?
MANOLO: No, Carolina. Marta no está en este momento. Está en el parque con su tío abuelo.[d] ¿Quieres dejarle un recado?[e]
CAROLINA: Sí, muchas gracias. Me gustaría decirle[f] que si quiere venir esta tarde a jugar conmigo.[g] Hace buen tiempo y podríamos[h] ir a jugar afuera.
MANOLO: Muy bien, Carolina. Yo le doy[i] el recado. Saluda a tus padres de mi parte,[j] por favor.
CAROLINA: Sí. Adiós.
MANOLO: Adiós.

FUNCTION
using the telephone

[a]*Rings* [b]*lo… answers it* [c]*Hello? (Spain)* [d]*tío… great uncle*
[e]*dejarle… to leave a message* [f]*Me… I'd like to ask* [g]*with me*
[h]*we would* [i]*Yo… I'll give her* [j]*Saluda… Say "hi" to your folks for me*

Con un compañero / una compañera

In the preceding dialogue, note the different expressions that are used to get and give information when talking on the phone. Then, with a partner, take turns acting out the following situations.

1. Ud. llama a un amigo / una amiga por teléfono para ver si quiere estudiar esta noche con Ud. El compañero / La compañera de cuarto de su amigo/a contesta el teléfono. Desafortunadamente (*Unfortunately*), su amigo/a no está en casa.

2. Suena el teléfono y Ud. lo contesta. Habla la madre de su mejor amigo/a. Ella quiere saber (*find out*) si su hijo/a está en casa de Ud.

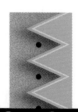

Un poco de todo

A **¿Qué están haciendo?** Diga qué están haciendo las siguientes personas usando una palabra o frase de cada columna y la forma progresiva. Si Ud. no sabe (*know*) exactamente qué están haciendo esas personas, ¡use su imaginación!

yo	jugar (a)	el fútbol/básquetbol
mi mejor amigo/a	dormir(se)	un libro / una novela
mis padres	leer	la radio
los Bills de Buffalo / los Bulls de Chicago	descansar	a los estudiantes / a sus consejeros
el presidente / la presidenta de la universidad	viajar	un informe
el presidente de los Estados Unidos	escuchar	ejercicio físico
el profesor / la profesora de español	trabajar	¿ ?
_____ (un compañero / una compañera de la clase de español que está ausente hoy)	practicar hacer	
mi consejero/a	¿ ?	

B **Dos hemisferios.** Complete the following paragraphs with the correct forms of the words in parentheses, as suggested by the context. When two possibilities are given in parentheses, select the correct word.

Hay (mucho[1]) diferencias entre el clima del hemisferio norte y el del hemisferio sur. Cuando (ser/estar[2]) invierno en los Estados Unidos, por ejemplo, (ser/estar[3]) verano en la Argentina, en Bolivia, en Chile... Cuando yo (salir[4]) para la universidad en enero, con frecuencia tengo que (llevar[5]) abrigo y botas. En (los/las[6]) países del hemisferio sur, un estudiante (poder[7]) asistir (a/de[8]) clases en enero llevando sólo pantalones (corto[9]), camiseta y sandalias. En muchas partes de los Estados Unidos, (antes de / durante[10]) las vacaciones en diciembre, casi siempre (hacer[11]) frío y a veces (nevar[12]). En (grande[13]) parte de Sudamérica, al otro lado del ecuador, hace calor y (muy/mucho[14]) sol durante (ese[15]) mes. A veces en enero hay fotos, en los periódicos, de personas que (tomar[16]) el sol y nadan[a] en las playas sudamericanas.

Tengo un amigo que (ir[17]) a (hacer/tomar[18]) un viaje a Buenos Aires. Él me dice[b] que allí la Navidad[c] (ser/estar[19]) una fiesta de verano y que todos (llevar[20]) ropa como la que[d] llevamos nosotros en julio. Parece[e] increíble, ¿verdad?

[a]are swimming   [b]Él... He tells me   [c]Christmas   [d]la... that which   [e]It seems

Comprensión: ¿Probable o improbable?

1. Los estudiantes argentinos van a la playa en julio.
2. Muchas personas sudamericanas hacen viajes de vacaciones en enero.
3. Hace frío en Santiago (Chile) en diciembre.

C Las comparaciones son odiosas (*despicable*)... **¡pero interesantes!**

Paso 1. Complete estas oraciones con información verdadera (*true*) para Ud.

1. Tomo _____ cursos, que hacen un total de _____ créditos.
2. Generalmente, me levanto a las _____ y me acuesto a las _____. Duermo _____ horas diarias, aproximadamente.
3. Tengo _____ años.
4. Tengo _____ hermanos. (No tengo hermanos. Soy hijo único / hija única.)
5. Trabajo _____ horas a la semana, en _____.

Paso 2. Usando las oraciones de arriba (*above*) como guía (*as a guide*), haga preguntas a uno o dos compañeros. Anote (*Jot down*) sus respuestas.

MODELO: ¿Cuántos cursos tomas?

Paso 3. Ahora haga comparaciones entre sus compañeros y Ud.

MODELOS: Mike toma más cursos que yo, pero yo tomo más cursos que Susie.

Vocabulario

Los verbos

celebrar	to celebrate
pasar	to spend (*time*); to happen
quedarse	to stay, remain (*in a place*)

¿Qué tiempo hace?

está nublado	it's cloudy, overcast
hace...	it's ...
buen/mal tiempo	good/bad weather

calor	hot
fresco	cool
frío	cold
sol	sunny
viento	windy
hay (mucha)	there's (lots of)
contaminación	pollution
llover (ue)	to rain
llueve	it's raining
nevar (ie)	to snow
nieva	it's snowing

Los meses del año

enero, febrero, marzo, abril, mayo, junio, julio,
agosto, se(p)tiembre, octubre, noviembre,
diciembre

Las estaciones del año

la primavera	spring
el verano	summer
el otoño	fall, autumn
el invierno	winter

Los lugares

la capital	capital city
la isla	island
el parque	park
la playa	beach

Otros sustantivos

el cumpleaños	birthday
la fecha	date (*calendar*)
el/la novio/a	boyfriend/girlfriend

Los adjetivos

abierto/a	open
aburrido/a	bored
alegre	happy
cansado/a	tired
cariñoso/a	affectionate
cerrado/a	closed
congelado/a	frozen, very cold
contento/a	content, happy
desordenado/a	messy
difícil	hard, difficult
enfermo/a	sick
fácil	easy
furioso/a	furious, angry
limpio/a	clean
loco/a	crazy, "nuts"
nervioso/a	nervous
ocupado/a	busy
ordenado/a	neat
preocupado/a	worried
querido/a	dear

seguro/a	sure, certain
sucio/a	dirty
triste	sad

Las comparaciones

más/menos... que	more/less . . . than
tan... como	as . . . as
tanto/a(s)... como	as much/many . . . as
tanto como	as much as
mayor	older
mejor	better; best
menor	younger
peor	worse

Las preposiciones

a la derecha de	to the right of
a la izquierda de	to the left of
al lado de	alongside of
cerca de	close to
debajo de	below
delante de	in front of
detrás de	behind
encima de	on top of
entre	between, among
lejos de	far from

Los puntos cardinales

el norte, el sur, el este, el oeste

Palabras adicionales

afuera	outdoors
¿Cuál es la fecha de hoy?	What's today's date?
esta noche	tonight
estar (*irreg.*) bien	to be comfortable (*temperature*)
mí (*obj. of prep.*)	me
siguiente	following
tener (*irreg.*) (mucho) calor	to be (very) hot
tener (mucho) frío	to be (very) cold
ti (*obj. of prep.*)	you
todavía	still

Un paso más 5

Estrategia: Getting a General Idea About Content

Before starting a reading, it is a good idea to try to get a general sense of the content. The more you know about the reading before you begin to read, the easier it will seem to you. Here are some things you can do to prepare yourself for readings. You have already applied some of these strategies to the readings thus far in *Puntos de partida.*

1. Make sure you understand the title. Think about what it suggests to you and what you already know about the topic. Do the same with any subtitles that the reading contains.
2. Look at the drawings, photos, or other visual cues that accompany the reading. What do they indicate about the content?
3. Read the comprehension questions before starting to read. They will tell you what kind of information you should be looking for.

You should be able to get the general meaning of the reading if you apply the preceding strategies and keep in mind some important information.

- *The title and the subtitles.* The reading, **"Climas,"** is divided into subsections. You already know most of the words in the subtitles or can guess them easily. Scan the subtitles now and look up any words that you don't know or aren't sure of.
- *The art.* The reading is accompanied by a drawing. What information is communicated in the drawing?
- *The comprehension questions.* Finally, scan the items in **Comprensión.** What clues do they give you about some of the information contained in the reading?

▶ **Sobre la lectura...** This reading is taken from an elementary school
▶ geography book from Latin America. Like much scientific writing, it
▶ contains a lot of cognates. See if you can get the general idea of each section.

Clave para estudiar: Los diccionarios bilingües
▼▼▼▼▼▼▼▼▼▼▼▼▼▼▼▼▼▼▼▼▼▼▼▼▼▼▼▼▼

A Spanish-English/English-Spanish dictionary or vocabulary list is an excellent study aid, but one that should be used very carefully. Follow these guidelines to minimize the pitfalls.

- If you are looking for a Spanish word in the Spanish-English part of the dictionary, remember that in some dictionaries the letters **ch, ll,** and **ñ** follow the letters **c, l,** and **n,** respectively. The

---

word **coche** can be found after the word **cocina;** **calle** comes after **calma;** and **caña** follows **candidato** in these dictionaries.

- When you look in the English-Spanish section for the Spanish equivalent of an English word, keep in mind the part of speech—noun, verb, adjective, and so on—of the word you are looking for. By doing so, you will avoid many mistakes.
- Remember that there is rarely a one-to-one equivalency between Spanish and English words.

Jugar means *to play* a sport or game, but the verb **tocar** must be used to talk about *playing* a musical instrument.

- Minimize the number of "dictionary words" you use when writing in Spanish. It is best to limit yourself to words you know because you have used them in class. And when you do have to use the dictionary, try to check your word choice with your instructor or someone else who knows Spanish.

Climas

Introducción

El clima es el conjunto[a] de condiciones atmosféricas de una región. Se caracteriza por un conjunto de fenómenos meteorológicos, como: la temperatura del aire, la presión atmosférica, los vientos dominantes y la humedad del aire. Además, el clima es determinado por diversos factores. Los principales son:

La forma redonda de nuestro planeta
A causa de ella los rayos solares no caen en todas partes con la misma inclinación.[b] Por eso los rayos no calientan con la misma intensidad todos los lugares de la tierra.

La altitud
A medida que[c] aumenta la altura[d] sobre el nivel del mar, la temperatura disminuye. Por eso la temperatura de las mesas[e] es más baja que la de los planos,[f] y la de las altas montañas es inferior a la de las mesas. Así se explica también que existan nevadas[g] aun en los países más cálidos.

La latitud
En virtud de este factor, la temperatura disminuye gradualmente del ecuador a los Polos.

Proximidad a los mares
La proximidad al mar ejerce un efecto moderador sobre el clima. El mar templa[h] los fríos y disminuye el rigor de los calores. Esto ocurre porque el mar tarda más tiempo[i] que la tierra en calentarse, pero conserva más el calor. Es decir, se calienta o enfría con más lentitud, evitando[j] así las variaciones bruscas de temperatura. Por otra parte, las lluvias son más frecuentes cerca del mar.

Los vientos
La influencia de los vientos también es considerable en el clima, pues, según su procedencia,[k] imprimen un carácter especial al clima de

[a]totalidad, grupo [b]con... *at the same angle* [c]A... *As* [d]*height* [e]*plateaus* [f]la... *that of the lowlands* [g]*snowfalls* [h]*tempers, makes less harsh* [i]tarda... *takes longer* [j]*avoiding* [k]*origen*

los países donde soplan.[l] Así, los que proceden de regiones de latitud más baja <u>caldean</u> el ambiente;[m] los de altas latitudes y altas montañas producen fuertes <u>enfriamientos</u>.

[l]*they blow*   [m]*environment*   [n]se... *is cooled*   [o]dado... *since*

Las lluvias

Modifican la temperatura de una región, pues donde llueve más durante el año el aire se refresca.[n] El período y la cantidad de lluvias disminuyen del ecuador a los Polos, dado que[o] la diferente cantidad de humedad en el aire depende de la temperatura general. ●

Comprensión

A **¿Cierto o falso?**

1. **Introducción:** Sólo la altitud de un país afecta su clima.
2. **La forma redonda... :** Todo lugar en la tierra recibe la misma intensidad de los rayos solares.
3. **La altitud:** Cuanto más alto el lugar, más baja la temperatura.
4. **La latitud:** En el ecuador, la temperatura es más alta que en los Polos.
5. **Proximidad a los mares:** Los mares ayudan a moderar el clima.
6. **Los vientos:** En las zonas montañosas, los vientos son calurosos.
7. **Las lluvias:** Llueve más en el ecuador que en los Polos.

B **¿Qué tiempo hace?**   Según la información de la lectura, ¿cómo cree Ud. que es el clima en los siguientes lugares? Consulte un mapa para localizar las ciudades.

1. Quito, Ecuador
2. la Tierra del Fuego (Argentina)
3. La Paz, Bolivia
4. San José, Costa Rica

▶PARA ESCRIBIR

A **¿Cómo es el clima donde Ud. vive?**

Paso 1.   Indique el clima normal de su área geográfica.

	SÍ	NO
1. Llueve con frecuencia.	☐	☐
2. Nieva en el invierno.	☐	☐
3. Hace mucho calor en el verano.	☐	☐
4. Hace fresco en el otoño.	☐	☐
5. Hay mucha contaminación.	☐	☐
6. Hace sol casi todo el año.	☐	☐
7. Hace viento, especialmente en la primavera.	☐	☐
8. Hay mucha neblina (*fog*).	☐	☐

(Continúa.)

Paso 2. ¿Dónde vive Ud.?

	SÍ	NO
1. Vivo cerca del mar.	☐	☐
2. Vivo en las montañas.	☐	☐
3. Vivo en el desierto.	☐	☐
4. Vivo a nivel del mar.	☐	☐
5. Vivo en los planos.	☐	☐
6. Vivo en las grandes alturas.	☐	☐

B **El clima de mi área geográfica.** Ahora, tomando la información de la Actividad A, describa cómo es el tiempo en las cuatro estaciones del año donde Ud. vive. Mencione los factores que Ud. cree que afectan el clima, tales como (*such as*) la altitud y la latitud de su ciudad, el efecto de los mares en el clima (si lo hay [*if there is any*]), los vientos y las lluvias.

•ACTIVIDADES

Actividad A   El 24 de junio en Europa

EL TIEMPO

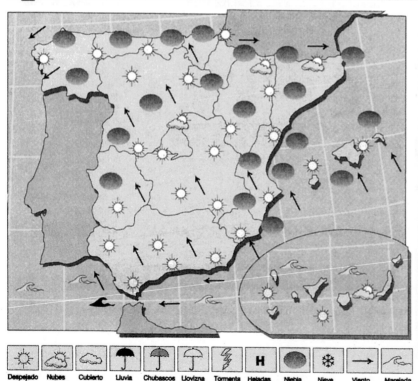

ESPAÑA		MÁX.	MÍN.			MÁX.	MÍN.
Albacete	D	34	15	Madrid	D	35	17
Alicante	C	30	20	Mahón	D	28	21
Almería	D	36	17	Málaga	D	27	17
Ávila	C	28	11	Melilla	D	29	19
Badajoz	D	35	15	Murcia	D	35	18
Barcelona	c	27	20	Orense	c	26	12
Bilbao	Q	25	12	Oviedo	Q	22	12
Burgos	c	25	10	Palencia	c	26	12
Cáceres	D	35	18	Palma	D	29	20
Cádiz	D	32	19	Palmas, Las	D	24	19
Castellón	C	28	20	Pamplona	c	24	9
Ceuta	c	25	20	Pontevedra	A	22	12
Ciudad Real	D	35	17	Salamanca	c	27	12
Córdoba	D	36	17	San Sebastián	Q	22	12
Coruña, La	P	21	16	S. C. Tenerife	c	26	12
Cuenca	D	32	14	Santander	Q	25	14
Gerona	D	27	15	Santiago de C.	Q	19	12
Gijón	Q	23	14	Segovia	D	29	13
Granada	D	36	14	Sevilla	D	36	18
Guadalajara	D	34	12	Soria	c	27	11
Huelva	D	35	17	Tarragona	c	25	19
Huesca	D	27	15	Teruel	C	29	11
Ibiza	D	28	18	Toledo	D	35	17
Jaén	D	36	20	Valencia	C	30	23
Lanzarote	D	26	19	Valladolid	C	28	12
León	Q	26	10	Vigo	A	20	15
Lérida	C	29	18	Vitoria	c	26	10
Logroño	D	27	12	Zamora	C	28	14
Lugo	Q	20	12	Zaragoza	D	19	15

EXTRANJERO		MÁX.	MÍN.			MÁX.	MÍN.
Amsterdam	Q	19	12	México *	P	21	12
Atenas	D	31	21	Miami *	P	31	27
Berlín	S	19	12	Moscú	A	19	9
Bruselas	Q	19	13	Nueva York *	Q	31	19
Buenos Aires *	D	16	8	Oslo	P	18	13
Cairo, El	D	33	21	París	A	18	11
Estocolmo	P	14	13	Rabat	D	38	22
Francfort	P	17	11	R. de Janeiro *	D	25	13
Ginebra	C	20	14	Roma	D	30	17
Lisboa	D	29	15	Tokio *	D	29	24
Londres	Q	18	10	Viena	Q	17	14

A, agradable / C, mucho calor / s, calor / D, despejado / F, mucho frío / t, frío /H, heladas / N, nevadas / P, lluvioso / Q, cubierto / s, tormentas / T, templado / V, vientos fuertes.
* Datos del día anterior.

Despejado — Nubes y claros — Cubierto — Lluvia — Chubascos — Llovizna — Tormenta — Heladas — **H** — Niebla — Nieve — Viento — Marejada

Paso 1. El termómetro indica las equivalencias entre los grados Celsius, o centígrados, de Europa, y los grados Fahrenheit de los Estados Unidos. Imagine que Ud. y sus compañeros de clase son habitantes de varias ciudades del mundo. A base de (*Based on*) las temperaturas indicadas para el 24 de junio, ¿cómo van a contestar las siguientes preguntas para las ciudades indicadas?

¿Qué tiempo hace? ¿Qué ropa van a llevar? ¿Qué deportes van a practicar? ¿Qué otras cosas van a hacer?

   1. Madrid **2.** París **3.** El Cairo **4.** Miami **5.** Nueva York

Paso 2. Ahora describa cómo es un 24 de junio típico en su pueblo o ciudad. ¿Qué tipo de actividades hace Ud. ese día? ¿Qué ropa lleva generalmente?

Paso 3. ¿Cómo es el tiempo en estos días en su área, generalmente?

   1. el 12 de octubre **2.** el 24 de diciembre **3.** el 15 de marzo
   4. el 31 de agosto

Paso 4. Con un grupo de compañeros, hablen del clima de su región en general. Indiquen si les gusta o no y por qué. Si no les gusta, expliquen qué tipo de clima prefieren Uds.

A propósito... Writing Personal Letters

The following greetings (**saludos**) and closings (**despedidas**) are used in writing nonbusiness letters.

SALUDOS

(Muy) Estimado amigo / Estimada amiga	Dear friend
Querido Juan / Querida Juana	Dear Juan / Juana

DESPEDIDAS

Tu amigo/a, Su amigo/a	Your friend
Con mucho cariño	Affectionately
Abrazos	Hugs
Recibe un fuerte abrazo de...	Here's a big hug from . . .

Querido is more likely to be used among close friends and relatives; **estimado** is used to show deference or respect. **Abrazos** and **Recibe un fuerte abrazo de...** are intimate closings, used by people who know each other well. Holiday greetings and greetings for other special occasions include the following:

Feliz Navidad y Próspero Año Nuevo	Merry Christmas and Happy (Prosperous) New Year
Con los mejores deseos para la Navidad y el Año Nuevo	With best wishes for Christmas and the New Year
Felices Pascuas	Merry Christmas (*Spain*)
Feliz cumpleaños	Happy Birthday
Feliz aniversario	Happy Anniversary

Actividad B   Estimada amiga...

Paso 1.   Tell how you would open and close a letter to the following persons.

1. your good friend Jim
2. your great-aunt (**tía abuela**) Laura
3. your parents
4. your Spanish professor
5. someone you met once at a meeting
6. a spouse or fiancé(e)

Paso 2.   The letter on the following page was sent from Spain as a thank-you note for a gift. What can you guess about the relationship of the two persons involved? (How close are they? How do you think they know each other?)

Santander, 16 de enero

Estimada amiga:

Te mando[a] un recuerdo muy cariñoso y te deseo[b] mucha felicidad en este Año Nuevo.

También te doy mis más[c] sinceras gracias por el regalo maravilloso de Navidad, que es la cinta cassette con su música preciosa de jazz. Recuerdo[d] con mucho afecto[e] aquellas conversaciones del verano pasado sobre[f] esta música.

En la televisión estos días ponen escenas de varias ciudades de Norteamérica que pasan un frío muy intenso. Aquí en el norte de España no pasamos mucho frío—las temperaturas más bajas son de 6 ó 7 grados sobre[g] cero.

Deseándote muchas felicidades en este año, te mando un saludo muy cariñoso.

Mercedes

[a]Te... *I send you*   [b]te... *I wish you*   [c]te... *I give you my most*   [d]*I remember*   [e]*affection*   [f]*about*   [g]*above*

Paso 3.   Now use the letter as a model to write a thank-you note for a gift (Christmas, baby, graduation . . .). Be sure to comment on the weather. If you are writing to someone with whom you have a formal relationship, use **le** where **te** is used in the model letter; if you're writing to two or more persons, use **les**.

¿Qué le gusta comer?

¿Es Ud. vegetaria-
no/a? Es decir,
¿come sólo frutas,
legumbres y
cereales? ¿O come
Ud. de todo?

Barcelona, España

In this chapter, you will study vocabulary and structures that will allow
you to
- discuss foods and food preferences as well as talk about what you
  know and who you know (**Vocabulario: Preparación**)
- use the Spanish equivalents of words like *it* and *them* to talk about
  people and things (**Grammar Section 17**)
- express negation and use negative words (**18**)
- tell others what to do using formal commands (**19**)

As you work through the chapter, see how much you can learn about food
and mealtimes in the Spanish-speaking world.

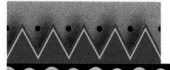

La comida

Las comidas

el desayuno → desayunar
breakfast → to have (eat) breakfast

el café — la leche — el pan (tostado) — los cereales — el jugo (de fruta) — la mantequilla

el almuerzo → almorzar (ue)
lunch → to have (eat) lunch

el agua* mineral — la cerveza — las patatas — las manzanas — la sopa — el pollo (asado) — la ensalada (de lechuga y tomate)

la cena → cenar
dinner → to have (eat) dinner

el pastel — el vino blanco — las zanahorias — el pescado — las arvejas

Las bebidas

los refrescos	soft drinks
el té	tea
el vino tinto	red wine

Las verduras

el champiñón	mushroom
los espárragos	asparagus
los frijoles	beans

---

*The noun **agua** (*water*) is feminine, but the masculine articles are used with it in the singular:
el (un) **agua.** This occurs with all feminine nouns that begin with a stressed *a* sound, for example,
el (un) **ama de casa** (*homemaker*).

La fruta		la langosta	lobster
la banana	banana	**el salmón**	salmon
la naranja	orange		

La carne

		Los postres	
el bistec	steak	**el flan**	flan (custard)
la chuleta (de cerdo)	(pork) chop	**la galleta**	cookie
la hamburguesa	hamburger	**el helado**	ice cream
el jamón	ham		
el pavo	turkey	**Otras comidas**	
la salchicha	sausage, hot dog		
		el arroz	rice

El pescado y los mariscos

		los huevos	eggs
el atún	tuna	**el queso**	cheese
los camarones	shrimp	**el sándwich**	sandwich
		el yogur	yogurt

Conversación

A **¿Qué quiere tomar?** Match the following descriptions of meals with these categories: **un menú ligero** (*light*) **para una dieta, una comida rápida, una cena elegante, un desayuno estilo norteamericano.**

1. una sopa fría, langosta, espárragos, una ensalada de lechuga y tomate, todo con vino blanco y, para terminar, un pastel
2. jugo de fruta, huevos con jamón, pan tostado y café
3. pollo al horno (*baked*), arroz, arvejas, agua mineral y, para terminar, una manzana
4. una hamburguesa con patatas fritas, un refresco y un helado

B **Definiciones.** ¿Qué es?

1. un plato de lechuga y tomate
2. una bebida alcohólica blanca o roja
3. un líquido caliente (*hot*) que se toma* con cuchara (*spoon*)
4. una verdura anaranjada
5. la carne típica para barbacoa en los Estados Unidos
6. una comida muy común en la China y en el Japón
7. la comida favorita de los ratones
8. una verdura frita que se come con las hamburguesas
9. una fruta roja o verde
10. una fruta amarilla de las zonas tropicales
11. un líquido de color blanco que se sirve especialmente a los niños
12. la bebida tradicional de los ingleses
13. se usa para preparar sándwiches
14. un postre muy frío
15. un postre que se sirve en las fiestas de cumpleaños
16. una cosa que se come y que tiene el centro amarillo y el resto blanco

---

*Placing **se** before a verb form can change its English equivalent slightly: **usa** (*he/she/it uses*) → **se usa** (*is used*).

More *tener* Idioms

Here are two additional **tener** idioms that you can use to talk about foods and eating.

tener (mucha) hambre	to be (very) hungry
tener (mucha) sed	to be (very) thirsty

C **Consejos** (*Advice*) **a la hora de comer.** ¿Qué debe Ud. comer o beber en las siguientes situaciones?

1. Ud. quiere comer algo ligero porque no tiene hambre.
2. Ud. quiere comer algo fuerte (*heavy*) porque tiene mucha hambre.
3. Ud. tiene un poco de sed y quiere tomar algo antes de la comida.
4. Ud. quiere comer algo antes del plato (*dish*) principal.
5. Ud. quiere comer algo después del plato principal.
6. Después de jugar al tenis, Ud. tiene mucha sed.
7. Ud. está a dieta.
8. Ud. es vegetariano/a. Come en un restaurante con unos amigos.
9. Ud. está de vacaciones en Maine (o Boston).
10. Ud. está enfermo/a.
11. Ud. no puede dormirse.
12. Después de levantarse, Ud. no está completamente despierto/a (*awake*).

Meals in the Spanish-Speaking World

Hispanic eating habits are quite unlike those in the United States. Not only does the food itself differ somewhat, but the meals occur at different times.

There are three fundamental meals: **el desayuno, la comida / el almuerzo** (*midday meal*), and **la cena** (*supper*). Breakfast, which is eaten between 7:00 and 9:00, is a very simple meal, frugal by most U.S. standards: **café con leche** or **chocolate** (*hot chocolate*) with a plain or sweet roll or toast; that is all. The **café con leche** is heated milk with very strong coffee to add flavor and color.

The main meal of the day, **la comida / el almuerzo,** is frequently eaten as late as 3:00 P.M., and it is a much heartier meal than the average U.S. lunch. It might consist of soup, a meat or fish dish with vegetables and potatoes or rice, a green salad, and then dessert (often fruit or cheese). Coffee is usually served after the meal.

The evening meal, **la cena,** is somewhat lighter than the noon meal. It is rarely eaten before 8:00, and in Spain it is commonly served as late as 10:00 or 11:00 P.M. Because the evening meal is served at such a late hour, it is customary to eat a light snack, or **merienda,** about 5:00 or 6:00 P.M. The **merienda** might consist of a sandwich or other snack with **café con leche** or **chocolate.** Similarly, a snack is often eaten in the morning between breakfast and the midday meal.

Paso 1. Haga una lista de sus tres platos favoritos y de sus tres lugares preferidos para comer en la ciudad donde Ud. vive.

Paso 2. Entreviste (*Interview*) a cinco compañeros de clase para averiguar (*find out*) cuáles son sus platos y lugares favoritos para comer.

MODELO: ¿Cuáles son tus tres lugares favoritos para comer?

Paso 3. Estudie los resultados de su encuesta (*survey*) para averiguar si hay gustos comunes entre todos de la clase. Después, comparta (*share*) con el resto de la clase sus observaciones.

¿Qué sabe Ud. y a quién conoce? *Saber* and *conocer;* Personal *a*

¿Le importa (*Does it matter to you*) mucho la comida? Si son ciertas para Ud. tres de las siguientes oraciones, sí le importa muchísimo (*a lot*).

1. Sé preparar muchos platos diferentes.
2. Conozco al dueño (*owner*) de mi restaurante favorito.
3. Sé el número de teléfono de mi restaurante favorito.
4. Sé cuánto cuesta, aproximadamente, una docena de huevos y un litro de leche.
5. Conozco muchos restaurantes en esta ciudad.

Saber and *conocer*

Two Spanish verbs express *to know:* **saber** and **conocer.**

saber (*to know*)		**conocer** (*to know*)	
sé	sabemos	conozco	conocemos
sabes	sabéis	conoces	conocéis
sabe	saben	conoce	conocen

saber

- to know facts or pieces of information

Ud. **sabe** su número de teléfono, ¿verdad?
You know her phone number, right?

saber + *infinitive*

- to know how to (*do something*)

¿Sabes jugar al ajedrez?
Do you know how to play chess?

conocer

- to know or be acquainted (familiar) with a person, place, or thing

¿Conoces a la nueva estudiante francesa?
Do you know the new French student?

Conozco un buen restaurante cerca de aquí.
I know (am familiar with) a good restaurant nearby.

(Continúa.)

- to meet

¿Quieres **conocer** al nuevo profesor?
Do you want to meet the new professor?

Personal *a*

In Spanish, the word **a** immediately precedes the direct object of a sentence when the direct object refers to a specific person or persons. This **a,** called the **a personal,** has no equivalent in English.*

¿Conoces **a** María?
Do you know María?

Llamo **a** mis padres con frecuencia.
I call my parents often.

O J O The personal *a* is used before the interrogative words **¿quién?** and **¿quiénes?** when they function as direct objects.

¿A quién llamas?
Whom are you calling?

O J O The verbs **buscar** (*to look for*), **escuchar** (*to listen to*), **esperar** (*to wait for*), and **mirar** (*to look at*) include the sense of the English prepositions *for, to,* and *at.* These verbs take direct objects in Spanish (not prepositional phrases, as in English).

Busco **mi abrigo.**
I'm looking for my overcoat.

Espero **a mi hijo.**
I'm waiting for my son.

Conversación

A Personas famosas

Paso 1. ¿Qué saben hacer estas personas?

Linda Ronstadt		jugar al béisbol
Mikhail Baryshnikov		montar en (*to ride a*) bicicleta
José Canseco		cantar (en español)
Miguel Induráin	sabe	cocinar (*to cook*) bien
Michael Crichton		jugar al tenis
Arantxa Sánchez Vicario		escribir novelas
Julia Child		bailar

Paso 2. ¿Quién conoce a quién?

Adán		Martha
Napoleón		Cleopatra
Romeo		Eva
Rhett Butler	conoce a	Julieta
Marco Antonio		Scarlett O'Hara
George Washington		Josefina

*The personal **a** is not generally used with **tener: Tengo cuatro hijos.**

B **¿Dónde cenamos?** Esta noche Lola y Manolo quieren cenar fuera. Pero, ¿dónde? Complete el diálogo con la forma correcta de **saber** o **conocer**.

LOLA: ¿(Sabes/Conoces[1]) adónde quieres ir a cenar?

MANOLO: No (sé/conozco[2]). ¿Y tú?

LOLA: No. Pero hay un restaurante nuevo en la calle Betis. Creo que se llama Guadalquivir. ¿Lo (sabes/conoces[3])?

MANOLO: No, pero (sé/conozco[4]) que tiene mucha fama. Es el restaurante favorito de Virginia. Ella (sabe/conoce[5]) al dueño.

LOLA: ¿(Sabes/Conoces[6]) qué tipo de comida tienen?

MANOLO: No (sé/conozco[7]). Pero podemos llamar a Virginia. ¿(Sabes/Conoces[8]) su teléfono?

LOLA: Está en mi guía telefónica. Y pregúntale[a] a Virginia si ella (sabe/conoce[9]) si aceptan reservas con anticipación[b] o no.

MANOLO: De acuerdo.[c]

[a]ask [b]con... in advance [c]De... OK.

C **¡Qué talento!**

Paso 1. Invente oraciones sobre tres cosas que Ud. sabe hacer.

MODELO: Sé tocar el acordeón.

Paso 2. Ahora, en grupos de tres estudiantes, pregúnteles a sus compañeros si saben hacer esas actividades. Escriba sí o no, según sus respuestas.

MODELO: ¿Sabes tocar el acordeón?

E1 **1.** _____   E2 _____
   2. _____   _____
   3. _____   _____

Paso 3. Ahora describa las habilidades de los estudiantes en su grupo.

MODELO: Marta y yo sabemos tocar el acordeón, pero Elena no. (En el grupo, sólo yo sé tocar el acordeón.)

D **Preguntas**

1. ¿Qué restaurantes conoce Ud. en esta ciudad? ¿Cuál es su restaurante favorito? ¿Por qué es su favorito? ¿Es buena la comida de allí? ¿Qué tipo de comida sirven? ¿Es agradable el ambiente (*atmosphere*)? ¿Come Ud. allí con frecuencia? ¿Llama primero para hacer reservaciones?
2. ¿Conoce Ud. a alguna persona famosa? ¿Quién es? ¿Cómo es? ¿Qué detalles sabe Ud. de su vida?
3. ¿Qué platos sabe Ud. preparar? ¿tacos? ¿enchiladas? ¿pollo frito? ¿hamburguesas? ¿Le gusta cocinar? ¿Cocina con frecuencia?
4. ¿Espera Ud. a alguien para ir a la universidad? ¿Espera a alguien después de la clase? ¿A quién busca cuando necesita ayuda con el español? ¿Dónde busca a sus amigos por la noche? ¿Dónde busca a sus hijos/amigos cuando es hora de comer?

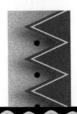

Pronunciación: d and t

Some sounds, such as English [b], are called *stops* because, as you pronounce them, you briefly stop the flow of air and then release it. Other sounds, such as English [f] and [v], pronounced by pushing air out with a little friction, are called *fricatives*.

- Spanish **d** has two basic sounds. At the beginning of a phrase or sentence or after **n** or **l**, it is pronounced as a stop [d] (similar to English *d* in *dog*). Like the Spanish [t], it is produced by putting the tongue against the back of the upper teeth. In all other cases, it is pronounced as a fricative [đ], that is, like the *th* sound in English *they* and *another*.

- The main difference in the pronunciation of Spanish **t** and English **t** is that in English the tip of the tongue is placed against the top of the mouth, while in Spanish it is placed against the upper teeth. In addition, Spanish **t** is not pronounced with as much aspiration (pushing air out of the mouth) as in English. Spanish **t** sounds more like the *t* in the English word *star*. When it appears between two vowels, Spanish **t** uses full dental pronunciation, not a short pronunciation as occurs in English *matter*.

A **Práctica.**   Practique las siguientes palabras y frases.

1. [d]   diez   dos   doscientos   doctor
         ¿dónde?   el doctor   el dinero   venden
2. [đ]   mucho dinero   adiós   usted   seda
         ciudad   la doctora   cuadros   todo

B **Pronunciación**

¿Dónde está el dinero?   ¿Qué estudia Ud.?
David Dávila es doctor.   Venden de todo, ¿verdad?
Dos y diez son doce.

C **Más práctica.**   Practique las siguientes palabras y frases.

traje   todo   mantequilla
trimestre   patata   pastel
zapatos   cartera   tenis
necesito   tomate   tinto
tres   trabajo

¿Cómo te llamas?
¿Cuánto cuesta?
Mi tío trabaja en una tienda.

---

17 **Expressing** *what* **or** *whom* •
Direct Object Pronouns

De compras en el supermercado

Indique cuáles de estas afirmaciones son verdaderas para Ud.

1. la leche
   - ☐ *La* bebo todos los días. Por eso tengo que comprar*la* con frecuencia.
   - ☐ *La* bebo de vez en cuando. Por eso no *la* compro a menudo (*often*).
   - ☐ Nunca *la* bebo. No necesito comprar*la*.

2. el café
   - ☐ *Lo* bebo todos los días. Por eso tengo que comprar*lo* con frecuencia.
   - ☐ *Lo* bebo de vez en cuando. Por eso no *lo* compro a menudo.
   - ☐ Nunca *lo* bebo. No necesito comprar*lo*.

3. los huevos
   - ☐ *Los* como todos los días. Por eso tengo que comprar*los* con frecuencia.
   - ☐ *Los* como de vez en cuando. Por eso no *los* compro a menudo.
   - ☐ Nunca *los* como. No necesito comprar*los*.

4. las bananas
   - ☐ *Las* como todos los días. Por eso tengo que comprar*las* con frecuencia.
   - ☐ *Las* como de vez en cuando. Por eso no *las* compro a menudo.
   - ☐ Nunca *las* como. No necesito comprar*las*.

Direct Object Pronouns

me	me	**nos**	us
te	you (*fam. sing.*)	**os**	you (*fam. pl.*)
lo*	you (*form. sing.*), him, it (*m.*)	**los**	you (*form. pl.*), them (*m., m. + f.*)
la	you (*form. sing.*), her, it (*f.*)	**las**	you (*form. p.*), them (*f.*)

A. Like direct object nouns, *direct object pronouns* (**los pronombres del complemento directo**) are the first recipient of the action of the verb. Direct object pronouns are placed before a conjugated verb and after the word **no** when it appears. Third person direct object pronouns are used only when the direct object noun has already been mentioned.

[Práctica A]

¿El libro? Diego no **lo** necesita.
The book? Diego doesn't need it.

¿Dónde están el libro y el periódico? **Los** necesito ahora.
Where are the book and the newspaper? I need them now.

Ellos **me** ayudan.
They're helping me.

B. The direct object pronouns may be attached to an infinitive or a present participle.

[Práctica B]

Las tengo que leer. }
Tengo que leer**las**. } *I have to read them.*

Lo estoy comiendo. }
Estoy comiéndo**lo**. } *I am eating it.*

C. Note that many verbs commonly used with reflexive pronouns can also be used with direct object nouns and pronouns when the action of the verb is directed at someone other than the subject of the sentence. The meaning of the verb will change slightly.

[Práctica C]

Generalmente me despierto a las ocho. La radio **me** despierta.
I generally wake up at eight. The radio wakes me.

En un restaurante, el camarero **nos** sienta.
In a restaurant, the waiter seats us.

D. Note that the direct object pronoun **lo** can refer to actions, situations, or ideas in general. When used in this way, **lo** expresses English *it* or *that*.

Lo comprende muy bien.
He understands it (that) very well.

No **lo** creo.
I don't believe it (that).

Lo sé.
I know (it).

---

*In Spain and in some other parts of the Spanish-speaking world, **le** is frequently used instead of **lo** for the direct object pronoun *him*. This usage will not be followed in *Puntos de partida*.

Práctica

A ¿Qué comen los vegetarianos?

Paso 1. Aquí hay una lista de diferentes comidas. ¿Van a formar parte de la dieta de un vegetariano? Conteste según los modelos.

MODELOS: el bistec → No lo va a comer.
la banana → La va a comer.

1. las patatas
2. el arroz
3. las chuletas de cerdo
4. los huevos
5. la zanahoria
6. la manzana
7. los camarones
8. el pan
9. el pan
10. los frijoles
11. la ensalada

Paso 2. Si hay un estudiante vegetariano/una estudiante vegetariana en la clase, pídale que verifique (*ask him or her to verify*) las respuestas de Ud.

B **La cena de Lola y Manolo.** La siguiente descripción de la cena de Lola y Manolo es muy repetitiva. Combine las oraciones, cambiando los nombres de complemento directo por pronombres cuando sea (*whenever it is*) necesario.

MODELO: El camarero (*waiter*) trae un menú. Lola lee el menú. →
El camarero trae un menú y Lola *lo* lee.

1. El camarero trae una botella de vino tinto. Pone la botella en la mesa.
2. El camarero trae las copas (*glasses*) de vino. Pone las copas delante de Lola y Manolo.
3. Lola quiere la especialidad de la casa. Va a pedir la especialidad de la casa.
4. Manolo prefiere el pescado fresco. Pide el pescado fresco.
5. Lola quiere una ensalada también. Por eso pide una ensalada.
6. El camerero trae la comida. Sirve la comida.
7. Manolo necesita otra servilleta (*napkin*). Pide otra servilleta.
8. «¿La cuenta (*bill*)? El dueño está preparando la cuenta para Uds.»
9. Manolo quiere pagar con tarjeta (*card*) de crédito. No trae su tarjeta.
10. Por fin Lola toma la cuenta. Paga la cuenta.

C **¿Quién o qué lo hace?** Indique a la persona o cosa que hace lo siguiente. Hay más de una respuesta posible.

Palabras útiles: el barbero, los (buenos) amigos, el camarero / la camarera, mi compañero/a, el despertador (*alarm clock*), el doctor / la doctora, el dueño / la dueña, los esposos, mi esposo/a, los estudiantes, mi padre/madre, los padres, los profesores, la radio

1. Por la mañana, _____ me despierta.
2. En un restaurante, _____ nos sienta.
3. En una barbería, _____ nos afeita.
4. En un hospital, _____ nos examina.
5. _____ nos escuchan cuando necesitamos hablar.
6. _____ nos esperan cuando vamos a llegar tarde.
7. Generalmente los niños no se acuestan solos (*by themselves*). _____ los acuesta. _____ también los baña y los viste.
8. En una clase, _____ hacen las preguntas y _____ las contestan.

Talking About What You Have Just Done

To talk about what you have *just* done, use the phrase **acabar** + **de** with an infinitive.

Acabo de almorzar con Beto.   *I just had lunch with Beto.*
Acabas de celebrar tu   *You just celebrated your birthday,*
     cumpleaños, ¿verdad?   *didn't you?*

Note that the infinitive follows **de.** As you already know, the infinitive is the only verb form that can follow a preposition in Spanish.

D **¡Acabo de hacerlo!**   Imagine that a friend is pressuring you to do the following things. With a classmate, tell him or her that you just did each one, using either of the forms in the model.

MODELO: E1: ¿Por qué no estudias la lección? →
           E2: Acabo de estudiarla. (La acabo de estudiar.)

1. ¿Por qué no escribes las composiciones para tus clases?
2. ¿Vas a comprar el periódico hoy?
3. ¿Por qué no pagas los cafés?
4. ¿Vas a preparar la comida para la fiesta?
5. ¿Puedes pedir la cuenta?
6. ¿Tienes hambre? ¿Por qué no comes los tacos que preparé (*I made*)?

Conversación

A **¿Quién invita?**   Si Ud. va a los siguientes sitios con las personas indicadas, ¿quién va a invitar, es decir, pagar, en cada caso?

Expresíon útil: Cada uno paga lo suyo. (*Each pays his/her own way.*)

Con sus padres/hijos: Yo los invito. (Ellos me invitan.)

1. a un restaurante elegante
2. a un restaurante de comida rápida
3. a tomar un café
4. a un lugar de vacaciones

Con sus amigos: Yo los invito. (Ellos me invitan.)

5. a ver una película en la universidad
6. a un cine en el centro
7. a la cafetería de la universidad
8. a su bar favorito

O J O   **Invitar** is a cognate that has somewhat different connotations in Spanish and in English. In English, *to invite* someone is a request for that person's company. In Spanish, **te invito, nos invitan,** and similar phrases imply that the person who is inviting will also pay.

B **¿Quién ayuda** (*helps*)**?**   Todos necesitamos la ayuda de alguien en diferentes circunstancias. ¿Quién los/las ayuda (a Uds.) con lo siguiente? Use **nos** en sus respuestas.

Palabras útiles: nuestros padres (compañeros, consejeros, amigos, ...)

1. con las cuentas   **2.** con la tarea (*homework*)   **3.** con la matrícula
4. con el horario de clases   **5.** con los problemas personales

C **Una encuesta sobre la comida.**   Hágales (*Ask*) preguntas a sus
compañeros de clase para saber si toman las comidas o bebidas indicadas y con
qué frecuencia. Deben explicar también por qué toman o *no* toman cierta cosa.

> MODELO: la carne → E1: ¿Comes carne?
> E2: No la como casi nunca porque tiene mucho
> colesterol.

Palabras útiles: la cafeína, las calorías, el colesterol, la grasa (*fat*)

Frases útiles: estar a dieta, ser alérgico/a a, ser bueno/a para la salud (*health*),
me pone (*it makes me*) nervioso/a, me da asco (*it makes me sick*) / me dan asco
(*they make me sick*), lo/la/los/las detesto

1. la carne
2. los mariscos
3. el yogur
4. la pizza
5. las hamburguesas
6. el pollo

7. el café
8. los dulces (*sweets; candy*)
9. el alcohol
10. el atún
11. los espárragos
12. el hígado (*liver*)

18 Expressing Negation • Indefinite and Negative Words

En la cocina de Diego y Antonio

DIEGO: Quiero comer *algo*, pero *no* hay *nada* de comer en
esta casa. Y no tengo ganas de ir de compras. Y
además, ¡*no* tengo *ni* un centavo!

ANTONIO: ¡Ay! *Siempre* eres así. Tú *nunca* tienes ganas de ir
de compras. Y lo del dinero... ¡esa ya es otra
historia!

¿Quién... ?

1. tiene hambre
2. nunca tiene dinero

3. critica a su amigo
4. no quiere ir de compras

In Diego and Antonio's kitchen   DIEGO: I want to eat something, but there's nothing to eat in this
house. And I don't feel like going shopping. And furthermore, I don't have a cent! ANTONIO: Ah!
You're always this way. You never feel like going shopping. And that bit about the money . . . well,
that's another story!

A. Here is a list of the most common indefinite and negative words in Spanish. You have been using many of them since the first chapters of *Puntos de partida*.

algo	something, anything	**nada**	nothing, not anything
alguien	someone, anyone	**nadie**	no one, nobody, not anybody
algún (alguno/a/os/as)	some, any	**ningún (ninguno/a)**	no, none, not any
siempre	always	**nunca, jamás**	never
también	also	**tampoco**	neither, not either

Pronunciation hint: Remember to pronounce the *d* in *nada* and *nadie* as a fricative, that is, like a *th* sound: **na-da, na-die.**

B. Pay particular attention to the following aspects of using negative words.

- When a negative word comes after the main verb, Spanish requires that another negative word—usually **no**—be placed before the verb. When a negative word precedes the verb, **no** is not used.

¿**No** estudia **nadie**?
¿**Nadie** estudia? } *Isn't anyone studying?*

No estás en clase **nunca.**
Nunca estás en clase. } *You're never in class.*

No quieren cenar aquí **tampoco.**
Tampoco quieren cenar aquí. } *They don't want to have dinner here, either*

- The adjectives **alguno** and **ninguno** shorten to **algún** and **ningún,** respectively, before a masculine singular noun—just as **uno** shortens to **un, bueno** to **buen,** and **malo** to **mal.** The plural forms **ningunos** and **ningunas** are rarely used.

—¿Hay **algunos** recados para mí hoy?
—Lo siento, pero hoy no hay **ningún** recado para Ud.
Are there any messages for me today?
I'm sorry, but there are no messages for you today.
(There is not a single message for you today.)

Práctica

A ¡**Por eso no come nadie allí!** Exprese negativamente, usando la negativa doble.

1. Hay algo interesante en el menú.
2. Tienen algunos platos típicos.
3. El profesor cena allí también.
4. Mis amigos siempre almuerzan allí.
5. Preparan algo especial para grupos grandes.
6. Siempre hacen platos nuevos.
7. Y también sirven paella, mi plato favorito.

B **Manolo está de mal humor** (*in a bad mood*)

Paso 1. Lola y su esposo Manolo son profesores en la Universidad de Sevilla. Hoy Manolo está de mal humor y tiene una actitud muy negativa. ¿Qué opina Manolo de las afirmaciones de Lola sobre las clases y la vida universitaria en general?

MODELO: LOLA: Tengo algunos estudiantes excelentes este año.
MANOLO: Pues, yo *no* tengo *ningún* estudiante excelente este año.

LOLA:

1. Hay muchas clases interesantes en el departamento.
2. Me gusta tomar café con mis estudiantes con frecuencia.
3. Hay algunas personas buenas en la administración.
4. También hay un candidato bueno para el puesto (*position*) de rector de la facultad (*department*).
5. Hay muchas personas inteligentes en la universidad.
6. Me gustan algunas conferencias (*lectures*) que están planeadas para este mes.

Paso 2. Ahora imagine las preguntas que hace Lola, según las respuestas de Manolo.

MODELO: MANOLO: No, no hay nada interesante en el periódico.
LOLA: ¿Hay *algo* interesante en el periódico?

MANOLO:

1. No, no hay nada interesante en la tele esta noche.
2. No, no hay nadie cómico en el programa.
3. No, no hay ninguna película buena en el cine esta semana.
4. No, no como nunca en la facultad.
5. Tampoco almuerzo entre clases.

C **¿Qué pasa esta noche en casa?**   Tell whether the following statements about what is happening at this house are true (**cierto**) or false (**falso**). Then create as many additional sentences as you can about what is happening, following the model of the sentences.

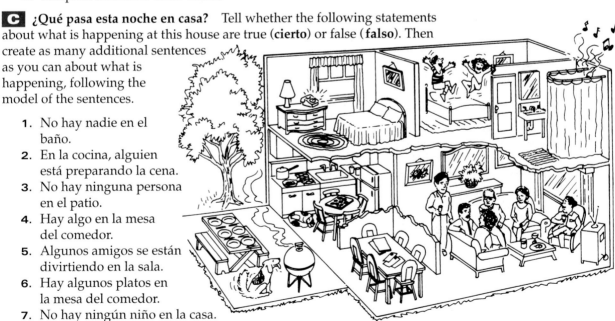

1. No hay nadie en el baño.
2. En la cocina, alguien está preparando la cena.
3. No hay ninguna persona en el patio.
4. Hay algo en la mesa del comedor.
5. Algunos amigos se están divirtiendo en la sala.
6. Hay algunos platos en la mesa del comedor.
7. No hay ningún niño en la casa.

Minidiálogos y gramática

Conversación

Preguntas

1. ¿Vamos a vivir en la luna (*moon*) algún día? ¿Vamos a viajar (*to travel*) a otros planetas? ¿Vamos a vivir allí algún día? ¿Vamos a establecer contacto con seres (*beings*) de otros planetas algún día?

2. ¿Algunos de los estudiantes de esta universidad son de países extranjeros? ¿De dónde son? ¿Algunos de sus amigos son de habla española? ¿De dónde son?

3. En esta clase, ¿quién...

siempre tiene algunas ideas buenas?	nunca tiene tiempo para divertirse?
tiene algunos amigos españoles?	
siempre entiende todo?	nunca ve la televisión?
nunca contesta ninguna pregunta?	no practica ningún deporte?
va a ser muy rico/a algún día?	

En los Estados Unidos... Felipe Rojas-Lombardi*

El cocinero[a] **peruano Felipe Rojas-Lombardi** es autor del libro de cocina *The Art of South American Cooking.* Rojas-Lombardi presenta la cocina[b] tradicional latinoamericana a los norteamericanos en su restaurante The Ballroom en Nueva York.

La cocina de **su familia,** como la[c] del Perú, combina varios elementos. Primero hay **los ingredientes nativos** y las combinaciones hechas por[d] **los quechuas** (los descendientes de los antiguos incas). Los quechuas cultivaban[e] más de cien tipos de patata, maíz[f] y ají[g] de distintas variedades. La cocina de la mayoría[h] de las naciones sudamericanas se basa en estos ingredientes.

El pescado y **los mariscos** también son una parte importante de la cocina peruana. Algunos consideran que **el cebiche,** pescado crudo[i] con jugo de limón, es el plato nacional del Perú.

Otra influencia importante es **la cocina española.** Los españoles introdujeron[j] en América ingredientes como el trigo[k], además de animales de corral, como el cerdo, la vaca[l] y el pollo.

En la cocina de cada nación sudamericana hay también influencias de los distintos grupos de inmigrantes. La abuela de Rojas-Lombardi, por ejemplo, es **chilena.** En Chile el número elevado de **inmigrantes alemanes** significa que la cocina alemana tiene una importante influencia en la chilena. La familia **italiana** de su madre usa elementos de la cocina italiana, como la pasta y los tomates (los tomates son nativos de México). Rojas-Lombardi combina todos estos elementos para ofrecer[m] una aventura culinaria —¡e internacional!

[a]*chef* [b]*cuisine* [c]*la cocina* [d]*hechas... made by* [e]*grew* [f]*corn* [g]*chile* [h]*majority* [i]*raw* [j]*introduced* [k]*wheat* [l]*cow* [m]*offer*

---

*From this point on in *Puntos de partida,* the **En los Estados Unidos...** sections will be written in Spanish. Important words will be in boldface type. Scanning those words before you begin to read will help you get the gist of the passage.

19 Influencing Others • Formal Commands; Introduction to the Subjunctive (For Recognition)

Receta para guacamole

El guacamole

Ingredientes:
1 aguacate[a]
1 diente de ajo,[b] prensado[c]
1 tomate
jugo de un limón
sal
un poco de cilantro fresco

Cómo se prepara
Corte el aguacate y el tomate en trozos[d] pequeños. *Añada* el jugo del limón, el ajo, el cilantro y la sal a su gusto. *Mezcle* bien todos los ingredientes y *sírvalo* con tortillas fritas de maíz.[e]

En español, los mandatos se usan con frecuencia en las recetas. Estos verbos se usan en forma de mandato en esta receta. ¿Puede encontrarlos?

añadir	to add
cortar	to cut
mezclar	to mix
servir (i, i)	to serve

[a]*avocado* [b]*diente... clove of garlic* [c]*crushed*
[d]*pieces* [e]*corn*

Formal Command Forms

In **Puntos de partida** you have seen commands throughout the direction lines of exercises: **haga, complete, conteste,** and so on.

Commands (imperatives) are verb forms used to tell someone to do something. In Spanish, *formal commands* (**los mandatos formales**) are used with people whom you address as **Ud.** or **Uds.** Here are some of the basic forms.

	hablar	comer	escribir	volver	decir
Ud.	hable	coma	escriba	vuelva	diga
Uds.	hablen	coman	escriban	vuelvan	digan
English	*speak*	*eat*	*write*	*come back*	*tell*

A. Almost all formal commands are based on the *yo* form of the present tense. Replace the **-o** with **-e** or **-en** for **-ar** verbs; replace the **-o** with **-a** or **-an** for **-er** and **-ir** verbs.

> hablo → habl**e**
> como → com**a**
> escribo → escrib**a**

B. Formal commands of stem-changing verbs will show the stem change.

> p**ie**nse Ud.
> v**ue**lva Ud.
> p**i**da Ud.

Minidiálogos y gramática

C. Verbs ending in **-car, -gar,** and **-zar** have a spelling change to preserve the **-c-, -g-,** and **-z-** sounds.

c → qu	buscar:	bus**que** Ud.
g → gu	pagar:	pa**gue** Ud.
z → c	empezar:	empie**ce** Ud.

D. The **Ud./Uds.** commands for verbs that have irregular **yo** forms will reflect the irregularity.

conocer	→ **conozca** Ud.
decir* (*to say, tell*)	→ **diga** Ud.
hacer	→ **haga** Ud.
oír	→ **oiga** Ud.
poner	→ **ponga** Ud.
salir	→ **salga** Ud.
tener	→ **tenga** Ud.
traer	→ **traiga** Ud.
venir	→ **venga** Ud.
ver	→ **vea** Ud.

E. A few verbs have irregular **Ud./Uds.** command forms.

dar* (*to give*)	→ **dé** Ud.
estar	→ **esté** Ud.
ir	→ **vaya** Ud.
saber	→ **sepa** Ud.
ser	→ **sea** Ud.

Position of Pronouns with Formal Commands

- Direct object pronouns and reflexive pronouns must follow affirmative commands and be attached to them. In order to maintain the original stress of the verb form, an accent mark is added to the stressed vowel if the original command has two or more syllables.

Léa**lo** Ud.	*Read it.*
Siénte**se**, por favor.	*Sit down, please.*

- Direct object and reflexive pronouns must precede negative commands.

    [Práctica A–E]

No **lo** lea Ud.	*Don't read it.*
No **se** siente.	*Don't sit down.*

Introduction to the Subjunctive[†]

Except for command forms, all verb forms that you have learned thus far in *Puntos de partida* have been part of what is called the *indicative mood* (**el modo indicativo**). In both English and Spanish, the indicative is used to state facts and to ask questions. It objectively expresses most real-world actions or states of being.

---

*Decir and dar are used primarily with indirect objects. Both of these verbs and indirect object pronouns will be formally introduced in **Capítulo 7.**

[†]Although this information is just for recognition at this point, you will practice these forms in Exercises F and G (pp. 203–204). The subjunctive will be formally presented in **Capítulo 12.**

Both English and Spanish have another verb system called the *subjunctive mood* (**el modo subjuntivo**). The subjunctive is used to express more subjective or conceptualized actions or states, such as things the speaker wants to happen, things the speaker tries to get others to do, and events that the speaker reacts to emotionally. In the previous example at the right, notice that the verb form **comas** is in the subjunctive mood. The speaker is expressing a wish or desire (**quiero**) for someone else to do something (**que comas**). This is just one of the many uses of the subjunctive.

Other uses of the subjunctive include the following.

- to express *emotion*

- to express *probability* or *uncertainty*

- with some *time expressions* to indicate future events

- with certain *conjunctions*

The formation of the subjunctive is similar to that of formal commands. You will learn more about the subjunctive mood beginning with **Capítulo 12.** For now, learn to recognize subjunctive forms when you see them.

[Práctica F–G]

Indicative:
Ya tengo hambre. ¿Quieres comer?
I'm hungry already. Do you want to eat?

Subjunctive:
Ya debes tener hambre. Quiero que **comas.**
You must be hungry by now. I want you to eat.

Siento que no **puedas** cenar conmigo esta noche.
I'm sorry that you can't have dinner with me tonight.

¡No es posible que no te **guste** el guacamole!
It's not possible that you don't like guacamole!

Cuando estés en el Perú este verano, debes probar el cebiche.
When you're in Peru this summer, you should try the ceviche.

Conversan en español **para que puedan** hablarlo mejor.
They converse in Spanish so that they may speak it better.

Nota comunicativa   **Los mandatos**

In both English and Spanish, commands can be a very blunt way of requesting things. Here are some ways you can soften your requests.

- using polite expressions

favor de + *inf.*	please (*do something*)
por favor	please
si me hace (Ud.) el favor	if you would do me a favor
si es (Ud.) tan amable	if you would be so kind

(Continúa.)

Minidiálogos y gramática

- using a question in the present tense, as well as using an expression from the previous list

    ¿Me trae otra cerveza, por favor?   *Will you bring me another beer, please?*

- using the verb **poder** to increase your politeness

    Por favor, ¿puede traerme más pan?   *Could you please bring me more bread?*

Can you think of situations in which softer requests might be more appropriate than direct commands?

Práctica

A **Una cena en casa.**   Los siguientes mandatos describen las acciones posibles cuando se prepara una cena elegante en casa. Póngalos en orden cronológico, del 1 al 8.

a. _____ Vaya a la tienda para comprar comida y bebidas.

b. _____ Abra la puerta cuando lleguen los invitados.

c. _____ Prepare algunos platos especiales.

d. _____ Haga una lista de invitados.

e. _____ Diviértase con sus amigos.

f. _____ Ponga (*Set*) la mesa.

g. _____ Llame a los amigos para invitarlos.

h. _____ Póngase ropa elegante.

B **Profesor(a) por un día.**   Imagine que Ud. es el profesor / la profesora hoy. ¿Qué mandatos debe dar a la clase?

MODELOS: hablar español → Hablen Uds. español.
            hablar inglés → No hablen Uds. inglés.

1. llegar a tiempo
2. leer la lección
3. escribir una composición
4. abrir los libros
5. pensar en inglés
6. estar en clase mañana
7. traer los libros a clase
8. estudiar los verbos nuevos
9. ¿   ?

C **¡Pobre Sr. Casiano!**

Paso 1.   El Sr. Casiano no se siente (*feel*) bien. Lea la descripción que él da de algunas de sus actividades.

«*Trabajo* muchísimo —¡me gusta trabajar! En la oficina, *soy* impaciente y *critico* bastante (*a good deal*) a los otros. En mi vida personal, a veces *soy* un poco impulsivo. *Fumo* bastante y también *bebo* cerveza y otras bebidas alcohólicas, a veces sin moderación... *Almuerzo* y *ceno* fuerte, y casi nunca *desayuno*. Por la noche, con frecuencia *salgo* con los amigos —me gusta ir a las discotecas— y *vuelvo* tarde a casa.»

Paso 2. ¿Qué *no* debe hacer el Sr. Casiano para estar mejor? Aconséjele (*Advise him*) sobre lo que (*what*) no debe hacer, usando los verbos indicados o cualquier (*any*) otro, según los modelos.

> MODELOS: Trabajo → Sr. Casiano, no trabaje tanto.
> soy → Sr. Casiano, no sea tan impaciente.

D **Situaciones.** El Sr. Casiano quiere adelgazar (*to lose weight*). ¿Debe o no debe comer o beber las siguientes cosas? Con otro/a estudiante, haga y conteste preguntas según los modelos.

> MODELOS: ensalada → E1: ¿Ensalada?
> E2: Cómala.
> postres → E1: ¿Postres?
> E2: No los coma.

1. alcohol (*m.*)
2. verduras
3. pan
4. dulces
5. leche
6. hamburguesas con queso
7. frutas
8. refrescos dietéticos
9. pollo
10. carne
11. pizza
12. jugo de fruta

E **Consejos.** Su vecino Pablo es una persona muy perezosa y descuidada (*careless*). No estudia mucho y tampoco hace sus quehaceres (*chores*) en el apartamento donde vive con un compañero. Déle (*Give him*) consejos lógicos usando estos verbos, según el modelo.

> MODELO: afeitarse → ¡Aféitese!

1. despertarse más temprano
2. levantarse más temprano
3. bañarse más
4. quitarse esa ropa sucia
5. ponerse ropa limpia
6. vestirse mejor
7. estudiar más
8. no divertirse tanto con los amigos
9. ir más a la biblioteca
10. no acostarse tan tarde
11. ayudar con los quehaceres
12. ¿ ?

F **Consejos para ir a cenar a un restaurante**

Paso 1. Imagínese que su profesor(a) quiere cenar en un buen restaurante, pero no sabe adónde ir. Haga recomendaciones para él/ella según la opinión de Ud.

Recomiendo que...

1. cene en el restaurante _____.
2. vaya a cenar
   ☐ antes de las ocho y media   ☐ después de las ocho y media
3. haga reservaciones
   ☐ el día antes de ir al restaurante   ☐ no se preocupe por las
   ☐ el mismo día   reservaciones.
4. pida _____ y _____.
5. lleve
   ☐ dinero en efectivo (*cash*)   ☐ tarjeta de crédito
6. se vista
   ☐ elegantemente   ☐ cómodamente   (Continúa.)

Paso 2. Ahora compare sus recomendaciones con las de algunos compañeros de clase. ¿Quiénes recomiendan el mismo restaurante? ¿Están ellos de acuerdo con las recomendaciones sugeridas (*suggested*) para ese restaurante?

G El cumpleaños de María

Paso 1. Lea los siguientes diálogos. Fíjese en (*Notice*) los verbos subrayados (*underlined*).

En el parque

RAÚL: Como hoy es tu cumpleaños, quiero invitarte a cenar. ¿A qué restaurante quieres que <u>vayamos</u>?[1]

MARÍA: Prefiero que tú me[a] <u>prepares</u>[2] una de tus fabulosas cenas.

RAÚL: ¡Con mucho gusto!

En casa de María

MADRE: (*Hablando por teléfono.*) No, lo siento,[b] pero María no está en casa.

AMIGA: ¿Es posible que <u>esté</u>[3] en la biblioteca?

MADRE: No. Sé que ella y Raúl <u>están</u>[4] cenando en casa de él.

AMIGA: Ah, sí. Bueno, ¿puede <u>decirle</u> que me <u>llame</u>[5] cuando ella regrese?[6]

MADRE: Sí, cómo no. Adiós.

AMIGA: Gracias. Hasta luego.

[a]*for me*   [b]*lo... I'm sorry*

Paso 2. Ahora indique cuál de las siguientes oraciones explica mejor la razón por la cual (*for which*) está subrayado cada verbo en el **Paso 1.**

a. The *subjunctive* is used here after verbs that express desire to influence others' behavior.

b. The *indicative* is used here after verbs that express certainty.

c. The *subjunctive* is used here because an indicated action depends on something else happening.

d. The *subjunctive* is used here after verbs that express uncertainty.

El español ¡en directo!

▼▼▼▼▼▼▼▼▼▼▼▼▼▼▼

Los mandatos también se usan con frecuencia en los anuncios.

1. Hay cuatro mandatos en este anuncio. ¿Los puede encontrar (*find*)?

2. ¿Qué significan en inglés las siguientes palabras o frases?

   a. C.R. (Es un país.)

   b. la tortuga (Es un reptil muy lento que tiene una concha [*shell*].)

   c. con anticipación

Conozca la zona más exótica de C.R.
LOS CANALES DE TORTUGUERO
a bordo del

MAWAMBA
Tour de 3 días - 2 noches
SALIDAS: TODOS LOS VIERNES

Haga sus reservaciones con anticipación para la temporada del desove de la Tortuga Verde.

O su Agencia de viajes favorita
El tour incluye: traslados, alojamiento, todas las comidas. Llámenos y consulte nuestro programa.

Conversación

En la oficina del consejero. Imagine that you are a guidance counselor. Students consult you with all kinds of questions, some trivial and some important. Offer advice to them in the form of affirmative or negative commands. How many different commands can you invent for each situation?

1. EVELIA: No me gusta tomar clases por la mañana. Siempre estoy muy cansada durante esas clases y además a esa hora tengo hambre. Pienso constantemente en el almuerzo... y no puedo concentrarme en las explicaciones.

2. FABIÁN: En mi clase de cálculo, ¡no entiendo nada! No puedo hacer los ejercicios y durante la clase tengo miedo de hacer preguntas, porque no quiero parecer (*seem*) tonto.

3. FAUSTO: Fui (*I went*) a México el verano pasado y me gustó (*I liked it*) mucho. Quiero volver a México este verano. Ahora que lo conozco mejor, quiero ir en mi coche y no en autobús como el verano pasado. Desgraciadamente no tengo dinero para hacer el viaje.

4. PILAR: Mis padres no están muy contentos conmigo. Dicen (*They say*) que no los llamo nunca y que casi nunca los visito.

Situaciones

In this **Situaciones** dialogue, Manolo Durán and his wife Lola Benítez are in a restaurant. Pay close attention to the kinds of foods mentioned. What item is mentioned that you know by a different name?

El camarero viene con el vino y el agua. Sirve el vino y pone la botella de agua en la mesa.

F U N C T I O N

ordering in a restaurant

CAMARERO: ¿Ya saben lo que desean de comer los señores?

MANOLO: Creo que sí, pero, ¿qué recomienda Ud.?

CAMARERO: Hoy tenemos un plato especial: gambas[a] al limón con arroz, un plato ligero y delicioso. Y también tenemos un salmón buenísimo[b] que acaba de llegar esta tarde.

LOLA: ¡Qué rico![c] Yo quiero las gambas, por favor.

MANOLO: Eh, para mí, el bistec estilo argentino, poco asado. Y una ensalada mixta para dos.

CAMARERO: ¿Y para empezar? Tenemos una sopa de ajo[d] muy rica.

LOLA: Para mí, una sopa, por favor.

MANOLO: Y para mí, también. Y le dice al chef que por favor le ponga[e] un poco de atún a la ensalada.

CAMARERO: Muy bien, señor.

[a]*shrimp* [b]*very good* [c]¡Qué... *How tasty!* [d]*garlic* [e]le... *will you tell the chef to please put*

Con un compañero / una compañera

Using the **Situaciones** dialogue as a model, take turns with a partner asking and answering the following questions, playing the role of both customer and waiter/waitress. Try to answer each question in several different ways.

MODELO: ¿Qué desea Ud. de postre? →
Para mí, la fruta.
¿Me trae un helado, por favor?
Favor de traerme un helado.
¿Todavía hay flan?
No deseo nada, gracias.

1. ¿Desean Uds. algo para empezar?
2. ¿Va a tomar sopa?
3. ¿Qué desea Ud. de plato principal?
4. ¿Y para beber?
5. ¿Qué quiere de postre?
6. ¿Prefiere Ud. té o café?

A ¿Qué hace Roberto los martes?

Paso 1. Describa la rutina de Roberto, haciendo oraciones según las indicaciones.

1. martes / Roberto / nunca / salir / apartamento / antes de / doce
2. esperar / su amigo Samuel / en / parada (*stop*) del autobús
3. (ellos) llegar / universidad / a / una
4. (ellos) buscar / su amiga Ceci / en / cafetería
5. ella / acabar / empezar / estudios / allí
6. (ella) no / conocer / mucha gente (*people*) / todavía
7. a veces / (ellos) ver / profesora de historia en / cafetería / y / hablar / un poco / con ella
8. (ella) ser / persona / muy interesante / que / saber / mucho / de / ese / materia
9. a / dos / todos / tener / clase / de / sicología
10. siempre / (ellos) oír / conferencias (*lectures*) / interesante / y / hacer / alguno / pregunta

11. a veces / tener / oportunidad de / conocer / conferenciante (*m.*, *lecturer*)
12. a / cinco / Samuel y Roberto / volver / esperar / autobús
13. Roberto / preparar / cena / y / luego / mirar / televisión

Paso 2. ¿Quién habla?

1. Quiero conocer a más gente. ¡Casi no conozco a nadie todavía!
2. Algunos estudiantes hacen buenas preguntas.
3. ¿Dónde está Roberto? Va a llegar tarde otra vez...
4. ¡Ay! ¡Ya son las doce! ¡Tengo que salir ya!

Paso 3. Ahora vuelva a contar la historia desde el punto de vista de Roberto, usando **yo** o **nosotros** como sujeto donde sea apropiado.

B **La forma de comer.** Complete the following paragraphs with the correct form of the words in parentheses, as suggested by the context. When two possibilities are given, select the correct word.

La forma de comer diferencia a las personas. Aquí habla Pilar Fuentes, una española que (vivir[1]) en California con dos estudiantes (norteamericano[2]).

«Las costumbres[a] de mis compañeros me resultan muy (raro[b3]). Generalmente, (por/para[4]) la mañana, mi compañero Peter (desayunar[5]) dos tazones[c] grandes de cereales con leche (frío[6]). También él (preparar[7]) pan tostado con mantequilla de cacahuetes.[d] A la una (almorzar[8]) en la universidad. (Comprar[9]) comida china en uno de (ese[10]) puestos[e] que hay en el *campus*. En casa por (el/la[11]) tarde (comer[12]) su cena típica: (un/una[13]) pizza bien grande y un montón de helado de pistacho con chocolate.

«Carol, la otra compañera, es el polo opuesto. Siempre (ser/estar[14]) a dieta porque quiere adelgazar.[f] Además cree que su manera de comer (ser/estar[15]) muy natural. (*Ella:* Desayunar[16]) café y muchas pasas.[g] Para el almuerzo, ella (preparar[17]) un sándwich con pan integral[h] y también se lleva[i] (unos/unas[18]) zanahorias, un poco de apio[j] y una naranja. Su cena (ser[19]) sencilla: arroz integral y verduras al vapor.[k] Parece[l] que ella quiere compensar[m] las calorías de los dulces que (*ella:* comer[20]) para la merienda... »

[a]*customs* [b]*strange* [c]*bowls* [d]mantequilla... *peanut butter* [e]*stands* [f]*to lose weight* [g]*raisins* [h]*whole grain* [i]se... *she takes* [j]*celery* [k]al... *steamed* [l]*It seems* [m]quiere... *wants to make up for*

Comprensión: ¿Probable o improbable?

1. Pilar cree que la forma de comer de sus compañeros es muy normal.
2. Peter sabe cocinar muy bien.
3. Carol nunca tiene ganas de comer un bistec.
4. Carol es vegetariana.

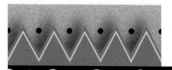

Vocabulario

Los verbos

acabar de + *inf.*	to have just (*done something*)
ayudar	to help
cenar	to have (eat) dinner
cocinar	to cook
conocer (conozco)	to know, be acquainted with
desayunar	to have (eat) breakfast
esperar	to wait (for); to expect
invitar	to invite
llamar	to call
preguntar	to ask a question
preparar	to prepare
saber (*irreg.*)	to know; to know how

Repaso: almorzar (ue)

La comida

el arroz	rice
las arvejas	peas
el atún	tuna
el bistec	steak
los camarones	shrimp
la carne	meat
los cereales	cereal
el champiñón	mushroom
la chuleta (de cerdo)	(pork) chop
los dulces	sweets; candy
los espárragos	asparagus
el flan	(baked) custard
el frijol	bean
la galleta	cookie
el helado	ice cream
el huevo	egg
el jamón	ham
la langosta	lobster
la lechuga	lettuce
la mantequilla	butter
la manzana	apple
los mariscos	shellfish
la naranja	orange
el pan	bread
el pan tostado	toast

el pastel	cake; pie
la patata (frita)	(French fried) potato
el pavo	turkey
el pescado	fish
el pollo (asado)	(roast) chicken
el postre	dessert
el queso	cheese
la salchicha	sausage; hot dog
la sopa	soup
las verduras	vegetables
la zanahoria	carrot

Las bebidas

el agua (mineral)	(mineral) water
el jugo (de fruta)	(fruit) juice
la leche	milk
el refresco	soft drink
el té	tea
el vino (blanco, tinto)	(white, red) wine

Repaso: el café, la cerveza

Los cognados

la banana, la ensalada, la fruta, la hamburguesa, el salmón, el sándwich, el tomate, el yogur

Las comidas

el almuerzo	lunch
la cena	dinner, supper

Repaso: el desayuno

En un restaurante

el/la camarero/a	waiter/waitress
la cuenta	check, bill
el menú	menu
el plato	dish; course

Otros sustantivos

el consejo	(piece of) advice
el detalle	detail
el/la dueño/a	owner
la tarjeta de crédito	credit card

Los adjetivos

fresco/a	fresh
frito/a	fried
fuerte	heavy (*meal, food*); strong
ligero/a	light, not heavy
rápido/a	fast

Palabras indefinidas y negativas

algo	something, anything
alguien	someone, anyone
algún (alguno/a/os/as)	some, any
jamás	never
nada	nothing, not anything
nadie	no one, nobody, not anybody
ningún (ninguno/a)	no, none, not any
siempre	always
tampoco	neither, not either

Repaso: nunca

Palabras adicionales

a dieta (*with* **estar**)	on a diet
además	furthermore; besides
de vez en cuando	from time to time
fuera	out (*as in* **cenar fuera**)
muchísimo	a whole lot
tener (*irreg.*) **(mucha) hambre**	to be (very) hungry
tener (mucha) sed	to be (very) thirsty

Un paso más 6

·LECTURA

Estrategia: Words with Multiple Meanings

It is easy to get off track while reading if you assign the wrong meaning to a word that has multiple English equivalents. The word **como** can cause confusion because it can mean *how, like, the way that, as, since,* and *I eat,* depending on the context. Other common words with multiple meanings include **que** (*what, that, who*), **clase** (*class meeting, course, kind,* or *type*), and **esperar** (*to wait for, to hope, to expect*).

You must rely on the context to determine which meaning is appropriate. Practice by telling what **como** means in each of the following sentences.

1. En España, como en Francia, se come mucho pescado.
2. No me gusta cómo habla el profesor; necesita hablar más despacio.
3. Como tú no deseas estudiar, ¿por qué no tomamos una cerveza?

▶ **Sobre la lectura... :** The readings in previous **Lectura** sections were
▶ written especially for students like you, or they were simplified versions
▶ of authentic materials written for native speakers of Spanish. The follow-
▶ ing is the first truly authentic, unsimplified reading you have seen in
▶ *Puntos de partida.* You should be able to get the gist of the reading easily,
▶ even though you will not understand every word. It is a good idea to
▶ scan the activities in the **Comprensión** section first, to get a sense for
▶ what is important in the article.

S A B O R

Tapas[a] y vinos, placer español

Las tapas no sustituyen una comida formal pero son ideales para una fiesta a la española o para disfrutar los deliciosos manjares de esa tierra

[a]*Appetizers*

Calamares en su tinta, una tapa española típica que sirve el restaurante Barcelona Paradis en Nueva York

por Virginia Godoy

Irse de tapas es una divertida costumbre española que llegó a Estados Unidos durante la década de los ochenta. En las ciudades españolas, los mesones, tascas, cervecerías, bares, xampanyeries (champañerías catalanas), restaurantes y bodegones se convierten en centro de reunión donde estudiantes, banqueros y parroquianos[b]en general socializan, hablan del próximo examen universitario, de negocios o simplemente se relajan tomando tapas acompañadas de un buen vino o cerveza.

Aunque las tapas no sustituyen una comida formal, son ideales para una fiesta a la española a base de tapas y vinos. Se debe elegir una variación de tapas fritas, asadas u horneadas en el último minuto, otras con salsa, algunas frías o marinadas y otras servidas con pan o envueltas con masa.

Usualmente, las tapas con salsa como las angulas de Aguinaga, los champiñones al ajillo o los callos a la madrileña se sirven en cazuelitas de barro.[c] En cambio las ensaladas, arroces, pinchos, banderillas, queso y morcilla[d]se colocan en platos pequeños.

Una de las tapas más fáciles de preparar son las aceitunas[e] a la sevillana o las almendras[f] peladas y sofritas en aceite puro de oliva. Este tipo de tapas, junto con las de queso manchego (queso blanco duro español) y el jamón de Jabugo (similar al prosciutto de Parma) son ideales con una copa de jerez,[g] un scotch o cualquier otra bebida.

Existen tantas tapas como tipos de comida en las diferentes provincias españolas. Así por ejemplo los 'pescaítos'[h]fritos son típicos de Andalucía, los arroces de Valencia y las combinaciones de mariscos son de Galicia. Otras tapas como los riñones[i] al Jerez o los chorizos al cava reflejan la riqueza vinícola española en la cocina.

[b]clientes [c]cazuelitas... *clay bowls* [d]*blood sausage* [e]*olives* [f]*almonds* [g]*sherry* [h]*pescados* [i]*kidneys*

Comprensión

A **¿Qué significa?** Las siguientes palabras subrayadas tienen doble significado. ¿Entiende Ud. bien su significado?

1. «las tapas con salsa como las angulas de Aguinaga»
   El significado apropiado de **como** es:
   ☐ *I eat*
   ☐ *like*
2. «los champiñones al ajillo o los callos a la madrileña»
   El significado apropiado de **callos** es:
   ☐ *calluses*
   ☐ *tripe*
3. «las ensaladas, arroces, pinchos, banderillas, queso»
   El significado apropiado de **banderillas** es:
   ☐ *barbed dart used in bullfighting*
   ☐ *hors d'œuvres on a toothpick*

Un paso más

B ¿Cierto o falso? Conteste según la lectura.

1. La costumbre (*custom*) de las tapas viene de España.
2. En general, ir de tapas es una costumbre de la clase alta.
3. Hay gran variedad de tapas, aunque todas se sirven frías.
4. Muchas provincias tienen sus propias especialidades.
5. Las tapas son ideales porque reemplazan a la comida formal.

C ¿Qué sirven? En el artículo se menciona que las tapas se sirven en muchos lugares, como por ejemplo en las cervecerías y las champañerías. ¿Puede Ud. deducir el nombre de la bebida que se sirve en estos lugares?

En una cervecería sirven _____.
En una champañería sirven _____.

▶PARA ESCRIBIR

A También en los Estados Unidos se sirven tapas

Paso 1. Las tapas son parte de la cultura culinaria española, pero también en los Estados Unidos se sirven aperitivos en las fiestas y en los bares. Haga una lista de tres tapas norteamericanas típicas y de los ingredientes necesarios para prepararlas.

Paso 2. Ahora escoja su tapa favorita del **Paso 1.** Va a escribir un breve párrafo (*paragraph*) sobre ella. Aquí hay algunas ideas que puede considerar.

los ingredientes
dónde se sirve (en las fiestas, en casa, en los restaurantes, etcétera)
la bebida ideal para tomar con esta tapa
la historia o el origen de la tapa, si Ud. tiene esa información

Aquí tiene la primera oración de su composición: _____ **es/son una de mis tapas americanas favoritas.**

B Entre familia. Write a brief paragraph about your eating preferences or those of your family. Use the following questions as a guide in developing your paragraph.

1. ¿Cuántas veces come(n) al día? ¿A qué hora?
2. ¿Comen juntos (*together*), a la misma (*same*) hora y en la misma mesa? ¿Come Ud. solo/a (*alone*)?
3. ¿Quién(es) prepara(n) la comida?
4. ¿Qué prepara(n) con frecuencia? ¿Es excelente la comida? ¿buena? ¿mala? ¿regular?
5. ¿Conversa(n) mientras (*while*) comen? ¿Quién habla más? ¿menos? ¿Mira(n) la televisión mientras comen?

6. ¿Qué comida prefiere(n) cuando va(n) a un restaurante? ¿comida china? ¿mexicana? ¿italiana? ¿comida rápida? ¿En qué restaurantes comen?
7. ¿Come(n) allí con frecuencia? ¿Cuántas veces al año? ¿Cuándo va(n) a volver?

▸ACTIVIDADES

Actividad A   Más aventuras de Mafalda

Paso 1.   Como muchos niños, Guillermo, el hermanito (*little brother*) de Mafalda, come tierra (*dirt*)... ¡pero él es un poco diferente! Lea la tira cómica y luego complete las oraciones.

^a*flower pot*

Palabras útiles: el baño, limpio/a, la pimienta (*pepper*), sucio/a, la sal

1. Guillermito está muy _____. Acaba de comer _____ de las macetas.
2. Su madre lo lleva al _____ para _____.
3. Guillermito es un *gourmet* porque se come la tierra con _____ y _____. También usa _____.

Paso 2.   Ahora describa Ud. cómo le gusta comer los siguientes platos.

Vocabulario útil: la crema agria (*sour cream*), crudo/a (*raw; rare*), bastante cocido/a (*medium done*), bien cocido/a (*well done*), al horno (*baked*), al vapor (*steamed*), a la parrilla (*grilled*)

1. las hamburguesas
2. las salchichas
3. el bistec
4. los sándwiches
5. la pizza
6. el pollo
7. las verduras
8. el arroz o las patatas

A propósito... Food and Food Stores in Hispanic Countries

Going shopping for food in a Spanish-speaking country can be quite different from shopping in the United States. In some cities you can go to a central **mercado,** where you can buy items from separate stands and also purchase prepared foods. Or you can go to small shops that specialize in separate items. **Las tiendas de comestibles** are somewhat similar to small U.S. grocery stores; there, canned and packaged goods are sold, along with fresh produce, beverages, and so on. There are also **supermercados** in all major cities and towns.

As you saw in **Capítulo 3** with clothing stores, the suffix **-ería** is often used to form the name of a store where something is sold: **el papel → la papelería.**

Just as mealtimes (and the actual foods eaten) vary throughout the Spanish-speaking world, so do the actual names for food. In fact, food vocabulary is one of the areas in which words most frequently differ from country to country. Here are some very common examples.

potato:	la papa (*Latin America*)
	la patata (*Spain*)
shrimp:	los camarones (*Latin America*)
	las gambas (*Spain*)
	los langostinos (*Argentina*)
peas:	las arvejas (*Latin America*)
	los guisantes (*Spain*)
	los chícharos (*Mexico*)
orange:	la naranja (*Latin America, Spain*)
	la china (*Puerto Rico*)
banana:	el banano / la banana (*Latin America*)
	el plátano (*Spain, Perú, Chile*)
	el guineo (*Puerto Rico, El Salvador*)
juice:	el jugo (*Latin America*)
	el zumo (*Spain*)
beans:	los frijoles (*Latin America*)
	las judías (*Spain*)
	las habichuelas (*Puerto Rico*)
cake:	la tarta / la torta / el pastel (*used in many countries and regions*)

Another frequently used word means different things in different parts of the Hispanic world. In Mexican cuisine, a **tortilla** is a type of flat bread made of corn or flour. In Spain, however, a **tortilla** is an omelette. This type of **tortilla** usually contains just eggs, potatoes, and onions, but may also sometimes be filled with ham, mushrooms, or other vegetables.

Barcelona, España

Actividad B La comida en el mundo hispánico

Paso 1. ¿Qué compraría Ud. (*would you buy*) en las siguientes tiendas?

1. una carnicería   2. una cervecería   3. una panadería
4. una pescadería

Paso 2. ¿Dónde compraría los siguientes comestibles?

1. la leche   2. un pastel   3. la fruta   4. unos dulces

Paso 3. ¿Dónde oiría (*would you hear*) las siguientes palabras, en España o en Latinoamérica?

1. el zumo   2. los guisantes   3. los camarones   4. la banana
5. la tortilla (¡**OJO!**)   6. los frijoles

2 El mundo hispánico de cerca:

	Civilización olmeca	Civilización maya	Civilización tolteca	Civilización azteca	Conquista de Tenochtitlán por Hernán Cortés		Independencia de México y Centroamérica
México y Centroamérica	a.C.ª 800–400 a.C. 800–d.C. 1600	d.C.ᵇ 300–900	900–1200 1100–1400	1200–1521	1521	1600–1750	1776–1789 1821
Los Estados Unidos	Varias culturas indígenas		Cultura anasazi (suroeste)		Fundación de las colonias británicas		Guerra de la Independencia

ª antes de Cristo   ᵇ después de Cristo

Típico, típico

Algunos **mexicanos** y **centroamericanos** creen que los muertos[a] regresan a visitar a sus familias a las doce de la noche entre el 1 y el 2 de noviembre. Este día es **el Día de los Muertos,** una de las fiestas más importantes del año. Esto no es motivo de miedo sino de celebración. Esta celebración representa la idea de que **la vida**[b] y **la muerte**[c] son dos elementos inseparables de la existencia de cada ser[d] humano.

Para celebrar este día en México, muchas tiendas venden dulces en forma de **calaveras.**[e] También hacen dramas cómicos y satíricos con **esqueletos** que llevan ropa. Algunas familias hacen **altares** para sus queridos muertos. Muchas veces estos altares contienen fotos, comida y otras cosas que a las personas muertas les gustaban[f] en la vida. Las familias también van al **cementerio** para decorar las **tumbas** de sus muertos. Llevan comida allí para «comer» con los muertos.

Calaveras de azúcar (*sugar*) para celebrar el Día de los Muertos

[a] *dead people* [b] *life* [c] *death* [d] *being* [e] *skulls* [f] *liked*

Cocina

Una de las bases de **la cocina mexicana** moderna es **la cocina azteca. Fray Bernardino de Sahagún** llegó a[a] **Tenochtitlán** (hoy la Ciudad de México) en 1529. En su *Historia general de las cosas de Nueva España* incluye mucha información sobre los aztecas: su historia, mitología, filosofía y hasta[b] sobre su cocina.

La influencia azteca en la cocina mexicana es muy variada. Entre los ingredientes principales están las tortillas, los muchos tipos de chiles, los tomates rojos y verdes y los frijoles. Otros **vegetales nativos** de México son los nopalitos,[c] el aguacate, el camote[d] y la calabaza.[e] **Las carnes** que todavía se usan son las[f] de algunos **animales de caza**[g] como el venado,[h] el armadillo y el conejo,[i] y la de ciertos animales domesticados como el pavo y el pato.[j]

Los aztecas usaban[k] el cacao[l] para hacer una bebida amarga,[m] reservada sólo para los nobles. A diferencia del **chocolate** de hoy, esta bebida no llevaba[n] ni azúcar[o] ni leche.

[a] *llegó...arrived in* [b] *even* [c] *nopal, type of edible cactus* [d] *sweet potato* [e] *pumpkin* [f] *those* [g] *de... game* [h] *deer* [i] *rabbit* [j] *duck* [k] *used* [l] *cocoa* [m] *bitter* [n] *no... didn't have* [o] *sugar*

México y Centroamérica

Guerra entre México y los Estados Unidos		Revolución mexicana			Revolución sandinista en Nicaragua	Guerra civil en El Salvador	Tratado de Libre Comercio (TLC)

1846–1848	1861–1865	1898	1910–1920 1917–1918	1929–1939	1941–1945	1969	1979–1988	1981	1979–1991	1994

| Guerra con México | Guerra Civil | Guerra hispano-norteamericana | Primera Guerra Mundial | La Gran Depresión | Segunda Guerra Mundial | El primer hombre en la luna | Nave espacial *Columbia* | | | North American Free Trade Agreement (NAFTA) |

Gente y sociedad

La ciudad más grande del mundo: México, D.F.

Para muchos norteamericanos es problemática **la migración** de muchos **mexicanos** y **centroamericanos** a los Estados Unidos. Pero la verdad es que el mudarse[a] de un país a otro es sólo un tipo de migración. En muchos países latinoamericanos ocurre una **migración interna** de los habitantes rurales hacia[b] las ciudades. Este fenómeno crea[c] problemas insuperables.[d] El crecimiento[e] de **la Ciudad de México** durante los últimos[f] cincuenta años, por ejemplo, la ha convertido[g] en la ciudad más grande del mundo. Otro resultado es el congestionamiento de las calles[h] y la excesiva contaminación del aire.

[a]el... *moving* [b]*toward* [c]*creates* [d]*insurmountable* [e]*growth* [f]*last* [g]ha... *has turned* [h]*streets*

Arte

Dos de los más conocidos[a] pintores mexicanos son **Diego Rivera** (1889–1957) y su esposa **Frida Kahlo** (1907–1954). Aunque[b] estaban[c] casados, sus cuadros[d] exhiben diferencias importantes.

Las obras más conocidas de **Rivera** son los murales que pintó[e] en edificios públicos como **el Palacio Nacional** y **el Palacio de Bellas Artes de México.** Estos murales muestran[f] aspectos de **la historia de México,** especialmente las luchas[g] de las masas contra[h] la explotación. Rivera también se inspira en **las culturas indígenas** de México.

Los cuadros de **Kahlo** también tratan temas mexicanos, pero son más intimistas. Muchos de sus cuadros son **autorretratos,**[i] y representan aspectos de la vida interior de la pintora. Los cuadros de Kahlo también suelen describir[j] gráficamente el dolor[k] físico y la tortura emocional de la pintora.

Diego y yo por Frida Kahlo (mexicana)

[a]*well-known* [b]*Although* [c]*they were* [d]*paintings* [e]*he painted* [f]*show* [g]*struggles* [h]*against* [i]*self-portraits* [j]suelen... *usually describe* [k]*pain*

Enfoque personal

La poesía del sacerdote[a] nicaragüense **Ernesto Cardenal** critica la injusticia social y propone «el reino[b] de Dios» en la tierra.[c] De joven,[d] Cardenal estudia literatura y teología en México y en los Estados Unidos. En **Nicaragua** establece la comunidad de **Nuestra Señora de Solentiname** en un archipiélago del **Lago[e] de Nicaragua.** En Solentiname, una comunidad de artesanos trata de[f] vivir y trabajar según los principios[g] del amor cristiano. Durante la dictadura[h] de **Anastasio Somoza,** el poeta pasa algunos años en el exilio, pero al triunfar la **Revolución sandinista** regresa a Nicaragua y llega a ser[i] **Ministro de Cultura.**

Dos de las características centrales de la poesía de Cardenal son el elemento místico-profético y el profundo compromiso[j] social. Entre sus libros están *Salmos, Oración por Marilyn Monroe y otros poemas* y *Homenaje a los indios americanos.*

> Noches Tropicales de Centroamérica
> con lagunas y volcanes bajo la luna
> y luces[k] de palacios presidenciales,
> cuarteles[l] y tristes toques de queda.[m]
>
> Ernesto Cardenal, de *Hora 0*

[a]*priest* [b]*kingdom* [c]*earth* [d]*De... As a young man* [e]*Lake* [f]*trata... tries to* [g]*principles* [h]*dictatorship* [i]*llega... becomes* [j]*commitment* [k]*lights* [l]*(soldiers') barracks* [m]*toques... curfews*

Personaje eminente

El período entre los años 1978 y 1985 se conoce en **Guatemala** como «La Violencia». Durante este período el ejército[a] guatemalteco inicia una campaña violenta contra **la población indígena** del norte del país.

Rigoberta Menchú, mujer de la región indígena y de habla **quiché** (lengua de los mayas) pierde a sus padres y a dos hermanos, todos asesinados por el ejército. Su hermano menor presencia[b] la tortura y muerte de su familia. Menchú describe La Violencia en su **autobiografía,** *Yo, Rigoberta Menchú,* libro que la hace famosa. La manera calmada con que describe las atrocidades cometidas[c] por el ejército hace aun más poderosa[d] su denuncia.

El trabajo de Menchú a favor de **los derechos[e] humanos** y del pluralismo étnico de Guatemala le mereció[f] **el Premio Nobel de la Paz[g]** en 1992. Es precisamente el año del **quinto centenario[h]** de la llegada[i] a América de Cristóbal Colón.

[a]*army* [b]*witnesses* [c]*committed* [d]*aun... even more powerful* [e]*rights* [f]*le... earned her* [g]*Peace* [h]*quinto... five-hundredth anniversary* [i]*arrival*

Rigoberta Menchú

El mundo hispánico de cerca

De vacaciones

Cuando Ud. va de vacaciones, ¿adónde le gusta ir? ¿Le gusta ir a la playa? ¿a las montañas? ¿a una ciudad grande?

Acapulco, México

In this chapter, you will study vocabulary and structures that will allow you to

- talk about trips and traveling (**Vocabulario: Preparación**)
- express to whom or for whom you do something (**Grammar Section 20**)
- talk about likes and dislikes more fully (**21**)
- talk about things that happened in the past (**22**)

As you work through the chapter, see how much you can learn about vacations and interesting places to visit in the Spanish-speaking world.

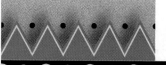

Vocabulario: Preparación

¡Buen viaje!

Ir en avión

el aeropuerto	airport
el/la asistente de vuelo	flight attendant
la sala de espera	waiting room
la sección de (no) fumar	(non)smoking section
el vuelo	flight

Ir en tren / autobús / barco

el barco	boat
la cabina	cabin
la estación	station
del tren	train
de autobuses	bus
el maletero	porter
el puerto	port

De viaje

la agencia de viajes	travel agency
el/la agente de viajes	travel agent
el asiento	seat
el billete / el boleto / el pasaje*	ticket
de ida	one way
de ida y vuelta	round-trip
la demora	delay
el equipaje	luggage
la llegada	arrival
el/la pasajero/a	passenger
la salida	departure
bajar (de)	to get down (from, off of)
estar atrasado/a	to be late
facturar el equipaje	to check one's bags

guardar (un puesto)	to save (a place)
hacer cola	to stand in line
hacer escalas/paradas	to make stops
hacer la(s) maleta(s)	to pack one's suitcase(s)
ir/estar de vacaciones	to go/be on vacation
sacar fotos	to take photos
subir (a)	to go up; to get on (*a vehicle*)
viajar	to travel

De vacaciones

hacer *camping*	to go camping
nadar	to swim
tomar el sol	to sunbathe
la camioneta	station wagon
el *camping*	campground
el mar	sea
las montañas	mountains
el océano	ocean
la playa	beach
la tienda (de campaña)	tent

---

*Throughout Spanish America, **el boleto** is the word used for a *ticket for travel*. **El billete** is commonly used in Spain. **El pasaje** is used throughout the Spanish-speaking world. The words **la entrada** and **la localidad** are used to refer to tickets for movies, plays, or similar functions.

Conversación

A **Un viaje en avión.** Imagínese que Ud. va a hacer un viaje en avión. El vuelo sale a las siete de la mañana. Usando los números del 1 al 9, indique en qué orden van a pasar las siguientes cosas.

a. _____ Subo al avión.

b. _____ Voy a la sala de espera.

c. _____ Hago cola para comprar el boleto de ida y vuelta y facturar el equipaje.

d. _____ Llego al aeropuerto a tiempo (*on time*) y bajo del taxi.

e. _____ Por fin se anuncia la salida del vuelo.

f. _____ Estoy atrasado/a. Salgo para el aeropuerto en taxi.

g. _____ La asistente me indica el asiento.

h. _____ Pido asiento en la sección de no fumar.

i. _____ Hay demora. Por eso todos tenemos que esperar el vuelo allí antes de subir al avión.

B **¡Seamos** (*Let's be*) **lógicos!** ¿Qué va a hacer Ud. en estas situaciones?

1. Ud. no tiene mucho dinero. Si tiene que viajar, ¿qué clase de pasaje va a comprar?

   a. clase turística   **b.** primera clase   **c.** un pasaje en la sección de fumar

2. Ud. es una persona muy nerviosa y tiene miedo de viajar en avión. Necesita ir desde Nueva York a Madrid. ¿Qué pide Ud.?

   a. una cabina en un barco
   b. un vuelo sin escalas
   c. un boleto de tren

3. Ud. viaja en tren y tiene muchas maletas. Pesan (*They weigh*) mucho y no puede llevarlas. ¿Qué hace Ud.?

   a. Compro boletos.   **b.** Guardo un asiento.   **c.** Facturo el equipaje.

4. Su vuelo está atrasado, pero Ud. está tranquilo/a. ¿Qué dice Ud. (*do you say*)?

   a. Señorita, insisto en hablar con el capitán.
   b. Una demora más... no importa.
   c. Si no salimos dentro de (*within*) diez minutos, bajo del avión.

C **En el aeropuerto.** ¿Cuántas cosas y acciones puede Ud. identificar o describir en este dibujo?

Las vacaciones en el mundo hispánico

El mundo hispánico ofrece una variedad completa de lugares interesantes para pasar las vacaciones. Estas son algunas de las opciones que Ud. tiene, según el tipo de actividades que prefiere hacer.

- Si le gusta el sol y el mar, le va a costar mucho[a] decidir adónde ir. No sólo hay playas maravillosas en los países del Caribe y de Centroamérica, sino en toda Sudamérica y en muchas partes de España también.
- Si prefiere la aventura y el contacto con la naturaleza,[b] quizás[c] prefiera ir a las selvas tropicales de Colombia, el Perú, el Ecuador, Costa Rica... Y no se olvide de[d] las islas Galápagos, las islas ecuatorianas que inspiraron[e] a Charles Darwin en su teoría de la evolución.
- Si le gusta esquiar, Sudamérica tiene la impresionante cordillera de los Andes, donde hay estaciones[f] de esquí maravillosas.
- Finalmente, si desea hacer turismo cultural, el mundo hispánico tiene muchos lugares históricos de máximo interés, de todas las épocas y de muchas culturas.

Punta del Este, Uruguay

[a]*le... you're going to have a tough time*   [b]*nature*   [c]*perhaps*   [d]*no... don't forget*   [e]*inspired*   [f]*resorts*

D **Preguntas**

1. Por lo general, ¿cuándo toma Ud. sus vacaciones? ¿en invierno? ¿en verano? En las vacaciones, ¿le gusta viajar o prefiere no salir de su ciudad? ¿Le gusta ir de vacaciones con su familia? ¿Prefiere ir solo/a (*alone*), con un amigo / una amiga o con un grupo de personas?
2. De los medios de transporte mencionados en **¡Buen viaje!**, ¿cuáles conoce Ud. por experiencia? De estos medios de transporte, ¿cuál es el más rápido? ¿el más económico? ¿Cuáles hacen más escalas o hacen paradas con más frecuencia? ¿Cómo prefiere Ud. viajar?

Other Uses of *se* (For Recognition)

It is likely that you have often seen and heard the phrase shown in the photo that accompanies this box: **Se habla español.** (*Spanish is spoken* [*here*]). Here are some additional examples of this use of **se** with Spanish verbs. Note how the meaning of the verb changes slightly.

Se venden billetes aquí.   *Tickets are sold here.*
Aquí no **se fuma.**   *You don't (One doesn't) smoke here.*
    Smoking is forbidden here.

Be alert to this use of **se** when you see it, because it will occur with some frequency in readings and in direction lines in *Puntos de partida*. The activities in this text will not require you to use this grammar point on your own, however.

Nueva York

E **¿Dónde se hace esto?** Indique el lugar (o los lugares) donde se hacen las siguientes actividades.

Lugares: en casa, en la agencia de viajes, en el aeropuerto, en el avión, en la playa

1. Se factura el equipaje.
2. Se hacen las maletas.
3. Se compran los pasajes.
4. Se hace una reservación.
5. Se espera en la sala de espera.
6. Se pide un cóctel.
7. Se mira una película.
8. Se nada y se toma el sol.

F **Prueba** (*Quiz*) **cultural.** ¿Cierto o falso? Corrija las oraciones falsas.

1. Se habla español en el Brasil.
2. Se comen tacos en México.
3. Se puede esquiar en Chile en junio.
4. Se cena a veces a las diez de la noche en España.
5. Se prepara la paella con lechuga.
6. Se dice «chau» en la Argentina.
7. Se habla español en Miami.
8. Se puede votar a los dieciocho años en los Estados Unidos.

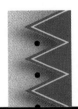

Pronunciación: g, gu and j

- In Spanish, the letter **g** followed by **e** or **i** has the same sound as the letter **j** followed by any vowel: [x]. It is similar to the English **h,** although in some dialects it is pronounced with a harder sound.

> general
> gigante
>
> jamón, jota, jugo
> jersey
> jirafa

- As you know, the letter **g** has another pronunciation, similar to **g** in the English word *go:* [g]. The Spanish letter **g** is pronounced [g] when it is followed directly by **a, o,** or **u** or by the combinations **ue** and **ui.**

> galante   gorila   gusto   guerrilla   siguiente

- The [g] pronunciation actually has two forms, a harder [g] and a fricative [g̶] that sounds softer. The [g] pronunciation is used at the beginning of a phrase (that is, after a pause) or after the letter **n.**

> mango   tango   ángulo

- In any other position, the softer, fricative [g̶] is used.

> el gato   el gorila   el gusto

A [x] jamón Juan Jesús joya rojo
geranio genio gimnasio gitano germinal
Jijona Jorge jipijapa

B [g] gato negro gas abrigo algodón

C [g / g̶] un gato / el gato un grupo / el grupo
gracias / las gracias guapos niños / niños guapos

D [x / g] gigante jugoso jugar jugamos juguete

Minidiálogos y gramática

20 Expressing *to whom* or *for whom* •
Indirect Object Pronouns; *dar* and *decir*

Prueba: ¿Cómo son sus relaciones con otros?

¿Con qué frecuencia hace Ud. las siguientes cosas, con mucha frecuencia, a veces o nunca?

1. *Les* escribo cartas a mis amigos.
2. *Les* escribo cartas a mis padres.
3. *Les doy* (*I give*) consejos a mis amigos.
4. *Les doy* consejos a mis padres.
5. *Les digo* (*I tell*) mis problemas a mis amigos.
6. *Les digo* mis problemas a mis padres.
7. *Les* pido dinero a mis amigos.
8. *Les* pido dinero a mis padres.

La siguiente parte de la prueba le va a mostrar si hay reciprocidad en sus relaciones con sus amigos y con sus padres. Conteste con: **con mucha frecuencia**, **a veces** o **nunca**.

1. Mis amigos me escriben cartas.
2. Mis padres me escriben cartas.
3. Mis amigos me dan consejos.
4. Mis padres me dan consejos.
5. Mis amigos me dicen sus problemas.
6. Mis padres me dicen sus problemas.
7. Mis amigos me piden dinero.
8. Mis padres me piden dinero.

¿Qué le dicen sus respuestas? ¿Cómo son sus relaciones con otros?

Indirect Object Pronouns

me	to/for me	**nos**	to/for us
te	to/for you (*fam. sing.*)	**os**	to/for you (*fam. pl.*)
le	to/for you (*form. sing.*), him, her, it	**les**	to/for you (*form. pl.*), them

Note that indirect object pronouns have the same form as direct object pronouns, except in the third person: **le, les.**

A. Indirect object nouns and pronouns are the second recipient of the action of the verb. They usually answer the questions *to whom?* or *for whom?* in relation to the verb. The word *to* is frequently omitted in English.

Indicate the direct and indirect objects in the following sentences.

1. I'm giving her the present tomorrow.
2. Could you tell me the answer now?
3. El profesor nos va a hacer algunas preguntas.
4. ¿No me compras una revista ahora?

B. Like direct object pronouns, *indirect object pronouns* (**los pronombres del complemento indirecto**) are placed immediately before a conjugated verb. They may also be attached to an infinitive or a present participle.

No, no **te** presto el coche.
No, I won't lend you the car.

Voy a guardar**te** el asiento.
Te voy a guardar el asiento.
I'll save your seat for you.

Le estoy escribiendo una carta **a Marisol**.
Estoy escribiéndo**le** una carta **a Marisol**.
I'm writing Marisol a letter.

C. Since **le** and **les** have several different equivalents, their meaning is often clarified or emphasized with the preposition **a** followed by a pronoun (object of a preposition).

Voy a mandar**le** un telegrama **a Ud.** (**a él, a ella**).
I'm going to send you (him, her) a telegram.

Les hago una comida **a Uds.** (**a ellos, a ellas**).
I'm making you (them) a meal.

D. It is common for a Spanish sentence to contain both the indirect object and the indirect object pronoun, especially with third person forms.

Vamos a decir**le** la verdad **a Juan.**
Let's tell Juan the truth.

¿**Les** guardo los asientos **a Jorge y Marta**?
Shall I save the seats for Jorge and Marta?

E. As with direct object pronouns, indirect object pronouns are attached to the affirmative command form and precede the negative command form.

Sírva**nos** un café, por favor.
Serve us some coffee, please.

No me dé su número de teléfono ahora.
Don't give me your phone number now.

Minidiálogos y gramática

F. Here are some verbs frequently used with
    indirect objects.

dar (*irreg.*)	to give	**pedir, (i, i)**	to ask for
decir (*irreg.*)	to say, tell	**preguntar**	to ask (*a question*)
escribir	to write		
explicar	to explain	**prestar**	to lend
hablar	to speak	**prometer**	to promise
mandar	to send	**recomendar (ie)**	to recommend
ofrecer (ofrezco)	to offer	**regalar**	to give (*as a gift*)
		servir (i, i)	to serve

Dar and *decir*

dar		**decir**	
(*to give*)		(*to say; to tell*)	
doy	damos	digo	decimos
das	dais	dices	decís
da	dan	dice	dicen

• **Dar** and **decir** are almost always used with indirect object pronouns in Spanish.

¿Cuándo **me das** el dinero?
When will you give me the money?

¿Por qué no **me dice** Ud. la verdad, señor?
Why don't you tell me the truth, sir?

OJO
In Spanish it is necessary to distinguish between the verbs **dar** (*to give*) and **regalar** (*to give as a gift*). Also, do not confuse **decir** (*to say* or *to tell*) with **hablar** (*to speak*).

• **Dar** and **decir** also have irregular formal command forms. There is a written accent on **dé** to distinguish it from the preposition **de**.

Formal commands of **dar** and **decir**:
dar ⟶ **dé, den**
decir ⟶ **diga, digan**

Práctica

A De vuelta a Guatemala

Paso 1.   Your friends the Padillas, from Guatemala, need help arranging for and getting on their flight back home. Explain how you will help them, using the cues as a guide.

MODELO: confirmar el vuelo ⟶ Les confirmo el vuelo.

1. llamar un taxi
2. bajar (*to carry down*) las maletas
3. guardar el equipaje
4. facturar el equipaje
5. guardar el puesto en la cola
6. guardar el asiento en la sala de espera
7. comprar una revista
8. por fin decir adiós

Paso 2. Now explain the same sequence of actions as if you were talking about your friend Guillermo: *Le* **compro el boleto.**

Paso 3. Finally, tell your friend Marisol how you will help her: *Te* **compro el boleto.**

B **¿Qué hacen estas personas?** Complete las siguientes oraciones con un verbo lógico y un pronombre de complemento indirecto.

MODELO: El vicepresidente *le ofrece* consejos al presidente.

Verbos posibles: dar, ofrecer, prestar, prometer, servir

1. Romeo _____ flores a Julieta.
2. Snoopy _____ besos (*kisses*) a Lucy... ¡Y a ella no le gusta!
3. Eva _____ una manzana a Adán.
4. Ann Landers _____ consejos a sus lectores (*readers*).
5. Los bancos _____ dinero a las personas que quieren comprar una casa.
6. Los asistentes de vuelo _____ bebidas a los pasajeros.
7. George Washington _____ a su padre decir la verdad.

C **¿Qué va a pasar?** Dé varias respuestas.

Palabras útiles: medicinas, Santa Claus, tarjetas navideñas (*Christmas cards*), flores (*flowers*), juguetes (*toys*)

1. Su amiga Elena está en el hospital con un ataque de apendicitis. Todos le mandan... Le escriben... Las enfermeras (*nurses*) le dan... De comer, le sirven...
2. Es Navidad. Los niños les prometen a sus padres... Les piden... También le escriben... Le piden... Los padres les mandan... a sus amigos. Les regalan...
3. Hay una demora y el avión no despega (*takes off*) a tiempo. Un asistente de vuelo nos sirve... Otra asistente de vuelo nos ofrece... El piloto nos dice...
4. Mi coche no funciona hoy. Mi amigo me presta... Mis padres me preguntan... Luego me dan...
5. Es la última (*last*) semana de clases y hay exámenes finales la próxima semana. En la clase de computación, todos le preguntan al profesor... El profesor les explica a los estudiantes...

D **En un restaurante.** Imagine that your four-year-old cousin Benjamín has never eaten in a restaurant before. Explain to him what will happen, filling in the blanks with the appropriate indirect object pronoun.

Primero el camarero _____[1] indica una mesa desocupada. Luego tú _____[2] pides el menú al camarero. También _____[3] haces preguntas sobre los platos y las especialidades de la casa y _____[4] dices tus preferencias. El camarero _____[5] trae la comida. Por fin tu papá _____[6] pide la cuenta al camarero. Si tú quieres pagar, _____[7] pides dinero a tu papá y _____[8] das el dinero al camarero.

Conversación

Entrevista: ¿Quién... ? Read through the following items and think about people whom you associate with the indicated action. Then, working with a partner, ask and answer questions to find out information about each topic.

MODELO: darle consejos →
E1: ¿A quién le das consejos?
E2: Con frecuencia le doy consejos a mi compañero de cuarto. ¡Él los necesita!
E1: ¿Quién te da consejos a ti?
E2: Mis abuelos me dan muchos consejos.

1. darle consejos
2. pedirle ayuda con los estudios
3. prestarle la ropa
4. mandarle flores
5. decirle secretos

6. hacerle favores
7. escribirle tarjetas postales (*postcards*)
8. ofrecerle bebidas

★★★★★ En los Estados Unidos...

Destinos° hispánicos

°Destinations

Como sabe Ud., no es necesario salir de los Estados Unidos para encontrar[a] y disfrutar de[b] la cultura hispánica. Aquí se mencionan tres de los muchos lugares de influencia hispánica que se puede visitar en este país.

• En el pueblo de **San Juan Bautista, California,** se encuentra una famosa misión, construida por **los frailes[c] franciscanos** en 1797. Desde 1980, San Juan Bautista es la sede[d]

La misión en San Juan Bautista

del **Teatro Campesino,** la compañía teatral chicana más antigua del país. El Teatro Campesino, fundado por **Luis Valdez** durante la «Great Delano Grape Strike», presenta obras[e] de teatro en español y también en inglés. Muchas de las obras presentadas son clásicas, pero también hay obras escritas[f] especialmente para el Teatro.

• **Santa Fe, Nuevo México,** está situada en el valle del Río Grande al pie[g] de las montañas Sangre[h] de

Cristo. Cada verano se celebra allí el **Mercado Tradicional Español,** donde se venden **artesanías** típicas y hechas[i] con métodos antiguos. Allí se puede encontrar artículos como santos de bulto (imágenes de santos talladas[j]), retablos (imágenes de santos pintadas), alfombras, muebles y otros objetos de adorno.

• ¿Quiere bailar o escuchar música? Pues, vaya a **Miami,** donde se celebra la feria hispánica más grande del país, **el festival de la calle[k] Ocho.** Cada verano, más de un millón de personas llegan a la calle principal de **la Pequeña Habana,** centro de **la comunidad cubana** en el sur de Florida. Allí se sirve comida hispánica, se escucha música latina y se baila. Y aunque[l] predomina la música tropical y caribeña, también hay conjuntos musicales de toda Latinoamérica que ofrecen música de todos los estilos.

[a]*find* [b]*disfrutar... enjoy* [c]*priests* [d]*headquarters* [e]*works* [f]*written* [g]*foot* [h]*Blood* [i]*made* [j]*carved* [k]*street* [l]*although*

228 Doscientos veintiocho

Capítulo 7 • De vacaciones

¿Recuerda Ud.?

You have already used forms of **gustar** to express your likes and dislikes (**Ante todo**). Review what you know by answering the following questions. Then, changing their form as needed, use them to interview your instructor.

1. ¿Te gusta el café (el vino, el té,...)?
2. ¿Te gusta jugar al béisbol (al golf, al vólibol, al...)?
3. ¿Te gusta viajar en avión (fumar, viajar en tren,...)?
4. ¿Qué te gusta más, estudiar o ir a fiestas (trabajar o descansar, cocinar o comer)?

21 Expressing Likes and Dislikes • *gustar*

El español ¡en directo!

MEDIO MILLON DE CHILENOS
DE VACACIONES '96 AL EXTRANJERO
Y USTED... NO SE QUEDE SIN VIAJAR
¡RESERVE AHORA MISMO!

El próximo Verano '96, con el bajo valor del dólar, muchas personas desearán viajar, los cupos disponibles se agotarán rapidamente. ¡Asegure sus Vacaciones! Elija ahora cualquiera de nuestros fantásticos Programas.

**MIAMI - ORLANDO - BAHAMAS - MEXICO - CANCUN
ACAPULCO - IXTAPA - COSTA RICA - RIO - SALVADOR
PLAYA TAMBOR - PUNTA CANA - HABANA
VARADERO - GUATEMALA - SUDAFRICA**

Infórmese sobre nuestro
SUPER CREDITO
PREFERENCIAL

Santa Magdalena 94, Providencia
☎2334429 - 2331774 - 2314252
2328294 - 2318608 - 2334862
Fax: 2334428

Según el anuncio, a muchos chilenos les gusta viajar a otros países. Lea el anuncio y luego indique si las oraciones son ciertas o falsas.

1. A los chilenos les gusta viajar sólo en este hemisferio.
2. A los chilenos les gustan mucho las playas.
3. Sólo les gusta viajar en países de habla española.
4. No les gustaría el precio del viaje.

Y a Ud., ¿le gusta viajar? ¿Le gustan los viajes en avión? ¿Cuál de estos lugares le gustaría visitar?

Minidiálogos y gramática

Doscientos veintinueve **229**

Constructions with *gustar*

Spanish	Literal Equivalent	English Phrasing
Me gusta la playa.	The beach is pleasing to me.	*I like the beach.*
No le gustan sus cursos.	His courses are not pleasing to him.	*He doesn't like his courses.*
Nos gusta leer.	Reading is pleasing to us.	*We like to read.*

You have been using the verb **gustar** since the beginning of *Puntos de partida* to express likes and dislikes. However, **gustar** does not literally mean *to like*, but rather *to be pleasing.*

Me gusta viajar.
Traveling is pleasing to me. (I like traveling.)

A. **Gustar** is always used with an indirect object pronoun: Someone or something is pleasing *to* someone else. The verb must agree with the subject of the sentence, that is, the person or thing that is pleasing.

Me **gusta** la comida mexicana.
Mexican food is pleasing to me. (I like Mexican food.)

Me **gustan** los viajes aventureros.
Adventurous trips are pleasing to me. (I like adventurous trips.)

B. A phrase with **a** + a *noun* or *pronoun* is often used for clarification or emphasis. This prepositional phrase usually appears before the indirect object pronoun, but it can also appear after the verb.

CLARIFICATION

¿Le gusta **a Ud.** viajar?
Do you like to travel?

A David no le gustan las arvejas.
David doesn't like peas.

> Note that an infinitive is viewed as a singular subject in Spanish.

EMPHASIS

A mí me gusta viajar en avión, pero **a mi esposo** le gusta viajar en coche.
*I like to travel by plane, but **my husband** likes to travel by car.*

> **OJO**
> The indirect object pronoun *must* be used with **gustar** even when the prepositional phrase **a** + *noun* or *pronoun* is used.

Would Like/Wouldn't Like

What one *would* or *would not* like to do is expressed with the form **gustaría*** + *infinitive* and the appropriate indirect objects.

A mí me gustaría viajar a Colombia.
I would like to travel to Colombia.

Nos gustaría hacer *camping* este verano.
We would like to go camping this summer.

---

*This is one of the forms of the conditional of **gustar.** You will study all of the forms of the conditional in Grammar Section 49.

Práctica

A. Gustos y preferencias

Paso 1. Using the models as a guide, tell whether or not you like the following.

MODELOS: ¿el café? → (No) Me gusta el café.
¿los pasteles? → (No) Me gustan los pasteles.

1. ¿el vino?
2. ¿los niños pequeños?
3. ¿la música clásica?
4. ¿las canciones de Green Day?
5. ¿el invierno?
6. ¿hacer cola?
7. ¿el chocolate?
8. ¿las películas de terror?
9. ¿las clases que empiezan a las ocho de la mañana?
10. ¿cocinar?
11. ¿la gramática?
12. ¿las clases de este semestre/trimestre?
13. ¿los vuelos con muchas escalas?
14. ¿bailar en las discotecas?

Paso 2. Now share your reactions with a classmate. He or she will respond with one of the following reactions. How do your likes and dislikes compare? Keep track of them.

Reacciones:

A mí también.	*So do I.*
A mí tampoco.	*I don't either. (Neither do I.)*
Pues a mí, sí.	*Well, I do.*
Pues a mí, no.	*Well, I don't.*

B. ¿Adónde vamos este verano?

Paso 1. The different members of the Soto family all have favorite vacation activities and, of course, would prefer to go to different places this summer. Imagine that you are one of the Sotos and describe the family's various preferences, following the model.

MODELO: padre / nadar: ir a la playa →
A mi padre le gusta nadar. Le gustaría ir a la playa.

1. padre / el océano: ir a la playa
2. hermanitos / nadar también: ir a la playa
3. hermano Ernesto / hacer *camping*: ir a las montañas
4. abuelos / descansar: quedarse en casa
5. madre / la tranquilidad: visitar un pueblecito (*small town*) en la costa
6. hermana Elena / discotecas: pasar las vacaciones en una ciudad grande
7. mí / ¿ ?

Paso 2. Now, remembering what you have learned about the vacation preferences of your imaginary family, answer the following questions.

1. ¿A quién le gustaría ir a Nueva York?
2. ¿A quién le gustaría estar en Acapulco?
3. ¿Quién no quiere salir de casa?
4. ¿A quién le gustaría ir a Cabo San Lucas?
5. ¿Quién quiere ir a Colorado?

A ¿Conoce bien a sus compañeros de clase?

Paso 1. Piense en una persona de la clase de español que Ud. conoce un poco. En su opinión, ¿a esa persona le gustan o no las siguientes cosas?

	SÍ, LE GUSTA(N)	NO, NO LE GUSTA(N)
1. la música clásica	☐	☐
2. el color negro	☐	☐
3. las canciones de los años 70	☐	☐
4. viajar en coche	☐	☐
5. la comida mexicana	☐	☐
6. tener clases por la mañana	☐	☐
7. estudiar otras lenguas	☐	☐
8. el arte surrealista	☐	☐
9. las películas trágicas	☐	☐
10. las casas viejas	☐	☐

Paso 2. Ahora entreviste a su compañero/a para verificar sus respuestas. ¿Cuántas respuestas correctas tiene Ud.? ¿Conoce bien a su compañero/a?

MODELO: ¿Te gusta la música clásica?

B **En casa, con los señores Castillo.** ¿Qué les gusta hacer a los señores Castillo? Conteste según el dibujo. ¿Puede Ud. inventar otros detalles sobre su vida? Por ejemplo, ¿cuántos años tienen? ¿Tienen niños? ¿Dónde viven? ¿Qué cosas *no* les gusta hacer?

More About Expressing Likes and Dislikes

Here are some ways to express intense likes and dislikes.

Me gusta mucho/muchísimo. *I like it a lot / a whole lot.*
No me gusta (para) nada. *I don't like it at all.*

To express *love* and *hate* in reference to likes and dislikes, you can use **encantar** and **odiar.**

- **Encantar** is used just like **gustar.**

  Me encanta el chocolate. *I love chocolate.*
  Les encanta viajar, ¿verdad? *You love traveling, right?*

- **Odiar,** on the other hand, functions like a transitive verb (one that can take a direct object).

  Odio el apio. *I hate celery.*
  Mi madre **odia** viajar sola. *My mom hates traveling alone.*

To express interest in something, use **interesar.** This verb is also used like **gustar** and **encantar.**

  Me interesa la comida guatemalteca. *I'm interested in Guatemalan food.*

C **¿Qué te gusta? ¿Qué odias?** Almost every situation has aspects that one likes or dislikes, even hates. Pick at least two of the following situations and tell what you like or don't like about them. Add as many details as you can, using **me gustaría** when possible.

MODELO: en la playa →
Me gusta mucho el agua, pero no me gusta el sol. Por eso no me gusta pasar todo el día en la playa. Me encanta nadar pero odio la arena. Por eso me gustaría más ir a nadar en una piscina.

Situaciones: en un avión, en el coche, en un autobús, en un tren, en una discoteca, en una fiesta, en la biblioteca, en clase, en casa con mis padres/hijos, en casa con mis amigos, en una cafetería, en un almacén grande, en un parque, en la playa

22 Talking About the Past (1) ● Preterite of Regular Verbs and of *dar, hacer, ir,* and *ser*

Elisa habla de su viaje a Puerto Rico.

«Recientemente *fui* a Puerto Rico para escribir un artículo sobre ese país. *Hice* el viaje en avión. El vuelo *fue* largo, pues el avión *hizo* escala en Miami. *Pasé* una semana entera en la isla. *Hablé* con muchas personas de la industria turística   (Continúa.)

y *visité* los lugares más interesantes de Puerto Rico. También *comí* mucha comida típica de la isla. Además, *tomé* el sol en las preciosas playas puertorriqueñas y *nadé* en el mar Caribe. Me *divertí* mucho. ¡Mi viaje *fue* casi como unas vacaciones!»

Comprensión: ¿Cierto o falso?

1. Elisa fue a Puerto Rico para pasar sus vacaciones.
2. El avión hizo escala en los Estados Unidos.
3. Elisa no visitó ningún lugar importante de Puerto Rico.
4. Elisa también pasó tiempo cerca del océano.

In previous chapters of *Puntos de partida,* you have talked about a number of your activities, but always in the present tense. In this section you will begin to work with the forms of the preterite, one of the tenses that will allow you to talk about the past. To talk about all aspects of the past in Spanish, you need to know how to use two *simple tenses* (tenses formed without an auxiliary or "helping" verb): the preterite and the imperfect. In this chapter, you will learn the regular forms of the preterite and those of four irregular verbs: **dar, hacer, ir,** and **ser.** In this chapter and in **Capítulos 8, 9, 10,** and **11,** you will learn more about preterite forms and their uses as well as about the imperfect and the ways in which it is used alone and with the preterite.

The *preterite* (**el pretérito**) has several equivalents in English. For example, **hablé** can mean *I spoke* or *I did speak.* The preterite is used to report finished, completed actions or states of being in the past. If the action or state of being is viewed as completed—no matter how long it lasted or took to complete—it will be expressed with the preterite.

Preterite of Regular Verbs

hablar		**comer**		**vivir**	
hablé	*I spoke (did speak)*	comí	*I ate (did eat)*	viví	*I lived (did live)*
hablaste	*you spoke*	comiste	*you ate*	viviste	*you lived*
habló	*you/he/she spoke*	comió	*you/he/she ate*	vivió	*you/he/she lived*
hablamos	*we spoke*	comimos	*we ate*	vivimos	*we lived*
hablasteis	*you spoke*	comisteis	*you ate*	vivisteis	*you lived*
hablaron	*you/they spoke*	comieron	*you/they ate*	vivieron	*you/they lived*

Elisa talks about her trip to Puerto Rico. Recently I went to Puerto Rico to write an article about that country. I took the trip by plane. The flight was long, and the plane even made a stop in Miami. I spent a whole week on the island. I spoke with many people from the tourist industry and I visited the most interesting places in Puerto Rico. I also ate lots of typical food from the island. Furthermore, I sunbathed on the beautiful Puerto Rican beaches and swam in the Caribbean Sea. I had lots of fun. My trip was almost like a vacation!

- Note that the **nosotros** forms of regular preterites are the same as the present tense forms for **-ar** and **-ir** verbs. Context usually helps determine meaning.

Hoy **hablamos** con la profesora Benítez.
Today we're speaking with Professor Benítez.

Ayer **hablamos** con el director de la facultad.
Yesterday we spoke with the head of the department.

- Note the accent marks on the first and third person singular of the preterite tense. These accent marks are dropped in the conjugation of **ver: vi, vio.**

- Verbs that end in **-car, -gar,** and **-zar** show a spelling change in the first person singular (**yo**) of the preterite. (This is the same change you have already learned to make in present subjunctive forms.)

-car → qu buscar: bus**qué**, buscaste,...
-gar → gu pagar: pa**gué**, pagaste,...
-zar → c empezar: empe**cé**, empezaste,...

- **-Ar** and **-er** stem-changing verbs show no stem change in the preterite.
-Ir stem-changing verbs do show a change.*

despertar (ie): **desperté, despertarse,...**
volver (ue): **volví, volviste,...**

- An unstressed **-i-** between two vowels becomes **-y-.**

creer: creyó, creyeron   leer: leyó, leyeron

Irregular Preterite Forms

dar		hacer		ir/ser	
di	dimos	hice	hicimos	fui	fuimos
diste	disteis	hiciste	hicisteis	fuiste	fuisteis
dio	dieron	hizo	hicieron	fue	fueron

- The preterite endings for **dar** are the same as those used for regular **-er/-ir** verbs in the preterite, except that the accent marks are dropped.

- **Hizo** is spelled with a **z** to keep the [s] sound of the infinitive.

hic- + -o → **hizo**

- **Ir** and **ser** have identical forms in the preterite. Context will make the meaning clear.

Fui a la playa el verano pasado.
I went to the beach last summer.

Fui agente de viajes.
I was a travel agent.

---

*You will practice the preterite of most stem-changing verbs in **Capítulo 8.**

Minidiálogos y gramática

Práctica

A **¿Qué hizo Ud. el verano pasado?** Indique las oraciones que son verdaderas para Ud., contestando con **sí** o **no**.

El verano pasado...

1. tomé una clase en la universidad
2. asistí a un concierto
3. trabajé mucho
4. hice *camping* con algunos amigos / mi familia
5. viví con mis padres
6. me quedé en este pueblo / esta ciudad
7. fui a una playa
8. hice una excursión a otro país
9. fui a muchas fiestas
10. no hice nada especial

B **El día de tres compañeras**

Paso 1. Teresa, Evangelina y Liliana comparten (*share*) un apartamento en un viejo edificio. Ayer Teresa y Evangelina fueron a la universidad mientras Liliana se quedó en casa. Describa lo que hicieron, según la perspectiva de cada una.

TERESA Y EVANGELINA:

1. (nosotras) salir / de / apartamento / a / nueve
2. llegar / biblioteca / a / diez
3. estudiar / toda la mañana / para / examen
4. escribir / muchos ejercicios
5. almorzar / con / amigos / en / cafetería
6. ir / a / laboratorio / a / una
7. hacer / todos los experimentos / de / manual (*m.*)
8. tomar / examen / a / cuatro
9. ¡examen / ser / horrible!
10. regresar / a casa / después de / examen
11. ayudar / Liliana / a / preparar / cena
12. cenar / todas juntas / a / siete

LILIANA:

1. (yo) quedarse / en casa / todo el día
2. ver / televisión / por / mañana
3. llamar / mi / padres / a / once
4. tomar / café / con / vecinos (*neighbors*)
5. estudiar / para / examen / de / historia / y / escribir / composición / para / clase / sociología
6. ir / a / garaje / para / dejar / muebles / viejo / allí
7. ir / a / supermercado / y / comprar / comida
8. empezar / a / preparar / cena / a / cinco

Paso 2. ¿Quién lo dijo (*said*), Evangelina o Liliana?

1. Mis compañeras no pasaron mucho tiempo en casa hoy.
2. ¡El examen fue desastroso!
3. Estudié mucho hoy.
4. Me gustó mucho el programa de «Oprah» hoy.
5. ¿Saben? Hablé con mis padres hoy y...

Paso 3. Ahora vuelva a contar cómo fue el día de Liliana, pero desde el punto de vista de sus compañeras de cuarto. Luego diga cómo fue el día de Teresa y Evangelina según Liliana.

C **Un semestre en México.** Cuente (*Tell*) la siguiente historia desde el punto de vista de la persona indicada, usando el pretérito de los verbos.

1. (yo) pasar un semestre en México
2. mis padres: pagarme el vuelo...
3. ...pero (yo) trabajar para ganar el dinero para la matrícula y los otros gastos (*expenses*)
4. vivir con una familia mexicana encantadora (*enchanting*)
5. aprender mucho sobre la vida y la cultura mexicanas
6. visitar muchos sitios de interés turístico e histórico
7. mis amigos: escribirme muchas cartas
8. (yo) mandarles muchas tarjetas postales
9. comprarles recuerdos (*souvenirs*) a todos
10. volver a los Estados Unidos al final de agosto

Conversación

Nota comunicativa **Putting Events in Sequence**

When telling about what we did, we often want to emphasize the sequence in which events took place. You can use these phrases to put events into a simple sequence in Spanish. You will learn additional words and phrases of this kind as you learn more about the past tenses.

Primero...	First . . .
Luego... y...	Then . . . and . . .
Después... y...	Afterward . . . and . . .
Finalmente (Por fin)...	Finally . . .

A **El sábado por la tarde...** The following drawings depict what Julián did last Saturday night. Match the phrases with the individual drawings in the sequence. Then narrate what Julián did, using verbs in the preterite. Use as many of the words and phrases from the preceding **Nota comunicativa** as possible.

(Continúa.)

a. _____ hacer cola para comprar las entradas (*tickets*)
b. _____ regresar tarde a casa
c. _____ volver a casa después de trabajar
d. _____ ir a un café a tomar algo
e. _____ llegar al cine al mismo tiempo
f. _____ llamar a un amigo
g. _____ no gustarles la película
h. _____ comer rápidamente
i. _____ ducharse y afeitarse
j. _____ entrar en el cine
k. _____ ir al cine en autobús
l. _____ decidir encontrarse (*to meet up*) en el cine

B Preguntas

1. ¿Qué le dio Ud. a su mejor amigo/a (su esposo/a, su novio/a, sus hijos) para su cumpleaños el año pasado? ¿Qué le regaló a Ud. esa persona para su cumpleaños? ¿Alguien le mandó a Ud. flores el año pasado? ¿Le mandó Ud. flores a alguien? ¿Le gusta a Ud. que le traigan chocolates? ¿otras cosas?

2. ¿Dónde y a qué hora comió Ud. ayer? ¿Con quién(es) comió? ¿Le gustaron todos los platos que comió? Si comió fuera, ¿quién pagó?

3. ¿Cuándo decidió Ud. estudiar español? ¿Cuándo lo empezó a estudiar? ¿Va a seguir con el español el semestre/trimestre que viene?

4. ¿Qué hizo Ud. ayer? ¿Adónde fue? ¿Con quién(es)? ¿Ayudó a alguien a hacer algo? ¿Lo/La llamó alguien? ¿Llamó Ud. a alguien? ¿Lo/La invitaron a hacer algo especial algunos amigos?

Situaciones

In this **Situaciones** dialogue, which takes place in Quito, Ecuador, Elisa Velasco books a trip from Martín Gómez, her travel agent. Pay close attention to the details about Elisa's upcoming trip. Where is she going? How will she travel? How long will she be staying?

F U N C T I O N
purchasing tickets for a trip

Elisa Velasco va a escribir un artículo sobre las Islas Galápagos. Está en una agencia de viajes para arreglar[a] un viaje a las islas. Habla con Martín Gómez, su agente de viajes.

SR. GÓMEZ: ¿Cuánto tiempo piensa quedarse en las islas?

ELISA: Me gustaría pasar una semana allí. Quiero víajar en avión desde Quito. ¿Cuánto cuesta un boleto de ida y vuelta?

SR. GÓMEZ: Cuesta 615.000 sucres si Ud. viaja el sábado en la mañana.

ELISA: Está bien.

SR. GÓMEZ: ¿Desea que le haga una reservación de hotel también?

ELISA: Sí, por favor.

SR. GÓMEZ: Entonces, le hago las siguientes reservaciones: el avión sale de Quito a las islas el sábado 13 y seis noches de reservación en el hotel de la isla Santa Cruz.

ELISA: Perfecto. Muchas gracias.

SR. GÓMEZ: No hay por qué. ¿Cómo le gustaría pagar? ¿Lo de siempre?[b]

ELISA: Sí, con tarjeta de crédito... ¡la[c] del periódico, por supuesto!

[a]*arrange*   [b]*¿Lo... The usual?*   [c]*la tarjeta*

Con un compañero / una compañera

How would you go about getting the following information? Prepare a series of short statements and questions that will help you get all the information you need. Your instructor will play the role of ticket seller, travel agent, or flight attendant.

MODELO: You need to buy two first-class tickets on Tuesday's 10:50 A.M. train for Guanajuato. →
Dos boletos para Guanajuato, por favor. Para el martes, el tren de las once menos diez. De primera clase, por favor.

1. You need to buy two second-class (**segunda clase**) train tickets for today's 2:50 P.M. train for Barcelona.
2. You are at the train station and need to find out how to get to the university—which you understand is quite some distance away—by 10:00 A.M.
3. The flight you are on is arriving late, and you will probably miss your connecting flight to Mexico City. You want to explain your situation to the flight attendant and find out how you can get to Mexico City by 7:00 this evening.
4. You are talking to a travel agent and want to fly from Santiago, Chile, to Quito, Ecuador. You are traveling with two friends who prefer to travel first class, and you need to arrive in Quito by Saturday afternoon.

Un poco de todo

A **Preguntas: La última vez.** Conteste las siguientes preguntas. Añada (*Add*) más información si puede.

MODELO: La última vez que Ud. fue a una fiesta, ¿le llevó un regalo al anfitrión (*host*)? →
Sí, le llevé flores / una botella de vino. (No, no le llevé nada.)

La última vez que Ud...

1. hizo un viaje, ¿le mandó una tarjeta postal a un amigo / a una amiga?
2. tomó el autobús / el metro, ¿le ofreció su asiento a una persona mayor?
3. vio a su profesor(a) de español en público, ¿le habló en español?
4. comió en un restaurante, ¿le recomendó un plato a su compañero/a?
5. entró en un edificio, ¿le abrió la puerta a otra persona?

B **Recomendaciones para las vacaciones.** Complete the following vacation suggestion with the correct form of the words in parentheses, as suggested by the context. When two possibilities are given in parentheses, select the correct word.

(Les/Los[1]) quiero decir (algo/nada[2]) sobre (el/la[3]) ciudad de Machu Picchu. ¿Ya (lo/la[4]) (saber/conocer[5]) Uds.? (Ser/Estar[6]) situada en los Andes, a unos ochenta kilómetros[a] de la ciudad de Cuzco, Perú. Machu Picchu es conocida[b] como (el/la[7]) ciudad escondida[c] de los incas. Se dice que (ser/estar[8]) una de las manifestaciones (más/tan[9]) importantes de la arquitectura incaica. Era[d] refugio y a la vez[e] ciudad de vacaciones de los reyes[f] (incaico[10]).

Uds. deben (visitarlo/visitarla[11]). (Le/Les[12]) gustaría porque (ser/estar[13]) un sitio inolvidable.[g] Es mejor (ir/van[14]) a Machu Picchu en primavera o verano —son las (mejor[15]) estaciones para visitar este lugar. Pero es necesario (comprar/compran[16]) los boletos con anticipación, porque (mucho[17]) turistas de todos los (país[18]) del mundo visitan este sitio extraordinario. ¡(*Yo:* Saber/Conocer[19]) que a Uds. (los/les[20]) va a gustar el viaje!

[a]ochenta... 50 millas   [b]known   [c]hidden   [d]It was   [e]a... at the same time   [f]kings   [g]unforgettable

Comprensión: ¿Cierto o falso? Conteste según la descripción.

1. Machu Picchu está en Chile.
2. Fue un lugar importante en el pasado.
3. Todavía es una atracción turística de gran interés.
4. Sólo los turistas latinoamericanos conocen Machu Picchu.

Vocabulario

Los verbos

anunciar	to announce
bajar (de)	to get down (from); to get off (of)
contar (ue)	to tell
dar (*irreg.*)	to give
decir (*irreg.*)	to say; to tell
encantar	to like very much, love
explicar	to explain
facturar	to check (*baggage*)
fumar	to smoke
guardar	to save (*a place*)
gustar	to be pleasing
mandar	to send
mostrar (ue)	to show
nadar	to swim
odiar	to hate
ofrecer (ofrezco)	to offer
prestar	to lend
prometer	to promise

recomendar (ie)	to recommend
regalar	to give (*as a gift*)
sacar	to take (*photos*)
subir (a)	to go up; to get on (*a vehicle*)
viajar	to travel

¡Buen viaje!

el aeropuerto	airport
la agencia de viajes	travel agency
el/la agente de viajes	travel agent
el asiento	seat
el/la asistente de vuelo	flight attendant
el autobús	bus
el avión	airplane
el barco	boat, ship
el billete/boleto	ticket
de ida	one-way
de ida y vuelta	round-trip

la cabina	cabin (*in a ship*)
la camioneta	station wagon
el *camping*	campground
la clase turística	tourist class
la demora	delay
el equipaje	baggage, luggage
la estación	station
del tren	train
de autobuses	bus
la foto(grafía)	photo(graph)
la llegada	arrival
el maletero	porter
el mar	sea
la montaña	mountain
el océano	ocean
el pasaje	passage, ticket
el / la pasajero/a	passenger
la primera clase	first class
el puerto	port
el puesto	place (*in line, etc.*)
la sala de espera	waiting room
la salida	departure
la sección de (no) fumar	(non)smoking section
la tarjeta (postal)	(post)card
la tienda (de campaña)	tent
el tren	train
el vuelo	flight

estar de vacaciones	to be on vacation
hacer *camping*	to go camping
hacer cola	to wait in line
hacer escalas	to make stops
hacer las maletas	to pack one's suitcases
hacer paradas	to make stops
ir de vacaciones	to go on vacation

Repaso: hacer un viaje, la playa

Otro sustantivo

la flor	flower

Los adjetivos

atrasado/a (*with* estar)	late
solo/a	alone
último/a	last

Palabras adicionales

a tiempo	on time
con anticipación	ahead of time
de viaje	on a trip
lo que	what, that which
me gustaría...	I would (really) like . . .

Un paso más 7

•LECTURA

Estrategia: Identifying the Source of a Passage

If you pick up the *New England Journal of Medicine,* what sort of articles do you expect to find? Who are they written for and for what purpose? Would you anticipate similar articles in *Popular Science* magazine?

You can often make useful predictions about an article—its narrative style, its target audience, the author's purpose, and so forth—if you know something about the magazine or journal from which it comes. The article you are about to read was adapted from *GeoMundo,* a Spanish-language magazine not unlike *National Geographic.* Knowing this, which of the following topics do you think might be treated in a given issue of this magazine?

1. the Incas and Machu Picchu
2. how to remove coffee stains from silk
3. the search for a great white shark
4. Montreal by night

All but number two might appear in *Geo Mundo.* Keeping in mind the source of a reading will often help you to predict its content.

▶ **Sobre la lectura…** *GeoMundo* is for the reader who is interested in world
▶ travel, different cultures and customs, the environment, and similar issues.
▶ The following article was adapted from a travel section called "**Geoturismo.**"
▶ This particular section deals with Mexico.

México es mucho más que playas

Además de los populares centros de vacaciones en las costas como Acapulco y Cancún, México tiene otros lugares donde se puede descubrir algo de la historia y la cultura del país. Uno de ellos es la península de Yucatán, donde floreció[a] la gran civilización maya. Allí se puede visitar Palenque, con su imponente pirámide en una exuberante selva tropical. También se puede visitar Uxmal, una clásica ciudad maya, y Chichén Itzá, centro cultural de la región entre los siglos X al XIII. Todos están cerca de excelentes hoteles y restaurantes.

Otra alternativa son las ciudades coloniales de México, cuya[b] elegante arquitectura del siglo XVI refleja su génesis española. Explore estas ciudades:

[a]*flourished* [b]*whose*

- San Miguel de Allende, una bulliciosa^c ciudad donde se han refugiado^d artistas de todo el mundo
- Guanajuato, sede^e del prestigioso Festival Cervantino, con sus serpenteantes calles adoquinadas^f
- Zacatecas, con sus edificios <u>construidos de granito</u> rosa
- Guadalajara, ciudad donde nació^g el mariachi

En ninguna de ellas hay dificultad en encontrar^h un buen lugar para quedarse, pues hay hoteles y pensiones para todos los gustos y bolsillos.ⁱ •

^c*lively*   ^d*se... have taken refuge*   ^e*site*   ^f*serpenteantes...*
winding cobblestoned streets   ^g*was born*   ^h*finding*
ⁱ*wallets* (fig., lit. *pockets*)

Guanajuato, México

Comprensión

A **El título.**   Lea otra vez el título del artículo. ¿Por qué se llama así esta lectura? Es decir, ¿qué significa?

1. México tiene más playas que otros países de Latinoamérica.
2. Cuando se habla de las vacaciones en México, muchas personas piensan solamente en las playas mexicanas.
3. Nadie va a las playas mexicanas para pasar sus vacaciones.

B **¿Adónde les gustaría ir?**   A base del (*Based on the*) artículo, identifique un lugar de interés para los siguientes turistas.

1. el profesor Underwood, arqueólogo dedicado al estudio de las culturas indígenas
2. Ana Carbón, guitarrista que tiene interés en la música mexicana
3. Pedro Pérez, pintor y escultor

▶PARA ESCRIBIR

A **De vacaciones en México.**   Prepare un reportaje sobre una de las ciudades mencionadas en el artículo. Puede ir a la biblioteca para hacer su investigación. Antes de escribir, haga lo siguiente.

Paso 1.   Escoja una ciudad que va a ser el enfoque (*focus*) de su investigación.

Paso 2. Piense en el tipo de información que quiere incluir. Haga una lista de por lo menos (*at least*) tres de los tópicos que va a investigar (como, por ejemplo, festividades regionales, geografía, platos típicos del lugar, etcétera).

Paso 3. Vaya a la biblioteca o consulte libros de referencia o revistas para hacer su reportaje.

Paso 4. Escriba una breve composición sobre ese lugar.

B **Mi viaje ideal.** En este capítulo Ud. ha hablado (*have talked*) mucho sobre los viajes que ya ha hecho (*you have taken*). Pero seguramente hay viajes que no ha hecho todavía... y tal vez un viaje ideal, de sueños (*dream*). Descríbalo, completando el siguiente párrafo.

> Me gustaría viajar a _____. Me interesa este sitio porque _____. Me gustaría hacer el viaje _____ (a solas [*alone*], con _____), en el mes de _____. No he hecho el viaje todavía porque _____.

·ACTIVIDADES

Actividad A   De vacaciones con la familia de Mafalda

Paso 1. Lea la tira cómica. Luego complete el párrafo. Recuerde que el hermanito de Mafalda se llama Guillermo. Guille es un niño y habla como hablan los niños. ¿Puede encontrar (*find*) algunos ejemplos de su forma de hablar?

Palabras útiles: hacer las maletas, llorar (*to cry*), quedarse en la playa, triste

Cuando es hora de regresar a casa después de las vacaciones, Guillermo está _____. Por eso empieza a _____. Él quiere _____ y no quiere regresar _____.
   Su papá le explica que él _____. Mafalda le dice que ella _____. Y su mamá también tiene _____.
   Por fin, todos empiezan a _____. Pero de repente (*suddenly*) todos también empiezan a _____. Ellos tampoco quieren _____. Les gustaría _____.

Paso 2. Ahora piense en las últimas vacaciones que Ud. tomó y haga una lista de diez de las cosas que hizo antes, durante o después de esas vacaciones. ¿Hizo Ud. algo que también hizo la familia de Mafalda?

MODELO: Hice la maleta antes de salir de vacaciones.   (Continúa.)

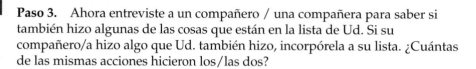

Un paso más 7

Paso 3. Ahora entreviste a un compañero / una compañera para saber si también hizo algunas de las cosas que están en la lista de Ud. Si su compañero/a hizo algo que Ud. también hizo, incorpórela a su lista. ¿Cuántas de las mismas acciones hicieron los/las dos?

A propósito... Saying What You Don't Know How to Say

Even in our native language we find ourselves in situations in which we don't know the word or phrase to express a concept. We cope with situations like this by paraphrasing: using synonyms, explaining what the item or concept is like, what it is used for or made of, and so on.

Learning to paraphrase in Spanish will help you get your message across even when you don't know the exact word or words you need. Here are some simple phrases that will help you say something in different words.

> Es una persona que...
> Es algo que se usa (Es una cosa) para... + *infinitive*
> Es lo que uso cuando...
> Es un lugar donde la gente...

Actividad B   Problemas durante las vacaciones

Paso 1. Haga una lista de incidentes molestos (*bothersome*) pero no serios que pueden ocurrirle a una persona cuando está de vacaciones en otro lugar.

> MODELO: Un ladrón puede robarle los cheques de viajero.

Vocabulario útil: olvidar (*to forget*), **perderse (ie)** (*to get lost*), **robar** (*to steal*), **los cheques de viajero** (*travelers' checks*), **el ladrón / la ladrona** (*thief*), **el pasaporte** (*passport*)

Paso 2. Si una persona está en un país donde no se habla inglés, se puede necesitar algo cuyo (*whose*) nombre no se sabe. Imagínese que Ud. está en un país hispánico y necesita las siguientes cosas... ¡pero no sabe cómo nombrarlas! ¿Cómo va a explicar lo que quiere? Use frases de **A propósito... .**

> MODELO: a suitcase → Necesito comprar algo para mi viaje. Lo uso para llevar mi ropa y mis otras cosas. Cuando tengo mucha ropa y muchas cosas, otra persona me ayuda a cerrarlo.

1. a wallet   **4.** a music box   **7.** a briefcase
2. motion-sickness pills **5.** a hammock   **8.** a map
3. a chess set   **6.** postcards   **9.** a cassette tape

Paso 3. Ahora piense en dos cosas más y explíqueselas (*explain them*) a sus compañeros. Es mejor si son cosas cuyos nombres en español nadie conoce. ¡Lo importante (*The important thing*) es comprender el significado (*meaning*) de su explicación!

Los días festivos

¿Qué días festivos celebran Ud. y su familia? ¿Cómo los celebran? ¿Con grandes fiestas? ¿Con reuniones en casa con toda la familia?

México, D.F.

In this chapter, you will study vocabulary and structures that will allow you to
- talk about holidays and other important dates of the year and how you feel in certain situations (**Vocabulario: Preparación**)
- continue to talk about events in the past (**Grammar Sections 23 and 24**)
- express direct and indirect objects together (**25**)

As you work through the chapter, see how much you can learn about holidays and special events in the Spanish-speaking world.

Vocabulario: Preparación

Los días festivos y las fiestas

Feliz Navidad

Porque eres una persona bondadosa y llena de amor, espero que esta Navidad sea para ti la mejor.

Un Próspero Año Nuevo

los entremeses	hors d'œuvres	**pasarlo bien/mal**	to have a good/bad time
los refrescos	refreshments		
la sorpresa	surprise	**regalar**	to give (*as a gift*)
		reunirse (me reúno) (con)	to get together (with)
¡felicitaciones!	congratulations!		
		ser + en + place	to take place at (*place*)
cumplir años	to have a birthday	—¿**Dónde es** la fiesta?	*Where is the party?*
dar/hacer una fiesta	to give/have a party	—(**Es) En** casa de Julio.	*(It's) At Julio's. house.*
divertirse (ie, i)	to have a good time		
faltar	to be absent, lacking		
gastar dinero	to spend money		

Vocabulario útil*

el Día de Año Nuevo	New Year's Day
el Día de los Reyes Magos	Day of the Magi (Three Kings)
el Día de San Valentín (de los Enamorados)	Valentine's Day
el Día de San Patricio	Saint Patrick's Day
la Pascua	Passover
la Pascua (Florida)	Easter
las vacaciones de primavera	spring break
el Cinco de Mayo	Cinco de Mayo (*Mexican awareness celebration in some parts of the U.S.*)
el Cuatro de Julio	Independence Day (*U.S.*)
el Día de la Raza	Columbus Day (*Hispanic awareness day in some parts of the U.S.*)
el Día de todos los Santos	All Saints' Day (November 1)
el Día de los Muertos	Day of the Dead (November 2)
el Día de Gracias	Thanksgiving
la Fiesta de las Luces	Hanukkah
la Nochebuena	Christmas Eve
la Navidad	Christmas
la Noche Vieja	New Year's Eve
el cumpleaños	birthday
el día del santo	saint's day (*the saint for whom one is named*)
la quinceañera	young woman's fifteenth birthday party

Conversación

A Definiciones.   ¿Qué palabra o frase corresponde a estas definiciones?

1. el día en que se celebra el nacimiento (*birth*) de Jesús
2. algo que alguien no sabe o no espera
3. algo de comer o beber que se sirve en las fiestas (dos respuestas)
4. el día en que algunos hispanos visitan el cementerio para honrar la memoria de los difuntos (*deceased*)
5. la fiesta en que se celebra el hecho (*fact*) de que una muchacha cumple quince años
6. el día en que todo el mundo debe llevar ropa verde
7. la noche en que se celebra el pasar de un año a otro
8. palabra que se dice para mostrar una reacción muy favorable, por ejemplo, cuando un amigo recibe un gran aumento de sueldo

---

*All of the items on this list are not considered active vocabulary for this chapter. Just learn the holidays and celebrations that are relevant to you.

Celebraciones

En la vida de uno hay muchas ocasiones para dar fiestas. Claro que todos los años hay que celebrar **el cumpleaños.** Pero en partes del mundo hispánico se celebra también **el día del santo.** En el calendario religioso católico cada día corresponde al nombre de un santo. Si Ud. se llama Juan, por ejemplo, el día de su santo es el 24 de junio, y lo celebra igual que el día de su cumpleaños.

Para las señoritas, la fiesta de los quince años, **la quinceañera,** es una de las más importantes, porque desde esa edad a la muchacha se le considera ya mujer. Para los muchachos, la fiesta de los dieciocho o veintiún años representa la llegada a la mayoría de edad (*coming of age*).

Una quinceañera mexicana

B **Hablando de fiestas**

Paso 1. ¿Cuál es su opinión de las siguientes fiestas: positiva, negativa o neutra?

1. el Cuatro de Julio
2. el Día de Gracias
3. el Día de San Patricio
4. la Noche Vieja
5. el Día de la Raza
6. el Día de los Enamorados

Paso 2. Ahora compare sus respuestas con las (*those*) de sus compañeros de clase. ¿Coinciden todos en su opinión de algunas fiestas?

Paso 3. Ahora piense en su fiesta favorita. Puede ser una de la lista del **Paso 1** o una del Vocabulario útil de la página 249. Piense en cómo celebra Ud. esa fiesta, para explicárselo (*explain it*) luego a un compañero / una compañera de clase. Debe pensar en lo siguiente:

- los preparativos que Ud. hace de antemano (*beforehand*)
- la ropa especial que lleva
- las comidas o bebidas especiales que compra o prepara
- el lugar donde se celebra
- los adornos especiales que hay

Vocabulario útil

el árbol	tree	**la fiesta del barrio**	neighborhood (block) party
el corazón	heart		
la corona	wreath	**los fuegos artificiales**	fireworks
el desfile	parade	**el globo**	balloon

El español ¡en directo!

▼▼▼▼▼▼▼▼▼▼▼▼▼▼▼▼▼▼▼▼▼▼▼▼▼▼

Cuidado especial en la época NAVIDEÑA

Durante la época de Navidad, nuestras mascotas están propensas a enfermarse o tener accidentes debido a todos los cambios que ocurren en nuestra rutina diaria. Hay árboles de Navidad, guirnaldas, cables eléctricos, fuegos artificiales, mucha fiesta, viajes y sobretodo, la comida típica de la navidad. Todas estas cosas presentan peligros inminentes que pueden afectar a nuestras mascotas.

Este breve artículo habla de un aspecto especial de las fiestas. Léalo y conteste las preguntas.

1. ¿Con quién debemos tener cuidado (*care*) especial, con los niños o con los animales?
2. ¿Qué cosas pueden serles peligrosas (*dangerous*) a los animales?
3. ¿Cómo se dice en español?
   wreaths
   fireworks

Emociones y condiciones

David está contento. **Se ríe.**

David **llora** porque **se siente triste.**

David **se pone feliz** otra vez y **sonríe.**

discutir (sobre) (con)	to argue (about) (with)
enfermarse	to get sick
enojarse (con)	to get mad (at)
llorar	to cry
olvidarse de	to forget about
ponerse + *adj.*	to become/get + *adjective*

portarse bien/mal	to behave well/poorly
quejarse (de)	to complain (about)
recordar (ue)	to remember
reírse (i, i)	to laugh
sentirse (ie, i)	to feel
sonreír (i, i)	to smile

To emphasize the quality described by an adjective or an adverb, speakers of Spanish often add **-ísimo/a/os/as** to it, adding the idea *extremely* (*exceptionally; very, very; super*) to the quality. You have already used one emphatic form of this type: **Me gusta muchísimo.**

Estos entremeses son **dificilísimos** de preparar.	*These hors d'œuvres are very hard to prepare.*
Durante la época navideña, los niños son **buenísimos.**	*At Christmastime, the kids are extremely good.*

- If the adjective ends in a consonant, **-ísimo** is added to the singular form: **difícil** → **dificilísimo** (and any accents on the word stem are dropped).
- If the adjective ends in a vowel, the final vowel is dropped before adding **-ísimo: bueno** → **buenísimo.**
- Spelling changes occur when the final consonant of an adjective is **c, g,** or **z: riquísimo, larguísimo, felicísimo.**

Conversación

A **Reacciones.**   ¿Cómo reacciona o cómo se pone Ud. en estas situaciones? Use estos adjetivos o cualquier otro, y también los verbos que describen las reacciones emocionales. No se olvide de usar las formas enfáticas cuando sea (*whenever it is*) apropiado.

serio/a	feliz/triste	avergonzado/a (*embarrassed*)
nervioso/a	furioso/a	contento/a

1. Es Navidad y alguien le regala a Ud. un reloj carísimo.
2. Es su cumpleaños y sus padres/hijos se olvidan de regalarle algo.
3. En una fiesta, alguien acaba de contarle un chiste (*joke*).
4. Ud. está completamente aburrido/a en una fiesta que sus amigos le están dando. Tiene ganas de estar en otro sitio, pero no quiere ofender a sus amigos.
5. Ud. está dando una fiesta pero la gente no lo está pasando bien, es decir, no se ríen, no sonríen, no cuentan chistes, están aburridos, etcétera.
6. Hay un examen importante esta mañana, pero Ud. no estudió nada anoche.
7. Ud. acaba de terminar un examen difícil/fácil y cree que lo hizo bien/mal.
8. En un examen de química, Ud. se olvida de una fórmula muy importante.
9. Sin querer, Ud. se portó en una forma muy descortés con un buen amigo.
10. Los entremeses se acaban (*run out*) durante su fiesta de Noche Vieja, y sólo son las diez de la noche.

B **¿Son buenos todos los días festivos?**   Los días festivos pueden ser una época difícil para muchas personas. Para Ud., ¿son ciertas o falsas las siguientes oraciones? Cambie las oraciones falsas para que sean (*so that they are*) ciertas. Luego compare sus respuestas con las de sus compañeros de clase.

EN LAS FIESTAS FAMILIARES

1. Toda o casi toda mi familia, incluyendo tíos, primos, abuelos, etcétera, se reúne por lo menos (*at least*) una vez al año.
2. Las fiestas familiares me gustan muchísimo.
3. Hay un pariente que siempre se queja de algo.
4. Uno de mis parientes siempre me hace preguntas indiscretas.
5. Alguien siempre bebe/come demasiado y luego se enferma.
6. A todos les gustan los regalos que reciben.
7. Todos lo pasan bien en las fiestas familiares.

LOS DÍAS FESTIVOS EN GENERAL

8. La Navidad / La Fiesta de las Luces es esencialmente una fiesta para gastar dinero.
9. La época de las fiestas de noviembre y diciembre es triste y deprimente (*depressing*) para mí.
10. Sólo las personas que practican una religión deben tener vacaciones en las fiestas religiosas.
11. Las vacaciones de primavera son para divertirse muchísimo. De hecho (*In fact*), son las mejores vacaciones del año.
12. Debería haber (*There should be*) más días festivos... por lo menos uno al mes.

Minidiálogos y gramática

23 Talking About the Past (2) • Irregular Preterites

La fiesta de la Noche Vieja

Conteste las siguientes preguntas sobre esta fiesta.

1. ¿Quién *estuvo* hablando por teléfono?   2. ¿Quién *dio* la fiesta?
3. ¿Quién no *pudo* ir a la fiesta?
4. ¿Quién *puso* su copa de champán en el televisor?   5. ¿Quién *hizo* mucho ruido?   6. ¿Quiénes *tuvieron* que salir temprano?
7. ¿Quiénes no *quisieron* beber más?
8. ¿Quiénes *vinieron* con sus niñas?
9. ¿Quiénes le *trajeron* un regalo al anfitrión (*host*)?

(Continúa.)

Y Ud., ¿*estuvo* alguna vez en una fiesta como esta? ¿*Tuvo* que salir temprano o se quedó hasta después de la medianoche (*midnight*)? ¿Le *trajo* algo al anfitrión / a la anfitriona?

- You have already learned the irregular preterite forms of **dar, hacer, ir,** and **ser.** The following verbs are also irregular in the preterite. Note that the first and third person singular endings, which are the only irregular ones, are unstressed, in contrast to the stressed endings of regular preterite forms.

estar:	**estuv-**	**-e**
poder:	**pud-**	-iste
poner:	**pus-**	**-o**
querer:	**quis-**	-imos
saber:	**sup-**	-isteis
tener:	**tuv-**	-ieron
venir:	**vin-**	

estar

estuve	estuvimos
estuviste	estuvisteis
estuvo	estuvieron

- When the preterite verb stem ends in **-j-,** the **-i-** of the third person plural ending is omitted: **dijeron, trajeron.**

| decir: | **dij-** | -e, -iste, -o, -imos, -isteis, **-eron** |
| traer: | **traj-** | |

- The preterite of **hay** (**haber**) is **hubo** (*there was/were*).

Hubo un accidente ayer en el centro.
There was an accident yesterday downtown.

- Several of the following Spanish verbs have an English equivalent in the preterite tense that is different from that of the infinitive.

	Infinitive Meaning	Preterite Meaning
saber	to know (*facts, information*)	to find out
	Ya lo sé.	Lo **supe** ayer.
	I already know it.	*I found it out (learned it) yesterday.*
conocer	to know (*be familiar with*) people, places	to meet (*for the first time*)
	Ya la conozco.	La **conocí** ayer.
	I already know her.	*I met her yesterday.*
querer	to want	to try
	Quiero hacerlo hoy.	**Quise** hacerlo ayer.
	I want to do it today.	*I tried to do it yesterday.*
no querer	not to want	to refuse
	No quiero hacerlo hoy.	**No quise** hacerlo anteayer.
	I don't want to do it today.	*I refused to do it the day before yesterday.*

poder	to be able	to succeed (*in doing something*)
	Puedo leerlo.	**Pude** leerlo ayer.
	I can (am able to) read it.	*I could (and did) read it yesterday.*
no poder	not to be able, capable	to fail (*in doing something*)
	No puedo leerlo.	**No pude** leerlo anteayer.
	I can't (am not able to) read it.	*I couldn't (did not) read it the day before yesterday.*

Práctica

A **La última Noche Vieja.**   Piense en lo que Ud. hizo la Noche Vieja del año pasado e indique si las siguientes oraciones son ciertas o falsas para Ud.

1. Fui a una fiesta en casa de un amigo / una amiga.
2. Di una fiesta en mi casa.
3. No estuve en ninguna fiesta.
4. Quise ir a una fiesta, pero no pude.
5. Les dije «¡Feliz Año Nuevo!» a muchas personas.
6. No le dije «¡Feliz Año Nuevo!» a nadie.
7. Conocí a algunas personas nuevas.
8. No conocí a nadie.
9. Tuve que preparar comida esa noche.
10. Me puse ropa elegante esa noche.
11. Pude quedarme despierto/a (*awake*) hasta la medianoche.
12. No quise pasar la Noche Vieja con personas desconocidas (*unknown*).

B **Una Nochebuena en casa de los Ramírez**

Paso 1.   Describa lo que pasó en casa de los Ramírez, haciendo el papel (*playing the role*) de uno de los hijos. Haga oraciones en el pretérito según las indicaciones, usando el sujeto pronominal cuando sea necesario.

1. todos / estar / en casa / abuelos / antes de / nueve
2. (nosotros) poner / mucho / regalos / debajo / árbol
3. tíos y primos / venir / con / comida y bebidas
4. yo / tener / que / ayudar / a / preparar / comida
5. haber / cena / especial / para / todos
6. más tarde / alguno / amigos / venir / a / cantar / villancicos (*carols*)
7. niños / ir / a / alcoba / a / diez y / acostarse
8. niños / querer / dormir / pero / no / poder
9. a / medianoche / todos / decir / «¡Feliz Navidad!»
10. al día siguiente / todos / decir / que / fiesta / estar / estupendo

Paso 2.   ¿Cierto, falso o no lo dice? Corrija las oraciones falsas.

1. Hubo muy poca gente en la fiesta.
2. Sólo vinieron miembros de la familia.
3. Todos comieron bien... ¡y mucho!
4. Los niños abrieron sus regalos antes de las doce.

C **Hechos** *(Events)* **históricos.** Describa Ud. algunos hechos históricos, usando una palabra o frase de cada grupo. Use el pretérito de los verbos.

en 1957 los rusos	traer	en Valley Forge con sus soldados
en 1969 los estadounidenses	saber	un hombre en la luna
	conocer	un satélite en el espacio por
Adán y Eva	decir	primera vez
George Washington	estar	«que coman *(let them eat)*
los europeos	poner	pasteles»
los aztecas		el significado *(meaning)* de un
Stanley		árbol especial
María Antonieta		a Livingston en África
		el caballo *(horse)* al Nuevo Mundo
		a Hernán Cortés en Tenochtitlán

Conversación

A **¡Un viaje de sueños** *(dream)*!

Paso 1. Conteste las siguientes preguntas sobre un viaje de sueños. Debe inventar una historia muy extraordinaria o fantástica. Puede ser de un viaje que a Ud. le gustaría hacer, de un viaje hecho *(taken)* por un amigo o de un viaje totalmente imaginario. ¡Sea creativo/a!

1. ¿Adónde fue de viaje? ¿Con quién(es) fue?
2. ¿Cuánto tiempo estuvo allí? ¿Dónde se alojó *(did you stay)*?
3. ¿A qué persona famosa conoció allí? ¿Qué le dijo a esa persona cuando la conoció? ¿Supo algo interesante de esa persona?
4. ¿Qué cosa divertida hizo durante el viaje? ¿Qué no pudo hacer?
5. ¿Qué recuerdos *(souvenirs)* trajo a casa?

Paso 2. Ahora cuénteles su historia a sus compañeros de clase. ¿Quién inventó la mejor historia?

Nota comunicativa **Thanking Someone**

You can use the preposition **por** to thank someone for something.

gracias por + *noun*	**gracias por** + *infinitive*
Gracias por el regalo.	**Gracias por** llamarme.
Gracias por la invitación.	**Gracias por** invitarnos.

B **Preguntas**

1. ¿En qué mes conoció Ud. al profesor / a la profesora de español? ¿A quién(es) más conoció ese mismo día? ¿Tuvo Ud. que hablar español el primer día de clase? ¿Qué les dijo a sus amigos después de esa primera clase? ¿Qué les va a decir hoy?

2. El año pasado, ¿dónde pasó Ud. la Nochebuena? ¿el Día de Gracias? ¿Dónde estuvo durante las vacaciones de primavera? ¿Dónde piensa Ud. estar este año en estas ocasiones?

3. ¿Alguien le dio a Ud. este año una fiesta de cumpleaños? (¿O le dio Ud. a alguien una fiesta?) ¿Fue una fiesta de sorpresa? ¿Dónde fue? ¿Qué le trajeron sus amigos? ¿Qué le regalaron sus parientes? ¿Alguien le hizo un pastel? ¿Qué le dijeron todos? ¿Y qué les dijo Ud.? ¿Quieren que le den otra fiesta para su próximo cumpleaños?

24 Talking About the Past (3) • Preterite of Stem-Changing Verbs

La quinceañera de Lupe Carrasco

Imagínese los detalles de la fiesta de Lupe cuando cumplió quince años.

1. Lupe *se vistió* con
- ☐ un vestido blanco muy elegante
- ☐ una camiseta y unos *bluejeans*
- ☐ el vestido de novia[a] de su abuela

2. Cortando el pastel de cumpleaños, Lupe
- ☐ *empezó* a llorar
- ☐ *se rió* mucho
- ☐ *sonrió* para una foto

3. Lupe *pidió* un deseo[b] al cortar el pastel. Ella
- ☐ les dijo a todos su deseo
- ☐ *prefirió* guardarlo en secreto

4. En la fiesta se *sirvieron*
- ☐ champán y otras bebidas alcohólicas
- ☐ refrescos
- ☐ sólo té y café

5. Todos *se divirtieron* mucho en la fiesta. Los invitados *se despidieron*[c] a la(s) _____.

[a]vestido... *wedding gown*   [b]*wish*   [c]se... *said good-bye*

Y Ud., ¿recuerda qué hizo cuando cumplió quince años? ¿Pidió muchos regalos? ¿Se divirtió? ¿Cómo se sintió?

A. As you learned in **Capítulo 7,** the **-ar** and **-er** stem-changing verbs have no stem change in the preterite (or in the present participle).

recordar (ue): recordé, recordaste, recordó, recordamos, recordasteis, recordaron, recordando, perder (ie): perdí, perdiste, perdió, perdimos, perdisteis, perdieron, perdiendo

B. The **-ir** stem-changing verbs do have a stem change in the preterite, but only in the third person singular and plural, where the stem vowels **e** and **o** change to **i** and **u** respectively. This is the same change that occurs in the present participle of **-ir** stem-changing verbs.

pedir (i, i)		dormir (ue, u)	
pedí	pedimos	dormí	dormimos
pediste	pedisteis	dormiste	dormisteis
pidió	pidieron	durmió	durmieron
pidiendo		durmiendo	

C. Here are some **-ir** stem-changing verbs. You already know or have seen many of them.

OJO

Note the simplification:
ri-ió → rió; ri-ieron → rieron;
son-ri-ió → sonrió;
son-ri-ieron → sonrieron.

conseguir (i, i)	to get, obtain
conseguir + *inf.*	to succeed in (*doing something*)
despedir(se) (i, i) (de)	to say good-bye (to)
divertir(se) (ie, i)	to entertain (have a good time)
dormir(se) (ue, u)	to sleep (fall asleep)
morir(se) (ue, u)	to die
pedir (i, i)	to ask for; to order
preferir (ie, i)	to prefer
reír(se) (i, i)	to laugh
sentir(se) (ie, i)	to feel
servir (i, i)	to serve
sonreír (i, i)	to smile
sugerir (ie, i)	to suggest
vestir(se) (ie, i)	to dress (get dressed)

Práctica

A **¿Quién lo hizo?** ¿Ocurrieron algunas de estas cosas en clase la semana pasada? Conteste con el nombre de la persona apropiada. Si nadie lo hizo, conteste con **Nadie...**

1. _____ se vistió de una manera muy elegante.
2. _____ se vistió de una manera rara (*strange*).
3. _____ se durmió en clase.
4. _____ le pidió al profesor / a la profesora más tarea.
5. _____ se sintió muy contento/a.
6. _____ se divirtió muchísimo, riendo y sonriendo.
7. _____ no sonrió ni siquiera (*not even*) una vez.
8. _____ sugirió tener la clase afuera.
9. _____ prefirió no contestar ninguna pregunta.

B **Historias breves.** Cuente las siguientes historias breves en el pretérito. Luego continúelas, si puede.

1. **En un restaurante:** Juan (sentarse) a la mesa. Cuando (venir) el camarero, le (pedir) una cerveza. El camarero no (recordar) lo que Juan (pedir) y le (servir) una Coca-Cola. Juan no (querer) beber la Coca-Cola. Le (decir) al camarero: «Perdón, señor. Le (pedir: *yo*) una cerveza.» El camarero le (contestar): _____.

2. **Un día típico:** Rosa (acostarse) temprano y (dormirse) en seguida. (Dormir) bien y (despertarse) temprano. (Vestirse) y (salir) para la universidad. En el autobús (ver) a su amigo José y los dos se (sonreír). A las nueve _____ .

3. **Dos noches diferentes:** Yo (vestirse), (ir) a una fiesta, (divertirse) mucho y (volver) tarde a casa. Mi compañero de cuarto (decidir) quedarse en casa y (ver) la televisión toda la noche. No (divertirse) nada. (Perder) una fiesta excelente y lo (sentir) mucho. Yo _____ .

C **Las historias que todos conocemos.** Cuente algunos detalles de unas historias tradicionales, usando una palabra o frase de cada grupo y el pretérito de los verbos.

Drácula	conseguir	en un baile
el lobo (*wolf*)	perder	encontrar (*to find*) a la mujer
Rip Van Winkle	divertirse	misteriosa
Romeo	preferir	muchos años
la Cenicienta	morirse	entrar en la chimenea de los Tres
(*Cinderella*)	sentir	Cochinitos (*Little Pigs*)
el Príncipe	vestirse	por el amor de Julieta
las hermanastras	dormir	durante el día
de la Cenicienta		de (*as a*) abuela
		un zapato
		envidia (*envy*) de su hermanastra

Conversación

A Una entrevista indiscreta

Paso 1. Lea las siguientes preguntas y piense en cómo va a contestarlas. Debe contestar algunas preguntas con información verdadera. Para otras, debe inventar una respuesta.

1. ¿A qué hora se durmió anoche?
2. ¿Perdió mucho dinero en una ocasión?
3. ¿Cuánto dejó de propina (*tip*) la última vez que comió en un restaurante?
4. ¿Se despidió de alguien tardísimo alguna vez?
5. ¿Se rió alguna vez de una noticia (*piece of news*) trágica?
6. ¿Con qué programa de televisión se divirtió mucho el año pasado / la semana pasada... pero tiene vergüenza (*you're ashamed*) de admitirlo?

Paso 2. Ahora use las preguntas para entrevistar a un compañero / una compañera de clase. Luego Ud. va a decirles a todos algunas de las respuestas de su compañero/a. La clase va a decidir si la información es cierta o falsa.

MODELO: E1: ¿A qué hora te dormiste anoche?
          E1: Me dormí a las tres de la mañana... y me levanté a las siete.

          E1: Alicia se durmió a las tres... y se levantó a las siete.
    CLASE: No es cierto.
        E2: ¡Sí, es cierto! (Tienes razón. No es cierto.)

B El Día de las Brujas (*Halloween*)

Paso 1. Use the following sentences as a guide for telling about a childhood Halloween, or a more recent Halloween celebration, if appropriate.

Palabras útiles: la bruja (*witch*), el esqueleto, el monstruo

1. ¿De qué se vistió?
2. ¿Cómo se sintió?
3. ¿Fue de casa en casa?
4. ¿Qué les dijo y qué les pidió a los vecinos (*neighbors*)?
5. ¿Qué le dieron?
6. ¿Se rieron los vecinos cuando lo/la vieron?
7. ¿Consiguió muchos dulces?
8. ¿También asistió a una fiesta?
9. ¿Qué sirvieron en la fiesta?
10. ¿Se divirtió mucho?

Paso 2. De todos los miembros de la clase, ¿quién llevó el disfraz (*costume*) más cómico? ¿el más espantoso (*frightening*)? ¿el más original?

★★★★★ **En los Estados Unidos...**   ## Celebraciones hispánicas

Cada grupo hispánico de los Estados Unidos celebra sus propios[a] **días festivos.** Aquí hay algunos ejemplos.

• **El Cinco de Mayo** es una de las celebraciones de **los mexicoamericanos.** Conmemoran la victoria del un ejército[b] mexicano sobre invasores franceses en la Batalla de Puebla en 1862. Es una fecha patriótica en México, pero en los Estados Unidos, este día festivo es una oportunidad para celebrar la cultura, música, comida y solidaridad de la comunidad mexicoamericana.

Estos mexicoamericanos celebran el Cinco de Mayo en San Francisco, California.

• Cada 6 de enero, **los puertorriqueños** suelen[c] celebrar **la Fiesta de los Reyes Magos (la Epifanía).** Se conmemora la adoración del niño Jesús por los Reyes Magos. En Nueva York, es conmemorado con un desfile[d] de niños, organizado por **el Museo del Barrio,** institución que fomenta la cultura puertorriqueña.

• **El carnaval** es un día festivo **panlatino** que se celebra en casi todas las ciudades donde hay una población latina grande. En los países católicos se suele celebrar el carnaval durante los tres o cuatro días anteriores al **Miércoles de Ceniza,**[e] es decir, el principio de la **Cuaresma.**[f] En ciudades como San Francisco, Miami y Nueva York, el carnaval se celebra con música, bailes y desfiles con participantes vestidos con trajes extravagantes.

• Otro día festivo panlatino es **el Día de la Raza,** el 12 de octubre. Se conmemora el día en que Cristóbal Colón puso los pies por primera vez en tierra del hemisferio occidental. Para muchos hispanos es, además, el día para celebrar su hispanidad y la cultura que comparten[g] con todos los hispanos del mundo.

[a]*own* [b]*army* [c]*typically* [d]*parade* [e]*Ash* [f]*Lent* [g]*they share*

25

Expressing Direct and Indirect Objects Together • Double Object Pronouns

El español ¡en directo!

▼▼▼▼▼▼▼▼▼▼▼▼▼▼▼▼▼▼▼▼▼▼▼▼▼

Pedestrian!

Susanita es una amiga de Mafalda. A veces se porta muy mal y es un poco egocéntrica. ¿Conoce Ud. a personas como Susanita? ¿Le han pasado (*have happened*) las siguientes cosas a Ud.?

	SÍ	NO
1. Una vez le presté un libro a alguien y no me lo devolvió (*returned*).	☐	☐
2. Le pedí una bebida al camarero en un restaurante y no me la trajo.	☐	☐
3. Pedí algunos regalos específicos para mi cumpleaños, pero nadie me los regaló.	☐	☐
4. Les mostré fotos a unas personas, pero no me las dieron después.	☐	☐

Order of Pronouns

When both an indirect and a direct object pronoun are used in a sentence, the indirect object pronoun (**I**) precedes the direct (**D**): **ID.** Note that nothing comes between the two pronouns. The position of double object pronouns with respect to the verb is the same as that of single object pronouns.

—¿Tienes el trofeo?
Do you have the trophy?

—Sí, acaban de dár**melo.**
Yes, they just gave it to me.

—Mamá, ¿está listo el almuerzo?
Mom, is lunch ready?

—**Te lo** preparo ahora mismo.
I'll get it ready for you right now.

Le(s) → se

A. When both the indirect and the direct object pronouns begin with the letter **l,** the indirect object pronoun always changes to **se.** The direct object pronoun does not change.

Le compra unos zapatos. *He's buying her some shoes.*
Se los compra. *He's buying them for her.*

Les mandamos la blusa. *We'll send you the blouse.*
Se la mandamos. *We'll send it to you.*

B. Since **se** can stand for **le** (*to/for you* [sing.], *him, her*) or **les** (*to/for you* [pl.], *them*), it is often necessary to clarify its meaning by using **a** plus the pronoun objects of prepositions.

Se lo escribo (**a Uds., a ellos, a ellas...**).
I'll write it to (you, them . . .).

Se las doy (**a Ud., a él, a ella...**).
I'll give them to (you, him, her . . .).

Práctica

A **Lo que se oye en casa.** ¿A qué se refieren las siguientes oraciones? Fíjese en (*Note*) los pronombres y en el sentido (*meaning*) de la oración.

el control remoto   una motocicleta   el televisor
la videocasetera (*VCR*)   el canal   unas fotos

1. No quiero que se *lo* pongas a los niños. Miran demasiado la tele.
2. ¿Me *lo* das, por favor? Quiero cambiar (*to change*) el canal.
3. Es preferible que nos *la* arreglen (*fix*) pronto. Tengo un vídeo nuevo que quiero mirar.
4. No entiendo por qué no quieres prestárme*la*.
5. ¡Por favor! ¡No me *lo* cambies (*change*)! Me gusta este programa.
6. ¿Por qué no se *las* mandas a los abuelos? Les van a gustar muchísimo.

B **En la mesa.** Imagínese que Ud. acaba de comer pero todavía tiene hambre. Pida más comida, según el modelo. Fíjese en el uso del tiempo presente como sustituto para el mandato.

MODELO: ensalada → ¿Hay más *ensalada*? Me *la* pasas, por favor.

1. pan   2. tortillas   3. tomates   4. fruta   5. vino   6. jamón

C **En el aeropuerto.** Cambie los sustantivos a pronombres para evitar (*avoid*) la repetición.

1. ¿La hora de la salida? Acaban de decirnos la hora de la salida.
2. ¿El horario? Sí, léeme el horario, por favor.
3. ¿Los boletos? No, no tiene que darle los boletos aquí.
4. ¿El equipaje? Claro que le guardo el equipaje.
5. ¿Los pasajes? Acabo de comprarte los pasajes.
6. ¿El puesto? No te preocupes. Te puedo guardar el puesto.
7. ¿La clase turística? Sí, les recomiendo la clase turística, señores.
8. ¿La cena? La asistente de vuelo nos va a servir la cena en el avión.

Conversación

A **Regalos especiales**

Paso 1. The drawings in **Grupo A** show the presents that a number of people have just received. They were sent by the people in **Grupo B.** Can you match the presents with the sender? Make as many logical guesses as you can.

GRUPO A

GRUPO B

Paso 2. Now compare your matches with those of a partner.

MODELO: ¿Quién le regaló (mandó) a Maritere _____?
¿Quién les regaló (mandó) a Carlos y Juanita _____?

Se lo/la/los/las regaló (mandó) _____.

B **¿Quién le regaló eso?**

Paso 1. Haga una lista de los cinco mejores regalos que Ud. ha recibido (*have received*) en su vida. Si no sabe cómo decir algo, pregúnteselo a su profesor(a).

Paso 2. Ahora déle a un compañero / una compañera su lista. Él/Ella le va a preguntar: **¿Quién te regaló _____ ?** Use pronombres en su respuesta. **¡Ojo!** Fíjese en (*Note*) estas formas plurales (**ellos**): **regalaron, dieron, mandaron.**

MODELO: E1: ¿Quién te regaló los aretes?
E2: Mis padres me los regalaron.

In this **Situaciones** dialogue, members of Manolo Durán's family are saying good-bye to each other after a family celebration. Pay close attention to the **vosotros** forms that appear in the dialogue. How would the dialogue be different if it were spoken in Mexico? Argentina?

Jaime, Elena y sus hijos se despiden de los demás miembros de la familia.

JAIME: Bueno, hasta otro,[a] hermano.
MANOLO: ¡Y que sea pronto![b]
ELENA: Hasta luego. Nos divertimos mucho, ¿eh?
ANA: Que tengáis buen viaje.[c]
PEDRO: Nos mandaréis[d] copias de las fotos, ¿no?
JAIME: Por supuesto que sí. Ha sido[e] maravilloso veros. ¡Que haya suerte![f]

[a]otro día   [b]¡Y... *Let's hope it's soon!*
[c]Que... *Have a good trip.*   [d]*you will send*
[e]Ha... *It's been*   [f]¡Que... *Good luck with everything!*

Con un compañero / una compañera

How do people normally take leave of one another? Are the good-byes long? short? Does it depend on the situation? With a classmate or two, practice taking leave of others in the following situations.

1. Ud. acaba de dar una fiesta de cumpleaños y algunos de sus invitados van a salir. Ellos le regalaron algo que a Ud. le gusta muchísimo.
2. Ud. va a salir de una fiesta de Noche Vieja. La fiesta no estuvo muy buena, pero no quiere ser descortés con los anfitriones.
3. Algunos parientes que viven lejos (tíos, abuelos, primos, etcétera) han pasado (*have spent*) el fin de semana en la casa de Ud., pero ahora tienen que regresar a su pueblo/ciudad. No se ven (*You don't see each other*) con frecuencia, y la despedida es un poco triste.

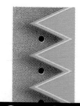

Un poco de todo

A **Más días festivos.** Complete the following paragraphs with the correct form of the words in parentheses, as suggested by the context. When two possibilities are given in parentheses, select the correct word. Use the preterite of infinitives in italics.

La fiesta de la Virgen de Guadalupe

En (alguno[1]) países hispánicos los días de (cierto[2]) santos (ser/estar[3]) fiestas nacionales. El día 12 (de/del[4]) diciembre se (conmemorar[5]) a la santa patrona de México, la Virgen de Guadalupe. (Mucho[6]) mexicoamericanos celebran (este[7]) fiesta también. Se cree que la Virgen María se le (aparecer[8]) (a/de[9]) Juan, (un/una[10]) humilde pastor,[a] en el pueblo (a/de[11]) Guadalupe. La Virgen (dejar[12])[b] su imagen en un rebozo[c] que todavía se puede (ver[13]) en su Basílica en la Ciudad de México.

[a]shepherd   [b]to leave   [c]shawl

La fiesta de San Fermín

No (todo[14]) las fiestas hispánicas (ser/estar[15]) religiosas. Esta fiesta de Pamplona (España) lleva (el/la[16]) nombre de un santo y (ser/estar[17]) de origen religioso, pero es esencialmente secular. Durante diez días —entre (el/la[18]) 7 y (el/la[19]) 17 de julio— se interrumpe la rutina diaria (del / de la[20]) ciudad. (Llegar[21]) personas de todas partes de España e inclusive de (otro[22]) países para beber, cantar, bailar... y (pasarlo[23]) bien. Todas las mañanas algunos toros (correr[24]) sueltos[a] por (el/la[25]) calle de la Estafeta, en dirección (al / a la[26]) plaza de toros. (Alguno[27]) personas atrevidas[b] (correr[28]) delante de ellos. No (haber[29]) duda que (este[30]) demostración de valor[c] (ser/estar[31]) bastante peligrosa. Luego por (el/la[32]) tarde se celebra una corrida[d] en la famosa plaza de toros que (describir[33]) Ernest Hemingway en (su[34]) novela *The Sun Also Rises*. En Pamplona todavía (ser/estar[35]) posible (hablar[36]) con personas que (saber/conocer[37]) a este famoso escritor estadounidense.

[a]free   [b]daring   [c]courage   [d]bullfight

Comprensión: ¿Cierto o falso? Corrija las oraciones falsas.

1. Todas las fiestas hispánicas son religiosas.
2. Sólo los mexicanos celebran la fiesta de la Virgen de Guadalupe.
3. La fiesta de San Fermín es esencialmente para los niños.
4. Algunos españoles todavía recuerdan a Hemingway.

B **Un día en la vida de...**

Paso 1. Antonio Sifuentes, el compañero de casa de Diego González, es estudiante posgraduado en la UNAM. Los siguientes verbos sirven de base para hacer una descripción de una día típico de su vida. Úselos para describir lo que Antonio hizo ayer.

POR LA MAÑANA

despertarse a las siete
levantarse en seguida
ducharse
afeitarse
vestirse
peinarse
desayunar
tomar sólo un café con leche
ir a la universidad
asistir a clases toda la mañana

(Continúa.)

POR LA TARDE

almorzar con unos amigos en la cafetería
divertirse hablando con ellos
despedirse de ellos
ir a la biblioteca
quedarse allí estudiando hasta las cuatro y media
volver a casa después
ayudar a Diego a preparar la cena

POR LA NOCHE

cenar con Diego y Lupe
querer estudiar por una hora
no poder (estudiar)
mirar la televisión con sus amigos
darles las buenas noches (a sus amigos)
salir a reunirse con otros amigos en un bar
volver a casa a las dos de la mañana
quitarse la ropa
acostarse
leer por cinco minutos para poder dormirse
dormirse

Paso 2. Use los verbos del **Paso 1** para describir lo que Ud. hizo ayer. Cambie los detalles necesarios para dar la información correcta. Añada (*Add*) verbos si es necesario.

C Situaciones y reacciones

Paso 1. Imagine que ocurrieron las siguientes situaciones en algún momento en el pasado. ¿Cómo reaccionó Ud.? ¿Sonrió? ¿Lloró? ¿Se rió? ¿Se enojó? ¿Se puso triste, contento/a, furioso/a? ¿Qué hizo?

MODELO: Su compañero de cuarto hizo mucho ruido a las cuatro de la mañana.
¿Cómo reaccionó Ud.? →
Me enojé.
(Me puse furiosísimo/a.)
(Salí de casa y fui a dormir en casa de un amigo.)
(Hablé con él.)

SITUACIONES

1. Una amiga le regaló un libro pesadísimo (*extremely boring*) que no le gustó nada.
2. El profesor le dijo que no hay clase mañana.
3. Ud. rompió las gafas (*eyeglasses*).
4. Su hermano perdió la cartera.
5. Su mejor amigo lo/la llamó a las seis de la mañana el día de su cumpleaños.
6. Nevó muchísimo y Ud. tuvo que hacer un viaje en auto.
7. Ud. recibió el aumento de sueldo (*raise*) más grande de la oficina.
8. Durante el último examen, Ud. no pudo recordar las formas del pretérito.
9. Ud. preparó una cena para algunos amigos y todo le salió horrible.

Paso 2. Ahora pregúntele a un compañero / una compañera si se le ocurrieron algunas de esas cosas y cuáles fueron sus reacciones.

Vocabulario

Los verbos

conseguir (i, i)	to get, obtain
conseguir + *inf.*	to succeed in (*doing something*)
despedirse (i, i) (de)	to say good-bye (to), take leave (of)
discutir (sobre) (con)	to argue (about) (with)
encontrar (ue)	to find
enfermarse	to get sick
enojarse	to get angry
faltar	to be absent, lacking
gastar	to spend (*money*)
llorar	to cry
morir(se) (ue, u)	to die
olvidarse (de)	to forget (about)
ponerse (*irreg.*) + *adj.*	to become, get + adjective
portarse	to behave
quejarse (de)	to complain (about)
reaccionar	to react
recordar (ue)	to remember
reírse (i, i)	to laugh
reunirse (me reúno) (con)	to get together (with)
sentirse (ie, i)	to feel
sonreír (i, i)	to smile
sugerir (ie, i)	to suggest

Los días festivos y las fiestas

el anfitrión/ la anfitriona	host, hostess
el chiste	joke
el deseo	wish
los entremeses	hors d'œuvres
el/la invitado/a	guest
el pastel de cumpleaños	birthday cake

los refrescos	refreshments
la sorpresa	surprise
cumplir años	to have a birthday
dar una fiesta	to give/have a party
hacer una fiesta	to give/have a party
pasarlo bien/mal	to have a good/bad time

Repaso: celebrar, el cumpleaños, divertirse, regalar

Los sustantivos

la emoción	emotion
el hecho	event
la medianoche	midnight
la noticia	piece of news

Los adjetivos

avergonzado/a	embarrassed
feliz (*pl.* **felices**)	happy
peligroso/a	dangerous
raro/a	strange

Repaso: triste

Palabras adicionales

¡felicitaciones!	congratulations!
ser en + *place*	to take place in/at (*place*)

Algunos días festivos

la Navidad, la Nochebuena, la Noche Vieja, la Pascua (Florida)

Un paso más 8

•LECTURA

Repaso de estrategias: Using What You Know

In previous chapters of *Puntos de partida,* you learned that you can use a variety of prereading strategies to help you understand the meaning of a passage in Spanish. Some of these strategies include:

- guessing meaning from context
- learning to recognize cognates and cognate patterns
- using visual aids
- getting a general idea about content

Using a combination of some or all of these strategies will help you to become a more efficient, successful reader in Spanish.

▶ **Sobre la lectura...** Esta lectura viene de un libro sobre algunas
▶ celebraciones en las Américas. Su contenido ha sido reducido (*has been*
▶ *reduced*), pero el lenguaje no ha sido modificado (*modified*).

La fiesta del sol

A menudo[a] en la América Latina, se rinde culto a[b] los antiguos <u>dioses</u> indígenas y a los santos cristianos el mismo día. En Guatemala, en la América Central, ocurre esto el 21 de diciembre.

Para quienes viven en el hemisferio norte de nuestro planeta, el 21 de diciembre (y algunas veces el 22) es el primer día de invierno. También es el día más corto del año porque tiene menos horas de sol. Es un día en el cual muchos indios todavía le rezan al[c] dios sol para pedirle que les mande su calor y su luz.

Entre los cristianos, el 21 de diciembre es también la fiesta de Santo Tomás. En los países de habla inglesa de las Américas, el Día de Santo Tomás a menudo <u>se ignora</u>. Pero los indios mayas de Guatemala, que se han

La celebración de Santo Tomás en Chichicastenango, Guatemala

[a]A... *Often*   [b]se... *people worship*   [c]le... *pray to the*

vuelto[d] cristianos, celebran con grandes fiestas el 21 de diciembre, especialmente en un pueblecito montañoso que tiene el largo nombre de Santo Tomás Chichicastenango. Santo Tomás es el santo patrón, guardián y protector del pueblo. El día de Santo Tomás hay una gran procesión.

Muchas costumbres[e] indias se mezclan con las festividades de este santo cristiano. Los tambores[f] redoblan y se tocan dulces flautas.

Cada cierto tiempo la procesión se detiene[g] y se lanza un cohete[h] al aire. Después de la procesión hay bailes indios especiales. Los bailarines están vestidos con ricos trajes y máscaras curiosas. Es obvio que la gente tiene gran devoción a su santo patrón.

Pero la gente de Chichicastenango no olvida al dios del sol. La gente celebra ceremonias especiales para mantener feliz al dios sol, y para ofrecerle su respeto. ●

[d]se... *have become* [e]*customs* [f]*drums* [g]se... *stops* [h]*rocket*

Comprensión

A **¿Cierto o falso?** Conteste según el artículo que acaba de leer.

	C	F
1. Los instrumentos musicales están prohibidos durante las fiestas para respetarle al dios sol.	☐	☐
2. En algunos pueblos se combinan ceremonias cristianas con tradiciones indígenas.	☐	☐
3. El Día de Santo Tomás tiene muchísima importancia en los Estados Unidos.	☐	☐
4. El pueblo de Santo Tomás Chichicastenango está situado en la costa de Guatemala.	☐	☐

B **¿Qué hacen?** Indique tres de las cosas que se asocian con la procesión en Santo Tomás Chichicastenango.

PARA ESCRIBIR

A **¿Cómo es su día festivo favorito?**

Paso 1. Complete la siguiente oración.

Mi día festivo favorito es _____.

Paso 2. Ahora conteste las siguientes preguntas.

1. ¿Con quién(es) celebra Ud. ese día festivo?
2. ¿Cuáles son las costumbres y tradiciones de ese día?
3. ¿Qué comidas y bebidas se sirven?
4. ¿Qué ropa especial se lleva?
5. ¿Qué más hacen Uds.?

B **Una carta al extranjero** (*abroad*). Utilice la información de la Actividad A (y otra información, si quiere) para escribir una breve composición sobre su día festivo favorito. Imagínese que su composición es una carta que se mandará (*will be sent*) a un estudiante extranjero que sabe poco sobre las festividades norteamericanas.

·ACTIVIDADES

Actividad A   Días festivos, aquí y en el extranjero

Paso 1. En todos los países hay días festivos que se celebran en otros países también, y otros que son auténticamente nacionales. A continuación (*Following*) hay descripciones de algunos días festivos y celebraciones del mundo hispánico. ¿Puede emparejar las descripciones de la celebración y el país?

LOS DÍAS FESTIVOS

1. _____ En procesiones elegantes, las cofradías (*brotherhoods*) llevan estatuas de la Virgen y Jesús por las calles de la ciudad. Esta tradición data de la Edad Media (*Middle Ages*). Se hace esta procesión durante la Semana Santa.
2. _____ Esta celebración conmemora el comienzo de la lucha por la independencia de este país. Tiene lugar cada 16 de septiembre. La celebración recuerda el famoso «Grito (*Shout*) de Dolores».
3. _____ Esta celebración tiene lugar antes del comienzo de la Cuaresma (*Lent*). Se llama Carnaval. Es muy popular especialmente en los países del Caribe.
4. _____ Esta fiesta es parte de las tradiciones indígenas de este país. Se llama el Inti-Raymi, o el Día del Sol.
5. _____ Esta celebración, llamada «las posadas», recuerda la ocasión en que San José y la Virgen María buscan dónde pasar la noche. Los niños hispánicos van cantando villancicos (*carols*) de casa en casa. Se celebra especialmente en lugares con una fuerte influencia mexicana.

LOS PAÍSES

a. México
b. Puerto Rico
c. los Estados Unidos
d. España
e. el Perú

Paso 2. Ahora describa algunas de las tradiciones que observa su familia, contestando las siguientes preguntas.

1. ¿De dónde viene su familia?
2. ¿Se habla otra lengua en casa? ¿Cuál?
3. ¿Algún miembro de su familia nació en otro país? ¿Quién?
4. ¿Cuáles son las fiestas que se celebran en su familia con reuniones (*gatherings*) familiares o con costumbres especiales? ¿la Navidad?

¿la Pascua? ¿la Pascua Florida? ¿el Día de Gracias? ¿el Cuatro de Julio? ¿el cumpleaños de alguien?

5. ¿Cómo se celebran estas fiestas? ¿Dónde es la fiesta? ¿Hay comida especial? ¿Quiénes vienen a casa? ¿Van Uds. a casa de otro pariente?

6. En general, ¿cuál es el origen de esas tradiciones? ¿Son familiares, es decir, tienen que ver con su familia en particular? ¿O tienen que ver con la herencia (*heritage*) étnica de su familia?

A propósito... Keeping the Conversation Going

Carrying on a conversation in a second language requires effort. When you are speaking to someone in Spanish, you may be making such an effort to understand everything or to formulate even simple answers that you forget to say the things that you would automatically say in English.

A conversation is somewhat like a tennis game: It is important to keep the ball moving. But to keep a conversation going, you need to do more than just answer the other person's questions mechanically. If you volunteer a comment or ask a question in return, you not only provide more information but let the other person know that you are interested in continuing the conversation. For example, in answer to the question **¿Juegas al béisbol?,** the words **Sí** or **Sí, juego al béisbol** do little more than hit the ball back. They are factually and grammatically correct, but since they provide no more new information, they return the burden of carrying the conversation to the other person. Answers such as **Sí, soy el pícher** or **Sí, ¿a ti te gusta también? ¿Quieres jugar con nosotros el domingo?** or **No, pero juego al tenis** demonstrate your willingness to keep on talking.

Actividad B   Dime más. *(Tell me more.)*

With another student, ask and answer the following questions. After answering the questions with a minimal amount of information, volunteer an additional comment or ask your partner a follow-up question. Using the suggestions in the **A propósito...** section, keep each conversation going for a minimum of three or four exchanges before going on to the next question.

1. ¿A ti te gusta bailar salsa?
2. ¿Conoces la ciudad de Nueva York?
3. ¿Dónde vive tu familia?
4. ¿Tienes coche?
5. ¿Por qué estudias español?
6. ¿Cuál es tu programa de televisión favorito?
7. ¿Quieres viajar a México?
8. ¿Qué hiciste el verano pasado?

El tiempo libre

San Antonio, Texas

¿Qué hace Ud. en sus ratos libres? ¿Se dedica a los pasatiempos y diversiones o se dedica a mantener su casa en orden?

In this chapter, you will study vocabulary and structures that will allow you to

- talk about how you spend your free time, including fun activities and household chores (**Vocabulario: Preparación**)
- describe and talk about what you used to do (**Grammar Section 26**)
- express extremes (**27**)
- use most question words (**28**)

As you work through the chapter, see how much you can learn about favorite pastimes and other weekend activities in the Spanish-speaking world.

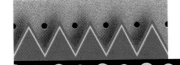
Pasatiempos, diversiones y aficiones°

Pasatiempos... *Pastimes, fun activities, and hobbies*

Los pasatiempos

los ratos libres	spare (free) time
dar/hacer una fiesta	to give a party
dar un paseo	to take a walk
hacer *camping*	to go camping
hacer un *picnic*	to have a picnic
hacer planes para + *inf.*	to make plans to (*do something*)
ir...	to go . . .
al cine / a ver una película	to the movies / to see a movie
al teatro / a un concierto	to the theater / to a concert
a una discoteca / a un bar	to a disco / to a bar
jugar (ue) a las cartas / al ajedrez	to play cards / chess
tomar el sol	to sunbathe
visitar un museo	to visit a museum
aburrirse	to get bored
divertirse (ie, i)	to enjoy oneself
pasarlo bien/mal	to have a good / bad time
ser divertido/a, aburrido/a	to be fun, boring

Los deportes

el ciclismo	bicycling
correr	to run; to jog
esquiar (esquío)	to ski
el fútbol americano	football
montar a caballo	to ride a horse
nadar	to swim
la natación	swimming
pasear en bicicleta	to ride a bicycle

patinar	to skate	ganar	to win
patinar en línea	to rollerblade	jugar (ue) al + *sport*	to play (*a sport*)
Otros deportes: el basquetbol, el béisbol, el golf, el hockey, el tenis, el vólibol		perder (ie)	to lose
		practicar	to participate (*in a sport*)
entrenar(se)	to practice, train	ser aficionado/a (a)	to be a fan (of)

Conversación

A **Los deportes y los trofeos.** ¿Cuánto sabe Ud. de los deportes profesionales? Indique el deporte que se asocia con cada una de las siguientes competencias.

1. la Serie Mundial
2. la Copa Mundial
3. la Copa Stanley
4. Wimbledon
5. el Superbowl
6. el Maratón de Boston
7. la Vuelta a Francia
8. el *Tour* PGA

B **Gustos y preferencias.** Lea las siguientes descripciones de lo que les gusta hacer a unos estudiantes. Luego diga el nombre del pasatiempo más apropiado para cada uno en sus ratos libres. Hay más de una respuesta posible.

1. A Beatriz le gusta mucho estar al aire libre (*outdoors*).
2. A Julio y a Juana les encanta el arte... moderno, medieval, lo que sea (*whatever*).
3. A Ramón le gusta que todos sus amigos vengan a casa a pasarlo bien.
4. Ernesto y Magdalena siempre prefieren que sus hijos pasen su tiempo libre con ellos.
5. A Carmen y a sus amigos les encanta bailar y cantar. En realidad les gusta la música en general.
6. Pepe tiene mucho interés en el cine, sobre todo en el cine español, argentino y mexicano.

C **¿Cierto o falso?** Corrija las oraciones falsas según su opinión.

1. Es aburrido quedarse en casa para leer.
2. Nunca lo paso bien con mi familia. De hecho (*In fact*), para divertirme, tengo que estar con mis amigos.
3. En cuanto a (*As far as*) mis pasatiempos, soy mucho más intelectual (deportivo/a) que mis amigos (soy igual que mis amigos).
4. No soy aficionado/a a ningún deporte.
5. El fútbol americano es el deporte más violento de todos.
6. Tomar el sol con frecuencia es bueno para la salud (*health*).
7. Los estudiantes de esta universidad tienen muchos ratos libres porque los profesores no piden mucha tarea (*homework*).
8. El pasatiempo favorito de los estudiantes de esta universidad es asistir a fiestas.

El fútbol

Sin duda,[a] el deporte más popular en el mundo hispánico es **el fútbol.** Los niños hispánicos aprenden a jugar al fútbol casi desde que[b] empiezan a caminar. Muchas veces, estos niños son **aficionados** a los equipos que a sus padres les gustan.

Generalmente, hay muchos **campos de fútbol** en todas las ciudades donde los niños (y también los mayores) juegan siempre que pueden.[c] En realidad, ¡cualquier espacio abierto se puede convertir en un campo de fútbol si se tiene una pelota![d]

En cada país hispánico hay **ligas profesionales** de fútbol con varias divisiones, como ocurre en los Estados Unidos con los deportes profesionales. Los buenos **jugadores** de fútbol ganan muchísimo dinero. Algunos de los mejores jugadores de fútbol del mundo son de países hispánicos. Es necesario mencionar aquí los nombres sobresalientes[e] del brasileño Pelé y del argentino Diego Maradona.

Un partido de la Copa Mundial entre el Brasil y Honduras

[a]*doubt*   [b]desde... *from the time that*   [c]siempre... *whenever they can*   [d]*ball*   [e]*outstanding*

Trabajando en casa

Algunos aparatos domésticos

el horno de microondas
la tostadora
la cafetera
el congelador
la estufa
el lavaplatos
el refrigerador
la aspiradora
la secadora
la lavadora

Los quehaceres domésticos°   Los... *Household chores*

barrer (el suelo)	to sweep (the floor)	**pasar la aspiradora**	to vacuum
dejar (en...)	to leave behind (in [*a place*])	**pintar (las paredes)**	to paint (the walls)
hacer la cama	to make the bed	**planchar la ropa**	to iron clothing
lavar (las ventanas, los platos)	to wash (the windows, the dishes)	**poner la mesa**	to set the table
		quitar la mesa	to clear the table
limpiar la casa (entera)	to clean the (whole) house	**sacar la basura**	to take out the trash
		sacudir los muebles	to dust the furniture

Vocabulario útil

Here are some alternative phrases used in some parts of the Spanish-speaking world related to household chores and appliances. This vocabulary is for your information only and will not be actively practiced in *Puntos de partida*.

hacer la cama → **tender (ie) la cama**
lavar los platos → **fregar los platos**
sacar la basura → **tirar la basura**
sacudir los muebles → **quitar el polvo**
  (lit., *to remove the dust*)

el congelador → **la nevera**
la estufa → **la cocina (el horno** is generally used for *oven*)
el refrigerador → **el frigorífico, la refrigeradora**

Conversación

A **Los quehaceres.** ¿En qué cuarto o parte de la casa se hacen las siguientes actividades? Hay más de una respuesta en muchos casos.

1. Se hace la cama en _____.
2. Se saca la basura de _____ y se deja en _____.
3. Se sacude los muebles de _____.
4. Uno se baña en _____. Pero es mejor que uno bañe al perro en _____.
5. Se barre el suelo de _____.
6. Se pasa la aspiradora en _____.
7. Se lava y se seca la ropa en _____. La ropa se plancha en _____.
8. Se usa la cafetera en _____.

B **¡Manos a la obra!** (*Let's get to work!*)

Paso 1. De los siguientes quehaceres, ¿cuáles le gustan más? Póngalos en orden de mayor (1) a menor (10) preferencia para Ud.

—— barrer el suelo   —— lavar la ropa   —— sacudir los muebles
—— hacer la cama   —— planchar la ropa   —— pintar las paredes de
—— lavar los platos   —— limpiar el garaje   un cuarto
—— pasar la aspiradora   —— sacar la basura

Paso 2. ¿Hay un quehacer favorito entre todos? ¿Hay un quehacer que no le guste a la mayoría de los estudiantes? ¿Hay alguna diferencia entre las preferencias de los hombres y las de las mujeres?

C **Las marcas** (*Brand names*). ¿Para qué se usan los siguientes productos? Explíqueselo a su amigo Arturo que acaba de llegar de la Argentina y que los conoce sólo por su nombre.

1. Windex
2. Mr. Coffee
3. Endust
4. Glad Bags
5. Joy
6. Cascade
7. Tide
8. Lysol

You already know several ways to express obligation, things you have to do.

Tengo que			*I have to*		
Necesito	} barrer el suelo.		*I need to*	} *sweep the floor.*	
Debo			*I should*		

Of the three alternatives, **tener que** + *infinitive* expresses the strongest sense of obligation.

The concept *to be someone's turn or responsibility* (to do something) is expressed in Spanish with the verb **tocar** plus an indirect object.

—¿**A quién le toca** lavar los platos esta noche?

Whose turn is it to wash the dishes tonight?

—**A mí me toca** solamente sacar la basura. Creo que **a Papá le toca** lavar los platos.

I only have to take out the garbage. I think it's Dad's turn to wash the dishes.

D **Entrevista.** ¿Mantiene Ud. su casa en orden? ¿Con qué frecuencia hace Ud. los siguientes quehaceres? Si no los hace, ¿a quién le toca? Otro/a estudiante lo/la va a entrevistar para evaluar sus hábitos domésticos. Si Ud. vive en una residencia estudiantil, imagine que vive en una casa o en un apartamento.

MODELO: lavar las ventanas →
    E1: ¿Con qué frecuencia lavas las ventanas? (¿A quién le toca lavar las ventanas?)
    E2: Nunca las lavo. A mi compañero/a le toca lavarlas. (Las lavo frecuentemente.)

0 = nunca   1 = a veces   2 = frecuentemente   3 = todos los días

1. _____ lavar las ventanas
2. _____ hacer las camas
3. _____ poner la mesa
4. _____ preparar la comida
5. _____ sacudir los muebles
6. _____ lavar los platos
7. _____ limpiar la casa entera

8. _____ sacar la basura
9. _____ pasar la aspiradora
10. _____ limpiar la estufa
11. _____ planchar la ropa
12. _____ barrer el suelo

_____ TOTAL

INTERPRETACIONES

0–8 puntos: ¡Cuidado! (*Careful!*) Ud. es descuidado/a (*careless*). ¿Estudia demasiado (*too much*)? Por favor, ¡limpie su casa! ¡No lo deje para mañana!

9–17 puntos: Ud. puede vivir en su casa, pero no debe invitar a otras personas sin limpiarla bien primero.

18–27 puntos: Su casa, aunque no está perfecta, está limpia. Es un modelo para todos.

28–36 puntos: ¡Ud. es una maravilla y tiene una casa muy, muy limpia! Pero, ¿pasa Ud. demasiado tiempo limpiando? ¡Váyase al aire libre de vez en cuando!

Minidiálogos y gramática

26

Descriptions and Habitual Actions in the Past • Imperfect of Regular and Irregular Verbs

Diego habla de los aztecas.

«Los aztecas construyeron grandes pirámides para sus dioses. En lo alto de cada pirámide *había* un templo donde *tenían* lugar las ceremonias y *se ofrecían* los sacrificios. Las pirámides *tenían* muchísimos escalones, y *era* necesario subirlos todos para llegar a los templos.

Cerca de muchas pirámides *había* un terreno como el de una cancha de basquetbol. Allí *se celebraban* partidos que *eran* parte de una ceremonia. Los participantes *jugaban* con una pelota de goma dura, que sólo *podían* mover con las caderas y las rodillas... »

Comprensión: ¿Cierto o falso?

1. Los aztecas creían en un solo dios.
2. Las pirámides aztecas tenían una función religiosa.
3. Los aztecas practicaban un deporte similar al basquetbol.

The *imperfect* (**el imperfecto**) is the second simple past tense in Spanish. In contrast to the preterite, which is used when you view actions or states of being as finished or completed, the imperfect tense is used when you view past actions or states of being as habitual or as "in progress." The imperfect is also used for describing the past.

The imperfect has several English equivalents. For example, **hablaba,** the first person singular of **hablar,** can mean *I spoke, I was speaking, I used to speak,* or *I would speak* (when *would* implies a repeated action). Most of these English equivalents indicate that the action was still in progress or was habitual, except for *I spoke,* which can correspond to either the preterite or the imperfect.

Diego talks about the Aztecs. "The Aztecs constructed large pyramids for their gods. At the top of each pyramid there was a temple where ceremonies took place and sacrifices were offered. The pyramids had many, many steps, and it was necessary to climb them all in order to get to the temples.

"Next to many pyramids there was an area of land like that of a basketball court. Ceremonial matches were celebrated there. The participants played with a ball made of hard rubber that they could only move with their hips and knees . . ."

Forms of the Imperfect

hablar		comer		vivir	
hablaba	hablábamos	comía	comíamos	vivía	vivíamos
hablabas	hablabais	comías	comíais	vivías	vivíais
hablaba	hablaban	comía	comían	vivía	vivían

- Stem-changing verbs do not show a change in the imperfect. The imperfect of **hay** is **había** (*there was, there were, there used to be*).

Pronunciation Hint: Remember that the pronunciation of a **b** between vowels, such as in the imperfect ending **-aba,** is pronounced as a fricative [ß] sound.

In the other imperfect forms, it is important not to pronounce the ending **-ía** as a diphthong, but to pronounce the **i** and the **a** in separate syllables (the accent mark over the **í** helps remind you of this).

Imperfect of stem-changing verbs = no change
almorzar (ue) → almorzaba
perder (ie) → perdía
pedir (i, i) → pedía

Imperfect of **hay** = **había**

- Only three verbs are irregular in the imperfect: **ir, ser,** and **ver.**

ir		ser		ver	
iba	íbamos	era	éramos	veía	veíamos
ibas	ibais	eras	erais	veías	veíais
iba	iban	era	eran	veía	veían

Uses of the Imperfect

Note the following uses of the imperfect. If you have a clear sense for when and where the imperfect is used, understanding where the preterite is used will be easier. When talking about the past, the preterite *is* used when the imperfect *isn't.* That is an oversimplification of the uses of these two past tenses, but at the same time it is a general rule of thumb that will help you out at first.

The imperfect has the following uses.
- To describe *repeated habitual actions* in the past

Siempre **nos quedábamos** en aquel hotel.
We always stayed (used to stay, would stay) at that hotel.

Todos los veranos **iban** a la costa.
Every summer they went (used to go, would go) to the coast.

- To describe an *action that was in progress (when something else happened)*

  Pedía la cena.
  She was ordering dinner.

  Buscaba el coche.
  He was looking for the car.

- To describe two *simultaneous past actions in progress*, with **mientras**

  Tú **leías mientras** Juan **escribía** la carta.
  You were reading while Juan was writing the letter.

- To describe ongoing *physical, mental, or emotional states* in the past

  [Práctica A–B]

  Estaban muy distraídos.
  They were very distracted.

  La **quería** muchísimo.
  He loved her a lot.

- To tell *time* in the past and to express age with **tener**

  Era la una.
  It was one o'clock.

  Eran las dos.
  It was two o'clock.

  Tenía 18 años.
  She was 18 years old.

  OJO

  Just as in the present, the singular form of the verb **ser** is used with one o'clock, the plural form from two o'clock on.

- To form a *past progressive*: imperfect of **estar** + *present participle**
Note that the simple imperfect—**cenábamos, estudiabas**—could also be used in the example sentences to express the ongoing actions. The use of the progressive emphasizes that the action was actually in progress.

  [Práctica C]

  Estábamos cenando a las diez.
  We were having dinner at ten.

  ¿No **estabas estudiando**?
  Weren't you studying?

Práctica

A Mi niñez (*childhood*)

Paso 1. Indique si las siguientes oraciones eran ciertas o falsas para Ud. cuando tenía diez años.

	C	F
1. Estaba en cuarto (*fourth*) grado.	☐	☐
2. Me acostaba a las nueve todas las noches.	☐	☐

---

*A progressive tense can also be formed with the preterite of **estar**: *Estuvieron* **cenando hasta las doce.** The use of the progressive with the preterite of **estar,** however, is relatively infrequent, and it will not be practiced in *Puntos de partida.*

3. Me gustaba leer el suplemento para niños en el periódico del domingo. ☐ ☐

4. Los sábados me levantaba a las ocho para mirar los dibujos animados. ☐ ☐

5. Era muy torpe (*clumsy*) en los deportes y me caía (*I fell*) con frecuencia. ☐ ☐

6. Mis padres me pagaban por los quehaceres que hacía: cortar el césped (*grass*), lavar los platos... ☐ ☐

7. Me gustaba acompañar a mi madre/padre al supermercado ☐ ☐

8. Le pegaba (*I hit*) a mi hermano/a con frecuencia. ☐ ☐

9. Tocaba un instrumento musical en la orquesta de la escuela. ☐ ☐

10. Mis héroes eran personajes de las tiras cómicas, como Superman y Wonder Woman. ☐ ☐

Paso 2. Ahora corrija las oraciones que son falsas para Ud.

MODELO: 2. Es falso. Me acostaba a las diez, no a las nueve.

B **Cuando Tina era niña...** Describa la vida de Tina cuando era muy joven, haciendo oraciones según las indicaciones.

La vida de Tina era muy diferente cuando tenía seis años.

1. todos los días / asistir/ a / escuela primaria
2. por / mañana / aprender / a / leer / y / escribir / en / pizarra
3. a / diez / beber / leche / y / dormir / un poco
4. ir / a / casa / para / almorzar / y / regresar / a / escuela
5. estudiar / geografía / y / hacer / dibujos
6. jugar / con / compañeros / en / patio / de / escuela
7. camino de (*on the way*) casa / comprar / dulces / y / se los / comer
8. frecuentemente / pasar / por / casa / de / abuelos
9. cenar / con / padres / y / ayudar / a / lavar / platos
10. mirar / tele / un rato / y / acostarse / a / ocho

C **El trabajo de niñera** (*baby-sitter*)

Paso 1. El trabajo de niñera puede ser simplemente pesado, pero cuando los niños son traviesos (*mischievous*), puede ser hasta peligroso. ¿Qué estaba pasando cuando la niñera perdió por fin la paciencia? Describa todas las acciones que pueda, usando **estaba(n)** + **-ndo.**

Palabras útiles: discutir (*to argue*), ladrar (*to bark*), pelear (*to fight*), sonar (ue)* (*to ring; to sound, play*)

(Continúa.)

*Although **sonar** is a stem-changing verb (**o → ue**), remember that the stem of present participles does not change with these verbs (**sonando**).

Paso 2. De joven, ¿trabajaba Ud. de niñero/a? ¿Tuvo alguna vez una mala experiencia? Complete la siguiente oración, si puede, usando un verbo en el pretérito.

MODELO: Una vez, cuando yo estaba (leyendo, mirando la tele, hablando con un amigo / una amiga,...), el niño / la niña...

Conversación

A **¡Qué cambio! Una entrevista.** Hágale las siguientes preguntas a un compañero / una compañera de clase. Él/Ella va a pensar en las costumbres que tenía a los 14 años, es decir, cuando estaba en el noveno (*ninth*) o décimo (*tenth*) grado.

1. ¿Qué bebidas te gustaba beber antes? ¿Y ahora?
2. ¿Qué te gustaba comer? ¿Y ahora?
3. ¿Qué programa de televisión no te perdías (*missed*) nunca? ¿Y ahora?
4. ¿Qué te gustaba leer? ¿Y ahora?
5. ¿Qué hacías los sábados por la noche? ¿Y ahora?
6. ¿Qué deportes te gustaba practicar? ¿Y ahora?
7. ¿Con quién discutías mucho? ¿Y ahora?
8. ¿A quién te gustaba molestar (*annoy*)? ¿Y ahora?

B **Los tiempos cambian.** Muchas cosas y costumbres actuales son diferentes de las del pasado. Las siguientes oraciones describen algunos aspectos de la vida de hoy. Con un compañero / una compañera, háganse turnos para describir cómo son las cosas ahora y cómo eran las cosas antes, en otra época.

MODELO: E1: Ahora casi todos los bebés nacen en el hospital.
E2: Antes casi todos los bebés nacían en casa.

1. Ahora muchas personas viven en apartamentos.
2. Se come con frecuencia en los restaurantes.
3. Muchísimas mujeres trabajan fuera de casa.
4. Muchas personas van al cine y miran la televisión.
5. Ahora las mujeres —no sólo los hombres— llevan pantalones.
6. Ahora hay enfermeros y maestros —no sólo enfermeras y maestras.
7. Ahora tenemos coches pequeños que gastan (*use*) poca gasolina.
8. Ahora usamos más máquinas y por eso hacemos menos trabajo físico.
9. Ahora las familias son más pequeñas.
10. Muchas parejas viven juntas sin casarse (*getting married*)

Ayer

Hoy

27 Expressing Extremes • Superlatives

¡El número uno!

Barcelona, España

¿Está Ud. de acuerdo con las opiniones expresadas en estas oraciones? Todas usan superlativos, es decir, expresan qué o quién es el número uno en su categoría. Si no está de acuerdo con alguna de ellas, corríjala según su propia opinión.

1. La ciudad *más grande del* mundo hispánico es Buenos Aires.
2. El día festivo *menos comercial del* año es el Día de Gracias.
3. Diego Maradona es *el mejor* jugador de fútbol *del* mundo.
4. *El peor* deporte *de* los Juegos Olímpicos es la natación.

Ahora le toca a Ud. Según su opinión, ¿qué o quién es el número uno en su categoría?

1. La mejor diversión de todas es ____.
2. El peor quehacer doméstico de todos es ____.
3. El/La atleta más emocionante del mundo es ____.

The *superlative* (**el superlativo**) is formed in English by adding *-est* to adjectives or by using expressions such as *the most* and *the least* with the adjective. In Spanish, this concept is expressed in the same way as the comparative but is always accompanied by the definite article. In this construction **mejor** and **peor** tend to precede the noun; other adjectives follow. *In* or *at* is expressed with **de.**

> **OJO**
> The superlative forms **-ísimo/a/os/as** cannot be used with this type of superlative construction.

article + *noun* + **más/menos** + *adjective* + **de**

David es **el estudiante más inteligente de** la clase.
David is the most intelligent student in the class.

article + **mejor/peor** + *noun* + **de**

Son **los mejores doctores de** aquel hospital.
They are the best doctors at that hospital.

Práctica

A ¿Está Ud. de acuerdo o no?

Paso 1. Indique si Ud. está de acuerdo o no con las siguientes oraciones.

	SÍ	NO
1. El descubrimiento (*discovery*) científico más importante del siglo XX es la vacuna contra la poliomielitis.	☐	☐
2. La persona más influyente (*influential*) del mundo es el presidente de los Estados Unidos.	☐	☐

(Continúa.)

	SÍ	NO
3. El problema más serio del mundo es la desforestación de la región del Amazonas.	☐	☐
4. El día festivo más divertido del año es la Noche Vieja.	☐	☐
5. La mejor novela del mundo es *The Bridges of Madison County.*	☐	☐
6. El animal menos inteligente de todos es el avestruz (*ostrich*).	☐	☐
7. El peor mes del año es enero.	☐	☐
8. La ciudad más contaminada de los Estados Unidos es Los Ángeles.	☐	☐

Paso 2. Para cada oración que no refleja su opinión, haga otra oración.

MODELO: 4. No estoy de acuerdo. Creo que el día festivo más divertido del año es el Cuatro de Julio.

B **Superlativos.** Expand the information in these sentences according to the model. Then, if you can, restate each sentence with true information at the beginning.

MODELO: Es una estudiante muy *trabajadora.* (la clase) →
Es la estudiante *más trabajadora de la clase.* →
Carlota es la estudiante más trabajadora de la clase.

1. Es un día festivo muy divertido. (el año)
2. Es una clase muy interesante. (todas mis clases)
3. Es una persona muy inteligente. (todos mis amigos)
4. Es una ciudad muy grande. (los Estados Unidos)
5. Es un estado muy pequeño. (los Estados Unidos)
6. Es un metro muy rápido. (el mundo)
7. Es una residencia muy ruidosa. (la universidad)
8. Es una montaña muy alta. (el mundo)

Conversación

Entrevista. With another student, ask and answer questions based on the following phrases. Then report your opinions to the class. Report any disagreements as well.

1. la persona más guapa del mundo
2. la noticia más seria de esta semana
3. un libro interesantísimo y otro pesadísimo (*very boring*)
4. el mejor restaurante de la ciudad y el peor
5. el cuarto más importante de la casa y el menos importante
6. un plato riquísimo y otro malísimo
7. un programa de televisión interesantísimo y otro pesadísimo
8. un lugar tranquilísimo, otro animadísimo y otro peligrosísimo
9. la canción (*song*) más bonita del año y la más fea
10. la mejor película del año y la peor

El español ¡en directo!

▼ ▼ ▼ ▼ ▼ ▼ ▼ ▼ ▼ ▼ ▼ ▼ ▼ ▼

d a n z a

◆ **Ballet de San Juan**- 28 de octubre a las 7:30 PM en el Teatro del Colegio Universitario Tecnológico de Arecibo.

◆ **Taller de baile experimental con Viveca Vázquez**- 30 de octubre y 6, 13 y 20 de noviembre de 1:00 a 3:00 PM en el centro Dharma, al lado de la USC. Se invita a toda la comunidad a participar en estos talleres. Para más información llamar al 720-1793.

◆ **JFK**- 29 de octubre a las 10:30 AM y 6:00 PM en el Salón Buhomagia del Edificio de Letras del Colegio Universitario de Humacao.

◆ **El amante de Lady Chatterly**-24 de noviembre a las 10:30 AM y 6:00 PM en Buhomagia del CUH.

◆ **Festival Internacional de Cine de Puerto Rico**-del 11 al 22 de noviembre en el Cinema Emperador de Ponce.

c i n e

Estos recortes son de un periódico universitario puertorriqueño. Léalos y conteste las siguientes preguntas.

1. *¿Cuándo* dan la película *JFK?*
2. *¿Quién* fue JFK?
3. *¿Dónde* es el taller (*workshop*) de baile?
   (**¡OJO!** Recuerde: **ser en** + *place* = *to take place*)

¿Cuántas preguntas más puede Ud. hacer sobre las funciones de cine y ballet en estos anuncios?

¿Cómo?	How?	**¿Dónde?**	Where?
¿Cuándo?	When?	**¿De dónde?**	From where?
¿A qué hora?	At what time?	**¿Adónde?**	Where (to)?
¿Qué?	What? Which?		
¿Cuál(es)?	What? Which one(s)?	**¿Cuánto/a?**	How much?
		¿Cuántos/as?	How many?
¿Por qué?	Why?	**¿Quién(es)?**	Who?
		¿De quién(es)?	Whose?

You have been using interrogative words to ask questions and get information since the beginning of *Puntos de partida*. The preceding chart shows all of the interrogatives you have learned so far. Be sure that you know what they mean and how they are used. If you are not certain, the index will help you find where they are first introduced. Only the specific uses of **¿qué?** and **¿cuál?** represent new information.

Using *¿qué?* and *¿cuál?*

• **¿Qué?** asks for a definition or an explanation.	**¿Qué** es esto? *What is this?* **¿Qué** quieres? *What do you want?* **¿Qué** tocas? *What (instrument) do you play?*
• **¿Qué?** can be directly followed by a noun.	**¿Qué traje** necesitas? *What (Which) suit do you need?* **¿Qué playa** te gusta más? *What (Which) beach do you like most?* **¿Qué instrumento** musical tocas? *What (Which) musical instrument do you play?*
• **¿Cuál(es)?** expresses *what?* or *which?* in all other cases. **OJO** The **¿cuál(es)?** + *noun* structure is not used by most speakers of Spanish: **¿Cuál de los dos libros quieres?** (*Which of the two books do you want?*) BUT **¿Qué libro quieres?** (*Which [What] book do you want?*)	**¿Cuál** es la clase más grande? *What (Which) is the biggest class?* **¿Cuáles** son tus actrices favoritas? *What (Which) are your favorite actresses?* **¿Cuál** es la capital del Uruguay? *What is the capital of Uruguay?* **¿Cuál** es tu teléfono? *What is your phone number?*

Práctica

A ¿Qué o cuál(es)?

1. ¿ _____ es esto? —Un lavaplatos.
2. ¿ _____ son los Juegos Olímpicos? —Son un conjunto de competiciones deportivas.
3. ¿ _____ es el quehacer que más te gusta? —Lavar los platos.
4. ¿ _____ bicicleta vas a usar? —La de mi hermana.
5. ¿ _____ son los cines más modernos? —Los del centro.
6. ¿ _____ vídeo debo sacar? —El nuevo de Robert Rodríguez.
7. ¿ _____ es una cafetera? —Es un aparato que se usa para preparar el café.
8. ¿ _____ es Diego Maradona? —Es el hombre a la izquierda de la pelota.

B **Datos** (*Information*) **personales.** Forme preguntas para sacar datos de un compañero / una compañera de clase. Se puede usar más de una palabra interrogativa para sacar ciertos datos. (Debe usar las formas de **tú**.)

MODELO: su dirección → ¿Cuál es tu dirección? (¿Dónde vives?)

1. su teléfono
2. su dirección
3. su cumpleaños
4. la ciudad en que nació

5. su número de seguro (*security*) social
6. la persona en que más confía (*trusts*)
7. su tienda favorita para ir de compras
8. la fecha de su próximo examen

Conversación

Una encuesta

Paso 1. ¿Cuáles son las preferencias de su compañero/a con respecto a las siguientes categorías? Hágale preguntas, empezándolas con **¿Qué... ?**

MODELO: estaciones del año →
¿Qué estación del año prefieres (entre todas)?

1. tipos de música
2. pasatiempos o deportes
3. programas de televisión

4. materias este semestre/trimestre
5. colores
6. tipos de comida

Paso 2. Ahora use las mismas frases para hacerle preguntas a su compañero/a sobre lo que prefería de niño/a. También trate de (*try to*) sacarle algunos detalles a su compañero/a.

MODELO: estaciones del año →
E1: ¿Qué estación preferías (entre todas) de niño/a?
E2: Prefería el invierno.
E1: ¿Por qué?
E2: Porque me gustaba jugar en la nieve.

★ **En los Estados Unidos...** **Robert Rodríguez**

Si Ud. quiere divertirse este fin de semana, saque un vídeo del **director de cine Robert Rodríguez.** Su primera película, *El mariachi,* salió cuando el director tenía sólo 23 años, y fue un éxito[a] estupendo. El éxito de *El mariachi* fue una sorpresa, considerando que fue filmado en español con un costo de 7.000 dólares, una suma

Robert Rodríguez durante la filmación de *El mariachi*

minúscula en **Hollywood.** *Desperado,* en que actuaron **Antonio Banderas** y **Salma Hayek,** también tuvo éxito. Después vinieron *Four Rooms* y *From Dusk til Dawn,* en las cuales Rodríguez colaboró con otros directores, inclusive **Quentin Tarantino.**

Rodríguez se crió[b] en **San Antonio, Texas.** Hizo sus primeros vídeos con la

[a]*success* [b]*se... was raised*

---

cámara de su familia, dirigiendo a sus hermanos como actores. Después de la secundaria, se inscribió[c] en el programa de radio, televisión y filmación de la Universidad de Texas en Austin. Mientras estudiaba, hizo el vídeo corto *Bedhead,* usando otra vez a sus hermanos como actores. *Bedhead* le ganó catorce premios en varios festivales de cine.

Rodríguez confiesa que, cuando comenzó a filmar *El mariachi* en Acuña, Chihuahua (México), «No sabía qué demonios[d] estaba haciendo». Según él, aprendió a escribir, editar, producir y dirigir durante la produc-

ción de la película. *Desperado,* a diferencia de *El mariachi,* tuvo un presupuesto[e] de 7 millones de dólares, una cantidad aún no muy grande en Hollywood. Esto le permitió a Rodríguez crear efectos especiales, lo que no le fue posible en hacer *El mariachi.*

En este momento está trabajando en otros proyectos cinematográficos con su esposa **Elisabeth Avellán,** la productora de sus películas. El joven cineasta de San Antonio está al comienzo[f] de una larga e interesante carrera.

[c]*se... he enrolled*   [d]*qué... what the heck*   [e]*budget*   [f]*beginning*

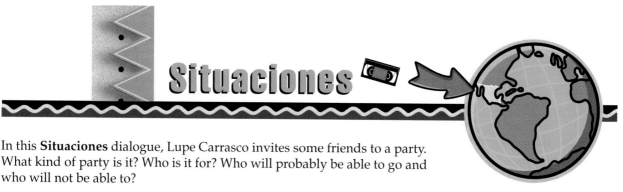

Situaciones

In this **Situaciones** dialogue, Lupe Carrasco invites some friends to a party. What kind of party is it? Who is it for? Who will probably be able to go and who will not be able to?

Lupe entra en la casa de Diego, Antonio y Juan.

ANTONIO: ¡Hola, Lupe!

LUPE: Hola, Antonio. Oye, ¿está aquí Diego?

ANTONIO: No, no está. ¿Por qué?

LUPE: Ah, muy bien. Pues, el próximo fin de semana le quiero dar una fiesta sorpresa a Diego. Es su cumpleaños. Quiero invitar a todos Uds. a la fiesta.

ANTONIO: ¡Qué padre[a]! ¿Y cuándo es la fiesta? ¿El viernes? ¿El sábado?

LUPE: El sábado. Rocío, ¿te gustaría venir?

ROCÍO: Ay, Lupe, me gustaría mucho, pero no puedo. Ya tengo planes para el sábado. Mis padres vienen al D.F. a visitarme, y vamos a ir al Ballet Folklórico esa noche.

JUAN: ¡Qué pena![b] Pero yo sí voy.

ANTONIO: Y yo también. Gracias por la invitación. ¿Puedo invitar a Mónica y a José Luis también?

LUPE: ¡Claro que sí! ¡Muy bien! Entonces, ¿por qué no vienen a mi casa a las siete? Y por favor, no le vayan a decir nada a Diego.

JUAN: No te preocupes[c]. Él va a estar muy sorprendido.

[a]¡Qué... *Cool!*   [b]¡Qué... *What a shame!*   [c]No... *Don't worry.*

Con un compañero / una compañera

Con un compañero / una compañera, inventen las siguientes conversaciones, siguiendo el modelo del diálogo anterior.

- invitar a un amigo / una amiga a pasar la tarde en la playa
- invitar a varios amigos a una fiesta; uno/a de ellos no puede venir porque tiene obligaciones previas
- aceptar la invitación a una fiesta de una persona que Ud. no conoce muy bien

Un poco de todo

A **El día que Ricardo tuvo ayer**

Paso 1. The following drawings depict what Ricardo did yesterday. Match the phrases with individual drawings in the sequence. Then narrate what Ricardo did, using verbs in the preterite. **¡OJO!** Some drawings can be associated with more than one phrase.

Frases útiles: primero... , luego... y... , después... , y... , finalmente (por fin)...

a. _____ llegar tarde a su primera clase
b. _____ almorzar en la cafetería con algunos amigos
c. _____ quedarse en cama mucho tiempo
d. _____ mirar la televisión un rato
e. _____ regresar a casa
f. _____ ir al gimnasio
g. _____ ducharse y vestirse rápidamente

h. _____ acostarse
i. _____ estudiar un poco
j. _____ jugar un partido de basquetbol
k. _____ despertarse temprano
l. _____ preparar la cena
m. _____ sonar el teléfono

(Continúa.)

Un poco de todo

Paso 2. Ahora haga oraciones para dar más detalles sobre el día que Ricardo tuvo ayer. Use el imperfecto de los verbos. Los números concuerdan con (*correspond to*) los números de los dibujos.

1. ser / seis y media / mañana
2. Ricardo / tener prisa
3. estudiantes / escuchar / la profesora
4. Ricardo / tener / mucho / hambre
5. haber / mucho / personas / gimnasio
6. ser / temprano / todavía
7. no / querer / hablar / teléfono
8. Ricardo / pensar / en / examen / mañana

B **Los fines de semana.** Complete the following paragraphs with the correct form of the words in parentheses, as suggested by the context. When two possibilities are given in parentheses, select the correct word. *P* and *I* stand for preterite and imperfect, respectively, and indicate that you should use the preterite or imperfect of the infinitives provided.

Los fines de semana son como las burbujas[a] de oxígeno del calendario. Para muchos, son (los/las[1]) días más especiales. Casi todos los niños (esperar[2]) el sábado y el domingo con ansiedad. Quieren ir (a el / al[3]) parque, o a ver una película o mirar dibujos animados toda la mañana.

También para los mayores los fines de semana son días diferentes. Hay novios que sólo (poder[4]) verse[b] los sábados y los domingos. (Otro[5]) personas tienen (de/que[6]) hacer visitas o las compras o limpiar la casa. Algunas necesitan (dormir[7]) porque no (dormir: *P* [8]) lo suficiente[c] durante la semana. Hay gente que no (querer[9]) hacer (nada/nunca[10]) y gente que espera hacer todo lo que no (hacer: *P* [11]) durante la semana.

En el mundo moderno, parece[d] que (hay/son[12]) cosas que sólo se pueden hacer los fines de semana, porque (*nosotros:* estar/ser[13]) muy ocupados durante la semana y no podemos hacer (ese[14]) cosas.

Pero también hay personas que (trabajar[15]) los fines de semana y descansan otros días de la semana. ¡Y a algunas personas no (le/les[16]) (gustar[17]) los fines de semana y (aburrirse[18])!

¿Qué le (gustar[19]) a Ud. hacer los fines de semana? ¿Qué (preferir: *I* [20]) hacer cuando era más joven?

[a]*bubbles* [b]*see each other* [c]*lo... enough* [d]*it seems*

[a]*unplugged*

Paso 1. Muchos estudiantes se quejan de (*complain about*) tener mucha tarea los fines de semana. Calcule cuántas horas pasó el pasado (*last*) fin de semana con sus libros, con sus amigos... y con su almohada (*pillow*). ¡Diga la verdad!

	LIBROS	AMIGOS	ALMOHADA
el viernes	_____	_____	_____
el sábado	_____	_____	_____
el domingo	_____	_____	_____
TOTAL	_____	_____	_____

Paso 2. Ahora compare sus listas con las de sus compañeros de clase para contestar las siguientes preguntas.

¿Quién es la persona... ?

1. más estudiosa de la clase
2. más parrandera (*party-loving*)
3. más perezosa

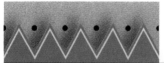

Vocabulario

Los verbos

aburrirse	to get bored
dejar (en)	to leave (behind) (in, at)
pegar	to hit
pelear	to fight
sonar (ue)	to ring; to sound, play

Repaso: **discutir, quejarse (de)**

Los pasatiempos, las diversiones y las aficiones

los ratos libres	spare (free) time
dar un paseo	to take a walk
hacer un *picnic*	to have a picnic
hacer planes para	to make plans to (*do*
+ inf.	*something*)
ir...	to go . . .
al cine / a ver una película	to the movies / to see a movie

al teatro / a un concierto	to the theater / to a concert
a una discoteca / a un bar	to a disco / to a bar
jugar (ue) a las cartas	to play cards
ser divertido/a,	to be fun
visitar un museo	to visit a museum

Repaso: **dar/hacer una fiesta, divertirse (ie, i), hacer** *camping,* **jugar (ue) al, pasarlo bien/mal, tomar el sol**

Los deportes

el campo de fútbol	soccer field
el ciclismo	bicycling
el fútbol	soccer
el fútbol americano	football
el/la jugador(a)	player

la natación	swimming
la pelota	ball

Otros deportes: el basquetbol, el béisbol, el golf, el hockey, el tenis, el vólibol

correr	to run; to jog
entrenar(se)	to practice, train
esquiar (esquío)	to ski
ganar	to win
montar a caballo	to ride a horse
pasear en bicicleta	to ride a bicycle
patinar	to skate
patinar en línea	to rollerblade
ser aficionado/a (a)	to be a fan (of)

Repaso: nadar, perder (ie), practicar

Algunos aparatos domésticos

la aspiradora	vacuum cleaner
la cafetera	coffeepot
el congelador	freezer
la estufa	stove
el horno de microondas	microwave oven
la lavadora	washing machine
el lavaplatos	dishwasher
el refrigerador	refrigerator
la secadora	clothes dryer
la tostadora	toaster

Algunos quehaceres domésticos

barrer (el suelo)	to sweep (the floor)
hacer la cama	to make the bed

lavar (las ventanas, los platos)	to wash (the windows, the dishes)
limpiar la casa (entera)	to clean the (whole) house
pasar la aspiradora	to vacuum
pintar (las paredes)	to paint (the walls)
planchar la ropa	to iron clothing
poner la mesa	to set the table
quitar la mesa	to clear the table
sacar la basura	to take out the trash
sacudir los muebles	to dust

Otros sustantivos

la costumbre	custom, habit
la época	era, time (*period*)
la escuela	school
el grado	grade, year (*in school*)
el/la niñero/a	babysitter
la niñez	childhood
la tarea	homework; task

Adjetivos

deportivo/a	sports-loving

Repaso: aburrido/a

Palabras adicionales

al aire libre	outdoors, in the open air
de hecho	in fact
de joven	as a youth
de niño/a	as a child
demasiado	too much
tocarle a uno	to be someone's turn

Un paso más 9

•LECTURA

Estrategia: Recognizing Derivative Adjectives

In previous chapters you learned to recognize cognates, word endings, and new words that are related to familiar words. Another large group of adjectives derived from verbs ends in **-ado** or **-ido:** you can often guess the meaning of these adjectives if you know the related verb. For example: **conocer** (*to know*) → **conocido** (*known, famous*); **preparar** (*to prepare*) → **preparado** (*prepared*). Can you guess the meaning of the following italicized adjectives based on verbs you already know?

1. unas ideas bien *explicadas*   **2.** una mujer *desconocida*   **3.** su libro *preferido*

In the following reading there are many **-do** adjectives. Try to guess their meaning from context.

You might also notice past participle forms (**-do**) in conjunction with a verb form you don't recognize, such as **ha comentado** (*has commented*). You will study this form, known as the present perfect, in a later chapter of this text. For now, simply learn to recognize it.

Another adjective form you will see in the reading is derived from nouns and ends in **-oso/a.** Can you guess the meanings of the following adjectives, based on their nouns?

> **sabor** (*taste*) → **sabroso** = ¿ ?
> **éxito** (*success*) → **exitoso** = ¿ ?

▷ **Sobre la lectura...** Esta lectura (de 1995) es otra
▷ auténtica, sin cambiar nada del original. Viene de una
▷ revista hispánica que trata de (*deals with*) temas po-
▷ pulares, tales como personajes famosos, el cine, la música
▷ popular y otros de los temas más corrientes (*up-to-date*).

Agua, chocolate y un amor difícil

Entre sabrosos caldos de colitas de res, exquisitas torrejas de nata y unos chiles en nogada para chuparse los dedos,[a] pasa la vida de Tita, la protagonista de *Como agua para chocolate*, una de las películas mexicanas más exitosas de la historia. A caballo entre[b] dos siglos, y teniendo como escenario Texas y Coahuila

[a]caldos... *oxtail stews, exquisite cream puffs and finger-licking-good chiles in nut and spice sauce*   [b]A... *Straddling*

Pedro (Marco Leonardi) y Tita (Lumi Cavazos) en la película

durante la epoca revolucionaria, Tita es obligada a <u>renunciar</u> al amor de su vida, Pedro, para <u>cuidar</u>[c] a su madre, Elena. Pedro se casará con[d] la hermana mayor de la heroína para estar cerca de su <u>amada</u>, y ésta volcará[e] su pasión en la cocina.

Como agua para chocolate, el sexto largometraje[f] de Alfonso Arau, costó un millón de dólares, <u>recaudó</u> el doble en México y com-

pitió el año pasado por el Óscar. Premiada con diez Arieles, el Óscar mexicano, y con reconocimientos internacionales, *Como agua para chocolate* fue vapuleada[g] por la crítica, que de cocina y cine sabe, por lo visto,[h] poco. Pero conquistó al público nacional que la siguió fielmente durante cuatro meses de exhibición cinematográfica, antes de comenzar a circular en vídeo.

La cinta se basa en la exitosa primera novela de la esposa del <u>realizador</u>, Laura Esquivel, que ha sido traducida[i] a quince idiomas en veinticinco países.

Esquivel, responsable también del guión,[j] es una educadora especializada en teatro infantil. Ella concibió su libro como «una novela rosa de entregas mensuales con recetas, amores y remedios caseros»,[k] y arranca[l] cada capítulo con una fórmula gastronómica.

<u>Estelarizada</u> por Marco Leonardi, Lumi Cavazos y Regina Torné, la película fue fotografiada por Emmanuel Lubezki y Steve Bernstein, que lograron[m] <u>proyectar</u> el realismo mágico que deseaba el director para <u>emparentar</u> su película con la literatura latinoamericana. ●

[c]*take care of* [d]*se... will marry* [e]*will unleash* [f]*sexto... sixth full-length feature* [g]*fue... was torn apart* [h]*por... it would seem* [i]*ha... has been translated* [j]*script* [k]*novela... romantic novel with monthly offerings of recipes, loves, and homemade remedies* [l]*she starts* [m]*achieved*

Comprensión

A **¿Quiénes son?** El artículo menciona a varias personas, pero no todas son reales. Es decir, algunas son personajes de la película. Para entender bien el pasaje es importante poder distinguir entre las personas ficticias y las reales. A continuación se dan varios nombres y profesiones. Primero, indique si la persona es real (R) o ficticia (F). Después, empareje la persona con su profesión o rol.

1. ——— Alfonso Arau   **a.** director
2. ——— Steve Bernstein   **b.** protagonista
3. ——— Pedro   **c.** escritora
4. ——— Laura Esquivel   **d.** novio
5. ——— Tita   **e.** fotógrafo

B ¿Cierto o falso?

C   F

1. Laura Esquivel, la autora, había publicado (*had published*)   ☐   ☐
   varias novelas antes de escribir *Como agua para chocolate*.
2. Aunque la atacaron muchos críticos, la película recibió   ☐   ☐
   la aprobación del público.
3. La película cuenta la historia de una pareja y los problemas   ☐   ☐
   que se les presentan en los años noventa del siglo XX.

C **Palabras relacionadas.**   ¿De qué verbos se derivan los siguientes adjetivos?

1. obligada
2. pasado
3. traducida
4. especializada
5. fotografiada

PARA ESCRIBIR

A **Una encuesta.**   El cine es un pasatiempo popular en los Estados Unidos. Imagine que se va a abrir un nuevo cine en su ciudad, cerca de la universidad. El dueño del cine quiere obtener información sobre los gustos de los estudiantes. Conteste las preguntas de su encuesta.

Una encuesta sobre Ud. y el cine

1. Sexo: ☐ Hombre   ☐ Mujer
2. Edad: _____ años
3. Profesión: _____
4. Estado civil: ☐ Casado/a   ☐ Divorciado/a   ☐ Soltero/a
5. Hijos: ☐ Sí   (¿Cuántos? _____)   ☐ No
6. ¿Cuántas veces a la semana va Ud. al cine? _____
7. ¿Cuántas veces al mes va Ud. al cine? _____
8. ¿Va Ud. al cine... ?   ☐ por la tarde   ☐ por la noche
9. Ponga Ud. en orden de mayor (1) a menor (13) preferencia los siguientes tipos de películas.

_____ cómicas   _____ románticas   _____ policíacas
_____ históricas   _____ documentales   _____ biográficas
_____ musicales   _____ de misterio   _____ de horror
_____ de ciencia   _____ de tipo *western*   _____ de aventuras
       ficción
_____ extranjeras

10. ¿Cuál es su película favorita? _____

B **Mi película favorita.** Escriba un breve resumen de su película favorita. Además de escribir sobre el argumento (*plot*) de la película, no se olvide de incluir los nombres de los personajes principales (y, claro, los actores que interpretaron esos papeles) y quién dirigió la película. También diga por qué le gusta tanto esa película.

MODELO: Mi película favorita es... Fue dirigida por (nombre)... Los personajes principales son... Me gusta esta película porque...

•ACTIVIDADES

Actividad B **¿En qué consiste un fin de semana?** Para muchos estudiantes, el fin de semana consiste en dos días: el sábado y el domingo. Y para los que (*those who*) no tienen clase los viernes, este día también forma parte del fin de semana. Es decir, el concepto del «fin de semana» es diferente para cada individuo según su horario personal... y también según dónde vive y la vida que lleva.

Paso 1. Piense en las siguientes preguntas y organice sus respuestas.

1. Para Ud., ¿cuándo comienza «oficialmente» el fin de semana? (día y hora)
2. ¿Qué hace Ud. para celebrar la llegada del fin de semana?
3. ¿Cuándo termina su fin de semana? (día y hora)
4. ¿Qué hace, generalmente, los días de su fin de semana?

Paso 2. Ahora use las mismas preguntas para entrevistar a un compañero / una compañera para saber algo sobre su fin de semana.

Paso 3. Compare las respuestas de todos los compañeros de clase. ¿Son muy variadas sus respuestas?

Paso 4. ¿Qué cree Ud. que hacen para pasarlo bien las siguientes personas en un sábado típico? Use su imaginación pero manténgase entre los límites de lo que es posible en el mundo real de cada persona o grupo.

1. una persona rica que vive en Nueva York
2. un grupo de buenos amigos que trabajan en una fábrica (*factory*) en Detroit o Chicago
3. un matrimonio joven con poco dinero y dos niños pequeños
4. un niño de 8 años que vive en el centro de una ciudad grande
5. dos amigas, casadas y de edad mediana (*middle-aged*), que viven en los suburbios de Los Ángeles
6. una pareja (*married couple*) de ancianos —él de 80 años y ella de 82— que vive en Texas

A propósito... Pausing and Taking a Position

In English we frequently use vocalized pauses ("uh," "um") and filler words ("well now," "okay," "let's see") when we don't quite know what to say or when we are looking for the right words. When you need a few seconds to collect your thoughts in Spanish, use one of the following expressions.

este...	uh . . . , um . . .	**bien...**	well . . . , okay . . .
pues...	well . . .	**a ver...**	let's see . . .
bueno...	well . . . , okay . . .	**ahora bien...**	well now . . .

When you want to avoid taking a position on an issue, perhaps to avoid an argument, use one of these phrases.

En mi opinión...	In my opinion . . .	**Es posible.**	It's possible.
Depende.	It depends.	**Puede ser.**	That might be.
No sé.	I don't know.	**Posiblemente.**	Possibly.
Tal vez.	Perhaps.	**A veces.**	At times.
Quizá(s).		**¿Ud. cree?** **¿Tú crees?**	Do you think so?

Actividad B ¿Cómo responde Ud.?

Un amigo / Una amiga o un miembro de la familia pregunta o expresa las siguientes opiniones. Ud. no está de acuerdo, pero no quiere ofender a la otra persona. ¿Cómo va a responder? Use algunas de las frases que aparecen en **A propósito...** .

MODELOS: Jorge trabaja mucho y debe recibir un aumento de salario (*raise*). →
Puede ser, pero hay otros empleados que trabajan más que él y por eso ellos van a recibir el aumento.
(Pues no sé. Me dicen que es un hombre muy simpático, pero, ¿de veras [*really*] trabaja bien?)

1. Es más interesante ir al teatro que ir al cine, ¿no crees?
2. Meg Ryan es una actriz excelente. Me gusta mucho.
3. Para descansar, no hay nada como sentarse delante del televisor.
4. Para echar raíces (*to settle down*), las ciudades grandes son mejores que las pequeñas.
5. Me encanta la comida japonesa, sobre todo el *sushi*.
6. No sé qué les pasa a los jóvenes de hoy. ¡Son muy descorteses! Y su ropa... y su pelo...
7. Creo que es mejor *no* tener hijos.
8. No me gustan los gatos. Los perros son infinitamente superiores.

3 El mundo hispánico de cerca:

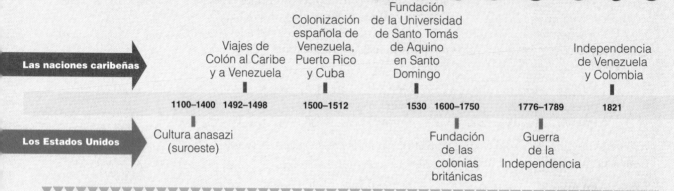

Las naciones caribeñas		Viajes de Colón al Caribe y a Venezuela	Colonización española de Venezuela, Puerto Rico y Cuba	Fundación de la Universidad de Santo Tomás de Aquino en Santo Domingo		Independencia de Venezuela y Colombia
	1100–1400	1492–1498	1500–1512	1530 1600–1750	1776–1789	1821
Los Estados Unidos	Cultura anasazi (suroeste)			Fundación de las colonias británicas	Guerra de la Independencia	

▼▼

Típico, típico

Los españoles introdujeron **el carnaval** en el Caribe, pero el espíritu se lo dieron los africanos. El carnaval es una fiesta que ocurre durante los cuatro días anteriores al **Miércoles de Ceniza,**[a] cuando comienza la **Cuaresma.**[b] Se celebra en todas las naciones del Caribe, pero el carnaval más famoso es el de **Barranquilla, Colombia.**

También ocurre algo especial para cada uno de los cuatro días del carnaval. **El sábado** es **la Batalla**[c] **de las Flores,** un gran desfile.[d] El **domingo** muchas personas disfrazadas[e] pasean por las calles. El **lunes** es el

Un participante del carnaval en Barranquilla, Colombia

día del **Festival de Orquestas,** un concierto gigantesco de conjuntos caribeños. El carnaval termina **el martes** por la noche, con el funeral del espíritu de la celebración, simbolizado por **Joselito Carnaval,** que descansa en su tumba hasta el próximo año.

[a]*Ash* [b]*Lent* [c]*Battle* [d]*parade* [e]*disguised*

▼▼

Personaje eminente

El venezolano **Simón Bolívar** (1783–1830), conocido como «el Libertador», promovió[a] **la independencia** de **Venezuela, Colombia, Panamá, el Ecuador, el Perú y Bolivia.** Hijo de una familia **criolla**[b] venezolana rica, Bolívar fue influido por el espíritu nacionalista y revolucionario que resultó en **la independencia de los Estados Unidos.**

La lucha por la independencia de Hispanoamérica fue larga pero triunfó definitivamente en 1824. En 1813 Bolívar entró en Caracas con su ejército[c] y recibió el título de «El Libertador». El año siguiente tuvo que huir[d] a Jamaica, donde escribió la

famosa *Carta de Jamaica* en la que expresó su sueño[e] de una confederación de todos los países de América. Regresó a Venezuela y triunfó sobre las fuerzas[f] españolas en **la Batalla de Boyacá** en 1819. El mismo año fue nombrado presidente de **la Gran Colombia** (Colombia, Venezuela, el Ecuador y Panamá).

Desafortunadamente, en los últimos años de su vida Bolívar sufrió[g] una gran desilusión. Tuvo que renunciar a la presidencia en 1830 y poco después murió de tuberculosis, rodeado[h] de pocos amigos.

[a]*promoted* [b]*creole (Spaniards born in America)* [c]*army* [d]*flee* [e]*dream* [f]*forces* [g]*suffered* [h]*surrounded*

Las naciones caribeñas

| | | | | Puerto Rico declarado Estado Libre Asociado | Crisis de misiles soviéticos en Cuba | | Tercer[a] voto por soberanía[b] de Puerto Rico |

Fundación de la República Dominicana | República libre en Cuba | Puerto Rico declarado Estado Libre Asociado | Crisis de misiles soviéticos en Cuba | Tercer[a] voto por soberanía[b] de Puerto Rico

1844 **1846–1848** **1861–1865** **1898** **1902** **1917–1918** **1929–1939** **1941–1945** **1952** **1962** **1969** **1981** **1993** **1994**

Guerra con México | Guerra Civil | Guerra hispano-norteamericana | Primera Guerra Mundial | La Gran Depresión | Segunda Guerra Mundial | El primer hombre en la luna | Nave espacial *Columbia* | North American Free Trade Agreement (NAFTA)

[a]*Third* [b]*sovereignty*

Gente y sociedad

La influencia africana es también muy notable en **la música,** un arte muy importante para el alma[a] caribeña. Los ritmos complicados de **la salsa,** por ejemplo, tienen su origen en los ritmos de los tambores[b] del pueblo[c] **yoruba** de África Occidental, lugar de donde los españoles trajeron muchos **esclavos**[d] al Caribe. A pesar de[e] las condiciones difíciles que encontraron en las plantaciones del Caribe, pudieron mantener algunos aspectos de su cultura.

Uno de los elementos centrales de esta cultura es el culto de **los orichás** o dioses yorubas. Sus nombres se mencionan frecuentemente en la letra[f] de las canciones caribeñas: **Yemanyá,** diosa del mar; **Elegguá,** mensajero[g] de los orichás; **Ochún,** diosa de los ríos; **Changó,** dios guerrero;[h] y otros más. Cada uno de los orichás tiene un ritmo que le corresponde y estos ritmos son el origen de los ritmos típicos de la música caribeña.

[a]*soul* [b]*drums* [c]*people* [d]*slaves* [e]*A... In spite of* [f]*lyrics* [g]*messenger* [h]*warrior*

Cocina

La cocina caribeña une las tradiciones **españolas** e **indígenas** con **la influencia africana.** Predominan los ingredientes nativos, pero cada grupo contribuyó con los ingredientes típicos de su cultura y sus técnicas culinarias.

El plato más característico del Caribe es **el arroz con frijoles.** Los frijoles constituyen un ingrediente básico de la cocina caribeña. Una fruta muy popular es **la banana** y ¡qué variedad de bananas hay! Hay bananas muy grandes y otras pequeñas; hay las amarillas, rojas y

Arroz con pollo

de color rosado. A veces se preparan fritas en aceite con un poco de jugo de limón y una pizca[a] de sal.

Las carnes más comunes en la cocina del Caribe son el pollo y el cerdo. **El arroz con pollo** y **el lechón asado**[b] son muy populares en Cuba y Puerto Rico. También los platos de **pescado** y **mariscos** son muy apreciados en el Caribe donde hay una gran cantidad de pescados locales.

[a]*pinch* [b]*lechón... roast suckling pig*

Enfoque personal

El **escritor** latinoamericano más leído en el mundo entero es **el colombiano Gabriel García Márquez,** ganador del **Premio Nobel de Literatura** en 1982. Macondo, ciudad imaginaria y escenario de su novela *Cien años de soledad,* está basada en Aracataca, donde García Márquez se crió.[a] Macondo revela un fuerte sabor[b] caribeño y figura en sus novelas y cuentos casi como un personaje en sí.[c] Una técnica que emplea García Márquez es **el realismo mágico,** lleno de elementos fantásticos, que resulta en la mezcla de lo real[d] y lo irreal en sus novelas.

Cien años de soledad narra la historia de **la familia Buendía** tras[e] varias generaciones. El siguiente fragmento de esta novela abre la historia fantástica de los Buendía.

«Muchos años después, frente al pelotón de fusilamiento,[f] el coronel Aureliano Buendía había de[g] recordar aquella tarde remota en que su padre lo llevó a conocer el hielo.[h] Macondo era entonces una aldea[i] de veinte casas de barro y cañabrava[j] construidas a la orilla[k] de un río de aguas diáfanas que se precipitaban por un lecho de piedras pulidas,[l] blancas y enormes como huevos prehistóricos. El mundo era tan reciente, que muchas cosas carecían de[m] nombre y para mencionarlas había que señalarlas[n] con el dedo.[o]»

[a]se... *was raised* [b]*flavor* [c]en... *itself* [d]lo... *the real* [e]*across* [f]pelotón... *firing squad* [g]había... *would* [h]*ice* [i]*pueblo* [j]barro... *mud and straw* [k]*bank* [l]lecho... *bed of polished stones* [m]carecían... *no tenían* [n]había... *one had to point to them* [o]*finger*

Arte

El **pintor**[a] cubano **Wilfredo Lam** (1902–1982) tuvo la influencia de tres culturas distintas. Hijo de **padre chino** y **madre mulata,** Lam aprendió de su padre varios aspectos de la cultura china: la caligrafía y la filosofía de **Confucio** y **Lao Tse.** Por su madre y su madrina,[b] supo de **los orichás yorubas.** Lam también estudió **la pintura clásica europea** y vivió en París y Madrid por muchos años.

En **París** asistió a una de las primeras exposiciones de arte africano que se presentaba en Europa. Fue una revelación para él. La influencia de **la escultura**[c] **africana** es muy obvia en las figuras que Lam pintó después. Después de la invasión de Francia por los nazis, Lam regresó a Cuba. Entre su regreso y el triunfo de **la Revolución cubana,** Lam presentó numerosas exposiciones en Cuba, los Estados Unidos y Europa. Después de la Revolución cubana el pintor recibió el Gran Premio del Salón de La Habana en 1959.

[a]*painter* [b]*godmother* [c]*sculpture*

La jungla por Wilfredo Lam (cubano)

10

La salud

¿Cómo se siente Ud. hoy? ¿Cómo se siente generalmente? ¿Hace muchos ejercicios? ¿Duerme lo suficiente? ¿Lleva una vida sana?

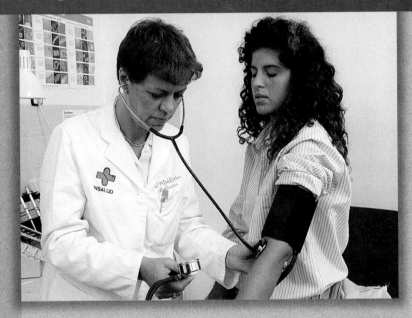

Madrid, España

In this chapter, you will study vocabulary and structures that will allow you to
- talk about parts of the human body, illnesses, and ways to stay healthy (**Vocabulario: Preparación**)
- talk about things that happened to you in the past (**Grammar Section 29**)
- use Spanish equivalents of *who, whom, that,* and *which* (**30**)
- express actions that people do to one another (**31**)

As you work through the chapter, see how much you can learn about health care and health-related issues in the Spanish-speaking world.

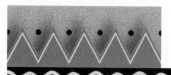

Vocabulario: Preparación

La salud y el bienestar°

La... *Health and well-being*

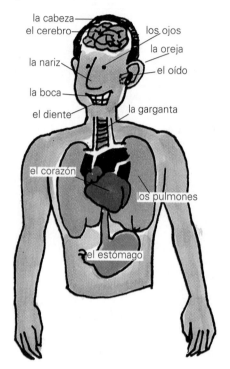

El cuerpo humano

- la cabeza
- el cerebro
- los ojos
- la oreja
- la nariz
- el oído
- la boca
- el diente
- la garganta
- el corazón
- los pulmones
- el estómago

Para cuidar de la salud

caminar	to walk
comer equilibradamente	to eat well-balanced meals
correr	to run; to jog
cuidarse	to take care of oneself
dejar de + *inf.*	to stop (*doing something*)
dormir lo suficiente	to sleep enough
hacer ejercicio	to exercise; get exercise
hacer ejercicios aeróbicos	to do aerobics
llevar gafas / lentes de contacto	to wear glasses / contact lenses
llevar una vida tranquila/sana	to lead a calm / healthy life
practicar deportes	to practice, play sports

Conversación

A Asociaciones

Paso 1. ¿Qué partes del cuerpo humano asocia Ud. con las siguientes palabras? A veces hay más de una respuesta posible.

1. un ataque 2. comer 3. cantar 4. las gafas 5. pensar
6. la digestión 7. el amor 8. fumar 9. la música 10. el perfume

Paso 2. ¿Qué palabras asocia Ud. con las siguientes partes del cuerpo?

1. los ojos 2. los dientes 3. la boca 4. el oído 5. el estómago

Los trasplantes también se hacen en el mundo hispánico. En este dibujo y artículo, ¿puede Ud. encontrar el equivalente en español de las siguientes frases?

1. bone and marrow
2. kidney
3. organs and tissues
4. the only / last resort

El trasplante de órganos y tejidos, a pesar de su complejidad y dificultades, está ya perfectamente introducido dentro del arsenal terapéutico de la Medicina. Su realización, en continua progresión, ha beneficiado ya a muchos pacientes que han podido salvar la vida y desarrollar una actividad normal en no pocos casos. En algunas enfermedades que producen fallo terminal e irreversible de determinados órganos es el único recurso final que puede ser eficaz. Para que todo ello sea posible es preciso contar, imprescindiblemente, con la generosidad de la donación

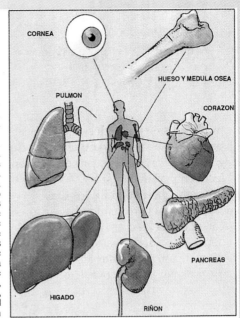

TRASPLANTES

B **Hablando francamente.** ¿Que significan, para Ud., las siguientes oraciones?

MODELO: Se debe comer equilibradamente. →
Eso quiere decir (*means*) que es necesario comer muchas verduras, que...

Palabras y frases útiles: Eso quiere decir... , Esto significa que... , también...

1. Se debe dormir lo suficiente todas las noches.
2. Hay que hacer ejercicio.
3. Es necesario llevar una vida tranquila.
4. En general, uno debe cuidarse mucho.

C **Entrevista.** Entreviste a un compañero / una compañera de clase para saber si él/ella cree que las acciones en la siguiente página son buenas o malas para la salud.

MODELO: correr un poco todos los días →
E1: Correr un poco todos los días, ¿es bueno o malo para la salud?
E2: Es bueno. (Es malo.)
E1: ¿Por qué?

(Continúa.)

Vocabulario: Preparación

Vocabulario útil

Es bueno para _____ (parte del cuerpo).
Ayuda a fortalecer (*strengthen*) _____ (parte del cuerpo).
Hace daño a (*It harms*) _____ (parte del cuerpo).

1. fumar más de uno o dos cigarrillos al día
2. preocuparse (*to worry*) mucho y no descansar
3. gritar (*to shout*) y enojarse con frecuencia
4. leer con poca luz (*light*)
5. beber mucho café todos los días
6. salir sin chaqueta cuando hace frío
7. correr todos los días hasta el punto de agotarse (*exhausting oneself*)
8. beber una o dos copas de vino al día
9. dejar de tomar bebidas alcohólicas por completo
10. dejar de comer por completo para adelgazar (*lose weight*)

En el consultorio°

doctor's office

el/la enfermero/a	nurse
el/la médico/a	physician
el/la paciente	patient
congestionado/a	congested, stuffed-up
mareado/a	dizzy; nauseated
el antibiótico	antibiotic
el jarabe	(cough) syrup
la pastilla	pill
la receta	prescription
el resfriado	cold
la tos	cough
doler (ue)*	to hurt, ache
enfermarse	to get sick
guardar cama	to stay in bed
internarse (en)	to check in (*to a hospital*)
ponerle una inyección	to give someone a shot
resfriarse (me resfrío)	to get/catch a cold
respirar	to breathe
sacar	to extract
sacar la lengua	to stick out one's tongue
sacar una muela	to extract a tooth

—Pero ¿cómo quiere que le opere,[a] si no tiene Ud. nada?

—Mejor, doctor. Así la operación le será[b] más fácil...

[a]*¿cómo... why do you want me to operate on you*   [b]*will be*

tener dolor (de)	to have a pain, ache (in)
tener fiebre	to have a fever
tomarle la temperatura	to take someone's temperature
toser	to cough

***Doler** is used like **gustar: Me duel*e* la cabeza. Me duel*en* los ojos.**

Conversación

A **Estudio de palabras.** Complete las siguientes oraciones con una palabra de la misma (*same*) familia de la palabra en letras cursivas (*italics*).

1. Si me *resfrío*, tengo _____.
2. La *respiración* ocurre cuando alguien _____.
3. Si me _____, estoy *enfermo/a*. Un(a) _____ me toma la temperatura.
4. Cuando alguien *tose*, se oye una _____.
5. Si me *duele* el estómago, tengo un _____ de estómago.

La medicina en los países hispánicos

Como regla general los hispanos tienen como costumbre consultar no sólo a los médicos sino[a] a otros profesionales con sus **problemas de salud.** Por ejemplo, ya que[b] muchas drogas se venden sin receta en los países hispánicos, es posible que una persona enferma le explique sus síntomas a un **farmacéutico,** que le puede recomendar una medicina. Aun le puede recomendar y poner inyecciones al paciente. Los farmacéuticos reciben un **entrenamiento**

riguroso y están al tanto[c] en **farmacología.** También se puede consultar a un practicante. Estos tienen tres años de entrenamiento médico y pueden aplicar una serie de tratamientos, incluyendo inyecciones.

Otra característica del sistema médico hispánico es que es fácil y barato conseguir los servicios de una **enfermera particular**[d] que cuide a un enfermo, ya sea[e] en la casa o en el hospital. Las enfermeras no tienen que tener tantos conocimientos teóricos como las de los Estados Unidos, pero tienen mucha experiencia en su campo.[f]

[a]*but* [b]*ya... since* [c]*al... up-to-date* [d]*private* [e]*ya... whether it be* [f]*field*

B **Situaciones.** Describa Ud. la situación de estas personas. ¿Dónde y con quiénes están? ¿Qué síntomas tienen? ¿Qué van a hacer?

1.   2.   3.

1. Anamari está muy bien de salud. Nunca le duele(n) _____. Nunca tiene _____. Siempre _____. Más tarde, ella va a _____.
2. A Martín le duele(n) _____. Debe _____. El dentista va a _____. Después, Martín va a _____.
3. A Inés le duele(n) _____. Tiene _____. El médico y la enfermera van a _____. Luego, Inés tiene que _____.

> ### Nota comunicativa   The Good News . . . The Bad News . . .

To describe general qualities or characteristics of something, use **lo** with the masculine singular form of an adjective.

> lo bueno / lo malo   lo más importante   lo mejor / lo peor   lo mismo

This structure has a number of English equivalents, especially in colloquial speech.

> **lo bueno** = the good thing/part/news, what's good

C **Ventajas y desventajas.** (*Advantages and disadvantages.*)   A nadie le gusta estar enfermo. Pero cuando no es nada grave, el estar enfermo puede tener ventajas. Con un compañero / una compañera, conteste las siguientes preguntas. Luego compare sus respuestas con las de otros compañeros. ¿Quién pudo obtener el mayor número de ventajas y desventajas?

1. En su opinión, ¿qué es lo bueno de tener un resfriado muy grave? ¿y lo malo?
2. Para un niño, ¿qué es lo bueno de tener fiebre y dolor de estómago? ¿y lo malo?
3. Para un niño, ¿qué es lo malo de tener amigdalitis (*tonsilitis*)? ¿y lo bueno?
4. ¿Qué es lo bueno de estar en el consultorio? ¿y lo malo?

Minidiálogos y gramática

¿Recuerda Ud.?

Throughout the last chapters of *Puntos de partida,* beginning with **Capítulo 7,** you have been using first the preterite and then the imperfect in appropriate contexts. Do you remember which tense you used to do each of the following?

1. to tell what you did yesterday
2. to tell what you used to do when you were in grade school
3. to explain the situation or condition that caused you to do something
4. to tell what someone did as the result of a situation
5. to talk about the way things used to be
6. to describe an action that was in progress

If you understand those uses of the preterite and the imperfect, the following summary of their uses will not contain much that is new information for you.

29 Narrating in the Past • Using the Preterite and the Imperfect

En el consultorio de la Dra. Méndez

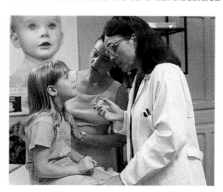

DRA. MÉNDEZ: ¿Cuándo *empezó* a sentirse mal su hija?
LOLA: Ayer por la tarde. *Estaba* congestionada, *tosía* mucho y *se quejaba* de que le *dolían* el cuerpo y la cabeza.
DRA. MÉNDEZ: ¿Y le *notó* algo de fiebre?
LOLA: Sí. Por la noche le *tomé* la temperatura y *tenía* treinta y ocho grados.
DRA. MÉNDEZ: A ver... Tal vez necesito ponerle una inyección...
MARTA: Eh... bueno... ¡Creo que ahora me encuentro un poco mejor!

In the preceding dialogue, locate all of the verbs that do the following.

1. indicate actions (or lack of action)
2. indicate conditions or descriptions

When speaking about the past in English, you choose different past tense forms to use, depending on the context: *I wrote letters, I was writing letters, I used to write letters,* and so on. Similarly, you can use either the preterite or the imperfect in many Spanish sentences, depending on the meaning you wish to convey. Often the question is: How do you view the action or state of being?

A. Use the preterite to . . .

- tell about the beginning or the end of a past action

El sábado pasado, el partido de fútbol **empezó** a la una. **Terminó** a las cuatro.
Last Saturday, the soccer game began at one. It ended at four.

In Dr. Méndez's office DR. MÉNDEZ: When did your daughter begin to feel bad? LOLA: Yesterday afternoon. She was stuffed up, she coughed a lot and she complained that her body and head were hurting. DR. MÉNDEZ: And did you note any fever? LOLA: Yes. At night I took her temperature and it was thirty-eight degrees. DR. MÉNDEZ: Let's see . . . Perhaps I'll need to give her a shot . . . MARTA: Um . . . well . . . I think I feel a little bit better now!

Use the imperfect to . . .

- talk about the habitual nature of an action (something you always did)

Había un partido todos los sábados. Muchas personas **jugaban** todas las semanas.
There was a game every Saturday. Many people played every week.

B. Use the preterite to . . .

- express an action that is viewed as completed

El partido **duró** tres horas. **Ganaron** Los Lobos, de Villalegre.
The game lasted three hours. The Lobos of Villalegre won.

Use the imperfect to . . .

- tell what was happening when another action took place and tell about simultaneous events (with **mientras** = *while*)

Yo no vi el final del partido. **Estaba** en la cocina cuando **terminó.**
I didn't see the end of the game. I was in the kitchen when it ended.

Mientras mi amigo **veía** el final, **hablaba** con su novia.
While my friend was watching the end, he was talking with his girlfriend.

C. Use the preterite to . . .

- express a series of completed actions

Durante el partido, los jugadores **corrieron, saltaron** y **gritaron.**
During the game, the players ran, jumped, and shouted.

Use the imperfect to . . .

- give background details of many kinds: time, location, weather, mood, age, physical and mental characteristics

Llovía un poco durante el partido. Todos los jugadores **eran** jóvenes; **tenían** 17 ó 18 años. ¡Y todos **esperaban** ganar!
It rained a little bit during the game. All the players were young; they were 17 or 18 years old. And all of them hoped to win!

D. Certain words and expressions are frequently associated with the preterite, others with the imperfect.

Words Often Associated with the Preterite:
ayer, anteayer, anoche
una vez (*once*), dos veces (*twice*),...
el año pasado, el lunes pasado,...
de repente (*suddenly*)

Words Often Associated with the Imperfect:
todos los días, todos los lunes,...
siempre, frecuentemente
mientras
de niño/a, de joven
was _____-ing, were _____-ing (in English)
used to, would (when *would* implies *used to* in English)

OJO

These words do not *automatically* cue either tense, however. The most important consideration is the meaning that the speaker wishes to convey.

Ayer cenamos temprano.
Yesterday we had dinner early.

Ayer cenábamos cuando Juan llamó.
Yesterday we were having dinner when Juan called.

De niño jugaba al fútbol.
He played soccer as a child.

De niño empezó a jugar al fútbol.
He began to play soccer as a child.

E. Remember that the preterite of **saber, conocer, querer,** and **poder** has English equivalents different from the infinitives (see **Capítulo 8,** pp. 254-255). The English equivalents of these verbs in the imperfect do not differ from the infinitive meanings.

F. The preterite and the imperfect frequently occur in the same sentence. In the first sentence the imperfect tells what was happening when another action—conveyed by the preterite—broke the continuity of the ongoing activity. In the second sentence, the preterite reports the action that took place because of a condition, described by the imperfect, that was in progress or in existence at that time.

Miguel **estudiaba** cuando **sonó** el teléfono.
Miguel was studying when the phone rang.

Olivia **comió** tanto porque **tenía** mucha hambre.
Olivia ate so much because she was very hungry.

G. The preterite and imperfect are also used together in the presentation of an event. The preterite narrates the action while the imperfect sets the stage, describes the conditions that caused the action, or emphasizes the continuing nature of a particular action.

Práctica

A **En el consultorio.** What did your doctor do the last time you had an appointment with him or her? Assume that you had the following conditions and match them with the appropriate procedure.

CONDICIONES: (Yo)...

1. _____ tenía mucho calor y temblaba.
2. _____ me dolía la garganta.
3. _____ tenía un poco de congestión en el pecho (*chest*).
4. _____ creía que estaba anémico/a.
5. _____ no sabía lo que tenía.
6. _____ necesitaba medicinas.
7. _____ sólo necesitaba un chequeo rutinario.

ACCIONES: El médico...

a. me hizo muchas preguntas.
b. me puso una inyección.
c. me tomó la temperatura.
d. me auscultó (*listened to my*) los pulmones y el corazón.
e. me analizó la sangre (*blood*).
f. me hizo sacar la lengua.
g. me hizo toser.

B **Pequeñas historias.** Complete the following brief paragraphs with the appropriate phrases from the list. Before you begin, it is a good idea to look at the drawing that accompanies each paragraph and to scan through the complete paragraph to get the gist of it, even though you may not understand everything the first time you read it.

1. nos quedamos   nos gustó
   nos quedábamos   nuestra familia decidió
   íbamos   vivíamos

   Cuando éramos niños, Jorge y yo _____¹ en la Argentina. Siempre _____² a la playa, a Mar del Plata, para pasar la Navidad. Allí casi siempre _____³ en el Hotel Fénix. Un año, _____⁴ quedarse en otro hotel, el Continental. No _____⁵ tanto como el Fénix y por eso, al año siguiente, _____⁶ en el Fénix otra vez.

2. estaba leyendo   salí
   había   se apagaron (*went out*)
   estaban apagadas (*out*) me levanté
   tenía

   Eran las once de la noche cuando ¡de repente _____¹ todas las luces de la casa! Puse el libro que _____² en la mesa y _____³ para investigar la causa del incidente. La verdad es que _____⁴ mucho miedo. _____⁵ a la calle y vi que _____⁶ las luces de todo el barrio (*neighborhood*). En ese momento me di cuenta (*I realized*) que _____⁷ un problema con la electricidad en toda la ciudad.

3. examinó   puso
   intentaba tomarle   llegó
   estaba   dio
   esperaba   se sintió

   El niño tosía mientras que la enfermera _____¹ la temperatura. La madre del niño _____² pacientemente. Por fin _____³ la médica. Le _____⁴ la garganta al niño, le _____⁵ una inyección y le _____⁶ a su madre una receta para un jarabe. La madre todavía _____⁷ muy preocupada, pero immediatamente después que la doctora le habló, _____⁸ más tranquila.

C **Una historia famosa**

Paso 1. La siguiente historia está narrada en el presente. Cámbiela al pasado, poniendo los verbos en el pretérito.

La niña *abre*¹ la puerta y *entra*² en la casa. *Ve*³ tres sillas. *Se sienta*⁴ en la primera silla, luego en la segunda, pero no le *gusta*⁵ ninguna. Por eso *se sienta*⁶ en la tercera. *Ve*⁷ tres platos de comida en la mesa y *decide*⁸ comer el más pequeño. Luego, *va* a⁹ la alcoba para descansar un poco. Después de probarᵃ las camas grandes, *se acuesta*¹⁰ en la cama más pequeña y *se queda*¹¹ dormida.

ᵃ*trying*

Paso 2. ¿Reconoce Ud. la historia? Es el cuento de Ricitos de Oro y los tres osos. Pero el cuento está un poco aburrido como tal (*as it is*). Mejore el cuento con detalles y descripciones. **¡OJO!** Recuerde usar el imperfecto en las descripciones.

MODELO: La niña se llamaba Ricitos de Oro. Abrió la puerta y entró en la casa. La casa estaba muy...

Paso 3. Ahora termine la historia de Ricitos de Oro. ¿Qué pasó al final?

D **Rubén y Soledad**

Paso 1. Read the following paragraph at least once to familiarize yourself with the sequence of events, and look at the drawing. Then reread the paragraph, giving the proper form of the verbs in parentheses in the preterite or the imperfect, according to the needs of each sentence and the context of the paragraph as a whole.

Rubén (estar[1]) estudiando cuando Soledad (entrar[2]) en el cuarto. Le (preguntar[3]) a Rubén si (querer[4]) ir al cine con ella. Rubén le (decir[5]) que sí porque se (sentir[6]) un poco aburrido con sus estudios. Los dos (salir[7]) en seguida para el cine. (Ver[8]) una película cómica y (reírse[9]) mucho. Luego, como (hacer[10]) frío, (entrar[11]) en su café favorito, El Gato Negro, y (tomar[12]) un chocolate. (Ser[13]) las dos de la mañana cuando por fin (regresar[14]) a casa. Soledad (acostarse[15]) inmediatamente porque (estar[16]) cansada, pero Rubén (empezar[17]) a estudiar otra vez.

Paso 2. Now answer the following questions based on the paragraph about Rubén and Soledad. **¡OJO!** A question is not always answered in the same tense as that in which it is asked. Remember this especially when you are asked to explain why something happened.

1. ¿Qué hacía Rubén cuando Soledad entró?
2. ¿Qué le preguntó Soledad a Rubén?
3. ¿Por qué dijo Rubén que sí?
4. ¿Les gustó la película? ¿Por qué?
5. ¿Por qué tomaron un chocolate?
6. ¿Regresaron a casa a las tres?
7. ¿Qué hicieron cuando llegaron a casa?

E **La fiesta de Roberto.** Read the following paragraphs once for meaning, and look at the drawing. Then reread the paragraphs, giving the proper form of the verbs in parentheses in the present, preterite, or imperfect.

Durante mi segundo año en la universidad, yo (conocer[1]) a Roberto en una clase. Pronto nos (hacer[2]) muy buenos amigos. Roberto (ser[3]) una persona muy generosa que (organizar[4]) una fiesta en su apartamento todos los viernes. Todos nuestros amigos (venir[5]). (Haber[6]) muchas bebidas y comida, y todo el mundo (hablar[7]) y (bailar[8]) hasta muy tarde.

Una noche algunos de los vecinos de Roberto (llamar[9]) a la policía y (decir[10]) que nosotros (hacer[11]) demasiado ruido. (Venir[12]) un policía al apartamento y le (decir[13]) a Roberto que la fiesta (ser[14]) demasiado ruidosa. Nosotros no (querer[15]) aguar[a] la fiesta, pero ¿qué (poder[16]) hacer? Todos nos (despedir[17]) aunque (ser[18]) solamente las once de la noche.

Aquella noche Roberto (aprender[19]) algo importantísimo. Ahora cuando (hacer[20]) una fiesta, siempre (invitar[21]) a sus vecinos.

[a]*to spoil*

Conversación

A **El primer día.** Dé Ud. sus impresiones del primer día de su primera clase universitaria. Use estas preguntas como guía.

1. ¿Qué hora era cuando llegó Ud. a la universidad? ¿Por qué llegó a esa hora?
2. ¿Cuál fue la clase? ¿A qué hora era la clase y dónde era?
3. ¿Vino a clase con alguien? ¿Ya tenía su libro de texto o lo compró después?
4. ¿Qué hizo Ud. después de entrar en la sala de clase? ¿Qué hacía el profesor / la profesora?
5. ¿A quién conoció Ud. aquel día? ¿Ya conocía a algunos miembros de la clase? ¿A quiénes?
6. ¿Aprendió Ud. mucho durante la clase? ¿Ya sabía algo de esa materia?
7. ¿Le gustó el profesor / la profesora? ¿Por qué (sí o por qué no)? ¿Cómo era?
8. ¿Cómo se sentía durante la clase? ¿nervioso/a? ¿aburrido/a? ¿cómodo/a?
9. ¿Les dio tarea el profesor / la profesora? ¿Pudo Ud. hacerla fácilmente?
10. ¿Cuánto tiempo estudió Ud. la materia antes de la próxima clase?
11. Su primera impresión de la clase y del profesor / de la profesora, ¿fue válida o cambió con el tiempo? ¿Por qué?

B **Unas preguntas sobre el pasado**

Paso 1. Con un compañero / una compañera, haga y conteste las siguientes preguntas.

¿Cuántos años tenías cuando... ?

1. aprendiste a pasear en bicicleta
2. hiciste tu primer viaje en avión
3. tuviste tu primera cita
4. empezaste a afeitarte
5. conseguiste tu licencia de manejar (*driver's license*)
6. abriste una cuenta corriente (*checking account*)
7. dejaste de crecer (*grow*)

Paso 2. Con otro compañero / otra compañera, haga y conteste estas preguntas.

¿Cuántos años tenías cuando tus padres... ?

1. te dejaron cruzar la calle a solas (*alone*)
2. te permitieron ir de compras a solas
3. te dejaron acostarte después de las nueve
4. te dejaron quedarte en casa sin niñero/a
5. te permitieron usar la estufa
6. te dejaron ver una película «R»
7. te dejaron conseguir un trabajo

Paso 3. Ahora, en grupos de cuatro, comparen sus respuestas. ¿Son muy diferentes las respuestas que dieron? ¿Quién del grupo tiene los padres más estrictos? ¿los menos estrictos?

El Dr. Pedro José Greer

En las últimas décadas, un problema sin solución evidente ha surgido[a] en los Estados Unidos: el de **los desamparados.**[b] Aunque muchas personas creen que los desamparados son por lo general drogadictos y alcohólicos del sexo masculino, la realidad es distinta. Pueden ser tanto mujeres, jovenes y niños como hombres. El problema es especialmente grave en **los centros urbanos.** Pero los desamparados en **Miami, Florida,** tienen un amigo en **el Dr. Pedro José Greer.**

El Dr. Greer estudió en la Universidad de Florida y recibió el título de Doctor en Medicina en la Pontífica Universidad Católica Madre y Maestra en Santo Domingo, la

El Dr. Pedro José Greer

República Dominicana. Cuando todavía era estudiante de medicina, el Dr. Greer se ofrecía a trabajar en **Camillus House,** un abrigo[c] para los desamparados en el centro de Miami. Reconociendo la inmensa falta de servicios de salud para los desamparados que hay en esa ciudad, fundó **Camillus Health Concern,** una clínica que ofrece servicios gratuitos[d] a los desamparados. Al principio su consultorio consistía en una sola habitación de Camillus House. Hoy día Camillus Health Concern ofrece sus servicios no sólo en el centro del Miami, sino en todo el condado[e] de Dade.

[a]*ha... has arisen* [b]*homeless people* [c]*shelter* [d]*free* [e]*county*

---

30 Recognizing *que, quien(es), lo que* • Relative Pronouns

El español ¡en directo!

En la siguiente tira cómica, Libertad, una amiga de Mafalda, se encuentra con un letrero que dice «Prohibido pisar el césped».

¡MALDÍTAS LAS GANAS QUE TENÍA DE PISARLO, PERO ME ENFERMA QUE ME ESTÉN DICIENDO QUE NO HAGA LO QUE YA SÉ QUE NO DEBO HACER!

[a]Malditas... *It wasn't right for me to want to step on it*

(Continúa.)

Conteste las siguientes preguntas sobre la tira.

1. ¿Qué significa **letrero** en inglés?
2. ¿Qué dice el letrero? ¿Cuál es su equivalente en inglés?
3. Cuando Libertad pasa frente al letrero la primera vez, ¿pisa el césped?
4. ¿Lo pisa la segunda vez? ¿Por qué?
5. ¿Qué significan en inglés las palabras indicadas? «—Me enferma **que** me estén diciendo **que** no haga **lo que** ya sé **que** no debo hacer!»

A. There are four principal *relative pronouns* in English: *that, which, who*, and *whom*. They are usually expressed in Spanish by the relative pronouns at the right, all of which you already know.

que:	refers to things and people
quien:	refers only to people
lo que:	refers to a situation

B. Learning to recognize the meaning of these words in context will make reading in Spanish easier for you, especially with authentic materials (written for native speakers of Spanish). See if you can understand the following sentences without looking at the English equivalents.

- **que** = *that, which, who*

Tuve una cita con el médico **que** duró una hora.
I had an appointment with the doctor that lasted an hour.

Es un buen médico **que** sabe mucho.
He's a good doctor who knows a lot.

- **quien(es)** = *who/whom* after a preposition or as an indirect object

La mujer con **quien** hablaba era mi hermana.
The woman with whom I was talking was my sister.

Ese es el niño a **quien** no le gustan los helados.
That's the boy who doesn't like ice cream.

- **lo que** = *what, that which*

No entiendo **lo que** dice.
I don't understand what he is saying.

Lo que no me gusta es su actitud hacia los pobres.
What I don't like is his attitude toward poor people.

C. The antecedent (*what it refers to*) of **lo que** is always a sentence, a whole situation, or something that hasn't been mentioned yet.

Lo que necesito es estudiar más.

Remember that the relative pronouns **que** and **quien** have an accent mark only in the interrogative or exclamatory form.

—¿Con **quién** hablas?
—*Whom are you talking to?*

—Hablo con la mujer con **quien** doy la fiesta.
—*I'm talking to the woman with whom I'm giving the party.*

—¿**Qué** dices? ¡**Qué** historia tan interesante!
—*What are you saying? What an interesting story!*

—¡Te digo **que** es verdad!
—*I'm telling you (that) it's true!*

Práctica

A **Problemas médicos.** Complete las oraciones lógicamente, usando **que, quien** o **lo que.**

EN LA SALA DE EMERGENCIAS/URGENCIA

1. ¿Quién fue el hombre _____ la trajo aquí?
2. Desgraciadamente no podemos localizar a la mujer con _____ vive.
3. ¡_____ necesitamos es más tiempo!
4. Quiero saber el nombre de la medicina _____ Ud. tomaba.
5. ¿Dónde está el ayudante _____ empezó a trabajar ayer?

EN EL CONSULTORIO DEL MÉDICO

DOCTOR: Pues _____⁶ Ud. tiene es exceso de peso.ᵃ Debe perder por lo menos diez libras.

PACIENTE: Pero, doctor... Es cierto que como mucho, pero... Dígame, ¿a _____⁷ no le gusta comer?

DOCTOR: De ahora en adelante, Ud. puede comer todo _____⁸ le guste... ¡y aquí está la lista de _____⁹ le debe gustar!

ᵃ*weight*

B **El estrés, la condición humana**

Paso 1. Lea la siguiente tira cómica y conteste las preguntas.

1. Lo que quiere el padre de Libertad es _____.
2. Lo que tiene es _____.
3. Según el médico, lo que tiene su padre es _____.

Paso 2. ¿De cuántas de esas condiciones sufre Ud.? ¿Sufre más de esos problemas durante ciertas épocas del año? ¿Cuáles?

Problemas y consejos

Paso 1. Déle varios consejos a la persona que tiene los siguientes problemas. Use estas frases como guía: **La persona con quien debes hablar es... , Lo que debes hacer es... .**

1. Tengo un resfriado terrible.
2. Necesito descansar, y tengo tres días libres la semana que viene.
3. Tengo ganas de comer comida china esta noche.
4. No sé qué clases debo tomar el semestre/trimestre que viene.
5. ¡Sufro tantas presiones en mi vida privada!
6. Vivo muy lejos de la universidad. Pierdo una hora en ir y venir todos los días.

Paso 2. Ahora invente Ud. problemas semejantes —o cuente un problema real— y pídales consejos a sus compañeros de clase.

31 Expressing *each other* • Reciprocal Actions with Reflexive Pronouns

—¿Tú crees que cada vez que nos encontramos tenemos que saludarnos dándonos la mano[a]?

[a]*hand*

1. ¿Dónde *se encuentran* los dos pulpos?
2. ¿Cómo *se saludan* (*do they greet each other*)?
3. ¿*Se conocen*? ¿Cómo se sabe?

The plural reflexive pronouns, **nos, os,** and **se,** can be used to express *reciprocal actions* (**las acciones recíprocas**). Reciprocal actions are usually expressed in English with *each other* or *one another*.

Nos queremos.	*We love each other.*
¿**Os** ayudáis?	*Do you help one another?*
Se miran.	*They're looking at each other.*

Nos queremos.

Práctica

A **Buenos amigos.**   Indique las cinco oraciones que describen lo que hacen Ud. y un buen amigo / una buena amiga para mantener su amistad (*friendship*).

1. ☐ Nos vemos con frecuencia.
2. ☐ Nos conocemos muy bien. No hay secretos entre nosotros.
3. ☐ Nos respetamos mucho.
4. ☐ Nos ayudamos con cualquier (*any*) problema.
5. ☐ Nos escribimos cuando no estamos en la misma ciudad.
6. ☐ Nos hablamos por teléfono con frecuencia.
7. ☐ Nos decimos la verdad siempre, sea esta (*be it*) bonita o fea.
8. ☐ Cuando estamos muy ocupados, no importa si no nos hablamos por mucho tiempo.

B **¿Qué se hacen?**   Describa las siguientes relaciones familiares o sociales, haciendo oraciones completas con una palabra o frase de cada grupo.

los buenos amigos
los parientes
los esposos
los padres y los niños
los amigos que no viven en la
   misma ciudad
los profesores y los estudiantes
los compañeros de cuarto/casa

(no)

verse con frecuencia
quererse, respetarse
ayudarse (con los quehaceres
   domésticos, con los
   problemas económicos, con
   los problemas personales)
hablarse (todos los días, con
   frecuencia, sinceramente)
llamarse por teléfono (con
   frecuencia), escribirse
mirarse (en la clase, con cariño
   [*affection*])
necesitarse
conocerse bien
saludarse (en la clase, con
   cariño), darse la mano

Conversación

Preguntas

1. ¿Con qué frecuencia se ven Ud. y su novio/a (esposo/a, mejor amigo/a)? ¿Cuánto tiempo hace que se conocen? ¿Con qué frecuencia se dan regalos? ¿se escriben? ¿se telefonean? ¿Le gusta a Ud. que se vean tanto (tan poco)? ¿Es lástima que no se vean con más frecuencia?
2. ¿Con qué frecuencia se ven Ud. y sus abuelos/primos? ¿Por qué se ven Uds. tan poco (tanto)? ¿Cómo se mantienen en contacto? ¿Se mantienen en contacto con frecuencia en la sociedad norteamericana? En su opinión, ¿es esto común entre los hispanos?

In this **Situaciones** dialogue, Lola Benítez and her daughter Marta are in the doctor's office. Pay close attention to the following: Who doesn't feel well? What are her symptoms? How does the doctor treat the illness?

En el consultorio de la Dra. Méndez.

F U N C T I O N
visiting a doctor's office

DRA. MÉNDEZ: ¿Así que no te sientes bien, Marta? Dime[a] lo que te pasa.

MARTA: Anoche me dolió mucho el estómago. Y también la garganta.

LOLA: Sí, y ayer por la tarde estaba muy congestionada.

DRA. MÉNDEZ: ¿Sí? ¿Y cuándo comenzó a sentir estos síntomas?

LOLA: Fue unos días después de que se reunió con su amiga Carolina, quien ya estaba enferma.

DRA. MÉNDEZ: Ajá. Marta, saca la lengua, por favor. (*La doctora examina la garganta de Marta.*) Di «ahhh.» A ver... (*La doctora escucha el pecho[b] de Marta.*) Respira. Más fuerte. Otra vez.

MARTA: Ahhh...

LOLA: ¿Qué pasa, doctora? ¿Es grave?

DRA. MÉNDEZ: No, no se preocupe.[c] No es nada grave. Lo que tiene es un resfriado. Marta, debes guardar cama durante unos días y tomar muchos líquidos. Señora Durán, voy a darle dos recetas. Las pastillas son para quitarle[d] la congestión. Y el jarabe se lo puede dar cuando ella tosa.

LOLA: Muy bien, doctora.

DRA. MÉNDEZ: Y debe quedarse en casa algunos días.

[a]*Tell me* [b]*chest* [c]*no... don't worry* [d]*get rid of*

Con un compañero / una compañera

Ahora imagínese que es Lola quien no se siente bien. Con un compañero / una compañera, hagan los papeles (*play the roles*) del diálogo. Traten de (*Try to*) variar los detalles del diálogo.

Un poco de todo

A **Lo mejor de estar enfermo**

Paso 1. Form complete sentences using the words in the order given. Conjugate the verbs in the preterite or the imperfect and add or change words as needed. Use subject pronouns only when needed.

1. cuando / yo / ser / niño, / pensar / que / lo mejor / de / estar enfermo / ser / guardar cama
2. lo peor / ser / que / con frecuencia / (yo) resfriarse / durante / vacaciones
3. una vez / (yo) ponerme / muy / enfermo / durante / Navidad
4. mi / madre / llamar / a / médico / en / quien / tener / confianza
5. Dr. Matamoros / venir / casa / y / darme / antibiótico / porque / tener / mucho / fiebre
6. ser / cuatro / mañana / cuando / por fin / (yo) empezar / respirar / sin dificultad
7. desgraciadamente / día / de / Navidad / (yo) tener / tomar / jarabe / y / no / gustar / nada / sabor (*taste, m.*)
8. lo bueno / de / este / enfermedad / ser / que / mi / padre / tener / dejar / fumar / mientras / yo / estar / enfermo

Paso 2. Ahora vuelva a contar la historia desde el punto de vista de la madre de la persona enferma (yo).

B **Un accidente tragicómico.** Complete the following paragraphs with the correct form of the words in parentheses—for verbs, the present, preterite, or imperfect—as suggested by the context. When two possibilities are given in parentheses, select the correct word.

Cuando mi hermana y yo (tener[1]) 9 y 7 años respectivamente, (nuestro[2]) madre (tener[3]) un pequeño accidente. Papá (tener[4]) que pasar unos días fuera a causa del trabajo. (Por/Para[5]) eso, (*nosotras:* ir[6]) a despedirlo al aeropuerto.

   Cuando (*nosotras:* salir[7]), vimos un perrito (que/quien[8]) tenía la pata[a] atrapada[b] en una puerta. Las tres (correr[9]) a ayudarlo. Mamá (tomar[10]) al perrito en sus brazos y lo estaba (examinar[11]) mientras (*nosotras:* caminar[12]). Íbamos (tan/tanto[13]) preocupadas por la patita del perro que no (*nosotras:* ver[14]) un escalón.[c] (*Nosotras:* Caerse[d15]) las tres... bueno, los cuatro. La situación (ser[16]) algo cómica. (*Nosotras:* Levantarse[17]) muertas de risa[e] y un poco avergonzadas.

   Por fin (*nosotras:* dejar[18]) al perrito con (su[19]) dueños y (decidir[20]) irnos a casa. Nuestra madre (cojear[f21]) un poco. Esa misma tarde (*nosotras:* ir[22]) al hospital porque le (doler[23]) mucho todavía la pierna.[g] No (haber[24]) duda.

(Continúa.)

[a]*paw* [b]*trapped* [c]*step* [d]*to fall down* [e]*muertas... dying of laughter* [f]*to limp* [g]*leg*

(*Ella:* Tener²⁵) el tobillo roto.ʰ Le escayolaronⁱ la pierna y le (*ellos:* dar²⁶) un par de muletas.ʲ Además le (*ellos:* recomendar²⁷) reposo absoluto.

Todavía hoy mi hermana y yo (acordarse²⁸) de lo bien que (*nosotras:* pasarlo²⁹) jugando a ser las enfermeras de mamá. Afortunadamente los abuelos (venir³⁰) en nuestra ayuda.

ʰel... *a broken ankle*   ⁱLe... *They put a cast on*   ʲ*crutches*

Comprensión: ¿Quién lo dijo?

1. Tenemos que ir a ayudar a las chicas. No pueden cuidar ellas solas a Marisa.
2. ¿Dónde está el perro? No lo veo en ningún sitio.
3. Siento (*I'm sorry*) decirle, señora, que tiene el tobillo fracturado.
4. ¡Qué torpes (*clumsy*) somos!, ¿verdad?
5. ¿Por qué no te llevamos a la sala de urgencia?

C Caperucita Roja

Paso 1. Retell this familiar story, based on the drawings, sentences, and cues that accompany each drawing, using the imperfect or preterite of the verbs in parentheses. Add as many details as you can. Using context, try to guess the meaning of words that are glossed with ¿ ?.

Vocabulario útil

abalanzarse sobre	to pounce on	**esconderse**	to hide
avisar	to warn	**enterarse de**	to find out about
dispararle	to shoot at someone/ something	**huir**	to flee
		saltar	to jump

1. Érase una vezª a una niña hermosa que (llamarse¹) Caperucita Roja. Todos los animales del bosqueᵇ (ser²) sus amigos y Caperucita Roja los (querer³) mucho.
2. Un día su mamá le (decir⁴): —Lleva en seguida esta jarrita de mielᶜ a casa de tu abuelita. Ten cuidadoᵈ con el loboᵉ feroz.

ª¿ ?   ᵇ¿ ?   ᶜjarrita... *jar of honey*   ᵈTen... *Be careful*   ᵉ¿ ?

3. En el bosque, el lobo (salir⁵) a hablar con la niña. Le (preguntar⁶):
   —¿Adónde vas, Caperucita? Esta le (contestar⁷) dulcemente:ᶠ —Voy a casa de mi abuelita.
4. —Pues, si vas por este sendero,ᵍ vas a llegar antes, (decir⁸) el malvadoʰ lobo. Él (irse⁹) por otro camino más corto.

ᶠ*sweetly*   ᵍ*path*   ʰ¿ ?

5. El lobo (llegar[10]) primero a la casa de la abuelita y (entrar[11]) silenciosamente. La abuelita (tener[12]) mucho miedo. (*Ella:* Saltar[13]) de la cama y (correr[14]) a esconderse.

6. Caperucita Roja (llegar[15]) por fin a la casa de la abuelita. (*Ella:* Encontrar[16]) a su «abuelita», que (estar[17]) en la cama. Le (decir[18]): —¡Qué dientes tan largos tienes! —¡Son para comerte mejor! — (decir[19]) su «abuelita».

7. Una ardilla[i] del bosque (enterarse[20]) del peligro. Por eso (avisar[21]) a un cazador.[j]

8. El lobo (saltar[22]) de la cama y (abalanzarse[23]) sobre Caperucita. Ella (salir[24]) de la casa corriendo y pidiendo socorro[k] desesperadamente.

[i]¿ ? [j]¿ ? [k]*help*

9. El cazador (ver[25]) lo que (ocurrir[26]). (*Él:* Dispararle[27]) al lobo y le (hacer[28]) huir.

10. Caperucita (regresar[29]) a la casa de su abuelita. La (abrazar: *ella*[30]) y le (prometer[31]) escuchar siempre los consejos de su mamá.

Paso 2. Hay varias versiones del cuento de Caperucita Roja. La que Ud. acaba de leer termina felizmente, pero otras no. Con otros dos compañeros, vuelvan a contar la historia, empezando por el dibujo número 7. Inventen un diálogo más largo entre Caperucita y el lobo y cambien por completo el final del cuento.

Más vocabulario útil

atacar	to attack	**matar**	to kill
comérselo/la	to eat something up		

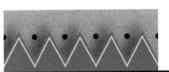

Vocabulario

Los verbos

encontrarse (ue) (con)	to meet (*someone somewhere*)
preocuparse (por)	to worry (about)
saludarse	to greet each other

La salud y el bienestar

caminar	to walk
cuidarse	to take care of oneself
dejar de + *inf.*	to stop (*doing something*)

doler (ue)	to hurt, ache
encontrarse (ue)	to be, feel
examinar	to examine
guardar cama	to stay in bed
hacer ejercicios aeróbicos	to do aerobics
internarse (en)	to check in (*to a hospital*)
llevar una vida (sana, tranquila)	to lead a (healthy, calm) life
ponerle una inyección	to give someone a shot, injection
resfriarse (me resfrío)	to catch a cold
respirar	to breathe
sacar	to extract
sacar la lengua	to stick out one's tongue
sacar una muela	to extract a tooth
tener dolor de	to have a pain in
toser	to cough

Repaso: comer, correr, dormir (ue, u), enfermarse, hacer ejercicio, practicar deportes

Algunas partes del cuerpo

la boca	mouth
la cabeza	head
el cerebro	brain
el corazón	heart
el diente	tooth
el estómago	stomach
la garganta	throat
la nariz	nose
el oído	inner ear
el ojo	eye
la oreja	outer ear
los pulmones	lungs
la sangre	blood

Las enfermedades y los tratamientos

el antibiótico	antibiotic
el chequeo	check-up
el consultorio	(medical) office
la farmacia	pharmacy
la fiebre	fever
las gafas	glasses
el jarabe	(cough) syrup

los lentes de contacto	contact lenses
la medicina	medicine
el/la paciente	patient
la pastilla	pill
la receta	prescription
el resfriado	cold
la sala de emergencias/ urgencia	emergency room
la salud	health
el síntoma	symptom
la temperatura	temperature
la tos	cough

El personal médico

el/la dentista	dentist
el/la enfermero/a	nurse

Repaso: el/la médico/a

Los sustantivos

la desventaja	disadvantage
la ventaja	advantage

Los adjetivos

congestionado/a	congested
mareado/a	nauseated; dizzy
sano/a	healthy
tranquilo/a	calm

Palabras adicionales

de repente	suddenly
dos veces	twice
equilibradamente	in a balanced way
eso quiere decir...	that means . . .
lo bueno/lo malo	the good thing, news / the bad thing, news
lo suficiente	enough
mientras	while
mismo/a	same
una vez	once

Repaso: lo que, que, quien

·LECTURA

Estrategia: Thematic Organization—Cause and Effect

Another strategy that can help your comprehension of a written passage is to identify thematic patterns in the text, or the relationship between different pieces of information. For example, does the author use contrast to get the point across? Is the passage strictly descriptive? Or is the information presented through a cause-and-effect relationship?

In the case of the latter, you should try to identify both the cause and the effect that are presented in the reading. Understanding the argumentative organization of the text can boost your comprehension of both individual sentences and of the passage as a whole. In the reading that follows, you will find a series of cause-and-effect relationships, many of which may surprise you. As you read, try to identify these relationships, as you will be asked about them in the **Comprensión** section.

▶ **Sobre la lectura...** Este artículo apareció en una revista para hispanos
▶ en los Estados Unidos para informarles sobre un aspecto de la salud y el
▶ bienestar. La lectura es auténtica; es decir, el lenguaje no ha sido modifi-
▶ cado (*hasn't been modified*).

Las vitaminas y la salud

Las vitaminas son antioxidantes para el cuerpo humano... pero ahora también se sabe que una <u>sobredosis</u> podría perjudicar[a] al organismo más que ayudarlo. Las últimas investigaciones revelan, por ejemplo, que un exceso de vitamina A es responsable de agudos[b] dolores de cabeza, pérdida[c] del pelo, irritación de la piel,[d] deformaciones óseas[e] y defectos en los <u>recién nacidos</u> (en el caso de que la vitamina sea ingerida[f] por las embarazadas[g]). Los médicos recomiendan no ingerir más de 25.000 I.U.

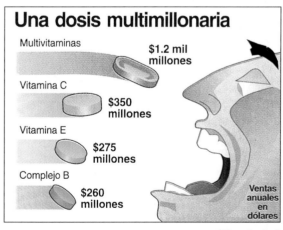

Una dosis multimillonaria

Multivitaminas — $1.2 mil millones

Vitamina C — $350 millones

Vitamina E — $275 millones

Complejo B — $260 millones

Ventas anuales en dólares

(Continúa.)

[a]podría... *could damage* [b]*sharp* [c]*loss* [d]*skin* [e]*of or pertaining to bones* [f]*sea... is ingested* [g]*pregnant women*

(unidades internacionales) de esta vitamina por día.

Vitamina C: una dosis de más de 1.000 miligramos (1 gramo) por día podría ser tóxica, provocando diarrea y otras alteraciones serias. Los galenos^h aconsejan 50 miligramos por día para adultos y 100 miligramos por día para fumadores.

Vitamina E: no ingerir más que 1.600 I.U. por día. El exceso podría causar coágulos en la sangre.ⁱ El infográfico muestra la venta de vitaminas en los Estados Unidos. ●

^hmédicos ⁱblood

Comprensión

A **¿Cierto o falso?** Conteste según el artículo. Corrija las oraciones falsas.

1. El exceso de vitamina A puede causar problemas gastrointestinales.
2. La vitamina C ayuda a reducir los dolores de cabeza.
3. Una sobredosis de vitamina A puede causar reacciones dermatológicas.
4. El fumar puede afectar la dosis recomendada de algunas vitaminas.

B **Causa y efecto.** Identifique por lo menos uno de los efectos que puede causar cada uno de los siguientes. Dé su respuesta en inglés.

1. una sobredosis de vitamina A
2. una sobredosis de vitamina C
3. una sobredosis de vitamina E

PARA ESCRIBIR

A **¿Cómo está de salud?**

Paso 1. ¿Lleva Ud. una vida sana o lleva una vida no muy saludable (*healthy*)? Indique las respuestas que se le apliquen (*apply to you*).

1. Hago ejercicio...
   - ☐ todos los días
   - ☐ de vez en cuando
   - ☐ Nunca hago ejercicio.
2. Duermo...
   - ☐ ocho horas por día
   - ☐ menos de ocho horas por día
   - ☐ más de ocho horas por día
3. Como frutas y/o verduras...
   - ☐ todos los días
   - ☐ dos o tres veces por semana
   - ☐ Nunca como frutas y/o verduras.
4. Tomo vitaminas...
   - ☐ todos los días
   - ☐ dos o tres veces por semana
   - ☐ sólo cuando me siento mal
5. Voy al consultorio del médico / de la médica...
   - ☐ para recibir un chequeo anual
   - ☐ sólo cuando estoy enfermo/a
6. Me enfermo...
   - ☐ más de cinco veces por año
   - ☐ entre dos y cinco veces por año
   - ☐ menos de dos veces por año

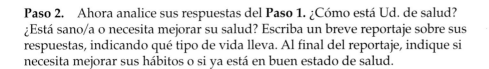

Paso 2. Ahora analice sus respuestas del **Paso 1.** ¿Cómo está Ud. de salud? ¿Está sano/a o necesita mejorar su salud? Escriba un breve reportaje sobre sus respuestas, indicando qué tipo de vida lleva. Al final del reportaje, indique si necesita mejorar sus hábitos o si ya está en buen estado de salud.

Clave para estudiar: El arte de escribir
▼ ▼

You can develop a more mature writing style in Spanish by using transition words to link shorter sentences. Follow these suggestions.

1. Write a first draft of your composition, trying to express your ideas in short simple sentences. Be sure each sentence has at least a subject and a verb.
2. Determine which sentences have a logical relationship and can be linked together. Choose transition words that show these relationships.
3. Rewrite the composition, adding the transition words and making changes, if necessary. For example, if you link the following sentences together with **cuando,** the word **ella** will not be necessary.

> Vimos a Jacinta. Ella estaba en la cafetería. →
> Cuando vimos a Jacinta, estaba en la cafetería.

Remember to use words that you are familiar with because you have used them before, and avoid using the dictionary too much. (**Clave para estudiar, Capítulo 5**).

además	besides
así	thus, so
cuando	when
de vez en cuando	from time to time
en cambio	on the other hand
es decir	that is
luego	then, next
mientras	while
pero	but
por ejemplo	for example
por eso	therefore, for that reason
por fin	at last, finally
pues	well; since
sin embargo	nevertheless
también	also

B **Mi última visita al consultorio.** Answer the following questions about your last visit to the doctor, adding as many details as possible. Then, using the words in **Clave para estudiar** and any others you know, join the sentences together to form three paragraphs that flow smoothly.

PÁRRAFO A

1. ¿Cuándo fue la última vez que Ud. consultó con un médico?
2. ¿Por qué lo hizo? ¿Cuáles eran sus síntomas? ¿O era solamente un chequeo anual?

PÁRRAFO B

1. En el consultorio, ¿tuvo Ud. que esperar mucho tiempo? ¿Esperaban también otros pacientes?
2. Cuando por fin entró en el consultorio, ¿cuánto tiempo duró la consulta? ¿Qué actitud mostró el médico? ¿compasión? ¿humor? ¿preocupación? ¿indiferencia?

(Continúa.)

3. ¿Le recetó alguna medicina? ¿Qué otras recomendaciones le dio? ¿Las siguió Ud.? ¿Por qué sí o por qué no?

PÁRRAFO C

1. ¿Cuándo se mejoró Ud. por fin? ¿O cuándo va a tener otro chequeo anual?
2. ¿Qué hace ahora para mantenerse en buen estado de salud?

•ACTIVIDADES

Actividad A   ¿Cómo vives? ¿Cómo vivías?

Paso 1. ¿Hace Ud. las siguientes cosas para mantener la salud y el bienestar?

	SÍ	NO
1. comer una dieta equilibrada	☐	☐
2. no comer muchos dulces	☐	☐
3. caminar por lo menos (*at least*) dos millas por día	☐	☐
4. correr	☐	☐
5. hacer ejercicios aeróbicos	☐	☐
6. dormir por lo menos ocho horas por día	☐	☐
7. tomar bebidas alcohólicas en moderación	☐	☐
8. no tomar bebidas alcohólicas en absoluto (*at all*)	☐	☐
9. no fumar ni cigarrillos ni puros (*cigars*)	☐	☐
10. llevar ropa adecuada (abrigo, suéter, etcétera) cuando hace frío	☐	☐

Paso 2.   ¿Lleva una vida sana? Cuéntele a un compañero / una compañera cómo vive, usando las frases del **Paso 1.**

MODELO: Creo que llevo una vida sana porque como una dieta equilibrada. No como muchos dulces, excepto en los días festivos como Navidad...

Paso 3.   Ahora cambie su narración para describir lo que hacía de niño/a. ¿Qué hacía y qué no hacía Ud.? Debe organizar las ideas lógicamente.

MODELO: De niño, no llevaba una vida muy sana. Comía muchos dulces. También odiaba las frutas y verduras...

A propósito... Speaking with Medical Personnel

It is important to be able to communicate accurately when you are in need of medical or dental attention. English-speaking doctors and dentists are available in most large cities in Spanish-speaking countries. But if you do need to speak Spanish with medical personnel, the following words and phrases will be useful.

¿Cuánto tiempo hace que Ud. está   *How long have you been ill?*
   enfermo/a?

Hace (dos días) que estoy enfermo/a.	*I've been sick for (two days).*
¿Cuándo se enfermó?	*When did you get sick?*
¿Padece de algo más?	*Is anything else wrong?*
Sí, padezco de ____.	*Yes, I'm also suffering from* ____*.*
¿Ha tenido Ud. ____?	*Have you had* ____*?*
Sí, he tenido ____. (No, no he tenido ____.)	*Yes, I've had* ____*. (No, I haven't had* ____*.)*
¿Toma Ud. alguna medicina?	*Are you taking any medicine?*
Vamos a sacar los rayos equis / las radiografías.	*We're going to take X-rays.*
Tenemos que sacarle el diente / la muela.	*We have to pull the tooth (molar).*

It is important to note that any temperature above 37 degrees Celsius (98.6 degrees Fahrenheit) constitutes a fever.

Actividad B   Dramas médicos.

Haga el papel (*Play the role*) de paciente o de cliente en los siguientes casos. Su profesor(a) va a hacer el papel de doctor(a) o de enfermero/a la primera vez. Luego Ud. puede hacer el papel con un compañero / una compañera.

1. Ud. está en el consultorio del médico. Le duele mucho la garganta y tose con frecuencia. Espera una hora, pero el médico no lo/la atiende. Ud. habla con la enfermera. Por fin lo/la dejan pasar al consultorio.

2. Ud. va al médico porque tiene dolor de cabeza desde hace (*for*) una semana. También tiene problemas con la respiración; le es casi imposible bajar y subir las escaleras. Ud. fuma dos paquetes diarios de cigarrillos.

3. Su perro tiene la pierna (*leg*) fracturada y Ud. lo lleva al veterinario. Hay varios gatos en la sala de espera y Ud. tiene que esperar una hora. Por fin lo/la atiende el veterinario.

No le trate como a un perro. *Es de la familia*

Mundocan
El cuidado más humanizado para su perro

11

Accidentes y presiones

El estudiante típico sufre muchas presiones. Y Ud., ¿cómo es su vida? ¿Siente mucho estrés? ¿Por qué? ¿Le ocurrió algún accidente reciente-mente? ¿Qué pasó?

Río Piedras, Puerto Rico

In this chapter, you will study vocabulary and structures that will allow you to

- talk about accidents and injuries and pressures of modern life (**Vocabulario: Preparación**)
- tell how long something has been happening or how long ago something happened (**Grammar Section 32**)
- express unplanned or unexpected events (**33**)
- use **por** and **para** to express a number of concepts (**34**)

As you work through the chapter, see how much you can learn about forms of courtesy and excusing oneself in Spanish.

Vocabulario: Preparación

¡El Sr. Martínez se levantó con el pie izquierdo!°

con... *on the wrong side of the bed*

la cabeza
la mano
el brazo

Le duele la cabeza.

Se da con la puerta.

Se equivoca.

los dedos
la pierna
el pie

Se hace daño en el pie.

Se cae por la escalera.

Sufre muchas presiones.

Accidentes y tropiezos° *mishaps*

acordarse (ue) de	to remember
apagar	to turn off (*lights or appliances*)
caerse (me caigo)	to fall down
darse con	to run/bump into
doler (ue)	to hurt, ache
equivocarse	to make a mistake
hacerse daño	to hurt oneself

pegar	to hit, strike
pegarse en/contra	to run/bump into
Se pegó en la cabeza.	He bumped his head.
romper	to break
sufrir muchas presiones	to be under a lot of pressure
Discúlpeme.	Pardon me.

(Continúa.)

		Presiones de la vida moderna	
Fue sin querer.	It was unintentional. I (He, We, . . .) didn't mean (to do) it.		
		entregar	to turn, hand in
		pedir (i, i) disculpas	to apologize
¡Lo siento (mucho)!	I'm (really) sorry!	**ser flexible**	to be flexible
¡Perdón!	Pardon me!		
¡Qué mala suerte!	What bad luck!	**el estrés / la tensión**	stress
		la fecha límite	deadline
la aspirina	aspirin	**la flexibilidad**	flexibility
el despertador	alarm clock	**el horario**	schedule
la escalera	stepladder; stairs	**el informe / el trabajo (escrito, oral)**	(written, oral) paper/report
la llave	key		
la luz	light; electricity		
distraído/a	absentminded		
torpe	clumsy		

Conversación

A **Situaciones.** Indique una respuesta para cada pregunta o situación. Luego invente un contexto para cada diálogo. ¿Dónde están las personas que hablan? ¿en casa de un amigo? ¿en una oficina? ¿Qué van a decir después?

1. _____ ¡Ay, sufro muchas presiones en el trabajo!
2. _____ Anoche no me acordé de poner (*set*) el despertador.
3. _____ ¡Ay! ¡Me pegaste!
4. _____ Nunca miro por dónde camino. Esta mañana me caí otra vez.
5. _____ Lo siento, señores, pero esta no es la casa de Lola Pérez.
6. _____ No cambié de lugar el coche y el policía me puso una multa (*fine*).
7. _____ Anoche en casa de unos amigos rompí su lámpara favorita.
8. _____ ¿Sabes? Ayer se murió nuestro perro.

a. ¿Vas a comprarles otra?
b. Perdón, señora. Nos equivocamos de casa.
c. ¿Otra vez? ¡Qué distraído eres! ¿Te hiciste daño?
d. ¡Huy, perdón! Fue sin querer.
e. ¿Te olvidaste otra vez? ¿A qué hora llegaste a la oficina?
f. ¡Qué triste! Lo siento.
g. ¡Qué mala suerte! ¿Cuánto tienes que pagar?
h. ¿Sí? ¿Por qué no te tomas unos días de vacaciones?

B **Asociaciones.** ¿Qué verbos asocia Ud. con estas palabras?

Verbos: despedirse, doler, apagar, caminar, levantar, correr, preguntar, pegar, escribir, pensar, tomar, caerse, hacerse daño, poner, perder, dar(se)

1. la llave 2. la pierna 3. la mano 4. el brazo 5. la aspirina
6. la cabeza 7. la luz 8. los pies 9. el despertador 10. la escalera

El español ¡en directo!

▼▼▼▼▼▼▼▼▼▼▼▼▼▼▼▼▼▼▼▼▼▼▼▼▼▼▼▼▼▼▼▼▼▼▼

Ud. ya sabe que la palabra **seguro** significa *sure* en inglés. Pero también tiene otro sentido: Es algo que uno puede comprar. Este anuncio le ofrece un Seguro Especial (para) Accidentes. Conteste las siguientes preguntas.

1. ¿Dónde patina el hombre?
2. ¿Qué le puede pasar?
3. Si le pasa algo, ¿por qué no va a tener problemas?
4. Ahora bien, ¿qué significa **seguro**?

C **Posibilidades.** ¿Qué puede Ud. hacer o decir —o qué le puede pasar— en cada situación?

1. A Ud. le duele mucho la cabeza.
2. Ud. le pega a otra persona sin querer.
3. Ud. se olvida del nombre de otra persona.
4. Ud. está muy distraído/a y no mira por dónde camina.
5. Ud. se hace daño en la mano (en el pie).

Más sobre la cortesía

En español, **tener educación** significa no solamente tener preparación intelectual sino también **ser cortés** y **tener buenos modales.**[a] Una persona **mal educada** es alguien que no sabe portarse en sociedad según las normas de cortesía y que no muestra suficiente respeto por otras personas, sobre todo por las personas ancianas. Ser **bien educado** es una de las cualidades más apreciadas en el mundo hispánico.

[a]*manners*

D **Accidentes y tropiezos**

Paso 1. ¿Alguna vez le pasaron a Ud. algunas de las siguientes cosas? Complete las oraciones con información verdadera para Ud. Si no le pasó ninguna de estas cosas, invente una situación que podría haber ocurrido (*could have happened*).

1. Me caí por la escalera y _____.
2. No me acordé de hacer la tarea para la clase de _____.
3. Me equivoqué cuando _____.
4. El despertador sonó, pero _____.
5. No pude encontrar _____.
6. Me di con _____ y me hice daño en _____.
7. Pasó la fecha límite para entregar un informe y _____.
8. Caminaba un poco distraído/a y _____. (Continúa.)

Paso 2. Ahora usando las oraciones del **Paso 1** como guía, pregúntele a un compañero / una compañera cómo le fue ayer. También puede preguntarle si le pasaron desastres adicionales.

MODELO: ¿Te caíste por las escaleras ayer? ¿Te hiciste daño?

Clave para estudiar: Los amigos falsos
▼▼▼▼▼▼▼▼▼▼▼▼▼▼▼▼▼▼▼▼▼▼▼▼

Not all Spanish and English cognates are identical in meaning. Here are a few important traps to be aware of. These words are *false*, or misleading, *cognates* (**los amigos falsos**).

sano healthy
la renta income
el pariente relative
gracioso funny
actual current, up-to-date
la fábrica factory
el colegio elementary/secondary school
una molestia a bother
la sopa soup
la ropa clothing

real real; royal
sensible sensitive
el éxito success
constipado suffering from a head cold

Occasionally such words can lead to communication problems. The American tourist who, feeling embarrassed, describes himself or herself as **embarazado/a** may find people chuckling at the remark, because **embarazada** means not *embarrassed* but *pregnant*.

Talking About How Things Are Done: *Adverbs*

- You already know some of the most common Spanish *adverbs* (**los adverbios**). Note that the form of adverbs is invariable.

bien	mucho	pronto	siempre
mal	poco	a tiempo	nunca
mejor	más	tarde	sólo
peor	menos	temprano	muy

- Adverbs that end in *-ly* in English usually end in **-mente** in Spanish. The suffix **-mente** is added to the feminine singular form of adjectives. Adverbs ending in **-mente** have two stresses: one on the adjective stem and the other on **-men.** The stress on the adjective stem is the stronger of the two.

No se preocupe. Esto se arregla fácilmente.

Adjective	Adverb	English
rápido	**rápidamente**	*rapidly*
fácil	**fácilmente**	*easily*
valiente	**valientemente**	*bravely*

- In Spanish, adverbs modifying a verb are placed as close to the verb as possible. When they modify adjectives or adverbs, they are placed directly before them.

Hablan **estupendamente** el español.
They speak Spanish marvelously.

Ese libro es **poco** interesante.*
That book is not very interesting.

Vamos a llegar **muy tarde.**
We're going to arrive very late.

Conversación

A **¡Seamos** (*Let's be*) **lógicos!** Complete estas oraciones lógicamente con adverbios basados en los siguientes adjetivos.

Adjetivos: directo, inmediato, paciente, posible, rápido, fácil, puntual, tranquilo, total, constante

1. La familia está esperando _____ en la cola.
2. Hay examen mañana y tengo que empezar a estudiar _____.
3. Se vive _____ en aquel pueblo en la montaña.
4. ¿Las enchiladas? Se preparan _____.
5. ¿El hombre va a vivir en la luna algún día? Mi hermana contesta, «_____».
6. ¿Qué pasa? Estoy _____ confundido.
7. Un vuelo que hace escalas no va _____ a su destino.
8. Cuando mira la tele, mi hermanito cambia el canal _____.
9. Es necesario que las clases empiecen _____.

B **Entrevista.** Con un compañero / una compañera, hagan y contesten las siguientes preguntas.

MODELO: E1: ¿Qué haces pacientemente?
E2: Espero a mi esposo pacientemente cuando se viste para salir. ¡Lo hace muy lentamente (*slowly*)!

1. ¿Qué haces rápidamente?
2. ¿Qué te toca hacer inmediatamente?
3. ¿Qué hiciste (comiste,...) solamente una vez que te gustó muchísimo (no te gustó nada)?
4. ¿Qué haces tú fácilmente que para los otros es difícil?
5. ¿Qué hace constantemente tu compañero/a de casa (amigo/a, esposo/a,...) que te molesta (*bothers*) muchísimo?
6. ¿Qué cosa te causa constantemente el estrés?

---

*Note that in Spanish one equivalent of *not very* + *adjective* is **poco** + *adjective*.

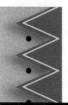

Minidiálogos y gramática

32 Telling How Long Something Has Been Happening or How Long Ago Something Happened • *Hace... que:* Another Use of *hacer*

Las actividades de los Durán

Hace diez años *que* Manolo enseña en la Universidad de Sevilla.

Manolo y Lola se conocieron *hace* quince años.

Hace dos años *que* Marta estudia inglés.

Y Ud., ¿cuánto tiempo hace que estudia español? ¿que asiste a esta universidad? ¿Cuánto tiempo hace que asistió a la escuela secundaria? ¿que conoció a su mejor amigo/a?

- In Spanish, the phrase **hace** + *period of time* + **que** + *present tense* is used to express an action that has been going on over a period of time and is still going on.

  Hace dos horas **que leo.**
  I've been reading for two hours.

  Hace tres años **que vivimos** en esta casa.
  We've been living in this house for three years.

- Use the phrase **¿Cuánto tiempo hace que... ?** to ask how long something has been going on. To answer a question posed in this way, it is sufficient to state the period of time.

  —**¿Cuánto tiempo hace que** vives en esta residencia?
  How long have you been living in this dorm?
  —**Dos meses.**
  Two months.

- To say how long *ago* something happened, use the same **hace... que** construction, but with the preterite tense instead of the present. Notice also the omission of **que** when the **hace** phrase does not come at the beginning of the sentence.

Hace tres años **que fui** a Bogotá.
I went to Bogotá three years ago.

Fui a Cancún **hace** un mes.
I went to Cancún a month ago.

OJO

The verb form **hace** in this impersonal time construction never varies. However, the verb that accompanies the expression is always conjugated.

Práctica

¿Quién... ?

Paso 1. ¿Quién hace qué? Haga oraciones completas emparejando (*matching*) las personas en la columna A con las acciones correspondientes en la columna B.

MODELO: hace mucho tiempo que / profesor(a) / enseñar español →
Hace mucho tiempo que el profesor / la profesora enseña español.

Hace mucho/poco tiempo que...

A	B
Julio Iglesias	investiga casos criminales en la televisión
Arantxa Sánchez Vicario	toca la guitarra
el detective Colombo	canta en español
Eddie Van Halen	habla español
Anne Rice	vive en esta ciudad
Edward James Olmos	escribe novelas
el rector / la rectora de la universidad	juega al tenis
el profesor / la profesora de español	trabaja en esta universidad
un compañero / una compañera de clase	trabaja en Hollywood

Paso 2. ¿Cuánto tiempo hace que pasó lo siguiente? Haga oraciones completas usando las indicaciones que aparecen en la lista. ¿Sabe Ud. todas las respuestas?

MODELO: el primer hombre / llegar a la luna →
Hace casi treinta años que el primer hombre llegó a la luna.

1. Cristóbal Colón / llegar a América
2. la Segunda Guerra Mundial / terminar
3. John Lennon / morirse
4. el presidente actual / ser elegido (*to be elected*)
5. el profesor (la profesora) de español / enseñar esa materia

Minidiálogos y gramática

Conversación

Entrevista

Paso 1. Find out from a classmate how long he or she has been . . .

1. living in this state (**estado**)
2. attending this university
3. living in his or her house (apartment, dorm, . . .)
4. studying Spanish

Paso 2. Now find out how long ago he or she . . .

1. last visited his or her parents (grandparents, children, . . .)
2. met his or her best friend
3. learned to drive (**manejar**)
4. handed in his or her last major assignment

33 Expressing Unplanned or Unexpected Events • Another Use of *se*

Un día fatal

¡A Diego y a Antonio todo les salió horrible hoy!

A Diego *se le cayó* la taza de café.
También *se le perdió* la cartera.

A Antonio *se le olvidaron* sus apuntes cuando fue a clase. También *se le perdieron* las llaves de su apartamento.

¿Le pasaron a Ud. las mismas cosas —o cosas parecidas (*similar*)— esta semana? Conteste, completando las oraciones.

1. Se me perdieron / No se me perdieron las llaves de mi coche/casa.
2. Se me olvidó / No se me olvidó una reunión importante.
3. Se me cayó / No se me cayó una taza de café.
4. Se me rompió / No se me rompió un objeto de mucho valor sentimental.

A. Unplanned or unexpected events (*I dropped . . . , We lost . . . , You forgot . . .*) are frequently expressed in Spanish with **se** and a third person form of the verb. In this structure, the occurrence is viewed as happening *to* someone—the unwitting performer of the action. Thus the victim is indicated by an indirect object pronoun, often clarified by **a** + *noun* or *pronoun*. In such sentences, the subject (the thing that is dropped, broken, forgotten, and so on) usually follows the verb.

Se le olvidaron las llaves.
He forgot the keys. (The keys were forgotten to him.)

(*a* + Noun or Pronoun)	*se*	Indirect Object Pronoun	Verb	Subject
(A mí)	Se	me	cayó	la taza de café.
¿(A ti)	Se	te	perdió	la cartera?
A Antonio	se	le	olvidaron	los apuntes.

The verb agrees with the grammatical subject of the Spanish sentence (**la taza, la cartera, los apuntes**), not with the indirect object pronoun. **No** immediately precedes **se**.

A Antonio *no se* **le olvidaron los apuntes.**
Antonio didn't forget his notes.

B. Here are some verbs frequently used in this construction.

Note: Although all indirect object pronouns can be used in this construction, this section will focus on the singular of first, second, and third persons (**se me... , se te... , se le...**).

acabar	to finish; to run out of
caer	to fall
olvidar	to forget
perder (ie)	to lose
quedar	to remain, be left
romper	to break

Práctica

A **¡Qué mala memoria!** Hortensia sufre muchas presiones en su vida. Por eso cuando se fue de vacaciones al Perú, estaba tan distraída que se le olvidó hacer muchas cosas importantes antes de salir. Empareje (*Match*) los lapsos de Hortensia con las consecuencias.

LAPSOS

1. —— Se le olvidó cerrar la puerta de su casa.
2. —— Se le olvidó pagar sus cuentas.
3. —— Se le olvidó pedirle a alguien que cuide a su perro.
4. —— Se le olvidó cancelar el periódico.
5. —— Se le olvidó pedirle permiso a su jefa (*boss*).
6. —— Se le olvidó llevar el pasaporte.
7. —— Se le olvidó hacer reserva en un hotel.

CONSECUENCIAS

a. Va a perder su trabajo.
b. No la van a dejar entrar en el Perú.
c. Le van a suspender el servicio de la luz y el gas... ¡y cancelar sus tarjetas de crédito!
d. Alguien le va a robar el televisor.
e. ¡«King» se va a morir!
f. No va a tener dónde alojarse (*to stay*).
g. Todos van a saber que no está en casa.

B ¡Desastres por todas partes (*everywhere*)!

Paso 1. ¿Es Ud. una persona distraída o torpe? Indique las oraciones que se le apliquen (*apply to you*). Puede cambiar algunos de los detalles de las oraciones si es necesario.

1. ☐ Con frecuencia se me caen los libros (los platos,...).
2. ☐ Se me pierden constantemente las llaves (los calcetines,...).
3. ☐ A menudo (*Often*) se me olvida apagar la computadora (la luz,...).
4. ☐ Siempre se me rompen las gafas (las lámparas,...).
5. ☐ De vez en cuando se me quedan los libros (los cuadernos,...) en la clase.
6. ☐ Se me olvida fácilmente mi horario (el teléfono de algún amigo,...).

Paso 2. ¿Es Ud. igual ahora que cuando era más joven? Complete cada oración del **Paso 1** para describir cómo era de niño/a. No se olvide de usar el imperfecto en sus oraciones.

MODELO: De niño/a, (no) se me caían los libros con frecuencia.

Paso 3. Ahora compare sus respuestas con las de un compañero / una compañera. ¿Quién es más distraído/a o torpe ahora? ¿Quién lo era de niño/a?

Conversación

Pablo tuvo un día fatal

Paso 1. Lea la siguiente descripción de lo que le pasó a Pablo ayer. No haga caso de (*Don't pay attention to*) los números en la descripción.

Pablo no se levantó a las siete, como lo hace siempre. Se levantó tarde, a las ocho. (1) Se vistió rápidamente y salió de casa descalzo[a]. (2) Entró en el garaje pero no pudo abrir la puerta del coche. (3) Por eso tuvo que llegar a la oficina

[a]*barefoot*

en autobús, pero cuando quiso pagarle al conductor, no tenía dinero. (4) Por eso tuvo que llegar a pie.

Cuando Pablo por fin entró en la oficina, su jefa se ofendió porque Pablo la trató descortésmente. (5) Su primer cliente se enojó porque Pablo no tenía toda la información necesaria para resolver su caso. (6)

Para las diez de la mañana, Pablo tenía muchísima hambre. (7) Por eso fue a la cafetería para comer algo. Se sentó con el vicepresidente de la compañía. Muy pronto este[b] se levantó furioso de la mesa. (8) Dijo que su chaqueta estaba arruinada. ¡Pablo ya no podía más! También se levantó y regresó a casa.

[b]*the latter*

Paso 2. Ahora, con un compañero / una compañera, hagan y contesten preguntas para explicar por qué Pablo lo pasó tan mal ayer. La primera persona debe hacer una pregunta. La segunda persona debe contestar, usando las sugerencias en los dibujos. El número uno está hecho (*done*) para Uds.

MODELO: (1) →
E1: ¿Por qué se levantó tarde Pablo?
E2: Porque se le olvidó poner el despertador.

Frases útiles: Se le olvidó/olvidaron... , Se le perdió/perdieron... , Se le cayó/cayeron... , Se le quedó/quedaron...

En los Estados Unidos...   ## La Dra. Clarissa Pinkola Estés

Hasta recientemente, **la sicoterapeuta** y **escritora Dra. Clarissa Pinkola Estés** fue directora del Centro C.G. Jung de Denver, Colorado. Con frecuencia veía en su consultorio a muchas **mujeres desconectadas** de sus propios[a] instintos creativos. La Dra. Pinkola Estés se dio cuenta de[b] que las técnicas de la sicología no eran muy eficaces para ayudar a las mujeres que tenían este problema. Obtenía mejores resultados simplemente contándoles **historias** que tenían por tema el arquetipo de **la «mujer salvaje»**, de la mujer que no ha sido domesticada.[c]

Su libro *Women Who Run with the Wolves: Myths and Stories of the Wild Woman Archetype* es la compilación de estas historias que recogió[d] durante más de veinte años. Contiene historias — muchas tomadas de **la tradición hispana**— que,

según esta doctora, son el antídoto para una sociedad que aprecia más la amabilidad y delicadeza, como cualidades en una mujer, que la creatividad. Presentó estas historias al público por primera vez en forma de cintas que ella misma narró en un estilo dramático y absorbente.

La Dra. Pinkola Estés, quien fue adoptada y criada por sus **padres adoptivos húngaros,** es **hija de padres mexicanos.** Muchas de las historias que narra resultan de su doble tradición familiar. La Dra. Pinkola Estés ha empleado[e] su talento narrativo trabajando de artista residente en escuelas del estado de Colorado. También ha recibido[f] el Premio Las Primeras, otorgado por[g] MANA, la Fundación Nacional de Latinas en Washington, D.C.

[a]*own*   [b]*se... realized*   [c]*no... hasn't been domesticated*   [d]*she collected*   [e]*ha... has used*   [f]*ha... she has received*   [g]*otorgado... awarded by*

¿Qué se representa?

a.

b.

c.

d.

Empareje cada dibujo con la oración adecuada.

1. _____ Le da mil pesetas *para* las revistas.
2. _____ Le da mil pesetas *por* las revistas.
3. _____ Van *por* las montañas.
4. _____ Van *para* las montañas.

You have been using the prepositions **por** and **para** throughout your study of Spanish. Although most of the information in this section will be a review, you will also learn some new uses of **por** and **para.**

Por

The preposition **por** has the following English equivalents.

• *by, by means of*	Vamos **por** avión (tren, barco,...). *We're going by plane (train, ship, . . .).* Nos hablamos **por** teléfono mañana. *We'll talk by (on the) phone tomorrow.*
• *through, along*	Me gusta pasear **por** el parque y **por** la playa. *I like to stroll through the park and along the beach.*
• *during, in* (time of day)	Trabajo **por** la mañana. *I work in the morning.*
• *because of, due to*	Estoy nervioso **por** la entrevista. *I'm nervous because of the interview.*
• *for = in exchange for*	Piden 1.000 dólares **por** el coche. *They're asking $1,000 for the car.*

Gracias **por** todo.
Thanks for everything.

• *for = for the sake of, on behalf of*

Lo hago **por** ti.
I'm doing it for you (for your sake).

• *for = duration (often omitted)*

Vivieron allí (**por**) un año.
They lived there for a year.

Por is also used in a number of fixed expressions.

por Dios	for heaven's sake
por ejemplo	for example
por eso	that's why
por favor	please
por fin	finally
por lo general	generally, in general
por lo menos	at least
por primera/	for the first/
última vez	last time
por si acaso	just in case
¡por supuesto!	of course!

Para

Although **para** has many English equivalents, including *for*, it always has the underlying purpose of referring to a goal or destination.

• *in order to* + infinitive

Regresaron pronto **para** estudiar.
They returned soon (in order) to study.

Estudian **para** conseguir un buen trabajo.
They're studying (in order) to get a good job.

• *for = destined for, to be given to*

Todo esto es **para** ti.
All this is for you.

Le di un libro **para** su hijo.
I gave her a book for her son.

• *for = by (deadline, specified future time)*

Para mañana, estudien **por** y **para**.
*For tomorrow, study **por** and **para**.*

La composición es **para** el lunes.
The composition is for Monday.

• *for = toward, in the direction of*

Salió **para** el Ecuador ayer.
She left for Ecuador yesterday.

- *for = to be used for*

  Compare the example at the right to **un vaso de agua** = *a glass (full) of water.*

El dinero es **para** la matrícula.
The money is for tuition.

Es un vaso **para** agua.
It's a water glass.

- *for = as compared with others, in relation to others*

Para mí, el español es fácil.
For me, Spanish is easy.

Para (ser) extranjera, habla muy bien el inglés.
For (being) a foreigner, she speaks English very well.

- *for = in the employ of*

Trabajan **para** el gobierno.
They work for the government.

Práctica

A **Situaciones.** Escoja una respuesta para cada pregunta o situación. Luego invente un contexto para cada diálogo. ¿Dónde están las personas que hablan? ¿Quiénes son? ¿Por qué dicen lo que dicen?

1. _____ ¡Huy! Acabo de jugar al basquetbol por dos horas.
2. _____ ¿Por qué quieres que llame a Pili y Adolfo? Nunca están en casa por la noche, sobre todo a estas horas.
3. _____ ¿No vas a comer nada? ¿Por lo menos un sándwich?
4. _____ ¡Cuánto lo siento, don Javier! Sé que llegué tarde a la cita (*appointment*). No fue mi intención hacerlo esperar.
5. _____ Es imposible que tome el examen hoy, por muchas razones.
6. _____ ¿No oíste? Juana acaba de tener un accidente horrible.
7. _____ ¡Pero, papá, quiero ir!
8. _____ Ay, Mariana, ¿no sabías que hubo un terremoto (*earthquake*)? Murieron más de cien personas.

a. ¡Por Dios! ¡Qué desgracia!
b. Te digo que no, por última vez.
c. No se preocupe. Lo importante es que por fin está aquí.
d. ¡Por Dios! ¿Qué le pasó?
e. No, gracias. No tengo mucha hambre y además tengo que salir en seguida.
f. ¿Por ejemplo? Dígame...
g. Ah, por eso tienes tanto calor.
h. Llámalos de todas formas, por si acaso...

B **¿Por o para?** Complete los siguientes diálogos y oraciones con **por** o **para**.

1. Los señores Arana salieron _____ el Perú ayer. Van _____ avión, claro, pero luego piensan viajar en coche _____ todo el país. Van a estar allí _____ dos meses. Va a ser una experiencia extraordinaria _____ toda la familia.

2. —Buscamos un regalo de boda (*wedding*) —— nuestra nieta. ¿No
   tienen Uds. unas copas de cristal —— vino?
   —Claro que sí, señora. Tenemos estas —— quince dólares cada una y
   también estas —— veinte.

3. Mi prima Graciela quiere estudiar —— (ser) doctora. —— eso trabaja
   —— un médico —— la mañana; tiene clases —— la tarde.

4. —No dejes (*Don't leave*) la tarea —— mañana, ¿eh?
   —No te preocupes, mamá. Hoy —— la noche voy a estudiar —— el
   examen.

5. —¿—— qué están Uds. aquí todavía? Yo pensaba que iban a dar un
   paseo —— el parque.
   —Íbamos a hacerlo, pero —— fin no fuimos, —— la nieve.

6. Este cuadro fue pintado (*was painted*) por Picasso —— expresar los
   desastres de la guerra (*war*). —— muchos críticos de arte, es la obra
   maestra de este artista.

Conversación

A **Sugerencias.** ¿Para dónde deben salir de vacaciones durante el próximo
verano estas personas? Compare sus respuestas con las de sus compañeros.
¿Quién sugirió el lugar más interesante?

1. Una abogada (*lawyer*) cubanoamericana, de Los Ángeles, tiene mucho
   interés en llegar a conocer las raíces (*roots*) de su familia.
2. Un estudiante de esta universidad no tiene mucho dinero, pero le gustan mucho todos los deportes acuáticos.
3. Su profesor(a) de español se interesa mucho, claro, por las culturas hispánicas. Quiere visitar un sitio que no conozca todavía.
4. Un matrimonio con cuatro hijos quiere que estos conozcan la diversidad
   y grandeza de la naturaleza de este país.
5. Un joven profesor chicano que vive en Kansas quiere llegar a conocer la
   herencia cultural mexicana en este país.
6. Dos *yuppis*, esposo y esposa, trabajan sesenta horas por semana y ganan
   muchísimo dinero. Sólo tienen una semana de vacaciones. También
   tienen muchos compromisos (*commitments*) sociales.

B **Entrevista.** Hágale preguntas a su profesor(a) para saber la siguiente
información.

1. la tarea para mañana y para la semana que viene
2. lo que hay que estudiar para el próximo examen
3. si para él/ella son interesantes o aburridas las ciencias
4. la opinión que tiene de la pronunciación de Uds., para ser
   principiantes
5. qué debe hacer Ud. para mejorar su pronunciación del español

Situaciones

In this **Situaciones** dialogue, José Miguel encounters a bit of bad luck. Pay close attention to the reactions of Elisa, his mother, and María, his grandmother. Do you think they're angry with him?

José Miguel está sentado a la mesa y empieza a pararse.[a]

JOSÉ MIGUEL: Bueno, mamá, aquí están las compras del mercado.

La bolsa se rompe.

ELISA: ¡Ay! ¡José Miguel! ¡Se te cayó todo!
JOSÉ MIGUEL: Lo siento, mamá. ¡Fue sin querer!
ELISA: Debes tener más cuidado, hijo.
JOSÉ MIGUEL: Perdóname. Parece que[b] me levanté con el pie izquierdo hoy. ¡Qué lata![c]
ELISA: Ay, no vale la pena molestarte.[d]
MARÍA: Bueno, pero hay algo bueno en todo esto...
ELISA: ¿Qué es?
MARÍA: ¡Que no llevamos una vida aburrida!

[a]*to stand up* [b]*Parece... It seems that* [c]*¡Qué... What a drag!*
[d]*no... it's not worth getting upset over*

Con un compañero / una compañera

Con un compañero / una compañera, inventen diálogos para las siguientes situaciones. Pueden inventar otras más, si quieren.

1. Ud. sube a un autobús con muchísimas personas. Sin querer, Ud. le pisa (*step on*) los pies a una persona anciana.
2. Ud. camina por el parque pero no mira bien por dónde va. Se da con una niña de 5 años, y esta (*the latter*) empieza a llorar. Los padres de ella están cerca y parecen (*they seem*) bastante enojados.
3. Ud. siente mucho estrés en el trabajo. Alguien lo/la llama por teléfono para saber algo de su compañía, pero Ud. es muy descortés con él/ella. Inmediatamente, Ud. se da cuenta de (*realize*) que no se está portando muy bien, y le pide disculpas a la persona que llama.

Un poco de todo

A **Causa y efecto**

Paso 1. Form complete sentences with the cues given. Pay attention to the various clues given as to whether you will need to use the present, the preterite, or the imperfect in your sentences. Change words and add additional words when necessary. You will use these sentences again in **Paso 2.**

1. anoche / Sra. Ortega / poner / trajes de baño / y / toallas (*towels*) / en / bolsa
2. cuando / ser / pequeño / Cecilia / acostarse / tarde / todo / noches
3. este / mañana / a Lorenzo / perder / llaves / y caer / taza de café
4. esta noche / estudiantes / clase de historia / no / ir a dormir / mucho
5. ahora / Amalia / estar / contento

Paso 2. Now match the sentences above, followed by **porque,** with the phrases below. (The first one is done for you.) Conjugate the verbs below as needed to complete your new sentences. There is more than one possible answer in most cases.

MODELO: querer ir a la playa hoy →
    1. Anoche la Sra. Ortega puso los trajes de baño y las toallas en la bolsa porque quiere ir a la playa hoy.

estar nervioso/a por su boda (*wedding*) mañana
tener un examen final
encontrar su cartera
ser la fecha límite para un informe
empezar la clase de natación hoy
estar distraído/a
celebrar el cumpleaños de su esposo/a en la playa
ver la tele hasta muy tarde todas las noches
haber una fiesta grande en casa de la profesora
acabar el día

B **Presiones de la vida moderna.** Complete the following paragraphs with the correct form of the words in parentheses—for verbs, the present, preterite, or imperfect—as suggested by the context. When two possibilities are given in parentheses, select the correct word.

Es cierto que (nuestro[1]) generación (disfrutar[2]) de[a] muchas ventajas comparada con las generaciones (anterior[3]). (Por/Para[4]) ejemplo, la medicina (está/es[5]) muy avanzada: Desde hace[b] varias décadas (*nosotros:* tener[6]) vacunas[c] (muy/mucho[7]) buenas contra enfermedades que antes (ser[8]) mortales. Además, hoy es más fácil (por/para[9]) los amigos y familiares (ser/estar[10]) en contacto, gracias a los avances tecnológicos.

[a]disfrutar... *to enjoy* [b]Desde... *For* [c]*vaccinations*   (Continúa.)

Sin embargo,[d] nuestra vida es también más complicada (que/de[11]) antes. Ahora (ser[12]) necesario hacer más cosas diariamente. (Por/Para[13]) dar una idea de (este/esto[14]), piense en (todo[15]) las madres que tienen un trabajo de tiempo completo[e] y que también (deber[16]) cuidar a sus niños. O piense en las personas que tienen teléfono en el coche (por/para[17]) hacer negocios en la carretera.[f] Por eso, muchas personas (sufrir[18]) de estrés. Y cuando se sufre de estrés, es mucho más posible (ponerse/ponerte[19]) enfermo y tener accidentes.

¿Es toda (este[20]) actividad necesaria? Quizás[g] todos necesitamos (sentarse/sentarnos[21]) a pensar un poco, y (poner[22]) un poco de calma en nuestra vida. Los avances científicos deben ser una ayuda (por/para[23]) nosotros, no una fuente[h] de más problemas, ¿verdad?

[d]Sin... *Nevertheless*   [e]de... *full-time*   [f]*highway*   [g]*Perhaps*   [h]*source*

Comprensión. Escoja la respuesta más apropiada.

1. Hoy día nuestra vida es (más/menos) complicada que hace un siglo.
2. (Es posible / No es posible) controlar el estrés.
3. Por los avances tecnológicos y científicos, hoy día es posible estar en (más/menos) contacto con nuestra familia.

C **¡Qué desastre!**

Paso 1. Indique todas las opciones verdaderas para Ud. Haga las modificaciones necesarias de acuerdo con sus experiencias.

Una vez...

1. ☐ se me perdió la tarjeta de identificación de la universidad
2. ☐ se me cayó un vaso de vino tinto en la ropa
3. ☐ se me perdieron los lentes de contacto
4. ☐ se me rompió un objeto caro
5. ☐ se me quedó en casa un trabajo para la clase
6. ☐ ¿ ?

Paso 2. Con un compañero / una compañera, expliquen qué problemas tuvieron Uds. a consecuencia de esos accidentes y cómo los resolvieron (*solved*).

Vocabulario

Los verbos

acabar	to finish; to run out of
acordarse (ue) de	to remember
apagar	to turn off (*lights or appliances*)

caer (caigo)	to fall
caerse	to fall down
darse con	to run, bump into
entregar	to turn, hand in
equivocarse	to be wrong, make a mistake

hacerse daño	to hurt oneself
pedir (i, i) disculpas	to apologize
pegarse en/contra	to run/bump into
poner	to turn on (*machines*)
quedar	to remain, be left
romper	to break
sufrir muchas presiones	to be under a lot of pressure

Repaso: caminar, doler (ue), olvidarse de

Accidentes y tropiezos

discúlpeme	pardon me
fue sin querer	it was unintentional
levantarse con el pie izquierdo	to get up on the wrong side of the bed
lo siento (mucho)	I'm (really) sorry
¡qué mala suerte!	what bad luck!

Repaso: perdón

Presiones de la vida moderna

el estrés	stress
la fecha límite	deadline
la flexibilidad	flexibility
el horario	schedule
el informe	paper, report
la tensión	stress
el trabajo	report, (piece of) work

Más partes del cuerpo

el brazo	arm
el dedo	finger
la mano	hand

| el pie | foot |
| la pierna | leg |

Repaso: la cabeza

Los adjetivos

actual	current, up-to-date
distraído/a	absentminded
escrito/a	written
torpe	clumsy

Cognados: flexible, oral

Otros sustantivos

la aspirina	aspirin
la cita	appointment; date
el despertador	alarm clock
la escalera	stepladder; stairs
el/la jefe/a	boss
la llave	key
la luz (*pl.* luces)	light; electricity
la taza	cup
el vaso	glass

Palabras adicionales

hace + *time*	(*time*) ago
hace + *time* + que... + *present*	it's been (*time*) since . . .
por lo menos	at least
por si acaso	just in case
por todas partes	everywhere
solamente	only

Un paso más 11

•LECTURA

Repaso de estrategias: Guessing the Content of a Passage

In previous reading sections, you have learned several different strategies to improve your comprehension of a text. Whenever you can, it's a good idea to utilize as many of these strategies as possible. Of course, this may not always be possible. For example, in the short passages that follow, there is only one visual to accompany the text. What else can you rely on to make predictions about the content? One strategy is to identify the source of the passages (see **Sobre la lectura** below). You should also consider the focus of the current chapter. And of course the title often reveals a great deal about passage content. Considering all of these sources of information, what do you think these readings will be about?

1. vacation spots in the Spanish-speaking world
2. health-related issues associated with our modern way of life
3. fashion trends in Mexico
4. decorating ideas for your home

If you picked number 2, you were right. The following short passages discuss some of the negative effects that modern life can have on our health.

▶ **Sobre la lectura...** Esta lectura fue recopilada (*compiled*) de varios ejem-
▶ plares (*issues*) de la revista española *GeoMundo*. Como Ud. ya sabe (Capí-
▶ tulo 7), el contenido de esta revista es muy similar al de *National Geographic*.

La vida moderna: ¿Saludable o no?

Pasaje 1

La Organización Mundial de la Salud ha de-terminado[a] que las diez regiones del mundo con mayor incidencia de casos de cáncer en la piel[b] son: Australia, Noruega, Suiza, Dina-marca, Suecia, Escocia, Finlandia, la región francesa de Calvados, Polonia e Italia. En Australia cerca de 40 de cada 100.000 personas desarrollan melanomas malignos, debido[c] principalmente, afirman los especialistas, al origen inglés de su población, cuya[d] piel evolucionó bajo cielos nublados y ha crecido[e] bajo los intensos rayos solares sub-tropicales.

[a]ha... *has determined*   [b]*skin*   [c]*due*   [d]*whose*   [e]ha... *has been raised*

Actualmente la piel <u>bronceada</u> impresiona a la gente ignorante, y el riesgo de sufrir de cáncer en la piel se ha incrementado[f] por la contaminación y la falta de información. Lo mejor: si es Ud. de piel clara, descanse en la playa debajo de una <u>sombrilla</u>. ●

[f]se... *has increased*

Pasaje 2

Más del 8% de 15 millones de europeos que trabajan con ordenadores[a] ocho (o seis) horas del día padecen[b] de males <u>oculares</u> por la «fatiga de la pantalla»[c] y los campos[d] magnéticos y electrostáticos producidos por esas <u>máquinas</u>. Han aparecido[e] en París especialistas médicos del «mal del ordenador» que están trabajando rápidamente para encontrar alivio de este mal sufrido por muchos.

[a]computadoras [b]sufren [c]*screen* [d]*fields*
[e]Han... *Have appeared*

Pasaje 3

¿Son los dolores de cabeza, los vahídos[a] y las náuseas los únicos inconvenientes de la inadecuada ventilación en las cabinas de los aviones? Aparentemente no.

Los asistentes de vuelo y muchos viajeros frecuentes se quejan de que a menudo[b] se enferman de gripe[c] después de los vuelos largos. La pobre calidad del aire también

Madrid, España

puede complicar la bronquitis, el asma, el enfisema y las alergias de los pasajeros. La baja <u>humedad</u> requerida en los aviones <u>agrava</u> estos problemas secando las membranas mucosas y disminuyendo[d] las defensas contra infecciones.

Lo más inquietante[e] es que la pobre ventilación y los asientos estrechamente apiñados[f] pueden conducir a[g] la transmisión de serias enfermedades.

[a]los... *dizziness* [b]a... *often* [c]*flu* [d]*diminishing* [e]*worrisome*
[f]estrechamente... *tightly arranged together* [g]conducir... *lead to*

Comprensión

A **¿A qué pasaje se refiere?** A continuación se presentan tres títulos. En su opinión, ¿qué título mejor le corresponde a cada pasaje de la lectura?

a. _____ ¡Cuidado con el síndrome del avión enfermo!
b. _____ Los peligros del sol
c. _____ Ojos cansados en el lugar de trabajo

B **Problemas.**   De los siguientes problemas asociados con el sol, el ordenador y el avión, ¿cuáles *no* se mencionan en la lectura? Indique los problemas no mencionados.

EL SOL

1. el cáncer en la piel
2. los problemas oculares
3. la deshidratación

EL ORDENADOR

1. los problemas con los músculos de las manos
2. los problemas oculares
3. los dolores de cabeza

EL AVIÓN

1. las náuseas
2. los problemas respiratorios
3. el insomnio

PARA ESCRIBIR

A **Resúmenes breves.**   Ahora en uno o dos oraciones, resuma (*summarize*) cada uno de los tres pasajes de la lectura. Debe incluir la información más importante de cada uno.

B **El estrés y los estudiantes.**   Aunque las presiones de la vida moderna nos afectan a todos, sin duda (*doubt*) tienen un impacto tremendo en los estudiantes universitarios. Escríbale una carta al editor del periódico local comentando lo que Ud. cree que es la mayor presión para los estudiantes en su universidad. En la carta, debe identificar la causa de la presión, las consecuencias que tiene y algunas soluciones posibles para combatirla.

Puede comenzar su carta así:

Estimado editor / Estimada editora...

ACTIVIDADES

Actividad A   ¿Es Ud. supersticioso/a?

Paso 1.   ¿Cuáles de estas supersticiones conoce Ud.? ¿Qué tipo de suerte traen, buena o mala? Indique sus respuestas en las casillas (*boxes*) a la derecha.

Vocabulario útil

el espejo	mirror	**la pata de conejo**	rabbit's foot
la herradura	horseshoe	**el trébol de cuatro**	four-leaf clover
la madera	wood	**hojas**	
el mantel	tablecloth		
el paraguas	umbrella	**cruzar**	to cross
		derramar	to spill

	BUENA SUERTE	MALA SUERTE
1. ☐ encontrar un trébol de cuatro hojas	☐	☐
2. ☐ derramar sal	☐	☐
3. ☐ llevar una pata de conejo	☐	☐
4. ☐ pasar debajo de una escalera	☐	☐
5. ☐ derramar vino en el mantel	☐	☐
6. ☐ cruzar los dedos	☐	☐
7. ☐ poner una herradura sobre la puerta	☐	☐
8. ☐ tocar madera	☐	☐
9. ☐ cruzar el camino de un gato negro	☐	☐
10. ☐ romper un espejo	☐	☐
11. ☐ abrir un paraguas dentro de la casa	☐	☐

Paso 2. ¿Es Ud. supersticioso/a? Indique todas las cosas del **Paso 1** en que Ud. *sí* cree (en las casillas a la izquierda).

Paso 3. ¿Tiene Ud. otras supersticiones? Con algunos compañeros de clase, comenten cuáles son las supersticiones más comunes entre todos los del grupo. Pueden ser supersticiones del **Paso 1** u otras. Aquí tienen algunas preguntas que pueden servir como base de su discusión.

- ¿Quién es la persona más supersticiosa del grupo?
- ¿Qué se puede hacer para evitar (*avoid*) la mala suerte?
- ¿Hay algunas cosas que Uds. hacen rutinariamente antes de tomar un examen? ¿antes de entrar en una conversación o situación difícil? ¿Qué *no* hacen en estas situaciones?

[a]sale... *turns out right*

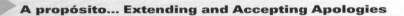

A propósito... Extending and Accepting Apologies

Familiarity with the following expressions can help smooth over embarrassing moments. Use the expressions in the two columns on the left when you need to apologize to someone. You can follow these phrases by a brief explanation of what caused the problem. To accept someone else's apology graciously, use one of the expressions on the right.

PARA PEDIR DISCULPAS

		PARA ACEPTAR DISCULPAS
Perdón, me equivoqué.	Lo hice sin querer.	Está bien.
Perdón, es que...	No quise decir eso.	No se preocupe. (No te preocupes.)
¿Me perdona(s)?	Perdón. No sabía que...	No importa.
Lo siento mucho.	No sé qué decirle.	Tranquilo/a.
¡Cuánto lo siento!	Mil disculpas.	No es para tanto.
Me equivoqué de...		
Fue sin querer.		

Actividad B   ¡Huy, perdón!

How would you respond in each of the following situations? Keep in mind the persons involved, the place or situation, and the degree of severity of what you have done.

1. Ud. bosteza (*yawn*), haciendo mucho ruido, en la clase de español.
2. En una fiesta, Ud. se da con una silla y se le cae la bebida encima del vestido nuevo de la anfitriona.
3. Se le olvidó el cumpleaños de su (novio/a, hermano/a,...).
4. En la cafetería Ud. habla con unos amigos nuevos. Al mencionarse el nombre de alguien, Ud. inmediatamente dice, «¿Esa? Es tonta y aburrida.» Una de las personas que lo/la escucha dice, «¡Qué insulto! Es mi hermana.»
5. Ud. le pregunta a un amigo por el padre de él. Su amigo le contesta: «¿No lo sabías? Mi padre murió en un accidente hace dos semanas.»

12

La calidad de la vida

¿Cómo es la vida de Ud. hoy día? ¿Sabe manejar una computadora? ¿Tiene un módem con *fax*? ¿Ya tiene acceso al *Internet*? ¿Manda y recibe correo electrónico? ¿Qué más tiene Ud.?

Caracas, Venezuela

In this chapter, you will study vocabulary and structures that will allow you to
- talk about modern technology and conveniences and about where you live (**Vocabulario: Preparación**)
- tell others what to do (**Grammar Section 35**)
- use the subjunctive to express desires and requests (**36, 37**)

As you work through the chapter, see how much you can learn about modern conveniences and housing in the Hispanic world.

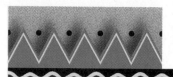

Vocabulario: Preparación

Tengo... Necesito... Quiero...

el equipo fotográfico
la cámara
el disco compacto
el equipo estereofónico
la cámara de vídeo
la videocasetera
el control remoto
el walkman
la grabadora
el radio (portátil)
el televisor
la cinta

En casa

el cartel	poster
la pintura	painting
el trofeo	trophy
el acuario	aquarium
el pez (*pl.* **peces**)	fish
el contestador automático	answering machine
el teléfono celular	cellular (tele)phone
el teléfono del coche	car (tele)phone

Verbos útiles

cambiar (de canal, de cuarto, de ropa, ...)	to change (the channel, rooms, clothing, . . .)

conseguir (i, i)	to get, obtain
fallar	to "crash" (*computer*)
funcionar	to work, function
ganar	to earn; to win
grabar	to record; to tape
manejar	to drive; to use (*a machine*)
poner	to turn on (*machines*)
sacar fotos	to take photos

En la oficina

la computadora / el ordenador*(portátil)	(laptop) computer
el correo electrónico	electronic mail (e-mail)

***La computadora** is the term most commonly used in Hispanic America. **El ordenador** is used primarily in Spain.

el disco	computer disk; record	**el trabajo**	job; work; written work; (term) paper
el fax	fax (machine)		
la impresora	printer	**el trabajo de tiempo parcial/completo**	part-time/full time job
la máquina de escribir	typewriter		
el ratón	mouse		
la red	network	**En el garaje**	
navegar la red	to "surf the net"		
		la bicicleta (de montaña)	(mountain) bicycle
el aumento	raise; increase	**la camioneta**	station wagon
el cheque	check	**el coche (descapotable)**	(convertible) car
el/la jefe/a	boss	**el monopatín**	skateboard
el sueldo	salary	**la moto(cicleta)**	motorcycle

Conversación

A **¿Qué utiliza Ud.?** ¿Qué va a hacer Ud. en las siguientes situaciones? ¿Qué aparatos va a usar o poner? ¿Qué va a hacer con ellos?

1. Ud. necesita mandarle un documento muy importante a un amigo hoy.
2. Hay un programa muy interesante en la televisión esta noche, pero Ud. ya tiene planes para salir con unos amigos.
3. Hace muy buen tiempo y Ud. tiene ganas de visitar a un amigo que vive a unas cinco millas (*miles*) de su casa. Pero también quiere hacer un poco de ejercicio.
4. Ud. espera una llamada importante del banco, pero tiene que salir por unos minutos.
5. Ud. quiere tumbarse (*drop down*) en el sofá y mirar la tele sin tener que levantarse para cambiar de canales.
6. Ud. necesita hacer un trabajo final para su clase de historia. El profesor exige (*demands*) veinte páginas como mínimo, con notas y bibliografía.
7. Ud. está viajando en tren y quiere escuchar algunas cintas que trajo para el viaje.
8. Ud. necesita investigar un tema para su clase de música. Debe sacar toda la información necesaria para el trabajo esta noche. Desafortunadamente, la biblioteca está lejos de su casa y no tiene transporte para llegar hasta allí.

B **El vehículo apropiado**

Paso 1. Unos amigos van a cambiar de trabajo. Por eso se trasladan (*they're moving*) a otra ciudad. Todos van a comprar un vehículo nuevo. ¿Qué tipo de vehículo les recomienda Ud.? Conteste completando esta oración: **Debe(n) comprarse...**

1. Marcos se va a vivir a Manhattan, donde el aparcamiento siempre es un problema.
2. Viviana se va a Los Ángeles, donde hace sol y buen tiempo gran parte del año. (Continúa.)

3. Alfredo se va a Key West, una isla soleada en el sur de la Florida. Es una comunidad muy informal.
4. Beto se va a Venice Beach, California, donde todos pasan mucho tiempo en la playa y en el Boardwalk.
5. Los Sres. Fuentes, con sus cinco hijos, se van a un suburbio de Chicago.

Paso 2. ¿Qué tipo de vehículo tiene Ud.? ¿Es el más apropiado para la vida que Ud. lleva? ¿Qué vehículo le gustaría tener?

C ¿Necesidad o lujo (*luxury*)?

Paso 1. Piense en las siguientes cosas. ¿Las considera Ud. un lujo o una necesidad de la vida moderna?

MODELO: el televisor ⟶ Para mí, el televisor es una necesidad.

1. el contestador automático
2. la videocasetera
3. el equipo estereofónico
4. el televisor
5. la computadora
6. el coche
7. la bicicleta
8. el *walkman* (la grabadora)

Paso 2. Ahora dé tres cosas más que Ud. considera necesarias en la vida moderna.

Vocabulario útil

la cámara instantánea

el aviso de llamada, la llamada en espera (*call-waiting*)

el televisor en colores
el televisor de pantalla (*screen*) grande

una computadora con pantalla en colores

Paso 3. Para terminar, entreviste a un compañero / una compañera para saber si está de acuerdo con Ud.

MODELO: el televisor ⟶ E1: ¿El televisor?
E2: Yo lo considero un lujo.

D ¿Trabaja Ud. o sólo estudia?

Paso 1. Lea la siguiente descripción de Lida, una estudiante típica de esta universidad.

Lida es estudiante de química, pero también trabaja para pagar sus gastos (*expenses*) personales y los de sus estudios en la universidad. Tiene un trabajo de tiempo parcial en un laboratorio de química. Trabaja veinte horas por semana y gana seis dólares por hora. ¡Necesita un aumento de sueldo! Su jefe le da un cheque cada semana.

Paso 2. Si Ud. trabaja, use el párrafo como modelo para describir su trabajo. Si Ud. busca trabajo, complete el siguiente párrafo. Si Ud. no tiene que trabajar, ¡enhorabuena (*congratulations*)!

No tengo trabajo, pero necesito conseguir uno. Me gustaría trabajar de (*as a*)
_____ / en _____. Quiero trabajar _____ horas por semana como máximo.
Quiero/Busco un sueldo de _____ dólares por hora.

E **Ud. y los aparatos.** Para Ud., ¿son ciertas o falsas las siguientes oraciones?

1. Soy una persona muy inclinada a la mecánica. Es decir, entiendo cómo funcionan los aparatos.
2. Aprendí a usar la computadora con facilidad (*ease*).
3. No me puedo imaginar la vida sin los aparatos electrónicos modernos.
4. Nunca pierdo nada cuando uso una computadora.
5. Siempre me interesa saber qué vehículo maneja una persona, porque el vehículo es una expresión de su personalidad.
6. Una vez me falló la computadora... y perdí una cantidad de documentos y archivos (*files*).
7. Uso la videocasetera para ver películas, pero no sé grabar programas con ella.
8. Sé navegar la red con facilidad. Siempre encuentro lo que busco por el *Internet*.

F **Tengo... Necesito... Quiero...**

Paso 1. ¿Qué tiene Ud. en su cuarto (apartamento, casa) que es muy importante para Ud.? Nombre por lo menos tres cosas. ¿Qué necesita con urgencia? ¿Qué le gustaría tener algún día?

Paso 2. Ahora compare sus respuestas con las de (*those of*) otros estudiantes. ¿Son similares las respuestas de todos? ¿A qué se deben (*are due*) las diferencias?

¿Dónde vive Ud.? ¿Dónde quiere vivir?

alquilar	to rent	**el** *campus*	university campus
el alquiler	rent	**el centro**	downtown
la dirección	address	**la vecindad**	neighborhood
el/la dueño/a	owner; landlord, landlady		
el gas	gas; heat	**la casa**	house; home
el/la inquilino/a	tenant, renter	**la casa de**	apartment building
la luz	light; electricity	**apartamentos**	
el/la portero/a	building manager; doorman	**el cuarto**	room
el/la vecino/a	neighbor	**la residencia**	dormitory
la vista	view		
		Note: There is no authentic way to say *fra-*	
la planta baja	ground floor	*ternity* (*house*) or *sorority* (*house*) in Spanish.	
el (primer, segundo,	(second, third, fourth)	Ask your instructor how to express this	
tercer) piso	floor	concept in Spanish if it is needed.	
las afueras	outskirts; suburbs		
el barrio	neighborhood		
el campo	countryside		

El español ¡en directo!

▼▼▼▼▼▼▼▼▼▼▼▼▼▼▼▼▼▼▼▼▼▼▼▼▼▼▼▼▼

Creamos ciudades dentro de las ciudades
metrópolis
Otra ciudad dentro de la ciudad

La aplicación del concepto de autosuficiencia en la planeación urbana, es uno de los más significativos aportes al urbanismo en Colombia. Conjuntos como MULTICENTRO en Bogotá y en Cali son núcleos de vivienda donde se puede disfrutar de todas las actividades fundamentales: vivienda, comercio, recreación, trabajo, cultura y todos los servicios que exige la vida moderna en comunidad. Un ejemplo de esta concepción es METRÓPOLIS.

1. Este anuncio describe la creación de varios «conjuntos» en Colombia. Lea el anuncio con cuidado. Luego indique si las siguientes oraciones son ciertas o falsas.

- Un conjunto es una «ciudad» aparte e independiente.
- En un conjunto, uno encuentra todo lo que necesita para vivir.
- Hay conjuntos en las ciudades de Bogotá y Cali.

2. Ahora busque el equivalente en español de las siguientes palabras inglesas.

we create	*self-sufficiency*
housing	*requires*

◄ **Nota cultural**   ## Naming the Floors of a Building

In English the phrases *ground floor* and *first floor* are used interchangeably in most dialects. In Spanish, however, there are separate expressions for these concepts. **La planta baja** can refer only to the *ground floor*. **El primer piso** (literally, *the first floor*) refers to what English speakers call *the second floor*. **El segundo piso** (literally, *the second floor*) is the English *third floor* of the building, and so on.

Conversación

A **¿Qué prefiere Ud.?**   Indique su preferencia en cada caso. ¿Coincide lo que Ud. prefiere con la realidad?

1. ¿vivir en una residencia, en una casa o en una casa de apartamentos?
2. ¿vivir en el *campus*, cerca del *campus*, o en el centro o en las afueras de la ciudad? ¿o tal vez en el campo?
3. ¿alquilar un cuarto / una casa / un apartamento o ser el dueño / la dueña?
4. ¿pagar el gas y la luz aparte o pagar un alquiler más alto con el gas y la luz incluidos?
5. ¿vivir en la planta baja o en un piso más alto?
6. ¿tener un apartamento pequeño en un barrio elegante o un apartamento grande en una vecindad de la clase media?
7. ¿tener un apartamento con vista aunque pague un alquiler muy alto, o un apartamento sin vista pero pagar un alquiler bajo?
8. ¿tener amistad con sus vecinos o mantenerse a distancia?

B **Definiciones.** Dé las definiciones de las siguientes palabras.

MODELO: la residencia →
Es un lugar donde viven muchos estudiantes. Por lo general está situada en el *campus* universitario.

Frases útiles: Es una persona que... Es un lugar donde... Es una cosa que...

1. el inquilino
2. el centro
3. el alquiler
4. el portero
5. la vecina
6. la dueña
7. la dirección
8. las afueras

Minidiálogos y gramática

¿Recuerda Ud.?

In Grammar Section 19 you learned about **Ud.** and **Uds.** commands. Remember that object pronouns (direct, indirect, reflexive) must follow and be attached to affirmative commands; they must precede negative commands.

| AFFIRMATIVE: | Háblele Ud. | Duérmase. | Dígaselo Ud. |
| NEGATIVE: | No le hable Ud. | No se duerma. | No se lo diga Ud. |

¿Cómo se dice en español?

1. Bring me the book. (**Uds.**)
2. Don't give it to her. (**Uds.**)
3. Sit here, please. (**Ud.**)
4. Don't sit in that chair! (**Ud.**)
5. Tell them the truth. (**Uds.**)
6. Tell it to them now! (**Uds.**)
7. Never tell it to her. (**Uds.**)
8. Take care of yourself. (**Ud.**)
9. Lead a healthy life. (**Ud.**)
10. Listen to me. (**Ud.**)

¡Marta, tu cuarto es un desastre!

«¡Marta, qué desordenado está tu cuarto! Por favor, *arréglalo* antes de jugar con tus amigos. *Guarda* la ropa limpia en tu armario, *pon* la ropa sucia en el cesto, *haz* la cama, *recoge* los libros del piso y *ordénalos* en los estantes... Y no *dejes* los zapatos por todas partes... ¡es muy peligroso!»

¿Quién diría (*would say*) lo siguiente, Marta o Manolo, su padre?

1. No te enojes... Ya voy a arreglarlo todo.
2. Hazlo inmediatamente... ¡antes de salir a jugar!
3. Dime, ¿por qué tengo que hacerlo ahora mismo?
4. La próxima vez, ¡no dejes tu cuarto en tales condiciones!

Informal commands (**los mandatos informales**) are used with persons whom you would address as **tú**.

Negative *tú* Commands

-*ar* verbs		-*er*/-*ir* verbs	
No hables.	Don't speak.	**No comas.**	Don't eat.
No cantes.	Don't sing.	**No escribas.**	Don't write.
No juegues.	Don't play.	**No pidas.**	Don't order.

A. Like **Ud.** commands (Grammar Section 19), the negative **tú** commands are expressed using the "opposite vowel": **no hable Ud., no hables (tú)**. The pronoun **tú** is used only for emphasis.

No cantes **tú** tan fuerte.
Don't you sing so loudly.

Marta, your room is a disaster! "Marta, what a messy room! Please straighten it up before you go out to play with your friends. Put your clean clothes away in the closet, put your dirty clothes in the hamper, make your bed, pick up your books from the floor and arrange them on the shelves . . . And don't leave your shoes lying around everywhere . . . it's very dangerous!"

B. As with negative **Ud.** commands, object pronouns—direct, indirect, and reflexive—precede negative **tú** commands.

No lo mires.
Don't look at him.

No les escribas.
Don't write to them.

No te levantes.
Don't get up.

Affirmative *tú* Commands; *vosotros* Commands

-*ar* verbs		-*er/-ir* verbs	
Habla.	*Speak.*	**Come.**	*Eat.*
Canta.	*Sing.*	**Escribe.**	*Write.*
Juega.	*Play.*	**Pide.**	*Order.*

A. Unlike the other command forms you have learned, most affirmative **tú** commands have the same form as the third person singular of the present indicative.* Some verbs have irregular affirmative **tú** command forms.

decir:	**di**	salir:	**sal**
hacer:	**haz**	ser:	**sé**
ir:	**ve**	tener:	**ten**
poner:	**pon**	venir:	**ven**

Spelling Hint: One-syllable words, like the affirmative **tú** commands of some verbs (**decir, ir, tener, ...**) do not need an accent mark: **di, ve, ten, ...** Exceptions to this rule are those forms that could be mistaken for other words, like the command of **ser** (**sé**), which could be mistaken for the pronoun **se.**

Sé puntual pero **ten** cuidado.
Be there on time, but be careful.

O J O The affirmative **tú** commands for **ir** and **ver** are identical: **ve.** Context will clarify meaning.

¡Ve esa película!
See that movie!

Ve a casa ahora mismo.
Go home right now.

B. As with affirmative **Ud.** commands, object and reflexive pronouns follow affirmative **tú** commands and are attached to them. Accent marks are necessary except when a single pronoun is added to a one-syllable command.

Dile la verdad.
Tell him the truth.

Léela, por favor.
Read it, please.

Póntelos.
Put them on.

---

*In Grammar Section 19 you learned (for recognition only) that there are two different *moods* in Spanish: the *indicative mood* (the one you have been working with) and the *subjunctive mood.* Beginning with Grammar Section 36, you will learn more about the subjunctive mood.

Minidiálogos y gramática

C. Here is information about forming **vosotros** commands, for recognition only.

- Affirmative **vosotros** commands are formed by substituting **-d** for the final **-r** of the infinitive. There are no irregular affirmative **vosotros** commands.

- Negative **vosotros** commands are expressed with the present subjunctive. (You will learn more about the present subjunctive in the next and subsequent grammar sections.)

- Placement of object pronouns is the same as with all other command forms.

hablar → hablad
comer → comed
escribir → escribid

no habléis / no comáis / no escribáis

Decídmelo.
No me lo digáis.

Práctica

A Recuerdos de la niñez

Paso 1. Indique los mandatos afirmativos que Ud. oía con frecuencia cuando era niño/a. Después de leerlos todos, indique los dos que oía más. ¿Hay algún mandato que Ud. no oyó nunca?

1. _____ Limpia tu cuarto.
2. _____ Cómete las legumbres.
3. _____ Haz la tarea.
4. _____ Cierra la puerta.
5. _____ Bébete la leche.
6. _____ Lávate las manos.
7. _____ Dime la verdad.
8. _____ Quítate los zapatos.
9. _____ Guarda tu bicicleta en el garaje.
10. _____ Haz la cama.

O J O

Note in **Práctica A** the use of the reflexive pronoun with the verbs **comer** and **beber**. This use of the reflexive means *to eat up* and *to drink up*, respectively.

Cómete las zanahorias.
Eat up your carrots.

No **te bebas** la leche tan rápido.
Don't drink up your milk so fast.

Paso 2. Ahora indique los mandatos negativos que escuchaba con frecuencia. Debe indicar también los dos que oía más. ¿Hay alguno que no oyó nunca?

1. _____ No cruces la calle solo/a.
2. _____ No juegues con cerillas (*matches*).
3. _____ No comas dulces antes de cenar.
4. _____ No pelees con tus amigos.
5. _____ No pongas el televisor ahora.
6. _____ No hables con desconocidos.
7. _____ No dejes el monopatín en el jardín.
8. _____ No molestes (*bother*) al perro/gato.
9. _____ No digas tonterías (*silly things*).
10. _____ No le pegues a tu hermano/a.

B **Julita, la mal educada.** Los señores Villarreal no están contentos con el comportamiento de su hija Julita. Continúe los comentarios de ellos con mandatos informales lógicos según cada situación. Siga los modelos.

MODELOS: *Hablaste* demasiado ayer. → No *hables* tanto hoy, por favor.
Dejaste tu ropa en el suelo anoche. → No la *dejes* allí hoy, por favor.

1. También *dejaste* tus libros en el suelo.
2. ¿Por qué *regresaste* tarde a casa hoy después de las clases?
3. Ayer *usaste* mi toalla (*towel*).
4. Tampoco quiero que *entres* en nuestro cuarto de baño para nada.
5. No es bueno que *corras* y *juegues* en la calle.
6. ¿Por qué *vas* al parque todas las tardes?
7. No es bueno que *mires* la televisión constantemente. ¿Y por qué quieres *ver* todos esos programas de detectives?
8. ¿Por qué le *dices* mentiras (*lies*) a tu papá?
9. Siempre *te olvidas* de sacar la basura, que es la única tarea que tienes que hacer.
10. Ay, hija, no te comprendemos. ¡*Eres* tan insolente!

C **Más sobre Julita.** La pobre Julita también escucha muchos mandatos de su maestra en clase. Invente Ud. esos mandatos según las indicaciones.

1. llegar / a / escuela / puntualmente
2. entrar / clase / sin / hacer tanto ruido
3. quitarse / abrigo / y / sentarse
4. sacar / libro de matemáticas / y / abrirlo / en / página diez
5. escribir / problema dos / en / pizarra
6. leer / nuevo / palabras / y / aprenderlas / para mañana
7. venir / aquí / a / hablar conmigo / sobre / este / composición
8. ayudar / Carlitos / con / su composición

Conversación

A **Situaciones.** ¿Qué consejos les daría (*would you give*) a las siguientes personas si fueran (*if they were*) sus amigos? Déles a todos consejos en forma de mandatos informales.

1. A Celia le encanta ir al cine, especialmente los viernes por la noche. Pero a su novio no le gusta salir mucho los viernes. Él siempre está muy cansado después de una larga semana de trabajo. Celia, en cambio (*on the other hand*), tiene mucha energía.
2. Nati tiene 19 años. El próximo año quiere vivir en un apartamento con cuatro amigos. Para ella es una situación ideal: un apartamento ecónomico en un barrio estudiantil y unos buenos amigos (dos de ellos son hombres). Pero los padres de Nati son muy tradicionales y no les va a gustar la situación.

(Continúa.)

3. Arturo es un tipo (*guy*) muy simpático y muy idealista. Él no respeta muchas de las normas sociales, como llevar cierto tipo de ropa o no decir ciertas cosas en público. Su especialización (*major*) es economía y ahora está buscando trabajo. Mañana tiene una entrevista en una compañía muy importante.

4. Mariana es una *yuppi*. Gana muchísimo dinero pero trabaja demasiado. Nunca tiene tiempo para nada. Duerme poco y bebe muchísimo café para seguir despierta (*awake*). No come bien y jamás hace ejercicio. Acaba de comprarse un teléfono celular para poder trabajar mientras maneja a la oficina.

B **Entre compañeros de casa.** En su opinión, ¿cuáles son los cinco mandatos que se oyen con más frecuencia en su casa (apartamento, residencia)? Piense no sólo en los mandatos que Ud. escucha sino (*but*) también en los que Ud. les da a los demás (*others*).

Frases útiles: poner la tele, sacar la basura, apagar la computadora, prestarme dinero, contestar el teléfono, no hacer ruido, lavar los platos, ¿ ?

Frase útil: no seas... impaciente, así, pesado/a (*a pain*), precipitado/a (*hasty*), loco, impulsivo/a, bobo/a (*dumb*)

Cristina Saralegui

¿Es posible combinar una carrera exitosa[a] con una vida familiar? **Cristina Saralegui** cree que sí, definitivamente. Saralegui es **anfitriona** de **«Cristina»,** el programa de entrevistas más popular de la televisión en español de los Estados Unidos. También es **jefa de redacción**[b] de *Cristina—La revista,* una revista para mujeres. Y como si eso fuera poco,[c] también tiene un **programa de radio diario,** «Cristina opina». Además de tener una carrera absorbente, Saralegui es madre y esposa y lleva una vida familiar llena de amor y cariño.

¿Cómo lo hace? Ante todo, ella es una persona muy inteligente, disciplinada y organizada. Además, tiene en su esposo un compañero

Cristina Saralegui

exitoso en el mundo de los negocios[d] que también comparte[e] con ella todas las obligaciones familiares, tanto las que tradicionalmente le tocan a la madre como las que le tocan al padre. Ellos han forjado[f] una relación basada en la igualdad, el respeto y el apoyo[g] mutuo. Y ella también pasa mucho tiempo en casa con su familia. Con excepción de la filmación de «Cristina», ¡hace casi todo su trabajo desde allí!

[a]*successful* [b]jefa... *editor-in-chief* [c]como... *as if that weren't enough* [d]*business* [e]*shares* [f]han... *have forged* [g]*support*

Expressing Subjective Actions or States •
Present Subjunctive: An Introduction

Una decisión importante

JOSÉ MIGUEL: Quiero comprar una computadora, pero no sé cuál. *No creo que sea* una decisión fácil de hacer.

GUSTAVO: Pues, yo sé bastante de computadoras. Te puedo hacer algunas recomendaciones.

JOSÉ MIGUEL: Bueno, te escucho.

GUSTAVO: Primero, *es buena idea que sepas* para qué quieres una computadora. ¿Quieres navegar por el *Internet*? Entonces, *te sugiero que busques* una computadora con módem y con memoria suficiente para hacerlo. Luego, *quiero que hables* con otras personas que ya manejan computadoras. Y por último, *te aconsejo que vayas* a varias tiendas para comparar precios.

JOSÉ MIGUEL: Bueno, *me alegro de que sepas* tanto de computadoras. ¡Ahora *quiero que vayas* conmigo a las tiendas!

Comprensión: ¿Cierto, falso o no lo dice?
1. José Miguel quiere que Gustavo le compre una computadora.
2. Gustavo le recomienda a José Miguel que aprenda algo sobre computadoras antes de comprarse una.
3. Gustavo no cree que José Miguel tenga suficiente dinero.
4. José Miguel se alegra de que Gustavo esté tan informado sobre computadoras.

Present Subjunctive: An Introduction

A. Except for command forms, all the verb forms you have learned so far in *Puntos de partida* are part of the *indicative mood* (**el modo indicativo**). In both English and Spanish, the indicative is used to state facts and to ask questions; it objectively expresses actions or states of being that are considered true by the speaker.

INDICATIVE:

¿Puedes venir a la fiesta?
Can you come to the party?

Prefiero llegar temprano a casa.
I prefer getting home early.

An important decision   JOSÉ MIGUEL: I want to buy a computer, but I don't know which one. I don't think it's an easy decision to make. GUSTAVO: Well, I know quite a bit about computers. I can give you some recommendations. JOSÉ MIGUEL: OK, I'm listening. GUSTAVO: First, it's a good idea for you to know why you want a computer. Do you want to get on the Internet? Then I suggest that you look for a computer with a modem and enough memory to do it. Then I want you to talk with other people who already work with computers. And finally, I suggest you go to various stores to compare prices. JOSÉ MIGUEL: Well, I'm glad you know so much about computers. Now I want you to go to the stores with me!

B. Both English and Spanish have another verb system called the *subjunctive mood* (**el modo subjuntivo**). The subjunctive is used to express more subjective or conceptualized actions or states. These include things that the speaker wants to happen or wants others to do, events to which the speaker reacts to emotionally, things that are as yet unknown, and so on.

SUBJUNCTIVE:

Espero que **puedas** venir a la fiesta.
I hope (that) you can come to the party.

Prefiero que **llegues** temprano a casa.
I prefer that you be home early.

C. Sentences in English and Spanish may be simple or complex. A simple sentence is one that contains a single verb.

Complex sentences are comprised of two or more *clauses* (**las cláusulas**). There are two types of clauses: independent (or main) clause and dependent (or subordinate) clause. *Independent clauses* (**las cláusulas principales**) contain a complete thought and can stand alone. *Dependent clauses* (**las cláusulas subordinadas**) contain an incomplete thought and cannot stand alone. Dependent clauses require an independent clause to form a complete sentence.

Note in the example above that when there is no change of subject in the sentence, the infinitive is used in the dependent clause.

However, when the two subjects of a complex sentence are different, the subjunctive is often used in the dependent clause. Note that dependent clauses are linked by the conjunction **que,** which is never optional (as it is in English).

Quiero pan.
I want bread.

INDICATIVE

INDEPENDENT CLAUSE	DEPENDENT CLAUSE
Quiero	comprar pan.
I want	*to buy bread.*

SUBJUNCTIVE

INDEPENDENT CLAUSE		DEPENDENT CLAUSE
Quiere	**que**	compres pan.
She wants	*(for)*	*you to buy bread.*
Espero	**que**	me visites pronto.
I hope	*(that)*	*you visit me soon.*
¿Dudas	**que**	puedan venir?
Do you doubt	*(that)*	*they can come?*

D. Three of the most common uses of the subjunctive are to express influence, emotion, and doubt or denial. These are signaled in the previous examples by the verb forms **quiere, espero,** and **dudas.**

Forms of the Present Subjunctive

You already know that many Spanish command forms are part of the subjunctive. The **Ud./Uds.** command forms are shaded in the box on the following page. What you have already learned about forming **Ud.** and **Uds.** commands will help you learn the forms of the present subjunctive.

	hablar	comer	escribir	volver	decir
Singular	hable	coma	escriba	vuelva	diga
	hables	comas	escribas	vuelvas	digas
	hable	coma	escriba	vuelva	diga
Plural	hablemos	comamos	escribamos	volvamos	digamos
	habléis	comáis	escribáis	volváis	digáis
	hablen	coman	escriban	vuelvan	digan

A. The personal endings of the present subjunctive are added to the first person singular of the present indicative minus its **-o** ending. **-Ar** verbs add endings with **-e**, and **-er/-ir** verbs add endings with **-a**.

-ar → -e
-er/-ir → -a

present tense **yo** stem = present subjunctive stem

B. Verbs ending in **-car, -gar,** and **-zar** have a spelling change in all persons of the present subjunctive, in order to preserve the **-c-, -g-,** and **-z-** sounds.

-car: c → qu
-gar: g → gu
-zar: z → c

buscar: busque, busques, ...
pagar: pague, pagues, ...
empezar: empiece, empieces, ...

C. Verbs with irregular **yo** forms show the irregularity in all persons of the present subjunctive.

conocer:	**conozca,** ...	salir:	**salga,**...
decir:	**diga,**...	tener:	**tenga,**...
hacer:	**haga,**...	traer:	**traiga,**...
oír:	**oiga,**...	venir:	**venga,**...
poner:	**ponga,**...	ver:	**vea,**...

D. A few verbs have irregular present subjunctive forms.

dar:	**dé, des, dé, demos, deis, den**
estar:	**esté,**...
haber (hay):	**haya,**...
ir:	**vaya,**...
saber:	**sepa,**...
ser:	**sea,**...

E. **-Ar** and **-er** stem-changing verbs follow the stem-changing pattern of the present indicative.

pensar (ie):   p**ie**nse, p**ie**nses, p**ie**nse, pensemos, penséis, p**ie**nsen
poder (ue):   p**ue**da, p**ue**das, p**ue**da, podamos, podáis, p**ue**dan

F. **-Ir** stem-changing verbs show a stem change in the four forms that have a change in the present indicative. In addition, however, they show a second stem change in the **nosotros** and **vosotros** forms, similar to the present progressive tense.

dormir (ue, u): duerma, duermas, duerma, dur-mamos, durmáis, duerman
pedir (i, i): pida, pidas, pida, pidamos, pidáis, pidan
preferir (ie, i): prefiera, prefieras, prefiera, prefi-ramos, prefiráis, prefieran

-ir stem-changing verbs (**nosotros** and **vosotros**):
$$o \rightarrow u$$
$$e \rightarrow i$$

Práctica

A **¿Está Ud. de acuerdo?** Indique su respuesta con **sí** o **no**.

1. Muchas veces quiero que mi compañero/a de cuarto (vecino/a, hijo/a, esposo/a) baje el volumen del estéreo.
2. Dudo que las nuevas computadoras sean fáciles de usar.
3. Es posible que no haya muchos avances tecnológicos en el futuro.
4. Deseo que mi jefe/a me dé un aumento de sueldo.
5. Siempre quiero que alguien me preste una cámara de vídeo cuando voy de vacaciones.
6. No estoy seguro/a de que el *Internet* tenga muchos usos prácticos.
7. Es horrible que las computadoras cuesten tanto.
8. Es bueno que las motos gasten tan poca gasolina.
9. En este momento no creo que yo pueda gastar mucho dinero en aparatos electrónicos.
10. No quiero que mi compañero/a de cuarto (esposo/a, hijo/a) cambie el mensaje del contestador automático.

B **Su trabajo de tiempo parcial.** Imagínese que Ud. tiene un trabajo de tiempo parcial en una oficina. Describa la situación en el trabajo, completando las siguientes oraciones con frases de la lista. Hay más de una respuesta posible en todos los casos.

1. El jefe quiere que _____.
2. También espera que _____.
3. Y duda que _____.
4. Prohíbe que _____.
5. En el trabajo, es importante que _____.
6. Yo espero que _____.

a. trabajemos los sábados a veces
b. todos lleguemos a tiempo
c. hablemos por teléfono con los amigos
d. me den un aumento de sueldo
e. nos paguen más a todos
f. no usemos el *fax* para asuntos (*matters*) personales
g. me den un trabajo de tiempo completo algún día
h. no perdamos mucho tiempo charlando (*chatting*) con los demás
i. fumemos en la oficina

C **Formando oraciones.** Haga oraciones según las indicaciones. ¡OJO! Cambie sólo el infinitivo.

1. Quiero que (tú)... (mirar esto, llegar a tiempo, buscar a Anita)
2. Espero que mis hijos... (aprender más, escribir mucho, leer rápidamente)
3. Es necesario que (yo)... , ¿verdad? (empezar, jugar, pensarlo)
4. Dudo que (nosotros)... (almorzar ahora, dormir allí, pedir eso)
5. Me alegro de que Uds.... (conocerlo, hacerlo, saberlo)
6. No creemos que Ana... (venir, ponerlo, oírlo)
7. ¿Recomiendas que (yo)... ? (comprarlo, dar una fiesta, ir al cine contigo)

37 Expressing Desires and Requests • Use of the Subjunctive: Influence

1.

2.

3.

Escoja la oración que describa cada dibujo.

1. _____
   a. Quiero repasar las formas del subjuntivo.
   b. Quiero que nosotros repasemos las formas del subjuntivo.

2. _____
   a. Insisto en hablar con Jorge.
   b. Insisto en que tú hables con Jorge.

3. _____
   a. Es necesario arreglar esta habitación.
   b. Es necesario que tú arregles esta habitación.

A. So far, you have learned to identify the subjunctive by the features listed at the right.

The subjunctive
- appears in a subordinate (dependent) clause.
- has a different subject from the one in the main (independent) clause.
- is preceded by **que.**

B. In addition, the use of the subjunctive is associated with the presence of a number of concepts or conditions that trigger the use of it in the dependent clause. The concept of influence is one trigger for the subjunctive in a dependent clause. When the speaker wants something to happen, he or she tries to influence the behavior of others, as in these sentences.

The verb in the main clause is, of course, in the indicative, because it is a fact that the subject of the sentence wants something. The subjunctive occurs in the dependent clause.

INDEPENDENT CLAUSE		DEPENDENT CLAUSE
Yo **quiero**	**que**	tú **pagues** la cuenta.
I want		*you to pay the bill.*
La profesora **prefiere**	**que**	los estudiantes no **lleguen** tarde.
The professor prefers	*that*	*the students don't arrive late*

C. **Querer** and **preferir** are not the only verbs that can express the main subject's desire to influence what someone else thinks or does. There are many other verbs of influence, some very strong and direct, some very soft and polite.

desear	permitir (*to permit*)
insistir en	prohibir (prohíbo)
mandar	(*to prohibit; to forbid*)
pedir, (i, i)	recomendar (ie)

D. An impersonal generalization of influence or volition can also be the main clause that triggers the subjunctive. Some examples of this appear at the right.

Es necesario que...   Es importante que...
Es urgente que...   Es mejor que...

Práctica

A **En la tienda de aparatos electrónicos.** Imagínese que Ud. y un amigo / una amiga están en una tienda de aparatos electrónicos. Ud. quiere comprarse un estéreo pero no sabe cuál; por eso viene su amigo/a. ¿Quién dice las siguientes oraciones, Ud., su amigo/a o el vendedor (*salesperson*)?

1. Prefiero que busques un estéreo en varias tiendas; así puedes comparar precios.
2. Quiero que el estéreo tenga disco compacto con control remoto.
3. Recomiendo que no le digas cuánto dinero quieres gastar.
4. Insisto en que Ud. vea este modelo. ¡Es lo último!
5. Prefiero que me muestre otro modelo más barato.
6. Es mejor que vaya a buscar en otra tienda. No tengo tanto dinero.
7. Quiero que lo sepa: Este estéreo es el mejor de todos.

B **Expectativas de la educación**

Paso 1. ¿Qué expectativas de la educación tienen los profesores, los estudiantes y los padres de los estudiantes? Forme oraciones según las indicaciones y añada (*add*) palabras cuando sea necesario.

1. todos / profesores / querer / que / estudiantes / llegar / clase / a tiempo
2. profesor(a) de / español / preferir / que / (nosotros) ir / con frecuencia / laboratorio de lenguas
3. profesores / prohibir / que / estudiantes / traer / comida / y / bebida / clase
4. padres / de / estudiantes / desear / que / hijos / asistir a / clases
5. estudiantes / pedir / que / profesores / no dar / mucho / trabajo
6. también / (ellos) querer / que / haber / más vacaciones
7. padres / insistir en / que / hijos / sacar / buenas / notas

Paso 2. Y Ud., ¿qué quiere que hagan los profesores? Invente tres oraciones más para indicar sus deseos.

C **El día de la mudanza** (*moving*). Imagínese que Ud., su esposo/a y sus hijos acaban de llegar, con todas sus cosas, a un nuevo apartamento. ¿Dónde quieren Uds. que se pongan los siguientes muebles? Siga el modelo. Luego explique por qué quiere que cada cosa esté en el sitio indicado. Empiece la primera oración con frases como: **Queremos que... , Preferimos que... , Es necesario que... , Es buena idea que...** Use el verbo **gustar** en la segunda oración.

MODELO: LOS MUEBLES   LA EXPLICACIÓN

los trofeos de Julio / sala   mirarlos todos los días →

Queremos que los trofeos de Julio estén en la sala. ¡Nos gusta mirarlos todos los días!

LOS MUEBLES	LA EXPLICACIÓN
1. el nuevo televisor / sala	ver la tele todos juntos
2. el televisor portátil / cocina	ver la tele al cocinar (*while cooking*)
3. el equipo estereofónico / alcoba de Julio	escuchar música al estudiar
4. el sillón grande / sala	leer el periódico allí
5. los monopatines de los niños / patio	jugar allí
6. la computadora / oficina	hacer las cuentas allí
7. el acuario / alcoba de Anita	mirar los peces

Conversación

A **¡Dos padres muy distintos!** Nati y Tomás tienen ideas muy distintas sobre la mejor manera de educar a sus dos hijos, Nora y Joaquín. Tomás tiene ideas muy tradicionales, pero Nati es más moderna. Ella cree que los niños deben crecer (*grow up*) en un ambiente de cierta libertad y con ciertas responsabilidades.

Describa las ideas de Nati y Tomás sobre los siguientes temas, usando las frases como guía. Empiece sus descripciones con frases como: **Nati quiere que... , Tomás prefiere... , Nati nunca permite que... ,** etcétera. Siga el modelo. (Continúa.)

MODELO: Nora: jugar sólo con muñecas (*dolls*) /
tener coches también si los quiere →
Tomás quiere que Nora juegue sólo con
muñecas.
Nati prefiere que tenga coches también,
si los quiere.

1. Joaquín: tener muñecas / jugar con soldados y coches
2. Nora: ser profesora o médica algún día / ser esposa y
madre
3. los dos niños: no tocar la computadora / aprender
a usarla
4. los niños: tener animales en casa / no tener ningún animal
5. los niños: jugar con sus monopatines en el patio / no jugar allí solos
6. los niños: no tocar la videocasetera / permitir que lo usen
7. Joaquín: aprender a cocinar / no aprender a hacerlo
8. Nora: aprender a arreglar (*repair*) el coche / no saber nada de coches
9. los niños: no ver la televisión nunca / verla cuando quieran
10. los niños: estar con ellos los fines de semana / estar con sus amigos

B Entrevista

Paso 1. Complete las siguientes oraciones lógicamente... ¡y con sinceridad!

1. Mis padres (hijos, abuelos, ...) insisten en que (yo) _____.
2. Mi mejor amigo/a (esposo/a, novio/a, ...) desea que (yo) _____.
3. Prefiero que mis amigos _____.
4. No quiero que mis amigos _____.
5. Es urgente que (yo) _____.
6. Es necesario que mi mejor amigo/a (esposo/a, novio/a, ...) _____.

Paso 2. Ahora entreviste a un compañero / una compañera para saber cómo
él/ella completó las oraciones del **Paso 1.**

MODELO: ¿En qué insisten tus padres?

C **Deseos.** Working in groups, make a list of five things you would like
someone else to do. Then present each request to someone in the class, who
must either do it, promise to do it, or give a good excuse for not doing it.

MODELO: E1: Queremos que Roberto nos traiga refrescos mañana. →
ROBERTO: No les voy a traer refrescos porque no tengo dinero.

Situaciones

In this **Situaciones** dialogue, José Miguel and his friend Gustavo go shopping
for a computer in an electronics store in Quito, Ecuador. Pay close attention to

the following: Who wants to buy the computer? What are some of the details about the computers they're looking at?

José Miguel y Gustavo están en una tienda de aparatos electrónicos.

VENDEDORA:[a] Buenas tardes. ¿En qué les puedo atender?

JOSÉ MIGUEL: Buenas tardes. Leímos su anuncio en el periódico. Quisiéramos[b] ver las computadoras.

VENDEDORA: ¿Qué modelo buscan? Tenemos varios aquí. Este es nuevo. Viene con monitor, ratón ergonómico y un módem interno.

JOSÉ MIGUEL: Pero, no tiene lector[c] de CD-ROM interno, ¿verdad? Prefiero uno que lo tenga.

VENDEDORA: Ese modelo allí tiene lector de CD-ROM interno. Venga. Esta[d] es la mejor de las que tienen CD-ROM.

JOSÉ MIGUEL: ¿Qué te parece, Gustavo?

GUSTAVO: No está mal... ¿Tiene suficiente memoria para navegar por el *Internet*?

VENDEDORA: Sí.

GUSTAVO: ¿Y se puede utilizar también un *browser* de páginas o programas de multimedia?

VENDEDORA: Este modelo es ideal para multimedia. Y lleva incluidos los programas necesarios para navegar la red.

JOSÉ MIGUEL: Ah, muy bien, porque pienso utilizar el *Internet* para ayudarme con mis trabajos en la universidad...

[a]*saleswoman* [b]*We would like* [c]*reader* [d]*This one* (**computadora**)

Con un compañero / una compañera

Imagínese que Ud. va a comprar una computadora nueva. ¿Para qué va a usar la computadora? ¿Qué programas y capacidades quiere que tenga? Con un compañero / una compañera, hagan los papeles de cliente y vendedor(a). Usen el diálogo anterior como modelo.

Un poco de todo

A **Dos diablitos** (*Little devils*)

Paso 1. Alberto y Eduardo Suárez son dos muchachos jóvenes que siempre hacen lo que no deben. Para cada par de oraciones, lea el mandato que les da su madre en la primera oración. Luego, complete la segunda oración con el mandato opuesto.

(Continúa.)

MODELO: Alberto, siéntate en la silla. No _____ (sentarte) en el suelo. →
No te sientes en el suelo.

1. Alberto, no escuches la radio ahora. _____ (Escucharme) a mí.
2. Eduardo, haz tu tarea. No _____ (hacer) eso.
3. Eduardo, no juegues con la pelota en casa. _____ (Jugar) afuera.
4. Alberto, no cantes en la mesa. _____ (Cantar) después de cenar.
5. Alberto, dame tu almuerzo a mí. No _____ (dárselo) al perro.
6. Eduardo, pon los pies en el suelo. No _____ (ponerlos) en el sofá.

Paso 2. ¿Qué quiere la Sra. Suárez que hagan los dos muchachos? ¿Qué prefiere que *no* hagan? Indique sus deseos con oraciones completas.

MODELO: La Sra. Suárez prefiere que Alberto se siente en la silla. No quiere que se siente en el suelo.

Palabras útiles: querer, desear, esperar, insistir en, preferir, permitir, prohibir

B **¿Qué quiere o necesita Ud.?** Here is a series of answers to that question. Complete them with the correct form of each word in parentheses. When two possibilities are given in parentheses, select the correct word. **¡OJO!** You will use the present indicative, present subjunctive, or preterite of the infinitives. And sometimes, the infinitive itself will be the appropriate form.

PERSONA A: Deseo que (haber[1]) paz[a] en (mí/mi[2]) país. Y quiero que mi familia (estar[3]) bien. También deseo que no (haber[4]) hambre en el mundo y que los niños no (sufrir[5]). Para (mí/mi[6]), (*yo:* pedir[7]) muy poco.

PERSONA B: ¡Yo no (saber[8]) por dónde empezar la lista! Necesitamos una casa (tan/más[9]) grande, camas nuevas para los niños (pocos/pequeños[10]), (un/una[11]) televisor... Pero primero tenemos que (comprar[12]) (un/—[13]) otro coche, porque el que[b] tenemos (dejar[14]) de funcionar la semana pasada. ¡Ay!

PERSONA C: Es necesario que mi jefa me (dar[15]) un aumento de sueldo. Ya trabajo (muchísimo[16]) horas, pero no (*yo:* ganar[17]) lo suficiente. (El/La[18]) cheque que recibo cada dos semanas apenas[c] (cubrir[d19]) los gastos (al/del[20]) apartamento, como (el/la[21]) alquiler, la luz y el gas. Por lo menos la dueña del apartamento es (mucho/muy[22]) simpática y me (gusta/gustan[23]) mucho el barrio donde vivo.

PERSONA D: ¡Huy! ¡Muchas cosas! Quiero (comprar[24]) (un/una[25]) sofá para la sala, una computadora y equipo estereofónico. Además, me gustaría (comprar[26]) unas pinturas, (un/una[27]) *fax*...

PERSONA E: Yo quiero que mi papá me (llevar[28]) al circo. Mi amigo Enrique (ir[29]) la semana pasada y le (gustar[30]) mucho. También necesito (un/una[31]) bici. Y quiero que el bebé que va (a/de[32]) tener mi mamá (ser[33]) un hermanito. Si es una niña, es un rollo,[e] ¡porque no va a (querer[34]) jugar al basquetbol!

[a]*peace* [b]*el... the one that* [c]*barely* [d]*to cover* [e]*pain*

Comprensión: ¿Cierto o falso?

1. No hay ninguna persona con deseos humanitarios.
2. Es necesario que alguien compre un coche.
3. Una persona quiere que su compañía le pague más.

4. Es completamente necesario que uno de los entrevistados compre unas pinturas y equipo estereofónico.

5. Otro entrevistado quiere que el nuevo bebé de sus padres sea una niña.

C **Una carta al presidente**

Paso 1. Divídanse en grupos de tres personas. Cada miembro del grupo va a completar dos de las siguientes oraciones. **¡OJO!** La palabra **presidente** se refiere al presidente de los Estados Unidos. En español, **el rector / la rectora** = *university president.*

> Queremos que el presidente / el rector (la rectora)...
> Recomendamos que el presidente / el rector (la rectora)...
> Es importante que el presidente / el rector (la rectora)...
> Sugerimos que el presidente / el rector (la rectora)...

Paso 2. Ahora los miembros del grupo deben seleccionar las tres mejores oraciones. Una persona de cada grupo las va a escribir en la pizarra.

Paso 3. Lea las oraciones que están en la pizarra y use algunas para escribir una breve carta al presidente de los Estados Unidos o al rector / a la rectora de la universidad. Añada (*Add*) otra información y use **Ud.** en vez de (*instead of*) **el presidente / el rector (la rectora).**

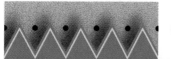

Vocabulario

Los verbos

alegrarse (de)	to be happy (about)
arreglar	to straighten (up); to fix, repair
cambiar (de)	to change
costar (ue)	to cost
dudar	to doubt
esperar	to hope
fallar	to "crash" (*computer*)
funcionar	to function; to run, work (*machines*)
ganar	to earn
grabar	to record; to tape
guardar	to keep
mandar	to order
manejar	to drive; to use (*a machine*)
permitir	to permit, allow
prohibir (prohíbo)	to prohibit, forbid

Repaso: **conseguir (i, i), poner, sacar fotos, sugerir (ie, i)**

En casa

el acuario	aquarium
la cámara	camera
la cámara de vídeo	video camera
el canal	(TV) channel
el cartel	poster
el disco compacto	compact disc; CD player
el contestador automático	answering machine
el control remoto	remote control
el equipo estereofónico	stereo equipment
el equipo fotográfico	photographic equipment
la grabadora	tape recorder/player
la muñeca	doll
el pez (*pl.* peces)	fish
la pintura	painting
el radio (portátil)	(portable) radio
el teléfono celular	cellular (tele)phone

el teléfono del coche	car (tele)phone
el trofeo	trophy
la videocasetera	VCR
el *walkman*	Walkman

Repaso: el televisor

En el garaje

la bicicleta (de montaña)	(mountain) bicycle
el monopatín	skateboard
la moto(cicleta)	motorcycle

Repaso: la camioneta, el coche

En la oficina

el archivo	file
el aumento	raise; increase
el cheque	check
la computadora (portátil)	(laptop) computer (*Hispanic America*)
el correo electrónico	electronic mail (e-mail)
el disco	computer disk; record
el *fax*	FAX (machine)
la impresora	printer
la máquina de escribir	typewriter
el ordenador (portátil)	(laptop) computer (*Spain*)
el ratón	mouse
la red	network
el sueldo	salary
el trabajo	job; work; written work; (term) paper
navegar la red	to "surf the net"

Repaso: el/la jefe/a

¿Dónde vive Ud.? ¿Dónde quiere vivir?

alquilar	to rent
las afueras	outskirts; suburbs
el alquiler	rent
el barrio	neighborhood
el campo	countryside
el *campus*	(university) campus
la casa de apartamentos	apartment building
la dirección	address
el/la dueño/a	landlord
el gas	gas; heat
el/la inquilino/a	tenant; renter
el piso	floor (of a building)
la planta baja	ground floor
el/la portero/a	building manager; doorman
la vecindad	neighborhood
el/la vecino/a	neighbor
la vista	view

Repaso: la casa, el centro, el cuarto, la luz, la residencia

Otros sustantivos

el gasto	expense
el lujo	luxury
el mensaje	message

Los adjetivos

de tiempo completo/ parcial	full-time/part-time
descapotable	convertible (*with cars*)

Palabras adicionales

los/las demás	others

Un paso más 12

Estrategia: Word Families

Guessing the meaning of a word from context is easier if it has a recognizable root, or a relation to another word that you already know. For example, if you know the verb **llover** (*to rain*), you should be able to guess the meaning of **lluvia** (*rain*) and **lluvioso** (*rainy*) quite easily in context. Can you guess the meaning of the following words? Write the English meaning in the first blank, and then in the second blank write a Spanish word that you already know that has the same root form. The first one is done for you.

la locura: En la Edad Media, la locura no era considerada una enfermedad, sino una manifestación en carne y hueso del demonio.

<u>madness</u>   <u>loco</u>

la pobreza: La pobreza es un problema muy grave en muchas partes de la India y Latinoamérica.

_____   _____

la enseñanza: Muchos datos indican que la calidad de la enseñanza actual en los Estados Unidos es inferior a la del año 1960.

_____   _____

la riqueza: El número de personas que llega a Hollywood en busca de fama y riqueza en el cine sigue incrementando.

_____   _____

Remember to check your answers with a classmate or with your instructor. The following words are all found in the last paragraph of the reading: **uso, mantenimiento, llamadas.** What verbs do you know that have the same root form as these words? Identifying these verbs and knowing their meaning should help you understand these related words in the context of the passage.

▶ **Sobre la lectura...** Este artículo apareció en una revista hispánica muy popular. Claro, se ve el teléfono celular por todas partes, y el mundo hispánico no es ninguna excepción. Pero, en el mundo de la tecnología que está cambiando rápidamente, es muy probable que, en un futuro no muy lejano (*far away*), aparezcan otros aparatos mejores y más económicos que los mencionados en el artículo.

PARA HABLAR SIN IMPORTAR EL LUGAR

Si ha visto a alguien caminando por la calle y hablando solo con una cajita[a] negra, lo más seguro es que esa persona esté usando un teléfono celular. Con estos admirables aparatos, algunos de los cuales caben en un bolsillo,[b] es posible comunicarse desde casi cualquier lugar en Estados Unidos con cualquier otro punto aquí y en el exterior. Además de ser portables, estos teléfonos se pueden utilizar en los carros. Uno de los más populares modelos es el Micro TAC Digital Personal Communicator de Motorola, que pesa apenas 12.3 o 15.8 onzas, según el tipo de batería, y mide 13.5 pulgadas[c] cúbicas. Mitsubishi manufactura el 1500 TPK, de 4.3 libras[d] y que

De izq. a dcha. modelos de teléfonos Mitsubishi, Panasonic y Motorola

92

incluye un paquete transportable, un micrófono incorporado no manual para usar en el carro y un *interface* de información para conectarlo a máquinas de fax y computadoras portables. Panasonic, NAC, OKI y Fujitso ofrecen también modelos diversos.

Sin embargo, la eficiencia de estos aparatos puede resultar cara. Por eso, su uso se suele reservar a los profesionales. Si tiene que llamar a un amigo para contarle un chisme es preferible utilizar un teléfono público. Sólo en gastos de instalación y mantenimiento la cuenta puede subir a cerca de $100 al mes. Y los teléfonos pueden costar entre $750 y miles de dólares. Las llamadas también son más caras que las originales. ◆

[a]*little box*   [b]*pocket*   [c]*inches*   [d]*pounds*

Comprensión

A **¿Cierto o falso?**   Conteste según el artículo.

1. Una desventaja del teléfono celular es que sólo se puede usar para hacer llamadas locales.
2. El precio de una llamada celular equivale al de (*to that of*) una llamada normal.
3. Algunos modelos son adaptables para utilizar en el coche.
4. Algunos modelos son compatibles con máquinas de fax y computadoras

B **Ventajas y desventajas.**   ¿Son los siguientes detalles ventajas o desventajas de este teléfono?

1. el precio del teléfono
2. el tamaño (*size*)
3. la potencia
4. la adaptabilidad
5. la variedad de marcas
6. el peso (*weight*)
7. el precio de las llamadas
8. la conveniencia

·PARA ESCRIBIR

A **¡Cómprese uno!** Imagínese que Ud. trabaja en una tienda que vende teléfonos celulares. Un día entra una mujer de negocios que está muy indecisa. Ud. trata de convencerla de que compre un teléfono celular. ¿Qué le dice Ud.? ¿En qué detalles pone énfasis? Utilice la información de **Comprensión** para escribir tres o cuatro oraciones que hablen de los beneficios de los teléfonos celulares.

B **Lo que más necesito.** Piense en un aparato o en uno de los bienes personales que más le gustaría tener. ¿Es un estéreo? ¿un televisor? ¿una computadora? ¿un coche? ¿Cómo es? ¿Qué quiere Ud. que tenga? En una breve composición, escriba los detalles de su compra ideal. Puede usar las siguientes frases para escribir su composición.

MODELO: Lo que más necesito es... Prefiero que... No quiero que... Es necesario que...

·ACTIVIDADES

Actividad A   ¡Ay de nosotros!

Paso 1. Lea el siguiente dibujo de Mafalda. En él, Ud. va a ver que sus padres experimentan (*are feeling*) una ansiedad (*anxiety*) típica de muchas personas.

Paso 2. Ahora complete las siguientes oraciones para describir lo que pasa en el dibujo.

(*Ellos:* Ser/Estar[1]) muy contentos. Se alegran de que su hija (comenzar[a2]) a ir a la escuela. Les gusta mucho que Mafalda (ir[3]) a la escuela, pero al mismo tiempo (ser/estar[4]) preocupados. ¡No quieren (*ellos:* ponerse[5]) viejos!

[a]*to start*

Paso 3. ¿Qué ansiedad o ansiedades experimenta Ud.? Mencione por lo menos dos de sus ansiedades.

MODELO: Prefiero que (no) _____. (No) Quiero que _____.

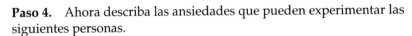

Paso 4. Ahora describa las ansiedades que pueden experimentar las siguientes personas.

1. un millonario
2. un estudiante durante un examen final
3. un profesor sin experiencia, el primer día de clases
4. un niño de 6 años, el primer día de clases de la escuela primaria
5. un actor / una actriz, durante el estreno (*premiere*) de su primera película

---

A propósito... Expressing Surprise and Disbelief

You already know how to use the subjunctive to express influence and generalizations. You can also use the subjunctive to show surprise or disbelief. Here are some useful phrases that can help you in a discussion.

Parece mentira que...	It seems impossible (*lit.*: a lie) that . . .
Me parece imposible que...	It seems impossible to me that . . .
No puedo creer que...	I can't believe that . . .
No puedo imaginar que...	I can't imagine that . . .

Me parece imposible que las computadoras portátiles cuesten tanto.
No puedo creer que muchos estudiantes todavía no tengan acceso al *Internet*.

Actividad B   ¿Cómo se define el bienestar?

Paso 1. Haga una lista de doce de las cosas que Ud. considera fundamentales para su bienestar general.

Paso 2. A continuación hay una lista de las cosas que la ONU (Organización de las Naciones Unidas) considera mínimas para el bienestar de una persona.

- una ración diaria de comida de 2.500 a 4.000 calorías
- un juego de cocina (*set of pots and pans*) por cada familia
- tres juegos de ropa y tres pares de zapatos por persona
- 100 litros de agua por día
- un lugar de al menos seis metros cuadrados por persona, adecuadamente protegido
- escolarización (*schooling*) de cada niño, al menos por seis años, y alfabetización (*literacy*) completa de adultos

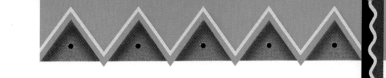

- un radio por cada familia
- un televisor por cada 100 habitantes
- una bicicleta por familia
- diez médicos y cincuenta camas de hospital por cada 100.000 habitantes; más de $10 por persona al año en medicinas
- un trabajo para cubrir (*cover*) las necesidades familiares
- protección social para los enfermos, minusválidos (*handicapped people*) y ancianos

Paso 3. Ahora con tres o cuatro compañeros, comparen su lista con la de la ONU. ¿En cuántas cosas no pensaron Uds.? ¿Qué cosas dieron Uds. por sentadas (*did you take for granted*)? ¿Creen Uds. que la ONU tiene razón? Usen las frases en **A propósito** para facilitar su conversación.

4

El mundo hispánico de cerca:

			Francisco Pizarro				Independencia		

Las naciones andinas → La civilización nasca en el Perú — El imperio incaico — conquista a los incas — — — Independencia: del Perú — del Ecuador — de Bolivia

1000–1500 1100–1400 1200–1532 1532 1600–1750 1776–1789 1821 1822 1825

Los Estados Unidos → Cultura anasazi (suroeste) — Fundación de las colonias británicas — Guerra de la Independencia

Típico, típico

Cada junio en **Sacsahuamán,** cerca de **Cuzco, Perú,** tiene lugar el **Inti Raymi.** Es la celebración de la fiesta religiosa más importante de los antiguos **incas.** Según la mitología incaica, **el sol**—en quechua, *inti*—fue el padre de **Manco Capac,** fundador de Cuzco y conocido como **el Gran Inca.** Por **el solsticio invernal,**ª cuando el sol estaba en el punto más alejadoᵇ de Cuzco, los nobles de todo el imperio incaico iban a Cuzco, su capital, para dar tributo al Gran Inca. Este realizabaᶜ una ceremonia para asegurarᵈ que el sol emprendieraᵉ su viaje de regreso.

Participantes en la celebración del Inti Raymi.

Hoy día el Inti Raymi se celebra como una tradición de la cultura indígena. Mucha gente de todo el Perú asiste a la fiesta. Hay una escena increíble cuando todos se saludan en el gran campoᶠ central de Sacsahuamán ostentandoᵍ sus **trajes tradicionales.** También le ofrecen una **llama** pequeña al sol como **sacrificio.** A diferencia de hace siglos, el sacrificio de hoy día sólo es fingido.ʰ

ªsolsticio... *winter solstice*   ᵇmás... *farthest*
ᶜEste... *The latter carried out*   ᵈ*make sure*   ᵉ*would set forth on*   ᶠ*field*   ᵍ*displaying*   ʰes... *is faked*

Cocina

Uno de los cultivos más importantes de los incas era **la papa,**ª originaria de la región cerca del **lago**ᵇ **Titicaca.** La papa es una de las pocas plantas que se danᶜ en altitudes de más de 13.000 pies y en regiones frías y áridas. Como muchos indígenas habitaron estas regiones, pudieron sostenerse bien.

Los incas descubrieronᵈ un tipo de deshidratación por congelaciónᵉ que permitía la conservación de grandes cantidades de papas. Después de repetir por

varios días un proceso largo y con la ayuda del sol calurosoᶠ y de las noches frías, las papas quedan deshidratadas. Luego se puede almacenarlas.ᵍ Esto se llama **chuño** y es una comida importante de la zona. El **chuño** se rehidrata al hervirloʰ y se incorpora a varios platos.

ªpatata   ᵇ*lake*   ᶜse... *are produced*   ᵈ*discovered*   ᵉdeshidratación... *dehydration by freezing*   ᶠ*hot*   ᵍ*store them*   ʰal... *when it is boiled*

Las naciones andinas

| Ocupación ecuatoriana de las islas Galápagos | | Guerra del Pacífico (Bolivia y Chile) | | | Guerra del Chaco (Bolivia y Paraguay) | | | Alberto Fujimori elegido[a] presidente del Perú | | |

| 1832 | 1846–1848 | 1861–1865 | 1879–1883 | 1898 | 1917–1918 | 1929–1939 | 1932–1935 | 1941–1945 | 1969 | 1981 | 1990 | 1994 |

Guerra con México   Guerra Civil   Guerra hispano-norteamericana   Primera Guerra Mundial   La Gran Depresión   Segunda Guerra Mundial   El primer hombre en la luna   Nave espacial *Columbia*   North American Free Trade Agreement (NAFTA)

[a]*elected*

Gente y sociedad

La **composición étnica** de la población del **Perú** es típica de las naciones andinas. La mayoría[a] se considera **indígena** y vive principalmente en las regiones montañosas y rurales. Esta gente es conocida como **los serranos,**[b] término que a veces puede ser despectivo.[c]

Los mestizos forman la mayoría de la población en las ciudades. La distinción entre mestizo e indígena es más bien cultural que racial. La persona que habla principalmente español, usa ropa europea y se adhiere a[d] las costumbres europeas se considera mestizo. La persona que habla un idioma indígena, usa ropa indígena y tiene costumbres indígenas se considera indígena.

En la sociedad peruana hay actitudes negativas que vienen de la época colonial respecto a los indígenas. Por eso mucha gente quiere que los indígenas se incorporen a la sociedad hispanohablante y eurocéntrica. En épocas recientes, sin embargo, los indígenas han afirmado[e] su cultura y sus derechos.[f]

[a]*majority* [b]*hill people* [c]*derogatory* [d]*se... follows* [e]*han... have affirmed* [f]*rights*

Arte

El arte de **Oswaldo Guayasamín, pintor**[a] **ecuatoriano,** es un testimonio del sufrimiento[b] humano y de la vida difícil de los indios y pobres de su tierra. Guayasamín nació en Quito en 1919. Estudió en la Escuela de Bellas Artes de Quito. Durante sus viajes por América aprendió de **José Clemente Orozco** la técnica del fresco. También conoció a figuras como Pablo Neruda, Fidel Castro y Salvador Allende.

Madre y niño (*Mother and Child*), por Oswaldo Guayasamín (ecuatoriano)

Guayasamín se inspiró en los símbolos y motivos[c] de los **pueblos precolombinos** y en el arte **colonial** del Ecuador. En 1963 comenzó la serie *La edad de la ira,*[d] que comprende unas 250 pinturas, que sería[e] su testimonio fundamental contra la crueldad y la injusticia.

[a]*painter* [b]*suffering* [c]*motifs* [d]*La... The Age of Anger* [e]*would be*

Enfoque personal

En 1987 **Walter Alva,** director del **Museo Arqueológico Brüning,** en **Lambayeque, Perú,** comenzó la excavación de una **pirámide** cerca de **Sipán** en el norte del país. Resultó ser la tumba de un personaje importante de **la civilización moche** (cultura que floreció en esa zona entre los siglos I y VIII). Encontraron un tesoro[a] de artefactos muy bien preservados como objetos de oro[b] y plata,[c] cerámica y telas[d] de extraordinaria finura,[e] productos de los artistas y artesanos moches.

Pero ahora la misión de Alva es poner fin al tráfico ilegal de objetos arqueológicos. El robo de los depósitos arqueológicos por **los huaqueros**[f] elimina la posibilidad de que los objetos sean examinados

Una máscara de oro sacada de la excavación en Sipán

científicamente por los arqueólogos. Según Alva, es difícil enseñarles a los campesinos[g] y a las autoridades de un país pobre la necesidad de dejar los artefactos en su lugar en vez de vendérselos a un extranjero.

En 1995 los tesoros de Sipán se expusieron[h] en los Estados Unidos. Con el dinero obtenido de la exposición, Alva pudo construir un ala[i] de alta seguridad en el Museo Arqueológico Brüning para la exposición permanente de los artefactos. El aumento del turismo a ese lugar ha beneficiado[j] económicamente la comunidad de Sipán.

[a]*treasure* [b]*gold* [c]*silver* [d]*textiles* [e]*de... extraordinarily fine* [f]*grave robbers* [g]*peasants* [h]*se... were exhibited* [i]*wing* [j]*ha... has benefited*

Personaje eminente

Por su origen, «el Inca» Garcilaso de la Vega (1539–1616) es un ejemplo del encuentro de los mundos hispánico e incaico. Su **padre** Sebastián era uno de **los conquistadores** del Perú. Su **madre,** Isabel Chimpu Ocllo, pertenecía[a] a **la nobleza incaica.** Garcilaso nació en Cuzco siete años después de la conquista y se crió[b] alrededor de la familia de su madre. Estos parientes le contaron de las glorias pasadas y las penas[c] presentes de los incas.

Cuando murió su padre en 1560, Garcilaso se fue a vivir a **España.** Allí siguió una carrera militar y también estudió las literaturas latina, francesa e italiana. También comenzó a escribir *Los comentarios reales*[d] *de los Incas,* obra[e] que evoca el esplendor de la civilización incaica. En ella narra los antiguos ritos, cantos,[f] fiestas y costumbres de los incas. En la obra y la persona de Garcilaso se unen los mejores elementos de la cultura humanística europea y de la civilización incaica.

«Este nombre Raimi suena tanto como[g] Pascua o fiesta solemne.[h] Entre cuatro fiestas que solemnizaban los Reyes incas en la ciudad de Cuzco, que fue otra Roma, la solemnísima era la que hacían al Sol por el mes de junio, que llamaban Inti Raimi, que quiere decir la Pascua solemne del Sol... Celébranla pasado el solsticio de junio.

Hacían esta fiesta al Sol en reconocimiento[i] de tenerle y adorarle por sumo,[j] solo y universal Dios, que con su luz y virtud creaba[k] y sustentaba[l] todas las cosas de la tierra.»

Libro Sesto[m], Capítulo XX de *Los comentarios reales de los Incas* de Garcilaso de la Vega.

[a]*belonged* [b]*se... was raised* [c]*sorrows* [d]*royal* [e]*work* [f]*songs* [g]*suena... means something like* [h]*sacred* [i]*recognition* [j]*adorarle... worship him as the highest* [k]*created* [l]*sustained* [m]*Sixth* (Sexto)

13

El arte y la cultura

¿Qué significa
«arte» para Ud.?
¿Y «cultura»?
¿Cree que «arte»
sólo incluye
pinturas? ¿Es el
baile un tipo de
arte? ¿Se puede
considerar la
televisión como
una forma de
cultura? ¿Qué más
asocia Ud. con el
arte y la cultura?

México, D.F.

In this chapter, you will study vocabulary and structures that will allow
you to

- talk about different forms of artistic and cultural expression as well as
  assign rank to things (**Vocabulario: Preparación**)
- express emotions using the subjunctive (**Grammar Section 38**)
- express disbelief and doubt using the subjunctive (**39**)
- review all of the uses of the subjunctive that you have learned so far
  (influence, emotion, doubt) (**40**)

As you work through the chapter, see how much you can learn about art
and culture and their influence in the Hispanic world.

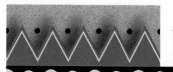

Vocabulario: Preparación

Las artes*

En el teatro

el actor
la directora
la bailarina
el bailarín
el cantante
el guión
el ballet
el escenario
la cantante
la actriz
los músicos

cantar	to sing
dibujar	to draw
escribir	to write
esculpir	to sculpt
pintar	to paint

Otras personas

el/la arquitecto/a	architect
el/la artista	artist
el/la compositor(a)	composer
el/la dramaturgo/a	playwright
el/la escritor(a)	writer
el/la escultor(a)	sculptor
el/la pintora	painter
el/la poeta	poet

La tradición cultural

la artesanía	arts and crafts
la cerámica	pottery, ceramics
las ruinas	ruins
los tejidos	woven goods
tejer	to weave

La expresión artística

la arquitectura	architecture
el baile / la danza	dance
el cine	film; movies
el drama	drama
la escultura	sculpture
la literatura	literature
la música	music
la pintura	painting

Otras palabras útiles

la canción	song
el cuadro/ la pintura	painting
la obra (de arte)	work (of art)
la obra maestra	masterpiece
la ópera	opera

---

*The word **arte** is generally masculine when it appears in the singular and feminine when it appears in the plural.

    Guillermo es estudiante **del arte moderno.**
    Me gustan mucho **las artes gráficas.**

A Obras de arte

Paso 1. ¿Qué tipo de arte representan las siguientes obras?

1. la catedral de Notre Dame y la de Santiago de Compostela
2. los murales de Diego Rivera
3. las estatuas griegas y romanas
4. *El lago de los Cisnes* (*Swan Lake*) y *El amor brujo* (*Love the Magician*)
5. *El ciudadano Kane* y *El mago de Oz*
6. *La Bohème* y *La Traviata*
7. las ruinas azteca y maya
8. *Don Quijote* y *Como agua para chocolate*

Paso 2. Ahora dé otros ejemplos de obras en cada una de las categorías artísticas que Ud. mencionó en el Paso 1.

B ¿Qué hacen?

Paso 1. Forme oraciones completas, emparejando palabras de cada columna. Hay más de una posibilidad en algunos casos.

la compositora	escribe	novelas y poesía
la actriz	baila	canciones
el director	esculpe	en el ballet
el músico	toca	edificios y casas
el bailarín	interpreta	papeles (*roles*) en la televisión
el dramaturgo	diseña	guiones
la pintora	pinta	con actores
el escritor	mira	obras de teatro
la arquitecta	trabaja	cuadros
	dirige (*directs*)	instrumentos musicales

Paso 2. Ahora con dos o tres compañeros, den nombres de artistas en cada categoría, sean (*whether they be*) hombres o mujeres. ¿Cuántos artistas hispánicos pueden nombrar?

Nota comunicativa **Más sobre los gustos y preferencias**

Here are some additional verbs to talk about what you like and don't like.

- The following two verbs are used like **gustar.**

  aburrir **Me aburre** el ballet moderno.
  Modern ballet bores me.

  agradar Pero **me agrada** el ballet folklórico.
  But I like folkloric dances.

- This verb functions as a transitive verb (one that can take a direct object).

  apreciar **Aprecio** mucho la arquitectura precolombina.
  I really appreciate pre-Columbian architecture.

C Preferencias personales

Paso 1. ¿Le gusta «el arte»? ¿Asiste a funciones «culturales» de vez en cuando o no asiste a esas funciones nunca? ¡Diga la verdad! (En otras actividades va a hablar de lo que prefiere en general.)

MODELO: asistir a los ballets clásicos →
Me gusta mucho asistir a los ballets clásicos.
(No me agrada para nada asistir a los ballets clásicos. Es aburrido.)
(Me aburre asistir a los ballets clásicos. Prefiero ir a la ópera.)

Palabras útiles: gustar, apreciar, preferir, encantar, aburrir, agradar, interesar

1. ir a los museos de arte moderno
2. asistir a funciones teatrales
3. ver obras maestras en los museos grandes
4. ir a conciertos de música clásica
5. asistir a lecturas de poesía en un café
6. ir al cine para ver películas extranjeras
7. visitar los grandes monumentos arquitectónicos

Paso 2. Ahora entreviste a un compañero / una compañera para saber cuáles son sus preferencias con respecto a este tema.

MODELO: E1: ¿Te gusta ir a los museos de arte moderno?
E2: Sí, me gusta muchísimo. Voy siempre que puedo (*whenever I can*).

Nota cultural   **Los toros**

El toreo[a] es un espectáculo típicamente hispánico. Viene de una larga tradición histórica. De hecho, no se sabe exactamente cuándo surgió la primera **corrida de toros.**[b]

Para sus aficionados, el toreo es **un arte,** y **el torero** necesita mucho más que valor:[c] necesita destreza[d] técnica, gracia y mucha comprensión de **los toros.** Algunos creen que el toreo *no es* un arte, sino un espectáculo cruel y violento que causa la muerte[e] prematura e innecesaria de un animal bravo.

Sea cual sea su opinión,[f] las corridas de toros son muy simbólicas para los hispanos. El toro es símbolo de fuerza,[g] coraje, bravura, independencia y belleza.[h] Si Ud. visita un país hispánico y tiene

Una corrida de toros en Toledo, España

ganas de ver una corrida, es aconsejable que les pregunte a algunas personas nativas del lugar que visita cuáles son las mejores corridas que debe ver.

[a]*bullfighting* [b]*corrida... bullfight* [c]*bravery* [d]*skill* [e]*death* [f]*Sea... Whatever your opinion may be* [g]*strength* [h]*beauty*

D **Preguntas**

1. ¿Tiene Ud. talento artístico? ¿Para qué? ¿Cuándo empezó a desarrollar (*develop*) esta actividad? ¿Tiene aspiraciones de dedicarse a esa actividad profesionalmente? ¿Cuáles son las ventajas y las desventajas de esa ocupación?

2. Si Ud. cree que no posee ningún talento artístico en particular, ¿siente alguna atracción por el arte? ¿Qué tipo de arte en particular? ¿Por qué le gusta tanto?

3. ¿Le gusta ir a los mercados de artesanía? ¿Qué compra allí? Cuando va de viaje, ¿le interesa saber cuáles son los trajes y la música tradicionales del lugar que visita? ¿Colecciona Ud. obras de artesanía? ¿Qué colecciona?

Ranking Things: Ordinals

primer(o/a)	first	**cuarto/a**	fourth	**sexto/a**	sixth	**noveno/a**	ninth
segundo/a	second	**quinto/a**	fifth	**séptimo/a**	seventh	**décimo/a**	tenth
tercer(o/a)	third			**octavo/a**	eighth		

- Ordinal numbers are adjectives and must agree in number and gender with the nouns they modify. Ordinals usually precede the noun: **la cuarta lección, el octavo ejercicio.**
- Like **bueno,** the ordinals **primero** and **tercero** shorten to **primer** and **tercer,** respectively, before masculine singular nouns: **el primer niño, el tercer mes.**
- Ordinal numbers are frequently abbreviated with superscript letters that show the adjective ending: **las 1as lecciones, el 1er grado, el 5° estudiante.**

Conversación

A **Mis actividades favoritas**

Paso 1. Piense en lo que le gusta hacer en su tiempo libre en cuanto a (*regarding*) actividades «culturales». Luego ponga en orden de preferencia para Ud. las siguientes actividades.

_____ ir al cine
_____ ir a ver películas extranjeras o clásicas
_____ ir a museos
_____ asistir a conciertos de música clásica/rock
_____ leer poesía
_____ bailar en una discoteca
_____ ver programas de televisión
_____ ver obras teatrales
_____ leer una novela
_____ ¿ ?

(Continúa.)

Paso 2. Ahora cuéntele a un compañero / una compañera sus cinco actividades favoritas. Use números ordinales.

MODELO: Mi actividad favorita es ir a ver películas clásicas. Mi segunda actividad favorita es...

B Preguntas

1. ¿Es Ud. estudiante de cuarto año?
2. ¿Es este su segundo semestre/trimestre de español?
3. ¿A qué hora es su primera clase los lunes? ¿y su segunda clase?
4. ¿Vive Ud. en una casa de apartamentos o en una residencia? ¿En qué piso vive? Si vive en una casa, ¿en qué piso está su alcoba?

Minidiálogos y gramática

38 Expressing Feelings • Use of the Subjunctive: Emotion

Diego y Lupe escuchan un grupo de mariachis.

México, D.F.

DIEGO: Ay, ¡cómo me encanta esta música!
LUPE: *Me alegro de que te guste.*
DIEGO: Y yo *me alegro de que estemos* aquí. ¿Sabes el origen de la palabra **mariachi**?
LUPE: No... ¿Lo sabes tú?
DIEGO: Sí. Viene del siglo diecinueve, cuando los franceses ocuparon México. Ellos contrataban a grupos de músicos para tocar en las bodas. Y como los mexicanos no podían pronunciar bien la palabra francesa *mariage*, pues acabaron por decir **mariachi.** Y de allí viene el nombre de los grupos.
LUPE: ¡Qué fascinante! *Me sorprende que sepas* tantos datos interesantes de nuestra historia.
DIEGO: Pues, todo buen antropólogo debe saber un poco de historia también, ¿no?

Diego and Lupe are listening to a mariachi group. DIEGO: Oh, how I love this music! LUPE: I'm glad you like it. DIEGO: And I'm glad we're here. Do you know the origin of the word **mariachi**? LUPE: No . . . Do you? DIEGO: Yes. It comes from the nineteenth century, when the French occupied Mexico. They used to hire musical groups to play at weddings. And because the Mexicans couldn't correctly pronounce the French word *mariage*, they ended up saying **mariachi.** And so that's where the name of the groups comes from. LUPE: How fascinating! I'm surprised you know so much interesting information about our history. DIEGO: Well, all good anthropologists should also know a little bit of history, shouldn't they?

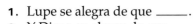
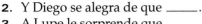
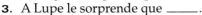

Comprensión

1. Lupe se alegra de que _____.
2. Y Diego se alegra de que _____.
3. A Lupe le sorprende que _____.

INDEPENDENT CLAUSE		DEPENDENT CLAUSE
first subject + *indicative* (expression of emotion)	**que**	second subject + *subjunctive*

A. Expressions of emotion are those in which speakers express their feelings: *I'm glad you're here; It's good that they can come.* Such expressions of emotion are followed by the subjunctive mood in the dependent clause.

Esperamos que Ud. **pueda** asistir.
We hope (that) you'll be able to come.

Tengo miedo (de) que mi abuelo **esté** muy enfermo.
I'm afraid (that) my grandfather is very ill.

Es lástima que no **den** aumentos este año.
It's a shame they're not giving raises this year.

B. Some common expressions of emotion are found in the list at the right.

alegrarse de	to be happy about
esperar	to hope
sentir (ie, i)	to regret; to feel sorry
temer	to fear
tener miedo (de)	to be afraid (of)

Some common expressions of emotion used with indirect object pronouns are in the second list at the right.

me (te, le,...) gusta que	
me (te, le,...) molesta que	it bothers me (you, him, . . .) that
me (te, le,...) sorprende que	it surprises me (you, him, . . .) that

C. When a new subject is introduced after a generalization of emotion, it is followed by the subjunctive in the dependent clause. Here are some general expressions of emotion.

es terrible	it's terrible
es ridículo	it's ridiculous
es mejor/bueno/malo	it's better/good/bad
es increíble	it's incredible
es extraño	it's strange
es lástima	it's a shame
¡qué extraño!	how strange!
¡qué lástima!	what a shame!

Práctica

A **Opiniones sobre el cine**

Paso 1. Indique si las siguientes oraciones son ciertas o falsas para Ud.

1. Me molesta que muchas películas sean tan violentas.
2. Es ridículo que algunos actores ganen tanto dinero.
3. Espero que salgan más actores negros e hispánicos en las películas.
4. Temo que muchas actrices no desempeñen (*play*) papeles inteligentes.
5. Es increíble que gasten millones de dólares en hacer películas.
6. Me sorprende que Quentin Tarantino sea tan famoso.

Paso 2. Ahora invente oraciones sobre lo que Ud. quiere o no quiere que pase con respecto al cine. Use las oraciones del **Paso 1** como base.

MODELO: **1.** Quiero que las películas sean menos violentas.

B **Comentarios.** Complete las oraciones con la forma apropiada del verbo entre paréntesis.

1. Dicen en la tienda que esta videocasetera es fácil de usar. Por eso me sorprende que no (funcionar) bien. Temo que (ser) muy complicada. Me sorprende que ni (*not even*) mi compañera (entenderla).
2. ¡Qué desastre! El profesor dice que nos va a dar un examen. ¡Es increíble que (darnos) otro examen tan pronto! Es terrible que yo (tener) que estudiar este fin de semana. Espero que el profesor (cambiar) de idea.
3. Este año sólo tengo dos semanas de vacaciones. Es ridículo que sólo (tener) dos semanas. No me gusta que las vacaciones (ser) tan breves. Es lástima que yo no (poder) ir a ningún sitio.

Nota comunicativa **Expressing Wishes with *ojalá***

¡Ojalá que yo **gane** la lotería algún día!	*I hope I win the lottery some day!*

The word **ojalá** is invariable in form and means *I wish* or *I hope*. It is used with the subjunctive to express wishes or hopes. The use of **que** with it is optional.

¡Ojalá (que) haya paz en el mundo algún día!	*I hope (that) there will be peace in the world some day!*
Ojalá que no **pierdan** tu equipaje.	*I hope (that) they don't lose your luggage.*

Ojalá can also be used alone as an interjection in response to a question.

—¿Te va a ayudar Julio a estudiar para el examen?
—¡**Ojalá**!

C **Una excursión a la ópera.** Imagínese que Ud. y su amigo/a van a la ópera por primera vez en su vida. Piense en todas las expectativas que Ud. tiene y exprésselas usando **ojalá.**

MODELO: las entradas / no costar mucho →
Ojalá que las entradas no cuesten mucho.

1. el escenario / ser / extravagante
2. haber / subtítulos / en inglés
3. el director (*conductor*) / estar / preparado
4. los cantantes / saber / sus papeles
5. las butacas (*seats*) / no estar / lejos del escenario
6. (nosotros) llegar / a tiempo

El español ¡en directo!

▼▼▼▼▼▼▼▼▼▼▼▼▼▼▼▼▼▼▼▼▼▼▼▼▼▼▼▼▼▼

[a]*se... will be given*

Felipe, un amigo de Mafalda, está pensando en los valores (*values*) de la sociedad moderna. Manolito, el amigo capitalista de Mafalda, aparece en el cuadro final.

1. ¿Quién dijo las siguientes oraciones, probablemente, Felipe, Mafalda o Manolito?

Vocabulario útil: imprimir (*to print*), billete (*paper money*), ingenuo/a (*naive*)

- «Ay, es lástima que seas tan inocente.»
- «Me molesta que haya más billetes que libros.»
- «¡Es horrible que pienses así! ¡Claro que el dinero es más importante!»

2. Como capitalista, Manolito tiene sus propias ideas sobre cómo funciona el mundo. ¿Por qué cree Ud. que Manolito se enoja en el último cuadro? ¿Está Ud. de acuerdo con él?

Conversación

A **Situaciones.** Las siguientes personas están pensando en otra persona o en algo que van a hacer. ¿Qué emociones sienten? ¿Qué temen? Conteste las preguntas según los dibujos. (Continúa.)

Minidiálogos y gramática

1. Jorge piensa en su amiga Estela. ¿Por qué piensa en ella? ¿Dónde está? ¿Qué siente Jorge? ¿Qué espera? ¿Qué espera Estela? ¿Espera que la visiten los amigos? ¿que le manden algo?
2. Fausto quiere comer fuera esta noche. ¿Quiere que alguien lo acompañe? ¿Dónde espera que cenen? ¿Qué teme Fausto? ¿Qué le parecen (*seem*) los precios del restaurante?
3. ¿Dónde quiere pasar las vacaciones Mariana? ¿Espera que alguien la acompañe? ¿Dónde espera que pasen los días? ¿Qué teme Mariana? ¿Qué espera?

B **Los valores de nuestra sociedad.** Express your feelings about the following situations by restating the situations, beginning with one of the following phrases or any others you can think of: **es bueno/malo que, es extraño/increíble que, es lástima que.**

1. Muchas personas viven para trabajar. No saben descansar.
2. Somos una sociedad de consumidores.
3. Muchas personas no asisten a funciones teatrales.
4. Juzgamos (*We judge*) a los otros por las cosas materiales que tienen.
5. Las personas ricas tienen mucho prestigio en esta sociedad.
6. Las mujeres generalmente no ganan tanto como los hombres cuando hacen el mismo trabajo.
7. Muchos museos no tienen los fondos (*funds*) necesarios para mantenerse bien.
8. Los jugadores profesionales de fútbol norteamericano ganan sueldos fenomenales.
9. Para la gente joven, la televisión es más popular que los libros.

C **¿Qué le molesta más?** The following phrases describe aspects of university life. React to them, using phrases such as **Me gusta que... , Me molesta que... , Es terrible que... .**

1. Se pone mucho énfasis en los deportes.
2. Pagamos mucho/poco por la matrícula.
3. Hay muchas/pocas reglas (*rules*) en la universidad.
4. Se ofrecen muchos/pocos cursos en mi especialización (*major*).
5. Es necesario estudiar ciencias/lenguas para graduarse.

6. Hay muchos/pocos requisitos (*requirements*) para graduarse.
7. En general, hay muchas/pocas personas en las clases.

D **Tres deseos.** Imagine que Ud. tiene tres deseos: uno que se relaciona con Ud. personalmente, otro con algún amigo o miembro de su familia y otro con su país, para el mundo o para la humanidad en general. Exprese sus deseos con **Ojalá (que)...** .

Palabras útiles: las elecciones, la gente que no tiene hogar (casa), la guerra (*war*), el hambre (*hunger*), el millonario / la millonaria, el partido (*game*), la pobreza (*poverty*), resolver (ue) (*to solve; to resolve*), terminar (*to end*)

39 Expressing Uncertainty • Use of the Subjunctive: Doubt and Denial

Familia andina, por Héctor Poleo
(venezolano)

Mire Ud. esta pintura detenidamente (*carefully*) y luego complete las siguientes oraciones de acuerdo con su opinión.

Vocabulario útil

la alegría	happiness
la esperanza	hope
el miedo	fear
la tristeza	sadness
los guardias	guardsmen

1. Es posible que los miembros de esta familia tengan (miedo/esperanza). Estoy seguro/a de que no tienen (miedo/esperanza).
2. Creo que los colores sombríos (*somber*) representan (la alegría/la tristeza). Dudo que representen (la alegría/la tristeza).
3. Es probable que los guardias estén (enojados/contentos). Estoy seguro/a de que no están (enojados/contentos).

INDEPENDENT CLAUSE		DEPENDENT CLAUSE
first subject + *indicative* (expression of doubt or denial)	**que**	second subject + *subjunctive*

A. Expressions of doubt and denial are those in which speakers express uncertainty or negation. Such expressions, however strong or weak, are followed by the subjunctive in the dependent clause in Spanish.

No creo que **sean** estudiantes.
I don't believe they're students.

Es imposible que ella **esté** con él.
It's impossible for her to be with him.

B. Some expressions of doubt and denial appear at the right. Not all Spanish expressions of doubt are given here. Remember that any expression of doubt is followed by the subjunctive in the dependent clause.

no creer	*to disbelieve*
dudar	*to doubt*
no estar seguro/a (de)	*to be unsure (of)*
negar (ie)	*to deny*

O J O **Creer** and **estar seguro/a** are usually followed by the indicative, because they do not express doubt, denial, or negation. Compare these examples.

Estamos seguros (**Creemos**) que el examen **es** hoy.
We're sure (We believe) the exam is today.

No estamos seguros (**No creemos**) que el examen **sea** hoy.
We're not sure (We don't believe) that the exam is today.

C. When a new subject is introduced after a generalization of doubt, the subjunctive is used in the dependent clause. Some generalizations of doubt and denial are included at the right.

Generalizations that express certainty are not followed by the subjunctive but by the indicative: **Es verdad que cocina bien. No hay duda de que Julio lo paga.**

es posible	it's possible
es imposible	it's impossible
es probable	it's probable (likely)
es improbable	it's improbable (unlikely)
no es verdad	it's not true
no es cierto	it's not certain
no es seguro	it's not a sure thing

Práctica

A **¿Qué opina Ud.?**

Paso 1.   Lea las siguientes oraciones e indique lo que opina de cada una.

	ES CIERTO	NO ES CIERTO
1. A la mayoría de la gente le gustan los museos.	☐	☐
2. Todos mis amigos prefieren el teatro al cine.	☐	☐
3. Conozco a muchas personas que son aficionados de la arquitectura.	☐	☐
4. En esta clase hay mucha gente con talento artístico.	☐	☐
5. La expresión artística más popular entre los jóvenes es la música.	☐	☐
6. Me encanta regalar cerámica.	☐	☐
7. Voy a conciertos de música clásica con frecuencia.	☐	☐
8. *El cascanueces* (*The Nutcracker*) es un ballet típico en el mes de mayo.	☐	☐

Paso 2. Ahora diga las oraciones del **Paso 1,** empezando con **Es cierto que...** o **No es cierto que...** según sus respuestas. ¡OJO! Hay que usar el subjuntivo con **No es cierto que... .**

B **Opiniones distintas.** Imagínese que Ud. y un amigo / una amiga están en un museo arqueológico. En este momento están mirando una figura. Desafortunadamente, no hay ningún letrero (*sign*) cerca de Uds. para indicar qué representa la figura. Haga oraciones completas según las indicaciones. Añada (*Add*) palabras cuando sea necesario.

Habla Ud.:

1. creo / que / ser / figura / civilización / maya
2. es cierto / que / figura / estar / hecho (*made*) / de oro
3. es posible / que / representar / dios (*god*) / importante
4. no estoy seguro/a de / que / figura / sentirse / feliz / o / enojado

Habla su amigo/a:

5. no creo / que / ser / figura / civilización / maya
6. creo / que / ser / de / civilización / tolteca
7. estoy seguro/a de / que / estar / hecho / de bronce
8. creo / que / representar / víctima [*m.*] / de / sacrificio humano

Conversación

A **¿Una ganga?** Imagínese que Ud. va a un mercado al aire libre. Encuentra algunos objetos de artesanía muy interesantes que parecen ser de origen azteca... ¡y son baratísimos! ¿Cómo reacciona Ud.?

Empiece sus oraciones con estas frases:

1. ¡Es imposible que... !
2. No creo que...
3. Dudo muchísimo que...
4. Estoy seguro/a de que...
5. Es improbable que...

Vocabulario útil

el calendario	calendar	**la máscara**	mask
el escudo	shield	**auténtico/a**	authentic
la lanza	spear	**falsificado/a**	forged
la joyería	jewelry		

Minidiálogos y gramática

Verbs That Require Prepositions

As you have already learned, when two verbs occur in a series (one right after the other), the second verb is usually the infinitive.

Prefiero *cenar* a las siete.   *I prefer to eat at seven.*

Some Spanish verbs, however, require that a preposition or other word be placed before the second verb (still the infinitive). You have already used many of the important Spanish verbs that have this feature.

- The following verbs require the preposition **a** before an infinitive.

  Mis padres me **enseñaron**   *My parents taught me to dance.*
     a bailar.

aprender a	enseñar a	venir a
ayudar a	invitar a	volver (ue) a
empezar (ie) a	ir a	

- These verbs or verb phrases require **de** before an infinitive.

  Siempre **tratamos de llegar**   *We always try to arrive on time.*
     puntualmente.

acabar de	dejar de	tener ganas de
acordarse (ue) de	olvidarse de	tratar de

- **Insistir** requires **en** before an infinitive.

  Insisten en venir esta noche.   *They insist on coming over tonight.*

- Two verbs require **que** before an infinitive: **haber que, tener que.**

  Hay que ver el nuevo museo.   *It's necessary to see the new museum.*

B **¿Qué piensa Ud. del futuro?**

Paso 1.   Combine una frase de cada columna para formar oraciones que expresan su opinión sobre lo que le puede ocurrir a Ud. en los próximos cinco años. **¡OJO!** No se olvide de usar el subjuntivo en expresiones de duda o negación.

En los próximos cinco años...

(no) creo que...
(no) dudo que...
es (im)posible que...   (yo)
(no) estoy seguro/a de que...
(no) es cierto que...

ir a
aprender a
empezar a
dejar de
tratar de
volver a

ser famoso/a
estar casado/a
ganar la lotería
jugar a la lotería
pintar cuadros
fumar
tener hijos
terminar mis estudios
esculpir

Paso 2. Compare sus respuestas con las de uno o dos de sus compañeros. ¿Cuántas respuestas semejantes hay? ¿Cuántas diferentes?

Emilio Estefan, Jr.

La música latina en los Estados Unidos tiene un público ávido, tanto anglosajón como latino. Durante los últimos quince años, **el productor y promotor de música** cubanoamericano **Emilio Estefan, Jr.** ha desempeñado[a] un papel importante en esta popularidad.

Su primera promoción resultó en el éxito fenomenal del grupo **Miami Sound Machine.** Su esposa, **Gloria Estefan,** fue la cantante principal del grupo. En 1985 la canción «Conga» llegó a ser uno de los diez temas más populares del año, seguido en los años subsecuentes por seis canciones más que obtuvieron la misma popularidad.

Gloria también embarcó en una carrera exitosa como solista, y en 1993 su disco compacto producido por Emilio, *Mi tierra,* tuvo un éxito contundente[b] en los Estados Unidos, Latinoamérica y España. El álbum, homenaje[c] a **las raíces[d] cubanas** de Gloria, llegó a ser el Álbum

Emilio Estefan con su esposa Gloria.

del Año en la categoría salsa/ tropical de la revista *Billboard.* Ese mismo año Emilio ganó el Premio Billboard por su promoción de artistas latinos y de la música latina.

Entre los artistas cuyos discos compactos ha producido[e] Emilio Estefan están el cantante puertorriqueño Cheíto, el cubano Israel López «Cachao» y el cubano Jon Secada, cuyo álbum *Otro día más sin verte* ganó un Premio Grammy. En 1995 produjo el estreno[f] en disco compacto *No se parece a nada* de la cantante cubana Albita Rodríguez.

Como confirmación de su papel principal en la música latina, Estefan fue nombrado[g] presidente del desarrollo[h] de artistas y talento de Sony Music Miami en 1994. Es muy probable que Emilio Estefan continúe desempeñando el papel importante en la promoción de la música latina en los Estados Unidos que ha desempeñado hasta ahora.

[a]ha... *has played* [b]*overwhelming* [c]*homage* [d]*roots* [e]ha... *has produced* [f]*debut* [g]fue... *was named* [h]*development*

40 Expressing Influence, Emotion, Doubt and Denial • The Subjunctive: A Summary

Lola Benítez les habla a sus estudiantes norteamericanos

«Y para la próxima semana, *quiero que escriban* una composición sobre el arte de Sevilla. Como Uds. ya saben, Sevilla es una ciudad llena de todo tipo de arte: pintura, escultura, arquitectura, música, baile... ¡y también están los toros, por supuesto! Sí, aquí se considera el toreo como una forma de arte. *Espero que*

(Continúa.)

vayan a ver una corrida durante su estancia en España. Sin embargo, *es muy posible que no les guste* este espectáculo para nada. De todos modos, *ojalá que intenten* asistir a una. Bueno, por lo menos la plaza de toros sí es una gran muestra del arte sevillano... »

La plaza de los toros en Sevilla, España

Comprensión

1. ¿Qué quiere la profesora Benítez que hagan los estudiantes para la próxima semana?
2. ¿Qué tipo de arte se encuentra en Sevilla?
3. ¿Qué forma de arte menciona la profesora Benítez que puede sorprender a los estudiantes?
4. ¿Adónde quiere Lola que vayan los estudiantes?
5. ¿Qué quiere que hagan allí?
6. ¿Está segura ella de que a todos los estudiantes les van a gustar las corridas de toros?
7. ¿Qué dice ella de la plaza de toros de Sevilla?

INDEPENDENT CLAUSE		DEPENDENT CLAUSE
first subject + *indicative*	**que**	second subject + *subjunctive*
expression of { influence / emotion / doubt, denial }		

A. Remember that, in Spanish, the subjunctive occurs primarily in two-clause sentences with a different subject in each clause. If there is no change of subject, an infinitive follows the first verb. Compare the examples at the right.

Quiero } que los estudiantes saquen
Es necesario } una buena nota.

I want } *the students to get a good grade.*
It's necessary for }

Quiero } sacar una buena nota.
Es necesario }

I want } *to get a good grade.*
It's necessary }

Lola Benítez is talking to her American students. "And for next week, I want you to write a composition on art in Seville. As you already know, Seville is a city filled with all kinds of art: painting, sculpture, architecture, music, dance . . . and also bulls, of course! Yes, here bullfighting is considered an art form. I hope you go to see a bullfight during your stay in Spain. Nevertheless, it's very possible you won't like this spectacle at all. In any case, I hope that you at least try to attend one. Well, at least the bullring *is* a good example of Sevillian art . . ."

The independent clause, in addition to fulfilling the preceding conditions, must contain an expression of influence, emotion, or doubt in order for the subjunctive to occur in the dependent clause. If there is no such expression, the indicative is used.* Compare the following.

Dicen que maneje Julio.
They say that Julio should drive.

Dicen que Julio **maneja** muy mal; por eso quieren que maneje Carlota.
They say that Julio drives very badly; that's why they want Carlota to drive.

B. Some of influence are frequently used with indirect object pronouns.

The indirect object indicates the subject of the dependent clause, as in the preceding sentences: **nos** → **vayamos.**

$$\left.\begin{array}{l}\textbf{Nos} \text{ dicen} \\ \textbf{Nos} \text{ piden} \\ \textbf{Nos} \text{ recomiendan}\end{array}\right\} \text{que vayamos.}$$

$$\left.\begin{array}{l}\textit{They tell us to} \\ \textit{They ask us to} \\ \textit{They recommend that we}\end{array}\right\} \textit{go.}$$

C. These uses of the subjunctive fall into the general category of the subjunctive in *noun clauses* (**las cláusulas nominales**). The clause in which the subjunctive appears functions like a noun in the sentence as a whole. That is, it is the subject or the direct object of the verb.

In the first set of sentences at the right, the dependent clause (**que el mecánico...**) is the direct object of the verb **quiere.**

In the second set of sentences at the right, the dependent clause (**que los precios...**) is the subject of the verb **gusta.**

¿Qué quiere el dueño del coche?
What does the car's owner want?

Quiere **que el mecánico le arregle el coche.**
He wants the mechanic to fix the car.

¿Qué no les gusta a los clientes?
What don't the clients like?

No les gusta **que los precios sean muy altos.**
They don't like the prices to be very high.

Práctica

A **En el Museo del Prado.**
Imagínese que Ud. vive en Madrid, España, y que va a escribir un informe sobre la vida y el arte del famoso pintor español Diego Velázquez. Va al Museo del Prado para examinar los cuadros de Velázquez de cerca (*up close*). Pero también cree que va a necesitar la ayuda de un guía (*guide*).

Paso 1. ¿Qué quiere Ud. que pase en el museo?

Quiero que el guía...

1. enseñarme los cuadros más famosos de Velázquez
2. explicarme algunos detalles de los cuadros
3. saber mucho sobre la vida del pintor

(Continúa.)

Las meninas, por Diego Velázquez (español)

*See Grammar Sections 36 through 39 for a more detailed presentation of the uses of the subjunctive in noun clauses.

Paso 2. Claro está que Ud. va a aprender mucho sobre Velázquez. Pero, ¿qué es lo que le sorprende?

Me sorprende que muchos cuadros de Velázquez...

1. mostrar la vida cotidiana (*everyday*)
2. estar en otros museos fuera de España
3. ser de la familia real (*royal*) de Carlos IV

Paso 3. Ud. está muy agradecido/a (*grateful*) por la ayuda del guía. Sin embargo (*Nevertheless*), todavía quiere saber más sobre la vida y el arte de Velázquez.

Es posible que el guía...

1. recomendarme algunos libros sobre la vida y el arte del pintor
2. preguntarle a un(a) colega si sabe algo más sobre Velázquez
3. no tener más tiempo para hablar conmigo

B **¡Qué maravilla de robot!** Imagínese que Ud. tiene un robot de último modelo que va a hacer todo lo que Ud. le diga, especialmente las cosas que a Ud. no le gusta hacer. ¿Qué le va a mandar al robot que haga?

Le voy a decir que...
Le voy a pedir que...
- escribirme el informe para la clase de literatura
- hacerme una crítica de una película para la clase de composición avanzada
- poner la mesa
- asistir a todas mis clases en la universidad
- pagar mis cuentas
- trabajar por mí en la oficina todas las tardes
- ¿ ?

Conversación

Un nuevo lugar para vivir

Paso 1. Piense Ud. en el lugar ideal para vivir. ¿Es una casa o un apartamento? ¿Cómo es? Lea la siguiente lista de factores e indique los que tengan más importancia para Ud. Debe añadir (*add*) también otros factores que no estén en la lista. ¡Sea realista! Debe ser un lugar donde vivir mientras Ud. asiste a la universidad.

_____ cerca de la universidad	_____ piscina
_____ grande	_____ aire acondicionado
_____ económico/a	_____ compañero(s) de casa
_____ más de dos alcobas	_____ lavaplatos
_____ buena vista	_____ lavadora y secadora
_____ ascensor (*elevator*)	_____ ¿ ?
_____ dos o más baños	

Paso 2. Ahora describa la casa o el apartamento que Ud. quiere. En la próxima página hay algunas oraciones que puede usar como modelo.

MODELOS: Deseo que la casa / el apartamento...
(No) Me importa que la casa / el apartamento...
Es bueno que tenga/sea...
Espero que (no)...
(No) Es absolutamente necesario que...
Dudo que la casa / el apartamento...

Situaciones

In this **Situaciones** dialogue, Diego and Lupe are chatting at the UNAM campus. Pay close attention to their discussion. Do you recognize any of the names they mention? Whose art does Lupe admire and why?

Diego y Lupe están estudiando y conversando en el campus de la UNAM.

F U N C T I O N

expressing likes and preferences

DIEGO: ¿Ya sabes sobre qué vas a escribir tu trabajo para la clase de arte?

LUPE: Creo que sí. Me interesan mucho el arte y la vida de Frida Kahlo, así que voy a escribir algo sobre ella.

DIEGO: Kahlo pintó muchos autorretratos,[a] ¿no?

LUPE: Sí, y sus autorretratos siempre tienen elementos simbólicos que representan sus emociones y su estado de ánimo.[b] Sus cuadros me gustan muchísimo. Su esposo fue Diego Rivera, uno de los muralistas más famosos de México. Mira. Aquí ves uno de sus cuadros.

DIEGO: Conozco varios murales de Rivera. Los vi en el Palacio de Bellas Artes.[c] Pero a mí me impresionan más los murales de José Clemente Orozco.

LUPE: Sí, Orozco fue un muralista excelente. Mira. Aquí ves uno de sus cuadros.

DIEGO: Así que vas a escribir sobre Frida Kahlo. ¿Qué más te interesa sobre ella?

LUPE: Bueno, me interesa mucho su arte, claro. Pero también me interesa porque llevó una vida muy difícil. Sufrió mucho, pero nunca dejó de apreciar la belleza[d] de vivir...

[a]*self-portraits* [b]*estado... state of mind* [c]*Bellas... Fine Arts* [d]*beauty*

Con un compañero / una compañera

Imagínese que Ud. y un compañero / una compañera quieren hacer algo divertido este fin de semana, pero tienen gustos muy diferentes. Practiquen las siguientes situaciones. Pueden usar expresiones del diálogo anterior, si quieren.

1. A uno/a de Uds. le gusta el arte moderno, pero al otro/a la otra le gusta el arte clásico.

(Continúa.)

2. Los dos quieren ir a un concierto, pero uno/a de Uds. quiere ir a uno de rock y el otro / la otra quiere asistir a uno de música clásica.

3. Quieren ir al cine, pero a uno/a de Uds. no le gustan las películas violentas. El otro / La otra prefiere las películas de mucha acción; la violencia no le importa mucho.

Un poco de todo

A Reacciones

Paso 1. Las siguientes oraciones mencionan temas de vital importancia en el mundo de hoy. ¿Qué cree Ud.? Reaccione Ud. a estas oraciones, empezando con una de estas expresiones.

Dudo que...	Es bueno/malo que...
(No) Es verdad que...	Es lástima que...
No hay duda que...	Es increíble que...
Es probable que...	(No) Me gusta que...

1. Los niños miran la televisión seis horas al día.
2. Hay mucha pobreza (*poverty*) en el mundo.
3. En los Estados Unidos gastamos mucha energía.
4. Hay mucho sexo y violencia en la televisión y en el cine.
5. Se come poco y mal en muchas partes del mundo.
6. Los temas de la música rap son demasiado violentos.
7. Hay mucho interés en la exploración del espacio.
8. El fumar no es malo para la salud.
9. Los deportes para las mujeres no reciben tanto apoyo (*support*) financiero como los de los hombres.
10. No se permite el uso de la marihuana.

Paso 2. Indique Ud. soluciones para algunos de los problemas. Empiece las soluciones con estas frases.

Es urgente que...	Es necesario que...
Es preferible que...	Es importante que...
Quiero que...	Insisto en que...

B **En el Museo de Arte Moderno Reina** (*Queen*) **Sofía.**   Imagínese que Ud. y su amigo/a están en Madrid con un grupo turístico. Ahora están en el Museo de Arte Moderno Reina Sofía y el guía les explica *Guernica*, el famoso cuadro del pintor español Pablo Picasso. Complete el siguiente diálogo con la forma correcta de los verbos entre paréntesis. Cuando se dan dos posibilidades, escoja la palabra correcta.

Guernica,
 por Pablo Picasso
 (español)

GUÍA: (Pasar[1]) Uds. por aquí, por favor. También les pido que (dejar[2]) suficiente espacio para todos. Y bien. Aquí estamos (delante/detrás[3]) de *Guernica*, la obra maestra pintada por Picasso. (Ser[4]) obvio que el cuadro (representar[5]) los horrores de la guerra,[a] ¿no? En 1937 Picasso (pintar[6]) este cuadro como reacción al bombardeo[b] (del / de la[7]) ciudad de Guernica durante la Guerra Civil Española. Por razones políticas, (durante / encima de[8]) la dictadura[c] de Franco,[d] el cuadro (fue/estuvo[9]) muchos años en el Museo de Arte Moderno de Nueva York. Pero por deseo expreso del pintor, el cuadro (trasladarse[e] [10]) a España después de la muerte de Franco... .

UD.: Yo dudo que (este/esto[11]) cuadro (ser[12]) una obra maestra. Creo que no (ser[13]) nada bonito. ¡No hay colores en él!

SU AMIGO/A: Yo no (creer[14]) que todos los cuadros (tener[15]) que (ser[16]) bonitos. Para mí, la falta de color (servir[17]) para expresar el dolor y el desastre... (Por/Para[18]) eso uno (poder[19]) sentir el mensaje de la destrucción de la guerra en la pintura.

[a]*war* [b]*bombing* [c]*dictatorship* [d]Francisco Franco (1892–1975), dictador de España desde 1939 hasta su muerte [e]*to move*

Comprensión. ¿Quién pudo haber dicho (*could have said*) lo siguiente, el guía, Ud. o su amigo/a?

1. Yo prefiero los cuadros en colores.
2. Ahora voy a mostrarles una obra maestra de la pintura española.
3. No me molesta que esta pintura esté pintada en blanco y negro.
4. Quiero que todos me sigan y que se pongan delante del cuadro.

Vocabulario

Las verbos

aburrir	to bore	**apreciar**	to appreciate
agradar	to please	**haber** (infinitive form of **hay**)	(there is/are)

intentar	to try
negar (ie)	to deny
parecer	to seem
representar	to represent
sentir (ie, i)	to regret; to feel sorry
temer	to fear
tratar de + *inf.*	to try to (*do something*)

Repaso: alegrarse (de), creer, dudar, esperar, tener miedo (de)

La expresión artística

la arquitectura	architecture
el arte (*s., but generally* las artes *pl.*)	art
el baile	dance
el ballet	ballet
la danza	dance
la escultura	sculpture
la música	music
la pintura	painting (*general*)

Repaso: el cine, la literatura

desempeñar	to play, perform (*a part*)
dibujar	to draw
esculpir	to sculpt

Repaso: cantar, escribir, pintar

Los artistas

el actor / la actriz	actor, actress
el/la arquitecto/a	architect
el bailarín / la bailarina	dancer
el/la cantante	singer
el/la compositor(a)	composer
el/la director(a)	director
el/la dramaturgo/a	playwright
el/la escritor(a)	writer
el/la escultor(a)	sculptor
el/la músico	musician
el/la pintor(a)	painter
el/la poeta	poet

La tradición cultural

la artesanía	arts and crafts
la cerámica	pottery, ceramics
los tejidos	woven goods

tejer	to weave

Cognado: las ruinas

Otros sustantivos

la canción	song
el cuadro	painting
el escenario	stage
el/la guía	guide
el guión	script
la obra (de arte)	work (of art)
la obra maestra	masterpiece
la ópera	opera
el papel	role

Repaso: el museo, la pintura, el teatro

Los adjetivos

clásico/a	classic (al)
folklórico/a	folkloric
moderno/a	modern

Los números ordinales

primer(o/a), segundo/a, tercer(o/a), cuarto/a, quinto/a, sexto/a, séptimo/a, octavo/a, noveno/a, décimo/a

Palabras adicionales

es extraño	it's strange
¡qué extraño!	how strange!
es...	it is . . .
cierto	certain
increíble	incredible
preferible	preferable
seguro	a sure thing
urgente	urgent
es lástima	it's a shame
¡qué lástima!	what a shame!
hay que + *inf.*	it is necessary to (*do something*)
me (te, le,...) molesta	it bothers me (you, him, . . .)
me (te, le,...) sorprende	it surprises me (you, him, . . .)
ojalá (que)	I hope, wish (that)

Un paso más 13

•LECTURA

Repaso de estrategias   Guessing the Content of a Passage

Mire la foto que acompaña la lectura. También fíjese en (*notice*) el título. Ahora, ¿de qué trata el artículo? ¿Cómo lo sabe Ud.?

▶ **Sobre la lectura...** Esta lectura auténtica viene de una revista hispánica
▶ para hombres. Aunque muchos no lo crean, se puede considerar el tatuaje
▶ (*tattooing*) como un arte. Y Ud., ¿qué piensa de los tatuajes (*tattoos*)? ¿Tiene
▶ uno? ¿varios? ¿Cree Ud. que el tatuaje es una forma de arte?

Cuello[a], cabeza, brazos, codos[b]...

En el mundo actual la moda del tatuaje se ha popularizado[c] entre la juventud «rebelde», principalmente. Pero, donde este procedimiento[d] alcanza[e] categoría de «arte» es en las cárceles[f] del mundo. Aquí hay hombres que tienen decoradas todas sus extremidades y rivalizan por ser los «reyes» del tatuaje. El ansia por decorar el cuerpo parece derivarse de la pintura corporal practicada aún en la actualidad por varios pueblos indígenas (australianos, birmanos, indios de Colombia, Brasil, indígenas norteamericanos, etcétera). Dentro de estas comunidades suele tener[g] un sentido social; sirve para establecer el status o rol de una persona. Curiosamente, en nuestros días también tiene casi la misma connotación. El procedimiento consiste en insertar sustancias colorantes bajo la piel[h] (generalmente mediante punción), siguiendo pautas[i] o diseños previamente trazados en la superficie. Otra modalidad consiste en hacer

El tatuaje: ¿una forma de arte o no?

pasar una aguja enhebrada[j] con un hilo[k] untado[l] del pigmento deseado, entre la dermis y la epidermis. ●

---

[a]*Neck*   [b]*elbows*   [c]*se... has become popular*   [d]*procedure*   [e]*achieves*   [f]*jails*   [g]*suele... it usually has*   [h]*skin*   [i]*modelos*   [j]*aguja... threaded needle*   [k]*thread*   [l]*covered*

Un paso más   Cuatrocientos siete   **407**

Comprensión

A **¿Se menciona o no?**

Paso 1. ¿Cuáles de los siguientes temas se mencionan en el artículo?

1. ☐ el posible origen del arte del tatuaje
2. ☐ los diseños más populares entre los jóvenes
3. ☐ los métodos empleados para tatuarse
4. ☐ los riesgos (*risks*) que representa el hacerse un tatuaje

Paso 2. Compare sus respuestas con las de un compañero / una compañera. Luego, busque en el artículo la información sobre cada respuesta correcta.

B **La historia del tatuaje.** La lectura ofrece una posible explicación sobre el tatuaje en épocas anteriores y la razón por la cual algunas personas se tatúan hoy día. ¿Cuál es esa razón, según el artículo?

•PARA ESCRIBIR

A **Ud. y el tatuaje.** ¿Tiene Ud. uno o varios tatuajes? Si no tiene ningún tatuaje, piense en alguien que Ud. conoce que los tenga. Conteste brevemente las siguientes preguntas.

1. ¿Cuántos tatuajes tiene Ud. (o su amigo/a)?
2. ¿Qué representan para Ud. (para su amigo/a)?
3. ¿Tiene uno con el nombre de otra persona? ¿Quién es esa persona?
4. ¿Son dibujos originales? Es decir, ¿los inventó Ud. (su amigo/a)?
5. ¿Por qué decidió tatuarse? Si Ud. no tiene ningún tatuaje, ¿por qué cree que muchas personas se tatúan?

B **¡Piénsalo bien!** La decisión de tatuarse no se debe tomar ligeramente. Un tatuaje es una marca casi permanente o por lo menos difícil de quitar. Imagínese que su mejor amigo/a se va a tatuar y le pide consejos a Ud. Quiere saber lo siguiente:

- ¿Qué símbolo o figura debe escoger? ¿Por qué? ¿Qué representa?
- ¿Qué color(es) debe escoger?
- ¿En qué parte del cuerpo se lo debe poner?
- ¿Cuáles son algunas de las consecuencias de tatuarse?

Escríbale una carta a su amigo/a, respondiendo a estas preguntas. No se limite a contestar las preguntas solamente. Trate de explicar sus ideas detalladamente. Al final de la carta, haga un dibujo del tatuaje que Ud. le recomienda a su amigo/a.

•ACTIVIDADES

Actividad A   La cultura frente al dinero

Paso 1.   Lea la siguiente tira cómica de Mafalda. En ella, Felipe continúa hablando de sus ideas sobre el valor de la cultura frente al del (*versus that of*) dinero.

[a]*admirables*   [b]*to try to achieve*   [c]*¿No... Wouldn't it be*   [d]*were*

Paso 2.   Ahora complete las siguientes oraciones para describir lo que pasa en el dibujo.

Mafalda (alegrarse[1]) de que Felipe (tener[2]) ideas tan admirables, pero cree que estas (ser[3]) un poco ingenuas. Felipe no (comprender[4]) por qué Mafalda (pensar[5]) así. Él (estar[6]) seguro de que el mundo (necesitar[7]) más bibliotecas que bancos. Manolito, en cambio (*on the other hand*), no cree que Felipe (tener[8]) razón.

Paso 3.   Y Ud., ¿cree que la sociedad moderna puede beneficiarse de un poco más de cultura? Mencione por lo menos tres deseos que Ud. tiene para el mejoramiento de la vida cultural de todos.

> MODELO: Quiero que _____. Ojalá que _____.

Paso 4.   Ahora describa qué podrían (*could*) desear las siguientes personas con respecto al mejoramiento del mundo. ¿Son todos los deseos beneficios culturales o humanitarios? ¿O están relacionados algunos con la avaricia (*greed*) personal?

1. un estudiante de negocios internacionales
2. una poeta africoamericana
3. una profesora de literatura
4. el presidente de una compañía internacional

A propósito... More About Being Polite

When you are searching for words to express the exact nature of a problem or situation, or when you are trying to make a request, it is possible to sound abrupt or impolite, even though that is not your intention. The use of phrases such as **por favor, perdón,** and **con permiso** will show that you want to be polite, even when you may not be able to express yourself as precisely or as eloquently as a native speaker of Spanish.

In addition to direct commands—often with **por favor**—Spanish speakers use a number of other ways of expressing requests.

Quisiera + *infinitive*	I would like to + *verb*
¿Podría Ud. ... ?	Could you . . . ?
Necesito que Ud. + *subjunctive*	I need you to + *verb*

All of these alternatives are more polite than just saying **quiero** (*I want*). This usage, of course, parallels that of English.

Here are some additional phrases that will help you communicate respect and politeness.

Es Ud. muy amable.	You are very kind.
Mil gracias. Ud. me ha ayudado muchísimo.	Thanks a million. You've helped me a lot.
Ha sido un placer hablar con Ud.	It's been a pleasure to talk to you.

Actividad B   ¿Qué se debe decir?

What would you say to be especially courteous in each of the following situations? How would you thank the person for helping you? Try to use the phrases in **A propósito...**

1. You need to return an article of clothing to a department store because it is the wrong size. You want the clerk to help you select the right size.
2. You have lost the key to your hotel room and need to tell the clerk. You also need to get another key.
3. The waiter has just brought you a cup of coffee. You ordered tea.
4. You have gone to the doctor with a routine ailment. After the doctor has examined you and you have received a prescription, you discover that you have left your money and checkbook at home and cannot pay at this moment.
5. You just visited a museum, but you had to leave because it was closing. Now outside the building, you realize that you left your backpack inside. The guard is just closing the door.

14

El medio Ambiente

¿Piensa Ud. mucho en el medio ambiente? ¿Recicla Ud. papel, envases[a] de plástico, envases de vidrio[b] y latas[c] de aluminio? ¿Qué más hace para proteger el medio ambiente? ¿Qué *no* hace?

[a]*containers* [b]*glass* [c]*cans*

Reserva Biológica Monteverde, Costa Rica

In this chapter, you will learn vocabulary and structures that will allow you to
- talk about the environment and cars (**Vocabulario: Preparación**)
- describe things in a different way (**Grammar Section 41**)
- tell what you have or have not done (**42**)

As you work through the chapter, see how much you can learn about the environment and its importance in the Spanish-speaking world.

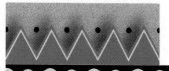 **Vocabulario:** Preparación

medio... *environment*

El medio ambiente°

la capa del ozono	ozone layer
la contaminación (del aire)	(air) pollution
la energía	energy
la escasez	lack, shortage
la fábrica	factory
la falta	lack, absence
el gobierno	government
la naturaleza	nature
la población	population
los recursos naturales	natural resources
acabar	to run out, use up completely
conservar	to save, conserve
construir*	to build
contaminar	to pollute
desarrollar	to develop
destruir*	to destroy
proteger (protejo)	to protect

Más vocabulario

Las siguientes palabras y frases se relacionan con la vida en la ciudad o en el campo. ¿Con cuál las asocia Ud.?

el/la agricultor(a)	farmer
el aislamiento	isolation
el árbol	tree
el/la campesino/a	farm worker, peasant
el delito	crime
la finca	farm
el rascacielos	skyscraper
el ritmo (acelerado) de la vida	(fast) pace of life

El español ¡en directo!

En ECOPETROL tenemos conciencia ambiental y social. Nuestra planeación incluye siempre los estudios de localización e impacto ambiental, buscando no perturbar la naturaleza y la vida de las poblaciones vecinas a nuestras futuras operaciones. En esta planeación el trabajo con la comunidad es indispensable.

Nuestro propósito: Una mejor convivencia

EMPRESA COLOMBIANA DE PETROLEOS
ECOPETROL

Lea este anuncio para una empresa (compañía) colombiana y conteste las preguntas.

1. ¿Qué producto produce esta empresa, probablemente?
2. ¿Cuáles son las mayores preocupaciones de esta empresa? ¿el tráfico? ¿la desforestación? ¿las poblaciones humanas? ¿Qué más?
3. El sustantivo **convivencia** se relaciona con el verbo **vivir** y contiene la preposición **con.** ¿Qué cree Ud. que significa **convivencia**?

*Note the present indicative conjugation of **construir: construyo, construyes, construye, construímos, construís, construyen. Destruir** is conjugated like **construir.**

los servicios públicos	public services	**bello/a** beautiful
el transporte público	public transportation	**denso/a** dense
la violencia	violence	**puro/a** pure

Conversación

A **¿Le afecta a Ud.?** Indique si los siguientes problemas del mundo de hoy tienen importancia en la vida de Ud. o no.

	SÍ	NO
1. la contaminación del aire	☐	☐
2. la destrucción de la capa del ozono	☐	☐
3. la escasez de energía	☐	☐
4. la desforestación del Amazonas	☐	☐
5. la falta de viviendas (*dwellings*) para todos	☐	☐
6. el ritmo acelerado de la vida moderna	☐	☐
7. el uso de las drogas ilegales	☐	☐
8. el abuso de los recursos naturales	☐	☐
9. la sobrepoblación	☐	☐
10. los delitos y la violencia en el centro de las ciudades	☐	☐

B **¿La ciudad o el campo?** De las siguientes oraciones, ¿cuáles corresponden a la ciudad? ¿al campo?

1. El aire es más puro y hay menos contaminación.
2. La naturaleza es más bella.
3. El ritmo de la vida es más acelerado.
4. Los delitos son más frecuentes.
5. Los servicios financieros y legales son más asequibles (*available*).
6. Hay pocos transportes públicos.
7. La población es menos densa.
8. Hay escasez de viviendas.

C **Definiciones.** Dé Ud. una definición de estas palabras.

MODELO: agricultor → Es el dueño de una finca.

1. la fábrica
2. el campesino
3. el delito
4. la finca
5. la naturaleza
6. la población
7. el aislamiento
8. el rascacielos

Paso 1. Conteste según esta escala:

5 = sí enfático, 4 = sí, 3 = no tengo opinión, 2 = no, 1 = no enfático.

1. Para conservar energía debemos bajar el termostato en invierno y usar menos el aire acondicionado en verano.
2. Es mejor calentar (*to heat*) la casa con una estufa de leña (*wood stove*) que con gas o electricidad.
3. Debemos proteger nuestras zonas verdes y crear (*create*) más parques públicos para las futuras generaciones.
4. Es más importante explotar los recursos naturales que proteger el medio ambiente.
5. Para gastar menos gasolina, debemos tomar el autobús y caminar más.
6. No debemos importar petróleo de otros países a menos que (*unless*) se acaben nuestras propias reservas.
7. El gobierno debe poner multas (*fines*) muy fuertes a las compañías y a los individuos que contaminen el aire.
8. Debemos adoptar una manera de vivir más sencilla.
9. No es necesario destruir la naturaleza para construir centros urbanos bien planeados.
10. Se deben explotar todos nuestros recursos naturales al máximo para satisfacer las necesidades que la población tiene en la actualidad (*right now*).

Paso 2. Ahora compare sus respuestas con las de otros compañeros de clase. ¿Tienen todos ideas semejantes sobre cómo conservar y proteger el medio ambiente?

Nota cultural **«El Yunque»**

El Bosque Nacional del Caribe es conocido localmente como **«El Yunque».** Está situado a veinticinco millas al este de San Juan, **Puerto Rico.** Originalmente fue segregado[a] en 1876 por el rey de España. Por esa razón es **una de las reservas más antiguas** del hemisferio occidental. Cuando Puerto Rico pasó a manos de los Estados Unidos en 1898, había 12.400 cuerdas[b] en la reserva. En 1903 el Presidente Theodore Roosevelt las declaró la Reserva Forestal de Luquillo. Ahora su nombre legal es Bosque Nacional del Caribe.

El Yunque contiene más de 225 especies de árboles y plantas. También hay muchas especies de **animales:** pájaros, lagartos, ranas, murciélagos[c] y peces. Dos especies, la Cotorra[d]

El Yunque, Puerto Rico

[a]fue... *it was set aside* [b]*measure of land* [c]lagartos... *lizards, frogs, bats* [d]*Parrot*

Puertorriqueña y la Boa Puertorriqueña, están **en peligro de extinción,** pero están protegidas por leyes[e] federales.

Aunque es pequeño en comparación con otros bosques nacionales, la importancia de este Bosque Nacional del Caribe es más grande de lo que su tamaño[f] pueda sugerir. Constituye **el área forestal más extensa** de Puerto Rico y es **el único bosque tropical** en el Sistema de Bosques Nacionales.

[e]*laws*   [f]*size*

Los coches

En la gasolinera Gómez

el taller

GASOLINERA GÓMEZ

Revisamos el aceite.

Limpiamos el parabrisas.

Llenamos el tanque con gasolina.

¡Aquí recibe Ud. un servicio completo!

el conductor

Revisamos las llantas.

el mecánico

la mecánica

la autopista	freeway	**chocar (con)**	to run into, collide (with)
la calle	street	**doblar**	to turn
el camino	street, road	**estacionar**	to park
la carretera	highway	**gastar (mucha gasolina)**	to use (a lot of gas)
la circulación, el tráfico	traffic	**manejar, conducir**	to drive
la esquina	(street) corner	**(conduzco)**	
la licencia (de manejar/	driver's license	**obedecer (obedezco)**	to obey
conducir)		**parar**	to stop
el semáforo	traffic light	**seguir (i, i) (todo**	to keep on going; to
		derecho)	go (straight ahead)
arrancar	to start up (*a car*)		
arreglar	to fix, repair		

Conversación

A Definiciones

Paso 1. Busque Ud. la definición de las palabras de la columna de la derecha.

1. _____ Se pone en el tanque.
2. _____ Se llenan de aire.
3. _____ Lubrica el motor.
4. _____ Es necesaria para arrancar el motor.
5. _____ Cuando se llega a una esquina hay que hacer esto o seguir todo derecho.
6. _____ No contiene aire suficiente y por eso es necesario cambiarla.
7. _____ Es un camino público ancho (*wide*) donde los coches circulan rápidamente.
8. _____ Se usan para parar el coche.
9. _____ El policía nos la pide cuando nos para en el camino.
10. _____ Allí se revisan y se arreglan los coches.

a. los frenos (*brakes*)
b. doblar
c. la carretera
d. la batería
e. el taller
f. una llanta desinflada (*flat*)
g. la gasolina
h. las llantas
i. el aceite
j. la licencia

Paso 2. Ahora, siguiendo el modelo de las definiciones anteriores, ¿puede Ud. dar una definición de las siguientes palabras?

1. el semáforo
2. la circulación
3. estacionarse
4. gastar gasolina
5. la gasolinera
6. la autopista

B Entrevista: Un conductor responsable

Paso 1. Entreviste a un compañero / una compañera de clase para determinar con qué frecuencia hace las siguientes cosas.

1. dejar la licencia en casa cuando va a manejar
2. acelerar (*to speed up*) cuando ve a un policía
3. manejar después de tomar bebidas alcohólicas
4. respetar o exceder el límite de velocidad
5. estacionar el coche donde dice «Prohibido estacionarse»
6. revisar el aceite y la batería
7. seguir todo derecho a toda velocidad cuando no sabe llegar a su destino
8. adelantar (*to pass*) tres carros a la vez (*at the same time*)

Paso 2. Ahora, con el mismo compañero, hagan una lista de diez cosas que hace —o no hace— un conductor responsable. Pueden usar frases del **Paso 1,** si quieren.

Paso 3. Ahora, analice Ud. sus propias (*own*) costumbres y cualidades como conductor(a). ¡Diga la verdad! ¿Es Ud. un conductor / una conductora responsable? ¿Quién de los dos es el mejor conductor?

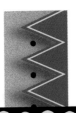

Minidiálogos y gramática

41 Más descripciones • Past Participle Used As an Adjective

Unos refranes y dichos en español

1. En boca *cerrada* no entran moscas.

2. *Aburrido* como una ostra.

3. Cuando está *abierto* el cajón, el más *honrado* es ladrón.

Empareje estas oraciones con el refrán o dicho que explican.

1. Es posible que una persona honrada caiga en la tentación de hacer algo malo si la oportunidad se le presenta.
2. Hay que ser prudente. A veces es mejor no decir nada para evitarse (*to avoid*) problemas.
3. Las ostras ejemplifican el aburrimiento (*boredom*) porque llevan una vida tranquila... siempre igual.

Forms of the Past Participle

A. The past participle of most English verbs ends in *-ed*: for example, *to walk → walked; to close → closed*. Many English past participles, however, are irregular: *to sing → sung; to write → written*. In Spanish the *past participle* (**el participio pasado**) is formed by adding **-ado** to the stem of **-ar** verbs, and **-ido** to the stem of **-er** and **-ir** verbs. An accent mark is used on the past participle of **-er/-ir** verbs with stems ending in **-a, -e,** or **-o.**

hablar	**comer**	**vivir**
habl**ado**	com**ido**	viv**ido**
(*spoken*)	(*eaten*)	(*lived*)

caer → **caído**	oír → **oído**
creer → **creído**	(son)reír → **(son)reído**
leer → **leído**	traer → **traído**

A few Spanish proverbs and sayings 1. Into a closed mouth no flies enter. 2. As bored as an oyster. 3. When the (cash) drawer is open, the most honest person is (can become) a thief.

Pronunciation hint: Remember that the pronunciation of Spanish **d** between vowels, as found in past participle endings, is pronounced as the fricative [đ] (see **Pronunciación** in **Capítulo 6**).

B. The Spanish verbs at the right have irregular past participles.

abrir:	**abierto**	morir:	**muerto**
cubrir:	**cubierto**	poner:	**puesto**
decir:	**dicho**	resolver:	**resuelto**
descubrir:	**descubierto**	romper:	**roto**
escribir:	**escrito**	ver:	**visto**
hacer:	**hecho**	volver:	**vuelto**

The Past Participle Used As an Adjective

A. In both English and Spanish, the past participle can be used as an adjective to modify a noun. Like other Spanish adjectives, the past participle must agree in number and gender with the noun modified.

Tengo una bolsa **hecha** en El Salvador.
I have a purse made in El Salvador.

El español es una de las lenguas **habladas** en los Estados Unidos.
Spanish is one of the languages spoken in the United States.

B. The past participle is frequently used with **estar** to describe conditions that are the result of a previous action.

La puerta **está abierta.**
The door is open.

Todos los lápices **estaban rotos.**
All the pencils were broken.

O J O

English past participles often have the same form as the past tense: *I closed the book. The thief stood behind the closed door.* The Spanish past participle is never identical in form or use to a past tense. Compare the sentences at the right.

Cerré la puerta. Ahora la puerta está **cerrada.**
I closed the door. Now the door is closed.

Práctica

A En este momento...

Paso 1. En este momento, ¿son ciertas o falsas las siguientes oraciones con relación a su sala de clase?

Palabras útiles: colgar (ue) (*to hang*), enchufar (*to plug in*), prender (*to turn on* [*lights or an appliance*])

1. La puerta está abierta.
2. Las luces están apagadas.
3. Las ventanas están cerradas.

4. Algunos libros están abiertos.
5. Los estudiantes están sentados.
6. Hay algo escrito en la pizarra.
7. Una silla está rota.
8. Hay carteles y anuncios colgados en la pared.
9. Un aparato está enchufado.
10. Las persianas (*blinds*) están bajadas.

Paso 2. Ahora describa el estado de las siguientes cosas en su casa (cuarto, apartamento).

1. las luces
2. la cama
3. el televisor
4. las ventanas
5. la puerta
6. las cortinas (*curtains*)

B **Situaciones.** ¿Cuál es la situación del momento presente? Conteste según el modelo.

MODELO: Natalia les tiene que *escribir* una carta a sus abuelos. →
La carta no está *escrita* todavía.

1. Los Sres. García deben *abrir* la tienda más temprano. ¡Ya son las nueve!
2. Pablo tiene que *cerrar* las ventanas; entra un aire frío.
3. Los niños siempre esperan que la tierra se *cubra* de nieve para la Navidad.
4. Delia debe *poner* la mesa. Los invitados llegan a las nueve y ya son las ocho.
5. Claro está que la contaminación va a contribuir a la *destrucción* de la capa del ozono.
6. Es posible que los ingenieros *descubran* el error en la construcción del reactor nuclear.
7. Se debe *resolver* pronto el problema de la escasez de energía.

C **Comentarios sobre el mundo de hoy.** Complete cada párrafo con los participios pasados de los verbos apropiados de la lista.

Información sobre el reciclaje: desperdiciar (*to waste*), destruir, hacer, reciclar

Todos los días, Ud. tira en el basurero[a] aproximadamente media libra[b] de papel. Si Ud. trabaja en un banco, en una compañía de seguros[c] o en una agencia del gobierno, el promedio[d] se eleva a tres cuartos de libra al día. Todo ese papel _____[1] constituye un gran número de árboles _____.[2] Esto es un buen motivo para que Ud. comience un proyecto de recuperación de papeles hoy en su oficina. Ud. puede completar el ciclo del reciclaje únicamente si compra productos _____[3] con materiales _____.[4]

[a]*wastebasket* [b]*media... half a pound* [c]*insurance* [d]*average*

La conservación de la energía: acostumbrar, agotar (*to use up*), apagar, bajar, cerrar, limitar

Las fuentes[a] de energía no están _____[5] todavía. Pero estas fuentes son _____.[6] Desgraciadamente, todavía no estamos _____[7] a conservar energía diariamente. ¿Qué podemos hacer? Cuando nos servimos la comida, la puerta del refrigerador debe estar _____.[8] Cuando miramos la televisión, algunas luces de la casa deben estar _____.[9] El termómetro debe estar _____[10] cuando nos acostamos.

[a]*sources*

A **¡Ojo alerta!** Hay por lo menos cinco cosas diferentes entre los siguientes dibujos. ¿Puede Ud. encontrarlas? Use participios pasados como adjetivos cuando pueda.

B **¡Rápidamente!** Dé Ud. el nombre de...

1. algo contaminado
2. una persona muy/poco organizada
3. un programa de computadora bien diseñado
4. un edificio bien/mal construido
5. algo que puede estar cerrado o abierto
6. un servicio necesitado por (*by*) muchas personas
7. un tipo de transporte usado por muchas personas
8. algo deseado por muchas personas

42 ¿Qué has hecho? • Perfect Forms: Present Perfect Indicative and Present Perfect Subjunctive

Una llanta desinflada

MANOLO: ¡Ay, qué mala suerte!
LOLA: ¿Qué pasa?
MANOLO: Parece que el coche tiene una llanta desin-flada. Y como no hay ningún taller por aquí, tengo que cambiarla yo mismo.
LOLA: *¿Has cambiado* una llanta alguna vez?
MANOLO: No. Siempre *he llevado* el coche a un taller cuando hay problemas.

LOLA: Pues, yo nunca *he cambiado* una llanta tampoco. Pero te puedo ayudar, si quieres.

MANOLO: Gracias. ¡Espero que la llanta de recambio no esté desinflada también!

¿Y Ud.? ¿Ha... ?

1. cambiado una llanta desinflada
2. revisado el aceite de su coche
3. arreglado otras cosas del coche
4. tenido un accidente con el coche
5. excedido el límite de velocidad en la autopista

Present Perfect Indicative

he hablado	*I have spoken*	**hemos** hablado	*we have spoken*
has hablado	*you have spoken*	**habéis** hablado	*you (pl.) have spoken*
ha hablado	*you have spoken, he/she has spoken*	**han** hablado	*you (pl.)/they have spoken*

A. In English, the present perfect is a compound tense consisting of the present tense form of the verb *to have* plus the past participle: *I have written, you have spoken,* and so on.

In the Spanish *present perfect* (**el presente perfecto**) the past participle is used with present tense forms of **haber,** the equivalent of English *to have* in this construction.

In general, the use of the Spanish present perfect parallels that of the English present perfect.

No **hemos estado** aquí antes.
We haven't been here before.

Me he divertido mucho.
I've had a very good time.

Ya le **han escrito** la carta.
They've already written her the letter.

O J O **Haber,** an auxiliary verb, is not interchangeable with **tener.**

B. The form of the past participle never changes with **haber,** regardless of the gender or number of the subject. The past participle always appears immediately after the appropriate form of **haber** and is never separated from it. Object pronouns and **no** are always placed directly before the form of **haber.**

Ella **ha cambiado** una llanta desinflada varías veces.
She's changed a flat tire several times.

Todavía **no le** han revisado el aceite al coche.
They still haven't checked the car's oil.

A flat tire MANOLO: Aw, what bad luck! LOLA: What's wrong? MANOLO: It seems the car has a flat tire. And as there aren't any repair shops around here, I have to change it myself. LOLA: Have you ever changed a flat tire before? MANOLO: No. I've always taken the car to a repair shop when there are problems. LOLA: Well, I've never changed a tire either. But I can help you, if you want. MANOLO: Thanks. I hope that the spare tire isn't flat too!

Minidiálogos y gramática

C. The present perfect form of **hay** is **ha habido** (*there has/have been*).

Ha habido un accidente.
There's been an accident.

| O J O | Remember that **acabar** + **de** + *infinitive*—not the present perfect tense—is used to state that something *has just* occurred. |

Acabo de mandar la carta.
I've just mailed the letter.

[Práctica A–B]

Present Perfect Subjunctive

The *present perfect subjunctive* (**el perfecto del subjuntivo**) is formed with the present subjunctive of **haber** plus the past participle. It is used to express *I have spoken* (*written*, and so on) when the subjunctive is required. Although its most frequent equivalent is *I have* plus the past participle, its exact equivalent in English depends on the context in which it occurs.

Note in the model sentences at the right that the English equivalent of the present perfect subjunctive can be expressed as a simple or as a compound tense: *did/have done; came/have come; built/have built.*

[Práctica D–E]

haya hablado	**hayamos** hablado
hayas hablado	**hayáis** hablado
haya hablado	**hayan** hablado

Es posible que lo **haya hecho.**
It's possible (that) he may have done (he did) it.

Me alegro de que **hayas venido.**
I'm glad (that) you have come (you came).

Es bueno que lo **hayan construido.**
It's good that they built (have built) it.

Práctica

A El pasado y el futuro

Paso 1. Indique las actividades que Ud. ha hecho en el pasado.

1. _____ He hecho un viaje a Europa.
2. _____ He montado a camello (*camel*).
3. _____ He tomado una clase de informática.
4. _____ He buceado (*gone scuba diving*).
5. _____ He ido de safari a África.
6. _____ He comprado un coche.
7. _____ He preparado una comida italiana.
8. _____ He ocupado un puesto (*position*) político.
9. _____ He tenido una mascota.
10. _____ He escrito un poema.

Paso 2. Ahora, entre las cosas que Ud. no ha hecho, ¿cuáles le gustaría hacer? Conteste, siguiendo los modelos.

MODELOS: Nunca he montado a camello, pero me gustaría hacerlo.
(Nunca he montado a camello y no me interesa hacerlo.)

B **El coche de Carmina.** Carmina, la hermana menor de Diego González, acaba de comprarse un coche usado. (Claro, su papá es vendedor de autos en Los Ángeles. ¡Así que el coche fue una ganga!) Describa lo que le ha pasado a Carmina, según el modelo.

MODELO: ir a la agencia de su padre → Ha ido a la agencia de su padre.

1. pedirle ayuda a su padre
2. hacer preguntas acerca de (*about*) los diferentes coches
3. ver uno bastante barato
4. revisar las llantas
5. conducirlo como prueba
6. regresar a la agencia
7. decidir comprarlo
8. comprarlo
9. volver a casa
10. llevar a sus amigas al cine esa noche

C **¡No lo creo!** ¿Tienen espíritu aventurero sus compañeros de clase? ¿Llevan una vida interesante? ¿O están tan aburridos como una ostra? ¡A ver!

Paso 1. De cada par de oraciones, indique la que (*the one that*) expresa la opinión de Ud. acerca de los estudiantes de esta clase.

Vocabulario útil: el paracaidismo (*skydiving*), escalar (*to climb*), hacer *autostop* (*to hitchhike*)

1. ☐ Creo que alguien en esta clase ha visto las pirámides de Egipto.
   ☐ Es dudoso que alguien haya visto las pirámides de Egipto.
2. ☐ Estoy seguro/a que por lo menos uno de mis compañeros ha escalado una montaña alta.
   ☐ No creo que nadie haya escalado una montaña alta.
3. ☐ Creo que alguien ha viajado haciendo *autostop*.
   ☐ Dudo que alguien haya hecho *autostop* en un viaje.
4. ☐ Creo que alguien ha practicado el paracaidismo.
   ☐ Es improbable que alguien haya practicado el paracaidismo.
5. ☐ Estoy seguro/a de que alguien ha tomado el metro en Nueva York a medianoche (*midnight*).
   ☐ No creo que nadie haya tomado el metro neoyorquino a medianoche.

Paso 2. Ahora escuche mientras el profesor / la profesora pregunta si alguien ha hecho estas actividades. ¿Tenía Ud. razón en el **Paso 1**?

Conversación

A **Entrevista.** Con un compañero / una compañera, háganse y contesten preguntas con estos verbos. La persona que contesta debe decir la verdad.

MODELO: visitar México →
E1: ¿Has visitado México?
E2: Sí, he visitado México una vez.
(No, no he visitado México nunca.)
(Sí, he visitado México durante las últimas vacaciones.)

(Continúa.)

1. comer en un restaurante hispánico
2. estar en Nueva York
3. manejar un Alfa Romeo
4. correr en un maratón
5. abrir hoy tu libro de español
6. escribir un poema
7. actuar en una obra teatral
8. ver un monumento histórico
9. conocer a una persona famosa
10. romperse la pierna alguna vez

B **¿Verdad o mentira?**

Paso 1. Invente Ud. tres oraciones sobre cosas que ha hecho y no ha hecho en su vida. Dos oraciones deben ser verdaderas y una debe ser una mentira.

MODELO: He hecho un viaje a Sudamérica.
Nunca he conocido a mis primos.
He visto muchas películas en español.

Paso 2. Lea sus oraciones a unos compañeros o a la clase entera. Ellos van a tratar de encontrar la mentira.

MODELO: Creo que has hecho un viaje a Sudamérica y que has visto muchas películas en español. Dudo que no hayas conocido a tus primos.

Nota comunicativa **Talking About What You Had Done**

Use the past participle with the imperfect form of **haber** (**había, habías,** ...) to talk about what you had—or had not—done before a given time in the past. This form is called the past perfect.

Antes de graduarme en la escuela secundaria, no **había estudiado** español.	*Before graduating from high school, I hadn't studied Spanish.*
Antes de 1985, siempre **habíamos vivido** en Kansas.	*Before 1985, we had always lived in Kansas.*

C **Entrevista.** Use the following cues to interview a classmate about his or her activities before coming to this campus. Begin your questions with **Dime... .**

MODELO: algo / no haber aprendido a hacer antes del año pasado →
E1: Dime algo que no habías aprendido a hacer antes del año pasado.
E2: Pues... no había aprendido a nadar. Aprendí a nadar este año en mi clase de natación.

1. algo / no haber aprendido a hacer antes del año pasado
2. una materia / no haber estudiado antes del año pasado
3. el nombre de un deporte / haber practicado mucho
4. algo de un viaje / haber hecho varias veces
5. el nombre de un libro importante / no haber leído
6. una decisión / no haber tomado
7. ¿ ?

El Dr. Mario Molina

En 1995 **el Dr. Mario Molina**, junto con Paul Crutzen y el Dr. F. Sherwood Rowland, otros dos **científicos,** compartieron el primer Premio Nobel por estudios en **las ciencias ambientales.** Los científicos descubrieron el proceso químico a través del cual[a] **los clorofluorocarbonos** (CFC) destruyen **la capa del ozono** que protege la Tierra de los rayos ultravioletas.

El Dr. Molina, el más joven de los tres, nació en 1943 en **México, D.F.,** y es ahora **ciudadano estadounidense.** Obtuvo su doctorado en química física en la Universidad de California, Berkeley. Ahora es profesor de la Facultad de Ciencias de la Tierra,[b] la Atmósfera y los Planetas del Massachusetts Institute of Technology.

El Dr. Molina y el Dr. Rowland descubrieron que los CFC depositados en la atmósfera podían subir al nivel[c] de la capa del ozono. También supieron que, gracias a la estabilidad química de los CFC, pueden persistir allí por un siglo, aproximadamente. En 1974

El Dr. Mario Molina

publicaron la predicción de que la emisión continuada de los CFC a la atmósfera resultaría[d] en una **reducción catastrófica** de la capa del ozono. Esta predicción causó protestas por parte de las industrias que producían los CFC, y también por algunos científicos que expresaron sus dudas respecto a esos cálculos.

En 1985 Paul Crutzen descubrió **el «agujero»**[e] en la capa del ozono sobre el continente de la Antártida. Para resolver el problema, en 1987 los gobernantes de la Tierra firmaron un acuerdo (el Protocolo de Montreal) para proteger la capa del ozono. Enmiendas[f] en 1992 resultaron en la prohibición de la producción de los CFC en 1995. Se ha visto este acuerdo como un ejemplo trascendental de **la cooperación internacional** para solucionar un problema ambiental que afecta a toda la Tierra.

[a]... *through which* [b]*Earth* [c]*level* [d]*would result* [e]*hole*
[f]*Amendments*

Situaciones

In this **Situaciones** dialogue, Elisa Velasco and her son José Miguel meet a woman who is having car trouble. What suggestions do they give her? How do they end up helping her directly?

Elisa y José Miguel están en el campo. Una conductora se les acerca a[a] *ellos.*

CONDUCTORA: Buenos días. Disculpe, señora. ¿Podría[b] decirme a cuánto queda[c] el pueblo más cercano[d]?

ELISA: Bueno, hay un pueblo no muy lejos de aquí, como a unos diez minutos. Pero es muy pequeño. ¿Qué busca?

CONDUCTORA: Es el carro. Temo que tenga algo serio. Ha comenzado a hacer un ruido muy extraño, y quiero que lo revise un mecánico. ¿Sabe Ud. si hay un taller en el pueblo? (Continúa.)

[a]*se... approaches* [b]*Could you* [c]*a... how far it is to* [d]*más... closest*

ELISA: Ay, lo dudo mucho. Pero hay otro pueblo más grande no muy lejos, y es muy posible que haya un taller allí. Siga todo derecho unos cinco kilómetros, y luego doble a la izquierda en la carretera para Quito. ¿Sabe? Se me ocurre algo. Nosotros vamos en esa dirección. La podemos acompañar. No me gusta que se quede sola en este camino con un carro que no arranca.

CONDUCTORA: Eso es muy amable de su parte, pero no se molesten.

JOSÉ MIGUEL: De veras, no es ninguna molestia. Necesitamos encontrar una gasolinera. Tenemos que llenar el tanque.

CONDUCTORA: Muchas gracias. Uds. me han ayudado muchísimo.

ELISA: No hay de qué. ¿Vamos?

Con un compañero / una compañera

Con un compañero / una compañera, practiquen las siguientes situaciones. Pueden usar las expresiones en el diálogo anterior como modelo, si quieren.

1. Ud. está manejando por el desierto en el sur de California cuando de repente para el coche. Ud. teme que al coche le falte gasolina, pero no está seguro/a. Después de esperar una hora, otro coche viene y se detiene (*it stops*) para ayudarlo/la.

2. Ud. se pierde manejando por una ciudad extraña. Necesita ir a su hotel, pero no sabe dónde queda. Para su coche y le pide ayuda a un(a) transeúnte (*passerby*).

Un poco de todo

A **¿Ya lo has hecho?** Con un compañero / una compañera, háganse y contesten preguntas según el modelo.

MODELO: escribir la carta →
E1: ¿Ya *está escrita* la carta?
E2: No, no la *he escrito.*
E1: ¡Hombre! Es imposible que no la *hayas escrito* todavía.

1. hacer las maletas
2. comprar los boletos
3. preparar la cena
4. facturar el equipaje
5. sacudir los muebles
6. poner la mesa

B **Dos dibujos, un punto de vista.** Un español hizo el dibujo de la izquierda, un argentino, el de la derecha. Pero los dos comentan el mismo tema.

Palabras útiles: el arado (*plow*), la deshumanización, la flor, la gente, la mecanización, la mula, el tractor

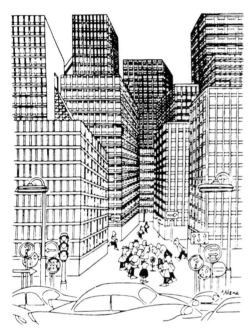

Paso 1. Conteste estas preguntas sobre el dibujo a la izquierda.

1. Describa la ciudad que se ve en el dibujo.
2. ¿Qué ha descubierto la gente? ¿Por qué mira con tanto interés?
3. Para construir esta ciudad, ¿qué han hecho? ¿Qué han destruido?

Paso 2. Conteste estas preguntas sobre el dibujo a la derecha.

1. ¿Qué se ha comprado el agricultor del dibujo a la derecha? ¿Qué ha vendido?
2. ¿Qué es «más moderno», según el otro agricultor?
3. ¿Qué desventaja tiene el tractor?

Paso 3. Ahora explique su reacción personal a estos dos dibujos. ¿Son chistosos (*funny*)? ¿serios?

C **¡Qué descuidado (*careless*) eres!** Complete the following paragraphs with the correct form of the words in parentheses, as suggested by the context. When two possibilities are given in parentheses, select the correct word. Begin with the present indicative. There are also command forms. Use the preterite or the imperfect of infinitives in italics. (Continúa.)

En casa

RIGOBERTO: Me parece que debo (llevar / a llevar[1]) el coche (al/a la[2]) taller. Hace varios días que tiene una lucecita[a] encendida. No sé (qué/que[3]) puede ser.

MARGARITA: (*Tú:* Ser/Estar[4]) muy descuidado con esas cosas. Un día vas a tener una sorpresa desagradable.

RIGOBERTO: Bueno, espero que el mecánico (tener[5]) tiempo (por/para[6]) arreglarlo. Hasta luego.

En el taller

MECÁNICO: Buenos días. ¿(Lo que/Qué[7]) desea?

RIGOBERTO: Pues, (mirar: *Ud.*[8]). ¿Ve Ud. (este[9]) luz roja que está encendida? ¿Qué puede ser?

MECÁNICO: Eso es (el/la[10]) aceite. ¿Hace mucho tiempo que no (lo/la[11]) cambia?

RIGOBERTO: La verdad es que no lo (*yo:* recordar[12]).

MECÁNICO: (Dejarme: *Ud.*[13]) revisarlo todo. (Volver: *Ud.*[14]) dentro de (un/una[15]) par de horas.

Más tarde

MECÁNICO: Ud. no (preocuparse[16]) mucho por el auto, ¿verdad? Todos los niveles[b] (estar[17]) muy bajos. También le (*yo:* poner[18]) agua en el depósito del limpiaparabrisas[c] y le (cambiar[19]) el filtro del aceite.

RIGOBERTO: ¿Eso (ser[20]) todo?

MECÁNICO: El coche casi no (tener[21]) aceite. Sinceramente, si Ud. (seguir[22]) manteniendo el auto así, algún día va a quemar[d] el motor.

RIGOBERTO: No me diga...[e]

MECÁNICO: Y otro consejo. (Cambiar: *Ud.*[23]) pronto las llantas. Hace tiempo que (perder[24]) el dibujo,[f] y eso (ser/estar[25]) peligroso.

[a]*little light* [b]*levels* [c]¿ ? [d]*burn up* [e]*No... You don't say . . .* [f]*tread*

Comprensión: ¿Cierto o falso? Corrija las oraciones falsas.

1. Rigoberto se interesa mucho por su coche.
2. Su esposa sabe más de coches que él.
3. El mecánico trata a Rigoberto muy descortésmente.
4. El coche estaba en muy malas condiciones.
5. Rigoberto va a empezar a cuidar su coche.

Vocabulario

El medio ambiente

acabar	to run out, use up
conservar	to conserve

construir	to build
contaminar	to pollute
cubrir	to cover
desarrollar	to develop

descubrir	to discover
desperdiciar	to waste
destruir	to destroy
evitar	to avoid
explotar	to exploit
proteger	to protect
reciclar	to recycle
resolver (ue)	to solve, resolve
el aire	air
el bosque	forest
la capa del ozono	ozone layer
la energía	energy
la escasez	lack, shortage
(*pl.* escaseces)	
la fábrica	factory
la falta	lack, absence
el gobierno	government
la naturaleza	nature
la población	population
los recursos naturales	natural resources
la violencia	violence

Repaso: la contaminación

¿La ciudad o el campo?

el/la agricultor(a)	farmer
el aislamiento	isolation
el árbol	tree
el/la campesino/a	farm worker; peasant
el delito	crime
la finca	farm
el rascacielos	skyscraper
el ritmo	rhythm, pace
el servicio	service
el transporte	(means of) transportation
la vivienda	housing

Hablando de coches

arrancar	to start (*a motor*)
gastar	to use, expend
llenar	to fill (up)
revisar	to check
el aceite	oil
la batería	battery

la estación de gasolina	gas station
los frenos	brakes
la gasolina	gasoline
la gasolinera	gas station
la llanta (desinflada)	(flat) tire
el/la mecánico/a	mechanic
el nivel	level
el parabrisas	windshield
el taller	(repair) shop
el tanque	tank

Repaso: arreglar, limpiar

En el camino

chocar (con)	to run into, collide (with)
conducir	to drive
doblar	to turn
estacionar(se)	to park
obedecer	to obey
parar	to stop
seguir (i, i)	to continue
la autopista	freeway
la calle	street
el camino	street, road
la carretera	highway
la circulación	traffic
el/la conductor(a)	driver
la esquina	(street) corner
la licencia	license
el límite de velocidad	speed limit
el/la policía	police officer
el semáforo	traffic signal
el tráfico	traffic

Repaso: manejar

Los adjetivos

acelerado/a	fast, accelerated
bello/a	beautiful
denso/a	dense
público/a	public
puro/a	pure

Un paso más 14

Repaso de estrategias: More on Predicting Content Before You Read

Según el título, el subtítulo y el gráfico del artículo, ¿qué información piensa Ud. encontrar en la lectura?

1. información sobre la contaminación del mar
2. información sobre la capa del ozono
3. información sobre las emisiones de los coches y sus consecuencias en las ciudades grandes
4. información sobre el transporte del petróleo

▶ **Sobre la lectura...** Esta lectura viene de un suplemento especial de la
▶ revista española *Muy*. El tema de la edición suplementaria es los mares y
▶ los océanos de la Tierra.

¡Basura al agua!

El mar es grande y de él esperamos milagros:[a] por ejemplo, que se trague[b] toda la basura que le arrojamos, pero que siga dándonos peces. Y esto, a la larga,[c] no puede funcionar.

Desde la antigüedad, el ser humano ha considerado el mar como un vertedero[d] natural, un pozo sin fondo[e] capacitado para absorber cualquier tipo de desperdicio.[f] Y mientras la demografía y la actividad industrial se mantuvieron dentro de unos límites, en efecto, el enorme poder[g] disolvente de las masas de aguas pudo con todo.[h] Pero tal concepto ha comenzado a cambiar hace algunos años, aunque antes fue preciso[i] que muchos de los mares del mundo llegasen[j] a un preocupante nivel de degradación.

Los mares cerrados y los abiertos

En ese sentido, y debido a[k] su propia dinámica, los mares cerrados sufren mucho más, porque sus aguas, a diferencia de los océanos, tardan[l] décadas en renovarse. Así, el mar Aral (en la ex Unión Soviética), el Negro, el Báltico, el del Norte, el Mediterráneo, el Rojo y las aguas de los golfos Pérsico y de México encabezan el triste *ranking* de suciedad marina. En cambio,[m] y según reflejaba un informe del Programa de las Naciones Unidas para el Medio Ambiente (PNUMA) publicado en 1990, «los mares abiertos se mantienen relativamente limpios».

---

[a]*miracles* [b]*que... that it (the sea) swallow up* [c]*a... in the long run* [d]*sitio donde se echa basura* [e]*pozo... bottomless well* [f]*waste* [g]*power*
[h]*pudo... could take it all in* [i]*necesario* [j]*reach* [k]*debido... due to* [l]*take* [m]*En... On the other hand*

Pozos (*Wells*) de petróleo en el Lago Maracaibo, Venezuela

El petróleo y otros hidrocarburos[n]

Pero merece la pena referirse a los hidrocarburos, es decir, el metano, el propano, el butano, el petróleo y otros carburos de hidrógeno. Ya sea[o] como residuo industrial, contaminación atmosférica, por pérdidas en el transcurso[p] de las operaciones de carga y descarga de buques,[q] durante las extracciones submarinas o por filtraciones naturales, los grumos de alquitrán[r] aparecen en todos los océanos del planeta. ●

[n]*hydrocarbons*   [o]Ya... *Whether it be*   [p]*course*   [q]*ships*
[r]grumos... *lumps of tar*

Comprensión

A **El mar milagroso.**   La primera oración de la lectura dice que «El mar es grande y de él esperamos milagros». Explique con sus propias palabras, en español, lo que quiere decir esta oración.

B **Diferencias.**   Dé ejemplos de un «mar cerrado» y un «mar abierto». ¿Qué diferencias ecológicas o ambientales presentan los dos tipos de mares respecto a la contaminación?

C **La lectura y la gramática.**   En este capítulo Ud. aprendió una nueva forma verbal: el presente perfecto. En el segundo párrafo de la lectura aparecen dos ejemplos de este tiempo verbal. Búsquelos y escríbalos a continuación. Escriba también el infinitivo de cada verbo.

PRESENTE PERFECTO	INFINITIVO
1. _____	_____
2. _____	_____

▸PARA ESCRIBIR

A **Greenpeace.**   Imagínese que Ud. quiere comentarle a un amigo dos medidas (*measures*) que han tomado los miembros de Greenpeace para proteger los océanos. Escoja tres de las acciones de la lista a continuación (o escriba otras, si quiere) y escriba oraciones utilizando el presente perfecto.

> protestar ante las Naciones Unidas
> publicar información sobre las compañías petrolíferas
> atacar buques petroleros
> investigar las consecuencias ambientales de los submarinos nucleares
> ¿ ?   (Continúa.)

Empiece sus oraciones con esta frase:

Los miembros de Greenpeace...

B **Problemas ecológicos.** ¿Qué problema ecológico le preocupa más a Ud.? ¿Ha pensado en las varias maneras (*ways*) en que puede proteger el medio ambiente? Escoja uno de los problemas de la lista a continuación (u otro, si quiere) que le gustaría comentar. Luego escriba una breve composición en la que describe el problema. También diga qué ha hecho Ud. o qué piensa hacer para resolver el problema.

PROBLEMAS MEDIOAMBIENTALES

la desforestación
la contaminación de los ríos (*rivers*) y lagos (*lakes*)
el uso de pesticidas (*m.*) en las verduras y frutas
la escasez de energía eléctrica
la falta de recursos naturales
el desecho (*waste*) de productos de plástico y de papel
la destrucción de la capa del ozono

◆ACTIVIDADES

Actividad A Volver a la tierra

Paso 1. En Europa, como en los Estados Unidos, ha sido muy popular el movimiento llamado «volver a la tierra». Los siguientes anuncios son de una revista para personas que se interesan en temas relacionados con la ecología y la naturaleza. Léalos rápidamente y diga por lo menos cinco temas que les interesan a las personas que leen esta revista, según los anuncios.

TENGO MUCHAS GANAS DE TRABAJAR, ya sea en el campo o en alguna casa o restaurante vegetariano. Tengo nociones sobre cocina y sé algo de francés. Mari Ripollés. c/. San Fernando, 12. Oliva (Valencia)

DESEARÍA TRABAJAR en un restaurante vegetariano (preferible en Barcelona o Valencia). No tengo ninguna experiencia, razón por la cual quiero aprender. Merçè Vallès Figueres. Pza. de la Estación, 6. Santa Bárbara (Tarragona). Tel. (977) 41 81 19.

NECESITO LUGAR con buena agua y buen aire para vivir con mi hija de 5 años. Haría cualquier trabajo campestre, artesanal, doméstico, docente, musical, administrativo o sanitario. Tengo carnet de conducir. M.ª Luz Gil. Sta. Otilia, 28. 08032 Barcelona. Tel. 358 03 99.

DESEO CONTACTO CON PERSONAS que quieran vivir en el campo. Tengo casa y tierra. Damián Carrasco. Lista de Correos. Mogón (Jaén).

LLEVAMOS 6 AÑOS VIVIENDO en el campo. Poseemos cabras, colmenas y huerta. Venden cerca de nosotros, en Guadalupe (Cáceres), 110 ha. de monte y algo de llano con mucha agua. Nos podríamos asociar y crear una cooperativa de quesos. José Luis Martín Martín. Navatrasierra (Cáceres).

DESEO CONOCER MÁS DE CERCA España, el país, su vida y su gente, por lo cual me interesaría poder trabajar en el campo durante un tiempo a fin de profundizar mis impresiones. Tengo 22 años, experiencia en el manejo de caballos y en trabajos de cestería. Renate Ginhold. Schyrenstr. 10, 8000 München. Rep. Fed. de Alemania.

SOMOS UN MATRIMONIO con cuatro hijos de 8 a 1... años. Nos ofrecemos para llevar granja y huerta en Cataluny... o trabajar como cocineros en una casa de colonias (durante t... do el año). Tenemos experiencia como granjeros. Ignacio Vil... seca. c/. San Pedro, 13. Artés (Barcelona). Tel. 873 57 58 (d... jar recado).

SÓC MESTRA I VEGETARIANA; vull treballar en qua... sevol cosa. Angela Buj i Alfara. c/. Campanar, 2. Alcana... Montsià; Tel. (977) 73 09 10 (dilluns).

ME GUSTARÍA TRABAJAR con gente sana y sincera e... alguna granja-escuela en el extranjero, preferiblemente en I... glaterra y a ser posible después del verano. No tengo expe... riencia. Jesús María Sarries Napal. c/. Maruguete, 9. Navascue... (Navarra).

Paso 2. Ahora, con un compañero / una compañera, busque los siguientes anuncios. Un anuncio puesto por una persona (unas personas) que...

1. habla alemán
2. necesita ayuda con su finca
3. quiere trabajar en el campo durante sus vacaciones de verano
4. le interesa mucho la comida
5. vive en España pero habla y escribe otro idioma
6. tienen muchos hijos

Un anuncio que las siguientes personas deben contestar:

1. un matrimonio con muchos hijos que quiere vivir en el campo
2. una persona que busca un trabajo relacionado con los temas ecológicos
3. el dueño de una finca que tiene muchos caballos
4. una persona que se interesa en vivir con muchas otras personas

A propósito... Talking About What You Need or Have Left

Two Spanish verbs frequently used with indirect object pronouns will allow you to express what you don't have (and need!) or what you do have (what is left or remaining). They are **faltar** (*to need; to miss, not attend*) and **quedar** (*to remain*).

—¿Cuánto dinero **te falta** todavía para comprar el nuevo ordenador?

—Pues, después de pagar la **matrícula, me quedan** sólo doscientos dólares para este mes. **Me falta** mucho dinero todavía.

How much money do you still need to buy the new computer?

Well, after paying my tuition, I have only $200 left for this month. I still need a lot more money.

Note that, like **gustar,** the verbs **quedar** and **faltar** agree with the thing needed or lacking, not with the person.

Actividad B   **Es cuestión de prioridades...**   Imagine que Ud. es miembro de un comité imaginario: COPAMA (el Comité del Presidente para la Preservación de Animales y del Medio Ambiente). El comité se ha reunido porque varios grupos le han solicitado fondos (*funds*) para ciertos casos de urgencia. Al comité le queda muy poco dinero que distribuir antes del primero del mes: sólo tiene medio millón de dólares. En su opinión, ¿qué grupo(s) debe(n) recibir los fondos? ¿Por qué? Use algunas de las frases que aparecen en **A propósito...** .

1. un grupo dedicado a la preservación del cóndor
2. el grupo que se llama «Salve los delfines»
3. un grupo de víctimas de la contaminación ambiental
4. un municipio que busca fondos para la renovación del centro de su ciudad
5. un club en un estado del oeste que protege el medio ambiente
6. una organización que protege a los caballos salvajes (*wild*)

CAPÍTULO 15

La vida social

¿Cómo son sus relaciones con los demás? ¿Es Ud. soltero/a? ¿Está Ud. casado/a? ¿divorciado/a? ¿separado/a? ¿Tiene novio/a?

Madrid, España

In this chapter, you will learn vocabulary and structures that will allow you to
- discuss your relationships with others and talk about the different stages of life (**Vocabulario: Preparación**)
- talk about things that may or may not exist (**Grammar Section 43**)
- talk about actions or events that are dependent on others (**44**)

As you work through the chapter, see how much you can learn about relationships and social life in the Spanish-speaking world.

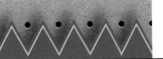

Vocabulario: Preparación

Las relaciones sentimentales

la amistad la cita el amor

el noviazgo la luna de miel

el matrimonio la boda el divorcio

Más vocabulario

el/la amigo/a	friend	**amar**	to love
la esposa / la mujer	wife	**casarse (con)**	to marry
el esposo / el marido	husband	**divorciarse (de)**	to get divorced (from)
el/la novio/a	boyfriend/girl-friend; fiancé(e); groom/bride	**enamorarse (de)**	to fall in love (with)
la pareja	(married) couple; partner	**llevarse bien/mal (con)**	to get along well/poorly (with)
		pasar tiempo (con)	to spend time (with)
amistoso/a	friendly	**querer (ie)**	to love
cariñoso/a	affectionate	**romper (con)**	to break up (with)
casado/a*	married	**salir (con)**	to go out (with)
soltero/a*	single, not married	**separarse (de)**	to separate (from)

---

*In the activities and exercises of *Puntos de partida,* you will use **estar casado/a.** A variation of this phrase is **ser casado/a. Estar casado/a** means *to be married;* **ser casado/a** means *to be a married person.* **Ser soltero/a** is used exclusively to describe an unmarried person.

Vocabulario: Preparación

el suegro / la suegra	father/mother-in-law
el yerno / la nuera	son/daughter-in-law

el cuñado / la cuñada	brother/sister-in-law

El español ¡en directo!

▼ ▼ ▼ ▼ ▼ ▼ ▼ ▼ ▼ ▼ ▼ ▼ ▼ ▼

Hay varias «adivinanzas» (*riddles*) en este anuncio para anillos de boda.

1. ¿Cómo se dice «+» en español? ¿Cómo se dice «−»?
2. Ahora lea en voz alta (*aloud*) el titular (*headline*) del anuncio. ¿Tiene sentido ahora?
3. ¿Por qué cree Ud. que la compañía se llama Finor? **¡OJO!** El nombre es la combinación de dos palabras en español.

SI HOY
LA QUIERES
+ QUE AYER
Y − QUE
MAÑANA...

PAT. LA MEDALLA DEL AMOR A. AUGIS FRANCIA

LA ALIANZA
DEL AMOR

+ QUE AYER − QUE MAÑANA®

GARANTÍA

Oro de 18 Ktes.

Conversación

A **Definiciones.** Empareje las palabras con sus definiciones. Luego, para cada palabra definida, dé un verbo y también el nombre de una persona asociada con esa relación social. Hay más de una respuesta posible en cada caso.

1. _____ el matrimonio
2. _____ el amor
3. _____ el divorcio
4. _____ la boda
5. _____ la amistad

a. Es una relación cariñosa entre dos personas. Se llevan bien y se hablan con frecuencia.

b. Es el posible resultado de un matrimonio, cuando los esposos no se llevan bien.

c. Es una relación sentimental, apasionada, muy especial entre dos personas. Puede llevar al (*lead to*) matrimonio.

d. Es una ceremonia religiosa o civil en la que (*which*) la novia a veces lleva un vestido blanco.

e. Es una relación legal entre dos personas que viven juntas y que a veces tienen hijos.

B **¡Seamos lógicos!** Complete las oraciones lógicamente.

1. Mi abuelo es el _____ de mi abuela.
2. Muchos novios tienen un largo _____ antes de la boda.
3. María y Julio tienen una _____ el viernes para comer en un restaurante. Luego van a bailar.
4. La _____ de Juan y Pati es el domingo a las dos de la tarde, en la iglesia (*church*) de San Martín.
5. En una _____, ¿quién debe pagar o comprar los boletos, el hombre o la mujer?
6. La _____ entre los ex esposos es imposible. No pueden ser amigos.
7. ¡El _____ es ciego (*blind*)!
8. Para algunas personas, el _____ es un concepto anticuado. Prefieren vivir juntos, sin casarse.
9. Algunas parejas modernas no quieren gastar su dinero en _____.
10. Algunas personas creen que es posible _____ a primera vista (*at first sight*).

Nota cultural   **Relaciones de la vida social**

Dos palabras españolas que no tienen equivalente exacto en inglés son **amigo** y **novio**. En el diagrama se indica cuándo es apropiado usar estas palabras para describir relaciones sociales en muchas culturas hispánicas y en la norteamericana.

friend	*girlfriend/boyfriend*	*fiancée/fiancé*	*bride/groom*

amiga/amigo   novia/novio

Como en todas partes del mundo, los enamorados hispanos usan muchos términos de cariño: **mi amor, mi amorcito/a, mi vida, viejo/vieja, querido/querida, cielo, corazón.** Es también frecuente el uso afectuoso de las frases **mi hijo/mi hija** entre esposos y aun[a] entre buenos amigos.

[a]*even*

Etapas de la vida

el nacimiento	birth	**nacer (nazco)**	to be born
la infancia	infancy	**crecer (crezco)**	to grow
la niñez	childhood	**morir (ue, u)**	to die
la adolescencia	adolescence		
la juventud	youth		
la madurez	middle age		
la vejez	old age		
la muerte	death		

Conversación

A **Etapas de la vida.** Relacione las siguientes palabras y frases con las distintas etapas de la vida de una persona. **¡OJO!** Hay más de una posible relación en algunos casos.

1. el amor
2. los nietos
3. los juguetes (*toys*)
4. no poder comer sin ayuda

5. los hijos en la universidad
6. los granos (*pimples*)
7. la universidad
8. la boda

B **Preguntas**

1. ¿Son importantes los amigos en su vida? ¿Quién es su mejor amigo/a? ¿Cuánto tiempo hace que lo/la conoce? ¿Crecieron Uds. juntos/as? Es decir, ¿se han conocido desde la niñez? ¿desde la adolescencia? ¿Por qué le gusta tanto esa persona?

2. ¿Quiere Ud. casarse algún día? (¿Ya se casó?) ¿Le gusta la idea de tener una boda grande? (¿Tuvo una boda grande?) ¿Piensa hacer un viaje de luna de miel? (¿Hizo un viaje de luna de miel?) ¿Adónde?

3. ¿Qué es lo bueno de ser casado? ¿y lo malo? ¿Qué es lo bueno de ser soltero? ¿y lo malo?

4. ¿En qué década nació Ud.? ¿Ha visto muchos cambios desde entonces? ¿Cuáles son? ¿Cómo piensa pasar su vejez? (Si Ud. ya es una persona madura, ¿cómo pasa su tiempo?)

5. ¿Ha sido Ud. afectado/a personalmente por la muerte de alguien? ¿Quién murió? ¿Cómo se sintió Ud.? ¿Tiene buenos recuerdos (*memories*) de esa persona? ¿Cuáles son?

Vocabulario útil

tener...
   buen sentido del humor
   interés en _____

medir (i, i) 5 pies, 8 pulgadas (*5′ 8″*)
pesar 180 libras (*lbs.*)

C **Una receta para unas buenas relaciones.** Piense en su propio (*own*) matrimonio o en el de sus padres / unos amigos. O, si lo prefiere, piense en sus relaciones con su mejor amigo/a o en las de un par de amigos que Ud. tiene. En su opinión, ¿cuáles son los ingredientes necesarios para un buen matrimonio o una buena amistad?

Paso 1. Haga una lista de los cinco ingredientes más esenciales. Los ingredientes pueden expresarse con una palabra o una frase.

Paso 2. Compare su lista con las de otros tres estudiantes. ¿Coinciden en la selección de algunos ingredientes? Hablen de todos los ingredientes y hagan una lista de los cinco más importantes.

Paso 3. Ahora comparen los resultados de todos los grupos. ¿Han contestado todos más o menos de la misma manera?

Minidiálogos y gramática

43 ¿Hay alguien que... ? ¿Hay un lugar donde... ? • Subjunctive After Nonexistent and Indefinite Antecedents

La persona ideal

PALOMA: Dime, José Miguel... ¿Cómo es la novia ideal para ti? ¿Cómo es la persona que buscas?

JOSÉ MIGUEL: Bueno, *busco una persona* que *sea* cariñosa, que me *comprenda* y que *tenga mucha paciencia*. También *quiero una novia* que *sea* lista y muy guapa.

PALOMA: No me parecen mal tus requisitos. Pues, yo *tengo un novio* que *es* muy cariñoso y que *me comprende*. En Gustavo *tengo un amigo especial*, que, además, *es* muy paciente. Y, claro, ¡es muy inteligente y bastante guapo!

JOSÉ MIGUEL: Sí, sí, yo lo sé... Como no haces más que hablar de él...

Comprensión: ¿Cierto o falso?

1. José Miguel ya tiene novia.
2. José Miguel busca una novia que tenga muchas cualidades deseables.
3. Paloma busca un novio que sea inteligente y guapo.
4. Parece que Paloma ya tiene el novio perfecto.

The ideal person PALOMA: Tell me, José Miguel . . . What's your ideal girlfriend like? What do you look for in somebody? JOSÉ MIGUEL: Well, I look for a person who's affectionate, that understands me and that has lots of patience. I also want a girlfriend that's intelligent and very pretty. PALOMA: Your requirements aren't that bad. Well, I have a boyfriend that is very affectionate and that understands me. In Gustavo I have a special friend that, furthermore, is very patient. And, of course, he's very intelligent and rather handsome! JOSÉ MIGUEL: Yes, yes, I already know . . . Since you do nothing else but talk about him . .

A. In English and Spanish, statements or questions that give or ask for information about a person, place, or thing often contain two clauses.

  Each of the example sentences contains a main clause (*I have a car, Is there a house for sale*). In addition, each sentence also has a dependent clause (*that gets good mileage; that is closer to the city*) that modifies a noun in the main clause: *car, house.* The noun (or pronoun) modified is called the *antecedent* (**el antecedente**) of the dependent clause, and the clause itself is called an adjective clause because—like an adjective—it modifies a noun (or pronoun).

I have a **car** *that gets good mileage.*

Is there a **house for sale** *that is closer to the city?*

B. Sometimes the antecedent of an adjective clause is something that, in the speaker's mind, does not exist or whose existence is indefinite or uncertain:

  In these cases, the subjunctive must be used in the adjective (dependent) clause in Spanish.

  Note in the examples that adjective clauses to describe a place can be introduced with **donde...** as well as with **que...** .

NONEXISTENT ANTECEDENT:
There is *nothing* that you can do.

INDEFINITE ANTECEDENT:
We need *a car* that will last us for years.
(We don't have one yet.)

EXISTENT ANTECEDENT:
Hay algo aquí que me **interesa.**
There is something here that interests me.

NONEXISTENT ANTECEDENT:
No veo nada que me **interese.**
I don't see anything that interests me.

DEFINITE ANTECEDENT:
Hay muchos restaurantes donde **sirven** comida mexicana auténtica.
There are a lot of restaurants where they serve authentic Mexican food.

INDEFINITE ANTECEDENT:
Buscamos un restaurante donde **sirvan** comida salvadoreña auténtica.
We're looking for a restaurant where they serve authentic Salvadoran food.

O J O

The dependent adjective clause structure is often used in questions to find out information about someone or something the speaker does not know much about. Note, however, that the indicative is used to answer the question if the antecedent is known to the person who answers.

INDEFINITE ANTECEDENT:
¿**Hay algo** aquí que te **guste?**
Is there anything here that you like?

DEFINITE ANTECEDENT:
Sí, **hay varias bolsas** que me **gustan.**
Yes, there are several purses that I like.

OJO

The personal **a** is not used with direct object nouns that refer to hypothetical persons.* Compare the use of the indicative and the subjunctive in the sentences at the right.

NONEXISTENT ANTECEDENT:
Busco **un señor** que lo **sepa.**
I'm looking for a man who knows that (it).

EXISTENT ANTECEDENT:
Busco **al señor** que lo **sabe.**
I'm looking for the man who knows that (it).

Práctica

A **Hablando de la familia.** En su familia, ¿hay personas que tengan las siguientes características? Indique la oración apropiada en cada par de oraciones.

TENGO UN PARIENTE...   NO TENGO NINGÚN PARIENTE...

1. ☐ que habla alemán   ☐ que hable alemán
2. ☐ que vive en el extranjero   ☐ que viva en el extranjero
3. ☐ que es dueño de un restaurante   ☐ que sea dueño de un restaurante
4. ☐ que sabe tocar el piano   ☐ que sepa tocar el piano
5. ☐ que es médico/a   ☐ que sea médico/a
6. ☐ que fuma   ☐ que fume
7. ☐ que está divorciado/a   ☐ que esté divorciado/a
8. ☐ que trabaja en la televisión   ☐ que trabaje en la televisión

B **Las preguntas de Carmen**

Paso 1. Carmen acaba de llegar aquí de otro estado. Quiere saber algunas cosas sobre la universidad y la ciudad. Haga las preguntas de Carmen según el modelo.

MODELO: restaurantes / sirven comida latinoamericana →
          ¿Hay restaurantes que sirv**an** (donde sirv**an**) comida latinoamericana?

1. librerías / venden libros usados
2. tiendas / se puede comprar revistas de Latinoamérica
3. cafés cerca de la universidad / se reúnen muchos estudiantes
4. apartamentos cerca de la universidad / son buenos y baratos
5. cines / pasan (*they show*) películas en español
6. un gimnasio en la universidad / se juega al ráquetbol
7. parques / la gente corre o da paseos
8. museos / hacen exposiciones de arte latinoamericano

Paso 2. ¿Son ciertas o falsas las siguientes declaraciones?

1. A Carmen no le interesa la cultura hispánica.
2. Carmen es deportista.
3. Es posible que sea estudiante.
4. Este año piensa vivir con unos amigos de sus padres.

Paso 3. Ahora conteste las preguntas de Carmen con información verdadera sobre la ciudad donde Ud. vive y su universidad.

---

*Remember that **alguien** and **nadie** always take the personal **a** when they are used as direct objects: **Busco a alguien que lo sepa. No veo a nadie que sea norteamericano.**

Conversación

A Una encuesta. Las habilidades o características de un grupo de personas pueden ser sorprendentes. ¿Qué sabe Ud. de los compañeros de su clase de español? Por turno, pregunte a la clase quién sabe hacer lo siguiente o a quién le ocurre lo siguiente. Deben levantar la mano sólo los que puedan contestar afirmativamente. Luego la persona que hizo la pregunta debe hacer un comentario apropiado. Siga el modelo.

MODELO: hablar chino →
En esta clase, ¿hay alguien que hable chino? (*Nadie levanta la mano.*) No hay nadie que hable chino.

1. hablar ruso
2. saber tocar la viola
3. conocer a un actor/una actriz
4. saber preparar comida vietnamita
5. tener el cumpleaños hoy
6. escribir poemas
7. vivir en las afueras
8. ¿ ?

B Entrevista. With another student, ask and answer the following questions. Then report any interesting details to the class.

1. ¿Hay alguien en tu vida que te ame más que tus padres (hijos)?
2. ¿Hay algo que te importe más que los estudios universitarios?
3. ¿Buscas una especialización (*major*) que sea interesante? ¿útil? ¿que lleve a un puesto (*job*) bien remunerado?
4. Para el semestre/trimestre que viene, ¿qué clases buscas? ¿una que empiece a las ocho de la mañana?
5. ¿Tienes algún amigo o alguna amiga de la escuela secundaria que esté casado/a? ¿que tenga hijos? ¿que esté divorciado/a?
6. **¡OJO!** Unas preguntas indiscretas: ¿Has conocido recientemente a alguien que te haya gustado mucho? ¿de quien te hayas enamorado? ¿Hay alguna persona de tu familia con quien te lleves muy mal? ¿y muy, muy bien?

★ En los Estados Unidos...   Escritores hispánicos

En los Estados Unidos no hay una sola cultura hispánica, sino varias. Tres de **los escritores** que han desempeñado papeles importantes en la conservación de **las tradiciones** o la historia de su cultura son **el Dr. Américo Paredes, Rosario Ferré** y **Víctor Perera.**

El antropólogo y **folklorista mexicoamericano Dr. Américo Paredes**

El Dr. Américo Paredes

ha dedicado su vida a la preservación y análisis del folklore del Valle del Río Grande en Texas. Dos de sus libros fundamentales son la colección *Mexican Folktales* y su análisis del corrido de Gregorio Cortez, «With His Pistol in His Hand», en el cual Víctor Villaseñor (vea el Capítulo 2) basó el guión de la película *The Ballad of Gregorio Cortez.*

La carrera literaria de **la escritora Rosario Ferré** es ejemplo del bilingüismo que caracteriza la vida intelectual de **Puerto Rico.** Ha escrito novelas tanto en inglés como en español. La última, *The House on the Lagoon,* fue nominada para el National Book Award en 1995. Toda su producción literaria trata de[a] aspectos de la cultura e historia puertorriqueñas y de la condición de la mujer dentro de esta cultura.

El escritor Víctor Perera es hijo de inmigrantes **sefardíes*** que llegaron a **Guatemala** a comienzos de este siglo. Ahora es **profesor de periodismo**[b] en la Universidad de California en Berkeley. Perera ha escrito libros y artículos sobre la cultura de los mayas que viven en Guatemala y México. En 1995 publicó la historia de su familia, *The Cross and the Pear Tree: A Sephardic Journey*, en que narra la historia de su familia, que es también la historia de los sefardíes.

A través de sus libros y artículos, Paredes, Ferré y Perera han dado a conocer su cultura tanto a los lectores de habla inglesa como a los de habla española.

[a]*trata... deals with*   [b]*journalism*

---

44 Lo hago para que tú... • Subjunctive After Conjunctions of Contingency and Purpose

El español ¡en directo!

Reciclado: La salud

1. Lea la siguiente tira cómica de Mafalda.

[a]*gafas*

2. En el mundo actual, ¿son ciertas o falsas las siguientes oraciones?

   a. Los padres trabajan para que sus hijos gasten todo su dinero.
   b. Casi todos los novios firman (*sign*) un contrato prenupcial en caso de que se divorcien.
   c. Muchas parejas viven juntas antes de casarse.
   d. Muchos recién casados van de luna de miel con tal de que (*provided that*) tengan suficiente dinero.

---

*Los sefardíes son los descendientes de los judíos (*Jews*) españoles expulsados de España en 1492. Algunas comunidades sefardíes aún (*still*) preservan la lengua española del siglo XV, llamada **ladino.**

A. When one action or condition is related to another—X will happen provided that Y occurs; we'll do Z unless A happens—a relationship of *contingency* is said to exist: one thing is contingent, or depends, on another.

The Spanish *conjunctions* (**las conjunciones**) at the right express relationships of contingency or purpose. The subjunctive always occurs in dependent clauses introduced by these conjunctions

a menos que	unless
antes (de) que	before
con tal (de) que	provided (that)
en caso de que	in case
para que	so that

B. Note that these conjunctions introduce dependent clauses in which the events have not yet materialized; the events are conceptualized, not real-world, events.

Voy **con tal que** ellos me **acompañen.**
I'm going, provided (that) they go with me.

En caso de que llegue Juan, dile que ya salí.
In case Juan arrives, tell him that I already left.

C. When there is no change of subject in the dependent clause, Spanish more frequently uses the prepositions **antes de** and **para,** plus an infinitive, instead of the corresponding conjunctions plus the subjunctive. Compare the sentences at the right.

PREPOSITION: Estoy aquí **para aprender.**
I'm here to (in order to) learn.

CONJUNCTION: Estoy aquí **para que Uds. aprendan.**
I'm here so that you will learn.

PREPOSITION: Voy a comer **antes de salir.**
I'm going to eat before leaving.

CONJUNCTION: Voy a comer **antes (de) que salgamos.**
I'm going to eat before we leave.

Práctica

A **¿Es Ud. un buen amigo/una buena amiga?** La amistad es una de las relaciones más importantes de la vida. Indique si las siguientes oraciones son ciertas o falsas para Ud. con respecto a sus amigos. **¡OJO!** No todas las características son buenas. Hay que leer con cuidado.

	C	F
1. Les hago muchos favores a mis amigos, con tal que ellos después me ayuden a mí.	☐	☐
2. Les ofrezco consejos a mis amigos para que tomen buenas decisiones.	☐	☐
3. Les presto dinero a menos que sepa que no me lo pueden devolver.	☐	☐
4. Los invito a una cena especial antes de que se casen, se gradúen, se vayan de vacaciones...	☐	☐
5. Los trato bien a menos que no se vistan a la última moda.	☐	☐
6. Les traduzco el menú en los restaurantes mexicanos en caso de que no sepan leer español.	☐	☐
7. Los llevo a casa cuando beben, para que no tengan accidentes de coche.	☐	☐

B **Julio siempre llega tarde.** Siempre es buena idea llegar un poco temprano al teatro o al cine. Sin embargo, su amigo Julio, quien va al cine con Ud. esta tarde, no quiere salir con un poco de anticipación. Trate de convencerlo de que Uds. deben salir pronto.

JULIO: No entiendo por qué quieres que lleguemos al teatro tan temprano.
UD.: Pues, para que (nosotros)...

Sugerencias: poder estacionar el coche, no perder el principio de la función, poder comprar los boletos, conseguir buenas butacas, no tener que hacer cola, comprar palomitas (*popcorn*) antes de que empiece la película, hablar con los amigos

C **Un fin de semana en las montañas**

Paso 1. Hablan Manolo y Lola. Use la conjunción entre paréntesis para unir las oraciones, haciendo todos los cambios necesarios.

1. No voy. Dejamos a la niña con los abuelos. (a menos que)
2. Vamos solos. Pasamos un fin de semana romántico. (para que)
3. Esta vez voy a aprender a esquiar. Tú me enseñas. (con tal que)
4. Vamos a salir temprano por la mañana. Nos acostamos tarde la noche anterior. (a menos que)
5. Es importante que lleguemos a la estación (*resort*) de esquí. Empieza a nevar. (antes de que)
6. Deja la dirección y el teléfono del hotel. Tus padres nos necesitan. (en caso de que)

Paso 2. ¿Cierto, falso o no lo dice?

1. Manolo y Lola acaban de casarse.
2. Casi siempre van de vacaciones con su hija.
3. Los dos son excelentes esquiadores.
4. Van a dejar a la niña con los abuelos.

Conversación

Situaciones. Cualquier acción puede justificarse. Con un compañero / una compañera o con un grupo de estudiantes, den una explicación para las siguientes situaciones. Luego comparen sus explicaciones con las de otro grupo.

1. Los padres trabajan mucho para (que)...
2. Los profesores les dan tarea a los estudiantes para (que)...
3. Los dueños de los equipos deportivos profesionales les pagan mucho a algunos jugadores para (que)...
4. Se doblan (*Are dubbed*) las películas extranjeras para (que)...
5. Los padres castigan (*punish*) a los niños para (que)...
6. Las parejas se divorcian para (que)...
7. Los jóvenes forman pandillas (*gangs*) para (que)...

Situaciones

In this **Situaciones** dialogue, Lola Benítez and her good friend Eva Díaz talk about their plans for the weekend. What are some of the plans they already have? What do they talk about doing?

Lola y su amiga Eva Díaz se reúnen el viernes por la tarde.

LOLA: ¡Por fin es viernes! ¡Qué semana más larga! ¿eh?

EVA: ¿Qué vais a hacer este fin de semana?

LOLA: Pues, nos vamos a pasar el día con mi hermano en Cádiz. Es el cumpleaños de mi sobrino. Y el domingo no tenemos planes. Y vosotros, ¿qué hacéis?

EVA: El domingo vamos a una boda aquí en Sevilla. Se casa una prima mía.[a] ¿Tenéis planes para esta noche?

LOLA: Creo que no, a menos que Manolo haya hecho planes.

EVA: ¿Y por qué no salimos todos juntos? ¡Hace tanto tiempo que no lo hacemos!

LOLA: Por mí, encantada. Vamos. Podemos ir a cenar o al cine. Hay dos o tres películas interesantes que a Manolo y a mí nos gustaría ver. También podemos llevar a las niñas. ¡Carolina y Marta ya son como hermanas! Se lo voy a preguntar a Manolo y te llamo después.

EVA: Muy bien. Yo también hablo con Jesús. Hablamos luego y entonces decidimos qué hacer, ¿vale?

LOLA: Estupendo.

[a]*of mine*

Con un compañero / una compañera

Con un compañero / una compañera, inventen un diálogo para por lo menos una de las siguientes situaciones.

1. Una persona quiere ir al cine (tomar un café, ...), pero la otra rechaza (*declines*) la invitación.
2. Dos personas, hombre y mujer, están en un museo. Los dos miran una pintura muy famosa. Él quiere hablar con ella y ella con él. Uno de ellos inicia la conversación y luego invita a la otra persona a tomar café.
3. Un joven de 14 años invita a una chica de 13 años a una fiesta. Los dos están muy nerviosos.
4. Dos personas van a una fiesta. Tienen que arreglar todos los detalles: a qué hora van, qué ropa van a llevar, cómo van, etcétera.

¿Estás libre { esta tarde / hoy? para + *infinitive*?	Are you free { this afternoon / today? to (do something)?
Ven a + *infinitive* conmigo / con nosotros.	Come (*do something*) with me / us.
Claro. Perfecto.	Of course. Great.
Lo siento, pero...	I'm sorry, but . . .
Es una lástima, pero...	It's a shame (too bad), but . . .
Es imposible porque...	It's impossible because . . .

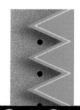

Un poco de todo

A **Situaciones de la vida.** Con un compañero/una compañera, háganse y contesten preguntas según el modelo. Si dicen que sí, tienen que justificar su respuesta.

MODELOS: compañero/a de cuarto / tener coche →
 E1: ¿Buscas un compañero de cuarto que tenga coche?
 E2: No, ya tengo coche.
  (Sí, para que yo no tenga que manejar tanto.)
  (Sí, en caso de que mi coche viejo no funcione.)

1. marido/mujer / ser médico/a
2. amigo/a / no haber roto recientemente con su pareja
3. casa / estar lejos de la ciudad
4. ciudad / haber un buen sistema de transporte público
5. amistad / estar basada en la confianza (*trust*)
6. coche / arrancar inmediatamente, sin problemas

B **La luna de miel.** Complete the following dialogues with the correct form of the words in parentheses, as suggested by the context. When two possibilities are given in parentheses, select the correct one. **¡OJO!** You will use indicative, present subjunctive, and command forms. *P* and *I* stand for *preterite* and *imperfect*, respectively. Use the past participle of infinitives in italics.

(Continúa.)

En el aeropuerto

MUJER: ¡Por fin hemos (*llegar*[1])! ¡Qué vuelo más largo!

MARIDO: Sí. (Soy/Estoy[2]) bastante cansado. Quiero (descansar[3]) un rato antes de que (*nosotros:* salir[4]) a ver la ciudad.

MUJER: Yo (también/tampoco[5]). Vamos a recoger[a] el equipaje. ¡Ojalá que no se nos (ha/haya[6]) perdido!

MARIDO: No (preocuparte[7]). Todo saldrá bien.[b] Vamos.

[a]*pick up*   [b]*saldrá... will be all right*

En el hotel

MARIDO: Ay, ¡qué desgracia! ¿Qué hemos (*hacer*[8]) nosotros para mere-cer[a] esto?

MUJER: (Calmarte[9]), mi amor. No pasa (nunca/nada[10]). Si sólo[b] se nos (*P:* perder[11]) una maleta. Y la empleada de la aerolínea nos (*P:* prometer[12]) que (lo/la[13]) vamos a tener para mañana.

MARIDO: Sí, tienes razón. Verdad que hasta (este/esto[14]) momento, todo ha (*salir*[15]) muy bien. ¡Qué boda más (bonito[16]) (*P, nosotros:* tener[17])! (*I: Haber*[18]) muchas más personas de lo que (*I, nosotros:* esperar[19]). Pero creo que todos (*P:* divertirse[20]).

MUJER: Creo que sí. En mi opinión, no hay nadie a quien no le (gustar[21]) una fiesta de bodas...

MARIDO: Bueno, descansemos[c] un poco para que (*nosotros:* poder[22]) disfrutar del[d] resto (del / de la[23]) noche. No quiero que una maleta perdida (aguar[e] [24]) la luna de miel.

MUJER: ¡Ni yo (también/tampoco[25])!

[a]*deserve*   [b]*Si... Only*   [c]*let's rest*   [d]*disfrutar... enjoy the*   [e]*to spoil*

Comprensión: ¿Cierto, falso o no lo dice?

1. Las dos personas son recién casadas.
2. La fiesta de bodas tuvo lugar en casa de los padres de la mujer.
3. Los esposos perdieron dos maletas.
4. Fueron a Cancún en su luna de miel.
5. La boda fue bonita y muy divertida.

C **¿Qué prefiere Ud.? ¿Qué espera?**   Complete las siguientes oraciones con información verdadera.

1. Prefiero comer en restaurantes donde _____.
2. No me gusta que los programas de televisión _____.
3. Voy a graduarme en _____ a menos que _____.
4. Me gusta que los profesores _____.
5. Algún día deseo tener un coche que _____.
6. Este verano voy a _____ a menos que _____.
7. Me gustan las personas que _____.
8. En el futuro, quiero tener _____ hijos, con tal que _____.

Vocabulario

Las relaciones sentimentales

amar	to love
casarse (con)	to marry
divorciarse (de)	to get divorced (from)
enamorarse (de)	to fall in love (with)
llevarse bien/mal (con)	to get along well/poorly (with)
pasar tiempo (con)	to spend time (with)
querer (ie)	to love
romper (con)	to break up (with)
salir (con)	to go out (with)
separarse (de)	to separate (from)

la amistad	friendship
el amor	love
la boda	wedding (*ceremony*)
el divorcio	divorce
la luna de miel	honeymoon
el marido	husband
el matrimonio	marriage; married couple
la mujer	wife
el noviazgo	engagement
la pareja	(married) couple; partner

Repaso: el/la amigo/a, la cita, el/la esposo/a, el/la novio/a

amistoso/a	friendly

Repaso: cariñoso/a, casado/a, soltero/a

Etapas de la vida

la adolescencia	adolescence
la infancia	infancy
la juventud	youth
la madurez	middle age
la muerte	death
el nacimiento	birth
la vejez	old age

Repaso: la niñez

crecer	to grow
nacer	to be born

Repaso: morir (ue, u)

Otras palabras y expresiones útiles

la especialización	major

a primera vista	at first sight
bastante	rather, sufficiently; enough
juntos/as	together
propio/a	own
recién casado/a	(*n.*) newlywed; (*adj.*) recently married

Conjunciones

a menos que	unless
antes (de) que	before
con tal (de) que	provided (that)
en caso de que	in case
para que	so that

Un paso más 15

•LECTURA

Estrategia: Finding the Main Parts of a Sentence

Reading in Spanish is sometimes difficult for beginning students whose native language is English. This is because Spanish syntax (rules that govern word order) is flexible and allows for subjects to follow a verb, objects to precede a verb, and so on. These word order patterns are quite different from those found in English. Additionally, the novice reader may encounter difficulties due to the fact that written Spanish typically contains long sentences with numerous subordinate clauses. (This concept is called *embedding*.)

When you read in Spanish, keep in mind that the subject of a sentence might often follow the verb rather than precede it, as it does in English. Being aware of number (singular or plural) can also help you to identify the correct subject for the verb. In the following sentence, try to identify the main subject and the main verb.

> Hasta en la actualidad, no participan muchos hombres en los quehaceres domésticos porque los consideran trabajo de mujer.

Once you've identified the subject (**hombres**) and verb (**participan**), you will be able to devote more attention to the rest of the sentence and add more information to the framework (what they don't participate in, why not, and so on).

Whenever you read in Spanish, keep this strategy in mind and apply it where appropriate. Remember, this strategy should not encourage you to read word for word but rather to quickly identify the main parts of a sentence as a solid foundation for understanding the text.

▶ **Sobre la lectura...** Esta lectura ha sido modificada ligeramente. Viene
▶ de una revista española que publica temas noticieros (*news*) y populares.

Madrid: Verano de verbena[a]

La ciudad se vuelve[b] tranquila en vera- no. Es la hora de los espectáculos al aire libre, de largos paseos al atardecer y ter- tulias[c] en la noche. La época estival[d] permite a visitantes y residentes disfrutar de[e] una capi- tal más habitable, paseable, circulable y sobre todas las cosas, más vivible. El secreto se encuentra en la notable disminución de la

[a]*festival, fair* [b]*se... becomes* [c]*informal gatherings at which participants discuss current events, politics, and so on*
[d]relacionada con el verano [e]*disfrutar... to enjoy*

población habitual y la caída[f] de la actividad laboral. Pero esto no significa que Madrid está completamente vacío[g] en el verano—solo que es más <u>habitable</u> durante esta época que en las demás estaciones del año.

Madrid en verano no es sin embargo la ciudad perfecta. Le faltan elementos indispensables para ser ciudad vacacional, y el calor seco[h] y <u>sofocante</u> que acompaña a los mosquitos recuerda que esta es una ciudad viva, pero fácil de entender y sencilla de vivir.

Este verso refleja los secretos de la ciudad europea que menos duerme y que más tarde se acuesta:

> <u>Callejas</u> vacías
> asfalto abrasando[i]
> piscinas repletas,
> verbenas y gatos.
>
> Tapas de cocina[j]
> paseos sudando[k]
> cerveza muy fría,
> tormentas[l] y santos.
>
> Paleta completa:
> Madrid en verano.

La noche madrileña

Madrid se vive de día y se disfruta de noche. El más internacional de nuestros cineastas, Pedro Almodóvar, dijo en una ocasión: «La mejor oferta[m] cultural de Madrid es poder cenar a las tres de la madrugada[n]». La noche madrileña no parece tener fin y a duras penas[o] se <u>percibe</u> el comienzo. El <u>anochecer</u> está lleno de terrazas de las cientos que <u>pueblan</u> calles, parques y avenidas e impulsa a empalmar[p] el disfrute nocturno. Hacerse el rosario de bares* del viejo Madrid conduce al <u>amanecer</u>.

Madrid ha de vivirse[q] con nocturnidad y alevosía.[r] Dejarse llevar por la marcha de sus gentes es obligado para los <u>noctámbulos</u> que al día siguiente madrugarán[s] para trabajar. ●

---

[f]*dropoff* [g]*empty* [h]*dry* [i]*burning* [j]Tapas... *Spanish appetizers* [k]*sweating* [l]*storms* [m]*offer* [n]*early morning* [o]a... *barely* [p]*connect* [q]ha... *has to be lived* [r]*"knowingly"* [s]*will wake up early*

Comprensión

A **Estrategia.** As you read the article, did you apply the strategy recommended at the beginning of this section? Identify the subject and verb of each of the following phrases taken from the passage.

1. «El más internacional de nuestros cineastas, Pedro Almodóvar, dijo en una ocasión:... » (cuarto párrafo)
2. «La mejor oferta cultural de Madrid es poder cenar a las tres de la madrugada... » (cuarto párrafo)

---

* **Hacerse el rosario de bares** is a figurative term that, in this instance, is loosely translated as *barhopping.* A **rosario** is a string of rosary beads that are used to count off prayers as each one is said. Thus **hacerse el rosario de bares** can be understood as "counting off the bars one by one".

B **¿Cierto o falso?** Conteste según el artículo.

1. La población habitual madrileña se reduce durante el verano.
2. En verano muchos bares y restaurantes se cierran temprano, como a las once de la noche.
3. El verano en Madrid es una temporada ideal para el turista.

PARA ESCRIBIR

A **Identificaciones.** Identifique dos aspectos negativos de Madrid en verano, según el autor del artículo anterior. ¿Por qué son negativos? Escriba sus respuestas en otro papel.

B **Paleta completa**

Paso 1. El artículo anterior contiene un poema que describe Madrid en verano, y lo hace en pocas palabras. Es decir, capta la esencia de esa ciudad, destacando (*highlighting*) aquellos atributos que la caracterizan.

¿Cómo es la ciudad donde vive Ud. en verano? ¿Es diferente el ritmo de vida que en otras estaciones? ¿Hay menos personas? ¿más personas? ¿Hay espectáculos tradicionales? Escriba un breve poema en que describa su ciudad en verano. No es necesario seguir la misma versificación del poema en el artículo, pero debe terminar así:

Paleta completa
——— (nombre de la ciudad) en verano.

Paso 2. Comparta (*Share*) su poema con el resto de la clase.

ACTIVIDADES

Actividad A   Opiniones sobre las relaciones sentimentales

Paso 1. Read the following statements and indicate the extent to which you personally agree or disagree with them, according to the following scale:

5 = sí enfático
4 = sí
3 = no tengo opinión
2 = no
1 = no enfático

1. _____ Es necesario tener un noviazgo largo.
2. _____ Los hombres deben ganar el dinero; las mujeres deben estar en casa con los niños.

3. ____ Una pareja no debe tener más de dos hijos.

4. ____ Vivir con el novio / la novia es una buena alternativa al matrimonio.

5. ____ Los esposos deben tener la misma religión... y los hijos también.

6. ____ El divorcio es la mejor solución para los problemas matrimoniales, aun cuando hay hijos.

7. ____ Es importante que los padres del novio / de la novia tengan una buena opinión de la novia / del novio.

8. ____ Cuando los padres ya son viejos y no pueden cuidarse, deben vivir con sus hijos.

9. ____ La única razón de casarse es por amor.

10. ____ Una persona nunca debe dar preferencia a sus amigos y dejar a su novio/a en segundo lugar.

Paso 2. When you have finished, the class will divide into groups of four or five. Each group will circulate a piece of paper with blanks numbered 1 to 10, corresponding to the items in **Paso 1.** Each group member will anonymously write his or her score for every item. When all the answers for the group have been collected, add up the numbers written for each item. The highest number will show which statement the group as a whole agrees with most emphatically; the lowest number will show which it disagrees with most emphatically.

Then, working as a group, write three or four sentences that justify the group's two strongest opinions. The words and phrases in the **A propósito...** in this section will be useful. When the group has finished, compare your answers with those of other groups. Did most groups respond the way yours did?

Paso 3. Now choose one of the various social relationships that have been described in this chapter and tell what the most important aspects of it are for you. The following questions may be helpful.

¿Cuál es su concepto de la amistad? ¿del noviazgo? ¿del matrimonio? En su opinión, ¿cómo es un buen amigo / una buena amiga? ¿el novio perfecto / la novia perfecta? ¿los suegros (*in-laws*) ideales?

A propósito... More Ways to Describe Social Relationships

Here are some additional phrases that are useful for talking about relationships with others.

causar muchos problemas	to cause a lot of problems
chismear	to gossip
expresar todos sus sentimientos	to express all of his/her feelings
llegar a conocer bien/ mejor a una persona	to get to know someone well/better
mostrar (ue) el cariño (abiertamente)	to show affection (openly)
necesitar mucha atención	to require a lot of attention
ser un obstáculo	to be a limitation
celoso/a	jealous
entrometido/a	meddling
mandón/mandona	bossy
mimado/a	spoiled

Actividad B   **Experiencias sentimentales.**   ¿Ha salido Ud. alguna vez con una persona cómica? ¿o con una persona nerviosa? ¿o tal vez con una persona ultraelegante? ¿Busca Ud. un novio / una novia que sea super-cultivado/a? ¿a quien le guste la música clásica? En esta actividad, Ud. va a describir algunas citas románticas (o algunas amistades) que Ud. ha tenido y también va a expresar sus preferencias personales.

Paso 1.   Haga oraciones sobre los siguientes tipos de personas, si puede. (No tiene que hacer oraciones sobre todos los tipos.) Explique lo que la persona hizo, usando principalmente el pretérito.

MODELO: una persona cómica →
Una vez salí con una persona que contó chistes toda la noche. En el restaurante imitó al camarero. Nos hizo reír a todos. (*He/She made everyone laugh.*)

1. una persona cómica
2. una persona nerviosa
3. una persona superelegante
4. un empollón / una empollona (*bookworm*)
5. una persona torpe
6. una persona maleducada (*impolite*)
7. una persona arrogante

Paso 2. Ahora Ud. tiene la oportunidad de expresar sus preferencias. Complete las siguientes oraciones.

MODELO: Me gusta salir con una persona que sea atlética y que tenga buen sentido del humor.

1. Me gusta salir con una persona que ⎯⎯⎯.
2. Pero no me gusta salir con una persona que ⎯⎯⎯.

5

El mundo hispánico de cerca:

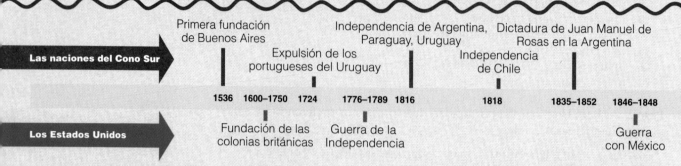

	Primera fundación de Buenos Aires	Expulsión de los portugueses del Uruguay	Independencia de Argentina, Paraguay, Uruguay / Independencia de Chile		Dictadura de Juan Manuel de Rosas en la Argentina	

Las naciones del Cono Sur →

1536   1600–1750   1724   1776–1789   1816   1818   1835–1852   1846–1848

Los Estados Unidos →

Fundación de las colonias británicas   Guerra de la Independencia   Guerra con México

Típico, típico

Se cree que **el tango** argentino se originó en los barrios pobres de Buenos Aires a comienzos del siglo XX. Su origen es tan internacional como lo es la ciudad en que nació. **La milonga,** canción folklórica de **las pampas,** y **la habanera,** baile llevado a **la ciudad porteña**[a] por marineros[b] **cubanos,** son sus antepasados[c] musicales. Se toca con los instrumentos de los inmigrantes de la región: la guitarra española, el violín italiano y el bandoneón[d] alemán.

Los temas del tango muestran una **dualidad.** De un lado se distinguen la agresividad machista,[e] la pasión y el recurso al cuchillo.[f] Del otro surgen la nostalgia, la melancolía, la soledad[g] y el sentimiento de pérdida.[h] Su intérprete más famoso fue **Carlos Gardel,** porteño de origen francés, quien murió en 1935. Aun hoy en día los aficionados de Gardel visitan su tumba en el cementerio de la Chacarita en Buenos Aires.

Carlos Gardel

[a]*name and adjective given to people and things from Buenos Aires* (lit.: *port*) [b]*sailors* [c]*ancestors* [d]*especie de acordeón* [e]*male* [f]*recurso... use of the* [g]*solitude* [h]*loss*

Cocina

Con el mismo gusto con que los cubanos beben café y los ingleses té, la gente del Cono Sur bebe **la infusión de yerba mate.**

Se prepara en una taza hecha de una **calabacita;**[a] a esta calabacita se le llama «mate». La infusión se bebe con una bombilla, es decir, una especie de pajilla[b] hecha de plata.[c]

Como la yerba mate es un poco amarga,[d] por lo general se bebe con azúcar[e], aunque algunos la prefieren sin azúcar y así se le llama un **cimarrón.**

Un gaucho toma yerba mate mientras descansa.

La yerba contiene una fuerte dosis de cafeína, de manera que es una bebida estimulante.

En el siglo XIX, **los gauchos,** vaqueros[f] de la región de las pampas, tomaron yerba mate con frecuencia mientras trabajaban la tierra. La yerba mate es una parte íntegra de la rica tradición cultural de la región.

[a]*gourd* [b]*little straw* [c]*silver* [d]*bitter* [e]*sugar* [f]*cowboys*

Las naciones del Cono Sur

Gobierno de Juan Perón en la Argentina

Dictadura de Augusto Pinochet en Chile

Guerra del Pacífico entre Bolivia y Chile

Guerra del Chaco entre Bolivia y el Paraguay

Guerra de las Islas Malvinas[a]

| 1861–1865 | 1879–1883 | 1898 | 1917–1918 | 1932–1935 1929–1939 | 1941–1945 | 1946–1955 | 1969 | 1981 | 1973–1989 | 1982 | 1994 |

Guerra Civil

Guerra hispano-norteamericana

Primera Guerra Mundial

La Gran Depresión

Segunda Guerra Mundial

El primer hombre en la luna

Nave espacial *Columbia*

North American Free Trade Agreement (NAFTA)

[a]Islas... *Falkland Islands*

Gente y sociedad

La Argentina y el Uruguay son dos países latinoamericanos en que **la inmigración de europeos** ha desempeñado un papel decisivo en la formación de su población. En **la Argentina**, por ejemplo, entre 1856—cuando la población era de 1.200.000 habitantes—y 1930, 10.500.000 extranjeros entraron en el país por el puerto de Buenos Aires. La mitad[a] eran **italianos** y la tercera parte, **españoles**. Muchos eran trabajadores temporales que tarde o temprano regresaban a Europa. La segunda parte, sin embargo, eran **inmigrantes permanentes**, porque el gobierno estimulaba la inmigración para poblar la pampa. Pero muchos, acostumbrados a la vida urbana, se quedaron en Buenos Aires. Como la mayoría de los inmigrantes venía del sur de Italia, el español porteño actual tiene un toque[b] italiano respecto a su ritmo y vocabulario. Inmigrantes **alemanes** y **eslavos** también contribuyeron a la formación de la población argentina.

[a]La... *Half* [b]*touch*

Arte

En **Valparaíso, Chile**, hay un barrio donde se exhiben en los muros[a] de los edificios **murales** diseñados[b] y a veces pintados por artistas chilenos de la «Generación del 40». El proyecto es inspiración del pintor **Francisco Méndez**. A los artistas que participan en el proyecto Méndez les pide que pinten un mural que sea representativo de su obra artística. La mayoría de los murales ha sido ejecutada[c] por **estudiantes** del Instituto de Arte de la Universidad Católica de Valparaíso bajo la supervisión de los artistas.

Entre los artistas se encuentran algunos de los más conocidos de Chile. Los murales que han pintado constituyen obras surrealistas, abstractas, realistas y de *pop art*. Se concentran en un solo barrio

Una pintura de Augusto Barcia en el Museo Abierto.

de manera que constituyen un «Museo de cielo[d] abierto» de fácil acceso.

[a]*walls* [b]*designed* [c]*carried out* [d]*sky*

Enfoque personal

La escritora chilena **Isabel Allende** publicó su primera novela, *La casa de los espíritus*, en 1982. A través de los miembros de una familia (que era, realmente, la familia de la escritora), Allende traza la evolución social de Chile desde comienzos del siglo XX hasta **el golpe de estado**[a] que acabó con la democracia chilena en 1973. La novela señaló[b] el camino de una reconciliación social y personal. Tuvo mucho éxito y lanzó la carrera de Allende como novelista. Desde entonces, Allende ha producido cinco *best-sellers*: cuatro novelas y una colección de cuentos. De cierta manera, su último libro, *Paula*, vuelve a contar la historia narrada en el primero, pero esta vez en forma de memorias.

Allende comenzó a escribir *Paula* durante la hospitalización de **su hija Paula,** quien sufría de porfiria.[c] Escribía porque esta enfermedad, que por lo general no es mortal, a veces lleva consigo[d] la amnesia. Escribió la historia de su familia de manera que Paula, al recuperarse,[e] pudiera[f] retener su propia historia. Paula nunca se recuperó y murió en el hospital. Este hermoso libro es un retrato[g] penetrante de la clase media chilena durante una época traumática en la historia del país. Sin embargo, es también una celebración de la vida de la hija de su autora.

La leyenda[h] familiar comienza a principios del siglo pasado, cuando un fornido[i] marinero vasco[j] desembarcó en las costas de Chile, con la cabeza perdida en proyectos de grandeza y protegido por el relicario[k] de su madre colgado al cuello,[l] pero para qué ir tan atrás, basta[m] decir que su descendencia fue una estirpe[n] de mujeres impetuosas y hombres de brazos firmes para el trabajo y corazón sentimental.

Paula, de Isabel Allende

[a]golpe... *military coup* [b]*signaled* [c]*porphyria, a hereditary blood defect* [d]*with it* [e]al... *upon recovering* [f]*could* [g]*portrait* [h]*legend* [i]*strapping* [j]*Basque* [k]*relic* [l]colgado... *hanging around his neck* [m]*it's enough* [n]*lineage*

Personaje eminente

La primera recipiente latinoamericana del Premio Nobel de literatura fue la poeta chilena **Gabriela Mistral** (1889–1957), en 1945. Mistral nació en un pueblo de Chile de una familia muy humilde. Desde temprana edad[a] se interesó por la enseñanza[b] e inició su carrera de maestra en escuelas rurales. En 1922 inició un período de continuos viajes. Se fue a México para ayudar en la creación de un sistema de educación pública en ese país bajo la dirección de José Vasconcelos. En 1924 viajó a los Estados Unidos y Europa. Desempeñó varios cargos consulares en Nápoles, Madrid, Lisboa, Niza, el Brasil y los Estados Unidos. Fue también representante de su país en las Naciones Unidas.

Los temas principales de su poesía son el misterio del alumbramiento,[c] las penas[d] del amor trágico y el deseo ardiente[e] por la justicia. Escribió sobre las labores del maestro rural, la infancia, la madre soltera y la naturaleza americana. La intensidad emotiva, la elocuencia, el vigor y la transparencia de su poesía le han dado mucha fama en Latinoamérica.

Riqueza

Tengo la dicha fiel[f]
y la dicha perdida:
la una como rosa,
la otra como espina.[g]
De lo que me robaron
no fui desposeída:[h]
tengo la dicha fiel
y la dicha perdida
y estoy rica de púpura[i]
y de melancolía.
　¡Ay, qué amada[j] es la rosa
y qué amante[k] la espina!
Como el doble contorno[l]
de las frutas mellizas,[m]
tengo la dicha fiel
y la dicha perdida...

[a]Desde... *From an early age* [b]*education* [c]*childbirth* [d]*sorrows* [e]*burning* [f]la... *the loyal good fortune* [g]*thorn* [h]no... *I haven't lost* [i]*purple* [j]qué... *how beloved* [k]que... *what a lover* [l]*contours* [m]*twin*

16

¿Trabajar para vivir o vivir para trabajar?

¿A qué profesión u ocupación quiere Ud. dedicarse? ¿Tiene interés en alguna carrera en particular? ¿Ya tiene una carrera? ¿En qué trabaja Ud.?

México, D.F.

In this chapter, you will learn vocabulary and structures that will allow you to

- discuss careers, professions, and money matters (**Vocabulario: Preparación**)
- talk about what you will do in the future (**Grammar Section 45**)
- anticipate events that have not yet happened (**46**)

As you work through the chapter, see how much you can learn about professions and money-related issues in the Spanish-speaking world.

Vocabulario: Preparación

Profesiones y oficios°

°trades

LUEGO DE PENSARLO MUCHO LLEGUÉ A LA CONCLUSIÓN DE QUE CUANDO SEA GRANDE VOY A SER ESPECIALISTA.

¿ESPECIALISTA EN QUÉ, MIGUELITO?

Profesiones

el/la abogado/a	lawyer
el/la contador(a)	accountant
el hombre / la mujer de negocios	businessperson
el/la ingeniero/a	engineer
el/la maestro/a	schoolteacher
el/la periodista	journalist
el/la trabajador(a) social	social worker
el/la traductor(a)	translator

Oficios

el/la cajero/a	cashier; teller
el/la cocinero/a	cook; chef
el/la comerciante	merchant, shopkeeper
el/la criado/a	servant
el/la obrero/a	worker, laborer

el/la peluquero/a	hairstylist
el/la plomero/a	plumber
el soldado / la mujer soldado	soldier
el/la técnico/a	technician
el/la vendedor(a)	salesperson

Cognados

el/la analista de sistemas, el/la electricista, el/la fotógrafo/a, el/la programador(a), el/la sicólogo/a, el/la siquiatra, el/la veterinario/a

Repaso

el/la bibliotecario/a, el/la dentista, el/la dependiente/a, el/la enfermero/a, el/la mecánico/a, el/la médico/a, el/la profesor(a), el/la secretario/a

In the preceding chapters of *Puntos de partida* you have learned to use a number of the words for professions and trades that are listed here. You will practice all of these words in the following activities. However, you will probably want to learn only those new terms that are particularly important or interesting to you. If the vocabulary needed to describe your career goal is not listed here, look it up in a dictionary or ask your instructor.

A **¿A quién necesita Ud.?** ¿A quién debe llamar o con quién debe consultar en estas situaciones? Hay más de una respuesta posible en algunos casos.

1. La tubería (*plumbing*) de su cocina no funciona bien.
2. Ud. acaba de tener un accidente con el coche; el otro conductor dice que Ud. tuvo la culpa (*blame*).
3. Por las muchas tensiones y presiones de su vida profesional y personal, Ud. tiene serios problemas afectivos (*emotional*).
4. Ud. está en el hospital y quiere que alguien le dé una aspirina.
5. Ud. quiere que alguien lo/la ayude con las tareas domésticas porque no tiene mucho tiempo para hacerlas.
6. Ud. quiere que alguien le construya un muro° en el jardín. °*wall*
7. Ud. conoce todos los detalles de un escándalo en el gobierno de su ciudad y quiere divulgarlos.

B **Asociaciones.** ¿Qué profesiones u oficios asocia Ud. con estas frases? Consulte la lista de profesiones y oficios y use las siguientes palabras también. Haga asociaciones rápidas. ¡No lo piense demasiado!

1. creativo/rutinario
2. muchos/pocos años de preparación
3. mucho/poco salario
4. mucha/poca responsabilidad
5. mucho/poco prestigio
6. flexibilidad/«de nueve a cinco»
7. mucho/poco tiempo libre
8. peligroso/seguro
9. en el pasado, sólo para hombres/mujeres
10. todavía, sólo para hombres/mujeres

actor/actriz
arquitecto/a
asistente de vuelo
barman
camarero/a
carpintero/a
chófer
consejero/a
cura / pastor(a) /
  rabino/a
detective
niñero/a
pintor(a)
poeta
policía / mujer policía
político/a
presidente/a
senador(a)

C **¿Qué preparación se necesita para ser... ?** Imagínese que Ud. es consejero universitario / consejera universitaria. Explíquele a un estudiante los cursos que debe tomar para prepararse para las siguientes carreras. Consulte la lista de cursos académicos del Capítulo 1 y use la siguiente lista. Piense también en el tipo de experiencia que debe obtener.

(Continúa.)

las comunicaciones
la contabilidad (*accounting*)
el derecho (*law*)
la gerontología
la ingeniería

el *marketing*/mercadeo
la organización administrativa
la pedagogía/enseñanza
la retórica (*speech*)
la sociología

1. traductor(a) en la ONU (Organización de las Naciones Unidas)
2. reportero/a en la televisión, especializado/a en los deportes
3. contador(a) para un grupo de abogados
4. periodista en la redacción (*editorial staff*) de una revista de ecología
5. trabajador(a) social, especializado/a en los problemas de los ancianos
6. maestro/a de primaria, especializado/a en la educación bilingüe

D **Entrevista.** Con un compañero / una compañera, háganse y contesten preguntas para saber la siguiente información.

1. lo que hacían sus abuelos
2. la profesión u oficio de sus padres
3. si tiene un amigo o pariente que tenga una profesión extraordinaria o interesante y el nombre de esa profesión
4. lo que sus padres (su esposo/a) quiere(n) que él/ella sea
5. lo que él/ella quiere ser
6. la carrera para la cual (*which*) se preparan muchos de sus amigos

Nota cultural **Los nombres de las profesiones**

En el mundo de habla española hay poco acuerdo sobre las palabras que deben usarse para referirse a las mujeres que ejercen ciertas profesiones. En gran parte, eso se debe al hecho de que, en muchos de estos países, las mujeres acaban de empezar a ejercer esas profesiones; por eso el idioma todavía está cambiando para acomodarse a esa nueva realidad. En la actualidad se emplean, entre otras, las siguientes formas:

- Se usa el artículo **la** con los sustantivos que terminan en **-ista.**

    el dentista → **la** dentista

- En otros casos se usa una forma femenina.

    el médico → **la** médica
    el trabajador → **la** trabajadora

- Se usa la palabra **mujer** con el nombre de la profesión.

    el policía → **la mujer** policía
    el soldado → **la mujer** soldado

Escuche lo que dice la persona con que Ud. habla para saber las formas que él o ella usa. No se trata de^a formas correctas o incorrectas, sólo de usos y costumbres locales. Hasta hace algunos años, en los países hispanos no se publicaban anuncios en los que a las mujeres se les ofrecían posiciones que tradicionalmente eran exclusivas de los hombres. Ahora, sin embargo, esto es muy común.

^aNo... *It's not a question of*

El mundo del trabajo

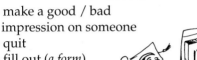

caerle (caigo) bien/ mal a alguien	to make a good / bad impression on someone	
dejar	to quit	
llenar	to fill out (*a form*)	
renunciar (a)	to resign (from)	
el/la aspirante	candidate, applicant	
el currículum	resumé	
la dirección de personal	personnel office	
el/la director(a) de personal	director of personnel	
la empresa	corporation, business	
el puesto	job, position	
la solicitud	application (*form*)	

caerle bien a la entrevistadora

¡renunciar al puesto!

graduarse

llenar las solicitudes

escribir a máquina y contestar el teléfono todo el día

Una cuestión de dinero

el banco	bank	**depositar / sacar**	to deposit / withdraw (*money*)
el cajero automático	automatic teller machine	**devolver (ue)**	to return (*something*)
el cheque	check (*bank*)	**economizar**	to economize
la cuenta / la factura	bill	**pagar a plazos / con cheque**	to pay in installments / by check
la cuenta corriente	checking account	**pagar en efectivo / al contado**	to pay in cash
la cuenta de ahorros	savings account	**pedir (i, i) prestado/a**	to borrow
el efectivo	cash		
el préstamo	loan		
el presupuesto	budget		
el salario / el sueldo	salary		
la tarjeta de crédito	credit card		
ahorrar	to save (*money*)		
cargar (a la cuenta de uno)	to charge (to someone's account)		

A **En busca de un puesto.** Imagínese que Ud. solicitó un puesto reciente-
mente. Usando los números del 1 al 14, indique en qué orden ocurrió lo
siguiente. El número 1 ya está indicado.

a. _____ Se despidió de Ud. cordialmente, diciendo que lo/la iba a llamar
en una semana.

b. _____ Fue a la biblioteca para informarse sobre la empresa: su historia,
dónde tiene sucursales (*branches*), etcétera.

c. _____ Ud. llenó la solicitud tan pronto como la recibió y la mandó, con
el currículum, a la empresa.

d. _____ Por fin, el secretario le dijo que Ud. se iba a entrevistar con la
directora de personal.

e. ___1___ En la oficina de empleos de su universidad, Ud. leyó un anuncio
para un puesto en su especialización.

f. _____ Le dijo que le iba a mandar una solicitud para llenar y también le
pidió que mandara (*you send*) su currículum.

g. _____ Cuando por fin lo/la llamó la directora, ¡fue para ofrecerle el
puesto!

h. _____ Mientras esperaba en la dirección de personal, Ud. estaba
nerviosísimo/a.

i. _____ La directora le hizo una serie de preguntas: cuándo se iba a gra-
duar, qué cursos había tomado, etcétera.

j. _____ Llamó al teléfono que daba el anuncio y habló con un secretario
en la dirección de personal.

k. _____ La mañana de la entrevista, Ud. se levantó temprano, se vistió
con cuidado y salió temprano para la empresa para llegar
puntualmente.

l. _____ Al entrar en la oficina de la directora, Ud. la saludó con cortesía,
tratando de caerle bien desde el principio.

m. _____ También le pidió que hablara (*you speak*) un poco en español, ya
que la empresa tiene una sucursal en Santiago, Chile.

n. _____ En una semana lo/la llamaron para arreglar una entrevista.

B **El mes pasado.** Piense en sus finanzas personales el mes pasado. ¿Fue
un mes típico? ¿Tuvo dificultades al final del mes o todo salió bien?

Paso 1. Indique las respuestas apropiadas para Ud.

	¡CLARO QUE SÍ!	¡CLARO QUE NO!
1. Hice un presupuesto al principio del mes.	☐	☐
2. Deposité más dinero en el banco de que (*than what*) saqué.	☐	☐
3. Saqué dinero del cajero automático sin apuntarlo (*writing it down*).	☐	☐
4. Pagué todas mis cuentas a tiempo.	☐	☐
5. Saqué un préstamo (Le pedí dinero prestado a alguien) para pagar mis cuentas.	☐	☐

	¡CLARO QUE SÍ!	¡CLARO QUE NO!
6. Tomé el autobús en vez de (*instead of*) usar el coche, para economizar un poco.	☐	☐
7. Gasté mucho dinero en diversiones.	☐	☐
8. Balanceé mi talonario de cheques (*checkbook*) sin dificultades.	☐	☐
9. Le presté dinero a un amigo.	☐	☐
10. Usé mis tarjetas de crédito sólo en casos de urgencia.	☐	☐

Paso 2. Vuelva a mirar sus respuestas. ¿Fue el mes pasado un mes típico? Pensando todavía en sus respuestas, sugiera tres cosas que Ud. debe hacer para mejorar su situación económica.

MODELO: Debo hacer un presupuesto mensual.

C Diálogos

Paso 1. Empareje las preguntas de la izquierda con las respuestas de la derecha.

1. _____ ¿Cómo prefiere Ud. pagar?
2. _____ ¿Hay algún problema?
3. _____ Me da su pasaporte, por favor. Necesito verlo para que pueda cobrar (*cash*) su cheque.
4. _____ ¿Quisiera (*Would you like*) usar su de tarjeta crédito?
5. _____ ¿Va a depositar este cheque en su cuenta corriente o en su cuenta de ahorros?
6. _____ ¿Adónde quiere Ud. que mandemos la factura?

a. En la cuenta de ahorros, por favor.
b. Me la manda a la oficina, por favor.
c. No, prefiero pagar al contado.
d. Sí, señorita, Ud. me cobró demasiado por el jarabe.
e. Aquí lo tiene Ud. Me lo va a devolver pronto, ¿verdad?
f. Cárguelo a mi cuenta, por favor.

Paso 2. Ahora invente un contexto posible para cada diálogo. ¿Dónde están las personas que hablan? ¿en un banco? ¿en una tienda? ¿Quiénes son? ¿clientes? ¿cajeros? ¿dependientes?

D Situaciones.

Describa lo que pasa en los siguientes dibujos, contestando por lo menos estas preguntas: ¿Quiénes son estas personas? ¿Dónde están? ¿Qué van a comprar? ¿Cómo van a pagar? ¿Qué van a hacer después?

1.

2.

3.

4.

Minidiálogos y gramática

45 · Talking About the Future • Future Verb Forms

El español ¡en directo!

▼▼▼▼▼▼▼▼▼▼▼▼▼▼▼▼▼▼▼▼▼▼▼▼▼▼▼▼▼▼▼▼

1. Lea la siguiente tira cómica de Mafalda.

ᵃfuturo ᵇ*prayers*

2. ¿Cómo será la vida de Ud. dentro de diez años? Conteste las primeras seis oraciones con sí o no. Complete las últimas dos con información verdadera —¡o por lo menos deseable!

    a. Viviré en otra ciudad.   **d.** Tendré uno o más hijos (nietos).
    b. Viviré en otro país.   **e.** Seré dueño/a de mi propia casa.
    c. Estaré casado/a.   **f.** Llevaré una vida más tranquila.

    g. Trabajaré como _____ (nombre de profesión).
    h. Ganaré por lo menos _____ dólares al año.

A. You have already learned to talk about the future in a number of ways. The forms of the present can be used to describe the immediate future, and the **ir** + **a** + *infinitive* construction (Grammar Section 10) is very common in both spoken and written Spanish. The future can also be expressed, however, with future verb forms.

hablar		comer		vivir	
hablaré	hablaremos	comeré	comeremos	viviré	viviremos
hablarás	hablaréis	comerás	comeréis	vivirás	viviréis
hablará	hablarán	comerá	comerán	vivirá	vivirán

B. In English, the future is formed with the auxiliary verbs *will* or *shall*: *I **will**/**shall** speak*. In Spanish, the *future* (**el futuro**) is a simple verb form (only one word). It is formed by adding future endings to the infinitive. No auxiliary verbs are needed.

Future Verb Endings:

-e	-emos
-ás	-éis
-á	-án

C. The verbs on the right add the future endings to irregular stems.

decir:	**dir-**	
hacer:	**har-**	
poder:	**podr-**	**-é**
poner:	**pondr-**	**-ás**
querer:	**querr-**	**-á**
saber:	**sabr-**	**-emos**
salir:	**saldr-**	**-éis**
tener:	**tendr-**	**-án**
venir:	**vendr-**	

The future of **hay** (**haber**) is **habrá** (*there will be*).*

decir: diré, dirás, dirá, diremos, diréis, dirán

D. Remember that indicative and subjunctive present tense forms can be used to express the immediate future. Compare the following.

Llegaré a tiempo.
I'll arrive on time.

Llego a las ocho mañana. ¿Vienes a buscarme?
I arrive at 8:00 tomorrow. Will you pick me up?

No creo que Pepe **llegue** a tiempo.
I don't think Pepe will arrive on time.

OJO

When English *will* refers not to future time but to the willingness of someone to do something, Spanish uses the verb **querer**, not the future.

¿**Quieres** cerrar la puerta, por favor?
Will you please close the door?

---

*The future forms of the verb **haber** are used to form the *future perfect tense* (**el futuro perfecto**), which expresses what *will have* occurred at some point in the future.

Para mañana, ya **habré hablado** con Miguel.   *By tomorrow, I will have spoken with Miguel.*

You will find a more detailed presentation of these forms in Appendix 3, Additional Perfect Forms (Indicative and Subjunctive).

Práctica

A **Mis compañeros de clase.** ¿Cree Ud. que conoce bien a sus compañeros de clase? ¿Sabe lo que les va a pasar en el futuro? Vamos a ver.

Paso 1. Indique si las siguientes oraciones serán ciertas para Ud. algún día.

	SÍ	NO
1. Seré profesor(a) de idiomas.	☐	☐
2. Me casaré (Me divorciaré) dentro de tres años.	☐	☐
3. Me mudaré (*I will move*) a otro país.	☐	☐
4. Compraré un coche deportivo.	☐	☐
5. Tendré una familia muy grande (mucho más grande).	☐	☐
6. Asistiré a la escuela universitaria de graduados.	☐	☐
7. Visitaré Latinoamérica.	☐	☐
8. Estaré en bancarrota (*bankruptcy*).	☐	☐
9. Estaré jubilado/a (*retired*).	☐	☐
10. No tendré que trabajar porque seré rico/a.	☐	☐

Paso 2. Ahora, para cada oración del **Paso 1,** indique el nombre de una persona de la clase para quien Ud. cree que la oración es cierta. Puede ser un compañero / una compañera de clase o su profesor(a).

Paso 3. Ahora compare sus predicciones con las respuestas de estas personas. ¿Hizo Ud. predicciones correctas?

B **¿Qué harán?**

Paso 1. Imagínese que un grupo de amigos está hablando de cómo será su vida en cinco o seis años. Haga oraciones usando el futuro de las frases de abajo.

1. yo
- hablar bien el español
- pasar mucho tiempo en la biblioteca
- escribir artículos sobre la literatura latinoamericana
- dar clases en español

2. tú
- trabajar en una oficina y en la corte
- ganar mucho dinero
- tener muchos clientes
- cobrar por muchas horas de trabajo

3. Felipe
- ver a muchos pacientes
- escuchar muchos problemas
- leer a Freud y Jung constantemente
- hacerle un psicoanálisis a un paciente

4. Susana y Juanjo
- pasar mucho tiempo sentados
- usar el teclado (*keyboard*) constantemente
- inventar nuevos programas
- mandarles mensajes electrónicos a todos los amigos

Paso 2. ¿A qué profesiones se refieren las frases anteriores?

C **Mi amigo Gregorio**

Paso 1. Describa Ud. las siguientes cosas que hará su compañero Gregorio. Luego indique si Ud. hará lo mismo (**Yo también... Yo tampoco...**) u otra cosa.

MODELO: no / gastar / menos / mes →
Gregorio no gastará menos este mes. Yo tampoco gastaré menos.
(Yo sí gastaré menos este mes. ¡Tengo que ahorrar!)

1. pagar / tarde / todo / cuentas
2. tratar / adaptarse a / presupuesto
3. volver / hacer / presupuesto / próximo mes
4. no / depositar / nada / en / cuenta de ahorros
5. quejarse / porque / no / tener / suficiente dinero
6. seguir / usando / tarjetas / crédito
7. pedirles / dinero / a / padres
8. buscar / trabajo / de tiempo parcial

Paso 2. ¿Cuál de las siguientes oraciones describe mejor a su amigo?

1. Gregorio es muy responsable en cuanto a asuntos de dinero. Es un buen modelo para imitar.
2. Gregorio tiene que aprender a ser más responsable con su dinero.

Conversación

A **Ventajas y desventajas.** What can you do to get extra cash or to save money? Some possibilities are shown in the following drawings. What are the advantages and disadvantages of each suggestion?

MODELO: dejar de tomar tanto café →
Si dejo de tomar tanto café, ahorraré sólo un poco de dinero. Estaré menos nervioso/a, pero creo que será más difícil despertarme por la mañana.

1. pedirles dinero a mis amigos o parientes
2. cometer un robo
3. alquilar unos cuartos de mi casa a otras personas
4. dejar de fumar (beber cerveza, tomar tanto café...)
5. buscar un trabajo de tiempo parcial
6. vender mi disco compacto (coche, televisor...)
7. comprar muchos billetes de lotería

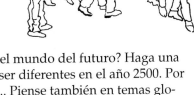

B **El mundo en el año 2500.** ¿Cómo será el mundo del futuro? Haga una lista de temas o cosas que Ud. cree que van a ser diferentes en el año 2500. Por ejemplo: el transporte, la comida, la vivienda... Piense también en temas globales: la política, los problemas que presenta la capa del ozono...

Ahora, a base de su lista, haga una serie de predicciones para el futuro.

MODELO: La gente comerá (Nosotros comeremos) comidas sintéticas.

la colonización
la energía nuclear/solar
el espacio
los OVNIs (Objetos Volantes No
   Identificados)
el planeta
la pobreza (*poverty*)
el robot
el satélite

el transbordador espacial
la vida artificial

diseñar (*to design*)
eliminar

intergaláctico/a
interplanetario/a
sintético/a

Nota comunicativa **Expressing Conjecture**

¿Dónde **estará** Cecilia?	*I wonder where Cecilia is. (Where can Cecilia be?)*
¿Qué le **pasará**?	*I wonder what's up with her (what can be wrong).*
Estará en un lío de tráfico.	*She's probably (must be) in a traffic jam. (I bet she's in a traffic jam.)*

The future can also be used in Spanish to express probability or conjecture about what is happening now. This use of the future is called the *future of probability* (**el futuro de probabilidad**). Note in the preceding examples that the English cues for expressing probability (*probably, I bet, must be, I wonder . . . , Where can . . .* , and so on) are not directly expressed in Spanish. Their sense is conveyed in Spanish by the use of the future form of the verb.

Estela, en el aeropuerto

Cecilia, en la carretera

C **Predicciones.** ¿Quiénes serán las personas en la siguiente página? ¿Qué estarán haciendo? ¿Dónde estarán? Invente todos los detalles que pueda sobre los siguientes dibujos.

Palabras útiles: el botones (*bellhop*), Cristóbal Colón (*Christopher Columbus*), la propina (*tip*), redondo/a (*round*)

1.

2.

3.

4.

Mary Rodas

¡Imagínese cómo sería[a] llegar a ser,[b] a los 13 años de edad, **ejecutiva** de una compañía con un presupuesto anual de 70 millones de dólares! Tal fue el caso de **Mary Rodas**, cuyos[c] padres llegaron a los Estados Unidos desde **El Salvador** en 1971. Ahora, a los 20 años de edad, ella es **vicepresidenta** de *marketing* de Catco, Inc., una empresa que fabrica **juguetes**.[d]

La carrera de Rodas comenzó por azar[e] cuando su padre, superintendente de un edificio de apartamentos en Union City, Nueva Jersey, la llevó consigo[f] en su recorrido[g] de servicio. Durante ese recorrido, fueron al apartamento del **hombre de negocios Donald Spector**, quien estaba instalando losetas[h] en su cocina. Rodas, que sólo tenía cuatro años, le indicó a Spector que lo estaba haciendo mal.

Mary Rodas

Este, impresionado por el poder de observación y honestidad de Rodas, la contrató como **asesora**[i] de su negocio. Le dio a ella juguetes y ella los probó para darle a Spector sugerencias sobre los cambios que ella creía que se debiera[j] hacer en ellos. En 1989, Rodas llegó a ser vicepresidenta de *marketing* de Catco.

Actualmente Mary Rodas estudia cinematografía en la Universidad de Nueva York y sigue trabajando con Catco. No está segura de que vaya a continuar una carrera relacionada con la fabricación de juguetes, pero dice que todavía le encanta su trabajo.

[a]*it would be* [b]*llegar... to become* [c]*whose* [d]*toys* [e]*por... by chance* [f]*with him* [g]*run* [h]*tiles* [i]*advisor* [j]*should be*

Antes de la entrevista

SRA. CARRASCO: Hija, ¿estás lista para la entrevista?

LUPE: Sí, mamá.

SRA. CARRASCO: Bien. *Cuando llegues* a la oficina, no te olvides de darle la mano a la directora de personal. También debes sentarte sólo *después de que* ella *se siente*.

LUPE: Sí, mamá...

SRA. CARRASCO: Y *tan pronto como termine* la entrevista, no te olvides de darle las gracias.

LUPE: ¡Ay, mamá! Creo que voy a sufrir un ataque de nervios *en cuanto salga* de casa.

SRA. CARRASCO: No te preocupes, Lupe. No debes sentirte nerviosa...

LUPE: No es por los nervios, mamá, ¡sino por todos estos consejos!

Comprensión: ¿Cierto o falso?

1. La Sra. Carrasco tiene una entrevista hoy.
2. La Sra. Carrasco le da a su hija consejos sobre cómo portarse durante la entrevista con la directora de personal.
3. Lupe cree que va a sufrir un ataque de nervios tan pronto como termine la entrevista.
4. Lupe está nerviosísima por la entrevista.

A. The subjunctive is often used in Spanish in adverbial clauses, which function like adverbs, telling when the action of the main verb takes place. Such adverbial clauses are introduced by conjunctions (see **Capítulo 15**).

Lo veré **mañana.** (adverb)
I'll see him tomorrow.

Lo veré **cuando venga mañana.** (adverbial clause)
I'll see him when he comes tomorrow.

B. Future events are often expressed in Spanish in two-clause sentences that include conjunctions of time such as those on the right.

antes (de) que	before
cuando	when
después (de) que	after
en cuanto	as soon as
hasta que	until
tan pronto como	as soon as

Before the interview   SRA. CARRASCO: Dear, are you ready for the interview? LUPE: Yes, Mom. SRA. CARRASCO: Good. When you arrive at the office, don't forget to shake the personnel director's hand. You should also sit down only after she sits down. LUPE: Yes Mom . . . SRA. CARRASCO: And as soon as the interview ends, don't forget to thank her. LUPE: Geez, Mom! I think I'm going to suffer a nervous breakdown as soon as I leave the house. SRA. CARRASCO: Don't worry, Lupe. You shouldn't feel nervous . . . LUPE: It's not nerves, Mom, but rather all your advice!

C. In a dependent clause after these conjunctions of time, the subjunctive is used to express a future action or state of being, that is, one that is still pending or has not yet occurred from the point of view of the main verb. This use of the subjunctive is very frequent in conversation in phrases such as the example on the right.

The events in the dependent clause are imagined—not real-world—events. They haven't happened yet.

Cuando sea grande/mayor...
When I'm older . . .

Cuando tenga tiempo...
When I have the time . . .

Cuando me gradúe...
When I graduate . . .

When the present subjunctive is used in this way to express pending actions, the main-clause verb is in the present indicative or future.

PENDING ACTION (SUBJUNCTIVE):

Pagaré las cuentas **en cuanto reciba** mi cheque.
I'll pay the bills as soon as I get my check.

Debo depositar el dinero **tan pronto como** lo **reciba**.
I should deposit money as soon as I get it.

D. However, the indicative (not the present subjunctive) is used after conjunctions of time to describe a habitual action or a completed action in the past. Compare the following.

HABITUAL ACTIONS (INDICATIVE):

Siempre pago las cuentas **en cuanto recibo** mi cheque.
I always pay bills as soon as I get my check.

Deposito el dinero **tan pronto como** lo **recibo.**
I deposit money as soon as I receive it.

COMPLETED PAST ACTION (INDICATIVE):

El mes pasado pagué las cuentas **en cuanto recibí** mi cheque.
Last month I paid my bills as soon as I got my check.

Deposité el dinero **tan pronto como** lo **recibí.**
I deposited the money as soon as I got it.

OJO

The subjunctive is always used with **antes (de) que.** See (Grammar Section 44).

Práctica

A Decisiones económicas

Paso 1. Lea las siguientes oraciones sobre Rigoberto y decida si se trata de una acción habitual o de una acción que no ha pasado todavía. Luego indique la frase que mejor complete la oración.

1. Rigoberto se va a comprar una computadora en cuanto...
   a. el banco le dé el préstamo   **b.** el banco le da el préstamo
2. Siempre usa su tarjeta de crédito cuando...
   a. no tenga efectivo   **b.** no tiene efectivo
3. Cada mes balancea su cuenta corriente después de que...
   a. reciba el estado de cuentas (*statement*)
   b. recibe el estado de cuentas   (Continúa.)

---

4. Piensa abrir una cuenta de ahorros tan pronto como...
   a. consiga un trabajo   **b.** consigue un trabajo
5. No puede pagar sus cuentas este mes hasta que...
   a. su hermano le devuelva el dinero que le prestó
   b. su hermano le devuelve el dinero que le prestó

Paso 2. Ahora describa cómo lleva Ud. sus propios asuntos económicos, completando las siguientes oraciones semejantes.

1. Voy a comprarme _____ en cuanto el banco me dé un préstamo.
2. Cuando no tengo efectivo, siempre uso _____.
3. Después de que el banco me envía el estado de cuentas, yo siempre _____.
4. Tan pronto como consiga un trabajo, voy a _____.
5. No te presto más dinero hasta que tú me _____ el dinero que me debes.
6. Este mes, voy a _____ antes de que se me olvide.

B **Hablando de dinero: Planes para el futuro.**   Complete las siguientes oraciones con el presente del subjuntivo de los verbos indicados.

1. Voy a ahorrar más en cuanto... (darme [ellos] un aumento de sueldo [*raise*]; dejar [yo] de gastar tanto)
2. Pagaré todas mis cuentas tan pronto como... (tener el dinero para hacerlo; ser absolutamente necesario)
3. El semestre que viene, pagaré la matrícula después de que... (cobrar mi cheque en el banco; mandarme [¿quién?] un cheque)
4. No podré pagar el alquiler hasta que... (sacar dinero de mi cuenta de ahorros; depositar el dinero en mi cuenta corriente)
5. No voy a jubilarme (*retire*) hasta que mis hijos... (terminar sus estudios universitarios; casarse)

C **Algunos momentos en la vida.**   Las siguientes oraciones describen algunos aspectos de la vida de Mariana en el pasado, en el presente y en el futuro. Lea cada grupo de oraciones para tener una idea general del contexto. Luego dé la forma apropiada de los infinitivos.

1. Hace cuatro años, cuando Mariana (graduarse) en la escuela secundaria, sus padres (darle) un reloj. El año que viene, cuando (graduarse) en la universidad, (darle) un coche.
2. Cuando (ser) niña, Mariana (querer) ser enfermera. Luego, cuando (tener) 18 años, (decidir) que quería estudiar computación. Cuando (terminar) su carrera este año, yo creo que (poder) encontrar un buen trabajo como programadora.
3. Generalmente Mariana no (escribir) cheques hasta que (tener) los fondos en su cuenta corriente. Este mes tiene muchos gastos, pero no (ir) a pagar ninguna cuenta hasta que le (llegar) el cheque de su trabajo de tiempo parcial.

Conversación

A **Descripciones.**   Describa Ud. los dibujos, completando las oraciones e inventando un contexto para las escenas. Luego describa Ud. su propia vida.

1.

2.

3.

1. Pablo va a estudiar hasta que _____.

   Esta noche yo voy a estudiar hasta que_____.
   Siempre estudio hasta que _____.
   Anoche estudié hasta que _____.

2. Los señores Castro van a cenar tan pronto como _____.

   Esta noche voy a cenar tan pronto como _____.
   Siempre ceno tan pronto como _____.
   Anoche cené tan pronto como _____.

3. Lupe va a viajar al extranjero en cuanto _____.

   En cuanto gane la lotería, yo voy a _____.
   En cuanto tengo el dinero, siempre _____.
   De niño/a, _____ en cuanto tenía el dinero.

B **Reacciones.**   ¿Cómo reaccionará o qué hará cuando ocurran los siguientes acontecimientos? Complete las oraciones con el futuro.

1. Cuando colonicemos otro planeta, _____.
2. Cuando descubran una cura para el cáncer, _____.
3. Cuando haya una mujer presidenta, _____.
4. Cuando me jubile, _____.
5. Cuando yo sea anciano/a, _____.
6. Cuando me gradúe, _____.

Situaciones

In this **Situaciones** dialogue, Lupe Carrasco is on a job interview in Mexico City. What type of job is she applying for? Where will she work? What will she do there?

Lupe solicita el puesto de recepcionista en un banco. Ahora habla con la Sra. Ibáñez, directora de personal del banco.

SRA. IBÁÑEZ: He hablado con varios aspirantes para el puesto de recepcionista, pero Ud. tiene el currículum más interesante. Veo que ha trabajado como recepcionista en la oficina de un abogado. ¿Por qué renunció a ese trabajo?

LUPE: Bueno, soy estudiante en la universidad. Me gustaba mucho el trabajo en la oficina del abogado, pero querían que trabajara[a] la jornada completa.[b] Desafortunadamente, no me era posible.

SRA. IBÁÑEZ: Y cuando trabajaba para el abogado, ¿cuáles eran sus responsabilidades?

LUPE: Contestaba el teléfono, hacía las citas con los clientes, organizaba el archivo... También le llevaba sus cuentas y pagaba los gastos básicos de la oficina. Eran las típicas responsabilidades de una recepcionista.

SRA. IBÁÑEZ: Ajá, entiendo. Srta. Carrasco, buscamos una persona que sea amable, que aprenda rápidamente, que sepa escribir a máquina y utilizar una computadora y que tenga paciencia con los clientes. Parece que Ud. cumple con estos requisitos. ¿Podrá asistir a un entrenamiento[c] de seis horas la semana que viene?

LUPE: Sí, Sra. Ibáñez.

SRA. IBÁÑEZ: ¿Y podrá trabajar de vez en cuando en las otras sucursales del banco?

LUPE: ¡Claro que sí! No hay problema.

SRA. IBÁÑEZ: Muy bien.

[a]querían... *they wanted me to work*
[b]la... *full-time*   [c]*training session*

Con un compañero / una compañera

Hágale preguntas a un compañero / una compañera de clase que tiene un trabajo (de tiempo completo o de tiempo parcial) para saber la siguiente información. Si su compañero/a no tiene trabajo, hágale preguntas sobre un amigo / una amiga o un miembro de su familia que sí trabaja. También puede entrevistar a su profesor(a).

- el nombre exacto del trabajo que tiene
- la carrera que hizo en la universidad
- el tiempo que tardó en colocarse (*getting a job*)
- la experiencia que tenía en ese campo (*field*) cuando se colocó
- el tiempo que lleva en el empleo

Un poco de todo

A Los planes de la familia Alonso

Paso 1. Haga oraciones completas según las indicaciones. Use el futuro donde sea posible.

1. ser / necesario / que / (nosotros) ahorrar / más
2. yo / no / usar / tanto / tarjetas / crédito
3. mamá / buscar / trabajo / donde / (ellos) pagarle / más
4. (nosotros) pedir / préstamo / en / banco
5. nos / lo / (ellos) dar, / ¿no / creer (tú)?
6. papá / estar / tranquilo / cuando / todos / empezar / economizar
7. (tú) deber / pagar / siempre / al contado
8. no / (nosotros) poder / irse / de vacaciones / este verano

Paso 2. Según los comentarios de las personas anteriores, ¿cree Ud. que la familia Alonso está muy bien económicamente o no? Explique.

B Planes para una boda.
Use las conjunciones entre paréntesis para unir cada oración con la frase que la sigue. Haga todos los cambios necesarios. ¡OJO! No se usa el subjuntivo en todas. Cuidado con las formas verbales también.

MODELO: Miguel quiere casarse con Carmen. / (él) conseguir un trabajo (tan pronto como) → Miguel quiere casarse con Carmen tan pronto como consiga un trabajo.

1. Carmen quiere esperar. / (ella) graduarse en la universidad (hasta que)
2. Miguel se lo va a decir a los padres de Carmen. / ellos llegar a la ciudad (tan pronto como)
3. Los padres de Carmen siempre quieren ver a Miguel. / visitar a su hija (cuando)
4. Los padres se van a alegrar. / oír las noticias (en cuanto)
5. Miguel y Carmen van a Acapulco en su luna de miel. / tener dinero (cuando)
6. Todos nosotros les vamos a dar una fiesta. / ellos regresar de su viaje (después de que)

C ¿Cómo se ganan la vida los estudiantes?
Complete the following paragraphs with the correct form of the words in parentheses, as suggested by the context. When two possibilities are given in parentheses, select the correct word. Use an adverb derived from the adjectives in italics.

La preocupación por el dinero es (algo/alguien[1]) compartido[a] por los estudiantes en todo el mundo. En (el/la[2]) mayor parte de los países de habla española, (el/la[3]) sistema universitario es gratuito.[b] Sin embargo, hay (de/que[4]) tener dinero para los (gastar/gastos[5]) personales y también para (los/las[6]) cines y otras diversiones.

[a]*shared* [b]*free*

(Continúa.)

Aquí, algunos estudiantes hispánicos contestan la pregunta: ¿Cómo (te/se[7]) ganaba Ud. la vida cuando era estudiante?

Una joven de México: A los trece años, (*yo:* empezar[8]) a trabajar en una oficina. Así (*yo:* poder[9]) pagar la colegiatura[c] de mis estudios. (*Yo:* Trabajar[10]) de día y (estudiar[11]) de noche.

Un joven uruguayo: Cuando (*yo:* ser/estar[12]) estudiante, me (ganar[13]) la vida como fotógrafo. (*Yo:* Sacar[14]) fotos de bodas, bautismos, fiestas de cumpleaños. (*Yo:* Trabajar[15]) en cualquier ocasión y en cualquier sitio.

Una mujer española: (*Yo:* Ayudar[16]) a enseñar a párvulos.[d]

Algunos estudiantes (ofrecer[17]) los siguientes comentarios adicionales.

Una joven chilena: Los padres (*normal*[18]) mantienen a sus hijos (*económico*[19]). Pero muchos chicos (trabajar[20]) de todas maneras. Las chicas (cuidar[21]) niños o (ayudar[22]) en casa y los chicos (trabajar[23]) en talleres. Si los padres tienen dinero, es raro que los hijos (trabajar[24]) hasta que no (terminar[25]) su carrera.[e]

Un joven argentino: En la Argentina, la enseñanza universitaria (ser/estar[26]) gratuita. De todos modos, los estudiantes siempre (necesitar[27]) tener más de un trabajo y los padres los ayudan con (que/lo que[28]) pueden. Muchos estudiantes no (irse[29]) a otras ciudades a (estudiar[30]). (*Ellos:* Vivir[31]) con (su[32]) padres y estudian en (el/la[33]) universidad más cercana.

[c]*fees*   [d]*tots*   [e]*studies*

Comprensión: ¿Cierto o falso?   Corrija las oraciones falsas.

1. El sistema universitario es gratuito en muchos países hispánicos.
2. Los estudiantes hispánicos nunca tienen que trabajar.
3. Generalmente los padres mantienen a sus hijos mientras estos son estudiantes.

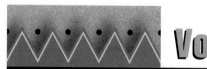

Vocabulario

Los verbos

jubilarse	to retire
mudarse	to move (*residence*)

Profesiones y oficios

el/la abogado/a	lawyer
el/la cajero/a	cashier; teller
el/la cocinero/a	cook; chef
el/la comerciante	merchant, shopkeeper
el/la contador(a)	accountant
el/la criado/a	servant
el hombre / la mujer de negocios	businessperson
el/la ingeniero/a	engineer
el/la maestro/a	school teacher
el/la obrero/a	worker, laborer

el/la peluquero/a	hairstylist
el/la periodista	journalist
el/la plomero/a	plumber
el soldado / la mujer soldado	soldier
el/la trabajador(a) social	social worker
el/la traductor(a)	translator
el/la vendedor(a)	salesperson

Cognados: el/la analista de sistemas, el/la electricista, el/la fotógrafo/a, el/la programador(a), el/la sicólogo/a, el/la siquiatra, el/la técnico/a, el/la veterinario/a

Repaso: el/la bibliotecario/a, el/la dentista, el/la dependiente/a, el/la enfermero/a, el/la mecánico/a, el/la médico/a, el/la secretario/a

En busca de un puesto

el/la aspirante	candidate
el currículum	resumé
la dirección de personal	personnel, employment office
el/la director(a) de personal	personnel director
la empresa	corporation, business
el/la entrevistador(a)	interviewer
la solicitud	application (*form*)
la sucursal	branch (*office*)

caerle (caigo) bien/ mal a alguien	to make a good/bad impression on someone
dejar	to quit
entrevistar	to interview
graduarse (me gradúo) (en)	to graduate (from)
llenar	to fill out (*a form*)
renunciar (a)	to resign (from)

Una cuestión de dinero

el aumento de sueldo	raise
el banco	bank
el cajero automático	automatic teller machine
la cuenta corriente	checking account

la cuenta de ahorros	savings account
el efectivo	cash
la factura	bill
el préstamo	loan
el presupuesto	budget
el salario	salary

Repaso: el cheque, la cuenta, los gastos, el sueldo, la tarjeta de crédito

ahorrar	to save (*money*)
balancear	to balance
cargar	to charge (*to an account*)
cobrar	to cash (*a check*); to charge (*someone for an item or service*)
depositar	to deposit
devolver (ue)	to return (*something*)
economizar	to economize
pedir (i, i) prestado/a	to borrow
sacar	to withdraw, take out

Repaso: ganar, gastar, pagar, prestar

a plazos	in installments
al contado / en efectivo	in cash
con cheque	by check

Conjunciones

después (de) que	after
en cuanto	as soon as
hasta que	until
tan pronto como	as soon as

Repaso: antes (de) que, cuando

Palabras adicionales

al final de	at the end of
al principio de	at the beginning of
en vez de	instead of

Un paso más 16

•LECTURA

Estrategia: Scanning the *Comprensión* Section

Remember that it is often a good idea to scan the questions in the **Comprensión** section before starting to read an article, especially the longer ones. Reading the questions will give you a general idea of what the article is about and alert you to information to watch for as you are reading. If you can answer the questions in **Comprensión** after you have read through the article once or twice, you should be pleased with your ability to read in Spanish!

► **Sobre la lectura...** El tema de este artículo es de gran importancia para muchos, especialmente en los últimos años. Por eso, el artículo intenta romper algunos estereotipos sobre la inmigración y presentar otro lado del argumento.

Inmigración y desempleo: Mito y realidad

El debate sobre inmigración continúa ardiendo[a] en el Congreso y en todo el país. Recientes encuestas han revelado que un gran número de ciudadanos americanos considera como un factor negativo para los Estados Unidos el creciente aumento en el número de inmigrantes. En el país prevalece la idea de que los inmigrantes son responsables de la falta de empleo que sufren muchos ciudadanos americanos.

Sin embargo, un reciente estudio sobre los efectos económicos de los inmigrantes revela que esta idea es incorrecta. El estudio, preparado por el Instituto Alexis de Tocqueville, concluye que los inmigrantes no crean desempleo sino que, al contrario, contribuyen al crecimiento económico del país y crean nuevos empleos. La investigación encontró que los inmigrantes expanden la demanda por nuevos productos y servicios, ocupan sectores esenciales del mercado laboral y elevan el nivel de ahorros e inversiones en el país.

En este debate nacional es importante recordar que muchos inmigrantes establecen sus propios negocios, creando así nuevas oportunidades para todos. Los Estados Unidos son una nación de inmigrantes y se han beneficiado, precisamente, por la continua llegada de nuevo capital humano a sus playas. Por tanto, los inmigrantes deben ser vistos como parte de la solución para los retos[b] económicos que el país enfrenta y no como un problema.

[a]*burning*   [b]*challenges*

Comprensión

A **Temas del artículo.** ¿Cuáles de los siguientes temas se mencionan en el artículo?

	SÍ	NO
1. información sobre el gran número de inmigrantes que no pueden encontrar trabajo en los Estados Unidos	☐	☐
2. información sobre los beneficios económicos que han contribuido los inmigrantes a la economía del país	☐	☐
3. información específica sobre distintos grupos de inmigrantes, como los coreanos, los mexicanos y los cubanos	☐	☐

B **Según el artículo...** Aunque muchas personas opinan que los inmigrantes tienen un efecto adverso en la economía del país, el artículo revela que realmente contribuyen de manera favorable al sistema económico. Indique dos de las contribuciones de los inmigrantes, según el artículo.

•PARA ESCRIBIR

A **Una entrevista.** ¿Conoce Ud. a alguien que sea ciudadano/a de otro país? ¿Qué hace en los Estados Unidos? ¿Estudia o sólo trabaja aquí? Hágale una entrevista a esta persona para verificar algunos datos (*information*). Luego, escriba los datos en forma de una breve composición.

En su entrevista, debe hacer preguntas sobre lo siguiente:

- el país de origen de la persona
- hace cuánto llegó a los Estados Unidos
- por qué salió de su país natal
- qué hace en este país
- si trabaja, ¿tiene su propio negocio?
- si piensa quedarse en el país por mucho tiempo

B **Mi propio negocio.** Cuando Ud. se gradúe, ¿piensa ser dueño/a de su propio negocio? ¿Cómo sería (*would it be*)? Imagínese que Ud. está por (*about to*) graduarse y piensa abrir su propio negocio. Describa este negocio, incluyendo los siguientes detalles:

- ¿Qué servicio se ofrecerá o qué producto(s) se venderá(n) allí?
- ¿Dónde estará localizado este negocio?
- ¿Cuántas personas trabajarán en la oficina (tienda)?
- ¿Quiénes serán sus clientes?

Si Ud. ya tiene su propio negocio, describa cómo es, incluyendo los mismos datos.

ACTIVIDADES

Actividad A El presupuesto

Paso 1. ¿Cómo es su presupuesto mensual? Explíquele a la clase cuánto dinero gasta Ud. por mes por cada categoría en el siguiente presupuesto. Trate de decir la verdad. Si no gasta nada, ponga un cero.

1. ropa _____
2. casa (alquiler, hipoteca [*mortgage*]) _____
3. gas, luz, agua, teléfono _____
4. comida _____
5. diversiones (cine, fiestas, restaurantes, etcétera) _____
6. gastos médicos _____
7. seguros (*insurance*) (automóvil, casa, etcétera) _____
8. automóvil (préstamos, reparaciones, gasolina, aceite, etcétera) _____
9. educación (matrícula, libros, etcétera) _____
10. impuestos (*taxes*) _____
11. ahorros _____
12. miscelánea: _____ _____

TOTAL: _____

Paso 2. Ahora, con un compañero / una compañera de clase, imagínense que juntos ganan $2.000 al mes. ¿Cómo será su presupuesto? ¿Cómo gastarán el dinero? Contesten, usando las siguientes preguntas como guía.

1. ¿Cuánto gastarán por cada categoría?
2. ¿Les será fácil o difícil ahorrar dinero? Expliquen.
3. Imagínense que alguien les da $5.000 y Uds. pueden hacer cualquier cosa con ese dinero. ¿Qué harán con él? ¿Lo ahorrarán? ¿Comprarán algo? ¿Pagarán sus facturas? Expliquen.
4. ¿Qué harán para economizar? ¿En qué categoría podrán gastar menos?

▶ **A propósito... How to Refuse to Answer a Question**

When you're asked an inappropriate question, or when you simply don't want to answer a question, it is useful to know how to avoid the question without making the person who asked it feel uncomfortable. Here are some strategies for deflecting questions in a courteous manner.

Lo siento pero...	*I'm sorry but . . .*
realmente no quisiera comentar ese tema.	*I really don't want to discuss that topic.*
yo no creo que sea apropiado hablar de eso en esta situación.	*I don't think it's appropriate to talk about that in this context.*
Sé que Ud. quiere una respuesta, pero...	*I know that you want an answer, but . . .*
yo considero que esa información es confidencial.	*I consider that information to be confidential.*
no me siento cómodo/a hablando de eso.	*I don't feel comfortable talking about that.*

In informal situations, with close friends, you can afford to be a bit more direct.

¡Vaya pregunta! ¡No tienes por qué saber eso!	*What a question! You have no business knowing that!*
¡Sólo a mí me toca saberlo!	*That's my affair!*
¡No te metas en mis asuntos!	*Don't stick your nose into my affairs!*

Actividad B   ¡Vaya pregunta!

In recent years in the United States, legislation to protect the rights of all persons has substantially changed the nature of job interviews. Whereas prospective employers previously had the right to ask candidates almost anything, there are now certain questions that should not be asked and that, in fact, are illegal to ask during an interview. Of the following questions, which do you think a prospective employer may *not* ask during an interview?

1. ¿Cómo eran sus notas en la universidad?
2. ¿Está Ud. comprometido/a (*engaged*)? ¿casado/a?
3. ¿Qué aspiraciones tiene en esta empresa?
4. ¿Su esposo/a está dispuesto/a (*willing*) a mudarse?
5. ¿Cuánto quiere ganar al año?
6. ¿Practica Ud. alguna religión? ¿Cuál?
7. ¿Está Ud. dispuesto/a a trabajar horas extra?
8. ¿Por quién votó en las últimas elecciones presidenciales?

With a classmate, imagine that you are in a job interview situation. As your classmate asks the preceding questions, answer or refuse to answer, using the phrases in **A propósito...** to help you courteously avoid inappropriate issues.

17 Las últimas novedades

¿Oyó Ud. las
últimas noticias
hoy? ¿Sabe lo que
pasa actualmente
en el mundo?
¿Cómo se entera
Ud. de lo último?
¿Lee el periódico o
unas revistas?
¿Lee las noticias
en el *Internet*?
¿Mira el noticiero
en la tele?
¿Escucha la radio?

EL NOTICIERO

Caracas, Venezuela

In this chapter, you will learn vocabulary and structures that will allow
you to
- talk about news of the day and aspects of different types of govern-
  ments (**Vocabulario: Preparación**)
- use the subjunctive to talk about past events (**Grammar Section 47**)
- point out things that belong to you and others (**48**)

As you work through the chapter, see how much you can learn about different means of communication and distribution of news in the Spanish-
speaking world.

Vocabulario: Preparación

Las noticias

Y ahora, el canal 45 les ofrece a Uds. el NOTICIERO 45 con las últimas novedades del mundo...

Asesinato de un dictador Huelga de obreros en Alemania Guerra en el Oriente Medio

Erupción de un volcán en Centroamérica

Choque de trenes

Bombas en un avión

el acontecimiento	event	**la esperanza**	hope
el medio de comunicación	means of communication	**la paz**	peace
la prensa	press; news media	**comunicarse (con)**	to communicate (with)
el/la reportero/a	reporter	**enterarse (de)**	to find out, learn (about)
el/la testigo	witness		
el choque	collision	**informar**	to inform
el desastre	disaster	**ofrecer (ofrezco)**	to offer

Conversación

A **¿Cómo se entera Ud.?** El público utiliza diferentes medios para enterarse de los acontecimientos locales, nacionales e internacionales. ¿Cómo se entera Ud. de las noticias?

(Continúa.)

Paso 1. Indique con qué frecuencia utiliza los siguientes medios.

	TODOS LOS DÍAS	DE 3 A 5 VECES POR SEMANA	CASI NUNCA
1. Leo un periódico local.	☐	☐	☐
2. Leo un periódico nacional.	☐	☐	☐
3. Leo una revista.	☐	☐	☐
4. Leo las noticias en el *Internet*.	☐	☐	☐
5. Miro el telediario local.	☐	☐	☐
6. Miro el telediario nacional.	☐	☐	☐
7. Miro CNN.	☐	☐	☐
8. Escucho la radio.	☐	☐	☐

Paso 2. Compare sus respuestas con las de sus compañeros. ¿Cuál es el medio preferido por la mayoría de Uds. para informarse?

B **Definiciones.** ¿Qué palabra se asocia con cada definición?

1. _____ un programa que nos informa de lo que pasa en nuestro mundo
2. _____ la persona que está presente durante un acontecimiento y lo ve todo
3. _____ un medio importantísimo de comunicación
4. _____ la persona que nos informa de las novedades
5. _____ la persona que gobierna un país de una forma absoluta
6. _____ la persona que emplea la violencia para cambiar el mundo según sus deseos
7. _____ cuando los obreros se niegan a (*refuse*) trabajar
8. _____ la frecuencia en que se transmiten y se reciben los programas de televisión
9. _____ la confrontación armada entre dos o más países

a. el noticiero
b. la guerra
c. el/la terrorista
d. el/la dictador(a)
e. el canal
f. el/la testigo
g. el/la reportero/a
h. la huelga
i. la prensa

C **Ud. y la televisión.** Tell whether you agree or disagree with the following statements and give examples to support your point of view. Then make suggestions for improvement, as appropriate.

1. Los reporteros de la televisión nos informan imparcialmente de los acontecimientos.
2. Por lo general ofrecen los programas más interesantes en el canal _____.
3. En este país la prensa es irresponsable. Nos da sólo los detalles que apoyan sus posiciones políticas.
4. Las telenovelas (*soap operas*) reflejan la vida tal (*just*) como es.
5. Los anuncios son sumamente (*extremely*) informativos y más interesantes que muchos programas.
6. Me gusta que los reporteros y meteorólogos cuenten chistes durante el noticiero.

El gobierno y la responsabilidad cívica

^aun... *not at all*

el/la ciudadano/a	citizen	la política	politics
el deber	responsibility, obligation	el/la político/a	politician
los/las demás	others, other people	el rey / la reina	king/queen
el derecho	right	el servicio militar	military service
la (des)igualdad	(in)equality		
la dictadura	dictatorship	durar	to last
la discriminación	discrimination	obedecer (obedezco)	to obey
el ejército	army	votar	to vote
la ley	law		

Conversación

A **Asociaciones.** ¿Qué cosas, personas o ideas asocia Ud. con las siguientes palabras?

1. el deber
2. el ejército
3. la política
4. la ley
5. la monarquía
6. la dictadura

B **¡Peligro!** (*Jeopardy!*)   ¿Cuánto sabe Ud. de historia y política? Conteste rápidamente con la información necesaria y en forma de pregunta.

1. Fue un dictador argentino que tenía una esposa famosa.
2. Se llama Elizabeth y vive en Buckingham Palace.
3. Es una famosa película de Orson Welles, y su protagonista se llama Kane.
4. Fue un presidente estadounidense que se opuso a (*opposed*) la esclavitud de los negros.
5. En algunos países, es un deber de los hombres de cierta edad. Generalmente, tienen que entrar en el ejército por dos años, más o menos.
6. Es la forma de gobierno que existe en España.
7. Existe cuando muchas personas no tienen los mismos derechos que los demás.
8. Es un deber de los ciudadanos en una democracia.

C **Opiniones.**   ¿Qué piensa Ud. de las siguientes ideas? Dé su opinión, empezando con una de estas expresiones.

Dudo que...
Es probable que...
Es lástima que...
Me parece terrible/buena idea que...

(No) Creo que...
Es bueno/malo que...
Es increíble que...

1. En los Estados Unidos consumimos demasiada energía.
2. La paz mundial completa es (im)posible.
3. En este país, la igualdad de todos los ciudadanos es una realidad, no sólo una esperanza.
4. Los policías, los bomberos (*firefighters*) y los médicos no tienen derecho a declararse en huelga.
5. El servicio militar obligatorio es necesario para formar un ejército.
6. El mundo de la política está lleno de gente (des)honesta.
7. La edad permitida para tomar bebidas alcohólicas debe ser la misma que la edad para votar.
8. Hay muchos países que tienen dictadores.

Minidiálogos y gramática

¿Recuerda Ud.?

In Grammar Section 47, you will learn about and begin to use the forms of the past subjunctive. As you learn this new tense, you will be continually using the past tense forms you have already learned along with the new material, so this section presents many opportunities for review. The following brief exercises will help you get started.

A. To learn the forms of the past subjunctive, you will need to know the forms of the preterite well, especially the third person plural. Regular **-ar** verbs end in **-aron** and regular **-er/-ir** verbs in **-ieron** in the third person plural of the preterite. Stem-changing **-ir** verbs show the second change in the third person: **servir (i, i)** → **sirvieron; dormir (ue, u) durmieron.** Verbs with a stem ending in a vowel change the **i** to **y: leyeron, cayeron, construyeron.** Many common verbs have irregular stems in the preterite: **quisieron, hicieron, dijeron,** and so on. Four common verbs are totally irregular in this tense: **ser/ir** → **fueron, dar** → **dieron, ver** → **vieron.**

Give the third person plural of the preterite for these infinitives.

1. hablar	**6.** dormir	**11.** destruir	**16.** vestirse
2. comer	**7.** reír	**12.** mantener	**17.** decir
3. vivir	**8.** leer	**13.** traer	**18.** creer
4. jugar	**9.** estar	**14.** dar	**19.** ir
5. perder	**10.** tener	**15.** saber	**20.** poder

B. The forms of the imperfect are relatively regular. Only four verbs have irregular imperfect forms: **dar, ir, ser,** and **ver.** Give their first person singular and plural forms.

47 ¡Ojalá que pudiéramos hacerlo! •
Past Subjunctive

¡Ojalá que no *fuera* así!

MARÍA: ¿No recuerdas? ¡Qué mala memoria!

ELISA: Pero, mamá, ¡parece imposible que yo *dijera* eso! ¡Qué falta de respeto hacia ti!

MARÍA: ¡Ojalá que no *fuera* así! ¡Cómo discutíamos! Tú creías que siempre tenías razón. Era imposible que *te equivocaras.* Tampoco querías que nadie te *dijera* lo que debías hacer. Eras muy cabezuda.

ELISA: Bueno, por lo menos ahora no soy así. Digo, no tanto...

MARÍA: Sí, pero, de todos modos, es necesario que una buena periodista sea un poco terca.

ELISA: Estoy de acuerdo. Es probable que, sin esa cualidad mía, yo no *hubiera obtenido* ese puesto...

I wish it weren't like that! MARÍA: You don't remember? What a bad memory! ELISA: But Mom, it seems impossible that I would say that! What a lack of respect toward you! MARÍA: I wish it weren't like that! How we used to argue! You thought you were always right. It was impossible that you could ever make a mistake. Neither did you want anybody to tell you what you should do. You were very stubborn. ELISA: Well, at least I'm not like that now. I mean, not as much . . . MARÍA: Yes, but, in any case, it's necessary for a good journalist to be a little bit stubborn. ELISA: I agree. It's probable that, without that quality of mine, I wouldn't have obtained that job . . .

Hace diez años...

1. ¿de qué era difícil que Ud. hablara con sus padres?
2. ¿con quién era imposible que Ud. se pusiera de acuerdo?
3. ¿con quién era imposible que Ud. se comunicara?
4. ¿contra qué orden de sus padres era común que Ud. protestara?

Cuando Ud. era niño/a...

5. ¿era probable que discutiera con alguien en la escuela primaria o en el barrio? ¿con quién?
6. ¿dónde le prohibían sus padres que jugara?
7. ¿qué era obligatorio que comiera o bebiera?
8. ¿de qué temía que sus padres se enteraran?

Although Spanish has two simple indicative past tenses (preterite and imperfect), it has only one simple subjunctive past tense, the *past subjunctive* (**el imperfecto del subjuntivo**). Generally speaking, this tense is used in the same situations as the present subjunctive but, of course, when talking about past events. The exact English equivalent depends on the context in which it is used.

Forms of the Past Subjunctive

Past Subjunctive of Regular Verbs*					
hablar: hablar∅ń		**comer: comier∅ń**		**vivir: vivier∅ń**	
hablara	habláramos	comiera	comiéramos	viviera	viviéramos
hablaras	hablarais	comieras	comierais	vivieras	vivierais
hablara	hablaran	comiera	comieran	viviera	vivieran

A. The past subjunctive endings **-a, -as, -a, -amos, -ais, -an** are identical for **-ar, -er,** and **-ir** verbs. These endings are added to the third person plural of the preterite indicative, minus its **-on** ending. For this reason, the forms of the past subjunctive reflect the irregularities of the preterite.

Past Subjunctive Endings:

-ar → -ara
-er, -ir → -iera

B. Stem-changing verbs

-Ar and **-er** verbs: no change

-Ir verbs: all persons of the past subjunctive reflect the vowel change in the third person plural of the preterite.

empezar (ie): empezar∅ń → **empezara, empezaras, ...**
volver (ue): volvier∅ń → **volviera, volvieras, ...**

dormir (ue, u): durmier∅ń → **durmiera, durmieras, ...**
pedir (i, i): pidier∅ń → **pidiera, pidieras, ...**

---

*An alternative form of the past subjunctive (used primarily in Spain) ends in **-se: hablase, hablases, hablase, hablásemos, hablaseis, hablasen.** This form will not be practiced in *Puntos de partida.*

C. Spelling changes

All persons of the past subjunctive reflect the change from **i** to **y** between two vowels.

i → y (caer, construir, creer, destruir, leer, oír)

creer: creyer~~on~~ → **creyera, creyeras, creyera, creyéramos, creyerais, creyeran**

D. Verbs with irregular preterites

dar: dier~~on~~ → **diera, dieras, diera, diéramos, dierais, dieran**

decir:	dijer~~on~~ → **dijera**		poner:	pusier~~on~~ → **pusiera**
estar:	estuvier~~on~~ → **estuviera**		querer:	quisier~~on~~ → **quisiera**
haber:	hubier~~on~~ → **hubiera**		saber:	supier~~on~~ → **supiera**
hacer:	hicier~~on~~ → **hiciera**		ser:	fuer~~on~~ → **fuera**
ir:	fuer~~on~~ → **fuera**		tener:	tuvier~~on~~ → **tuviera**
poder:	pudier~~on~~ → **pudiera**		venir:	vinier~~on~~ → **viniera**

Uses of the Past Subjunctive

A. The past subjunctive usually has the same applications as the present subjunctive, but is used for past events. Compare these pairs of sentences.

Quiero que **jueguen** esta tarde.
I want them to play this afternoon.

Quería que **jugaran** por la tarde.
I wanted them to play in the afternoon.

Siente que no **estén** allí esta noche.
He's sorry (that) they aren't there tonight.

Sintió que no **estuvieran** allí anoche.
He was sorry (that) they weren't there last night.

Dudamos que se **equivoquen**.
We doubt that they will make a mistake.

Dudábamos que se **equivocaran**.
We doubted that they would make a mistake.

B. Remember that the subjunctive is used after
(1) expressions of *influence, emotion,* and *doubt;*
(2) *nonexistent* and *indefinite antecedents;* and
(3) *conjunctions* of *contingency and purpose,* as well as those of *time.*

(1) ¿**Era necesario** que **regatearas**?
Was it necessary for you to bargain?

(1) **Sentí** que no **tuvieran** tiempo para ver Granada.
I was sorry that they didn't have time to see Granada.

(2) **No había nadie** que **pudiera** resolverlo.
There wasn't anyone who could (might have been able to) solve it.

(3) Los padres **trabajaron para que** sus hijos **asistieran** a la universidad.
The parents worked so that their children could (might) go to the university.   (Continúa.)

(3) Anoche, **íbamos** a salir **en cuanto llegara** Felipe.
Last night, we were going to leave as soon as Felipe arrived.

C. The past subjunctive of the verb **querer** is often used to make a request sound more polite.

Quisiéramos hablar con Ud. en seguida.
We would like to speak with you immediately.

Quisiera un café, por favor.
I would like a cup of coffee, please.

Práctica

A **Si pudiera regresar...** ¿Le gusta la idea de volver a la escuela secundaria? ¿O prefiere la vida de la universidad?

Paso 1. Lea las siguientes oraciones e indique las que son verdaderas para Ud. Cambie las oraciones falsas para que expresen su propia experiencia.

En la escuela secundaria...

1. ☐ era obligatorio que yo asistiera a todas mis clases
2. ☐ mis padres insistían en que yo estudiara mucho
3. ☐ era necesario que yo trabajara para que pudiera asistir a la universidad algún día
4. ☐ no había ninguna clase que me interesara
5. ☐ tenía que sacar buenas notas para que mis padres me dieran dinero
6. ☐ mis amigos querían que los llevara en coche a todas partes
7. ☐ era necesario que volviera a casa a una hora determinada, aun los fines de semana
8. ☐ mis padres me exigían que limpiara mi cuarto cada semana
9. ☐ mis padres no permitían que escuchara cierto tipo de música
10. ☐ mis padres no permitían que saliera con cierta persona o con la gente de cierto grupo

Paso 2. Ahora considere sus respuestas. ¿Realmente era mejor la vida en la escuela secundaria? ¿Le gustaría regresar a esa época? ¿Por qué sí o por qué no?

B **Y ahora, la niñez.** ¿Qué quería Ud. de la vida cuando era niño/a? ¿Y qué querían los demás que Ud. hiciera? Conteste, haciendo oraciones con una frase de cada grupo.

1. Mis padres (no) querían que yo...
2. Mis maestros me pedían que...
3. Yo buscaba amigos que...
4. Me gustaba mucho que nosotros...

ir a la iglesia / al templo con ellos
portarse bien, ser bueno/a
estudiar mucho, hacer la tarea todas las noches, sacar buenas notas
ponerse ropa vieja para jugar, jugar en las calles, pelear con mis amigos
mirar mucho la televisión, leer muchas tiras cómicas, comer muchos dulces
vivir en nuestro barrio, asistir a la misma escuela, tener muchos juguetes, ser aventureros
ir de vacaciones en verano, pasar todos juntos los días feriados, tener un árbol de Navidad muy alto

C **El noticiero de las seis.** En las noticias los reporteros nos informan de los acontecimientos del día, pero a veces también ofrecen sus propias opiniones.

Paso 1. Lea las siguientes oraciones y cámbielas al pasado. Debe usar el imperfecto del primer verbo en cada oración y luego el imperfecto del subjuntivo en la segunda parte.

1. «Los obreros quieren que les den un aumento de sueldo.»
2. «Es posible que los trabajadores sigan en huelga hasta el verano.»
3. «Es necesario que las víctimas reciban atención médica en la Clínica del Sagrado Corazón.»
4. «Es lástima que no haya espacio para todos allí.»
5. «Los terroristas piden que los oficiales no los persigan.»
6. «Parece imposible que el gobierno acepte sus demandas.»
7. «Es necesario que el gobierno informe a todos los ciudadanos del desastre.»
8. «Dudo que la paz mundial esté fuera de nuestro alcance (*reach*).»
9. «El presidente y los directores prefieren que la nueva fábrica se construya en México.»
10. «Temo que el número de votantes sea muy bajo en las próximas elecciones.»

Paso 2. Ahora indique si las oraciones representan un hecho o si son una opinión del reportero o de la persona citada (*quoted*).

Conversación

A **Los consejos se dan gratis** (*free*). Sin duda, varias personas le dieron a Ud. muchos consejos o recomendaciones antes de que Ud. empezara a estudiar en la universidad. ¿Qué le recomendaron las siguientes personas? Indique las oraciones que son apropiadas para Ud. Luego dé por lo menos otro consejo o recomendación más que cada persona o grupo de personas le ofreció a Ud.

1. Mis amigos me recomendaron que viviera en una residencia en vez de en un apartamento.
2. Mis padres me aconsejaron que estudiara mucho.
3. Mi mejor amigo/a me pidió que le escribiera de vez en cuando.
4. Mi consejero/a me recomendó que me especializara en una carrera práctica y útil.

Frases útiles: tomar muchas clases diferentes, hacerme socio/a (*member*) de un(a) *fraternity/sorority,* graduarme dentro de cuatro años, participar en muchas actividades extracurriculares, llamar con frecuencia, evitar el alcohol y las drogas

B **Preguntas**

1. ¿De qué tenía Ud. miedo cuando era pequeño/a? ¿Era probable que ocurrieran las cosas que Ud. temía? ¿Temía a veces que sus padres lo/la castigaran (*punish*)? ¿Lo merecía a veces? ¿Era necesario que Ud. los obedeciera siempre? ¿Qué le prohibían que hiciera Ud.?

(Continúa.)

2. ¿Qué tipo de clases buscaba Ud. para este semestre/trimestre? ¿clases que fueran fáciles? ¿interesantes? ¿Las encontró Ud.? ¿Han salido las clases tal como Ud. lo esperaba? ¿Qué tipo de clases va a buscar para el semestre/trimestre que viene?

3. ¿Qué buscaban los primeros inmigrantes que vinieron a los Estados Unidos? ¿Buscaban un lugar donde pudieran practicar su religión? ¿un lugar donde hubiera abundancia de recursos naturales? ¿menos restricciones? ¿más libertad política y personal? ¿más respeto por los derechos humanos? ¿menos gente? ¿más espacio?

C **Situaciones.** El niño del dibujo sabe que está molestando a sus padres cuando los despierta por un vaso de agua que no quiere todavía pero que podría querer después. Por eso les habla de una forma muy cortés: «quisiera un vaso de agua... quisiera saber... ». ¿Cómo podría Ud. pedir en una forma muy cortés lo que necesita en las siguientes situaciones? ¿Qué diría para conseguirlo?

1. Ud. quiere tener el número de teléfono de un chico / una chica que acaba de conocer. Habla con un amigo de él / una amiga de ella.

2. En un restaurante, el camarero no lo/la atiende como debe. Ud. no quiere perder la paciencia con él, pero quiere la taza de café que le pidió hace diez minutos... y la cuenta.

3. Uds. quieren saber cuándo es el examen final en esta clase y qué va a incluir.

—Verás, quisiera un vaso de agua. Pero no te molestes, porque ya no tengo sed. Sólo quisiera saber si, en el caso de que tuviese otra vez sed, podría (*I could*) venir a pedirte un vaso de agua.

Nota comunicativa **I wish I could . . . I wish they would**

There are many ways to express wishes in Spanish. As you know, one of the most common is **ojalá (que)** with the subjunctive. The past subjunctive following **ojalá** is one of the most frequent uses of those verb forms.

Ojalá (que) pudiera acompañarlos, pero no es posible.
Ojalá inventaran una máquina que hiciera todas las tareas domésticas.

I wish I could go with you, but it's not possible.
I wish they would invent a machine that would do all the household chores.

D **¡Ojalá!** Complete las oraciones lógicamente.

1. Ojalá que (yo) tuviera _____.
2. Ojalá que pudiera _____.
3. Ojalá inventaran una máquina que _____.
4. Ojalá solucionaran el problema de _____.
5. Ojalá que en esta universidad fuera posible _____.

Rubén Salazar

El 29 de agosto de 1970, día del **Moratorio Chicano,*** murió **Rubén Salazar, jefe de información** de la estación KMEX-TV, de Los Ángeles, y **columnista** del periódico *Los Angeles Times*. Después de filmar el moratorio y los disturbios subsecuentes, Salazar y su equipo habían entrado en el Silver Dollar café del Bulevar Whittier. Un escuadrón de agentes de policía del Departamento del Sheriff del condado de Los Ángeles, reaccionando a la información de que había dentro un hombre armado, cercó[a] el café y dispararon[b] varias bombas de gases lacrimógenos[c] hacia el interior. Uno de los proyectiles golpeó a Salazar en la cabeza, matándolo inmediatamente.

Rubén Salazar

Al momento de su muerte, Rubén Salazar era **el periodista mexicoamericano más conocido** del país. Salazar nació en Juárez, Chihuahua, en 1928 y se crió en El Paso, Texas. En 1956 se mudó a California. De 1959 a 1965, fue reportero de *Los Angeles Times*, y comunicaba las noticias de la comunidad chicana de Los Ángeles. Cómo **corresponsal en el extranjero** del *Times*, reportó sobre la intervención estadounidense en la República Dominicana en 1965, y la guerra en Vietnam. En 1966, llegó a ser[d] jefe de la agencia del *Times* en la Ciudad de México. En 1970 dejó su puesto de reportero en el *Times* para aceptar el de jefe de información de la estación KMEX-TV, que emitía en español. Según él, quería comunicarse en su propio idioma con la gente sobre la que ya había escrito tantos artículos para los lectores anglosajones.

Asimismo[e] comenzó a escribir una columna semanal en el *Times* sobre **asuntos[f] chicanos** en Los Ángeles. En ella denunció el racismo y varias injusticias serias sufridas por la comunidad chicana. Escribió sobre temas que todavía tienen gran pertinencia: la inmigración, la discriminación racial, la educación bilingüe y bicultural y la Acción Afirmativa. Sus columnas y reportajes le ganaron la enemistad de las agencias de la policía de Los Ángeles. Varias autoridades llegaron a sugerir a la dirección del *Times* que despidieran[g] a Salazar o que dejaran de publicar su columna. Las mismas gestiones hicieron con la dirección de la estación KMEX.

Aunque la encuesta judicial sobre las causas de la muerte de Rubén Salazar absolvió a los diputados de las acusaciones de conspirar para asesinarlo, eso no consiguió disipar todas esas sospechas, algunas de las cuales persisten aún.

[a]*surrounded* [b]*fired* [c]*tear-causing* [d]llegó... *he became*
[e]*Likewise* [f]*matters* [g]*they fire*

¿Recuerda Ud.?

Review the forms and uses of possessive adjectives (Grammar Section 8) before beginning Grammar Section 48.

When the possessive adjectives modify a singular noun, use the following.

mi   tu   su   nuestro/a   vuestro/a   su

(Continúa.)

---

*El **Moratorio Chicano** fue una manifestación (*demonstration*) contra la guerra en Vietnam. Los participantes del moratorio protestaron la participación chicana en la guerra.

When the possessive adjectives modify a plural noun, use the following.

mis   tus   sus   nuestros/as   vuestros/as   sus

Exprese lo siguiente con adjetivos posesivos.

1. el país de él
2. los derechos (de ti)
3. la obligación de nosotros
4. la prensa de nosotros
5. el gobierno de Uds.
6. el crimen de ellos

---

48 More About Expressing Possession •
Stressed Possessives

Algún día, hijo mío, todo esto va a ser tuyo.

1. ¿Quién es el dueño del mundo en esta visión del futuro?
2. ¿A quién le va a dar todo el padre robot?
3. ¿A qué se refieren las palabras «todo esto»?
4. ¿Quisiera Ud. heredar «todo esto» algún día?
5. Imagínese que Ud. le dice a su hijo/a que «todo esto va a ser tuyo». ¿A qué se refiere Ud. con estas palabras? Es decir, ¿qué quiere dejarle para el futuro?

- When in English you would emphasize the possessive with your voice, or when you want to express English *of mine* (*of yours*, *of his*, and so on), you will use the *stressed forms* (**las formas tónicas**) of the possessive in Spanish. As the term implies, they are more emphatic than the *unstressed forms* (**las formas átonas**).

Forms of the stressed possessive adjectives

mío/a/os/as	my, (of) mine	**nuestro/a/os/as**	our, (of) ours
tuyo/a/os/as	your, (of) yours	**vuestro/a/os/as**	your, (of) yours
suyo/a/os/as	your, (of) yours; his, (of) his; her, (of) hers; its	**suyo/a/os/as**	your, (of) yours; their, (of) theirs

- The stressed forms of the possessive adjective follow the noun, which must be preceded by a definite or indefinite article or by a demonstrative adjective. The stressed forms agree with the noun modified in number and gender.

Es **mi** amigo.	He's my friend.
Es **un** amigo **mío.**	{ He's **my** friend. / He's a friend of mine.
Es **su** perro.	It's her dog.
Es **un** perro **suyo.** / Es **suyo.**	{ It's **her** dog. / It's a dog of hers. / It's hers.

- The stressed possessives are often used as nouns.

la maleta suya → la suya
el pasaporte tuyo → el tuyo.*

---

*For more information, see Appendix 2, Using Adjectives As Nouns.

Práctica

A **En el hotel.** Complete el siguiente diálogo con las formas apropiadas del posesivo.

—Perdone, señorita, pero esta maleta que Uds. me han dado no es (mío[1]).
—¿No es (suyo[2])? ¿No es Ud. el doctor Méndez?
—Sí, soy yo, pero esta maleta no es (mío[3]). Ud. todavía tiene la (mío[4]). Está allí a la derecha.
—Ah, nos equivocamos. Esta es de los señores Palma. Aquí tengo la (suyo[5]). ¡Cuánto lo siento!

B **En el departamento de objetos perdidos.** ¿Son suyos los objetos que le ofrecen? Con un compañero / una compañera, háganse y contesten preguntas según los modelos.

MODELO: de Ud. →
E1: Esta maleta, ¿es *de Ud.*?
E2: No, no es *mía*.

1. de Juan	**3.** de Alicia	**5.** tuya
2. de Uds.	**4.** mía	

MODELO: libro →
E1: ¿Y este *libro*?
E2: No, no es mío. El mío es más pequeño.

6. despertador	**8.** llave	**10.** pastillas
7. zapatos	**9.** televisor	**11.** periódico

Conversación

A **Comparaciones: En general...** Compare the following aspects of your life with what is generally the case. Complete only those sentences that have meaning for you personally.

1. Las clases en esta universidad son fáciles/regulares/difíciles. Pienso que las mías...
2. Las clases aquí son grandes/pequeñas. Pienso que la nuestra...
3. En esta ciudad, los alquileres son altos. Creo que el mío...
4. Dicen que el perro es el mejor amigo del hombre. Sin duda, el mío...
5. La familia es un apoyo (*support*) cuando uno tiene problemas. En general, la mía...
6. Los coches modernos son más pequeños que los de la década de los cincuenta. El mío...

B **Entrevista.** Use the cues on the following page to interview a classmate about the following aspects of his or her life. Find out as much as you can about the topic. Then state the results of your interview, using stressed possessives when possible.

(Continúa.)

Las clases: ¿cuántas clases en total?, ¿a qué hora empiezan?, ¿muchos cursos de ciencias?, ¿de humanidades?

De los dos, ¿quién... ?

1. tiene el horario más exigente (*demanding*)
2. tiene el horario que empieza más temprano
3. tiene el horario más interesante

MODELO: El horario de Burt es más exigente que el mío.
(Burt tiene clases muy difíciles, pero mi horario es más exigente que el suyo.)

La vivienda: ¿el tamaño (*size*) del apartamento/casa?, ¿un alquiler alto?, ¿un barrio elegante?

De los dos, ¿quién... ?

4. tiene el apartamento más grande
5. tiene el alquiler más barato
6. vive en un barrio más elegante

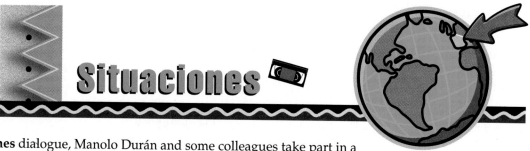

In this **Situaciones** dialogue, Manolo Durán and some colleagues take part in a **tertulia,** an informal gathering at which participants chat about current topics (see **Nota cultural,** this chapter). Pay close attention to what Manolo and his friends are talking about. Also note their reactions to what the others say. Do you think they are angry with each other?

Manolo llega al bar. Se sienta a la mesa con sus amigos.

MANOLO: Muy bien, ¿de qué hablamos hoy?

MARICARMEN: Hablamos del partido político de Paco. Y este, como siempre, cree que los líderes políticos de su partido tienen el derecho de dictar cómo viven los demás. Y yo, claro, no estoy de acuerdo.

PACO: Maricarmen, te equivocas. Es todo lo contrario. Mira. Mi partido ofrece soluciones razonables a los problemas más graves de hoy.

MANOLO: Hasta cierto punto, estoy de acuerdo con Maricarmen. ¿Viste las noticias del Canal 2 anoche? Paco, tu querido partido quería votar cuanto antes[a] la nueva legislación, para que nadie más pudiera protestar.

PACO: ¡No, señor! No es así. ¿Siempre crees todo lo que dicen la prensa y la televisión? ¡Ojalá el asunto[b] fuera tan sencillo!

FUNCTION

expressing disagreement

[a]cuanto... *as soon as possible*   [b]*matter*

MARICARMEN: Pero Paco, no me parecen razonables las soluciones propuestas por tu partido. Es verdad que necesitamos nuevas leyes laborales, pero estas no resuelven nada.

PACO: ¡Al contrario! Maricarmen, el anterior presidente no había hecho nada en los últimos años. Mira las noticias. Hay huelgas, desempleo, desastres económicos...

MANOLO: ¡Paco! ¿Tú siempre crees todo lo que dicen la prensa y la televisión?

PACO: Pues, ¡parece que lo único en que estamos de acuerdo es en que *no* estamos de acuerdo!

Con un compañero / una compañera

Exprese dos opiniones distintas sobre cada uno de los siguientes temas en diálogos de cinco a seis oraciones. **¡OJO!** *No* es necesario que expresen sus opiniones personales. Sólo deben presentar dos puntos de vista opuestos.

- la pena de muerte: ¿castigo (*punishment*) inhumano o freno necesario para el crimen?
- la censura (*censorship*) del *Internet*: ¿tema «de moda» o medida necesaria para proteger a la juventud?
- la legalización de la marihuana: ¿amenaza (*threat*) a la juventud o compromiso inteligente?

Un poco de todo

A **¡No es justo** (*fair*)!

Paso 1. Complete las siguientes oraciones según las indicaciones para enterarse de lo que le pasó a Pepe Ramírez ayer. Añada otras palabras cuando sea necesario. **¡OJO!** Va a usar el imperfecto del subjuntivo en algunos casos.

(Continúa.)

1. ayer / (yo) ver / mi / nota / último / examen
2. no / poder / creer / que / nota / ser / tan / bajo
3. no / ser / posible / que / yo / hacer / examen / tan / mal
4. por eso / (yo) hablar / con / profesor / para que / (él) explicarme / causa / de / nota
5. (él) decirme / que / haber / errores / importante / pero / que / haber / partes / bueno / también
6. (él) pedirme / que / leer / examen / otro / vez
7. ser / verdad / que / haber / errores / en / examen
8. pero / ¡no / ser / justo / que / profesor / darme / nota / tan / bajo!

Paso 2. Con un compañero / una compañera, háganse y contesten las siguientes preguntas.

1. ¿Te ha ocurrido algo similar?
2. ¿Qué hiciste? ¿Te cambió la nota tu profesor(a) o no?
3. ¿Piensas que muchos profesores son injustos? ¿Por qué?

B Escenas históricas

Paso 1. La gente emigra por varias razones. Complete las siguientes oraciones con la forma correcta del infinitivo. Luego, si puede, nombre un grupo que emigró por la razón citada.

1. Las leyes de su país de origen no permitían que este grupo (practicar) libremente su religión.
2. Algunas personas esperaban que (haber) oro y plata en América.
3. El rey no quería que estos criminales (seguir) viviendo en su país.
4. Estos inmigrantes buscaban un país donde (haber) paz y esperanza y seguridad (*safety*) personal.
5. Los miembros de este grupo buscaban un país donde no (tener) que pasar hambre.

Paso 2. Dé una breve descripción del pasado histórico de los Estados Unidos, haciendo oraciones según las indicaciones. Empiece en el pasado. Desde el número 8, las oraciones se refieren al presente.

1. indios / temer / que / colonos / quitarles / toda la tierra
2. colonos / no / gustar / que / ser necesario / pagarle / impuestos / rey
3. parecía imposible / que / joven república / tener éxito (*success*)
4. los del sur / no / gustar / que / gobernarlos / los del norte
5. abolicionistas / no / gustar / que / algunos / no / tener / mismo / libertades
6. era necesario / que / declararse / en huelga / obreros / para / obtener / alguno / derechos
7. era terrible / que / haber / dos / guerra / mundial
8. para que / nosotros / vivir / en paz / es cuestión de / aprender / comunicarse
9. también / es necesario / que / haber / leyes / que / garantizar / derechos

C ¿Qué lees? Complete the following dialogue with the correct form of the words in parentheses, as suggested by the context. When two possibilities are given in parentheses, select the correct word.

EDUARDO: ¿De quién (ser/estar[1]) esta revista?

LINDA: Es (mío[2]). Te (lo/la[3]) puedo prestar, si quieres.

EDUARDO: Pues me gustaría que me la (dejar[4]). La he (hojear[a 5]) y me ha gustado.

LINDA: Para (yo/mí[6]) también ha sido una sorpresa. No pensaba que (ser/estar[7]) (tan/tanto[8]) buena. Tiene un poco de todo. Aunque yo temía que (resultar[b 9]) superficial, no es así.

EDUARDO: (Yo: Ser/Estar[10]) de acuerdo. Trae artículos de política internacional (muy/mucho[11]) interesantes. Quiero terminar de (leer[12]) ese artículo sobre la situación de las antiguas[c] repúblicas soviéticas.

LINDA: (Leer: Tú[13]) también el reportaje sobre África. Hace un análisis muy interesante sobre (el/la[14]) relación entre el hambre, la guerra y (el/la[15]) desertización. Pero también habla de la política nacional, de ciencia...

EDUARDO: Sí y ya (ver: yo[16]) que además trae (un/una[17]) reportaje sobre mi actor favorito.

LINDA: (Es/Está[18]) cierto. Trae bastantes comentarios sobre el cine. También puedes (enterarse[19]) de las últimas novedades, tanto sobre libros (que/como[20]) sobre música.

EDUARDO: Y también me imagino[d] (que/lo que[21]) tiene secciones sobre viajes, salud, deportes...

LINDA: Tienes (suerte/razón[22]). Es una buena forma de enterarse de todo lo actual.

[a]to look over   [b]to turn out   [c]former   [d]me... I imagine

Comprensión: ¿Cierto o falso?

1. A Linda le gusta leer más que a Eduardo.
2. La revista de que hablan se publica una vez al año.
3. Es posible que tenga también una sección sobre viajes.

Vocabulario

Los verbos

apoyar	to support
castigar	to punish
comunicarse (con)	to communicate (with)
durar	to last
enterarse (de)	to find out (about)
gobernar (ie)	to govern, rule
informar	to inform

Repaso: discutir, obedecer, ofrecer

Las últimas novedades

el acontecimiento	event, happening
el asesinato	assassination
el choque	collision
el desastre	disaster
el ejército	army
la esperanza	hope, wish
la guerra	war
la huelga	strike (labor)
la libertad	liberty, freedom

el medio de	means of communication
comunicación	
las noticias	news
el noticiero	newscast
la paz (*pl.* **paces**)	peace
la prensa	press; news media
el/la reportero/a	reporter
el/la terrorista	terrorist
el/la testigo	witness

Repaso: el canal, el/la obrero/a

El gobierno y la responsabilidad cívica

el/la ciudadano/a	citizen
el deber	responsibility, obligation

el derecho	right
la (des)igualdad	(in)equality
el/la dictador(a)	dictator
la dictadura	dictatorship
la discriminación	discrimination
la ley	law
la política	politics
el/la político/a	politician
el rey / la reina	king / queen
el servicio militar	military service

Repaso: los/las demás

Las formas posesivas

mío/a(s), tuyo/a(s), suyo/a(s), nuestro/a(s), vuestro/a(s)

•LECTURA

Estrategia: The Purpose of an Editorial

En esta sección va a leer un tipo de artículo muy común en la prensa escrita: el editorial. Como Ud. sabe, un editorial se distingue porque presenta la opinión personal de quien lo escribe. En este editorial se trata de los noticieros hispanos en los Estados Unidos. Al leer (*As you read*), busque las oraciones que representan las opiniones de su autor y las que representan los hechos que las apoyan.

▶ **Sobre la lectura...** Esta lectura es de la revista hispánica *Más*. La
▶ compañía que publica la revista también es una gran emisora de televisión
▶ en español en los Estados Unidos.

Del editor

Los noticieros

Hace poco encontré en casa de mis padres una foto de mi niñez que no supe interpretar a primera vista. Estoy en la sala de la que era entonces nuestra casa, sentado en un sofá con otros niños que no reconocí. Todos parecemos hechizados[a] por algo que no aparece en la foto.

¿Qué estaba pasando? Simplemente, me explicó mi madre, que ese fue el día que por primera vez llegó a mi casa—y a mi barrio, por eso todos esos niños—la televisión.

La pequeña pantalla no ha dejado de hechizarnos. Ni de provocar polémicas sobre su valor. Algunos denuncian su comercialismo: la televisión debe ser más educativa, dicen. Bah, responden otros, la televisión es entretenimiento; la vida ya es bastante dura

MARIO ALGAZE

y la tele te relaja y te saca el estrés. Los argumentos son los mismos para la televisión en inglés y en español.

Donde todos coinciden es que la televisión es el gran milagro de la comunicación instantánea. En los años sesenta un teórico dijo que la televisión estaba convirtiendo el planeta en una "aldea[b] global". Es decir, que este medio nos ofrecía un nivel de intimidad sin precedentes con nuestros vecinos más lejanos.

Para los latinos de Estados Unidos la televisión en español es más que diversión. Es una necesidad casi física. Nos conecta con nuestro primer idioma. Satisface nuestro deseo de no perder los lazos con nuestros países de origen. Y lo principal: nos mantiene informados.

Esta es la misión de nuestros noticieros. Si logramos unirnos políticamente, si llegamos a imponer nuestra voluntad en este país, será porque estamos bien informados, porque sabemos el qué, el quién, el cómo y el cuándo que nos brindan diariamente los noticieros en español.

(Continúa.)

[a]*spellbound* [b]*pueblo*

Para nosotros estos noticieros son motivo de orgullo.[c] Cumplen con una labor que los noticieros en inglés realizan a medias, o mal, o simplemente no la hacen: reportar sobre el mundo latino. Es decir, sobre los dos mundos latinos. La última noticia latinoamericana entra a nuestras casas diariamente mientras que los noticieros en inglés la desconocen o la cubren superficialmente. Las noticias sobre nuestras comunidades en este país son ignoradas por los medios de comunicación en inglés.

Ahí están nuestros noticieros. Pero no es sólo la temática latina lo que los distingue. Es el nivel. Entre los latinos hay críticos fuertes de nuestra televisión, pero hasta el más severo admite ver los noticieros en español.

¿Por qué? Porque están bien hechos, porque reflejan un nivel de inteligencia y profesionalismo que pocas veces alcanzan los tan cotizados noticieros en inglés, porque nuestro periodismo electrónico es de primera.

El niño hechizado por imágenes que ve y oye en su propia casa llegará a ser el adulto con deseos de mejorar su mundo. La información es su arma. Los noticieros en español son su arsenal.

ENRIQUE FERNANDEZ

Comprensión

[c]*pride*

A ¿Cierto o falso?

1. Para el editor, la mayor ventaja de la televisión en español es que le informa bien.
2. El editor está satisfecho con la forma en que la prensa en inglés presenta los acontecimientos que ocurren en las comunidades hispanas.
3. El editor está orgulloso (*proud*) del periodismo electrónico español.
4. Lo que le disgusta al editor es el mal español de los reporteros bilingües.

B Opiniones.
¿Cómo es la opinión del autor hacia la televisión en general: positiva, neutra o negativa? En el artículo, señale (*point out*) tres oraciones que apoyen su respuesta.

►PARA ESCRIBIR

A Una encuesta sobre la política

Paso 1. ¿Se considera Ud. activo/a políticamente? Complete la siguiente encuesta.

1. Soy del partido ☐ republicano ☐ democrático ☐ independiente
   ☐ otro _____
2. Voté en las últimas elecciones. ☐ sí ☐ no
3. Votaré en las próximas elecciones. ☐ sí ☐ no
4. Me importa ☐ mucho ☐ poco la política.
5. Me abono (*I subscribe*) a una revista política. ☐ sí ☐ no
6. Le he escrito una carta a un político / una política. ☐ sí ☐ no

Paso 2. De acuerdo con sus respuestas en el **Paso 1,** ¿es Ud. muy activo/a políticamente? ¿O no se mete (*get involved*) en los asuntos políticos?

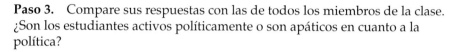

Paso 3. Compare sus respuestas con las de todos los miembros de la clase. ¿Son los estudiantes activos políticamente o son apáticos en cuanto a la política?

B **Una carta a la red** (*network*). Escríbale una carta al presidente de una de las redes principales de televisión (NBC, CBS, ABC, CNN, TNT, etcétera) o de un canal local para expresar su opinión sobre la clase de reportaje que se ofrece en esa red o canal. En su carta, puede hacer una crítica negativa o una crítica favorable en la que elogia (*praise*) el reportaje.

Antes de escribirla, mire las noticias en la televisión y tome apuntes (*notes*) para formarse una opinión. Luego escriba la carta, explicando por qué le gusta el reportaje o por qué no. Incluya recomendaciones para mejorar el reportaje.

▸ACTIVIDADES

Actividad A   Una elección difícil

Paso 1. Aquí hay una lista de los derechos que consideramos básicos en este país. Para Ud., ¿cuáles son los más importantes y cuáles son los menos importantes? Póngalos en orden de importancia (1 = el más importante). Luego compare su lista con las de los otros miembros de la clase. ¿Hay algún derecho que tenga prioridad sobre los demás? ¿Por qué tiene tanta importancia para Uds.?

_____ el derecho a la libertad de expresión
_____ el derecho a la asociación libre
_____ el derecho a no dar testimonio
_____ el derecho a ser juzgado (*judged*) por un jurado
_____ el derecho a llevar armas
_____ el derecho a la igualdad de oportunidades para todos en el
          mundo laboral
_____ el derecho a recibir educación gratis

Paso 2. De los derechos anteriores, ¿cuáles pueden ser los más importantes para los siguientes individuos? Explique sus respuestas.

1. una mujer divorciada con tres hijos
2. un agricultor que vive en Kansas
3. un miembro de un grupo minoritario que vive en un barrio pobre de Los Ángeles
4. un senador en Washington, D.C.
5. un adolescente residente en Chicago

A propósito... More About Influencing Others

Command forms and indirect requests with the subjunctive are not always the best way of getting someone to do something. Often a greater degree of politeness is necessary in order not to offend the person you are addressing.

Here are some examples of how to initiate a request that someone do—or stop doing—something.

> Por favor, ¿podría Ud....?   ¿Quiere/Quisiera Ud....?   Por favor, ¿me trae...?   ¿me pasa...?   ¿me da...?   ¿me dice/explica...?

The last series of questions can also be declarative statements: **Por favor, me trae el periódico.** To be even more polite, you could also add **...si (Ud.) es/fuera tan amable** to the end of the sentence.

The other side of making a request is responding to one. When someone asks a favor of you, you may or may not want—or even be able—to comply. Here are a few ways to indicate your willingness to help.

> ¡Sí, sí!   Sí, no hay problema.   ¡Por supuesto!
> ¡Cómo no!   ¡Claro!   ¡Con mucho gusto!

If the favor is not one that you can grant, use phrases such as the following.

> Lo siento. Realmente quisiera hacerlo, pero no puedo por(que)...
> (Desgraciadamente) No es posible ahora por(que)...

Actividad B   ¿Me hace el favor de...?   The following are common situations in which you might need to ask for something or in which someone might make a request of you. What might you say in each situation? Try to offer several different responses, when possible.

1. En la mesa, durante la cena, Ud. necesita la sal, pero el salero está al otro lado de la mesa, cerca del señor de la casa.
2. Sus padres le han mandado un cheque desde los Estados Unidos, pero Ud. no lo ha recibido todavía. Ud. necesita un poco de dinero y habla con su amigo Jaime.
3. Ud. se encuentra en una esquina de Madrid y no sabe dónde está. Con el mapa en la mano, Ud. para a dos personas y les pregunta: ...
4. Su amiga Felicia le pregunta si Ud. le puede prestar unos discos para una fiesta. Felicia tiene fama de olvidarlo todo.
5. Un compañero le pide prestado un dólar y Ud. tiene diez. No es una molestia prestarle dinero.
6. Otro compañero acaba de pedirle prestados cincuenta dólares. Ud. no tiene disponible esa cantidad y tampoco tiene mucha confianza en él.
7. Alguien le pide prestado su coche. Pero el coche no es suyo; es de su papá, y Ud. sabe que a él no le gusta que otras personas lo manejen.

18 En el extranjero

¿Ha viajado Ud. alguna vez al extranjero? ¿Adónde fue? ¿Viajó por avión? Si no ha salido nunca de este país, ¿a qué país(es) le gustaría viajar?

Santiago, Chile

In this chapter, you will learn vocabulary and structures that will allow you to

- discuss travel abroad and where to stay (**Vocabulario: Preparación**)
- express what you *would* do (**Grammar Section 49**)
- talk about hypothetical situations (**50**)

As you work through the chapter, see how much you can learn about traveling abroad throughout the Spanish-speaking world.

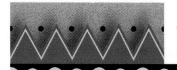

Vocabulario: Preparación

en... abroad

Lugares y cosas en el extranjero°

el correo
el café
Correo
el estanco
la farmacia
+ FARMACIA
la pastelería
El Gran Pastel
la papelería
PAPELES Y MÁS
el quiosco
la estación del metro
Metro
el sello
el fósforo
la tarjeta postal
la parada del autobús

Más cosas

el champú	shampoo	**la revista**	magazine
el jabón	soap	**el sobre**	envelope
la pasta dental	toothpaste	**el batido**	*drink similar to a milkshake*
el papel para cartas	stationery	**una copa / un trago**	(*alcoholic*) drink
el paquete	package	**el pastelito**	small pastry

Nota cultural   ## De compras en el extranjero

Aunque los nombres de muchos lugares y tiendas del mundo hispánico se parecen a los de los Estados Unidos, no siempre son iguales los productos que en ellos se venden. Tomen en cuenta sobre todo las siguientes diferencias.

- En **las farmacias** no venden la variedad de cosas —dulces, tarjetas postales, etcétera— que se venden en las farmacias de los EE.UU.* Sólo se venden, por lo general, medicinas y productos para **la higiene personal** como jabón, pasta dental, champú...

---

*__EE.UU.__ is one way to abbreviate **Estados Unidos**. **E.U.** and **USA** are also used.

- En **los estancos,** además de productos tabacaleros, se venden **sellos,** así que (*so*) uno no tiene que ir a los correos para comprarlos. También se venden **sobres** y **tarjetas postales** en los estancos.
- En **los quioscos** se vende una **gran variedad** de cosas: periódicos, revistas, libros, etcétera, pero también lápices, papel para cartas...

Conversación

A **En el extranjero.** Conteste con oraciones completas.

1. ¿Dónde se compra el champú? ¿el jabón?
2. ¿Cuál es la diferencia entre una farmacia de los Estados Unidos y una farmacia en el extranjero?
3. ¿Dónde se puede comprar sellos? (dos lugares)
4. Si se necesitan cigarrillos o fósforos, ¿adónde se va?
5. ¿Qué es un quiosco? ¿Qué cosas se venden allí?
6. ¿Qué venden en una papelería?

Madrid, España

B **¿Cierto o falso?** Corrija las oraciones falsas.

1. Se puede comprar batidos y pastelitos en una pastelería.
2. Si yo quisiera tomar una copa, iría (*I would go*) a un quiosco.
3. Se va a un quiosco para mandar paquetes.
4. Es más rápido ir a pie que tomar el metro.
5. Se va a un café a comprar champú.
6. Si yo necesitara pasta dental, iría al correo.
7. Se pueden comprar fósforos en un estanco.
8. Un batido se hace con vino.

En un viaje al extranjero

CRUZAR LA FRONTERA

DECLARAR LAS COMPRAS

REGISTRAR LAS MALETAS

PAGAR LOS DERECHOS / UNA MULTA

viajar al / en el extranjero	to travel abroad
la aduana	customs
los derechos de aduana	customs duty
la multa	fine, penalty
la nacionalidad	nationality
el pasaporte	passport

(Continúa.)

El alojamiento	lodging	el mozo/botones	bellhop
alojarse/quedarse	to stay (*in a place*)	la pensión	boardinghouse
hacer/confirmar las reservas/reservaciones*	to make / to confirm reservations	pensión completa	room and full board
		media pensión	room with breakfast and one other meal
la habitación individual/ doble	single/double room	la propina	tip (*to an employee*)
con/sin baño/ducha	with/without bath/shower	la recepción	front desk
el hotel (de lujo)	(luxury) hotel	completo/a	full, no vacancy
el/la huésped(a)	(*hotel*) guest	con anticipación	ahead of time
		desocupado/a	vacant, unoccupied

Conversación

A **En la aduana.** ¿Ha viajado Ud. al extranjero? ¿Sabe Ud. cómo portarse al pasar por la aduana? Aunque no lo haya hecho, va a poder contestar las preguntas de esta actividad, pues se trata de (*it's a question of*) utilizar el sentido común.

De las siguientes acciones, ¿cuáles pueden causar problemas en la aduana?

1. ser cortés con el inspector
2. escribir información falsa en el formulario de inmigración
3. no tener el pasaporte (o el visado necesario)
4. declarar todas sus compras
5. llevar gafas oscuras y parecer nervioso/a
6. esconder (*hiding*) artículos de contrabando en su equipaje, esperando que el inspector no los encuentre
7. pagar los derechos (o la multa) sin quejarse
8. intentar cruzar la frontera con un pasaporte falsificado
9. traficar con drogas
10. tratar de distraer al inspector mientras este registra sus maletas

B **¿Quiénes son?** Empareje las personas con la descripción apropiada.

1. el huésped
2. el recepcionista
3. el botones
4. la turista
5. la inspectora de aduanas
6. la extranjera

a. la persona que nos ayuda con el equipaje en un hotel
b. la persona que se aloja en un hotel o una pensión
c. una persona que nació en otro país
d. alguien que viaja para ver otros lugares
e. la persona que nos registra las maletas y toma la declaración en la aduana
f. la persona que nos atiende en la recepción de un hotel

---

*La reserva is used in Spain for a reservation (for accommodations). La reservación is widely used in other parts of the Spanish-speaking world.

Paso 1. A continuación hay una lista de las acciones típicas de los viajeros. ¿Hace Ud. lo mismo cuando viaja? Indique las acciones que son verdaderas para Ud.

1. ☐ Hago una reserva en un hotel (motel) o en una pensión con un mes de anticipación.
2. ☐ Confirmo la reserva antes de salir de viaje.
3. ☐ Voy al banco a conseguir cheques de viajero.
4. ☐ Alquilo un coche.
5. ☐ Me alojo en un hotel de lujo.
6. ☐ Pido que el mozo me suba las maletas.
7. ☐ Llamo al servicio de cuartos en vez de comer en el restaurante.
8. ☐ Le dejo una propina a la criada el último día de mi estancia (*stay*) en la habitación.

Paso 2. Ahora piense en su último viaje. ¿Hizo Ud. las acciones del **Paso 1**? Conteste según el modelo y cambie los detalles de esas oraciones por los que en realidad ocurrieron en su viaje.

MODELO: La última vez que hice un viaje... →
Hice una reserva en un hotel de lujo, pero con sólo dos días de anticipación.

D **Situaciones.** Con un compañero / una compañera, hagan los papeles de un viajero / una viajera y el de el/la recepcionista de un hotel.

Paso 1. El/La recepcionista le pregunta al viajero / a la viajera, que acaba de llegar:

- si tiene una reserva
- cuánto tiempo piensa quedarse
- el tipo de habitación reservada (o deseada)
- la forma de pago

Paso 2. El huésped / La huéspeda pide los siguientes servicios:

- el desayuno en su cuarto
- más toallas (*towels*) / jabón _____
- información sobre lugares turísticos de interés

Paso 3. Por fin, el huésped / la huéspeda pasa por la recepción para pagar la cuenta. Encuentra los siguientes errores en su cuenta.

- Le cobraron por un desayuno que no tomó.
- Le cobraron por cuatro noches en vez de tres.
- Le cobraron por una llamada a larga distancia que nunca hizo.

Minidiálogos y gramática

49 Expressing What You Would Do •
Conditional Verb Forms

La fantasía de la maestra de Mafalda

«¡Ya no aguanto este puesto! Creo que me *gustaría* ser abogada… *Pasaría* todo el día con tipos interesantes… *Ganaría* mucho dinero… *Viajaría* mucho, pues *tendría* clientes en todas partes del país… Me *llamarían* actores, actrices, políticos, hombres y mujeres de negocios para consultar conmigo… También *haría* viajes internacionales para investigar casos en el extranjero… Todo el mundo me *respetaría* y me *escucharía*… »

Y Ud., siendo la maestra / el maestro de Mafalda, ¿cómo sería? Use **no** cuando sea necesario.

- estar contento/a → *Estaría* contento/a.
- ser un tipo / una tipa coherente
- desorientar a los estudiantes
- mirarlos con ojos furiosos
- hacerlos morir de miedo (¡OJO! har-)
- ponerles cara de poco sueldo (¡OJO! pondr-)
- hacer a los estudiantes llorar de lástima

The fantasy of Mafalda's teacher I can't take this job anymore! I think I would like to be a lawyer . . . I would spend all day with interesting people. . . . I would earn a lot of money . . . I would travel a lot, since I would have clients all over the country . . . Actors, actresses, politicians, businesspeople would call me to consult with me . . . I would also take international trips to investigate cases abroad . . . Everyone would respect me and listen to me . . .

You have been using the phrase **me gustaría...** for some time to express what you *would like* (to do, say, and so on). **Gustaría** is a conditional verb form, part of a system that will allow you to talk about what you and others would do (say, buy, and so on) in a given situation.

hablar		comer		vivir	
hablaría	hablaríamos	comería	comeríamos	viviría	viviríamos
hablarías	hablaríais	comerías	comeríais	vivirías	viviríais
hablaría	hablarían	comería	comerían	viviría	vivirían

A. Like the English future, the English conditional is formed with an auxiliary verb: *I would speak, I would write.* The Spanish *conditional* **(el condicional),** like the Spanish future, is a simple verb form (only one word). It is formed by adding conditional endings to the infinitive. No auxiliary verbs are needed.

Conditional Endings:

-ía, -ías, -ía, -íamos, íais, -ían

B. Verbs that form the future on an irregular stem use the same stem to form the conditional.

The conditional of **hay (haber)** is **habría** (*there would be*).*

decir:	**dir-**	
hacer:	**har-**	-ía
poder:	**podr-**	-ías
poner:	**pondr-**	-ía
querer:	**querr-**	-íamos
saber:	**sabr-**	-íais
salir:	**saldr-**	-ían
tener:	**tendr-**	
venir:	**vendr-**	

decir	
diría	diríamos
dirías	diríais
diría	dirían

---

*The conditional forms of the verb **haber** are used to form the *conditional perfect tense* **(el condicional perfecto),** which expresses what *would have* occurred at some point in the past.

Habríamos tenido que buscarla en el aeropuerto.	*We would have had to pick her up at the airport.*

You will find a more detailed presentation of these forms in Appendix 3, Additional Perfect Forms (Indicative and Subjunctive).

Minidiálogos y gramática

C. The conditional expresses what you would do in a particular situation, given a particular set of circumstances.

—¿**Hablarías** español en el Brasil?
Would you speak Spanish in Brazil?

—No. **Hablaría** portugués.
No. I would speak Portuguese.

OJO

When *would* implies *used to* in English, Spanish uses the imperfect.

Íbamos a la playa todos los veranos.
We would go (used to go) to the beach every summer.

Práctica

A **¿Qué haría Ud.?** Hay un refrán español que dice: «Donde fueres, haz lo que vieres.» (*"When in Rome, do as the Romans do."*)

Paso 1. Imagínese que está en Roma. ¿Cuáles de las siguientes actividades es lógico y posible hacer?

1. Hablaría italiano.
2. Subiría a la torre Eiffel.
3. Me compraría unos zapatos de cuero (*leather*) muy elegantes.
4. Comería pasta y bebería vino tinto.
5. Nadaría en el océano.
6. Iría al Vaticano.
7. Sacaría muchas fotos de los edificios antiguos.
8. Visitaría el palacio de Buckingham.

Paso 2. Y si toda la clase estuviera en el Perú, ¿qué harían Uds.?

1. Nos comunicaríamos en español.
2. Probaríamos cebiche.
3. Haríamos una excursión por el Amazonas.
4. Visitaríamos Machu Picchu.
5. Aprenderíamos mucho sobre la cultura azteca.
6. Veríamos muchas vistas fabulosas en los Andes.
7. Conoceríamos Lima, la capital del Perú.
8. Encontraríamos a muchas personas con facciones (*features*) indígenas.

B **¿Es posible escapar?**

Cuente Ud. la fantasía de esta trabajadora social, dando la forma condicional de los verbos.

Necesito salir de todo esto... Creo que me (gustar[1]) ir a Puerto Rico o a algún otro lugar exótico del Caribe... No (trabajar[2])... (Poder[3]) nadar todos los días... (Tomar[4]) el sol en la playa... (Comer[5]) platos exóticos... (Ver[6]) bellos lugares naturales... El viaje (ser[7]) ideal...

Pero..., tarde o temprano, (tener[8]) que volver a lo de siempre... a los rascacielos de la ciudad... al tráfico... al medio ambiente contaminado... al mundo del trabajo... (Poder[9]) usar mi tarjeta de crédito, como dice el anuncio —pero ¡(tener[10]) que pagar después!

Comprensión: ¿Cierto, falso o no lo dice?   Corrija las oraciones falsas.

1. Esta persona trabaja en una ciudad grande.
2. No le interesan los deportes acuáticos.
3. Puede pagar este viaje de sueños al contado.
4. Tiene un novio con quien quisiera hacer el viaje.

C **¿Qué harías si pudieras?**

Paso 1.   Con un compañero / una compañera, háganse y contesten preguntas según el modelo. Cambien los detalles, si quieren.

MODELO: estudiar árabe/japonés →
        E1: ¿Estudiarías árabe?
        E2: No. Estudiaría japonés.

1. estudiar italiano/chino
2. renunciar a un puesto sin avisar / con dos semanas de anticipación
3. hacer un viaje a España / la Argentina
4. salir de casa sin apagar el estéreo / las luces
5. seguir un presupuesto rígido / uno flexible
6. gastar menos en ropa / en libros
7. poner el aire acondicionado en invierno / en verano
8. alquilar un coche de lujo / uno económico

Paso 2.   Ahora sigan con el mismo modelo, pero inventen las respuestas.

1. dejar de estudiar / ¿ ?
2. vivir en otra ciudad / ¿ ?
3. ser presidente/a de los Estados Unidos / ¿ ?
4. gustarle conocer a una persona famosa / ¿ ?

Conversación

Entrevista.   ¿Cómo será su futuro? ¿Qué hará? ¿Qué haría? Con otro/a estudiante, háganse y contesten las siguientes preguntas.

MODELO: E1: ¿Dejarás de fumar algún día? →
        E2: No. No dejaré de fumar nunca. No puedo.
          (Creo que sí. Dejaré de fumar algún día.)

PREGUNTAS CON EL FUTURO:

1. ¿Te graduarás en esta universidad (o en otra)?
2. ¿Vivirás en esta ciudad después de graduarte?
3. ¿Buscarás un puesto aquí?
4. ¿Te casarás (¿Te divorciarás) después de graduarte?
5. ¿Cuántos niños (nietos) crees que tendrás algún día?
6. ¿Serás famoso/a algún día?

PREGUNTAS CON EL CONDICIONAL:

1. ¿Te casarías con una persona de otro país?
2. ¿Podrías estar contento/a sin la televisión?

(Continúa.)

3. ¿Serías capaz de (*capable of*) ahorrar el diez por ciento de tu salario?
4. ¿Te gustaría ayudar a colonizar otro planeta?
5. ¿Podrías vivir sin las tarjetas de crédito?
6. ¿Renunciarías a tu trabajo para viajar por el mundo?

Tab Ramos

Algunas personas viajan porque quieren visitar lugares exóticos. Otras viajan porque es parte esencial de su carrera. Este es el caso del **futbolista** profesional **Tab Ramos,** quien «está de gira[a]» con su equipo once meses del año. Ramos fue uno de los miembros de **la selección estadounidense** que tomó parte en el campeonato por **la Copa Mundial** de fútbol en 1994, evento que promovió mucho la popularidad del fútbol en los Estados Unidos.

Ramos, que nació en **Montevideo, Uruguay,** en 1967, espera que el fútbol logre[b] en los Estados Unidos la popularidad que tiene en el resto del mundo. **El mediocampista**[c] Ramos atrajo la atención del público por su parte importantísima en hacer que el equipo estadounidense avanzara a la segunda vuelta del campeonato de 1994. El público también vio, en la primera mitad del partido contra **el Brasil,** el

Tab Ramos jugó en la Copa Mundial en 1994.

codazo[d] que un jugador brasileño le dio a Ramos en el mentón.[e] A causa de esto, Ramos fue hospitalizado. Su ausencia seguramente contribuyó a la derrota[f] del equipo estadounidense.

Ramos fue uno de los jugadores principales del Real Betis, de la segunda división española, antes de participar en la Copa Mundial. En enero de 1995 fue el primer jugador contratado por Major League Soccer, y durante el resto de la temporada jugó con los Tigres de Monterrey, de la primera división mexicana.

El único remordimiento[g] que su carrera le causa a Ramos es el hecho de que está mucho tiempo fuera de su hogar[h] en Hillside, Nueva Jersey, donde vive con su esposa y su hijo.

[a]*de... on tour* [b]*will achieve* [c]*halfback* [d]*elbowing* [e]*chin* [f]*defeat* [g]*regret* [h]*home*

---

50 | Hypothetical Situations: What If . . . ? •
Si Clause Sentences

Los deseos de los amigos hispánicos

JOSÉ MIGUEL: Si *tuviera* el dinero, me *compraría* una computadora.

DIEGO: Si *pudiera, me quedaría* otro año estudiando en el D.F.

LOLA Y MANOLO: Si la universidad nos *diera* un aumento de sueldo, *viajaríamos* por Italia.

¿Y Ud.? Exprese algunos de sus deseos, completando las siguientes oraciones.

1. Si yo tuviera dinero suficiente, iría a _____.
2. Si pudiera conocer a alguna persona famosa, me gustaría conocer a _____.
3. Si consiguiera una beca (*scholarship*), estudiaría en _____.
4. Si ganara la lotería, me compraría _____.
5. Si visitara Latinoamérica, me quedaría en _____.

A. Both English and Spanish use clauses with *if* (**si**) to speculate or hypothesize about situations that are possible. In Spanish, when the **si** clause is in the present tense, the indicative (present or future) is used.

Si **tiene** tiempo, **va/irá** a las montañas.
If he has time, he goes/will go to the mountains.

B. When the **si** clause is in the past, however, **si** is followed by the past subjunctive to express a contrary-to-fact situation. The conditional is used in the other clause.

Si **tuviera** tiempo, **iría** a las montañas.
If he had time, he would go to the mountains.

Si yo **fuera** tú, no **haría** eso.
*If I were you, I wouldn't do that.**

Si **estudiara** más, **podría** hacerse médica.
If she studied more, she could become a doctor.

C. When a past tense **si** clause sentence is not contrary to fact, the indicative is used in both clauses. This is especially true when habitual actions or situations are expressed.

Si **tenía** tiempo, **iba** a las montañas.
If (When) he had time, he would go (used to go) to the mountains.

The wishes of our Hispanic friends JOSÉ MIGUEL: If I had the money, I would buy myself a computer. DIEGO: If I could, I would stay in Mexico City, studying for another year. LOLA AND MANOLO: If the university gave us a raise, we would travel throughout Italy.

*The contrary-to-fact situations in these sentences express speculations about the present. The perfect forms of the conditional and the past subjunctive are used to speculate about the past: what *would have* happened if a particular event *had* or *had not* occurred.

Si **hubiera tenido** el dinero, **habría hecho** el viaje.　　*If I had had the money, I would have made the trip.*

You will find a more detailed presentation of this structure in Appendix 3, Additional Perfect Forms (Indicative and Subjunctive).

Minidiálogos y gramática

Práctica

A **¿Qué haría Ud.?** Complete las oraciones lógicamente.

1. Si yo quisiera comprar comida, iría a _____.
2. Si necesitara comprar un libro, iría a _____.
3. Si necesitara usar un libro, iría a _____.
4. Si tuviera sed en este momento, tomaría _____.
5. Si tuviera que emigrar, iría a _____.
6. Si quisiera ir a _____, viajaría en avión.
7. Si quisiera tomar _____, lo esperaría en la estación.
8. Si no funcionara(n) _____, compraría un coche nuevo.
9. Si me gustara(n) _____, iría a ver un concierto de Pearl Jam.
10. Si me gustara(n) _____, pasaría mucho tiempo mirando la televisión.

B **Si viajara a otro país...** ¿Qué haría Ud. si viajara a la Argentina? Haga oraciones según el modelo.

MODELO: si / viajar / otro / país, / ir / la Argentina →
Si viajara a otro país, iría a la Argentina.

1. si / ir / la Argentina, / quedarme / en / Buenos Aires
2. si / tener / interés / en / población / italiano, / visitar / barrio / italiano / La Boca
3. si / querer / mandar / tarjeta postal, / comprarla / en / quiosco
4. si / tener ganas / de / comprar / libros, / pedir / direcciones / barrio / San Telmo
5. si / querer / ver / obra de teatro, / ir / Teatro Colón
6. si / interesarme / visitar / sitios / turístico, / ver / obelisco / y / réplica / de / Big Ben
7. si / querer / probar (*to try*) / comida / auténtico, / comer / carne / argentino
8. si / querer / escuchar / música / típico, / escuchar / tango

C **Situaciones**

Paso 1. Empareje cada oración con su dibujo.

1. 2. 3. 4.

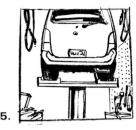

a. _____ Los Martínez quieren usar su coche.
b. _____ A Mariana le encanta ese vestido.
c. _____ Simón quiere encender (*to turn on*) la luz.
d. _____ Julia no tiene ganas de levantarse.
e. _____ La Sra. Blanco tiene miedo de viajar en avión.

Paso 2. Ahora haga una oración con **si** para cada situación. Use la imaginación para añadir detalles.

MODELO: Mariana se compraría ese vestido si...

5.

Conversación

A **El horario de todos los días.** ¿Tiene Ud. un horario bastante fijo y rutinario? A ver si puede contestar las siguientes preguntas.

¿Dónde estaría Ud. ... ?

1. si fuera miércoles a las tres de la tarde
2. si fuera jueves a las diez de la mañana
3. si fuera viernes a las nueve de la noche
4. si fuera domingo a las nueve de la mañana
5. si fuera lunes a la una de la tarde

B **Entrevista: ¿Bajo qué circunstancias... ?** Entreviste a otro/a estudiante según el modelo.

MODELO: comprar un coche nuevo →
E1: ¿En qué circunstancias comprarías un coche nuevo?
E2: Compraría un coche nuevo si tuviera más dinero.

1. dejar de estudiar en esta universidad
2. emigrar a otro país
3. estudiar otro idioma
4. no obedecer a los padres / al jefe
5. votar por _____ para presidente
6. ser candidato/a para presidente/a
7. casarse / divorciarse
8. no decirle la verdad a un amigo

In this **Situaciones** dialogue, Diego and Lupe are planning a trip. Pay close attention to the details of their trip. Where are they going? How will they get there? Where will they stay?

Diego y Lupe están en una agencia de viajes. Quieren hacer un viaje a Mérida.

AGENTE: ¿Ya tienen alojamiento en Mérida?
LUPE: No, todavía no. Buscamos un hotel que sea decente, pero que tampoco sea muy caro. No tenemos el dinero para pagar un hotel de lujo.
AGENTE: Entiendo. Muy pocos estudiantes tienen mucho dinero. Bueno, les puedo ofrecer habitaciones en varios hoteles a precios muy razonables. A ver... ¿Cuándo piensan hacer el viaje?
DIEGO: La última semana de mayo.
AGENTE: Ajá... Eso va a estar un poco difícil. Casi todos los hoteles estarán completamente ocupados durante esa semana. Si viajaran una semana más tarde, encontrarían más habitaciones desocupadas.

> **F U N C T I O N**
> *booking a hotel room*

LUPE: Bueno, está bien. Entonces, la primera semana de junio.

AGENTE: Excelente. Les puedo ofrecer dos habitaciones individuales con baño privado en el hotel Estrella del Mar. No es un hotel de lujo, pero es bueno y muy lindo. El precio por cada habitación es de 150 pesos por noche.

LUPE: Perfecto.

AGENTE: Y, ¿cuántos días piensan quedarse?

DIEGO: Unos cuatro o cinco días, nada más. Yo soy de California, y debo regresar pronto.

AGENTE: Muy bien. Tienen habitaciones reservadas para la primera semana de junio. ¿Sus nombres, por favor?

DIEGO: Sí, cómo no. Yo me llamo Diego González y la señorita es Guadalupe Carrasco.

AGENTE: Muy bien.

DIEGO: Gracias.

Con un compañero / una compañera

Hagan los papeles de recepcionista de un hotel y de huésped(a). El huésped / La huéspeda acaba de llegar a la ciudad y todavía no tiene reservada una habitación. También quiere visitar algunos lugares de interés turístico durante su estancia (*stay*). A continuación se dan algunas preguntas sugeridas para el diálogo.

Vocabulario útil: Si yo fuera Ud.,... (*If I were you, . . .*); Yo en su lugar,... (*If it were me, . . .*)

1. ¿Qué tipo de habitación se necesita?
2. ¿Cuánto cuesta por noche?
3. ¿Por cuántos días piensa quedarse?
4. ¿Qué lujos tiene el hotel?
5. ¿Cómo quiere pagar?
6. ¿Qué lugares debo visitar?

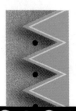

Un poco de todo

A **¡Entendiste mal!** Con un compañero / una compañera, háganse y contesten preguntas según el modelo.

MODELO: llegar el trece de junio / tres →
E1: Llegaré el trece de junio.
E2: ¿No dijiste que llegarías el tres?
E1: ¡Que no! Te dije que llegaría el trece. Entendiste mal.

1. estar en el café a las dos / doce
2. estudiar con Juan / Juana
3. ir de vacaciones en julio / junio
4. verte en casa / en clase
5. comprar la blusa rosada / roja

B **Si el mundo fuera diferente...** Adaptarse a un nuevo país o a nuevas circunstancias es difícil, pero también es una aventura interesante. ¿Qué ocurriría si el mundo fuera diferente?

MODELO: Si yo fuera la última persona en el mundo... →
tendría que aprender a hacer muchas cosas.
sería la persona más importante —y más ignorante— del mundo.
me adaptaría fácilmente / difícilmente.
los animales y yo nos haríamos buenos amigos.

1. Si yo pudiera tener solamente un amigo / una amiga, _____.
2. Si yo tuviera que pasar un año en una isla desierta, _____.
3. Si yo fuera (otro persona), _____.
4. Si el presidente fuera presidenta, _____.
5. Si yo viviera en Puerto Rico, _____.

C **En busca de alojamiento.** Complete the following dialogue with the correct form of the words in parentheses, as suggested by the context. When two possibilities are given in parentheses, select the correct word.

ALFONSO: Yo no (saber/conocer[1]) cómo vamos a encontrar alojamiento. No tenemos (mucho/muy[2]) dinero, y ya (ser/estar[3]) un poco tarde.

ELENA: Y (el/la[4]) equipaje pesa[a] mucho. No podemos (ir[5]) muy lejos.

ALFONSO: (Mirar: *Tú*[6]), en esa oficina parece que dan información sobre alojamientos. Vamos.

EMPLEADO: ¿Qué (desear: *Uds.*[7])?

ALFONSO: Pues quisiéramos una habitación (por/para[8]) los dos. Sólo (por/para[9]) esta noche, pues solamente estamos (hacer[10]) escala aquí y mañana (*nosotros:* seguir[11]) con nuestro viaje.

ELENA: (Por/Para[12]) favor, no queremos que (ser/estar[13]) muy cara. Hemos (cambiar[14]) muy poca moneda. Tampoco queremos que (ser/estar[15]) muy lejos.

EMPLEADO: Bien, (esperar: *Uds.*[16]) un momento. Voy a llamar a una pensión (mucho/muy[17]) agradable que no (ser/estar[18]) muy lejos de la estación.

Pocos minutos después...

EMPLEADO: Sí, me dicen que (haber[19]) una habitación doble disponible[b] todavía.

ALFONSO: ¡Qué bien! ¿Pagamos ahora?

EMPLEADO: No (ser/estar[20]) necesario. Aquí tienen los datos. (Este/Esta[21]) papel sirve como reserva. También (los/les[22]) he anotado el precio. Pero no tarden mucho en (llegar[23]).

ELENA: Muy bien. ¿Podría Ud. indicarnos cómo llegar allí?

EMPLEADO: (Mirar: *Uds.*[24]). Estamos aquí y la pensión (ser/estar[25]) en esta plaza. Se lo marco en (el/la[26]) mapa. Caminando, puede tomarles unos quince o veinte minutos. Si (tomar[27]) el metro, sólo son dos estaciones.

ELENA: ¡Ah! ¿Sabe si (ser/estar[28]) incluido el desayuno en el precio?

EMPLEADO: Sí, lo que Uds. (llamar[29]) desayuno continental.

ALFONSO: Y otra cosa. ¿(Ser/Estar[30]) posible dejar parte de nuestro equipaje en la estación? Mañana tenemos (de/que[31]) volver a la estación.

(*Continúa.*)

[a]*weighs* [b]*available*

EMPLEADO: Sí. Cuando salgan de la oficina, a mano derecha (*Uds.: ver*[32]) la
consigna.[c] Pueden dejar(lo/la[33]) allí.

ALFONSO: Adiós y gracias (por/para[34]) todo.

[c]*baggage check*

Comprensión: ¿Quién lo dice?

1. Sí, todavía tenemos una habitación para esta noche.
2. ¡Qué suerte hemos tenido! Una habitación barata y cerca de la estación.
3. A ver qué quieren estos dos jóvenes.
4. Sí, señor. El empleado de la estación nos dio este papel como reserva para una habitación.

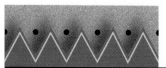

Vocabulario

Cosas y lugares en el extranjero

el batido	*drink similar to a milkshake*
el café	café
el champú	shampoo
una copa / un trago	(*alcoholic*) drink
el correo	post office
la estación del metro	subway stop
el estanco	tobacco stand / shop
los fósforos	matches
el jabón	soap
el papel para cartas	stationery
la papelería	stationery store
el paquete	package
la parada del autobús	bus stop
la pasta dental	toothpaste
la pastelería	pastry shop
el pastelito	small pastry
el quiosco	kiosk
el sello	stamp
el sobre	envelope

Repaso: la farmacia, la revista, la tarjeta postal

Ir al extranjero

cruzar	to cross
declarar	to declare
registrar	to search, examine

Repaso: pagar, viajar

la aduana	customs
el cheque de viajero	traveler's check
los derechos (de aduana)	(customs) duty
el extranjero	abroad
el formulario	form (*to fill out*)
la frontera	border
la inmigración	immigration
el/la inspector(a) (de aduanas)	(customs) inspector
la multa	fine
el pasaporte	passport
el/la viajero/a	traveler

Repaso: las compras, la maleta, la nacionalidad

El alojamiento

alojarse	to remain, stay (*as a guest*)
confirmar	to confirm
el botones / mozo	bellhop
la estancia	stay (*in a hotel*)
la habitación	room (*in a hotel*)
individual / doble	single / double
con/sin baño / ducha	with(out) bath / shower

Repaso: quedarse

Un paso más 18

•LECTURA

Repaso de estrategias: More on Predicting Content

Si Ud. leyera una sección llamada «Gente y sociedad» en una revista, ¿qué tipo de lectura encontraría? ¿Una lectura sobre políticos y el gobierno? Quizás (*Perhaps*), pero es más probable que aparezcan artículos sobre las personas (actores, músicos, modelos, etcétera) más famosas del momento.

La siguiente lectura es de una revista, de una sección llamada «Citas» (*"Quotes"*). ¿Qué espera encontrar en esta sección?

1. citas recientes de la bolsa (*stock market*) internacional
2. citas de personas famosas sobre algún tópico de interés
3. reglas sobre la puntuación escrita y cómo evitar problemas con ella

El número dos es la respuesta más apropiada. En el caso de esta lectura, las citas tienen que ver con los viajes.

▶ **Sobre la lectura...** Las citas de esta lectura vienen de varios artistas de
▶ distintas nacionalidades. Se representan aquí personas de habla española
▶ tanto como personas que hablan otros idiomas.
▶

Nómadas y sedentarios

Nómadas

«El universo es una especie de libro del cual uno no ha leído más que la primera página cuando sólo ha visto su país.»
　　　—Fougeret de Monbron (1720–1761), escritor francés

«¿Qué es viajar? ¿Cambiar de lugar? No. Cambiar de ilusiones y de prejuicios.»
　　　—Anatole France (1844–1924), escritor francés

«El hombre inteligente viaja para enriquecer después su vida en los días sedentarios, que son más numerosos.»
　　　—Enrique Larreta (1875–1961), novelista argentino

«Cabalgar,[a] viajar y cambiar de lugar recrean el ánimo.[b]»
　　　—Séneca (55–31 a. de C.), escritor romano, nació en España

«Las personas que viajan poco consideran las despedidas y las llegadas como acontecimientos importantes que hay que celebrar.»
　　　—Vicki Baum (1888–1960), escritora austriaca

---

[a]*Riding (on a horse)*　[b]*spirit*　　　　　(Continúa.)

Sedentarios

«De aquí a cien años no valdrá la pena[a] viajar, porque el mundo es cada vez más uniforme.»

>—Paul Bowles (nacido en 1911), escritor estadounidense

«Viajar sólo sirve para amar más nuestro rincón[b] natal.»

>—Noel Clarasó (1899–1985), escritor español

«Se puede conocer el mundo sin salir de casa. Sin mirar por la ventana puede conocerse el sentido del cielo.[c] Cuanto más se recorre,[d] menos se sabe.»

>—Lao Tse (siglo VI a. de C.), filósofo chino

«Los viajes sólo son necesarios para las imaginaciones menguadas.[e]»

>—Sidonie Gabrielle Colette (1873–1954), escritora francesa

A mi manera

«Cuando viajo, lo que más me interesa es la gente, porque sólo hablando con ella se conoce el ambiente.»

>—Camilo José Cela (nacido en 1916), escritor español

«Me gusta viajar cuando estoy en crisis, huir[a] del sitio, cambiar de aires, estar sola.»

>—Carmen Rico-Godoy (nacida en 1939), periodista española

«Cuando se hacen las maletas se debe tener un espíritu abierto a todas las sorpresas, a no fatigarse, a no ser caprichoso,[b] a comer bien y a beber mejor.»

>—Francisco Nieva (nacido en 1919), escritor español

«Me gusta ir a lugares donde hay cines, librerías y periódicos. No se me ocurriría ir a la selva, porque no soy un aventurero.»

>—Fernando Trueba (nacido en 1955), director de cine español ●

[a]*no... it won't be worthwhile* [b]*corner* [c]*sky* [d]*se... run around* [e]*stunted*

[a]*to flee* [b]*whimsical*

Comprensión

A **¿Quién?** Escoja la mejor respuesta en cada caso.

1. ¿Quién opina que en el futuro habrá menos diferencias y más semejanzas en el mundo?

   a. Séneca   **b.** Paul Bowles   **c.** Fernando Trueba

2. ¿Quién cree que los viajes pueden cambiar nuestras actitudes discriminatorias?

   a. Vicki Baum   **b.** Lao Tse   **c.** Anatole France

3. ¿Quién dice que una imaginación rica hace innecesarios los viajes?

   a. Noel Clarasó   **b.** Sidonie Gabrielle Colette   **c.** Camilo José Cela

4. ¿Quién opina que cada país representa metafóricamente otro capítulo de un libro?

   a. Fougeret de Monbron   **b.** Enrique Larreta   **c.** Lao Tse

5. ¿Quién cree que los viajes sirven de escape del estrés de la vida moderna?

   a. Francisco Nieva   **b.** Lao Tse   **c.** Carmen Rico-Godoy

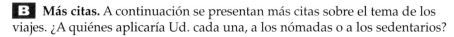

B **Más citas.** A continuación se presentan más citas sobre el tema de los viajes. ¿A quiénes aplicaría Ud. cada una, a los nómadas o a los sedentarios?

1. «Quien se siente bien en su casa no se marcha lejos. Los viajes para descubrir otros mundos demuestran la insatisfacción universal.»
   —Friedrich Rückert (1788–1866), poeta alemán
2. «Un viaje es una nueva vida, con un nacimiento, un crecimiento y una muerte, que nos es ofrecida en el interior de la otra. Aprovechémoslo (*Let's take advantage of it*).»
   —Paul Morand (1888–1976), escritor y diplomático francés
3. «Los viajes son en la juventud una parte de educación y, en la vejez, una parte de experiencia.»
   —Francis Bacon (1561–1626), filósofo británico

•PARA ESCRIBIR

A **Ud. y los viajes.** Como se puede ver en **Lectura,** el interés en viajar depende de cada persona. ¿Qué tipo de persona es Ud., nómada o sedentaria? ¿A Ud. le gusta viajar? Conteste brevemente las siguientes preguntas con oraciones completas.

1. ¿Le gusta experimentar (*to experience*) otras culturas? ¿Tiene alguna preferencia en cuanto a la exploración cultural?
2. ¿Ha visitado otro país? Si no ha viajado al extranjero, ¿le gustaría hacerlo? ¿Adónde iría?
3. Además del español y el inglés, ¿qué idioma(s) habla Ud.? ¿Le gusta saber un poco del idioma nativo del lugar que visita?
4. Cuando está de viaje, ¿le gusta visitar las grandes ciudades o los pueblos más pequeños? ¿Le gusta hacer excursiones en las montañas? ¿ir a la playa? ¿quedarse en el hotel?
5. ¿Acude Ud. (*Do you go*) a los lugares más turísticos o le gusta visitar los sitios no mencionados en la guía turística?

B **Un viaje especial.** ¿Ha hecho Ud. un viaje inolvidable? ¿Adónde fue? ¿Con quién(es) estaba? ¿Cómo viajaron? ¿Qué tiempo hacía? ¿Qué hacían Uds.? En un breve párrafo, describa su viaje inolvidable. Debe incluir las preguntas mencionadas y añadir otros detalles también. Puede comenzar su párrafo de la siguiente manera:

Hace _____ (años, meses, ...) hice un viaje inolvidable...

•ACTIVIDADES

Actividad A   En el Hotel Príncipe de Vergara

Paso 1. Imagínese que Ud. va a alojarse en este hotel de Madrid. Aquí hay tres formularios que Ud. podría o tendría que llenar durante su estancia en el hotel. Léalos y luego identifíquelos. (Continúa.)

1. **ENTRADA DE EXTRANJEROS** № 674604

APELLIDOS 1.º .... NOMBRE ....
(Nom/Name) 2.º .... (Prénom/First name/Vorname)
FECHA DE NACIMIENTO ....
(Date de naissence/Birth date/Geburtsdatum)
NACIONALIDAD ACTUAL ....
(Nationalité actuelle/Present nationaliti/Gegenwartige staatangehorigkeit)
LUGAR DE NACIMIENTO ....
(Lieu de naissance/Place of birth/Geburtsort)
PASAPORTE N.º .... EXP. EN ....
(N.º du passeport/Passport number/Reisepassnümmer)

.... de .... de 19 ....
ESTABLECIMIENTO .... Firma,
DOMICILIO .... Signature/Unterschrft
....

APELLIDOS 1.º .... NOMBRE ....
Nom 2.º .... Prénom
Name First name
Vorname

DOMICILIO ....

.... de .... de 19 ....
Mod. 1.020-E El encargado.
DIRECCION GENERAL DE LA POLICIA
Precio: 3 pesetas № 674604

2.

Matrícula ....

Modelo ....

Color ....

Habitación ....

Nombre ....

....

....

Fecha ....

HOTEL NH PRINCIPE DE VERGARA

3.

	Sí	No
Reserva		
¿Fue su reserva de habitación atendida cortés y rápidamente?	—	—
Comentarios: _____		
Recepción	Sí	No
¿Recibió un trato amable y eficaz a su llegada y salida del Hotel?	—	—
Comentarios: _____		
Atenciones y servicios	Sí	No
¿Ha sido la telefonista cortés y eficaz?	—	—
¿Recibió sus mensajes detallados y a tiempo?	—	—
¿Fue el servicio de lavandería óptimo y puntual?	—	—
Comentarios: _____		
Habitaciones	Sí	No
Encontró su habitación:		
¿Limpia?	—	—
¿Confortable?	—	—
¿Instalaciones en buenas condiciones? (T.V., lámparas, aire acondicionado, calefacción, etc...)	—	—

Comentarios Generales

¿Cómo valora usted el servicio y presentaciones recibidos?

Excelente	Bien	Medio	Pobre

¿Cómo ha encontrado usted la actitud del personal a su servicio?

Excelente	Bien	Medio	Pobre

¿Volvería a utilizar nuestros servicios para futuras estancias en esta ciudad?   Sí ___ No ___

Comentarios: _____

¿Algún empleado en particular ha demostrado una eficacia remarcable? _____

Número habitación _____ Fecha llegada _____ Fecha salida _____

SR. / SRA.
Nombre y apellidos _____
Empresa _____
Dirección _____
Ciudad _____
País _____
Distrito _____
Teléfono _____

---

1. El formulario número 1 es _____.
2. El formulario número 2 es _____.
3. El formulario número 3 es _____.

a. una solicitud para conseguir crédito
b. un minicuestionario sobre su estancia en el hotel
c. una tarjeta que todo extranjero tiene que llenar cuando se aloja en un hotel en España
d. un mensaje para otra persona
e. un sobre para las llaves de su coche

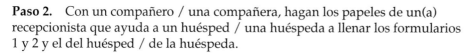

Paso 2. Con un compañero / una compañera, hagan los papeles de un(a) recepcionista que ayuda a un huésped / una huéspeda a llenar los formularios 1 y 2 y el del huésped / de la huéspeda.

Paso 3. Ahora, usando la imaginación, llene el minicuestionario como una persona que lo ha pasado muy bien en el hotel o como una persona a quien no le ha gustado para nada su estancia en el hotel.

A propósito... Arranging for a Place to Stay

The following phrases will be useful to you in arranging for lodging in a Spanish-speaking country.

un hotel de lujo	a deluxe hotel
un hotel de primera (segunda) clase	a first-class (second-class) hotel
para una noche (dos noches)	for one night (two nights)
¿Necesita Ud. mi pasaporte?	Do you need my passport?
¿Aceptan Uds. cheques de viajero (tarjetas de crédito)?	Do you accept traveler's checks (credit cards)?

While you are staying in a hotel or pension, you may need to make a phone call or answer one. Here are some typical expressions that are part of phone courtesy.

CONTESTANDO

¿Diga? ¿Aló? ¿Sí?	Hello?
¿De parte de quién?	Who's calling?
¿Quiere dejar un recado?	Would you like to leave a message?

LLAMANDO

Habla Juan Ordás.	This is Juan Ordás.
¿Está Cecilia Hernández, por favor?	Is Cecilia Hernández there (at home), please?
Sí, quisiera saber...	Yes, I would like to know . . .
Perdón. Marqué mal el número.	Pardon me. I dialed the wrong number.

Actividad B **Quisiera saber...** Con otro/a estudiante o con su profesor(a), inventen una conversación telefónica. Imagínese que Ud. es un(a) turista en la Ciudad de México. Busca habitación y llama al Hotel Fénix para pedir información sobre las tarifas y las habitaciones disponibles. Quiere reservar una habitación para dos personas si puede pagar ese precio. Sea cortés y trate de conseguir toda la información que necesita.

El mundo hispánico de cerca:

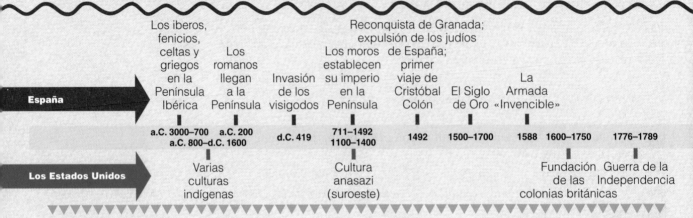

	Los iberos, fenicios, celtas y griegos en la Península Ibérica	Los romanos llegan a la Península	Invasión de los visigodos	Los moros establecen su imperio en la Península	Reconquista de Granada; expulsión de los judíos de España; primer viaje de Cristóbal Colón	El Siglo de Oro	La Armada «Invencible»	

España

a.C. 3000–700 a.C. 800–d.C. 1600	a.C. 200	d.C. 419	711–1492 1100–1400	1492	1500–1700	1588	1600–1750	1776–1789

Los Estados Unidos

Varias culturas indígenas — Cultura anasazi (suroeste) — Fundación de las colonias británicas — Guerra de la Independencia

Típico, típico

Juan Antonio, Cristina Hoyos y Antonio Gades en *Bodas de sangre*

Poco se sabe de la historia de la música y el baile **flamenco.** Se presentó ante el público por primera vez a finales del siglo XVIII. Antes, el flamenco se desarrollaba dentro del ámbito[a] doméstico de **los gitanos.**[b] Se distinguen en él la fusión de elementos muy antiguos como la música religiosa **bizantina**[c] y **hebrea** y melodías **árabes,** todas transformadas por el espíritu expresivo de los gitanos andaluces.[d]

El flamenco ha influido profundamente en la obra de escritores y artistas españoles. **La poesía** y **las obras de teatro** de **Federico García Lorca,** por ejemplo, revelan esta influencia. Su pieza teatral *Bodas de sangre*[e] ha sido transformada en una película de baile flamenco por el cineasta **Carlos Saura.**

Entre los cantantes y músicos más importantes de las últimas décadas están **Camarón de la Isla, Tomatito** y **Paco de Lucía.** Como en el pasado, en el futuro el flamenco seguirá absorbiendo las influencias externas, pero no dejará de ser flamenco.

[a]*environment*   [b]*gypsies*   [c]de Bizancio, hoy Estambul (Turquía)   [d]de Andalucía, región del sur de España   [e]*Bodas... Blood Wedding*

Cocina

Una de las costumbres más agradables de España es **ir de tapas.** Una tapa es un bocado[a] que se sirve para acompañar una bebida, como **la cerveza, el vino** o **el jerez.**[b]

Como las tapas se sirven en raciones pequeñas, los clientes pueden probar[c] varias. Hay tapas sencillas como **rodajas de chorizo,**[d] **queso manchego,**[e] **aceitunas,**[f] **champiñones al ajillo,**[g] y, por supuesto, la ubicua[h] **tortilla de patatas.** Si una persona tuviera ganas de comer **mariscos,** podría escoger de entre el **congrio**[i] o **gambas a la parilla,**[j] **ensalada de pulpo,**[k]

Una variedad de tapas españolas

mejillones[l] con vinagreta o **calamares** en su tinta.[m] ¡Se hace agua la boca con sólo pensarlo!

[a]*bite (of food)*   [b]*sherry*   [c]*try*   [d]*rodajas... slices of sausage*   [e]*queso... goat cheese from La Mancha (region in central Spain)*   [f]*olives*   [g]*al... sauteed in a garlic and white wine sauce*   [h]*ever-present*   [i]*eel*   [j]*gambas... grilled shrimp*   [k]*octopus*   [l]*mussels*   [m]*ink(sauce)*

España

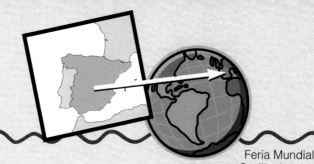

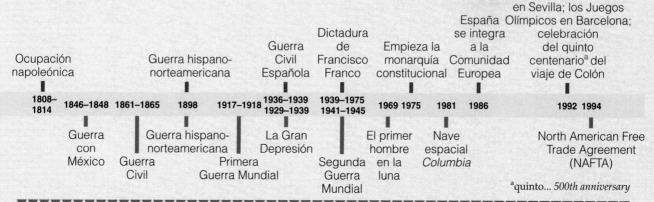

Ocupación napoleónica		Guerra hispano-norteamericana			Guerra Civil Española	Dictadura de Francisco Franco		Empieza la monarquía constitucional	España se integra a la Comunidad Europea		Feria Mundial en Sevilla; los Juegos Olímpicos en Barcelona; celebración del quinto centenario[a] del viaje de Colón		

| 1808–1814 | 1846–1848 | 1861–1865 | 1898 | 1917–1918 | 1936–1939 1929–1939 | 1939–1975 1941–1945 | 1969 1975 | 1981 | 1986 | 1992 1994 |

Guerra con México · Guerra Civil · Guerra hispano-norteamericana · Primera Guerra Mundial · La Gran Depresión · Segunda Guerra Mundial · El primer hombre en la luna · Nave espacial *Columbia* · North American Free Trade Agreement (NAFTA)

[a]quinto... *500th anniversary*

Gente y sociedad

Para la mayoría de los españoles, gozar de[a] **buena salud** es el factor que más contribuye a su **felicidad**, incluso más que el dinero, el trabajo o el amor. Al menos, esto es lo que se desprende[b] de una encuesta realizada a mujeres y hombres españoles, mayores de 18 años y de condición social y hábitat distintos. El 38 por ciento de los encuestados se considera dichoso[c] si su salud está en buena forma, mientras que sólo un 20 por ciento piensa que tener trabajo es lo que produce mayor satisfacción, a pesar de que[d] la entrevista se ha realizado en 1993, año azotado[e] por la crisis económica.

En el estudio se observa también la tendencia a pensar en el presente y **vivir el momento.** Al ser preguntados sobre el futuro, más de la mitad[f] de los encuestados manifestó su incertidumbre[g] ante el día de mañana, mientras que el 41 por ciento se mostró optimista ante el futuro.

[a]gozar... *enjoying* [b]se.. *is revealed* [c]*lucky* [d]a... *in spite of the fact that* [e]*pummeled* [f]la... *half* [g]*uncertainty*

Arte

Aunque el **diseñador**[a] español **Juan Fresán** nació en **la Argentina** (de padres españoles), y ha vivido solamente la mitad de su vida en España, su colección «Spanish Souvenirs» une **lo tradicional** español con **el arte popular.** La colección se titula «Spanish Souvenirs» —así en inglés— porque los artefactos son del tipo que suelen[b] comprarse los turistas como **recuerdos**[c] de España y que a veces presentan una versión exagerada y de mal gusto[d] de cosas españolas. Fresán presenta los «Spanish Souvenirs», de forma muy irónica y casi al borde[e] de lo

La Dama de Elche de Juan Fresán

ofensivo. Se ve, por ejemplo, los muñecos Barbie y Ken vestidos de bailarines flamencos; un toro[f] que lleva clavadas en la cerviz,[g] no banderillas, sino jeringas;[h] o una estatuilla, como las que compran los turistas, de la Dama de Elche[i] llevando audífonos de *walkman*. Es una refrescante revisión de España *for-export*.

[a]*designer* [b]*usually* [c]*souvenirs* [d]de... *in bad taste* [e]al... *on the verge* [f]*bull* [g]clavadas... *stuck in its neck* [h]*syringes* [i]Dama... *Lady of Elche* (*Spanish archeological find that dates back to the* **ibero** *people*)

Enfoque personal

Ningún personaje expresa mejor el espíritu de **rebelión** contra el control de la dictadura franquista[a] que **el cineasta Pedro Almodóvar.** Sus películas han tenido una enorme popularidad no sólo en España sino internacionalmente. Son una subversión de los valores que la dictadura representaba. Sin referencias políticas obvias, sus películas **satirizan** actitudes tradicionales respecto a la familia («una invención maquiavélica[b] para la represión del individuo», según Almodóvar), la religión, el machismo, la moralidad convencional y —institución icónica de la hispanidad— la tauromaquia.[c]

En 1980, sólo cinco años después de la muerte de Franco, Almodóvar hizo su primera película de largometraje,[d] *Pepi, Luci, Bom,* una película que violó todos los principios del buen gusto y que alcanzó gran fama clandestina entre los aficionados. Su primer éxito financiero vino con ¿*Qué he hecho yo para merecer*[e] *esto?* con **Carmen Maura** en el papel principal. Ella desempeña el papel de una ama de casa madrileña[f] que es víctima de la vida española moderna. Aunque es una comedia, en su fondo hay un tono de desesperación. Esto continúa en películas subsecuentes, entre ellas *Mujeres al borde de un ataque de nervios,* ¡*Átame!, Tacones lejanos, Kika* y, en 1996 *La flor de mi secreto.* En sus películas se ve una mezcla de *kitsch,* melodrama, fantasía, un irreverente sentido del humor y la exploración de las pasiones y los sentimientos humanos.

[a]del dictador Francisco Franco [b]del político e historiador italiano Nicolás Machiavelo (1469–1527) [c]*bullfighting* [d]película... *full-length feature* [e]*to deserve* [f]de Madrid

Personaje eminente

Juan Carlos de Borbón, rey de España, ha ganado la aceptación de los españoles por el papel que desempeñó en **la transición de la dictadura** franquista **a la democracia.** Es nieto del rey Alfonso XIII, que huyó[a] de España en 1931. Juan Carlos fue educado en Suiza y España e hizo estudios posgraduados en la Universidad de Madrid. En 1962 se casó con la princesa **Sofía de Grecia,** y los dos son padres de dos hijas y un hijo. En 1969 fue designado **heredero**[b] **del trono** español y sucesor del General Francisco Franco, lo que se cumplió[c] en 1975 al morir el dictador.

Aunque gran parte de la oposición democrática se oponía a Juan Carlos, considerándolo sólo una continuación de la dictadura de

Juan Carlos I de España

Franco, la inteligencia y sensibilidad con que guió la transición a la democracia le ganó el respeto de aquellos. Su primer acto importante fue designar a Adolfo Suárez, en 1976, como presidente del gobierno, reemplazando al presidente franquista.

En 1981 se opuso a un golpe de estado[d] intentado en su nombre. Ordenó a los golpistas[e] a que regresaran al cuartel[f] y, personalmente, entró en la Cámara de Diputados[g] para desarmar al líder de los golpistas. Con este acto valiente obtuvo el respeto de todo el pueblo español.

[a]*fled* [b]*heir* [c]*se... was fulfilled* [d]*golpe... military coup* [e]*rebels* [f]*barracks* [g]*Cámara... House of Representatives*

Planeando un viaje al mundo hispánico

Buenos Aires, Argentina, es llamada el «París de Latinoamérica». Es, sin duda, la más cosmopolita de las ciudades latinoamericanas, debido en gran parte al influjo de inmigrantes de todas partes del mundo, muchos de ellos europeos: los argentinos son personas de ascendencia alemana, italiana, española, británica, ...

Planeando un viaje

¡Enhorabuena! (*Congratulations!*) Ud. ha llegado al último capítulo de *Puntos de partida*. Esperamos que esta haya sido una «excursión» muy agradable para Ud. Metafóricamente, Ud. ha viajado muchas millas para llegar a este lugar, y ha trabajado mucho. Pero en vez de considerar este capítulo como el punto final de su viaje, preferimos que Ud. lo considere como otro punto de partida. Ojalá que las horas que Ud. ha pasado en esta clase le hayan inspirado a tomar otra clase de español o a visitar algún país de habla española.

Como preparativo para tales experiencias futuras, en este capítulo Ud. va a planear un viaje. La actividad debe considerarse no sólo como la culminación de todos los meses anteriores sino como el comienzo del mañana.

Paso 1. Como Ud. ha podido ver en las fotos de los capítulos anteriores y como puede verlo también en estas páginas, el mundo hispánico le ofrece al turista una gran variedad de sitios de interés. Por ejemplo...

En las calles del Viejo San Juan (Puerto Rico) hay de todo: *boutiques*, museos, restaurantes y cafés con un ambiente muy agradable. Muy cerca están las famosas playas del Condado.

Las playas de Cancún (México) tienen fama en el mundo hispánico. Desde Cancún se hacen fácilmente excursiones a las ruinas mayas de Yucatán.

Caminar por las calles de Toledo (España) es como regresar a la época medieval. Aproveche su visita a esta ciudad para ver las obras de El Greco.

Las metrópolis de Latinoamérica y de España le ofrecen al turista todos los atractivos de las grandes capitales del mundo: bulevares espaciosos, tiendas elegantes, hoteles y rascacielos ultramodernos. Aquí se ve una vista del centro de La Paz, Bolivia.

(Continúa.)

¿Ciudad sagrada o refugio final de los incas? Un viaje a Machu Picchu, en los Andes del Perú, es una experiencia inolvidable.

¿Hay algún país hispanohablante que Ud. siempre haya querido visitar? ¿Le parece interesante algún lugar que su profesor(a) haya mencionado durante el año? ¿Le atrae en particular algún lugar que ha visto en las fotos de este libro? Antes de planear el viaje, debe decidir primero adónde ir. Consulte los mapas de este libro y vuelva a mirar las fotos del libro, si quiere.

Paso 2. Una vez que haya seleccionado el lugar de su destino, tiene que decidir qué es lo que va a llevar. Y para hacerlo, tiene que contestar una serie de preguntas. ¿Cuándo piensa viajar? Es decir, ¿en qué mes del año y en qué estación? ¿Cómo es el clima del lugar que piensa visitar durante esta estación? (**¡OJO!** ¿Está el país en el hemisferio sur?) Si es necesario, consulte una enciclopedia o una guía turística.

Paso 3. También tiene que saber algo sobre los varios sitios de interés turístico. Es decir, ¿qué es lo que le gustaría ver o hacer durante su viaje? Haga una lista de por lo menos cinco cosas que quisiera hacer.

Paso 4. Ahora haga una lista, por categorías, de lo que Ud. va a poner en su(s) maleta(s), según el clima y según lo que piensa hacer. Las siguientes categorías le pueden ser útiles: Ropa, Artículos de uso personal, Miscelánea.

Paso 5. Ahora piense en las cosas que Ud. tiene que hacer antes de salir de viaje. ¿Tiene que comprar el billete? ¿conseguir un pasaporte? ¿comprar una cámara especial? ¿Qué más tiene que hacer para que todo le vaya bien en el viaje?

Paso 6. Por fin, con toda la información que Ud. apuntó en los Pasos 1–5, escriba una serie de párrafos breves que describan su viaje y los preparativos que va a hacer. Debe terminar la composición con un párrafo de despedida (*farewell*) a su profesor(a) de español. Puede agradecerle su ayuda durante el año y mencionar el día o el momento más inolvidable de la clase. También debe recordar las actividades que lo/la han preparado para hacer su viaje al mundo hispánico. ¡Buen viaje!

Appendix 1

Glossary of Grammatical Terms

ADJECTIVE   A word that describes a noun or pronoun.

una casa **grande**
*a **big** house*

Ella es **inteligente.**
*She is **smart.***

Demonstrative adjective   An adjective that points out a particular noun.

este chico, **esos** libros, **aquellas** personas
***this** boy, **those** books, **those** people (over there)*

Interrogative adjective   An adjective used to form questions.

¿**Qué** cuaderno?
***Which** notebook?*

¿**Cuáles** son los carteles que buscas?
***What (Which)** posters are you looking for?*

Possessive adjective (unstressed)   An adjective that indicates possession or a special relationship.

sus coches
***their** cars*

mi hermana
***my** sister*

Possessive adjective (stressed)   An adjective that more emphatically describes possession.

Es **una** amiga **mía.**
*She's **my** friend / She's a friend **of mine.***

Es **un** coche **suyo.**
*It's **her** car / It's a car **of hers.***

ADVERB   A word that describes an adjective, a verb, or another adverb.

Él es **muy** alto.
*He is **very** tall.*

Ella escribe **bien.**
*She writes **well.***

Van **demasiado** rápido.
*They are going **too** quickly.*

ARTICLE   A determiner that sets off a noun.

Definite article   An article that indicates a specific noun.

el país
***the** country*

la silla
***the** chair*

las mujeres
***the** women*

Indefinite article   An article that indicates an unspecified noun.

un chico
***a** boy*

una ciudad
***a** city*

unas zanahorias
***(some)** carrots*

CLAUSE A construction that contains a subject and a verb.

Main (Independent) clause A clause that can stand on its own because it expresses a complete thought.

Busco una muchacha.
I'm looking for a girl.

Si yo fuera rica, **me compraría una casa.**
*If I were rich, **I would buy a house.***

Subordinate (Dependent) clause A clause that cannot stand on its own because it does not express a complete thought.

Busco a la muchacha **que juega al tenis.**
*I'm looking for the girl **who plays tennis.***

Si yo fuera rico, me compraría una casa.
If I were rich, I would buy a house.

COMPARATIVE The form of adjectives and adverbs used to compare two nouns or actions.

Luis es **menos hablador** que Julián.
*Luis is **less talkative** than Julián.*

Él corre **más rápido** que Julián.
*He runs **faster** than Julián.*

CONJUGATION The different forms of a verb for a particular tense or mood. A present indicative conjugation:

(yo) hablo
(tú) hablas
(Ud., él/ella) habla

(nosotros/as) hablamos
(vosotros/as) habláis
(Uds., ellos/as) hablan

I speak
you (fam. sing.) speak
you (form. sing.) speak

he/she speaks

we speak
you (fam. pl.) speak
you (pl. fam. & form.)
*   speak*
they speak

CONJUNCTION An expression that connects words, phrases, or clauses.

Cristóbal **y** Diana
*Cristóbal **and** Diana*

Hace frío, **pero** hace buen tiempo.
*It's cold, **but** it's nice out.*

DIRECT OBJECT The noun or pronoun that receives the action of a verb.

Veo **la caja.**
*I see **the box.***

La veo.
*I see **it.***

GENDER A grammatical category of words. In Spanish there are two genders: masculine and feminine. Here are a few examples.

	MASCULINE	FEMININE
ARTICLES AND NOUNS:	**el** disco compacto	**la** cinta
PRONOUNS:	**él**	**ella**
ADJECTIVES:	bonit**o**, list**o**	bonit**a**, list**a**
PAST PARTICIPLES:	El informe está **escrito.**	La composición ésta **escrita.**

IMPERATIVE *See* Mood.

IMPERFECT (*IMPERFECTO*) In Spanish a verb tense that expresses a past action with no specific beginning or ending.

Nadábamos con frecuencia.
*We **used to swim** often.*

536

IMPERSONAL CONSTRUCTION   One that contains a third-person singular verb but no specific subject in Spanish. The subject of English impersonal constructions is generally *it*.

Es importante que...
*It is **important** that* . . .
Es necesario que...
*It is **necessary** that* . . .

INDICATIVE   *See* Mood.

INDIRECT OBJECT   The noun or pronoun that indicates for whom or to whom an action is performed. In Spanish, the indirect object pronoun must always be included. The noun that the pronoun stands for may be included for emphasis or clarification.

Marcos **le** da el suéter(a **Raquel**).
*Marcos gives the sweater **to Raquel**. | Marcos gives **her** the sweater.*

INFINITIVE   The form of a verb introduced in English by *to: to play, to sell, to come.* In Spanish dictionaries, the infinitive form of the verb appears as the main entry.

MOOD   A set of categories for verbs indicating the attitude of the speaker towards what he or she is saying.

Imperative mood   A verb form expressing a command.

¡**Ten** cuidado!
Be careful!

Indicative mood   A verb form denoting actions or states considered facts.

Voy a la biblioteca.
*I **am going** to the library.*

Subjunctive mood   A verb form, uncommon in English, used primarily in subordinate clauses after expressions of desire, doubt, or emotion. Spanish constructions with the subjunctive have many possible English equivalents.

Quiero que **vayas** inmediatamente.
I want you to go immediately.

NOUN   A word that denotes a person, place, thing, or idea. Proper nouns are capitalized names.

abogado, ciudad, periódico, libertad, Luisa
lawyer, city, newspaper, freedom, Luisa

NUMBER

Cardinal number   A number that expresses an amount.

una silla, **tres** estudiantes
one chair, three students

Ordinal number   A number that indicates position in a series.

la **primera** silla, el **tercer** estudiante
*the **first** chair, the **third** student*

PAST PARTICIPLE   The form of a verb used in compound tenses (*see* Perfect Tenses). Used with forms of *to have* or *to be* in English and with **ser, estar** or **haber** in Spanish.

comido, terminado, perdido
eaten, finished, lost

PERFECT TENSES   Compound tenses that combine the auxiliary verb **haber** with a past participle.

Present perfect indicative   This form uses a present indicative form of **haber.** The use of the Spanish present perfect generally parallels that of the English present perfect.

No **he viajado** nunca a México.
*I've never **traveled** to Mexico.*

Past perfect indicative   This form uses **haber** in the imperfect tense to talk about something that had or had not been done before a given time in the past.

Antes de 1997, **no había estudiado** español.
*Before 1997, **I hadn't studied** Spanish.*

Present perfect subjunctive   This form uses the present subjunctive of **haber** to express a present perfect action when the subjunctive is required.

¡Ojalá que Marisa **haya llegado** a su destino!
*I hope Marisa **has arrived** at her destination!*

PERSON   The form of a pronoun or verb that indicates the person involved in an action.

	SINGULAR	PLURAL
FIRST PERSON	*I* / yo	*we* / nosotros/as
SECOND PERSON	*you* / tú, Ud.	*you* / vosotros/as, Uds.
THIRD PERSON	*he, she* / él, ella	*they* / ellos, ellas

PREPOSITION   A word or phrase that specifies the relationship of one word (usually a noun or pronoun) to another. The relationship is usually spatial or temporal.

a la escuela
to school

cerca de la biblioteca
near the library

con él
with him

antes de la medianoche
before midnight

PRETERITE (*PRETÉRITO*)   In Spanish, a verb tense that expresses a past action with a specific beginning and ending.

Salí para Roma el jueves.
I left for Rome on Thursday.

PRONOUN   A word used in place of one or more nouns.

Demonstrative pronoun   A pronoun that singles out a particular person or thing.

Aquí están dos libros. **Este** es interesante, pero **ese** es aburrido.
*Here are two books. **This one** is interesting, but **that one** is boring.*

Interrogative pronoun   A pronoun used to ask a question.

¿**Quién** es él?
Who is he?

¿**Qué** prefieres?
What do you prefer?

Object pronoun   A pronoun that replaces a direct object noun or an indirect object noun. Both direct and indirect object pronouns can be used together in the same sentence. However, when the pronoun **le** is used with **lo** or **la,** it changes to **se.**

Veo a **Alejandro. Lo** veo.
*I see **Alejandro.** I see **him.***

Le doy el libro (**a Juana**).
*I give the book **to Juana.***

Se lo doy (**a ella**).
*I give **it** to **her.***

Reflexive pronoun   A pronoun that represents the same person as the subject of the verb.

Me miro en el espejo.
*I look at **myself** in the mirror.*

Relative pronoun   A pronoun that introduces a dependent clause and denotes a noun already mentioned.

El hombre con **quien** hablaba era mi vecino.
*The man with **whom** I was talking was my neighbor.*

Aquí está el bolígrafo **que** buscas.
*Here is the pen (**that**) you are looking for.*

Subject pronoun   A pronoun representing the person or thing performing the action of a verb.

Lucas y Julia juegan al tenis.
Lucas and Julia are playing tennis.

Ellos juegan al tenis.
They are playing tennis.

SUBJECT The word(s) denoting the person, place, or thing performing an action or existing in a state.	**Sara** trabaja aquí. *Sara works here.* ¡**Buenos Aires** es una ciudad magnífica! *Buenos Aires is a great city!* Mis **libros** y mi **computadora** están allí. *My books and my computer are over there.*
SUBJUNCTIVE *See* Mood.	
SUPERLATIVE The form of adjectives or adverbs used to compare three or more nouns or actions. In English, the superlative is marked by *most, least,* or *-est.*	Escogí el vestido **más caro.** *I chose the most expensive dress.* Ana es la persona **menos habladora** que conozco. *Ana is the least talkative person I know.*
TENSE The form of a verb indicating time: present, past, or future.	
VERB A word that reports an action or state.	Ella **llegó.** *She arrived.* Ella **estaba** cansada. *She was tired.*
Auxiliary verb A verb in conjuction with a participle to convey distinctions of tense and mood. In Spanish, this auxiliary verb is **haber.**	**Han** viajado por todas partes del mundo. *They have traveled everywhere in the world.*
Reflexive verb A verb whose subject and object are the same.	Él **se corta** la cara cuando **se afeita.** *He cuts himself when he shaves (himself).*

Appendix 2

Using Adjectives as Nouns

Nominalization means using an adjective as a noun. In Spanish, adjectives can be nominalized in a number of ways, all of which involve dropping the noun that accompanies the adjective, then using the adjective in combination with an article or other word. One kind of adjective, the demonstrative, can simply be used alone. In most cases, these usages parallel those of English, although the English equivalent may be phrased differently from the Spanish.

Article + Adjective

Simply omit the noun from an *article + noun + adjective* phrase.

el **libro** azul → **el azul** (*the blue one*)
la **hermana** casada → **la casada** (*the married one*)

el **señor** mexicano → **el mexicano** (*the Mexican one*)
los **pantalones** baratos → **los baratos** (*the inexpensive ones*)

You can also drop the first noun in an *article + noun + **de** + noun* phrase.

la **casa** de Julio → **la de Julio** (*Julio's*)
los **coches** del Sr. Martínez → **los del Sr. Martínez** (*Mr. Martínez's*)

In both cases, the construction is used to refer to a noun that has already been mentioned. The English equivalent uses *one* or *ones,* or a possessive without the noun.

—¿Necesitas el libro grande?
—No. Necesito **el pequeño.**

—*Do you need the big book?*
—*No. I need the small one.*

—¿Usamos el coche de Ernesto?
—No. Usemos **el de Ana.**
—*Shall we use Ernesto's car?*
—*No. Let's use Ana's.*

Note that in the preceding examples the noun is mentioned in the first part of the exchange (**libro, coche**) but not in the response or rejoinder.

Note also that a demonstrative can be used to nominalize an adjective: **este rojo** (*this red one*), **esos azules** (*those blue ones*).

Lo + Adjective

As seen in **Capítulo 10, lo** combines with the masculine singular form of an adjective to describe general qualities or characteristics. The English equivalent is expressed with words like *part* or *thing.*

lo mejor	*the best thing (part), what's best*
lo mismo	*the same thing*
lo cómico	*the funny thing (part), what's funny*

Article + Stressed Possessive Adjective

The stressed possessive adjectives—but not the unstressed possessives—can be used as possessive pronouns: **la maleta suya → la suya.** The article and the possessive form agree in gender and number with the noun to which they refer.

Este es mi **banco.** ¿Dónde está **el suyo?**
This is my bank. Where is yours?

Sus **bebidas** están preparadas; **las nuestras,** no.
Their drinks are ready; ours aren't.

No es la **maleta** de Juan; es **la mía.**
It isn't Juan's suitcase; it's mine.

Note that the definite article is frequently omitted after forms of **ser: ¿Esa maleta? Es suya.**

Demonstrative Pronouns

The demonstrative adjective can be used alone, without a noun. An accent mark can be added to the demonstrative pronoun to distinguish it from the demonstrative adjectives (**este, ese, aquel**).

Necesito este diccionario y **ese (ése).**
I need this dictionary and that one.

Estas señoras y **aquellas (aquéllas)** son las hermanas de Sara, ¿no?
These women and those (over there) are Sara's sisters, aren't they?

It is acceptable in modern Spanish, per the **Real Academia Española de la Lengua,** to omit the accent on demonstrative pronouns when context makes the meaning clear and no ambiguity is possible.

Appendix 3

Additional Perfect Forms (Indicative and Subjunctive)

Some indicative verb tenses have corresponding perfect forms in the indicative and subjunctive moods. Here is the present tense system.

el presente:	yo hablo, como, pongo
el presente perfecto:	yo he hablado, comido, puesto
el presente perfecto de subjuntivo:	yo haya hablado, comido, puesto

Other indicative forms that you have learned also have corresponding perfect indicative and subjunctive forms. Here are the most important ones, along with examples of

their use. In each case, the tense or mood is formed with the appropriate form of **haber.**

El pluscuamperfecto del subjuntivo

yo:	hubiera hablado, comido, vivido, *etc.*
tú:	hubieras hablado, comido, vivido, *etc.*
Ud./él/ella:	hubiera hablado, comido, vivido, *etc.*
nosotros:	hubiéramos hablado, comido, vivido, *etc.*
vosotros:	hubierais hablado, comido, vivido, *etc.*
Uds./ellos/ellas:	hubieran hablado, comido, vivido, *etc.*

These forms correspond to **el presente perfecto de indicativo** (**Capítulo 14**). These forms are most frequently used in **si** clause sentences, along with the conditional perfect. See examples on page 561.

El futuro perfecto

yo:	habré hablado, comido, vivido, *etc.*
tú:	habrás hablado, comido, vivido, *etc.*
Ud./él/ella:	habrá hablado, comido, vivido, *etc.*
nosotros:	habremos hablado, comido, vivido, *etc.*
vosotros:	habréis hablado, comido, vivido, *etc.*
Uds./ellos/ellas:	habrán hablado, comido, vivido, *etc.*

These forms correspond to **el futuro** (**Capítulo 16**) and are most frequently used to tell what *will have already happened* at some point in the future. (In contrast, the future is used to tell what *will happen*.)

Mañana **hablaré** con Miguel.
I'll speak with Miguel tomorrow.

Para las tres, ya **habré hablado** con Miguel.
By 3:00, I'll already have spoken to Miguel.

El año que viene **visitaremos** a los nietos.
We'll visit our grandchildren next year.

Para las Navidades, ya **habremos visitado** a los nietos.
We'll already have visited our grandchildren by Christmas.

El condicional perfecto

yo:	habría hablado, comido, vivido, *etc.*
tú:	habrías hablado, comido, vivido, *etc.*
Ud./él/ella:	habría hablado, comido, vivido, *etc.*
nosotros:	habríamos hablado, comido, vivido, *etc.*
vosotros:	habríais hablado, comido, vivido, *etc.*
Uds./ellos/ellas:	habrían hablado, comido, vivido, *etc.*

These forms correspond to **el condicional** (**Capítulo 18**). These forms are frequently used to tell what *would have happened* at some point in the past. (In contrast, the conditional tells what one *would do*.)

Yo **hablaría** con Miguel.
I would speak with Miguel (if I were you, at some point in the future).

Yo **habría hablado** con Miguel.
I would have spoken with Miguel (if I had been you, at some point in the past).

Si Clause: Sentences About the Past

You have learned (**Capítulo 18**) to use the past subjunctive and conditional to speculate about the present in **si** clause sentences: what *would happen* if a particular event *were* (or *were not*) to occur.

Si **tuviera** el tiempo, **aprendería** francés.
If I had the time, I would learn French (in the present or at some point in the future).

The perfect forms of the past subjunctive and the conditional are used to speculate about the past: what *would have happened* if a particular event *had* (or *had not*) occurred.

En la escuela superior, si **hubiera tenido** el tiempo, **habría aprendido** francés.
In high school, if I had had the time, I would have learned French.

Appendix 4

Verbs

A. Regular Verbs: Simple Tenses

Infinitive Present Participle Past Participle	INDICATIVE					SUBJUNCTIVE		IMPERATIVE
	Present	Imperfect	Preterite	Future	Conditional	Present	Imperfect	
hablar hablando hablado	hablo hablas habla hablamos habláis hablan	hablaba hablabas hablaba hablábamos hablabais hablaban	hablé hablaste habló hablamos hablasteis hablaron	hablaré hablarás hablará hablaremos hablaréis hablarán	hablaría hablarías hablaría hablaríamos hablaríais hablarían	hable hables hable hablemos habléis hablen	hablara hablaras hablara habláramos hablarais hablaran	habla tú, no hables hable Ud. hablemos hablen
comer comiendo comido	como comes come comemos coméis comen	comía comías comía comíamos comíais comían	comí comiste comió comimos comisteis comieron	comeré comerás comerá comeremos comeréis comerán	comería comerías comería comeríamos comeríais comerían	coma comas coma comamos comáis coman	comiera comieras comiera comiéramos comierais comieran	come tú, no comas coma Ud. comamos coman
vivir viviendo vivido	vivo vives vive vivimos vivís viven	vivía vivías vivía vivíamos vivíais vivían	viví viviste vivió vivimos vivisteis vivieron	viviré vivirás vivirá viviremos viviréis vivirán	viviría vivirías viviría viviríamos viviríais vivirían	viva vivas viva vivamos viváis vivan	viviera vivieras viviera viviéramos vivierais vivieran	vive tú, no vivas viva Ud. vivamos vivan

B. Regular Verbs: Perfect Tenses

INDICATIVE								SUBJUNCTIVE			
Present Perfect		Past Perfect		Preterite Perfect		Future Perfect		Conditional Perfect		Present Perfect		Past Perfect	
he has ha hemos habéis han	hablado comido vivido	había habías había habíamos habíais habían	hablado comido vivido	hube hubiste hubo hubimos hubisteis hubieron	hablado comido vivido	habré habrás habrá habremos habréis habrán	hablado comido vivido	habría habrías habría habríamos habríais habrían	hablado comido vivido	haya hayas haya hayamos hayáis hayan	hablado comido vivido	hubiera hubieras hubiera hubiéramos hubierais hubieran	hablado comido vivido

C. Irregular Verbs

| Infinitive Present Participle Past Participle | INDICATIVE | | | | | SUBJUNCTIVE | | IMPERATIVE |
	Present	Imperfect	Preterite	Future	Conditional	Present	Imperfect	
andar andando andado	ando andas anda andamos andáis andan	andaba andabas andaba andábamos andabais andaban	anduve anduviste anduvo anduvimos anduvisteis anduvieron	andaré andarás andará andaremos andaréis andarán	andaría andarías andaría andaríamos andaríais andarían	ande andes ande andemos andéis anden	anduviera anduvieras anduviera anduviéramos anduvierais anduvieran	anda tú, no andes ande Ud. andemos anden
caer cayendo caído	caigo caes cae caemos caéis caen	caía caías caía caíamos caíais caían	caí caíste cayó caímos caísteis cayeron	caeré caerás caerá caeremos caeréis caerán	caería caerías caería caeríamos caeríais caerían	caiga caigas caiga caigamos caigáis caigan	cayera cayeras cayera cayéramos cayerais cayeran	cae tú, no caigas caiga Ud. caigamos caigan
dar dando dado	doy das da damos dais dan	daba dabas daba dábamos dabais daban	di diste dio dimos disteis dieron	daré darás dará daremos daréis darán	daría darías daría daríamos daríais darían	dé des dé demos deis den	diera dieras diera diéramos dierais dieran	da tú, no des dé Ud. demos den
decir diciendo dicho	digo dices dice decimos decís dicen	decía decías decía decíamos decíais decían	dije dijiste dijo dijimos dijisteis dijeron	diré dirás dirá diremos diréis dirán	diría dirías diría diríamos diríais dirían	diga digas diga digamos digáis digan	dijera dijeras dijera dijéramos dijerais dijeran	di tú, no digas diga Ud. digamos digan
estar estando estado	estoy estás está estamos estáis están	estaba estabas estaba estábamos estabais estaban	estuve estuviste estuvo estuvimos estuvisteis estuvieron	estaré estarás estará estaremos estaréis estarán	estaría estarías estaría estaríamos estaríais estarían	esté estés esté estemos estéis estén	estuviera estuvieras estuviera estuviéramos estuvierais estuviera	está tú, no estés esté Ud. estemos estén
haber habiendo habido	he has ha hemos habéis han	había habías había habíamos habíais habían	hube hubiste hubo hubimos hubisteis hubieron	habré habrás habrá habremos habréis habrán	habría habrías habría habríamos habríais habrían	haya hayas haya hayamos hayáis hayan	hubiera hubieras hubiera hubiéramos hubierais hubieran	
hacer haciendo hecho	hago haces hace hacemos hacéis hacen	hacía hacías hacía hacíamos hacíais hacían	hice hiciste hizo hicimos hicisteis hicieron	haré harás hará haremos haréis harán	haría harías haría haríamos haríais harían	haga hagas haga hagamos hagáis hagan	hiciera hicieras hiciera hiciéramos hicierais hicieran	haz tú, no hagas haga Ud. hagamos hagan

C. Irregular Verbs (continued)

Infinitive Present Participle Past Participle	INDICATIVE					SUBJUNCTIVE		IMPERATIVE
	Present	Imperfect	Preterite	Future	Conditional	Present	Imperfect	
ir yendo ido	voy vas va vamos vais van	iba ibas iba íbamos ibais iban	fui fuiste fue fuimos fuisteis fueron	iré irás irá iremos iréis irán	iría irías iría iríamos iríais irían	vaya vayas vaya vayamos vayáis vayan	fuera fueras fuera fuéramos fuerais fueran	ve tú, no vayas vaya Ud. vayamos vayan
oír oyendo oído	oigo oyes oye oímos oís oyen	oía oías oía oíamos oíais oían	oí oiste oyó oímos oísteis oyeron	oiré oirás oirá oiremos oiréis oirán	oiría oirías oiría oiríamos oiríais oirían	oiga oigas oiga oigamos oigáis oigan	oyera oyeras oyera oyéramos oyerais oyeran	oye tú, no oigas oiga Ud. oigamos oigan
poder pudiendo podido	puedo puedes puede podemos podéis pueden	podía podías podía podíamos podíais podían	pude pudiste pudo pudimos pudisteis pudieron	podré podrás podrá podremos podréis podrán	podría podrías podría podríamos podríais podrían	pueda puedas pueda podamos podáis puedan	pudiera pudieras pudiera pudiéramos pudierais pudieran	
poner poniendo puesto	pongo pones pone ponemos ponéis ponen	ponía ponías ponía poníamos poníais ponían	puse pusiste puso pusimos pusisteis pusieron	pondré pondrás pondrá pondremos pondréis pondrán	pondría pondrías pondría pondríamos pondríais pondrían	ponga pongas ponga pongamos pongáis pongan	pusiera pusieras pusiera pusiéramos pusierais pusieran	pon tú, no pongas ponga Ud. pongamos pongan
querer queriendo querido	quiero quieres quiere queremos queréis quieren	quería querías quería queríamos queríais querían	quise quisiste quiso quisimos quisisteis quisieron	querré querrás querrá querremos querréis querrán	querría querrías querría querríamos querríais querrían	quiera quieras quiera queramos queráis quieran	quisiera quisieras quisiera quisiéramos quisierais quisieran	quiere tú, no quieras quiera Ud. queramos quieran
saber sabiendo sabido	sé sabes sabe sabemos sabéis saben	sabía sabías sabía sabíamos sabíais sabían	supe supiste supo supimos supisteis supieron	sabré sabrás sabrá sabremos sabréis sabrán	sabría sabrías sabría sabríamos sabríais sabrían	sepa sepas sepa sepamos sepáis sepan	supiera supieras supiera supiéramos supierais supieran	sabe tú, no sepas sepa Ud. sepamos sepan
salir saliendo salido	salgo sales sale salimos salís salen	salía salías salía salíamos salíais salían	salí saliste salió salimos salisteis salieron	saldré saldrás saldrá saldremos saldréis saldrán	saldría saldrías saldría saldríamos saldríais saldrían	salga salgas salga salgamos salgáis salgan	saliera salieras saliera saliéramos salierais salieran	sal tú, no salgas salga Ud. salgamos salgan
ser siendo sido	soy eres es somos sois son	era eras era éramos erais eran	fui fuiste fue fuimos fuisteis fueron	seré serás será seremos seréis serán	sería serías sería seríamos seríais serían	sea seas sea seamos seáis sean	fuera fueras fuera fuéramos fuerais fueran	sé tú, no seas sea Ud. seamos sean

C. Irregular Verbs (continued)

Infinitive / Present Participle / Past Participle	INDICATIVE Present	Imperfect	Preterite	Future	Conditional	SUBJUNCTIVE Present	Imperfect	IMPERATIVE
tener / teniendo / tenido	tengo	tenía	tuve	tendré	tendría	tenga	tuviera	ten tú, no tengas
	tienes	tenías	tuviste	tendrás	tendrías	tengas	tuvieras	tenga Ud.
	tiene	tenía	tuvo	tendrá	tendría	tenga	tuviera	tengamos
	tenemos	teníamos	tuvimos	tendremos	tendríamos	tengamos	tuviéramos	tengan
	tenéis	teníais	tuvisteis	tendréis	tendríais	tengáis	tuvierais	
	tienen	tenían	tuvieron	tendrán	tendrían	tengan	tuvieran	
traer / trayendo / traído	traigo	traía	traje	traeré	traería	traiga	trajera	trae tú, no traigas
	traes	traías	trajiste	traerás	traerías	traigas	trajeras	traiga Ud.
	trae	traía	trajo	traerá	traería	traiga	trajera	traigamos
	traemos	traíamos	trajimos	traeremos	traeríamos	traigamos	trajéramos	traigan
	traéis	traíais	trajisteis	traeréis	traeríais	traigáis	trajerais	
	traen	traían	trajeron	traerán	traerían	traigan	trajeran	
venir / viniendo / venido	vengo	venía	vine	vendré	vendría	venga	viniera	ven tú, no vengas
	vienes	venías	viniste	vendrás	vendrías	vengas	vinieras	venga Ud.
	viene	venía	vino	vendrá	vendría	venga	viniera	vengamos
	venimos	veníamos	vinimos	vendremos	vendríamos	vengamos	viniéramos	vengan
	venís	veníais	vinisteis	vendréis	vendríais	vengáis	vinierais	
	vienen	venían	vinieron	vendrán	vendrían	vengan	vinieran	
ver / viendo / visto	veo	veía	vi	veré	vería	vea	viera	ve tú, no veas
	ves	veías	viste	verás	verías	veas	vieras	vea Ud.
	ve	veía	vio	verá	vería	vea	viera	veamos
	vemos	veíamos	vimos	veremos	veríamos	veamos	viéramos	vean
	veis	veíais	visteis	veréis	veríais	veáis	vierais	
	ven	veían	vieron	verán	verían	vean	vieran	

D. Stem-Changing and Spelling Change Verbs

Infinitive / Present Participle / Past Participle	INDICATIVE Present	Imperfect	Preterite	Future	Conditional	SUBJUNCTIVE Present	Imperfect	IMPERATIVE
pensar (ie) / pensando / pensado	pienso	pensaba	pensé	pensaré	pensaría	piense	pensara	piensa tú, no pienses
	piensas	pensabas	pensaste	pensarás	pensarías	pienses	pensaras	piense Ud.
	piensa	pensaba	pensó	pensará	pensaría	piense	pensara	pensemos
	pensamos	pensábamos	pensamos	pensaremos	pensaríamos	pensemos	pensáramos	piensen
	pensáis	pensabais	pensasteis	pensaréis	pensaríais	penséis	pensarais	
	piensan	pensaban	pensaron	pensarán	pensarían	piensen	pensaran	
volver (ue) / volviendo / vuelto	vuelvo	volvía	volví	volveré	volvería	vuelva	volviera	vuelve tú, no vuelvas
	vuelves	volvías	volviste	volverás	volverías	vuelvas	volvieras	vuelva Ud.
	vuelve	volvía	volvió	volverá	volvería	vuelva	volviera	volvamos
	volvemos	volvíamos	volvimos	volveremos	volveríamos	volvamos	volviéramos	vuelvan
	volvéis	volvíais	volvisteis	volveréis	volveríais	volváis	volvierais	
	vuelven	volvían	volvieron	volverán	volverían	vuelvan	volvieran	

D. Stem-Changing and Spelling Change Verbs (continued)

Infinitive Present Participle Past Participle	INDICATIVE					SUBJUNCTIVE		IMPERATIVE
	Present	Imperfect	Preterite	Future	Conditional	Present	Imperfect	
dormir (ue, u) durmiendo dormido	duermo duermes duerme dormimos dormís duermen	dormía dormías dormía dormíamos dormíais dormían	dormí dormiste durmió dormimos dormisteis durmieron	dormiré dormirás dormirá dormiremos dormiréis dormirán	dormiría dormirías dormiría dormiríamos dormiríais dormirían	duerma duermas duerma durmamos durmáis duerman	durmiera durmieras durmiera durmiéramos durmierais durmieran	duerme tú, no duermas duerma Ud. durmamos duerman
sentir (ie, i) sintiendo sentido	siento sientes siente sentimos sentís sienten	sentía sentías sentía sentíamos sentíais sentían	sentí sentiste sintió sentimos sentisteis sintieron	sentiré sentirás sentirá sentiremos sentiréis sentirán	sentiría sentirías sentiría sentiríamos sentiríais sentirían	sienta sientas sienta sintamos sintáis sientan	sintiera sintieras sintiera sintiéramos sintierais sintieran	siente tú, no sientas sienta Ud. sintamos sientan
pedir (i, i) pidiendo pedido	pido pides pide pedimos pedís piden	pedía pedías pedía pedíamos pedíais pedían	pedí pediste pidió pedimos pedisteis pidieron	pediré pedirás pedirá pediremos pediréis pedirán	pediría pedirías pediría pediríamos pediríais pedirían	pida pidas pida pidamos pidáis pidan	pidiera pidieras pidiera pidiéramos pidierais pidieran	pide tú, no pidas pida Ud. pidamos pidan
reír (i, i) riendo reído	río ríes ríe reímos reís ríen	reía reías reía reíamos reíais reían	reí reíste rió reímos reísteis rieron	reiré reirás reirá reiremos reiréis reirán	reiría reirías reiría reiríamos reiríais reirían	ría rías ría riamos riáis rían	riera rieras riera riéramos rierais rieran	ríe tú, no rías ría Ud. riamos rían
seguir (i, i) (g) siguiendo seguido	sigo sigues sigue seguimos seguís siguen	seguía seguías seguía seguíamos seguíais seguían	seguí seguiste siguió seguimos seguisteis siguieron	seguiré seguirás seguirá seguiremos seguiréis seguirán	seguiría seguirías seguiría seguiríamos seguiríais seguirían	siga sigas siga sigamos sigáis sigan	siguiera siguieras siguiera siguiéramos siguierais siguieran	sigue tú, no sigas siga Ud. sigamos sigan
construir (y) construyendo construido	construyo construyes construye construimos construís construyen	construía construías construía construíamos construíais construían	construí construiste construyó construimos construisteis construyeron	construiré construirás construirá construiremos construiréis construirán	construiría construirías construiría construiríamos construiríais construirían	construya construyas construya construyamos construyáis construyan	construyera construyeras construyera construyéramos construyerais construyeran	construye tú, no construyas construya Ud. construyamos construyan
producir (zc) produciendo producido	produzco produces produce producimos producís producen	producía producías producía producíamos producíais producían	produje produjiste produjo produjimos produjisteis produjeron	produciré producirás producirá produciremos produciréis producirán	produciría producirías produciría produciríamos produciríais producirían	produzca produzcas produzca produzcamos produzcáis produzcan	produjera produjeras produjera produjéramos produjerais produjeran	produce tú, no produzcas produzca Ud. produzcamos produzcan

Appendix 5

Answers to ¿*Recuerda Ud.?* Exercises

CAPÍTULO 2
GRAMMAR SECTION 5 1. Soy estudiante. 2. Soy de... 3. Sí (No, no), soy una persona sentimental. 4. Es (Son) la(s)... (La clase de español) Es a la(s)... 5. Es un edificio.

CAPÍTULO 3
GRAMMAR SECTION 8 1. nosotros/as 2. tú 3. vosotros/as 4. ellos/as, Uds. 5. yo 6. él/ella, Ud.

CAPÍTULO 4
GRAMMAR SECTION 12 quiero, quieres, quiere, quieren; puedo, puedes, puede, pueden

GRAMMAR SECTION 14 1. el coche de mi(s)... 2. la casa de mi(s)... 3. el patio de mi(s)... 4. el horario de mi(s)...

CAPÍTULO 5
GRAMMAR SECTION 16 ¿*Cómo está Ud.?* *asks how someone is feeling at a particular moment.* ¿*Cómo es Ud.?* *asks about someone's nature, that is, what he or she is like as a person.*

CAPÍTULO 7
GRAMMAR SECTION 24 *Use this model for all answers and questions:* Sí, me gusta... (No, no me gusta...) ¿Le gusta?

CAPÍTULO 8
GRAMMAR SECTION 28 (Complemento directo = CD, complemento indirecto = CI.) 1. Nos = CI, los libros = CD 2. los = CD 3. Me = CI, el

menú = CD 4. lo = CD 5. te = CI, el dinero = CD 6. lo = CD 7. te = CD 8. Me = CD

CAPÍTULO 10
GRAMMAR SECTION 34 1. La Navidad es más interesante que el Día de Gracias. 2. Nuestro árbol de Navidad es más alto que el árbol que está fuera de la casa. 3. ¡Esta fiesta es mejor que un regalo! 4. Mis hermanos son mayores que yo.

CAPÍTULO 12
GRAMMAR SECTION 37 1. *preterite* 2. *imperfect* 3. *imperfect* 4. *preterite* 5. *imperfect* 6. *imperfect*

CAPÍTULO 15
GRAMMAR SECTION 44 1. Tráiganme el libro. 2. No se lo den (a ella). 3. Siéntese aquí, por favor. 4. ¡No se siente en esa silla! 5. Díganles la verdad. 6. ¡Dígansela ahora! 7. No se la digan nunca. 8. ¡Cuídese! 9. ¡Lleve (Ud.) una vida sana! 10. Escúcheme.

CAPÍTULO 16
GRAMMAR SECTION 47 1. hablaron 2. comieron 3. vivieron 4. jugaron 5. perdieron 6. durmieron 7. rieron 8. leyeron 9. estuvieron 10. tuvieron 11. destruyeron 12. mantuvieron 13. trajeron 14. dieron 15. supieron 16. se vistieron 17. dijeron 18. creyeron 19. fueron 20. pudieron

GRAMMAR SECTION 48 1. su derecho 2. tus derechos 3. nuestra obligación 4. sus obligaciones 5. nuestra prensa 6. su gobierno 7. su crimen 8. nuestro país

---

Appendix 6

Answers to Exercises

ANTE TODO
PRIMERA PARTE
SALUDOS Y EXPRESIONES DE CORTESÍA: Práctica 1. Muy buenas. (Buenas tardes.) (Muy buenas tardes.) 2. Hasta luego. (Adiós.) (Hasta mañana.) 3. Bien (Muy bien) (Regular), gracias. ¿Y tú? 4. Hola. (¿Qué tal?) 5. Bien (Muy bien), gracias. ¿Y usted? 6. Buenas noches. (Muy buenas.) (Adiós.) (Hasta mañana.) 7. De nada. (No hay de qué.) 8. Hasta mañana. (Hasta luego.) (Adiós.) 9. (Me llamo _____. 10. Encantado/a. (Igualmente.)
Conversación B 1. Con permiso. (Perdón.) 2. Perdón. 3. Perdón. 4. Con permiso. (Por favor.) 5. Perdón. 6. Perdón.
EL ALFABETO ESPAÑOL: Práctica A 1. c 2. e 3. i 4. a 5. f 6. h 7. b 8. g 9. d
LOS COGNADOS: El español ¡en directo! *Paso 1* profesora *Paso 2* pesimistas *Paso 3* cero

SEGUNDA PARTE
MÁS COGNADOS: Práctica A Lugares: *Places;* Cosas: *Things;* Bebidas: *Drinks;* Deportes: *Sports*
Práctica B 1. Es una cosa. 2. Es un animal. 3. Es una comida. 4. Es un deporte. 5. Es una nación. 6. Es una persona. 7. Es un lugar. 8. Es una bebida. 9. Es un animal. 10. Es una cosa. 11. Es un lugar. 12. Es un concepto. 13. Es una persona. 14. Es un instrumento musical. 15. Es un concepto.
Conversación 1. ¿Qué es un saxofón? —Es un instrumento musical. 2. ¿Qué es un autobús? —Es una cosa. 3. ¿Qué es un rancho? —Es un lugar. 4. ¿Qué es un doctor? —Es una persona. 5. ¿Qué es Bolivia? —Es una nación (un lugar). 6. ¿Qué es una Coca-Cola? —Es una bebida. 7. ¿Qué es una enchilada? —Es una comida. 8. ¿Qué es una jirafa? —Es un animal. 9. ¿Qué es una turista? —Es una persona.

PRONUNCIACIÓN

El español ¡en directo!
Paso 2 40,000 cars; 1,000 offices; inmediatamente; within 48 hours.

LOS NÚMEROS 0–30; hay: Práctica A 1. Hay cuatro señoras. 2. Hay doce pianos. 3. Hay un café 4. Hay veintiún (veinte y un) cafés. 5. Hay catorce días. 6. Hay una clase. 7. Hay veintiuna (veinte y una) ideas. 8. Hay once personas. 9. Hay quince estudiantes. 10. Hay trece teléfonos. 11. Hay veintiocho (veinte y ocho) naciones. 12. Hay cinco guitarras. 13. Hay un león. 14. Hay treinta señores. 15. Hay veinte oficinas.

Práctica B 1. Dos y cuatro son seis. 2. Ocho y diecisiete (diez y siete) son veinticinco (veinte y cinco). 3. Once y uno son doce. 4. Tres y dieciocho (diez y ocho) son veintiuno (veinte y uno). 5. Nueve y seis son quince. 6. Cinco y cuatro son nueve. 7. Uno y trece son catorce. 8. Quince menos dos son trece. 9. Nueve menos nueve son cero. 10. Trece menos ocho son cinco. 11. Catorce más doce son veintiséis (veinte y seis). 12. Veintitrés (Veinte y tres) menos trece son diez.

TERCERA PARTE

¿QUÉ HORA ES?: El español ¡en directo! *Paso 1* líneas; transporte; servicio, sistema. *Paso 2* work days (weekdays); holidays. *Paso 3* horario; schedule (timetable).

Práctica A 1. Las doce menos veinte de la noche. 2. Las dos menos un minuto de la tarde. 3. Las diez y veintitrés (veinte y tres) de la noche. 4. Las dos y diecinueve (diez y nueve) de la mañana (de la noche). 5. Las cinco y cuarto (quince) de la tarde. 6. Las nueve y media de la mañana. 7. La una y siete de la noche (de la mañana). 8. Las seis y dieciséis (diez y seis) de la mañana.

Práctica B 1. Es la una. 2. Son las seis. 3. Son las once. 4. Es la una y media. 5. Son las tres y cuarto (quince). 6. Son las siete menos cuarto (quince). 7. Son las cuatro y cuarto (quince). 8. Son las doce menos cuarto (quince) en punto. 9. Son las nueve y diez en punto. 10. Son las diez menos diez en punto.

Conversación A *Paso 1* 1. ¿A qué hora es la clase de francés? —A las dos menos cuarto (quince) de la tarde... ¡en punto! 2. ¿A qué hora es la sesión de laboratorio? —A las tres y diez de la tarde... ¡en punto! 3. ¿A qué hora es la excursión? —A las nueve menos cuarto (quince) de la mañana... ¡en punto! 4. ¿A qué hora es el concierto? —A las siete y media de la tarde (noche)... ¡en punto!

LAS PALABRAS INTERROGATIVAS: Práctica A *Paso 1* 1. ¿A qué hora... ? 2. ¿Dónde... ? 3. ¿Qué... ? 4. ¿Cómo... ? 5. ¿Cómo... ? 6. ¿Cuántos... ? 7. ¿Cuánto... ? 8. ¿Cuál... ? 9. ¿Qué... ? 10. ¿Cuándo... ? 11. ¿Qué hora... ? 12. ¿Quién... ?

Paso 2 *Possible answers:* 1. ¿A qué hora es la clase? 2. ¿Dónde está Madrid? 3. ¿Qué es usted? 4. ¿Cómo está(s)? 5. ¿Cómo es (él/ella)? 6. Cuántos habitantes hay? 7. ¿Cuánto es? 8. ¿Cuál es la capital de Venezuela? 9. ¿Qué es un saxofón? 10. ¿Cuándo es la fiesta? 11. ¿Qué hora es? 12. ¿Quién es usted (eres tú)?

CAPÍTULO 1
EN LA UNIVERSIDAD

EN LA CLASE: Conversación A **1. la clase:** 1. la profesora 2. la estudiante 3. el papel 4. la silla 5. el escritorio (la mesa) 6. el bolígrafo 7. el lápiz 8. la calculadora 9. la pizarra **2. la biblioteca:** 1. el estudiante 2. la estudiante 3. el bibliotecario 4. el libro de texto 5. el diccionario 6. el cuaderno 7. la mesa 8. la silla 9. la ventana **3. la librería:** 1. la estudiante 2. la mochila 3. el papel 4. el libro de texto 5. el bolígrafo 6. el lápiz 7. la puerta 8. la calculadora **4. la oficina (la universidad):** 1. el estudiante 2. la consejera 3. el profesor 4. la mesa 5. el libro 6. la ventana 7. la puerta

Conversación B 1. Es hombre. 2. Es mujer. 3. Es hombre. 4. Es hombre. 5. Es mujer. 6. Es hombre.

LAS MATERIAS: Conversación A 1. las ciencias, la química 2. la sicología 3. las comunicaciones 4. la filosofía 5. la literatura, el inglés 6. el arte 7. la administración de empresas, la economía 8. la computación 9. la física

GRAMMAR SECTION 1

Práctica A *Paso 1* 1. el 2. la 3. el 4. la 5. el 6. el 7. la 8. el 9. la 10. la 11. la 12. la: *Paso 2* 1. un 2. una 3. un 4. un 5. una 6. una 7. un 8. una 9. un

Práctica B *Paso 1* 1. Hay un consejero en la oficina. 2. Hay una profesora en la clase. 3. Hay un lápiz en la mesa. 4. Hay un cuaderno en el escritorio. 5. Hay un libro en la mochila. 6. Hay un bolígrafo en la silla. 7. Hay una palabra en el papel. 8. Hay una oficina en la residencia. 9. Hay un compañero en la biblioteca.

Conversación A 1. ¿El/La cliente? —Es una persona. 2. ¿El bolígrafo? —Es una cosa. 3. ¿La residencia? —Es un edificio. 4. ¿El/La dependiente/a? —Es una persona. 5. ¿El hotel? —Es un edificio. 6. ¿La calculadora? —Es una cosa. 7. ¿La computación? —Es una materia. 8. ¿El inglés? —Es una materia (lengua).

Conversación B *Possible answers:* 1. el libro, la mesa; el/la estudiante, el/la bibliotecario/a 2. el libro (de texto), el cuaderno; el/la cliente, el/la dependiente/a 3. el escritorio, el papel; el/la consejero/a, el/la profesor(a) 4. la puerta, la ventana; el/la estudiante, el/la compañero/a de cuarto

GRAMMAR SECTION 2

El español ¡en directo! 1. intensivo(s) 2. reducido(s) 3. traducciones 4. énfasis

GRAMMAR SECTION 2

Práctica A 1. las mesas 2. los libros 3. los amigos 4. las oficinas 5. unos cuadernos 6. unos lápices 7. unas extranjeras 8. unos bolígrafos 9. unos edificios.

Práctica B 1. el profesor 2. la calculadora 3. la bibliotecaria 4. el lápiz 5. un papel 6. una tarde 7. una residencia 8. una silla 9. un escritorio

GRAMMAR SECTION 3

Práctica A *Paso 2* 1. ¿Necesitas... ? 2. ¿Trabajas... ? 3. ¿Tomas... ? 4. En clase, ¿cantas... ? 5. ¿Deseas practicar... ? 6. ¿Tomas... ? 7. ¿Enseñas... ? 8. ¿Hablas... ?

Práctica B 1. cantan 2. bailan 3. toca 4. escuchan 5. busca 6. habla 7. desea 8. bailar 9. baila 10. necesitan

Comprensión 1. falso 2. falso 3. cierto 4. cierto

GRAMMAR SECTION 4

Práctica 1. ¿Eres norteamericano? 2. ¿Estudias con frecuencia? 3. ¿Tocas el piano? 4. ¿Deseas trabajar más horas? 5. ¿Hablas francés? 6. ¿Eres reservado?

Conversación *Paso 1* 1. ¿Estudias... ? 2. ¿Practicas... ? 3. ¿Tomas... ? 4. ¿Bailas... ? 5. ¿Tocas... ? 6. ¿Regresas... ?

UN POCO DE TODO

Ejercicio A: Pasos 1 y 2 *(Questions and answers are combined.)* 1.–2. ¿Buscas un libro de español? No, busco una mochila. 2.–4. ¿No trabaja Paco aquí en la cafetería? No, él trabaja en la biblioteca. 3.–3. ¿Qué más necesitan Uds. en la clase de cálculo? Necesitamos una calculadora y un cuaderno. 4.–5. ¿Dónde está Juanita? Ella trabaja en la residencia por las tardes. 5.–1. ¿No deseas estudiar unos minutos más? No, necesito regresar a casa.

Ejercicio B 1. es 2. toma 3. Estudiamos 4. me 5. Compro 6. estudio 7. la 8. una 9. practicamos 10. la 11. canta 12. baila 13. trabajamos 14. por 15. la 16. es 17. dependienta 18. estamos 19. el

Comprensión 1. cierto 2. falso; Le gusta la clase. 3. falso; Ángela estudia mucho. 4. falso; Luisa habla español.

CAPÍTULO 2
VOCABULARIO: PREPARACIÓN

LA FAMILIA Y LOS PARIENTES: Conversación A 1. falso; Es el primo de Marta. 2. cierto 3. cierto 4. falso; Son hermanos. 5. falso; Es la hermana de Manolo. 6. falso; Es el padre de José Jaime. 7. cierto 8. cierto

Conversación B: Paso 1 1. abuela 2. primo 3. tía 4. abuelo *Paso 2* 1. Es la hija de mi tío/a. 2. Es el hijo de mi hermano/a. 3. Es el hermano de mi madre/padre. 4. Es el padre de mi madre/padre.

ADJETIVOS: Conversación A 1. Es tonto. 2. Es perezoso. 3. Es alto. 4. Es malo, antipático y feo. 5. Es joven y soltero. 6. Es nuevo y largo. 7. Es delgada y rubia. 8. Es pequeña y pobre.

LOS NÚMEROS 31–100: Conversación A 1. Treinta y cincuenta son ochenta. 2. Cuarenta y cinco y cuarenta y cinco son noventa. 3. Treinta y dos y cincuenta y ocho son noventa. 4. Setenta y siete y veintitrés (veinte y tres) son cien. 5. Cien menos cuarenta son sesenta. 6. Noventa y nueve menos treinta y nueve son sesenta. 7. Ochenta y cuatro menos treinta y cuatro son cincuenta. 8. Setenta y ocho menos treinta y seis son cuarenta y dos. 9. Ochenta y ocho menos veintiocho (veinte y ocho) son sesenta.

PRONUNCIACIÓN

Ejercicio B 1. mo-chi-la. 2. me̱-nos 3. re-gu-lar 4. i-gual-ment-e 5. E-cua-do̱r 6. e-le-gan-te 7. li-be-ra̱l 8. hu-ma-ni-da̱d

GRAMMAR SECTION 5

Práctica A 1. falso; Somos esposos. 2. falso; Es la tía de Patricia. 3. cierto 4. cierto 5. cierto. 6. falso; Es abuelo (el abuelo de Marta, José Jaime y Patricia). 7. cierto

Práctica B: Paso 1 1. John Doe es de los Estados Unidos. 2. Karl Lotze es de Alemania. 3. Graziana Lazzarino es de Italia. 4. María Gómez es de México. 5. Claudette Moreau es de Francia. 6. Timothy Windsor es de Inglaterra.

Práctica C: Paso 1 1. Carlos Miguel es médico. Es de Cuba. Ahora trabaja en Milwaukee. 2. Maripili es extranjera. Es de Burgos. Ahora trabaja en Miami. 3. Mariela es dependienta. Es de Buenos Aires. Ahora trabaja en Nueva York. 4. Juan es dentista. Es de Lima. Ahora trabaja en Los Ángeles.

Práctica D 1. ¿De quién es la casa en Beverly Hills? —Es de la actriz. 2. ¿De quién es la casa en Viena? —Es de los señores Schmidt. 3. ¿De quién es la camioneta? —Es de la familia con diez hijos. 4. ¿De quién es el perro? —Es del niño. 5. ¿De quién son las fotos de la Argentina? —Son del estudiante extranjero. 6. ¿De quién son las mochilas con todos los libros? —Son de las estudiantes.

Conversación A 1. La calculadora es para Raulito, el primo. Le gustan las matemáticas. Por eso necesita la calculadora. 2. El dinero es para Carmina, la hermana. Ella desea estudiar en otro estado. Por eso necesita el dinero. 3. Los libros de literatura clásica son para Joey, el hermano. Le gustan mucho las historias viejas. Por eso necesita los libros. 4. Los discos compactos de Andrés Segovia son para Julián y María, los abuelos. Les gusta mucho la música de guitarra clásica. Por eso necesitan los discos compactos. 5. El televisor es para Carmen, la madre. Le gusta mirar programas cómicos. Por eso necesita la televisión. 6. El radio es para José, el padre. Le gusta escuchar las noticias. Por eso necesita el radio.

GRAMMAR SECTION 6
Práctica A 1. trabajador, alto, grande, amable 2. inteligentes, viejos, religiosos 3. elegante, sentimental, simpática 4. solteras y morenas
Práctica D Dolores es una buena estudiante. Es lista y trabajadora y estudia mucho. Es norteamericana de origen mexicano, y por eso habla español. Desea ser profesora de antropología. Dolores es morena, guapa y atlética. Le gustan las fiestas grandes y tiene buenos amigos en la universidad. Tiene parientes norteamericanos y mexicanos.
Práctica E 1. ...es francesa y vive en Francia. 2. ...es español y vive en España. 3. ...son alemanes y viven en Alemania. 4. ...es portugués y vive en Portugal. 5. ...son italianas y viven en Italia. 6. ...es inglés y vive en Inglaterra. 7. ...son chinos y viven en la China.

GRAMMAR SECTION 7
Práctica A: *Paso 2* 1. ¿Debes... 2. ¿Lees... 3. ¿Comprendes... 4. ¿Asistes... 5. ¿Debes... 6. ¿Escribes... 7. ¿Aprendes... 8. ¿Vendes...
Práctica B 1. vende 2. aprendemos 3. deben 4. asistir 5. cree 6. leer 7. leemos 8. escribimos 9. creo 10. comprende
Práctica C 1. Yo leo el periódico. 2. Mi hija, Marta, mira la televisión. 3. También escribe una composición. 4. Mi esposa, Lola, abre y lee unas cartas. 5. ¡Hoy recibimos una carta de tío Ricardo! 6. Es de España pero ahora vive en México. 7. ¡Ay! Son las dos de la tarde. 8. ¡Debemos comer ahora!

UN POCO DE TODO
Ejercicio A: *Paso 1* 1. Yo soy la abuela panameña. 2. El nuevo nieto es de los Estados Unidos. 3. Juan José también es el hijo del abuelo panameño. 4. Juan José también es el hijo del abuelo panameño. 5. Una de las tías del nieto es médica. 6. La otra tía es una profesora famosa. 7. La madre del niño es norteamericana. 8. La hermana del niño se llama Concepción.
Paso 2 1. Son de Panamá. 2. Es de los Estados Unidos. 3. Se llama Juan José.
Ejercicio B 1. creen. 2. todas 3. hispánicas 4. grandes 5. es 6. grandes 7. Es 8. típica 9. todas 10. trabajan 11. necesario 12. urbanos 13. son 14. muchos 15. industrializada 16. trabajan 17. pagan 18. media 19. alta 20. hablar 21. hispánica 22. norteamericana
Comprensión 1. falso; Todas las familias hispánicas no son iguales. 2. cierto 3. cierto 4. cierto

CAPÍTULO 3
VOCABULARIO: PREPARACIÓN
DE COMPRAS: Conversación A 1. El Sr. Rivera lleva un traje, unos zapatos, unos calcetines, un sombrero, una corbata, una camisa y un cinturón. 2. La Srta. Alonso lleva unos pantalones, una chaqueta, unas botas y unos calcetines. El perro lleva un suéter. 3. Sara lleva una falda, una blusa, unas medias y unos zapatos. 4. Alfredo lleva una camiseta, una chaqueta, unos *bluejeans* y unos zapatos de tenis. Necesita comprar ropa nueva. (*Different answers are possible.*) *Possible answers:* El Sr. Rivera trabaja hoy. Sara se prepara para una fiesta. Alfredo (la Srta. Alonso, Sara) no trabaja en este momento.
Conversación B 1. almacén 2. regatear 3. venden, rebajas 4. centros comerciales 5. centro 6. *Possible answers:* faldas, blusas, vestidos 7. *Possible answers:* camisetas, pantalones, camisas, chaquetas, cinturones, calcetines, zapatos, botas, suéteres, abrigos,... 8. seda 9. algodón
Conversación D 1. En un almacén hay precios fijos, ¿no? (¿verdad?) 2. Regateamos mucho en los Estados Unidos, ¿no? (¿verdad?) 3. No hay muchos mercados en esta ciudad, ¿verdad? 4. Los *bluejeans* Gap son muy baratos, ¿no? (¿verdad?) 5. Es necesario llevar traje y corbata a clase, ¿no? (¿verdad?) 6. Eres una persona muy independiente, ¿no? (¿verdad?) 7. Tiene una familia muy grande, ¿no? (¿verdad?) 8. No hay examen mañana, ¿verdad?
¿DE QUÉ COLOR ES?: Conversación A 1. En el dibujo A hay un traje azul, pero en el dibujo B hay un traje azul *de cuadros*. 2. En el dibujo A hay dos sandalias, pero en el dibujo B hay una. 3. En el dibujo A hay un som-

brero, pero en el dibujo B hay dos sombreros. 4. En el dibujo A hay un sombrero verde, pero en el dibujo B los sombreros son rojos. 5. En el dibujo A hay un precio de 50 pesos, pero en el dibujo B hay un precio de 40 dólares. 6. En el dibujo A hay un suéter (un púlover) morado, pero en el dibujo B hay un suéter (púlover) azul. 7. En el dibujo A hay una bolsa parda, pero en el dibujo B hay una bolsa gris. 8. En el dibujo A hay un vestido con cinturón, pero en el dibujo B hay una blusa y una falda sin cinturón.
LOS NÚMEROS 100 Y MÁS: El español ¡en directo! *weight, heavy, to weigh;* el elefante, el gorila, 5.000 kilos y 220 kilos; terrestres, mamífero.
Conversación A 1. siete mil trescientas cuarenta y cinco pesetas 2. cien dólares 3. cinco mil setecientos diez quetzales 4. seiscientos setenta bolívares 5. dos mil cuatrocientos ochenta y seis pesetas 6. un millón de dólares 7. quinientos veintiocho (veinte y ocho) pesos 8. ochocientos treinta y seis bolívares 9. ciento una pesetas 10. cuatro millones de dólares 11. seis millones de pesos 12. veinticinco (veinte y cinco) millones de pesetas

PRONUNCIACIÓN
Ejercicio B 1. exámenes (written accent mark) 2. lápiz (written accent mark) 3. necesitar (ends in consonant) 4. perezoso (ends in vowel) 5. actitud (ends in consonant) 6. acciones (ends in -s) 7. dólares (written accent mark) 8. francés (written accent mark) 9. están (written accent mark) 10. hombre (ends in vowel) 11. peso (ends in vowel) 12. mujer (ends in consonant) 13. plástico (written accent mark) 14. María (written accent mark) 15. Rodríguez (written accent mark) 16. Patricia (ends in diphthong)

GRAMMAR SECTION 8
Práctica A 1. problema, dinero, mesa 2. camisetas, hijos, vestidos 3. ventana, suéter, coche, bolsa, cartera 4. trajes, nietas, abrigos 5. tiendas, paredes 6. sombrero
Práctica B: *Paso 1* 1. Sus dependientas son simpáticas. 2. Sus precios son fijos. 3. Su ropa es diversa. 4. Sus zapatos son informales. 5. Sus blusas son elegantes. 6. Sus pantalones son baratos. *Paso 2* 1. Mis dependientas son simpáticas. 2. Mis precios son fijos. 3. Mi ropa es diversa. *Paso 3* 4. Nuestros zapatos son informales. 5. Nuestras blusas son elegantes. 6. Nuestros pantalones son baratos.

GRAMMAR SECTION 9
Práctica A: *Paso 1* 1. Sara tiene muchos exámenes. 2. Viene a la universidad todos los días. 3. Hoy trabaja hasta las nueve de la noche. 4. Prefiere estudiar en la biblioteca. 5. Quiere leer más pero no puede. 6. Por eso regresa a casa. 7. Tiene ganas de leer más. 8. Pero unos amigos vienen a mirar la televisión. 9. Sara decide mirar la televisión con ellos.
Paso 2 1. Yo tengo muchos exámenes. 2. Vengo a la universidad todos los días. 3. Hoy trabajo hasta las nueve de la noche. 4. Prefiero estudiar en la biblioteca. 5. Quiero leer más pero no puedo. 6. Por eso regreso a casa. 7. Tengo ganas de leer más. 8. Pero unos amigos vienen a mirar la televisión. 9. Decido mirar la televisión con ellos. ◆ 1. Nosotros/as tenemos muchos exámenes. 2. Venimos a la universidad todos los días. 3. Hoy trabajamos hasta las nueve de la noche. 4. Preferimos estudiar en la biblioteca. 5. Queremos leer más pero no podemos. 6. Por eso regresamos a casa. 7. Tenemos ganas de leer más. 8. Pero unos amigos vienen a mirar la televisión. 9. Decidimos mirar la televisión con ellos.
Práctica B 1. ...tengo _____ años. 2. ...tengo miedo. 3. ...tengo sueño. 4. ...no tienes razón. 5. ...tengo prisa. 6. ...tienen (tenemos) miedo. 7. ...tengo que estudiar (tengo miedo). 8. ...tienes razón.

GRAMMAR SECTION 10
Práctica A 1. Ud. va al centro. 2. Francisco va al almacén Goya. 3. Tú vas a un mercado. 4. Jorge y Carlos van al centro comercial. 5. Nosotros vamos a una tienda pequeña. 6. Yo voy...
Práctica B 1. Vamos a llegar al centro a las diez de la mañana. 2. La niña va a querer comer algo. 3. Voy a comprar unos chocolates para Marta. 4. Manola va a buscar una blusa de seda. 5. No vas a comprar esta blusa de rayas, ¿verdad? 6. Vamos a buscar algo más barato. 7. ¿Vas a ir de compras mañana también?

UN POCO DE TODO
Ejercicio B 1. las. 2. gran 3. ir 4. elegantes 5 los 6. fijos 7. pequeñas 8. formar 9. cree 10. otros 11. va 12. puede 13. debe 14. los 15 tiene 16. que 17. informal 18. grandes 19. debe 20. a
Comprensión 1. falso; Hay una gran variedad de tiendas. 2. falso; Los precios son fijos en los almacenes. 3. falso; Es posible comprar papel. 4. falso; El precio es alto al principio.

CAPÍTULO 4
VOCABULARIO: PREPARACIÓN
¿QUÉ DÍA ES HOY?: Conversación A 1. Hoy es _____. Mañana es _____. Si hoy es sábado, mañana es domingo. Si hoy es jueves, mañana es

viernes. Ayer fue _____. 2. Tenemos clase los _____. No tenemos clases los _____. 3. Sí, (No, no) estudio mucho durante el fin de semana. Sí, (No, no) estudio mucho los domingos por la noche. 4. Los viernes por la tarde me gusta _____. Sí, (No, no) me gusta salir con los amigos los sábados por la noche.

LOS CUARTOS, LOS MUEBLES Y LAS OTRAS PARTES DE UNA CASA: Conversación A *Possible answers:* 1. Es el garaje. En el garaje hay un coche. 2. Es la sala. En la sala hay un sillón, un televisor, una mesa, una mesita y una lámpara. 3. Es la alcoba. En la alcoba hay una cama. 4. Es el cuarto de baño. En el cuarto de baño hay un lavabo. 5. Es la cocina. En la cocina hay platos. 6. Es el comedor. En el comedor hay dos sillas y una mesa. 7. Es el patio. En el patio no hay piscina. Solamente hay plantas.
Conversación B: *Paso 1* *Possible answers:* 1. el escritorio, la mesa, la silla, la lámpara, la alcoba 2. el sofá, la cama, la alcoba, la sala 3. el sofá, el televisor, la sala, el comedor, la cocina 4. el comedor, la mesa, las sillas, la cocina 5. el patio, la piscina 6. la sala, el sofá, el sillón, la alcoba
EXPRESSING ACTIONS: *HACER, OÍR, PONER, SALIR, TRAER,* **AND** *VER:*
Conversación B *Possible answers:* 1. ...hago un viaje a Colorado. 2. ...traigo el libro a clase. 3. ...salgo para la biblioteca. 4. ...pongo el televisor. 5. ...oigo al profesor. 6. ...salgo para la residencia. 7. pongo el estéreo. 8. ...hago una pregunta.
¿CUÁNDO? LAS PREPOSICIONES: Conversación A 1. después de 2. después de (antes de) 3. antes de 4. antes de 5. después de (antes de) 6. antes de
GRAMMAR SECTION 11
Práctica A 1. Está en la cocina (el comedor). 2. Está en la sala. 3. Están en el comedor (la cocina). 4. Están en la sala. 5. Está en la alcoba (el baño). 6. Está en el garaje. 7. Está en la alcoba (la sala). 8. Está en la alcoba (la alcoba).
Práctica C: *Paso 1* 1. La familia de Ismael tiene ganas de comer paella. 2. Vuelven a su restaurante favorito. 3. Piensan que la paella del restaurante es estupenda. 4. Piden paella para seis personas. 5. Pero hoy sólo sirven un menú mexicano. 6. Por eso piden tacos y guacamole. 7. Almuerzan mucho y ahora quieren dormir la siesta. 8. Pero también quieren estar más tiempo juntos. 9. Por eso juegan al dominó en el parque.
Paso 2 1. Nuestra familia tiene ganas de comer paella. 2. Volvemos a nuestro restaurante favorito. 3. Pensamos que la paella del restaurante es estupenda. 4. Pedimos paella para seis personas. 5. Pero hoy sólo sirven un menú mexicano. 6. Por eso pedimos tacos y guacamole. 7. Almorzamos mucho y ahora queremos dormir la siesta. 8. Pero también queremos estar más tiempo juntos. 9. Por eso jugamos al dominó en el parque.
GRAMMAR SECTION 12
Práctica B: *Paso 1* 1. Me levanto a las siete. 2. Mi esposa Lola se levanta más tarde. 3. Nos duchamos por la mañana. 4. Por costumbre, nuestra hija Marta se baña por la noche. 5. Yo me visto antes de tomar el desayuno. 6. Lola se viste después de tomar un café. 7. Por la noche, Marta se acuesta muy temprano. 8. Yo me acuesto más tarde, a las once. 9. Por lo general, Lola se acuesta más tarde que yo.
Paso 2 1. Manolo 2. Marta 3. Marta 4. Manolo
Práctica C: *Paso 1* *Possible answers:* 1. despertarme 2. me ducho; me afeito 3. después de afeitarme 4. tomar el desayuno 5. divertirme; tomar un café 6. me acuesto 7. después de bañarme; me duermo
GRAMMAR SECTION 13
Práctica A *Paso 1* 1. Esa mesa es muy baja también. 2. Ese televisor es nuevo también. 3. Esas lámparas son bonitas también. 4. Esos estantes son muy altos también. ***Paso 2*** 1. Aquella mesa allí es muy baja también. 2. Aquel televisor allí es nuevo también. 3. Aquellas lámparas allí son bonitas también. 4. Aquellos estantes allí son muy altos también.
Práctica B *Possible answers:* 1. ¡Qué es esto? 2. ¡Eso es un desastre! 3. ¡Eso es magnífico! 4. ¡Eso es magnífico! 5. ¡Eso es terrible!
CONVERSACIÓN 1. 3 2. 2 (1) 3. 1 4. 3
UN POCO DE TODO
Ejercicio A *Possible answers:* 1. empiezo; 2. empiezan 3. hablan (entienden) 4. almuerzo; almorzamos; pedimos 5. vuelvo; empiezo; duermo 6. cierra; vuelvo (voy)
Ejercicio B 1. Me 2. compras 3. ganas 4. Este 5. buscar 6. del 7. trabaja 8. Mis 9. son 10. están 11. políticas 12. viene 13. nuestra 14. celebran 15. eso 16. ir 17. De 18. es 19. asiste 20. Quiero 21. rayas 22. trece 23. empieza 24. vestirse 25. Sus 26. llevan 27. voy 28. se divierten 29. estás 30. haces 31. Leo 32. inglesa 33. vamos 34. muchas 35. estos 36. Encantada 37. ponerme 38. salgo
Comprensión 1. la persona que narra la historia 2. Margarita 3. los niños de los Suárez 4. la madre de la persona que narra la historia 5. Ana Suárez 6. Margarita 7. uno de los hijos de los Sres. Suárez

CAPÍTULO 5
VOCABULARIO: PREPARACIÓN
¿QUÉ TIEMPO HACE HOY?: Conversación A 1. Hace calor (sol). 2. Hace fresco. 3. Hace frío (fresco). 4. Llueve. 5. Hace (mucho) frío.
Conversación B *Possible answers:* 1. Joaquín, no debes vivir en Seattle porque allí llueve mucho. 2. No debes vivir en Los Ángeles porque allí hay mucha contaminación. 3. No debes vivir en Phoenix porque allí hace mucho calor y nunca llueve. 4. No debes vivir en Nueva Orleans porque allí hace mucho calor y llueve mucho. 5. No debes vivir en Buffalo porque allí hace mucho frío y nieva mucho.
Conversación D *Possible answers:* 1. Nieva. El hombre tiene mucho frío. 2. Hace mucho sol y calor. El hombre tiene mucho calor. 3. Hace mucho viento. Las personas tienen frío. 4. Llueve mucho. Las personas tienen frío. 5. Hay mucha contaminación. Las personas no están bien. 6. Hace buen tiempo. Las personas están muy bien. 7. Hace fresco por la noche. Las personas están bien.
LOS MESES Y LAS ESTACIONES DEL AÑO: Conversación A 1. El doce es viernes. 2. El primero es lunes. 3. El veinte es sábado. 4. El dieciséis (diez y seis) es martes. 5. El once es jueves. 6. El cuatro es jueves. 7. El veintinueve (veinte y nueve) es lunes.
Conversación B 1. el siete de marzo, invierno 2. el veinticuatro (veinte y cuatro) de agosto, verano 3. el primero de diciembre, otoño (invierno) 4. el cinco de junio, primavera 5. el diecinueve (diez y nueve) de se(p)tiembre de mil novecientos noventa y siete, verano 6. el treinta de mayo de mil ochocientos cuarenta y dos, primavera 7. el treinta y uno de enero de mil seiscientos sesenta, invierno 8. el cuatro de julio de mil setecientos setenta y seis, verano
Conversación C 1. el doce de octubre 2. el primero de enero 3. el catorce de febrero 4. el cuatro de julio 5. el primero de abril 6. el veinticinco (veinte y cinco) de diciembre
El español ¡en directo! 1. El Año Nuevo se celebra. Debe ser enero. 2. La fiesta se celebra en verano. 3. Uno puede pescar, descansar, beber (champán) y desayunar.
Conversación D 1. d 2. b 3. e 4. f 5. c 6. g
¿DÓNDE ESTÁ? LAS PREPOSICIONES: Conversación A *Paso 3* Brasilia es la capital del Brasil. Buenos Aires es la capital de la Argentina. Bogotá es la capital de Colombia. La Paz es la capital de Bolivia. Santiago es la capital de Chile. Asunción es la capital del Paraguay. Quito es la capital del Ecuador. Caracas es la capital de Venezuela. Montevideo es la capital del Uruguay. Lima es la capital del Perú.
GRAMMAR SECTION 14
Práctica A 1. ...está hablando con su tío Ricardo 2. ...están tomando un café en la universidad. 3. ...está jugando con Ricardo. 4. ...están comiendo a las tres. 5. ...está leyendo el periódico con su tío. 6. ...está escribiendo la tarea a las ocho. 7. ...están viendo un vídeo. 8. ...están bebiendo champán.
Práctica C: *Paso 1* 1. a 2. c 3. d 4. b 5. c 6. a 7. a 8. d (c) 9. b 10. c 11. b 12. d
Paso 2 *Possible answers:* Dibujo A: Son las seis de la mañana. Los gemelos están durmiendo. El padre está duchándose. La hija está levantándose. La madre está leyendo el periódico. Dibujo B: Son las ocho de la mañana. Los gemelos están comiendo (tomando el desayuno). El padre está trabajando. La madre está vistiéndose. La hija está saliendo para la escuela. Dibujo C: Son las siete y media de la tarde. El padre está preparando la cena. Los gemelos están jugando con el perro. La hija está escribiendo cartas. La madre está quitándose la ropa después de trabajar. Dibujo D: Son las nueve y media de la noche. Los padres están mirando la tele. La hija está haciendo ejercicio. Los gemelos están saltando en las camas.
GRAMMAR SECTION 15
Práctica A 1. está 2. es 3. es 4. es 5. está 6. es 7. es 8. es 9. es 10. es
Práctica B 1. son 2. son 3. están 4. son 5. son 6. están 7. están
Práctica C 1. son 2. estar 3. está 4. están 5. son 6. están 7. es 8. son
Comprensión 1. sí 2. no 3. no 4. no
Práctica D 1. mal tiempo 2. mal 3. sucio 4. nervioso 5. abierto 6. aburridos 7. triste 8. desordenada
GRAMMAR SECTION 16
Práctica A 1. Micaela es más alta que Paco. 2. No, Micaela no es tan tímida como Paco. Ella es más extrovertida. 3. No, Paco no es tan atlético como Emilia. 4. Creo que... es más intelectual porque... 5. Sí, (No, no) es tan estudiosa o trabajadora como Paco. 6. Creo que... es más listo/a porque...
Práctica C *Paso 1* *Possible answers:* Lucía es la esposa de Miguel. Ella es menor que Miguel, pero es más alta que él. Miguel es el padre de Amalia. Él es mayor que ella, pero es más bajo que ella. Ramón es el hermano de Amalia. Él es mayor que ella y es más alto que ella también. Sarita es la esposa de Ramón. Ella es mayor que él, pero es más baja que él. Ramoncito es el hijo de Ramón y Sarita. Él es menor y más bajo que ellos. Micaela es la esposa de

Javier. Ella es menor que él y es tan alta (baja) como él. Javier es el padre de Miguel. Él es mayor que él, pero es más bajo que él.

Práctica D *Possible answers:* Alfredo tiene más cuartos que Gloria. Alfredo tiene más baños que Gloria. Alfredo tiene tantas alcobas como Gloria. Gloria tiene más camas que Alfredo. Alfredo tiene más coches que Gloria. Gloria tiene menos dinero en el banco que Alfredo.

UN POCO DE TODO

Ejercicio B 1. muchas 2. es 3. es 4. salgo 5. llevar 6. los 7. puede 8. a 9. cortos 10. durante 11. hace 12. nieva 13. gran 14. mucho 15. ese 16. toman 17. va 18. hacer 19. es 20. llevan

Comprensión 1. improbable 2. probable 3. improbable

CAPÍTULO 6
VOCABULARIO: PREPARACIÓN
LA COMIDA: Conversación *A* 1. una cena elegante 2. un desayuno estilo norteamericano 3. un menú ligero para una dieta 4. una comida rápida

Conversación B 1. la ensalada 2. el vino 3. la sopa 4. la zanahoria 5. el bistec 6. el arroz 7. el queso 8. la patata 9. la manzana 10. la banana 11. la leche 12. el té 13. el pan 14. el helado 15. el pastel 16. el huevo

SABER AND *CONOCER*; *PERSONAL A:* **Conversación A** *Paso 1* Linda Ronstadt sabe cantar en español. Mikhail Baryshnikov sabe bailar. José Canseco sabe jugar al béisbol. Miguel Induráin sabe montar en bicicleta. Michael Crichton sabe escribir novelas. Arantxa Sánchez Vicario sabe jugar al tenis. Julia Child sabe cocinar.

Paso 2 Adán conoce a Eva. Napoleón conoce a Josefina. Romeo conoce a Julieta. Rhett Butler conoce a Scarlett O'Hara. Marco Antonio conoce a Cleopatra. George Washington conoce a Martha.

Conversación B 1. Sabes 2. sé 3. conoces 4. sé 5. conoce 6. Sabes 7. sé 8. Sabes 9. sabe

GRAMMAR SECTION 17
Práctica A: *Paso 1* 1. Las va a comer. 2. Lo va a comer. 3. No las va a comer. 4. No los va a comer. 5. La va a comer. 6. La va a comer. 7. No los va a comer. 8. Lo va a comer. 9. Los va a comer. 10. La va a comer.

Práctica B 1. El camarero trae una botella de vino tinto y la pone en la mesa. 2. El camarero trae las copas de vino y las pone delante de Lola y Manolo. 3. Lola quiere la especialidad de la casa y la va a pedir (va a pedirla). 4. Manolo prefiere el pescado fresco y lo pide. 5. Lola quiere una ensalada también y por eso la pide. 6. El camarero trae la comida y la sirve. 7. Manolo necesita otra servilleta y la pide. 8. «¿La cuenta? El dueño está preparándola (la está preparando) para Uds.» 9. Manolo quiere pagar con tarjeta de crédito pero no la trae. 10. Por fin Lola toma la cuenta y la paga.

Práctica C *Possible answers:* 1. el despertador 2. el camarero 3. el barbero 4. la doctora 5. los buenos amigos 6. los buenos amigos 7. Su padre, Su padre 8. los profesores, los estudiantes

Práctica D *Possible answers:* 1. Acabo de escribirlas. (Las acabo de escribir.) 2. Acabo de comprarlo. (Lo acabo de comprar.) 3. Acabo de pagarlos. (Los acabo de pagar.) 4. Acabo de prepararla. (La acabo de preparar.) 5. Acabo de pedirla. (La acabo de pedir.) 6. Acabo de comerlos. (Los acabo de comer.)

GRAMMAR SECTION 18
Práctica A 1. No hay nada interesante en el menú. 2. No tienen ningún plato típico. 3. El profesor no cena allí tampoco. 4. Mis amigos no almuerzan allí nunca. 5. No preparan nada especial para grupos grandes. 6. No hacen nunca platos nuevos. 7. Y no sirven paella, mi plato favorito, tampoco.

Práctica B: *Paso 1* 1. Pues, no hay ninguna clase interesante en el departamento. 2. No me gusta tomar café nunca con mis estudiantes. (Nunca me gusta tomar café con mis estudiantes.) 3. No hay ninguna persona buena en la administración. 4. No hay un/ningún candidato bueno para el puesto de director de la facultad tampoco. (Tampoco hay un candidato bueno para el puesto de director de la facultad.) 5. No hay ninguna persona inteligente en la universidad. 6. No me gusta ninguna conferencia que está planeada para este mes.

Paso 2 1. ¿Hay algo interesante en la tele esta noche? 2. ¿Hay alguien cómico en el programa? 3. ¿Hay algunas películas buenas en el cine esta semana? 4. ¿Siempre comes en la facultad? 5. ¿Y almuerzas entre tus clases también?

Práctica C 1. falso 2. falso 3. cierto 4. cierto 6. falso 7. falso

GRAMMAR SECTION 19
Práctica A a. 3 b. 7 c. 4 d. 1 e. 8 f. 5 g. 2 h. 6

Práctica B 1. Lleguen a tiempo. 2. Lean la lección. 3. Escriban una composición. 4. No piensen en inglés. 5. Estén en clase mañana. 6. Abran los libros. 7. Traigan los libros a clase. 8. Estudien los verbos nuevos.

Práctica C No trabaje tanto. No sea tan impaciente. No critique a los otros.

No sea tan impulsivo. No fume tanto. No beba bebidas alcohólicas. No almuerce y no cene tan fuerte. Desayune. No salga tanto con los amigos. No vuelva a casa tarde.

Práctica D *Possible answers:* 1. No lo beba. 2. Cómalas. 3. No lo coma. 4. No los coma. 5. No la beba. 6. No las coma. 7. Cómalas. 8. Bébalos. 9. Cómalo. 10. No la coma. 11. No la coma. 12. Bébalo.

Práctica E 1. Despiértese más temprano. 2. Levántese más temprano. 3. Báñese más. 4. Quítese esa ropa sucia. 5. Póngase ropa limpia. 6. Vístase mejor. 7. Estudie más. 8. No se divierta tanto con los amigos. 9. Vaya más a la biblioteca. 10. No se acueste tan tarde. 11. Ayude con los quehaceres.

El español ¡en directo! 1. Conozca; Haga; Llámenos; Consulte. 2. a. Costa Rica b. turtle c. in advance

UN POCO DE TODO
Ejercicio A: *Paso 1* 1. Los martes Roberto nunca sale del apartamento antes de las doce. 2. Espera a su amigo Samuel en la parada del autobús. 3. Llegan a la universidad a la una. 4. Buscan a su amiga Ceci en la cafetería. 5. Ella acaba de empezar sus estudios allí. 6. No conoce a mucha gente todavía. 7. A veces, ven a la profesora de historia en la cafetería y hablan un poco con ella. 8. Es una persona muy interesante que sabe mucho de esa materia. 9. A las dos todos tienen clase de sicología. 10. Siempre oyen conferencias interesantes y hacen algunas preguntas. 11. A veces tienen oportunidad de conocer a los conferenciantes. 12. A las cinco, Samuel y Roberto vuelven a esperar el autobús. 13. Roberto prepara la cena y luego mira la televisión.

Paso 2 1. Ceci 2. el profesor de la clase de sicología 3. Samuel 4. Roberto

Paso 3 1. Los martes yo nunca salgo del apartamento antes de las doce. 2. Espero a mi amigo Samuel en la parada del autobús. 3. Llegamos a la universidad a la una. 4. Buscamos a nuestra amiga Ceci en la cafetería. 5. Ella acaba de empezar sus estudios allí. 6. No conoce a mucha gente todavía. 7. A veces, vemos a la profesora de historia en la cafetería y hablamos un poco con ella. 8. Es una persona muy interesante que sabe mucho de esa materia. 9. A las dos todos tenemos clase de sicología. 10. Siempre oímos conferencias interesantes y hacemos algunas preguntas. 11. A veces tenemos oportunidad de conocer a los conferenciantes. 12. A las cinco, Samuel y yo volvemos a esperar el autobús. 13. Preparo la cena y luego miro la televisión.

Ejercicio B 1. vive 2. norteamericanos 3. raras 4. por 5. desayuna 6. fría 7. prepara 8. almuerza 9. Compra 10. esos 11. la 12. come 13. una 14. está 15. es 16. Desayuna 17. prepara 18. unas 19. es 20. come

Comprensión 1. improbable 2. improbable 3. probable 4. probable

CAPÍTULO 7
VOCABULARIO: PREPARACIÓN
¡BUEN VIAJE! Conversación A a. 8 b. 5 c. 3 d. 2 e. 7 f. 1 g. 9 h. 4 i. 6

Conversación B 1. a 2. a 3. c 4. b

Conversación E 1. en el aeropuerto 2. en casa 3. en la agencia de viajes 4. en la agencia de viajes 5. en el aeropuerto 6. en el avión 7. en el avión 8. en la playa

Conversación F 1. falso; Se habla portugués en el Brasil. 2. cierto 3. cierto 4. cierto 5. falso; Se prepara la paella con arroz, mariscos y pollo. 6. cierto 7. cierto 8. cierto

GRAMMAR SECTION 20
Práctica A: *Paso 1* 1. Les llamo un taxi. 2. Les bajo las maletas. 3. Les guardo el equipaje. 4. Les facturo el equipaje. 5. Les guardo el puesto en la cola. 6. Les guardo el asiento en la sala de espera. 7. Les compro una revista. 8. Por fin les digo adiós.

Paso 2 1. Le llamo un taxi. 2. Le bajo las maletas. 3. Le guardo el equipaje. 4. Le facturo el equipaje. 5. Le guardo el puesto en la cola. 6. Le guardo el asiento en la sala de espera. 7. Le compro una revista. 8. Por fin le digo adiós.

Paso 3 1. Te llamo un taxi. 2. Te bajo las maletas. 3. Te guardo el equipaje. 4. Te facturo el equipaje. 5. Te guardo el puesto en la cola. 6. Te guardo el asiento en la sala de espera. 7. Te compro una revista. 8. Por fin te digo adiós.

Práctica B 1. le da 2. le da 3. le da 4. les da 5. les prestan 6. les ofrecen 7. le dice

Práctica C *Possible answers:* 1. Todos le mandan flores. Le escriben cartas. Las enfermeras le dan medicinas. De comer, le sirven sopa. 2. Les prometen a sus padres ser buenos. Les piden muchos regalos. También le escriben cartas a Santa Claus. Le piden muchos regalos. Los padres les mandan tarjetas navideñas a sus amigos. Les regalan flores y frutas. 3. Un asistente de vuelo nos sirve bebidas. Otra asistente de vuelo nos ofrece comida. El piloto nos dice que todo está bien. 4. Mi amigo me presta su coche. Mis padres me preguntan si necesito un coche nuevo. Luego me dan dinero. 5. Todos le preguntan al profesor qué debemos estudiar. El profesor les explica a los estudiantes la materia difícil.

Práctica D 1. te 2. le 3. le 4. le 5. te 6. le 7. le 8. le

GRAMMAR SECTION 21

El español ¡en directo! 1. falso 2. cierto 3. falso 4. falso

Práctica A 1. (No) Me gusta el vino. 2. (No) Me gustan los niños pequeños. 3. (No) Me gusta la música clásica. 4. (No) Me gustan las canciones de Green Day. 5. (No) Me gusta el invierno. 6. (No) Me gusta hacer cola. 7. (No) Me gustan las clases que empiezan a las ocho de la mañana. 8. (No) Me gusta el chocolate. 9. (No) Me gustan las películas de terror. 10. (No) Me gusta cocinar. 11. (No) Me gustan las clases de este semestre/trimestre. 12. (No) Me gusta la gramática. 13. (No) Me gustan los vuelos con muchas escalas. 14. (No) Me gusta bailar en las discotecas.

Práctica B: Paso 1 1. A mi padre le gusta el océano. Le gustaría ir a la playa. 2. A mis hermanitos les gusta nadar también. Les gustaría ir a la playa. 3. A mi hermano Ernesto le gusta hacer *camping*. Le gustaría ir a las montañas. 4. A mis abuelos les gusta descansar. Les gustaría quedarse en casa. 5. A mi madre le gusta la tranquilidad. Le gustaría visitar un pueblecito en la costa. 6. A mi hermana Elena le gustan las discotecas. Le gustaría pasar las vacaciones en una ciudad grande. 7. A mí me gusta(n)... Me gustaría... **Paso 2** 1. A Elena. 2. Al padre y a los hermanitos. 3. Los abuelos. 4. A la madre. 5. Ernesto.

GRAMMAR SECTION 22

Práctica B: Paso 1 TERESA Y EVANGELINA 1. Salimos del apartamento a las nueve. 2. Llegamos a la biblioteca a las diez. 3. Estudiamos toda la mañana para el examen. 4. Escribimos muchos ejercicios. 5. Almorzamos con amigos en la cafetería. 6. Fuimos al laboratorio a la una. 7. Hicimos todos los experimentos del manual. 8. Tomamos el examen a las cuatro. 9. ¡El examen fue horrible! 10. Regresamos a casa después del examen. 11. Ayudamos a Liliana a preparar la cena. 12. Cenamos todas juntas a las siete. ◆ LILIANA: 1. Yo me quedé en casa todo el día. 2. Vi la televisión por la mañana. 3. Llamé a mis padres a las once. 4. Tomé café con los vecinos. 5. Estudié para el examen de historia y escribí una composición para la clase de sociología. 6. Fui al garaje para dejar unos muebles viejos allí. 7. Fui al supermercado y compré comida. 8. Empecé a preparar la cena a las cinco. **Paso 2** 1. Liliana 2. Evangelina 3. Evangelina 4. Liliana 5. Liliana **Paso 3** 1. Liliana se quedó en casa todo el día. 2. Vio la televisión por la mañana. 3. Llamó a sus padres a las once. 4. Tomó café con los vecinos. 5. Estudió para el examen de historia y escribió una composición para la clase de sociología. 6. Fue al garaje para dejar unos muebles viejos allí. 7. Fue al supermercado y compró comida. 8. Empezó a preparar la cena a las cinco. ◆ 1. Teresa y Evangelina salieron del apartamento a las nueve. 2. Llegaron a la biblioteca a las diez. 3. Estudiaron toda la mañana para el examen. 4. Escribieron muchos ejercicios. 5. Almorzaron con amigos en la cafetería. 6. Fueron al laboratorio a la una. 7. Hicieron todos los experimentos del manual. 8. Tomaron el examen a las cuatro. 9. ¡El examen fue horrible! 10. Regresaron a casa después del examen. 11. Me ayudaron a preparar la cena. 12. Cenamos todas juntas a las siete.

Práctica C 1. Pasé un semestre en México. 2. Mis padres me pagaron el vuelo... 3. ...pero trabajé para ganar el dinero para la matrícula y los otros gastos. 4. Viví con una familia mexicana encantadora. 5. Aprendí mucho sobre la vida y la cultura mexicanas. 6. Visité muchos sitios de interés turístico e histórico. 7. Mis amigos me escribieron muchas cartas. 8. Les mandé muchas tarjetas postales. 9. Les compré muchos recuerdos a todos. 10. Volví a los Estados Unidos al final de agosto.

Conversación A a. 8 b. 12 c. 1 d. 11 e. 7 f. 2 g. 10 h. 5 i. 4 j. 9 k. 6 l. 3 *Possible answers:* Julián volvió a casa después de trabajar. Llamó a un amigo y decidieron encontrarse en el cine. Luego se duchó y se afeitó, pero comió rápidamente. Fue al cine en autobús. Los dos amigos llegaron al cine al mismo tiempo. Hicieron cola para comprar las entradas y entraron en el cine. No les gustó nada la película. Después fueron a un café a tomar algo. Finalmente Julián regresó a casa tarde.

UN POCO DE TODO

Ejercicio B 1. Les 2. algo 3. la 4. la 5. conocen 6. Está 7. la 8. es 9. más 10. incaicos 11. visitarla 12. Les 13. es 14. ir 15. mejores 16. comprar 17. muchos 18. regias 19. Sé 20. les

Comprensión 1. falso 2. cierto 3. cierto 4. falso

CAPÍTULO 8

VOCABULARIO: PREPARACIÓN

LOS DÍAS FESTIVOS Y LAS FIESTAS: Conversación A 1. la Navidad 2. una sorpresa 3. los refrescos y los entremeses 4. el Día de los Muertos 5. la quinceañera 6. el día de San Patricio 7. la Nochevieja 8. ¡Felicitaciones!

El español ¡en directo! 1. Debemos tener cuidado especial con los animales. 2. Los árboles de Navidad, las guirnaldas, los cables eléctricos y los fuegos artificiales pueden serles peligrosos a los animales. 3. guirnaldas; fuegos artificiales

EMOCIONES Y CONDICIONES: Conversación A *Possible answers:* 1. Me pongo felicísimo/a (contentísimo/a). Le doy las gracias. 2. Me pongo tristísimo/a (furiosísimo/a). Lloro. 3. Me río mucho. 4. Me siento aburridísimo/a, pero me porto bien. 5. Me pongo nerviosísimo/a. Les ofrezco más refrescos y entremeses. Cambio la música. 6. Me pongo muy nervioso/a y avergonzado/a. 7. Me pongo muy contento/a (triste). Me río. (Lloro.) 8. Me enojo muchísimo. Lloro. 9. Me pongo muy triste. 10. Me siento avergonzado/a y preparo más inmediatamente.

GRAMMAR SECTION 23

Práctica B 1. Todos estuvimos en casa de los abuelos antes de las nueve. 2. Pusimos muchos regalos debajo del árbol. 3. Mis tíos y mis primos vinieron con comida y bebidas. 4. Yo tuve que ayudar a preparar la comida. 5. Hubo una cena especial para todos. 6. Más tarde algunos de mis amigos vinieron a cantar villancicos. 7. Los niños fueron a la alcoba a las diez y se acostaron. 8. Los niños quisieron dormir pero no pudieron. 9. A medianoche todos nos deseamos «¡Feliz Navidad!». 10. Al día siguiente todos dijimos que la fiesta estuvo estupenda. **Paso 2** 1. falso (Hubo mucha gente.) 2. falso (También vinieron amigos a cantar villancicos.) 3. cierto 4. falso (Los niños no abrieron sus regalos por la noche.)

Práctica C En 1957 los rusos pusieron un satélite en el espacio por primera vez. En 1969 los estadounidenses pusieron un hombre en la Luna. Adán y Eva supieron el significado de un árbol especial. George Washington estuvo en Valley Forge con sus soldados. Los europeos trajeron el caballo al Nuevo Mundo. Los aztecas conocieron a Hernán Cortés en Tenochtitlán. Stanley conoció a Livingston en África. María Antonieta dijo «que coman pasteles».

GRAMMAR SECTION 24

Práctica B 1. se sentó, vino, pidió, recordó, pidió, sirvió, quiso, dijo, pedí, contestó 2. se acostó, se durmió, Durmió, se despertó, Se vistió, salió, vio, sonrieron 3. me vestí, fui, me divertí, volví, decidió, se divirtió, Perdió, sintió

Práctica C *Possible answers:* Drácula durmió durante el día. El lobo consiguió entrar en la chimenea de los Tres Cochinitos (se vistió de abuela). Rip van Winkle durmió muchos años. Romeo murió por el amor de Julieta. La Cenicienta se divirtió en un baile (perdió un zapato). El Príncipe encontró a la mujer misteriosa. Las hermanas de Cenicienta sintieron envidia de su hermana.

GRAMMAR SECTION 25

Práctica A 1. el televisor 2. el control remoto 3. la videocasetera 4. la motocicleta 5. el canal 6. unas fotos

Práctica B 1. ¿Hay más pan? Me lo pasas, por favor. 2. ¿Hay más tortillas? Me las pasas, por favor. 3. ¿Hay más tomates? Me los pasas, por favor. 4. ¿Hay más fruta? Me la pasas, por favor. 5. ¿Hay más vino? Me lo pasas, por favor. 6. ¿Hay más jamón? Me lo pasas, por favor.

Práctica C 1. Acaban de decírnosla. (Nos la acaban de decir.) 2. Léemelo, por favor. 3. No, no tiene que dárselos (se los tiene que dar) aquí. 4. Claro que se lo guardo. 5. Acabo de comprártelos. (Te los acabo de comprar.) 6. Te lo puedo guardar. (Puedo guardártelo.) 7. Sí, se la recomiendo. 8. La asistente de vuelo no la va a servir (va a servírnosla) en el avión.

UN POCO DE TODO

Ejercicio A 1. algunos 2. ciertos 3. son 4. de 5. conmemora 6. Muchos 7. esta 8. cree 9. apareció 10. a 11. de 12. dejó 13. ver 14. todas 15. son 16. el 17. es 18. el 19. el 20. de la 21. Llegan 22. entonces 23. pasarlo 24. permite 25. corren 26. la 27. a 28. Algunas 29. corren 30. hay 31. esta 32. es 33. la 34. describió 35. su 36. es 37. hablar 38. conocieron **Comprensión** 1. falso (No todas las fiestas hispánicas son religiosas.) 2. falso (Algunos mexicoamericanos también celebran esa fiesta.) 3. falso (La fiesta de San Fermín es esencialmente para los adultos.) 4. cierto

Ejercicio B: Paso 1 *Possible answers:* Ayer por la mañana Antonio se despertó a las ocho y se levantó en seguida. Se duchó, se afeitó, se vistió, se peinó y desayunó: sólo tomó (tomó sólo) un café con leche. Entonces fue a la universidad; asistió a clases toda la mañana. Por la tarde almorzó con unos amigos en la cafetería estudiantil. Se divirtió hablando con ellos. Después se despidió de ellos y fue a la biblioteca. Se quedó allí estudiando hasta las 4:30 y después volvió a casa a las ocho. Entonces ayudó a Diego a preparar la cena. Por la noche cenó con Diego y Lupe. Entonces quiso estudiar por una hora pero no pudo. Miró la televisión con sus amigos. Después les dijo buenas noches y salió a reunirse con otros amigos en un bar. Volvió a casa a las dos. Se quitó la ropa y se acostó. Leyó por cinco minutos para poder dormirse y se durmió.

CAPÍTULO 9

VOCABULARIO: PREPARACIÓN
PASATIEMPOS, DIVERSIONES Y AFICIONES: Conversación A 1. el béisbol 2. el fútbol 3. el hockey 4. el tenis 5. el fútbol americano 6. correr 7. el ciclismo 8. el golf
Conversación B *Possible answers:* 1. hacer *camping* 2. visitar museos 3. hacer (dar) fiestas 4. hacer un *picnic* (un viaje) 5. ir a una discoteca 6. ir al cine
El español ¡en directo! 1. ir a un bar o un café y beber cerveza o vino con unos amigos 2. el periódico 3. juegos que se juegan en casa, como el ajedrez y las cartas
TRABAJANDO EN CASA: Conversación A *Possible answers:* 1. la alcoba 2. la cocina, el garaje (el patio) 3. la sala 4. el baño, el patio (el garaje) 5. la cocina 6. la sala (el comedor, las alcobas) 7. la cocina, la cocina 8. la cocina
Conversación B 1. Se usa para limpiar las ventanas. 2. Se usa para hacer café. 3. Se usa para sacudir los muebles. 4. Se usa para poner (sacar) la basura. 5. Se usa para lavar los platos. 6. Se usa para el lavaplatos. 7. Se usa para lavar la ropa. 8. Se usa para limpiar el cuarto de baño.
GRAMMAR SECTION 26
Práctica A 1. Todos los días asistía a la escuela primaria. 2. Por la mañana aprendía a leer y escribía en la pizarra. 3. A las diez bebía leche y dormía un poco. 4. Iba a casa para almorzar y regresaba a la escuela. 5. Estudiaba geografía y hacía dibujos. 6. Jugaba con sus compañeros en el patio de la escuela. 7. Camino de casa compraba dulces y se los comía. 8. Frecuentemente pasaba por la casa de los abuelos. 9. Cenaba con sus padres y los ayudaba a lavar los platos. 10. Miraba la tele un rato y se acostaba a las ocho.
Práctica C *Possible answers:* El bebé estaba llorando. El perro y el gato estaban peleando. Un niño pequeño estaba peleando con su hermana pequeña. El teléfono estaba sonando. Un vendedor estaba llamando a la puerta. Unos jóvenes adolescentes estaban discutiendo. El radio estaba sonando muy fuerte. El televisor estaba funcionando también.
GRAMMAR SECTION 27
Práctica A 1. _____ es el día festivo más divertido del año. 2. _____ es la clase más interesante de todas mis clases. 3. _____es la persona más inteligente de todos mis amigos. 4. Nueva York es la ciudad más grande de los Estados Unidos. 5. Rhode Island es el estado más pequeño de los Estados Unidos. 6. _____ es el metro más rápido del mundo, creo. 7. _____ es la residencia más ruidosa de la universidad. 8. Everest es la montaña más alta del mundo.
El español ¡en directo! 1. el 29 de octubre a las diez y media de la mañana y a las seis de la tarde 2. Fue el presidente de los Estados Unidos. 3. Es en el centro Dharma, al lado de la USC.
GRAMMAR SECTION 28
Práctica A 1. Qué 2. Qué 3. Cuál 4. Qué 5. Cuáles 6. Qué 7. Qué 8. Cuál
Práctica B *Possible answers:* 1. ¿Cuál es tu teléfono? 2. ¿Cuál es tu dirección? 3. ¿Cuándo es tu cumpleaños? ¿Cuál es tu cumpleaños? 4. ¿Cuál es tu número de seguro social? 5. ¿En qué ciudad naciste? ¿Dónde naciste? 6. ¿Quién es la persona en que más confías? ¿Cuál es la persona en que más confías? 7. ¿Cuál es tu tienda favorita para ir de compras? ¿Dónde prefieres ir de compras? 8. ¿Cuál es la fecha de tu próximo examen? ¿Cuándo es tu próximo examen?
UN POCO DE TODO
Ejercicio A: *Paso 1* 1. Primero, Ricardo se despertó temprano, pero se quedó en cama mucho tiempo. 2. Luego se duchó y se vistió rápidamente. 3. Llegó tarde a su primera clase. 4. Almorzó en la cafetería con algunos amigos. 5. Después fue al gimnasio y jugó un partido de básquetbol. 6. Regresó a casa. Luego preparó la cena y estudió un poco. 7. Después miró la televisión un rato y sonó el teléfono. 8. Finalmente se acostó.
Paso 2 1. Eran las seis y media de la mañana. 2. Ricardo tenía prisa. 3. Los estudiantes escuchaban a la profesora. 4. Ricardo tenía mucha hambre. 5. Había muchas personas en el gimnasio. 6. Era temprano todavía. 7. No quería hablar por teléfono. 8. Ricardo pensaba en el examen mañana.

CAPÍTULO 10

VOCABULARIO: PREPARACIÓN
EL CUERPO HUMANO: Conversación A: *Paso 1* *Possible answers:* 1. el corazón; los pulmones 2. la boca; los dientes; el estómago 3. la boca; la garganta 4. los ojos; la nariz 5. el cerebro; la cabeza 6. el estómago 7. el corazón 8. los pulmones; la boca; los oídos; las orejas 10. la nariz
Paso 2 *Possible answers:* 1. ver; mirar; leer; las gafas; los lentes de contacto 2. comer; la boca 3. comer; hablar; los dientes 4. oír; escuchar; la oreja 5. comer; tener hambre; la digestión
El español ¡en directo! 1. hueso y medula ósea 2. riñón 3. órganos y tejidos 4. el único recurso final
Conversación B *Possible answers:* 1. Eso quiere decir que es necesario

dormir ocho horas cada noche. 2. Eso quiere decir que es necesario hacer media hora de ejercicio todos los días. 3. Eso quiere decir que no se debe ir a una fiesta cada noche y dormir poco. 4. Eso quiere decir que es necesario comer bien, dormir lo suficiente y hacer ejercicio diariamente.
EN EL CONSULTORIO: Conversación A 1. un resfriado 2. respira 3. enfermo, enfermero/a 4. tos 5. dolor
Conversación B *Possible answers:* 1. Anamari está muy bien de salud. Nunca le duele la cabeza (le duelen los pies). Nunca tiene fiebre. Siempre hace ejercicio. 2. A Martín le duele un diente. Debe tomar una aspirina. El dentista va a examinarlo. 3. A Inés le duele el estómago. Tiene apendicitis. El médico y la enfermera van a examinarla. Luego, Inés tiene que tener una operación.
GRAMMAR SECTION 29
Práctica A 1. c 2. f 3. g 4. e 5. a 6. b 7. d
Práctica B 1. vivíamos 2. íbamos 3. nos quedábamos 4. nuestra familia decidió 5. No nos gustó 6. nos quedamos ◆ 1. se apagaron 2. estaba leyendo 3. me levanté 4. tenía 5. Salí 6. estaban apagadas 7. había un problema ◆ 1. intentaba tomarle 2. esperaba 3. llegó 4. examinó 5. puso 6. dio 7. estaba 8. se sintió
Práctica C: *Paso 1* abrió; entró; vio; se sentó; gustó; se sentó; vio; decidió; fue; se acostó; se quedó
Práctica D 1. estaba 2. entró 3. preguntó 4. quería 5. dijo 6. sentía 7. salieron 8. Vieron 9. se rieron 10. hacía 11. entraron 12. tomaron 13. Eran 14. regresaron 15. se acostó 16. estaba 17. empezó *Paso 2* 1. Estudiaba. 2. Le preguntó si quería ir al cine con él. 3. No, era un poco aburrido. 4. Sí, porque se rieron mucho. 5. Porque hacía frío. 6. No, regresaron a casa a las dos. 7. Soledad se acostó, pero Rubén empezó a estudiar otra vez.
Práctica E 1. conocí 2. hicimos 3. era 4. organizaba 5. venían 6. Había 7. hablaba 8. bailaba 9. llamaron 10. dijeron 11. hacíamos 12. Vino 13. dijo 14. era 15. queríamos 16. podíamos 17. despedimos 18. eran 19. aprendió 20. hace 21. invita
El español ¡en directo! 1. sign 2. «Prohibido pisar el césped; » "Keep off the grass." 3. No, no lo pisa la primera vez. 4. Sí, lo pisa la segunda vez porque no le gusta el letrero y está un poco enojada. 5. that; to; what; that
GRAMMAR SECTION 30
Práctica A 1. que 2. quien 3. Lo que 4. que 5. que 6. lo que 7. quién 8. lo que 9. lo que
Práctica B: *Paso 1* 1. algo contra su cansancio, intranquilidad, preocupación, nerviosismo, desequilibrio y ansiedad 2. estrés 3. normalidad
UN POCO DE TODO
Ejercicio A: *Paso 1* 1. Cuando yo era niño, pensaba que lo mejor de estar enfermo era guardar cama. 2. Lo peor era que con frecuencia yo me resfriaba durante las vacaciones. 3. Una vez yo me puse muy enfermo durante la Navidad. 4. Mi madre llamó al médico con quien tenía confianza. 5. El Dr. Matamoros vino a casa y me dio un antibiótico porque tenía mucha fiebre. 6. Eran las cuatro de la mañana cuando por fin yo empecé a respirar sin dificultad. 7. Desgraciadamente, el día de Navidad yo tuve que tomar jarabe y no me gustaba nada el sabor. 8. Lo bueno de esta enfermedad era que mí padre tuvo que dejar de fumar mientras yo estaba (estuve) enfermo. *Paso 2* 1. Cuando mi hijo era niño, pensaba que lo mejor de estar enfermo era guardar cama. 2. Lo peor era que con frecuencia se resfriaba durante las vacaciones. 3. Una vez se puso muy enfermo durante la Navidad. 4. Llamé al médico con quien tenía confianza. 5. El Dr. Matamoros vino a casa y le dio un antibiótico porque tenía mucha fiebre. 6. Eran las cuatro de la mañana cuando por fin mi hijo empezó a respirar sin dificultad. 7. Desgraciadamente, el día de Navidad tuvo que tomar jarabe y no le gustaba nada el sabor. 8. Lo bueno de esta enfermedad era que mi esposo tuvo que dejar de fumar mientras mi hijo estaba (estuvo) enfermo.
Ejercicio B 1. teníamos 2. nuestra 3. tuvo 4. tenía 5. Por 6. fuimos 7. salimos 8. que 9. corrimos 10. tomó 11. examinando 12. caminábamos 13. tan 14. vimos 15. Nos caímos 16. fue (era) 17. Nos levantamos 18. dejamos 19. sus 20. decidimos 21. cojeaba 22. fuimos 23. dolía 24. había 25. Tenía 26. dieron 27. recomendaron 28. nos acordamos 29. nos pasamos 30. vinieron
Comprensión B 1. los abuelos 2. los dueños del perro 3. el médico 4. la mamá y las hijas 5. las hijas
Ejercicio C: *Paso 1* 1. se llamaba 2. eran 3. quería 4. dijo 5. salió 6. preguntó 7. contestó 8. tenía 9. Se fue 10. llegó 11. entró 12. tenía 13. Saltó 14. corrió 15. llegó 16. Encontró 17. estaba 18. dijo 19. dijo 20. se enteró 21. avisó 22. saltó 23. se abalanzó 24. salió 25. vio 26. ocurría 27. Le disparó 28. hizo 29. regresó 30. abrazó 31. prometió

VOCABULARIO: PREPARACIÓN
ACCIDENTES Y TROPIEZOS: Conversación A 1. f. 2. e 3. d 4. c 5. b 6. g 7. a 8. h

Conversación B *Possible answers:* 1. la llave = abrir, cerrar, perder 2. la pierna = caminar, correr 3. la mano = dar, escribir, preguntar, despedirse 4. el brazo = romper, hacerse daño 5. la aspirina = doler, tomar 6. la cabeza = pensar, doler 7. la luz = encender, apagar, ver 8. los pies = correr, darse, caminar 9. el despertador = poner, despertar, levantar 10. la escalera = subir, bajar, caerse

Conversación C *Possible answers:* 1. Tomo una aspirina. 2. Digo «fue sin querer». 3. Me pongo avergonzado/a. 4. Me doy con una silla y me caigo. 5. Me duele.

El español ¡en directo! 1. Patina en un parque. 2. Puede caerse. 3. Porque está asegurado. 4. insurance

TALKING ABOUT HOW THINGS ARE DONE: ADVERBS: Conversación A 1. pacientemente 2. inmediatamente 3. tranquilamente 4. fácilmente 5. posiblemente 6. totalmente 7. directamente 8. constantemente 9. puntualmente

GRAMMAR SECTION 32
Práctica: *Paso 1* Hace mucho tiempo que Julio Iglesias canta en español. Hace mucho tiempo que Arantxa Sánchez Vicario juega al tenis. Hace mucho tiempo que el detective Colombo investiga casos criminales en la televisión. Hace mucho tiempo que Eddie Van Halen toca la guitarra. Hace mucho tiempo que Anne Rice escribe novelas. Hace mucho tiempo que Edward James Olmos trabaja en Hollywood. Hace mucho/poco tiempo que el rector / la rectora trabaja (vive) en esta universidad. Hace mucho tiempo que el profesor / la profesora de español habla español (trabaja [vive] en esta universidad). Hace mucho/poco tiempo que un compañero / una compañera de clase vive en esta ciudad (habla español).

Paso 2 1. Hace más de quinientos años que Cristóbal Colón llegó a América. 2. Hace más de cincuenta años que la Segunda Guerra Mundial terminó. 3. Hace casi veinte años que John Lennon se murió. 4. Hace casi dos años que el presidente actual fue elegido. 5. Hace _____ años (meses) que el profesor (la profesora) de español enseñó esa materia.

Conversación: *Paso 1* *Possible answers:* 1. ¿Cuánto tiempo hace que vives en este estado? 2. ¿Cuánto tiempo hace que asistes a esta universidad? 3. ¿Cuánto tiempo hace que vives en tu casa (apartamento, residencia, ...)? 4. ¿Cuánto tiempo hace que estudias español?

Paso 2 *Possible answers:* 1. ¿Cuánto tiempo hace que visitaste a tus padres (abuelos, hermanos, ...)? 2. ¿Cuánto tiempo hace que conociste a tu mejor amigo/a? 3. ¿Cuánto tiempo hace que aprendiste a manejar? 4. ¿Cuánto tiempo hace que entregaste tu última tarea?

GRAMMAR SECTION 33
Práctica A 1. d 2. c 3. e 4. g 5. a 6. b 7. f

Conversación: *Paso 2* *Possible answers:* 2. ¿Por qué salió descalzo de su casa? —Porque se le olvidó ponerse los zapatos. 3. ¿Por qué no pudo abrir la puerta del coche? —Porque se le quedó la llave del coche en casa. 4. ¿Por qué no pudo pagar el autobús? —Porque se le olvidó la cartera. 5. ¿Por qué trató descortésmente a su jefa? —Porque no la saludó. 6. ¿Por qué no tenía toda la información? —Porque se le perdieron los papeles. 7. ¿Por qué tenía hambre a las diez de la mañana? —Porque se le olvidó desayunar en casa. 8. ¿Por qué dijo el vicepresidente que su chaqueta estaba arruinada? —Porque a Pablo se le cayó el café.

GRAMMAR SECTION 34
Práctica A 1. g. 2. h. 3. e 4. c 5. f 6. d 7. b. 8. a

Práctica B 1. para, por, por, por, para 2. para, para, por, por 3. para, por, para, por, por 4. para, por, para 5. por, por, por, por 6. por, para, para

UN POCO DE TODO
Ejercicio A: *Paso 1* 1. Anoche la Sra. Ortega puso trajes de baño y toallas en su bolsa. 2. Cuando era pequeña, Cecilia se acostaba tarde todas las noches. 3. Esta mañana a Lorenzo se le perdieron las llaves y se le cayó la taza de café. 4. Esta noche los estudiantes de la clase de historia no van a dormir mucho. 5. Ahora Amalia está contenta.

Paso 2 1. Anoche la Sra. Ortega puso trajes de baño y toallas en su bolsa porque su familia empieza la clase de natación hoy. 2. Cuando era pequeña, Cecilia se acostaba tarde todas las noches porque veía la tele hasta muy tarde todas las noches. 3. Esta mañana a Lorenzo se le perdieron las llaves y se le cayó la taza de café porque estaba distraído. 4. Esta noche los estudiantes de la clase de historia no van a dormir mucho porque tienen un examen final mañana. 5. Ahora Amalia está contenta porque hay una fiesta grande en casa de la profesora.

Ejercicio B 1. nuestra 2. disfruta 3. anteriores 4. Por 5. es 6. tenemos 7. muy 8. eran 9. más 10. estar 11. que 12. es 13. para 14. esto 15. todas 16. deben 17. para 18. sufren 19. ponerse 20. esta 21. sentarnos 22. poner 23. para

Comprensión 1. más 2. Es posible 3. más

CAPÍTULO 12
VOCABULARIO: PREPARACIÓN
TENGO... NECESITO... QUIERO... : Conversación A 1. Le mando el documento por fax. 2. Lo grabo con la videocasetera. 3. Voy en bicicleta. 4. Uso el contestador automático. 5. Uso el control remoto. 6. Lo escribo con la computadora. 7. Escucho el *walkman*. 8. Navego la red.

Conversación B 1. Debe comprarse una motocicleta. 2. Debe comprarse un coche descapotable. 3. Debe comprarse una bicicleta. 4. Debe comprarse un monopatín. 5. Deben comprarse una camioneta.

El español ¡en directo! 1. cierto 2. cierto 3. cierto; Creamos; vivienda; autosuficiencia; exige

¿DÓNDE VIVE UD.? ¿DÓNDE QUIERE VIVIR?
Conversación B 1. Es una persona que paga dinero para vivir en un apartamento o una casa. 2. Es un lugar donde hay muchos edificios y tiendas. 3. Es una cosa que se paga cada mes. Los inquilinos tienen que pagarles el alquiler a los dueños. 4. Es una persona que trabaja en una casa de apartamentos. 5. Es una persona que vive cerca en la vecindad, la residencia o la casa de apartamentos. 6. Es una persona que tiene un apartamento o una casa (de apartamentos) que se alquila. 7. Es una cosa que indica donde vive alguien. 8. Es un lugar que está fuera de una ciudad.

GRAMMAR SECTION 35
Práctica B 1. No los dejes allí, por favor. 2. No regreses a casa tan tarde, por favor. 3. No la uses, por favor. 4. No entres en nuestro cuarto de baño para nada, por favor. 5. No corras y nada en la calle, por favor. 6. No vayas al parque todas las tardes, por favor. 7. No mires la televisión constantemente y no veas programas de detectives, por favor. 8. No le digas mentiras, por favor. 9. No te olvides de sacar la basura, por favor. 10. No seas tan insolente, por favor.

Práctica C 1. Llega a la escuela puntualmente. 2. Entra en clase sin hacer tanto ruido. 3. Quítate el abrigo y siéntate. 4. Saca el libro de matemáticas y ábrelo en la página diez. 5. Escribe el problema dos en la pizarra. 6. Lee las nuevas palabras y apréndelas para mañana. 7. Ven aquí a hablar conmigo sobre esta composición. 8. Ayuda a Carlitos con su composición.

GRAMMAR SECTION 36
Práctica B *Possible answers:* 1. b (a) 2. a (b) 3. f (b) 4. c (i) 5. h 6. g (e, d)
Práctica C 1. ...mires esto, llegues a tiempo, busques a Anita. 2. ...aprendan más, escriban mucho, lean rápidamente 3. ...empiece, juegue, lo piense 4. ...almorcemos, durmamos, pidamos eso 5. ...lo conozcan, lo hagan, lo sepan 6. ...venga, lo ponga, lo oiga 7. ...lo compre, dé una fiesta, vaya al cine contigo

GRAMMAR SECTION 37
Práctica A 1. su amigo 2. Ud. 3. su amigo 4. el vendedor 5. Ud. 6. Ud. 7. el vendedor
Práctica B: *Paso 1* 1. Todos los profesores quieren que los estudiantes lleguen a clase a tiempo. 2. El/La profesor(a) de español prefiere que vayamos con frecuencia al laboratorio de lenguas. 3. Los profesores prohíben que los estudiantes traigan comida y bebida a clase. 4. Los padres de los estudiantes desean que sus hijos asisten a sus clases. 5. Los estudiantes piden que los profesores no den mucho trabajo. 6. También quieren que haya más vacaciones. 7. Los padres insisten en que sus hijos saquen buenas notas.
Práctica C *Possible answers:* 1. Queremos que el nuevo televisor esté en la sala. Nos gusta ver la tele todos juntos. 2. Preferimos que el televisor portátil esté en la cocina. A mamá le gusta ver la tele al cocinar. 3. Es necesario que el equipo estereofónico esté en la alcoba de Julio. A él le gusta escuchar música al estudiar. 4. Es buena idea que el sillón grande esté en la sala. A papá le gusta leer el periódico allí. 5. Queremos que los monopatines de los niños estén en el patio. A ellos les gusta jugar allí. 6. Es buena idea que la computadora esté en la oficina. Nos gusta hacer las cuentas allí. 7. Queremos que el acuario esté en la alcoba de Anita. A ella le gusta mirar los peces.

UN POCO DE TODO
Ejercicio A: *Paso 1* 1. Escúchame 2. hagas 3. Juega 4. Canta 5. se lo des 6. los pongas
Ejercicio B 1. haya 2. mi 3. esté 4. haya 5. sufran 6. mí 7. pido 8. sé 9. más 10. pequeños 11. un 12. comprar 13. — 14. dejó 15. dé 16. muchísimas 17. gano 18. El 19. cubre 20. del 21. el 22. muy 23. gusta 24. comprar 25. un 26. comprar 27. un 28. lleve 29. fue 30. gustó 31. una 32. a 33. sea 34. querer
Comprensión 1. falso 2. cierto 3. cierto 4. falso 5. falso

CAPÍTULO 13
VOCABULARIO: PREPARACIÓN
LAS ARTES: Conversación A: *Paso 1* 1. la arquitectura 2. la pintura 3. la escultura 4. el ballet (el baile / la danza) 5. el cine 6. la ópera 7. las ruinas (la arquitectura) 8. la literatura

GRAMMAR SECTION 38
Práctica B 1. funcione, sea, la entienda 2. nos dé, tenga, cambie 3. tenga, sean, pueda
Práctica C 1. Ojalá que el escenario sea extravagante. 2. Ojalá que haya subtítulos en inglés. 3. Ojalá que el conductor esté preparado. 4. Ojalá que los cantantes sepan sus papeles. 5. Ojalá que las butacas no estén lejos del escenario. 6. Ojalá que lleguemos a tiempo.
EL ESPAÑOL ¡EN DIRECTO! *Paso 1* 1. Mafalda 2. Felipe 3. Manolito
Paso 2 Se enoja porque es capitalista y piensa que el dinero es la cosa más importante de la sociedad moderna.

GRAMMAR SECTION 39
Práctica B 1. Creo que es una figura de la civilización maya. 2. Es cierto que la figura está hecha de oro. 3. Es posible que represente un dios importante. 4. No estoy seguro/a de que la figura se sienta feliz o enojada. 5. No creo que sea una figura de la civilización maya. 6. Creo que es de la civilización tolteca. 7. Estoy seguro/a de que está hecha de bronce. 8. Creo que representa un víctima de sacrificio humano.

GRAMMAR SECTION 40
Práctica A: *Paso 1* 1. ...me enseñe los cuadros más famosos de Velázquez. 2. ...me explique algunos detalles de los cuadros. 3. ...sepa mucho sobre la vida del pintor.
Paso 2 1. ...muestren la vida cotidiana. 2. ...estén en otros museos fuera de España. 3. ...sean de la familia real de Carlos IV.
Paso 3 1. ...me recomiende algunos libros sobre la vida y el arte del pintor. 2. ...le pregunte a un(a) colega si sabe algo más sobre Velázquez. 3. ...no tenga más tiempo para hablar conmigo.
Práctica B *Possible answers:* Le voy a decir que / Le voy a pedir que ... me escriba el informe para la clase de literatura; me haga una crítica de una película para la clase de composición avanzada; ponga la mesa; asista a todas mis clases en la universidad; pague mis cuentas; trabaje por mí en la oficina todas las tardes.

UN POCO DE TODO
Ejercicio A 1. Dudo que ayude hoy. 2. Es probable que no se acueste temprano hoy. 3. No creo que haga su cama hoy. 4. Dudo que se despierte antes de las once hoy. 5. Estoy seguro/a que deja mi coche sin gasolina hoy.
Ejercicio C 1. Pasen 2. dejen 3. delante 4. Es 5. representa 6. pintó 7. de la 8. durante 9. estuvo 10. se trasladó 11. este 12. sea 13. es 14. creo 15. tengan 16. ser 17. sirve 18. Por 19. puede
Comprensión 1. Ud. 2. el guía 3. su amigo 4. el guía

CAPÍTULO 14
VOCABULARIO: PREPARACIÓN
El español ¡en directo! 1. la gasolina 2. las poblaciones humanas, la naturaleza y la comunidad 3. living together, life together
EL MEDIO AMBIENTE: Conversación B *Possible answers:* 1. el campo 2. el campo 3. la ciudad 4. la ciudad 5. ciudad 6. el campo 7. el campo 8. la ciudad
Conversación C *Possible answers:* 1. Es un lugar donde se hacen cosas. 2. Es una persona que trabaja en el campo. 3. Es un acto ilegal. 4. Es un lugar donde hay muchos animales domésticos y plantas. 5. Los árboles, los animales, la vegetación son parte de la naturaleza. 6. Son todas las personas que viven en un lugar. 7. Es la condición de estar solo/a. 8. Es un edificio muy alto con muchos pisos. Está generalmente en una gran ciudad.
LOS COCHES: Conversación A *Paso 1* 1. g 2. h 3. i 4. d 5. b 6. f 7. c 8. a 9. j 10. e
Paso 2 *Possible answers:* 1. Son las luces que controlan la circulación. Son de color rojo, amarillo y verde. 2. Son los vehículos que se ven en la carretera o en la calle. 3. Es poner el coche en un lugar para dejarlo allí. 4. Es lo que hace el coche para poder funcionar. 5. Es el lugar donde se compra gasolina para el coche. 6. Es una carretera grande sin semáforos y donde los coches pueden circular a gran velocidad.

GRAMMAR SECTION 41
Práctica B 1. La tienda no está abierta todavía. 2. Las ventanas no están cerradas todavía. 3. La tierra no está cubierta de nieve todavía. 4. La mesa no está puesta todavía. 5. El medio ambiente no está destruido todavía. 6. El error no está descubierto todavía. 7. El problema no está resuelto todavía.
Práctica C 1. desperdiciado 2. destruidos 3. hechos 4. reciclados 5. agotadas 6. limitadas 7. acostumbrados 8. cerrada 9. apagadas 10. bajado

GRAMMAR SECTION 42
Práctica B 1. Le ha pedido ayuda a su padre. 2. Ha hecho preguntas acerca de los diferentes coches. 3. Ha visto uno bastante barato. 4. Ha revisado las llantas. 5. Lo ha conducido como prueba. 6. Ha regresado a la agencia. 7. Ha decidido comprarlo. 8. Lo ha comprado. 9. Ha vuelto a casa. 10. Ha llevado a sus amigas al cine esa noche.

Ejercicio C 1. llevar 2. al 3. qué 4. Eres 5. tiene 6. para 7. Qué 8. mire 9. esta 10. el 11. lo 12. recuerdo 13. Déjeme 14. Vuelva 15. un 16. se preocupa 17. estaban 18. puse 19. cambié 20. es (era) 21. tenía 22. sigue 23. Cambie 24. perdieron 25. es
Comprensión 1. falso (Rigoberto no se interesa nada por su coche.) 2. cierto 3. falso (El mecánico no trata a Rigoberto descortésmente.) 4. cierto 5. cierto (Es posible.)
El español ¡en directo! 1. más; menos 2. Significa «más que ayer y menos que mañana». 3. Porque producen alianzas de fino oro.

CAPÍTULO 15
VOCABULARIO: PREPARACIÓN
LAS RELACIONES SENTIMENTALES: Conversación A *Possible answers:* 1. e, casarse, el esposo / la esposa 2. c, enamorarse, querer, el novio / la novia 3. b, divorciarse, el ex esposo / la ex esposa 4. d, casarse, el novio / la novia 5. a, hablarse, el amigo / la amiga
Conversación B 1. esposo 2. noviazgo 3. una cita 4. boda 5. pareja 6. amistad 7. amor 8. el matrimonio 9. una boda 10. el amor
ETAPAS DE LA VIDA: Conversación A *Possible answers:* 1. la adolescencia; la juventud 2. la vejez 3. la niñez 4. la infancia; la vejez 5. la madurez 6. la adolescencia; la juventud 7. la juventud 8. la juventud; la madurez

GRAMMAR SECTION 43
Práctica B 1. ¿Hay librerías que (donde) vendan libros usados? 2. ¿Hay tiendas donde se pueda comprar revistas de Latinoamérica? 3. ¿Hay cafés cerca de la universidad donde se reúnan muchos estudiantes? 4. ¿Hay apartamentos cerca de la universidad que sean buenos y baratos? 5. ¿Hay cines donde pasen películas en español? 6. ¿Hay un gimnasio en la universidad donde se juegue al ráquetbol? 7. ¿Hay parques donde la gente corra o dé paseos? 8. ¿Hay museos donde hagan exposiciones de arte latinoamericano?
Paso 2 1. falso 2. cierto 3. cierto 4. falso

GRAMMAR SECTION 44
Práctica B Pues, para que podamos estacionar el coche, no perdamos el principio de la función, podamos comprar los boletos, consigamos buenas butacas, no tengamos que hacer cola, compremos palomitas de maíz antes de que empiece la película, hablemos con los amigos.
Práctica C: *Paso 1* 1. No voy a menos que dejemos a la niña con los abuelos. 2. Vamos solos para que pasemos un fin de semana romántico. 3. Esta vez voy a aprender a esquiar con tal que tú me enseñes. 4. Vamos a salir temprano por la mañana a menos que nos acostemos tarde la noche anterior. 5. Es importante que lleguemos a la estación de esquí antes de que empiece a nevar. 6. Deja la dirección y el teléfono del hotel en caso de que tus padres nos necesiten.
Paso 2 1. cierto (no lo dice) 2. no lo dice 3. falso 4. cierto

UN POCO DE TODO
Ejercicio B: *Paso 1* 1. Llegado 2. Estoy 3. descansar 4. salgamos 5. también 6. haya 7. te preocupes 8. hecho 9. Cálmate 10. nada 11. perdió 12. prometió 13. la 14. este 15. salido 16. bonita 17. tuvimos 18. Había 19. esperábamos 20. se divirtieron 21. guste 22. podamos 23. de la 24. agüe 25. tampoco
Comprensión 1. cierto 2. no lo dice 3. falso 4. no lo dice 5. cierto

CAPÍTULO 16
VOCABULARIO: PREPARACIÓN
PROFESIONES Y OFICIOS: Conversación A *Possible answers:* 1. el plomero / la plomera 2. el abogado / la abogada 3. el/la siquiatra 4. el enfermero / la enfermera 5. el criado / la criada 6. el obrero / la obrera 7. el/la periodista
EL MUNDO DEL TRABAJO: Conversación A a. 13 b. 2 c. 5 d. 7 e. 1 f. 4 g. 14 h. 9 i. 11 j. 3 k. 8 l. 10 m. 12 n. 6

GRAMMAR SECTION 45
Práctica B: *Paso 1* 1. Yo hablaré bien el español. Pasaré mucho tiempo en la biblioteca. Escribiré artículos sobre la literatura latinoamericana. Daré clases en español. 2. Tú trabajarás en una oficina y en la corte. Ganarás mucho dinero. Tendrás muchos clientes. Cobrarás por muchas horas de trabajo. 3. Felipe verá a muchos pacientes. Escuchará muchos problemas. Leerá a Freud y Jung constantemente. Le hará un psicoanálisis a un paciente. 4. Susana y Juanjo pasarán mucho tiempo sentados. Usarán el teclado constantemente. Inventarán nuevos programas. Les mandarán mensajes electrónicos a todas los amigos.
Paso 2 1. profesor(a) 2. abogado/a 3. siquiatra 4. programador(a)
Práctica C: *Paso 1* 1. Gregorio pagará tarde todas las cuentas. 2. Tratará de adaptarse a un presupuesto. 3. Volverá a hacer un presupuesto el próximo mes. 4. No depositará nada en la cuenta de ahorros. 5. Se quejará porque no tendrá suficiente dinero. 6. Seguirá usando tarjetas de crédito.

7. Les pedirá dinero a sus padres. 8. Buscará un trabajo de tiempo parcial. **Paso 2** 2. Gregorio tiene que aprender a ser más responsable con su dinero.

GRAMMAR SECTION 46
Práctica A: Paso 1 1. No ha pasado todavía. a 2. Acción habitual. b 3. Acción habitual. b 4. No ha pasado todavía. a 5. No ha pasado todavía. a
Práctica B 1. ...me den un aumento de sueldo, deje de gastar tanto. 2. ...tenga el dinero para hacerlo, sea absolutamente necesario. 3. ...cobre mi cheque en el banco, me mande _____ un cheque. 4. ...saque dinero de mi cuenta de ahorros, deposite el dinero en mi cuenta corriente. 5. ...terminen sus estudios universitarios, se casen.
Práctica C 1. se graduó, le dieron, se gradúe, le darán 2. era, quería, tenía, decidió, termine, podrá 3. escribe, tiene, va, llegue

UN POCO DE TODO
Ejercicio A: Paso 1 1. Es necesario que ahorremos más. 2. Yo no usaré tantas tarjetas de crédito. 3. Mamá buscará un trabajo donde le paguen más. 4. Pediremos un préstamo en el banco. 5. Nos lo darán, ¿no crees? 6. Papá estará tranquilo cuando todos empecemos a economizar. 7. Deberás pagar siempre al contado. 8. No hay manera de que vayamos de vacaciones este verano.
Paso 2 No, tiene problemas económicos.
Ejercicio B 1. Carmen quiere esperar hasta que se gradúe en la universidad. 2. Miguel se lo va a decir a los padres de Carmen tan pronto como ellos lleguen a la ciudad. 3. Los padres de Carmen siempre quieren ver a Miguel cuando visitan a su hija. 4. Los padres se van a alegrar en cuanto oigan las noticias. 5. Miguel y Carmen van a Acapulco en su luna de miel cuando tengan dinero. 6. Todos nosotros les vamos a dar una fiesta después de que ellos regresen de su viaje.
Ejercicio C 1. algo 2. la 3. el 4. que 5. gastos 6. los 7. se 8. empecé 9. pude 10. Trabajaba 11. estudiaba 12. era 13. ganaba 14. Sacaba 15. Trabajaba 16. Ayudaba 17. ofrecieron 18. normalmente 19. económicamente 20. trabajan 21. cuidan 22. ayudan 23. trabajan 24. trabajen 25. terminen 26. es 27. necesitan 28. lo que 29. se van 30. estudiar 31. Viven 32. sus 33. la
Comprensión 1. cierto 2. falso (Muchos estudiantes hispanos trabajan.) 3. cierto

CAPÍTULO 17
VOCABULARIO: PREPARACIÓN
LAS NOTICIAS: Conversación B 1. a 2. f 3. i 4. g 5. d 6. c 7. h 8. e 9. b
EL GOBIERNO Y LA RESPONSABILIDAD CÍVICA: Conversación A: *Possible answers:* 1. el/la ciudadano/a; los demás; votar 2. el servicio militar; la guerra 3. el/la político/a; el gobierno; la ley 4. el/la ciudadano/a; votar; el deber 5. el rey / la reina; el gobierno; la ley; obedecer; el ejército
Conversación B 1. Juan Perón 2. La reina Elizabeth de Inglaterra 3. El ciudadano Kane 4. Abraham Lincoln 5. la constitución 6. la monarquía 7. la discriminación 8. votar

GRAMMAR SECTION 47
Práctica C: Paso 1 1. Los obreros querían que les dieran un aumento de sueldo. 2. Era posible que los trabajadores siguieran en huelga hasta el verano. 3. Era necesario que las víctimas recibieran atención médica en la Clínica del Sagrado Corazón. 4. Era lástima que no hubiera espacio para todos allí. 5. Los terroristas pidieron que los oficiales no los persiguieran. 6. Parecía imposible que el gobierno aceptara sus demandas. 7. Era necesario que el gobierno informara a todos los ciudadanos del desastre. 8. Dudaba que la paz mundial estuviera fuera de nuestro alcance. 9. El presidente y los directores preferían que la nueva fábrica se construyera en México. 10. Temía que el número de votantes fuera muy bajo en las próximas elecciones.
Paso 2 1. hecho 2. opinión 3. opinión 4. opinión 5. hecho 6. opinión 7. opinión 8. opinión 9. hecho 10. opinión

GRAMMAR SECTION 48
Práctica A 1. mía 2. suya 3. mía 4. mía 5. suya
Práctica B 1. Esta maleta, ¿es de Juan? —No, no es suya. 2. Esta maleta, ¿es de Uds.? —No, no es nuestra. 3. Esta maleta, ¿es de Alicia? —No, no es suya. 4. Esta maleta, ¿es mía? —No, no es tuya. 5. Esta maleta, ¿es tuya? —No, no es mía. 6. ¿Y este despertador? —No, no es mío. El mío es más pequeño. 7. ¿Y estos zapatos? —No, no son míos. Los míos son más pequeños. 8. ¿Y esta llave? —No, no es mía. La mía es más pequeña. 9. ¿Y este televisor? —No, no es mío. El mío es más pequeño. 10. ¿Y estas pastillas? —No, no son mías. Las mías son más pequeñas. 11. ¿Y este periódico? —No, no es mío. El mío es más pequeño.

UN POCO DE TODO
Ejercicio A: Paso 1 1. Ayer vi mi nota en el último examen. 2. No podía creer que la nota fuera tan baja. 3. No era posible que yo hiciera un examen tan mal. 4. Por eso hablé con el profesor para que me explicara la causa de la nota. 5. Me dijo que había errores importantes pero que había partes buenas también. 6. Me pidió que leyera el examen otra vez. 7. Era verdad que había errores en el examen. 8. Pero, ¡no era justo que el profesor me diera una nota tan baja!
Ejercicio B: Paso 1 *Possible answers:* 1. Las leyes de su país de origen no permitían que este grupo practicara su religión libremente. (los puritanos) 2. Algunas personas esperaban que hubiera oro y plata en América. (los españoles) 3. El rey no quería que estos criminales siguieran viviendo en su país. (los ingleses que llegaron a Australia) 4. Estos inmigrantes buscaban un país donde hubiera paz, esperanza y seguridad personal. (los judíos) 5. Los miembros de este grupo buscaban un país donde no tuvieran que pasar hambre. (los irlandeses)
Paso 2 1. Los indios temían que los colonos les quitaran toda la tierra. 2. A los colonos no les gustaba que fuera necesario pagarle impuestos al rey. 3. Parecía imposible que la joven república tuviera éxito. 4. A los del sur no les gustaba que los gobernaran los del norte. 5. A los abolicionistas no les gustaba que algunos no tuvieran las mismas libertades. 6. Era necesario que se declararan en huelga los obreros para obtener algunos derechos. 7. Era terrible que hubiera dos guerras mundiales. 8. Para que nosotros vivamos en paz, es cuestión de aprender a comunicarnos con las demás naciones. 9. También es necesario que haya leyes que garanticen los derechos de todos.
Ejercicio C 1. es 2. mía 3. la 4. dejaras 5. hojeado 6. mí 7. fuera 8. tan 9. resultara 10. Estoy 11. muy 12. leer 13. Lee 14. la 15. la 16. veo 17. un 18. Es 19. enterarte 20. como 21. que 22. razón
Comprensión 1. falso 2. falso 3. cierto

CAPÍTULO 18
VOCABULARIO: PREPARACIÓN
LUGARES Y COSAS EN EL EXTRANJERO: Conversación A *Possible answers:* 1. Se compran en la farmacia. 2. En una farmacia en el extranjero no se venden tantas cosas como en los Estados Unidos. 3. En el correo o en un estanco. 4. Se va al estanco. 5. Es un lugar donde se venden periódicos y revistas, lápices y libros, papel para cartas, etcétera. 6. Venden libros, cuadernos, lápices, papel para cartas, etcétera.
Conversación B 1. cierto 2. falso (Iría a un bar.) 3. falso (Para mandar paquetes se va al correo.) 4. falso (El metro es más rápido.) 5. falso (Se va a una farmacia.) 6. falso (Deberías ir a una farmacia.) 7. cierto 8. falso (Un batido se hace con leche.)
EN UN VIAJE AL EXTRANJERO: Conversación A 2, 3, 5, 6, 8, 9, 10
Conversación B 1. b 2. f 3. a 4. d 5. e 6. c
GRAMMAR SECTION 49
Práctica A Paso 1 1, 3, 4, 6, 7
Paso 2 1, 2, 4, 6, 7, 8
Práctica B: Paso 1 gustaría, trabajaría, Podría, Tomaría, Comería, Vería, sería, tendría, Podría, tendría
Paso 2 1. cierto 2. cierto (Le gustaría nadar todos los días.) 3. falso (Tendría que usar su tarjeta de crédito.) 4. No lo dice.
Práctica C 1. ¿Estudiarías italiano? —No, estudiaría chino. 2. ¿Renunciarías a un puesto sin avisar? —No, avisaría con dos semanas de anticipación. 3. ¿Harías un viaje a España? —No, haría un viaje a la Argentina. 4. ¿Saldrías de casa sin apagar el estéreo? —No, saldría sin apagar las luces. 5. ¿Seguirías un presupuesto rígido? —No, seguiría uno flexible. 6. ¿Gastarías menos en ropa? —No, gastaría menos en libros. 7. ¿Pondrías el aire acondicionado en invierno? —No, lo pondría en verano. 8. ¿Alquilarías un coche de lujo? —No, alquilaría uno económico. 9. ¿Dejarías de estudiar? 10. ¿Vivirías en otra ciudad? 11. ¿Serías presidente de los Estados Unidos? 12. ¿Te gustaría conocer a una persona famosa?
GRAMMAR SECTION 50
Práctica B 1. Si fuera a la Argentina, me quedaría en Buenos Aires. 2. Si tuviera interés en la población italiana, visitaría el barrio italiano La Boca. 3. Si quisiera mandar una tarjeta postal, la compraría en un quiosco. 4. Si tuviera ganas de comprar libros, pediría direcciones al barrio San Telmo. 5. Si quisiera ver una obra de teatro, iría al Teatro Colón. 6. Si me interesara visitar unos sitios turísticos, vería el obelisco y la réplica de Big Ben. 7. Si probara comida auténtica, comería carne argentina. 8. Si escuchara música típica, escucharía el tango.
Práctica C: Paso 1 a. 5 b. 1 c. 4 d. 3 e. 2
UN POCO DE TODO
Ejercicio C 1. sé 2. mucho 3. es 4. el 5. ir 6. Mira 7. desean 8. para 9. para 10. haciendo 11. seguimos 12. Por 13. sea 14. cambiado 15. esté 16. esperen 17. muy 18. está 19. hay 20. es 21. Este 22. les 23. llegar 24. Miren 25. está 26. el 27. toman 28. está 29. llaman 30. Es 31. que 32. verán 33. lo 34. por
Comprensión 1. la pensión 2. Elena y Alfonso 3. el empleado 4. Elena y Alfonso

Vocabularies

The **Spanish–English Vocabulary** contains all the words that appear in the text, with the following exceptions: (1) most close or identical cognates that do not appear in the chapter vocabulary lists; (2) most conjugated verb forms; (3) diminutives in **-ito/a;** (4) absolute superlatives in **-ísimo/a;** and (5) most adverbs in **-mente.** Active vocabulary is indicated by the number of the chapter in which a word or given meaning is first listed (**AT** = **Ante todo**); vocabulary that is glossed in the text is not considered to be active vocabulary and is not numbered. Only meanings that are used in the text are given. The **English–Spanish Vocabulary** is based on the chapter lists of active vocabulary.

The gender of nouns is indicated, except for masculine nouns ending in **-o** and feminine nouns ending in **-a.** Stem changes and spelling changes are indicated for verbs: **dormir (ue, u); llegar (gu).** Because **ch** and **ll** are no longer considered separate letters, words beginning with **ch** and **ll** are found as they would be found in English. The letter **ñ** follows the letter **n: añadir** follows **anuncio,** for example. The following abbreviations are used:

adj.	adjective	*inf.*	infinitive	*p.p.*	past participle
adv.	adverb	*interj.*	interjection	*pl.*	plural
conj.	conjunction	*inv.*	invariable in form	*poss.*	possessive
d.o.	direct object	*irreg.*	irregular	*prep.*	preposition
f.	feminine	*L.A.*	Latin America	*pron.*	pronoun
fam.	familiar	*m.*	masculine	*refl. pron.*	reflexive pronoun
form.	formal	*Mex.*	Mexico	*s.*	singular
gram.	grammatical term	*n.*	noun	*Sp.*	Spain
i.o.	indirect object	*obj. (of prep.)*	object (of a preposition)	*sub. pron.*	subject pronoun

Spanish–English Vocabulary

A

a to (AT); at (*with time*); **a causa de** because of, on account of; **a dieta** on a diet (6); **a la(s)...** at . . . (*hour*) (AT); **a la derecha (izquierda) de** to the right (left) of (5); **a menos que** unless (15); **a pie** on foot; **a plazos** in installments (16); **a primera vista** at first sight (15); **¿a qué hora... ?** (at) what time... ? (AT); **a tiempo** on time (7); **a veces** at times, sometimes (2)
abajo below
abalanzarse (c) to pounce
abandonar to abandon
abarcar (qu) to cover (*a topic*)
abiertamente openly, freely
abierto/a open(ed) (5)
abogado/a lawyer (16)
abolicionista *m., f.* abolitionist

abonarse a to subscribe to
abrasar to burn; to parch
abrazar (c) to hug
abrazo hug
abrigo winter coat (3); **abrigo de pieles** fur coat
abril *m.* April (5)
abrir (*p.p.* **abierto/a**) to open (2)
absoluto/a absolute
absolver (ue) to absolve, acquit
absorbente absorbing
absorber to absorb
abstracto/a abstract
abuelo/a grandfather/grandmother (2)
abuelos *m. pl.* grandparents (2)
abundancia abundance
aburrido/a: estar (*irreg.*) **aburrido/a** to be bored (5); **llevar una vida aburrida** to

lead a boring life; **ser** (*irreg.*) **aburrido/a** to be boring (9)
aburrimiento boredom
aburrir to bore (13); **aburrirse** to get bored (9)
abuso abuse
acabar to finish (11); to run out of (11); to use up completely; **acabar de** (+ *inf.*) to have just (*done something*) (6)
academia: Real Academia de la Lengua Royal Academy of the Spanish Language
académico/a *adj.* academic
acaso: por si acaso just in case (11)
acceso access
accidente *m.* accident (11)
acción *f.* action
aceite *m.* oil (14)

aceitoso/a oily
aceituna olive
acelerado/a fast, accelerated (14); **ritmo acelerado de la vida** fast pace of life
acelerar to accelerate, speed up
acento accent
acentuado/a accented
aceptación *f.* acceptance
aceptar to accept
acerca de *prep.* about, concerning
acercar (qu) to bring nearer; **acercarse (a)** to approach, draw near (to)
acomodarse (a) to adapt oneself (to)
acompañado/a accompanied
acompañar to accompany, go with
acondicionado/a: aire (*m.*) **acondicionado** air conditioning
aconsejar to advise
acontecimiento event (17)
acordar (ue) to agree; **acordarse (de)** to remember (11)
acordeón *m.* accordion
acostar (ue) to put to bed; **acostarse** to go to bed (4)
acostumbrar to be in the habit of, to usually (*do something*); **acostumbrarse (a)** to get used, accustomed (to); to be accustomed (to)
actitud *f.* attitude
actividad *f.* activity
activo/a active
acto act; action
actor *m.* actor (13)
actriz *f.* (*pl.* **actrices**) actress (13)
actual *adj.* current, present-day, up-to-date (11)
actualidad *f.* present time
actuar (actúo) to act
acuario aquarium (12)
acuático/a: deportes (*m. pl.*) **acuáticos** water sports
acudir (a) to go (to), attend
acuerdo agreement; **de acuerdo** agreed; **(no) estoy de acuerdo** I (don't) agree (2); **ponerse** (*irreg.*) **de acuerdo** to reach an agreement
acusación *f.* accusation, charge
Adán Adam
adaptabilidad *f.* adaptability
adaptar to adapt; **adaptarse (a)** to adapt oneself (to)
adecuado/a adequate
adelantar to pass (*a vehicle*); **adelantarse a** to get ahead of; to beat, surpass
adelante: de ahora en adelante from now on
adelgazar (c) to make, get thin, slender
además (de) furthermore, besides, in addition (to)
adentro within, inside; **mar** (*m., f.*) **adentro** at sea
adherirse (ie, i) to adhere, support
adicional additional
adiós good-bye (AT)
adivinanza riddle, puzzle
adivinar to guess

adjetivo adjective (2)
administración (*f.*) **de empresas** business administration (1)
administrativo/a administrative
admirar to admire
admitir to admit; to accept
adolescencia adolescence (15)
adolescente adolescent
¿adónde? where (to)? (3)
adoptar to adopt
adoptivo/a adoptive
adoquinado/a paved
adoración *f.* adoration
adorar to adore
adorno decoration
aduana customs (18); **derechos** (*m. pl.*) **de aduana** customs duty (18); **inspector(a) de aduanas** customs inspector (18); **pasar por la aduana** to go through customs
adulto/a adult
adverbio adverb
adverso/a adverse
aeróbico/a aerobic (10); **hacer** (*irreg.*) **ejercicios aeróbicos** to do aerobics (10)
aerolínea airline (company)
aeropuerto airport (7)
afectar to affect
afectivo/a affective, emotional; **problema** (*m.*) **afectivo** emotional problem
afecto affection
afectuoso/a affectionate
afeitada *n.* shave
afeitadora shaver, razor
afeitar to shave; **afeitarse** to shave oneself (4)
afición *f.* hobby (9)
aficionado/a *n.* fan, enthusiast; **ser** (*irreg.*) **aficionado/a (a)** to be a fan (of) (9)
afín similar
afirmación *f.* statement
afirmar to affirm
afirmativo/a affirmative
afluencia flow, flowing
afortunadamente fortunately
africano/a African
africoamericano/a African-American
afuera *adv.* outdoors (5); outside
afueras *f. pl.* outskirts (12); suburbs (12)
agencia agency; **agencia de viajes** travel agency (7)
agente *m., f.* agent; **agente de policía** police officer; **agente de viajes** travel agent (7)
ágil agile
agosto August (5)
agotar to deplete; **agotarse** to exhaust oneself
agotador(a) exhausting
agradable pleasant, agreeable
agradar to please (13)
agradecer (zc) to thank; to be grateful
agradecido/a grateful, thankful
agravar to aggravate
agregar (gu) to add
agresividad *f.* aggressiveness

agresivo/a aggressive
agrícola *m., f.* agricultural
agricultor(a) farmer (14)
agrio/a sour; **crema agria** sour cream
agua *f.* (*but* **el agua**) water; **agua mineral** mineral water (6); **huevo pasado por agua** soft-boiled egg; **se me hace agua la boca** my mouth waters
aguacate *m.* avocado
aguantar to put up with, endure, tolerate
aguar (gü) to spoil (*a party*)
agudo/a sharp
aguja needle (*sewing*)
agujero hole
ahí there
ahora now; **ahora bien** now, come on; **ahora mismo** right now; **de ahora en adelante** from now on
ahorrar to save (*money*) (16)
ahorros *m. pl.* savings; **cuenta de ahorros** savings account (16)
aire *m.* air (14); **aire acondicionado** air conditioning; **al aire libre** outdoors, in the open air (9); **contaminación** (*f.*) **del aire** air pollution
aislado/a isolated
aislamiento isolation (14)
¡ajá! *interj.* aha!, that's right
ajedrez *m.* chess (4); **jugar (ue) (gu) al ajedrez** to play chess
ají *m.* bell pepper; chili pepper
ajillo: al ajillo *adj.* in garlic sauce
ajo garlic; **diente** (*m.*) **de ajo** garlic clove
al (*contraction of* **a** + **el**) to the; **al** + *inf.* upon, while, when + *verb form* (3); **al (mes, año, etcétera)** per (month, year, etc.); **al aire libre** in the open air (9); **al final de** at the end of (16); **al lado de** next to (5); **al principio de** at the beginning of (16); **pagar (gu) al contado** to pay cash (16)
ala *f.* (*but* **el ala**) wing
alcance *m.* reach
alcanzar (c) to be enough or sufficient; to reach
alcoba bedroom (4)
alcohol *m.* alcohol
alcohólico/a *adj.* alcoholic
aldea village
alegrarse (de) to be happy (about) (12)
alegre happy (5)
alegría happiness
alejado/a distant, far
alemán *m.* German (*language*) (1)
alemán, alemana *n., adj.* German (2); **pastor** (*m.*) **alemán** German shepherd (*dog*)
Alemania Germany
alergia: tener (*irreg.*) **alergia a** to be allergic to
alérgico/a: ser (*irreg.*) **alérgico/a** to be allergic
alerta: ojo alerta be alert, watch out
alevosía treachery
alfabetización *f.* literacy
alfabetizado/a alphabetized

alfombra rug (4)
alfombrado/a carpeted
algo something, anything (3)
algodón *m.* cotton (3); **es de algodón** it's made of cotton (3)
alguien someone, anyone (6)
algún, alguno/a some, any (6); **algún día** some day; **alguna vez** once; ever
alianza union
allí there, over there (4)
alma *f.* (*but* **el alma**) soul
almacén *m.* department store (3)
almacenar to store
almendra almond
almohada pillow
almorzar (ue) (c) to have lunch (4)
almuerzo lunch (6)
aló hello (*telephone*)
alojamiento *n.* lodging (18)
alojar to accommodate; to house; **alojarse** to remain, stay (*as a guest*) (18)
alquilar to rent (12)
alquiler *m.* rent (12)
alquitrán *m.* tar, pitch
alrededor de *prep.* around
alteración *f.* irregularity
alternativa alternative
altitud *f.* altitude, elevation, height
alto/a tall (2); high; **en voz alta** out loud
altura height, altitude
alubia kidney bean, French bean
alumbramiento illumination; childbirth
aluminio aluminum
ama *f.* (*but* **el ama**) **de casa** housekeeper; homemaker, housewife
amabilidad *f.* kindness
amable kind, nice (2)
amado/a beloved
amanecer *m.* dawn
amante *m., f.* lover, sweetheart
amar to love (15)
amargo/a bitter
amarillo/a yellow (3)
Amazonas *m. s.* Amazon
ambiental environmental
ambiente *m.* environment, atmosphere; **medio ambiente** environment (14)
ámbito environment; place
amenazar (c) to threaten
América Central Central America
América Latina Latin America
americano/a *n., adj.* American; **fútbol** (*m.*) **(norte)americano** football (9)
amigdalitis *f. s.* tonsillitis
amigo/a friend (1)
amistad *f.* friendship (15)
amistoso/a friendly (15)
amor *m.* love (15)
amoroso/a loving
amplio/a large, spacious
análisis *m.* analysis
analista (*m., f.*) **de sistemas** systems analyst (16)
analizar (c) to analyze
anaranjado/a *adj.* orange (*color*) (3)
ancho/a wide

anciano/a elderly person; *adj.* elderly
¡anda! come on (now)!
andar (*irreg.*) **en bicicleta** to ride a bicycle
andino/a Andean, from the Andes
anémico/a anemic
anfitrión, anfitriona host(ess) (8)
ángel *m.* angel
anglosajón, anglosajona *n., adj.* Anglo-Saxon
angula eel
ángulo angle; corner
anillo ring; wedding ring
animado/a animated; full of life; **dibujos** (*m. pl.*) **animados** cartoons
animal *m.* animal
ánimo spirit, courage
aniversario anniversary
anoche last night
anochecer *m.* nightfall, dusk
anotar to jot down
ansia *f.* (*but* **el ansia**) yearning, longing
ansiedad *f.* anxiety, worry
Antártida Antarctica
ante before; **ante todo** first of all
anteayer the day before yesterday
antecedente *m.* antecedent (*of a pronoun*)
antemano: de antemano beforehand
anteojos *m. pl.* eyeglasses
antepasado/a *n.* ancestor
anterior previous, preceding
antes *adv.* sooner, before; **antes de** *prep.* before (4); **antes de Cristo** before Christ; **antes (de) que** *conj.* before (15)
antibiótico antibiotic (10)
anticipación *f.:* **con anticipación** ahead of time (7); **con (días) de anticipación** (days) in advance
anticuado/a antiquated
antídoto antidote
antigüedad *f.* antiquity; *pl.* antiques
antiguo/a old, ancient; former
antioxidante *m.* antioxidant
antipático/a unpleasant (2)
antónimo antonym
antropología anthropology
antropólogo/a anthropologist
anual annual
anunciar to announce (7)
anuncio ad(vertisement); announcement
añadir to add
año year (5); **el año pasado** last year; **el año que viene** next year; **el Día de Año Nuevo** New Year's Day; **cumplir años** to have a birthday (8); **hace años** years ago; **tener** (*irreg.*) **años** to be years old (2)
añorar to long for
apagar (gu) to turn off (*lights or an appliance*) (11)
aparato apparatus, appliance; **aparato doméstico** home appliance (9)
aparcamiento parking, parking lot
aparcar (qu) to park
aparecer (zc) to appear
aparejado/a apt, suitable
aparentemente apparently

apartado *n.* section; article (*of a decree or law*)
apartamento apartment (1); **casa de apartamentos** apartment house (12)
aparte apart
apasionado/a passionate
apático/a apathetic
apellido surname, last name, family name
apenas scarcely, hardly
apendicitis *f. s.* appendicitis
aperitivo appetizer; aperitif
apiñado/a crammed or packed together
apio celery
aplicación *f.* application
aplicar (qu) to apply
Apolo Apollo
aporte *m.* contribution
apoyar to support (17)
apoyo *n.* support
apreciar to appreciate, esteem, value; to notice (13)
aprender to learn (2)
aprobación *f.* approval
apropiado/a appropriate
aprovechar to make good use (of); **aprovecharse de** to profit from/by, take advantage of
aproximadamente approximately
apuntar to note down
apuntes *m. pl.* notes
aquel, aquella *adj.* that (*over there*) (4); *pron.* that one (*over there*) (4)
aquello that, that thing, that fact (4)
aquí here (1)
árabe *n. m.* Arabic; *adj.* Arab
Arabia Saudita Saudi Arabia
arado plow
árbitro/a *n.* referee
árbol *m.* tree (14); **árbol de Navidad** Christmas tree; **árbol genealógico** family tree
archipiélago archipelago
archivo file (12)
arder to burn, blaze
ardiente burning, passionate
ardilla squirrel
área *f.* (*but* **el área**) area
arena sand
arete *m.* earring (3)
argentino/a Argentine, Argentinean
argumento argument, reasoning
árido/a dry, arid
arma *f.* (*but* **el arma**) weapon, arm; **llevar armas** to bear arms
armada navy, fleet
armado/a armed
armario closet; wardrobe (4)
armonía harmony
arqueológico/a archaeological
arqueólogo/a archeologist
arquetipo archetype
arquitecto/a architect (13)
arquitectónico/a architectural
arquitectura architecture (13)
arrancar (qu) to start (*a motor*) (14); to start up a car (14)

arreglar to fix, repair (12); to arrange
arriba above; upstairs
arrogante arrogant
arrojar to throw, toss
arroz *m.* (*pl.* **arroces**) rice (6); **arroz integral** whole grain rice
arruinado/a ruined
arsenal *m.* storehouse, arsenal
arte *f.* (*but* **el arte**) art (1); **obra de arte** work of art (13); **bellas artes** *pl.* fine arts
artefacto artifact
artesanal pertaining to crafts, artisanship
artesanía crafts (13)
artesano/a artisan, craftsperson
artículo article
artificial artificial; **fuegos** (*m. pl.*) **artificiales** fireworks
artista *m., f.* artist (13)
artístico/a artistic (13)
arveja pea (6)
asado/a roasted (*meat*); **pollo asado** roasted chicken (6)
ascendencia ancestry
ascender (ie) to go up, rise, ascend
ascensor *m.* elevator
asco: me da(n) asco it (they) make me sick, I can't stand it (them)
asegurar to make sure; to make secure
asequible available
asesinar to murder, assassinate
asesinato assassination, murder (17)
asesor(a) counselor, advisor
asfalto asphalt
así so, thus; **así como** as well as; **así que** therefore, consequently
asiático/a Asian
asiento seat (7)
asimilar to assimilate
asimismo likewise, also
asistente (*m., f.*) **de vuelo** flight attendant (7)
asistir (a) to attend, go (to) (*a class, play, etc.*) (2)
asma *f.* (*but* **el asma**) asthma
asociación *f.* association
asociar to associate; **asociarse (con)** to be associated (with)
aspecto aspect; appearance
aspiración *f.* aspiration, desire
aspiradora vacuum cleaner (9); **pasar la aspiradora** to vacuum (9)
aspirante *m., f.* candidate (16)
aspirina aspirin (11)
astronomía astronomy
asunto matter; business, affair
atacar (qu) to attack
ataque *m.* attack
atardecer *m.* late afternoon
Atenas Athens
atención *f.* attention
atender (ie) to attend to; to serve
Atlántico: Océano Atlántico Atlantic Ocean
atleta *m., f.* athlete
atlético/a athletic

atmósfera atmosphere
atmosférico/a atmospheric
atómico/a: bomba atómica atom bomb
átono/a *gram.* unstressed
atracción *f.* attraction
atractivo/a attractive; *m.* attraction
atraer (*like* **traer**) to attract
atrapado/a caught, trapped
atrás *adv.* back, backward
atrasado/a: estar (*irreg.*) **atrasado/a** to be late (7)
atrevido/a bold, daring
atribuido/a attributed
atributo attribute
atrocidad *f.* atrocity
atún *m.* tuna (6)
audífonos *m. pl.* headphones
aumentar to increase
aumento raise, increase (12); **aumento de sueldo** raise (*in salary*) (16)
aun *adv.* even
aún *adv.* still, yet
aunque although
auscultar to listen (*medical*)
ausencia absence
ausente absent
australiano/a Australian
austríaco/a Austrian
auténtico/a authentic
auto car, automobile
autobiografía autobiography
autobús *m. s.* bus (7); **estación** (*f.*) **de autobuses** bus station (7); **parada del autobús** bus stop (18)
automático/a automatic; **cajero automático** automatic teller machine (16); **contestador** (*m.*) **automático** answering machine (12)
automóvil *m.* car, automobile
autónomo/a autonomous
autopista freeway (14)
autor(a) author, writer
autoridad *f.* authority
autorretrato self-portrait
autoservicio self-service
autostop *m.* hitchhiking; **hacer** (*irreg.*) **autostop** to hitchhike
autosuficiencia self-sufficiency
avance *m.* advance
avanzar (c) to advance
avaricia avarice, greed
avenida avenue
aventura adventure
aventurero/a adventurous
avergonzado/a embarrassed (8)
averiguar (gü) to find out
avestruz *m.* (*pl.* **avestruces**) ostrich
ávido/a avid, greedy
avión *m.* airplane (7); **por avión** by plane
avioneta small plane
avisar to advise, warn
aviso announcement; advertisement
¡ay! *interj.* alas!
ayer yesterday (4); **ayer fue** yesterday was (4)
ayuda help, assistance

ayudante *m., f.* assistant
ayudar to help (6)
azar *m.* chance, hazard
azotado/a whipped; striped
azteca *m., f.* Aztec
azúcar *m.* sugar
azul blue (3)

B

bachillerato *course of studies equivalent to high school, junior college*
bailar to dance (1)
bailarín, bailarina dancer (13)
baile *m.* dance (13); **baile de disfraces** costume ball
bajar (de) to get down (from) (7); to get off (of) (7); to lower
bajo *prep.* under
bajo/a short (*in height*) (2); low; **planta baja** ground floor (12)
balance *m.* balance; **hacer** (*irreg.*) **el balance** to balance (*an account*)
balancear to balance (*an account*) (16)
balboa *m. monetary unit of Panama*
balcón *m.* balcony
Baleares: Islas (*f. pl.*) **Baleares** Balearic Islands
ballet *m.* ballet (13)
banana banana (6)
banano banana tree, banana
bancarrota bankruptcy
banco bank (16); bench
banderilla *Sp.* appetizer
bandoneón *m.* large concertina
banquero/a banker
banquete *m.* banquet
bañar to bathe; **bañarse** to take a bath (4)
bañera bathtub (4)
baño bath; bathroom (4); **con/sin baño** with/without bath (18); **traje** (*m.*) **de baño** swimsuit (3)
bar *m.* bar (9)
barato/a inexpensive, cheap (3)
barbacoa barbecue
barbería barbershop
barbero barber
barco boat, ship (7)
barra bar, rod; counter
barrer (el suelo) to sweep (the floor) (9)
barriga belly, stomach
barril *m.* barrel
barrio neighborhood (12)
barro mud; clay
basar to base; **basarse en** to be based on
base *f.* base, basis; **a base de** by, based on; **en base** basic
básico/a basic
basquetbol *m.* basketball (9)
bastante rather, quite; sufficient, enough; a lot (15)
bastar to be enough
basura garbage; **sacar (qu) la basura** to take out the garbage (9)
basurero trash can
bata robe, housecoat
batalla battle

batería battery (14); drums, drum set

batido *drink similar to a milkshake* (18)

bautismo baptism

bautizar (c) to baptize

bautizo baptism

bebé *m.* baby

beber to drink (2)

bebida drink, beverage (6)

beca scholarship, fellowship

béisbol *m.* baseball (9)

Bélgica Belgium

belleza beauty

bello/a beautiful (14)

beneficiarse to benefit

beneficio benefit

besar to kiss

beso kiss

bibliografía bibliography

biblioteca library (1)

bibliotecario/a librarian (1)

bici *f. coll.* bike, bicycle

bicicleta bicycle; **bicicleta de montaña** mountain bicycle (12); **pasear (montar) en bicicleta** to ride a bicycle (9)

bien *n. m.* good; *adv.* well (AT); **ahora bien** now, come on; **caerle** (*irreg.*) **bien a alguien** to make a good impression on someone (16); **está bien** it's OK, fine; **estar** (*irreg.*) **bien** to be comfortable (*temperature*) (5); **llevarse bien (con)** to get along well (with) (15); **muy bien** very well, fine (AT); **pasarlo bien** to have a good time (8); **portarse bien** to behave well; **¡qué bien!** great!

bienes *m. pl.* possessions, property

bienestar *m.* well-being (10)

bilingüe bilingual

bilingüismo bilingualism

billete *m.* ticket (7); bill (*paper money*) (13); **billete de ida** one-way ticket (7); **billete de ida y vuelta** round-trip ticket (7)

biográfico/a biographical

biología biology

bistec *m.* steak (6)

bizantino/a Byzantine

blanco/a white (3); **vino blanco** white wine (6)

bluejeans m. pl. jeans (3)

blusa blouse (3)

bobo/a stupid, silly, foolish

boca mouth (10)

bocado tidbit, bite

boda wedding (ceremony) (15)

bodegón *m.* cheap restaurant, tavern

boicot *m.* boycott

boleto ticket (7); **boleto de ida** one-way ticket (7); **boleto de ida y vuelta** round-trip ticket (7)

bolígrafo pen (1)

bolívar *m. unit of currency in Venezuela*

boliviano/a *n., adj.* Bolivian

bolsa purse (3); bag

bolsillo pocket

bomba bomb; **bomba atómica** atom bomb

bombardeo bombardment

bombero/a firefighter

bombilla straw (*for drinking* mate); light bulb

bondadoso/a kind, good

bonito/a pretty (2)

borde: al borde de on the brink of

bordo: a bordo on board

Borinquén *f. indigenous and poetic name of Puerto Rico*

bosque *m.* forest (14)

bostezar (c) to yawn

bota boot (3)

botella bottle

botones *m. s.* bellhop (18)

boutique f. boutique

Brasil *m.* Brazil

brasileño/a Brazilian

brazo arm (11)

Bretaña: Gran Bretaña Great Britain

breve short, brief

brillar to shine

brindar to drink a toast; to offer

británico/a British

bronce *m.* bronze

bronceado/a tanned, suntanned

bronquitis *f. s.* bronchitis

bruja witch

brujo/a false, fraudulent

brusco/a brusque, abrupt

Bruselas Brussels

bucear to skin-dive, scuba dive

buen, bueno/a *adj.* good (2); **buen viaje** have a good trip (7); **buena suerte** good luck; **buenas noches** good evening, night (AT); **buenas tardes** good afternoon, evening (AT); **buenos días** good morning (AT); **hace buen tiempo** it's good weather (5); **lo bueno** the good news (10); **muy buenas** good afternoon/evening (AT)

bueno *adv.* well (2); OK

bujía spark plug

bulevar *m.* boulevard

bullicioso/a noisy, lively

bulto bust, statue

buque *m.* ship, cargo boat

burbuja bubble

burocracia bureaucracy

burro burro, donkey

busca: en busca de un puesto in search of a job

buscar (qu) to look for (1)

butaca seat (*in a theater*)

butano butane

C

cabalgar (gu) to ride a horse

caballo horse; **montar a caballo** to ride horseback (9)

caber (*irreg.*) to fit, have enough room

cabeza head (10); **dolor** (*m.*) **de cabeza** headache; **me duele la cabeza** I have a headache

cabezudo/a obstinate; stubborn

cabina cabin (*in a ship*) (7)

cabra goat

cacahuete *m.:* mantequilla de cacahuetes peanut butter

cacao cocoa

cacto cactus

cada *inv.* each, every (4); **cada uno/a** each one

cadera hip

caer (*irreg.*) to fall (11); **caerle bien/mal a alguien** to make a good/bad impression on someone (16); **caerse** to fall down (11)

café *m.* coffee (1); café; coffee shop (18)

cafeína caffeine

cafetera coffeepot (9)

cafetería cafeteria, café (1)

caída fall, tumble

caja box; case

cajero/a cashier, teller (16); **cajero automático** automatic teller machine (16)

cajón *m.* drawer

calabaza squash, pumpkin

calamar *m.* squid

calavera skull

calcetines *m. pl.* socks (3)

calculadora calculator (1)

calcular to calculate

cálculo calculus; calculation

caldear to heat, warm

caldo broth, bouillon

calefacción *f.* heating, heat

calendario calendar

calentar (ie) to heat

calidad *f.* quality

caliente hot

caligrafía calligraphy

calle *f.* street (14)

calleja alley, side street

callos (*m. pl.*) a la madrileña *tripe specialty of Madrid*

calma calm, composure

calmar to calm; **calmarse** to calm down, be calm

calor *m.* heat (5); **hace (mucho) calor** it's (very) hot (*weather*) (5); **tener** (*irreg.*) **calor** to be (feel) warm, hot (5)

caloría calorie

caluroso/a warm, hot

calzado footwear

cama bed (4); **guardar cama** to stay in bed (10); **hacer** (*irreg.*) **la cama** to make the bed (9)

cámara camera (12); **Cámara de Diputados** House of Representatives; **cámara de vídeo** video camera (12)

camarero/a waiter/waitress (6); flight attendant

camarones *m. pl.* shrimp (6)

cambiar (de) to change (12); to exchange (*money*); **cambiar de canal** to change the channel; **cambiar de idea** to change one's mind

cambio change; (rate of) exchange (*currency*); **en cambio** on the other hand

camello camel
caminar to walk (10)
camino street, road (14)
camioneta station wagon (7)
camisa shirt (3)
camiseta T-shirt (3)
camote *m.* sweet potato
campaña campaign; **tienda de campaña** tent (7)
campeonato championship
campesino/a *n.* farm worker, peasant (14); *adj.* rural, country
campestre *adj.* rural, country
camping *m.* camping (7); **hacer** (*irreg.*) *camping* to go camping (7)
campo *n.* country(side) (12); field (*professional; magnetic*)
campus *m. s.* university campus (12)
canal *m.* (TV) channel (12); **cambiar de canal** to change the channel
Canarias: Islas (*f. pl.*) **Canarias** Canary Islands
cancelar to cancel
cáncer *m.* cancer
cancha ground, field; **cancha de fútbol** soccer field (9); **cancha de tenis** tennis court
canción *f.* song (13)
candidato/a candidate
cansado/a tired (5)
cansancio tiredness, weariness
cansarse to get tired
cantante *m., f.* singer (13)
cantar to sing (1)
cantidad *f.* quantity
canto song, chant
caña cane, reed; **caña brava** ditch reed
capa del ozono ozone layer (14)
capacidad *f.* capacity, ability
capacitado/a equipped
caparra deposit, down payment
capaz (*pl.* **capaces**) capable
Caperucita Roja Little Red Riding Hood
capital *f.* capital (city) (5)
capitalista *m., f.* capitalist
capitán *m.* captain
capítulo chapter
caprichoso/a capricious; stubborn
Capricornio Capricorn
captar to capture
captura *n.* capture
cara face; side
carácter *m.* character
característica characteristic
característico/a *adj.* characteristic, typical
caracterizar (c) to characterize; **caracterizarse (por)** to be characterized (by)
carburo carbide
cárcel *f.* jail, prison
cardíaco/a: chequeo cardíaco heart checkup
cardinal: puntos (*m. pl.*) **cardinales** cardinal directions (5)
carecer (zc) to lack, be lacking
carga loading

cargar (gu) to charge (*to an account*) (16)
cargo charge, debit; post, position
Caribe *n. m.* Caribbean
caribeño/a *adj.* Caribbean
cariño affection
cariñoso/a affectionate (5)
carnaval *m.* carnival
carne *f.* meat (6)
carnet (*m.*) **de conducir** driver's license
carnicería butcher shop
caro/a expensive (3)
carpintero/a carpenter
carrera race; course of study; career, profession
carretera highway (14)
carro car
carta letter; (playing) card; **escribir cartas** to write letters (2); **jugar (ue) (gu) a las cartas** to play cards (9); **papel** (*m.*) **para cartas** stationery (18)
cartel *m.* poster (12)
cartera wallet (3)
casa house, home (2); **casa de apartamentos** apartment house (12); **casa particular** private home; **en casa** at home (1); **limpiar la casa (entera)** to clean the (whole) house; **regresar a casa** to go home (1)
casado/a married (2); **recién casado/a** newlywed (15)
casarse (con) to marry (15)
cascanueces *m.s.* nutcracker
casero/a *adj.* home; simple
casi almost; **casi nunca** almost never, hardly ever (2)
caso case; **en caso de que** in case (15); **en todo caso** in any case; **hacer** (*irreg.*) **caso a** to take notice of, pay attention to; **no hacer caso a** to ignore, not pay attention to
castigar (gu) to punish (17)
castigo punishment
catalán, catalana *n., adj.* Catalan, Catalonian
catálogo catalogue
Cataluña Catalonia
catastrófico/a catastrophic
catedral *f.* cathedral
categoría category; class
católico/a *n., adj.* Catholic
catorce fourteen (AT)
causa cause; **a causa de** because of, on account of
causar to cause
cava wine cellar; **al cava** with wine
caza hunting; **animal** (*m.*) **de caza** game animal
cazador(a) hunter
cazuelita small casserole, pot
cebar to feed, fatten
cebiche *m.; spiced dish of raw fish marinated in lemon juice*
cebra zebra
ceder to cede, hand over
celebración *f.* celebration
celebrar to celebrate (5)

celoso/a jealous
celta *n., m., f.*; Celt; *adj.* Celtic
celular: teléfono celular cellular telephone (12)
cementerio cemetery
cena dinner, supper (6)
cenar to have dinner (6)
Cenicienta Cinderella
ceniza ash; **miércoles** (*m.s.*) **de ceniza** Ash Wednesday
censura censorship
censurado/a censured
centavo cent
centenario centenary, centennial
centígrado/a centigrade
central central; **América Central** Central America
céntrico/a central
centro center; downtown (3); **centro comercial** shopping mall (3)
Centroamérica Central America
centroamericano/a *n., adj.* Central American
cepillarse (los dientes) to brush (one's teeth) (4)
cerámica ceramic, tile, pottery (13)
cerca *adv.* nearby, close; **cerca de** *prep.* close to (5); near; **de cerca** up close
cercanía closeness
cercano/a close, nearby
cercar (qu) to surround; to besiege
cerdo: chuleta de cerdo pork chop (6)
cereales *m. pl.* cereal (6)
cerebro brain (10)
ceremonia ceremony
cerilla match
cero zero (AT)
cerrado/a closed (5)
cerrar (ie) to close (4)
cerro hill
certero/a certain, accurate
cervantino/a pertaining to Cervantes, author of *Don Quijote*
cervecería beer hall
cerveza beer (1)
cerviz *f.* (*pl.* **cervices**) back of the neck
cesar to cease
césped *m.* lawn, grass
cestería basketmaking
cesto basket
champán *m.* champagne
champanería champagne bar
champiñón *m.* mushroom (6)
champú *m.* shampoo (18)
chango monkey
chaperón, chaperona chaperone
chaqueta jacket (3)
charlar to chat, talk
cheque *m.* (bank) check (12); **cheque de viajero** traveler's check (18); **con cheque** by check (16); **talonario de cheques** checkbook
chequeo check-up (10)
chévere *coll.* terrific, great
chibcha *m. Indian language of Colombia*
chicano/a *n., adj.* Chicano, Mexican-American

chico/a *n.* child; boy, girl; *adj.* small
chícharos *m. pl.* peas
chile *m.* chile (*all varieties of peppers*)
chileno/a Chilean
chimenea chimney; fireplace
chimpancé *m.* chimpanzee
china orange (*Puerto Rico*)
China China
chino Chinese (*language*)
chino/a *adj.* Chinese
Chipre Cyprus
chiquito/a child; boy, girl
chisme *m.* piece of gossip
chismear to gossip
chiste *m.* joke (8)
chistoso/a funny, amusing
chocar (qu) (con) to run into, collide (with) (14)
chocolate *m.* chocolate
chófer *m.* chauffeur, driver
choque *m.* collision (17)
chorizo sausage
chubasco cloudburst
chuleta (de cerdo) (pork) chop (6)
chuño potato starch
chuparse los dedos to lick one's fingers
ciclismo bicycling (9)
ciclo cycle
ciego/a blind
cielo sky; heaven
cien(to) one hundred (2); **por ciento** percent
ciencia science; *pl.* sciences (1); **ciencia ficción** science fiction; **ciencias políticas** *pl.* political science
científico/a scientific
cierto/a certain; true; **es cierto** it's certain
cifra figure, number
cigarrillo cigarette
cilantro cilantro, fresh coriander
cimarrón *m.* unsweetened tea made of bitter herbs (*Argentina*)
cinco five (AT); **Cinco de Mayo** Cinco de Mayo (*Mexican awareness celebration*)
cincuenta fifty (2)
cine *m.* movie theater; movies (4); **ir al cine** to go to the movies
cineasta *m., f.* filmmaker; film director
cinematografía cinematography
cinematográfico/a *adj.* film
cinta tape; cassette tape (3)
cinturón *m.* belt (3)
circo circus
circulable easy to traverse
circulación *f.* traffic (14)
circular to circulate; to drive
circulatorio/a circulatory
circunstancia circumstance
cisne *m.* swan
cita date, appointment (11); citation; quotation
citado/a booked up, committed; aforementioned, cited
ciudad *f.* city (2)
ciudadanía citizenship
ciudadano/a citizen (17)

cívico/a civic
civil: guerra civil civil war
civilización *f.* civilization
clandestino/a clandestine, hidden
clarinete *m.* clarinet
claro/a *adj.* clear; bright; light; *n.* clearing, opening; **claro (que sí)** of course
clase *f.* class (1); kind; **clase media** middle class; **clase turista** coach class; **clase turística** tourist class (7); **compañero/a de clase** classmate (1); **dar (irreg.) clases** to teach; **primera clase** first class (7); **sala de clase** classroom
clásico/a classic; classical (13)
cláusula clause; **cláusula principal, subordinada** *gram.* main, subordinate clause
clavada lance, pick (*in bullfight*)
clave *f.* key (*to a code*)
cliente *m., f.* client, customer (1)
clima *m.* climate
clínica clinic
club *m.* club
coágulo clot
cobarde *m.* coward
cobrar to cash (*a check*) (16); to charge (*someone for an item or service*)
coche *m.* car (2); **coche deportivo** sports car; **teléfono del coche** car telephone (12)
cochinito/a little pig, piglet
cocido/a cooked; **bastante cocido/a** medium done; **bien cocido/a** well done
cocina kitchen (4); cuisine, cooking
cocinar to cook (6)
cocinero/a cook; chef (16)
coctel *m.* cocktail
codazo jog, nudge (*with the elbow*)
codo elbow
cofradía brotherhood, society
cognado *gram.* cognate
coherente coherent
cohete *m.* rocket, skyrocket
coincidir to coincide; to agree
cojear to limp
cola line; **hacer (irreg.) cola** to stand in line (7)
colaborar to collaborate, work together
colección *f.* collection
coleccionar to collect
colectivo/a collective
colega *m., f.* colleague
colegiatura grant
colegio elementary or secondary school
colesterol *m.* cholesterol
colgar (ue) (gu) to hang
colita tail, oxtail
colmena beehive
colocar (qu) to place; **colocarse** to find work
colombiano/a *n., adj.* Colombian
colón *m. monetary units of Costa Rica and El Salvador*
Colón: Cristóbal Colón Christopher Columbus
colonia colony; camp

colonización *f.* colonization
colonizar (c) to colonize, settle
colono colonist
color *m.* color (3); **de color rosa** pink; **televisor** (*m.*) **en colores** color TV
colorante *m.* dye, tint
columna column
columnista *m., f.* columnist
combatir to fight (against)
combinación *f.* combination
combinar to combine
comedia play (*theater*); comedy
comedor *m.* dining room (4)
comentar to comment (on); to discuss
comentario comment, commentary
comenzar (ie) (c) to begin
comer to eat (2); **comer equilibradamente** to eat well-balanced meals (10)
comercial *adj.* commercial, business; **centro comercial** shopping mall (3)
comercialismo commercialism
comerciante *m., f.* merchant, shopkeeper (16)
comercio commerce, business; **libre comercio** free trade
comestibles *m. pl.* food
cometer to commit
cómico/a comic(al), funny, amusing; **tira cómica** comic strip
comida food; meal (6); midday meal
comienzo *n.* beginning
comité *m.* committee
como as a; like; since; **así como** as well as; **como si** + *past subj.* as if . . . ; **como si nada** as if nothing were wrong; **tan... como** as . . . as (5); **tan pronto como** as soon as (16); **tanto/a... como** as much/many as (5) **¿cómo?** how?; what? I didn't catch that (AT); **¿cómo es... ?** what is . . . like? **¿cómo es usted?** what are you like?(AT); **¿cómo está(s)?** how are you? (AT); **¡cómo no!** of course!; **¿cómo que... ?** what do you mean . . . ?; **¿cómo se dice... ?** how do you say . . . ?; **¿cómo se llama usted?, ¿cómo te llamas?** what is your name? (AT)
cómoda bureau (4)
cómodo/a comfortable (4)
compacto/a compact; **disco compacto** compact disc; compact disc player (12)
compañero/a companion; friend; **compañero/a de clase** classmate (1); **compañero/a de cuarto** roommate (1)
compañía company
comparación *f.* comparison (5); **en comparación con** in comparison with
comparar to compare
comparativo *gram.* comparative
compartir to share
compasión *f.* compassion
compensar to compensate, make up for
competencia competition
competente competent
competición *f.* competition
compilación *f.* compilation

competir (i, i) to compete
complejidad f. complexity
complejo/a complex
complemento gram. object
completar to complete
completo/a complete; full, no vacancy (18); **pensión** (f.) **completa** room and full board (all meals) (18); **por completo** completely; **servicio completo** full service; **trabajo de tiempo completo** full-time job (12)
complicado/a complicated
complicar (qu) to complicate
comportamiento behavior
comportarse to behave oneself
composición f. composition
compositor(a) composer (13)
compra n. purchase; **de compras** shopping (3)
comprar to buy (1)
compras f. pl.: purchases; **ir de compras** to go shopping (3)
comprender to understand (2)
comprensión f. comprehension
comprensivo/a comprehensive; capable of understanding
comprometido/a engaged (to be married)
compromiso compromise; commitment
computación f. computer science (1)
computadora (portátil) (portable) computer (12)
común common, usual, ordinary; **sentido común** common sense
comunicación f. communication; pl. communications (1); **medio de comunicación** means of communication (17)
comunicar (qu) to communicate; **comunicarse (con)** to communicate (with) (17)
comunicativo/a communicative
comunidad f. community
comunismo communism
comunista m., f. communist
con with (1); **con anticipación** ahead of time (7); **con (días de) anticipación** (days) in advance; **con cheque** by (with a) check (16); **con elegancia** with style; **con frecuencia** frequently (1); **con permiso** pardon me, excuse me (AT); **¿con qué frecuencia?** how often?; **con respecto a** with respect to; **con/sin baño/ducha** with/without bath/shower (18); **con tal (de) que** provided that (15)
concebir (i, i) to conceive; to imagine
concentrar to concentrate
concepción f. conception; idea
concepto concept
concha shell, seashell
conciencia conscience
concierto concert (9); **ir** (irreg.) **a un concierto** to go to a concert (9)
concluir (y) to conclude
conclusión f. conclusion
concordar (ue) to agree; to make agree
condado county

condición f. condition; **en buenas (malas) condiciones** in good (bad) condition
conducir irreg. to drive (a vehicle) (14); to lead, guide; **carnet** (m.) **de conducir** driver's license
conductor(a) driver (14); conductor
conectar to connect
conejo rabbit
confederación f. confederation, alliance
conferencia lecture
conferenciante m., f. lecturer, speaker
confesar (ie) to confess
confianza confidence, trust
confiar (en) to confide (in); to trust (in)
confidencial confidential
confirmación f. confirmation, corroboration
confirmar to confirm (18); **hacer/confirmar las reservas** to make, confirm reservations
confortable comfortable
confrontación f. confrontation
congelación f. freezing
congelado/a frozen, very cold (5)
congelador m. freezer (9)
congestionado/a congested, stuffed-up (10)
congreso congress
congrio conger eel
conjugar (gu) gram. to conjugate
conjunción f. gram. conjunction
conjunto totality, whole; collection, group; city development
conllevar to assist; to tolerate
conmemorar to commemorate, remember
conmigo with me
connotación f. connotation
cono cone; **Cono Sur** countries in the southernmost part of Latin America
conocer (zc) to know, be acquainted with (6)
conocido/a known, well-known
conocimiento(s) m. s., pl. knowledge
conquista conquest
conquistador(a) conqueror
conquistar to conquer
consecuencia consequence; **a consecuencia de** due to
conseguir (i, i) (ga) to get, obtain (8)
consejero/a advisor (1), counselor
consejo (piece of) advice (6); counsel
conservación f. conservation
conservar to save, conserve (14)
considerar to consider, think
consigna baggage check
consigo with him, with her, with you (Ud., Uds.)
consistir (en) to consist (of)
conspirar to conspire, plot
constante constant
constelación f. constellation
constipado/a suffering from a cold
constitución f. constitution (17)
constitucional constitutional
constituir (y) to constitute; to be
construcción f. construction

construir (y) to build (14)
consular consular, diplomatic
consulta consultation
consultar to consult
consultorio (medical) office (10)
consumidor(a) consumer
consumir to consume
contabilidad f. accounting
contacto contact; **lentes** (m. pl.) **de contacto** contact lenses (10)
contado: pagar (gu) al contado to pay cash (16)
contador(a) accountant (16)
contaminación f. pollution (5); **contaminación del aire** air pollution; **hay contaminación** there is pollution (5)
contaminado/a polluted
contaminar to pollute (14)
contar (ue) to count; to tell (about) (7); **contar con** to have; to count on
contemporáneo/a adj. contemporary
contener (like **tener**) to contain, hold
contenido content(s)
contento/a content, happy (5)
contestador (m.) **automático** answering machine (12)
contestar to answer (4)
contexto context
contigo with you (fam.)
continente m. continent
continuación f. continuation; **a continuación** immediately after; below
continuar (continúo) to continue
continuo/a continuous
contorno contour, outline
contra against
contrabandista m., f. contrabandist, smuggler
contrabando contraband
contraer (like **traer**): **contraer matrimonio** to get married
contrario: al contrario on the contrary; **lo contrario** the opposite
contratar to hire, engage
contrato contract
contribución f. contribution
contribuir (y) to contribute
control m. control; **control remoto** remote control (12)
controlar to control
contundente overwhelming
convencer (z) to convince
convencional conventional
conveniencia convenience
conveniente convenient
conversación f. conversation
conversar to converse
convertirse (ie, i) (en) to become
convivencia living together, cohabitation
convocar (qu) to convoke, convene
cooperación f. cooperation
cooperativa n. cooperative
cooperativo/a adj. cooperative
copa drink (alcoholic) (18); **Copa mundial** World Cup
copia copy

copiar to copy
corazón *m.* heart (10)
corbata tie (*clothing*) (3)
cordialmente cordially, warmly
cordillera mountain range
córdoba *m. monetary unit of Nicaragua*
coreano/a *n., adj.* Korean
coro chorus, choir
corona wreath
coronel *m.* colonel
corporal *adj.* corporal, of the body
corral *m.* barnyard, farm
corrección *f.* correction
correcto/a correct, right
corregir (i, i) (j) to correct
correo mail; post office (18); *pl.* post office; **correo electrónico** electronic mail (12); **lista de correos** general delivery
correr to run; to jog (9)
corresponder to correspond
correspondiente (a) *adj.* corresponding (to)
corresponsal *m., f.* correspondent, reporter
corrida (de toros) bullfight
corrido *n.* poem set to music
corriente *adj.* current, present; **cuenta corriente** checking account (16)
corro circle, group
cortar to cut; to cut off
corte *m.* cut; *f.* court
cortés *m., f.* courteous
cortesía courtesy (AT); **saludos y expresiones de cortesía** greetings and everyday expressions of courtesy (AT)
cortina curtain
corto/a short (*in length*) (2); **pantalones** (*m. pl.*) **cortos** shorts
cosa thing (1)
cosechar to harvest
cosmopolita *adj., m., f.* cosmopolitan
costa coast
costar (ue) to cost (12)
costero/a coastal
costo cost
costumbre *f.* custom, habit; **por costumbre** out of habit
cotidiano/a daily
cotillón *m.* cotillion
cotizado/a sought after
cotorra parrot
creación *f.* creation
crear to create
creatividad *f.* creativity
creativo/a creative
crecer (zc) to grow (15)
creciente *adj.* increasing
crecimiento growth
crédito credit; **tarjeta de crédito** credit card (16)
creer (y) (en) to think (2); to believe (in) (13); **creo que sí (no)** I think so (I don't think so)
crema cream; **crema agria** sour cream
criado/a servant; maid

criarse (me crío) to grow up, be raised
crimen *m.* crime; murder
criminal *m., f.* criminal
criollo/a Creole
cristal *m.* crystal
cristiano/a *n., adj.* Christian
Cristo: antes de Cristo before Christ **después de Cristo** after Christ
Cristóbal Colón Christopher Columbus
crítica criticism
criticar (qu) to criticize
crítico/a *n.* critic; *f.* critique; criticism; *adj.* critical
cronológico/a chronological
crudo/a raw
crueldad *f.* cruelty
crujiente *adj.* crisp, crunchy
cruzar (c) to cross (18)
cuaderno notebook (1)
cuadrado/a *adj.* square
cuadro painting; picture (13); **de cuadros** plaid (3)
cual which; **lo cual** which; **por lo cual** for which reason, because of which
¿cuál? what?, which? (AT); **¿cuál(es)?** which one(s)?; **¿cuál es la fecha de hoy?** what is the date today? (5)
cualidad *f.* quality
cualquier(a) any
cuando when; **de vez en cuando** from time to time (6)
¿cuándo? when? (AT)
cuanto: en cuanto *conj.* as soon as (16); **en cuanto a** *prep.* with regard to, regarding
¿cuánto/a? how much? (AT); **¿cuánto cuesta?** how much does it cost? (3); **¿cuánto es?** how much is it? (3)
¿cuántos/as? how many? (AT)
cuarenta forty (2)
cuaresma lent
cuartel *m.* quarter, district
cuarto *n.* room (1); **compañero/a de cuarto** roommate (1); **y cuarto** quarter past (*with time*) (AT); **son/a (las tres) menos cuarto** it's/at a quarter to (three) (AT)
cuarto/a *adj.* fourth (13)
cuatro four (AT); **Cuatro de Julio** Fourth of July, Independence Day
cuatrocientos/as four hundred (3)
cubano/a *n., adj.* Cuban
cubanoamericano/a *n., adj.* Cuban American
cúbico/a cubic
cubierto/a *p.p.* covered
cubrir (*p.p.* **cubierto/a**) to cover (14)
cuchara spoon
cuchillo knife
cuello neck
cuenta check, bill (6); account (16); **cargar (gu) (a la cuenta de uno)** to charge (to someone's account); **cuenta corriente** checking account (16); **cuenta de ahorros** savings account (16); **darse cuenta de** to realize; **tener** (*irreg.*) /

tomar en cuenta to keep/have in mind, take into account
cuento story
cuerda rope
cuero leather
cuerpo body (10)
cuesta: ¿cuánto cuesta? how much does it cost? (3)
cuestión *f.* question, matter
cuidado care; **con cuidado** carefully; **tener** (*irreg.*) **cuidado (de)** to be careful (about)
cuidar to take care of; **cuidarse** to take care of oneself (10)
culinario/a culinary
culminación *f.* culmination
culpa fault, blame
culpable guilty
cultivado/a cultured, cultivated
cultivar to cultivate, grow
cultivo cultivation, raising (*crops*)
culto worship, respect
cultura culture
cumpleaños *m. s.* birthday (5); **pastel** (*m.*) **de cumpleaños** birthday cake (8)
cumplir to accomplish; to fulfill; **cumplir con** to fulfill (*an obligation*); **cumplir (quince) años** to have one's (fifteenth) birthday (8)
cuñado/a brother-in-law/sister-in-law
cuota *n. s.* fees
cupo quota, share
cura *f.* cure; *m.* priest
curioso/a curious
currículum *m.* résumé (16)
cursivo/a: letras (*f. pl.*) **cursivas** italics
curso course
cuyo/a whose

D

dado/a (que) given (that)
dama lady, woman
danza dance (13)
daño: hacerse (*irreg.*) **daño** to hurt oneself (11)
dar *irreg.* to give (7); **dar clases** to teach; **dar las doce** to strike twelve; **dar una fiesta** to give a party (8); **dar un paseo** to take a walk (9); **darse con** to run into (11); **darse la mano** to shake hands; **(eso) me da igual** it's (that's) all the same to me; **me da(n) asco** it (they) make me sick, I can't stand it (them)
datar to date
dato fact; *pl.* data, facts, information
de *prep.* of, from (AT); **de compras** shopping (3); **de cuadros** plaid (3); **¿de dónde es Ud.?** where are you from? (2); **de hecho** in fact (9); **de ida** one-way (ticket) (7); **de ida y vuelta** round trip (ticket) (7); **de la mañana/tarde** in the morning/afternoon (AT); **de la noche** in the evening, at night (AT); **de lujo** deluxe (18); luxury **de lunares** polka-dotted (3); **de momento** right now, for the time being; **de nada** you're

welcome (AT); **de niño/a** as a child; **de noche** at night, by night; **¿de quién?** whose?; **de rayas** striped (3); **de repente** suddenly (10); **de todo** everything (3); **de última moda** the latest style (3); **de verdad** real; really; **de vez en cuando** from time to time (6); **de viaje** on a trip (7); **no hay de qué** you're welcome (AT)

debajo de *prep.* under(neath); below (5)

deber *n. m.* responsibility, obligation (17)

deber *v.* to owe; **deber** + *inf.* should, must, ought to (*do something*) (2)

debido/a a due to

década decade

decente decent, suitable

decidir to decide

décimo/a (*adj.*) tenth (13)

decir (*irreg.*) to say, tell (7); **es decir** that is to say; **eso quiere decir (que)** that means (that) (10)

decisión *f.* decision

decisivo/a decisive

declaración *f.* declaration, statement

declarar to declare (18)

decoración *f.* (interior) decoration

decorar to decorate

dedicarse (qu) to dedicate oneself

dedo finger (11); **chuparse los dedos** to lick one's fingers

deducir (zc) to deduce, infer

defecto defect

defensa defense

definición *f.* definition

definido/a definite; defined

definir to define

definitivamente definitively, decisively

deformación *f.* deformation

degradación *f.* degradation

dejar to leave (behind); to quit (16); to let, allow; **dejar de** + *inf.* to stop (*doing something*) (10); **dejar (en)** to leave (behind) (in, at) (9)

del (*contraction of* **de** + **el**) of the (2), from the (2)

delante *adv.* in front, ahead; **delante de** *prep.* in front of (5)

deletreo spelling

delfín *m.* dolphin

delgado/a thin, slender (2)

delicadeza delicacy; daintiness

delicioso/a delicious

delito crime (14)

demanda demand

demás other, rest of; **los/las demás** others, other people (12)

demasiado *adv.* too; too much (9)

demasiado/a *adj.* too much, many

democracia democracy

democrático/a democratic

demografía demography

demográfico/a demographic

demonio devil, demon; **¿qué demonios... ?** what the heck . . . ?

demora delay (7)

demostración *f.* demonstration

demostrar (ue) to demonstrate

demostrativo/a *gram.* demonstrative

denso/a dense (14)

dental: pasta dental toothpaste (18)

dentista *m., f.* dentist (10)

dentro de *prep.* inside; within

denuncia denunciation, accusation

denunciar to denounce

departamento department

depender (de) to depend (on)

dependiente/a clerk (1)

deporte *m.* sport (9); **deportes** (*pl.*) **acuáticos** water sports; **practicar (qu) deportes** to participate in sports (9)

deportista *m., f.* sportsman/ sportswoman; *adj.* sports-minded

deportivo/a sports-loving (9); **coche** (*m.*) **deportivo** sports car

depositar to deposit (16)

depósito tank; deposit

depresión *f.* depression

depresivo/a depressive

deprimente *adj.* depressing

derecha right; **a la derecha (de)** to the right (of) (5); **de la derecha** at the right; **salir** (*irreg.*) **a derechas** to turn out right

derecho *n.* right (17); law; **derechos** (*pl.*) **de aduana** customs duty (18); **seguir (i, i) (g) todo derecho** to keep on going; to go straight ahead; **todo derecho** straight ahead (14)

derivarse (de) to derive, be derived (from)

dermatológico/a dermatologic, skin

dermis *f. s.* dermis, derma (*anat.*)

derramar to spill

derrota defeat

desafortunadamente unfortunately

desagradable disagreeable, unpleasant

desamparado/a homeless

desaparición *f.* disappearance

desarmar to disarm

desarrollar to develop (14)

desarrollo development

desastre *m.* disaster (17)

desastroso/a disastrous, miserable

desatarse to get carried away; to break loose

desayunar to have breakfast (6)

desayuno breakfast (4)

descafeinado/a decaffeinated

descalzo/a barefoot

descansar to rest (3)

descanso rest

descapotable convertible (*with cars*) (12)

descarga unloading

descendencia *s.* descendants; lineage

descendiente *m., f.* descendant

desconectado/a disconnected; out of touch

desconocido/a unknown

desconocer (zc) to not recognize

descortés *m., f.* discourteous

describir (*p.p.* **descrito/a**) to describe

descripción *f.* description

descubierto/a *p.p.* discovered

descubrimiento discovery

descubrir (*p.p.* **descubierto/a**) to discover (14)

descuidado/a careless

descuidar to neglect

desde *prep.* from; since; **desde luego** of course; **desde que** *conj.* since

deseable desirable

desear to want (1)

desecho waste, debris

desembarcar (qu) to disembark

desempeñar to play, perform (*a part*) (13)

desempleo unemployment

desenchufado/a unplugged

deseo *n.* desire, wish (8)

desequilibrio unbalance, imbalance

desertización *f.* process of turning into a desert

desesperación *f.* desperation

desesperadamente desperately

desfile *m.* parade

desforestación *f.* deforestation

desgracia misfortune; **por desgracia** unfortunately; **¡qué desgracia!** what a shame!

desgraciadamente unfortunately

deshidratación *f.* dehydration

deshidratado/a dehydrated

deshonesto/a dishonest

deshumanización *f.* dehumanization

desierto *n.* desert

desierto/a deserted; *m.* desert

designar to designate, appoint

desigualdad *f.* inequality (17)

desilusión *f.* disillusionment

desinflado/a: llanta desinflada flat tire (14)

desleal disloyal

deslumbrante brilliant, dazzling

desocupado/a vacant, unoccupied, free (18)

desordenado/a messy (5); unorganized

desorientar to confuse, disorient

desove *m.* spawning

despacio *adv.* slowly

despectivo/a derogatory, pejorative

despedida good-bye, farewell

despedir (i, i) to say good-bye to, see off; **despedirse (de)** to say good-bye (to), take leave (of) (8)

despegar (gu) to take off (*airplane*)

despejado/a clear, cloudless

desperdiciar to waste

desperdicio waste

despertador *m.* alarm clock (11)

despertar (ie) to wake (*someone up*); **despertarse** to wake up (4)

despierto/a *awake*

desposeído/a dispossessed

desprenderse de to give away; to be inferred from

después *adv.* later, afterwards; **después de** *prep.* after (4); **después de Cristo** after Christ; **después (de) que** *conj.* after (16)

destacar (qu) to stand out

destino destination

destrucción *f.* destruction

destruir (y) to destroy (14)
desventaja disadvantage (10)
detallado/a detailed
detalle m. detail (6)
detener (like tener) to detain, stop
detenidamente thoroughly, in detail
detergente m. detergent
deteriorar to deteriorate; to damage; deteriorarse to be damaged; to deteriorate
deterioro deterioration
determinado/a determined; specific
determinar to determine
detestar to detest
detrás de prep. behind (5)
devoción f. devotion
devolver (ue) (p.p. devuelto/a) to return (something) (16); to refund, give back
día m. day (1); algún día someday; buenos días good morning (AT); con (días) de anticipación (days) in advance; Día de Año Nuevo New Year's Day; Día de Gracias Thanksgiving Day; Día de la Raza Columbus Day; Día de los Enamorados Valentine's Day; Día de los Muertos Day of the Dead (November 2); Día de los Reyes Magos Day of the Magi (Three Kings) (January 6); Día de San Patricio St. Patrick's Day; Día de San Valentín Valentine's Day; Día de Todos los Santos All Saints' Day (November 1); Día del Santo Saint's Day (of the saint for whom one is named); día feriado holiday; día festivo holiday (8); día laborable workday, weekday; días de entresemana weekdays; hoy día nowadays; todos los días every day (1)
diablito/a little devil
diáfano/a transparent, clear
diagrama m. diagram
dialecto dialect
diálogo dialogue
diamante m. diamond
diario newspaper
diario/a daily; rutina diaria daily routine (4)
diarrea diarrhea
dibujar to draw (13)
dibujo drawing, sketch, cartoon; dibujo animado/cómico cartoon
diccionario dictionary (1)
dicha luck; happiness
dicho n. saying
dicho/a p.p. said
dichoso/a lucky, fortunate
diciembre m. December (5)
dictador(a) dictator (17)
dictadura dictatorship (17)
dictar to dictate
diecinueve nineteen (AT)
dieciocho eighteen (AT)
dieciséis sixteen (AT)
diecisiete seventeen (AT)
diente m. tooth (10); cepillarse los

dientes to brush one's teeth (4)
dieta diet; estar (irreg.) a dieta to be on a diet (6)
dietético/a adj. diet, dietetic
diez ten (AT)
diferencia difference; a diferencia de unlike
diferente different
difícil difficult, hard (5)
dificultad f. difficulty
difunto/a dead, deceased
digerir (ie, i) to digest
digestión f. digestion
digestivo/a digestive
dignidad f. dignity
Dinamarca Denmark
dinámico/a dynamic
dinero money (1)
dios m. s. God; por dios for heaven's sake
diosa goddess
diplomático/a diplomatic, tactful; n. diplomat
diptongo gram. diphthong
diputado/a deputy, representative; Cámara de Diputados House of Representatives
dirección f. address (12); Dirección de Personal personnel office (16)
directo/a direct; en directo live
director(a) director, manager; conductor (13); director(a) de personal director of personnel (16)
dirigir (j) to direct
disatisfacción f. dissatisfaction
disciplinado/a disciplined
disco computer disk (12); (phonograph) record (12); disco compacto compact disc; compact disc player (12)
disco(teca) f. disco(theque) (9)
discreto/a discreet
discriminación f. discrimination (17)
discriminatorio/a discriminatory
disculpa excuse, apology; pedir (i, i) disculpas to apologize (11)
disculparse to excuse oneself, apologize; discúlpeme pardon me (11)
discusión f. discussion
discutir (sobre) (con) to argue (about) (with); to have a fight (with) (8)
diseñador(a) designer
diseñar to design; diseñar programas to design, write programs
diseño design
disfraz m. (pl. disfraces) costume, disguise; llevar un disfraz to disguise oneself
disfrazado/a in costume; disguised
disfrutar (de) to enjoy
disfrute m. enjoyment
disgustar to be displeasing (to); to dislike
disipar to dissipate
disminución f. decrease
disminuir (y) to lower (temperature); to reduce, diminish
disolvente adj. solvent, dissolvent
disparar to fire, shoot

disponible available, on hand
dispuesto/a ready, inclined; arranged
distancia distance
distante distant
distinción f. distinction
distinguir (g) to distinguish, differentiate
distinto/a different
distraer (like traer) to distract
distraído/a absent-minded (11); distracted
distribución f. distribution
distribuir (y) to distribute
distrito district
disturbio disturbance
diversidad f. diversity
diversión f. diversion, entertainment, amusement (9)
diverso/a diverse; various
divertido/a amusing, funny, pleasant; ser (irreg.) divertido/a to be fun (9)
divertirse (ie, i) to have a good time, enjoy oneself (4)
divorciado/a divorced
divorciarse (de) to get divorced (from) (15)
divorcio n. divorce (15)
divulgar (gu) to divulge, disclose
doblado/a dubbed
doblar to turn; to dub (a film or TV show) (14)
doble double (18); habitación (f.) doble a room for two people
doce twelve (AT); dar las doce to strike twelve
docena dozen
docente adj. teaching, educational
dócil docile
doctor(a) doctor
doctorado doctorate
documental m. documentary
documento document
dólar m. dollar
doler (ue) to hurt (10); me duele la cabeza I have a headache
dolor m. pain; dolor de cabeza headache; dolor de estómago stomachache; tener (irreg.) dolor (de) to have a pain (in) (10)
domesticado/a domesticated
doméstico/a domestic; aparato doméstico home appliance (9); quehaceres (m. pl.) domésticos household chores (9)
domicilio residence, home
dominante adj. prevailing
domingo Sunday (4)
dominicano/a: República Dominicana Dominican Republic
dominó dominos; jugar (ue) (gu) al dominó to play dominos
don title of respect used with a man's first name
donación f. donation, gift
donde where
¿dónde? where? (AT); ¿adónde? where (to)?; ¿de dónde es Ud.? where are you from? (2); ¿dónde es la fiesta? where is the party?; ¿dónde estará... ? where can . . . be?, I wonder where . . . is?

doña _title of respect used with a woman's first name_

dorado/a golden; gilded

dormido/a asleep

dormir (ue, u) to sleep (4); **dormir la siesta** to take a nap (4); **dormir lo suficiente** to sleep enough; **dormirse** to fall asleep (4)

dormitorio bedroom

dos two (AT); **dos veces** twice (10)

doscientos/as two hundred (3)

dosis _f. s._ dose

drama _m._ drama, play

dramático/a dramatic

dramaturgo/a playwright (13)

droga drug

drogadicto/a drug addict

dualidad _f._ duality

ducha shower; **con/sin ducha** with/without shower (18)

ducharse to take a shower (4)

duda doubt; **no hay duda** there's no doubt; **sin duda** without a doubt, undoubtedly

dudar to doubt (12)

dudoso/a doubtful

dueño/a owner (6); landlord/landlady (6)

dulcemente sweetly, kindly

dulces _m. pl._ sweets, candy (6)

durante during (4)

durar to last (17); to endure

duro/a hard

E

e and (_used instead of y before words beginning with i or hi_)

echar to put; to throw (out); to sprout (_roots_)

ecología ecology

ecológico/a ecological

economía _s._ economics; economy (1)

económico/a economical; economic

economizar (c) to economize (16)

ecuador _m._ equator

ecuatoriano/a Ecuadorean

edad _f._ age; **de edad mediana** middle-aged; **mayoría de edad** full legal age

edición _f._ edition

edificio _n._ building (1)

editar to edit

editor(a) publisher; editor

educación _f._ education

educado/a educated; polite; **maleducado/a** rude, bad-mannered

educador(a) educator

educar (qu) to educate; to bring up

educativo/a educational

efectivo cash (16); **en efectivo** cash (16); **pagar (gu) en efectivo** to pay cash (16)

efectivo/a effective

efecto effect, result; **en efecto** actually

eficacia efficiency; effectiveness

eficaz (_pl._ **eficaces**) efficient, effective

eficiencia efficiency

eficiente efficient

Egipto Egypt

egocéntrico/a egocentric, self-centered

egoísta _n. m., f._ egoist; _adj._ egotistical, selfish

¿eh? _tag phrase with approximate English equivalent of OK?_

ejecución _f._ execution

ejecutar to execute

ejecutivo/a executive

ejemplar _m._ copy; model; sample

ejemplificar (qu) to exemplify, illustrate

ejemplo example; **por ejemplo** for example

ejercer (z) to practice (_a profession_); to exert

ejercicio exercise (3); **hacer** (_irreg._) **ejercicio** to do exercise (4); **hacer ejercicios aeróbicos** to do aerobics (10)

ejército army (17)

el the (_definite article m._); **el próximo...** (the) next (4)

él _sub. pron._ he; _obj._ (_of prep._) him

elección _f._ election

electricidad _f._ electricity

electricista _m., f._ electrician (16)

eléctrico/a electric

electrónico/a electronic; **correo electrónico** electronic mail (12)

electrostático/a electrostatic

elefante/a elephant

elegancia elegance; **con elegancia** with style

elegante elegant

elegir (i, i) (j) to select, choose

elemental elementary, basic

elemento element

elevar to raise, elevate; to rise, increase

eliminar to eliminate

elitista _m., f._ elitist

ella _sub. pron._ she; _obj._ (_of prep._) her

ello it, that; **todo ello** all that

ellos/as _sub. pron._ they; _obj._ (_of prep._) them

elocuencia eloquence

elogiar to praise

embarazada _inv. in s._ pregnant

embarcación _f._ ship

embarcar (qu) to embark

embargo: sin embargo however, nevertheless

emergencia emergency; **sala de emergencias** emergency room (10)

emigrar to emigrate

eminente prominent

emisión _f._ emission

emisora broadcasting station

emitir to broadcast

emoción _f._ emotion (8)

emocionante exciting

emotivo/a emotional, sensitive

empalmar to join, meet

empapelado/a wallpapered

emparejar to match

emparentar to link, become related

emperador _m._ emperor

emperatriz _f._ empress

empezar (ie) (c) to begin (4); **empezar a +** _inf._ to begin to (_do something_)

empleado/a employee

emplear to use

empleo job, employment; **oficina de empleos** employment office

empollón, empollona _coll._ bookworm, "grind"

emprender to undertake

empresa corporation, business (16); **administración** (_f._) **de empresas** business administration (1)

empresarial _adj._ management

empresario/a _n._ manager; _adj._ business

en in, on, at (AT); **en busca de** in search of; **en casa** at home (1); **en caso de que** in the event that, in case (15); **en cuanto** as soon as (16); **en efectivo** in cash (16); **en fin** in short; **en punto** exactly, on the dot (_time_) (AT); **en seguida** right away, immediately; **en vez de** instead of (16)

enamorado/a _adj._ in love; _n._ sweetheart, lover; **Día** (_m._) **de los Enamorados** Valentine's Day

enamorarse (de) to fall in love (with) (15)

encabezar (c) to head, lead

encaje _m._ inlaid work; groove

encantado/a delighted; pleased to meet you (AT)

encantador(a) _adj._ charming, delightful

encantar to enchant (7); **me encanta(n)...** I very much like . . . (7)

encanto fascination, delight

encargado/a agent, person in charge

encender (ie) to light

enchilada _rolled tortilla filled with meat, cheese, etc., and covered with a chili sauce_

enchufar to plug in

enciclopedia encyclopedia

enciclopédico/a encyclopedic

encima de _prep._ on top of (5)

encontrar (ue) to find (8); **encontrarse** to meet (_someone somewhere_) (10); to be, feel

encuentro _n._ encounter

encuesta survey, poll

encuestado/a person surveyed, polled

enemistad _f._ animosity

energía energy (14)

enero January (5)

énfasis _m. s._ emphasis

enfático/a emphatic

enfermarse to get sick (8)

enfermedad _f._ illness (10)

enfermero/a nurse (10)

enfermo/a sick (5); **ponerse** (_irreg._) **enfermo/a** to get sick

enfisema _m._ emphysema

enfoque _m._ focus

enfrentar to confront

enfrente: de enfrente opposite, facing

enfriamiento chill; cooling

enfriar (enfrío) to cool, cool down

enhebrado/a threaded (_needle_)

enhorabuena congratulations

enmienda compensation; correction

enojarse (con) to get mad (at) (8)

enorme enormous

enriquecer (zc) to enrich
ensalada salad (6)
enseñanza *n.* teaching
enseñar to teach (1)
entender (ie) to understand (4)
enterarse (de) to find out, learn (about) (17)
entero/a whole, entire (9); limpiar la casa entera to clean the whole house
entonces then, in that case
entrada entrée, main course; ticket (*for an event or performance*); entry, entrance
entrar (en) to enter, go (into)
entre *prep.* between, among (5); entre paréntesis in parentheses
entrega delivery; devotion
entregar (gu) to hand in, over (11); to deliver
entremés *m. s.* appetizer; *pl.* hors d'œuvres (8)
entrenador(a) coach
entrenamiento *n.* training
entrenarse to practice, train (9)
entresemana: días (*m. pl.*) de entresemana weekdays
entretenimiento entertainment
entrevista interview
entrevistado/a person interviewed, interviewee
entrevistador(a) interviewer (16)
entrevistar to interview (16)
entrometido/a meddlesome, interfering
envase *m.* container, bottle
enviar (envío) to send
envidia envy
envuelto/a wrapped
epidermis *f. s.* epidermis
epifanía Epiphany
época era, time (*period*)
equilibrado/a balanced
equilibradamente in a balanced way (10); comer equilibradamente to eat well-balanced meals (10)
equipado/a equipped
equipaje *m.* baggage, luggage (7); facturar el equipaje to check one's bags (7)
equipo team; appliance; equipo estereofónico stereo equipment (12); equipo fotográfico photographic equipment (12)
equis: rayos (*m. pl.*) equis X-rays
equivalencia equivalence
equivalente *n. m.* equivalence; *adj.* equivalent
equivaler (*like* valer) to be equivalent, equal
equivocarse (qu) to make a mistake (11)
érase una vez once upon a time
eres you (*fam.*) are (AT)
ergonómico/a ergonomic
error *m.* error
erupción *f.* eruption
es he/she/it is (AT); ¿cómo es usted? what are you like?; ¿cuánto es? how much is it? (3); es de algodón it is

made of cotton (3); es de lana it is made of wool (3); es de seda it is made of silk (3); es extraño it's strange (13); es increíble it's incredible (13); es la (una) it's (one) o'clock (AT); es lástima it is a shame (13); es preferible it's preferable; es seguro it's a sure thing (5); es urgente it's urgent; ¿qué hora es? what time is it? (AT)
escala stopover; scale; hacer (*irreg.*) escalas to make/have stopovers (7); sin escalas direct (*flight*)
escalar to climb
escalera stepladder, ladder (11); stairs, staircase (11)
escalón *m.* step, stair
escándalo scandal
escapar(se) to escape
escaparate *m.* window, shop window
escasez *f.* (*pl.* escaseces) lack, shortage (14)
escayolar to put in a plaster cast
escena scene
escenario stage (13)
esclavitud *f.* slavery
esclavo/a slave
Escocia Scotland
escoger (j) to choose, select
escolarización *f.* schooling, education
esconder(se) to hide
escondido/a hidden
Escorpio Scorpio
escorpión *m.* scorpion
escribir (*p.p.* escrito/a) to write (2); escribir a máquina to type; escribir cartas to write letters (2); máquina de escribir typewriter (12)
escrito/a *p.p.* written (11)
escritor(a) writer (13)
escritorio desk (1)
escuadrón *m.* squadron
escuchar to listen (to) (1)
escudo shield
escuela school; escuela primaria elementary school; escuela secundaria high school
esculpir to sculpt (13)
escultor(a) sculptor (13)
escultura sculpture (13)
escurrir to drain
ese, esa *adj.* that (4); *pron.* that one
esencia essence
esencial essential
esfuerzo *n.* effort
eso that, that thing, that fact (4); eso quiere decir that means (10); por eso therefore, that's why
eslavo/a Slavic
esos/as *adj.* those (4); *pron.* those (ones)(4)
espacial: nave (*f.*) espacial space shuttle
espacio space; parking spot
espacioso/a spacious
espantoso/a frightening
España Spain
español *m.* Spanish (*language*) (1)

español(a) *n., adj.* Spanish (2); de habla española Spanish-speaking
espárragos *m. pl.* asparagus (6)
especial *adj.* special
especialidad *f.* specialty
especialista *m., f.* specialist
especialización *f.* specialization; major (*academic*) (15); segunda especialización minor (*academic*)
especializarse (c) (en) to specialize (in)
especialmente especially
especie *f.* species, kind, class, type
especificar (qu) to specify
específico/a specific
espectáculo spectacle, sight; show
espejo mirror
espera: sala de espera waiting room (7)
esperanza hope (17)
esperar to wait (for) (6); to expect (6); to hope (12)
espina thorn
espinacas *f. pl.* spinach
espinilla pimple; blackhead
espíritu *m.* spirit
esposo/a husband/wife (2)
esplendor *m.* splendor
esqueleto skeleton
esquí *m.* skiing; estación (*f.*) de esquí ski resort
esquiador(a) skier
esquiar (esquío) to ski (9)
esquina (street) corner (14)
está he/she/it is (AT); ¿cómo está? how are you? (AT); está nublado it is cloudy (5)
estabilidad *f.* stability
establecer (zc) to establish
establecimiento establishment
estación *f.* season (5); station (7); estación de autobuses bus station (7); estación de esquí ski resort; estación de gasolina gas station (14); estación del metro metro (subway) stop (18); estación del tren train station (7)
estacionar(se) to park (14); prohibido estacionarse no parking
estado state; condition; estado civil marital or civil status
Estados Unidos *m. pl.* United States
estadounidense *n. m., f.* person from the United States; *adj.* U.S., from the United States
estafeta post office
estancia stay (18)
estanco tobacco stand/shop (18)
estante *m.* bookshelf (4)
estar (*irreg.*) to be (1); ¿cómo está(s)? how are you? (AT); ¿dónde estará... ? where can . . . be?; está nublado it's cloudy, overcast (5); estar a dieta to be on a diet (6); estar aburrido/a to be bored (5); estar atrasado/a to be late (7); estar bien to be comfortable (*temperature*) (5); estar de acuerdo (con) to be in agreement (with) (2); estar de vacaciones to be on vacation (7);

estar seguro/a to be sure, certain; **(no) estoy de acuerdo** I (don't) agree (2)

estatua statue

este *m.* east (5)

este/a *adj.* this (2); *pron.* this one (4); **en este momento** right now, at this very moment; **esta noche** tonight (5)

estelarizado/a honored, awarded

estéreo stereo

estereofónico/a: equipo estereofónico stereo equipment (12)

estereotipo stereotype

estilo style

estimado/a dear (*in a letter*)

estimulante stimulating

estimular to stimulate

estirpe *f.* lineage

estival *adj.* pertaining to summer

esto this, this thing, this matter (4)

Estocolmo Stockholm

estómago stomach (10); **dolor** (*m.*) **de estómago** stomachache

estos/as *adj.* these (2); *pron.* these (ones) (4)

estoy de acuerdo I agree (2); **no estoy de acuerdo** I don't agree (2)

estrategia strategy

estrecho/a close

estrella star

estreno premiere, debut

estrés *m.* stress (11)

estricto/a strict

estructura structure

estructuración *f.* construction; organization

estudiante *m., f.* student (1)

estudiantil *adj.* student

estudiar to study (1)

estudio *n.* study; *pl.* studies, schoolwork

estudioso/a studious

estufa stove (9); **estufa de leña** wood stove

estupendo/a wonderful, marvelous

estúpido/a stupid

etapa stage

etcétera et cetera

étnico/a ethnic

eurocéntrico/a Eurocentric

Europa Europe

europeo/a *n., adj.* European

evaluar (evalúo) to evaluate

evento event

evidente obvious

evitar to avoid

evocar (qu) to evoke

evolución *f.* evolution

evolucionar to evolve

exacto/a exact

exagerado/a exaggerated

examen *m.* test, exam (3)

examinar to examine (10)

excavación *f.* excavation

excavar to dig

exceder to exceed

excelente excellent

excepción *f.* exception

excepto *prep.* except

excesivo/a excessive

exceso excess

exclusivo/a exclusive

excursión *f.* excursion, trip

exhibición *f.* exhibition

exhibir to show

exigente *adj.* demanding

exigir (j) to demand

exiliado/a *n.* exile (*person*)

exilio exile

existencia existence

existir to exist

éxito success; **tener** (*irreg.*) **éxito** to be successful

exitoso/a successful

exótico/a exotic

expandir to expand

expectativa expectation

experiencia experience; experiment; **por experiencia** personally

experimentar to experiment

experimento experiment

explicación *f.* explanation

explicar (qu) to explain (7)

exploración *f.* exploration; scanning

explorador(a) explorer

explorar to explore

explosión *f.* explosion

explotación exploitation

explotar to exploit

exponer (*irreg.*) to expose, exhibit

exportar to export

exposición *f.* show; exhibition

expresar to express; **expresarse** to be expressed

expresión *f.* expression; **libertad** (*f.*) **de expresión** freedom of speech; **saludos y expresiones de cortesía** greetings and everyday expressions of courtesy (AT)

expresivo/a expressive

expreso/a express, precise

expulsar to expel

expulsión *f.* expulsion

exquisito/a exquisite, delicious

extendido/a extended

extenso/a extensive, vast

externo/a external

extinción *f.* extinction

extracción *f.* extraction, removal

extranjero *n.* abroad (18); **viajar al/en el extranjero** to travel abroad

extranjero/a *n.* foreigner (1); *adj.* foreign; **lenguas** (*f. pl.*) **extranjeras** foreign languages (1)

extraño/a strange; **es extraño** it is strange (13); **¡qué extraño!** how strange! (13)

extraordinario/a extraordinary

extravagante extravagant

extremidad *f.* extremity

extremista *m., f.* extremist

extremo end, tip

extrovertido/a extroverted

exuberante exuberant

F

fábrica factory (14)

fabricación *f.* manufacture, making

fabricar (qu) to manufacture

fabuloso/a fabulous

facciones *f. pl.* features

fachada facade

fácil easy (5)

facilidad *f.* facility; ease; ability, facility (*for learning or doing something*)

facilitar to facilitate

factor *m.* factor

factura bill, invoice (16)

facturar to check (*baggage*) (7); **facturar el equipaje** to check one's bags (7)

facultad *f.* faculty; campus; department (*of a university*)

falda skirt (3)

fallar to crash (*computer*) (12)

fallo error; failure

falsificado/a falsified

falso/a false

falta lack, absence (14)

faltar to be absent, missing, lacking (8)

fama fame; reputation

familia family (2)

familiar *n. m.* relation, member of the family; *adj.* of (having to do with) the family

famoso/a famous

fantasía fantasy

fantástico/a fantastic

farmacéutico/a pharmacist

farmacia pharmacy, drugstore (10)

farmacología pharmacology

fascinante *adj.* fascinating

fatal terrible, bad; fatal

fatiga fatigue

fatigarse (gu) to become tired

favor *m.* favor; **por favor** please (AT)

favorito/a favorite

fax *m.* fax (12)

febrero February (5)

fecha date (5); **¿cuál es la fecha de hoy?** what is the date today? (5); **fecha límite** deadline (11)

felicidad *f.* happiness; *pl.* congratulations

felicitaciones *f. pl.* congratulations (8)

feliz (*pl.* **felices**) happy (8); **Felices Pascuas** Merry Christmas; **Feliz Año Nuevo** Happy New Year; **Feliz Navidad** Merry Christmas; **sentirse (ie, i) feliz** to feel happy

femenino/a feminine

fenicio/a Phoenician

fenomenal phenomenal

fenómeno phenomenon

feo/a ugly (2)

feria holiday

feriado/a: día (*m.*) **feriado** holiday

feroz (*pl.* **feroces**) ferocious

ferrocarril *m.* railroad

festival *m.* festival

festividad *f.* festivity

festivo/a: día (*m.*) **festivo** holiday (8)

ficción *f.* fiction; **ciencia** (*f.*) **ficción** science fiction

ficticio/a fictional

fiebre *f.* fever (10); **tener** (*irreg.*) **fiebre** to have a fever

fiel honest, faithful; loyal (2)

fiesta party (1); **dar** (*irreg.*) / **hacer** (*irreg.*) **una fiesta** to give/have a party (8); **¿dónde es la fiesta?** where is the party?; **Fiesta de las Luces** Hanukkah; **fiesta del barrio** block party

figura figure; figurine

fijarse to imagine; **fijarse en** to take notice (of), pay attention (to)

fijo/a fixed; **precio fijo** fixed (set) price (3)

filmación *f.* shooting, filming

filmar to film

filosofía philosophy (1)

filósofo/a philosopher

filtración *f.* filtration

filtro filter

fin *m.* end; **a fin de** in order to, so as to; **en fin** in short; **fin de semana** weekend (1); **por fin** finally, at last (4)

final *n. m.* final; end; **a finales de** at the end of (*with time*); **al final de** at the end of (16); *adj.* final

financiamiento *n.* financing

financiero/a financial

finanzas *f. pl.* finances

finca farm (14)

fingido/a deceptive, false

finísimo/a very fine

Finlandia Finland

finura fineness

firma signature

firmar to sign

firme firm, steady

física *s.* physics (1)

físico/a physical; **química física** physical chemistry

flan *m.* baked custard (6)

flauta flute

flexibilidad *f.* flexibility

flexible: ser (*irreg.*) **flexible** to be flexible (11)

flor *f.* flower (7)

florecer (zc) to flourish

Florida: Pascua Florida Easter (8)

flota fleet

folklórico/a folk, folkloric (13)

folklorista *m., f.* folklorist

fomentar to foment

fondo bottom; **en el fondo** in the back; basically; **sin fondo** bottomless; *pl.* funds

forestal *adj.* pertaining to forests or forestry

forjar to forge

forma form, manner; **de todas formas** anyway

formación *f.* formation

formar to form

formativo/a formative

fórmula formula

formulario form (*to fill out*) (18)

fornido/a husky, strong

fortalecer (zc) to fortify, strengthen

fósforo match (*for lighting*) (18)

foto(grafía) *f.* photo(graph) (7); **sacar (qu) fotos** to take photos (7)

fotografiado/a photographed

fotográfico/a photographic; **equipo fotográfico** photographic equipment (12)

fotógrafo/a photographer (16)

fracturado/a fractured, broken

fragmento fragment

fraile *m.* friar, monk

francés *m.* French (*language*) (1)

francés, francesa *adj.* French (2)

Francia France

franciscano/a Franciscan

franquista *adj., m., f.* pertaining to Franco's government

frase *f.* phrase; sentence

frecuencia frequency; **con frecuencia** frequently; **¿con qué frecuencia?** how often?

frecuente frequent

fregar (gu) to scrub, scour

freno check, restraint; *pl.* brakes (14)

frente *m.* front; **frente a** facing

fresco/a fresh (6); cool; **hace fresco** it's cool (*weather*) (5)

frigorífico *Sp.* refrigerator

frijol *m.* bean (6)

frío *n.* cold(ness) (5)

frío/a *adj.* cold; **hace (mucho) frío** it's (very) cold (*weather*) (5); **tener** (*irreg.*) **frío** to be cold (5)

frito/a fried (6); **papa frita** (*L.A.*) French fried potato; **patata frita** (*Sp.*) French fried potato (6)

frontera border, frontier (18)

fruta fruit (6); **jugo de fruta** fruit juice (6)

frutal *adj.* fruit

frutería fruit shop

fue: fue sin querer it was unintentional (11); **fue una ganga** it was a bargain (steal)

fuego fire; **fuegos artificiales** fireworks

fuente *f.* source

fuera *adv.* out, outside (6); **fuera de** *prep.* out of

fuerte strong (6); heavy, big (*meal*) (6)

fuerza strength

fumador(a) smoker

fumar to smoke (7); **sección** (*f.*) **de (no) fumar** (non)smoking section (7)

función *f.* function; performance, show

funcionar to function; to run, work (*with machines*) (12)

fundación *f.* founding, foundation

fundador(a) founder

fundar to found

furioso/a furious, angry (5)

furtivamente furtively

fusilamiento shooting, execution

fusión *f.* fusion, union

fútbol *m.* soccer (9) **cancha de fútbol** soccer field (9); **fútbol (norte)americano** football (9)

futbolista *m.* soccer player

futuro *n.* future

futuro/a *adj.* future

G

gafas *f. pl.* (eye)glasses (10); **llevar gafas** to wear glasses

galeno *coll.* doctor

galleta cookie (6)

gallinero henhouse

gambas *f. pl.* shrimp

ganador(a) winner

ganancias *f. pl.* earnings

ganar to earn (9); to win (9)

gana desire, wish; **tener** (*irreg.*) **ganas de** + *inf.* to feel like (*doing something*) (3)

ganga bargain; **fue una ganga** it was a bargain (steal) (3)

garaje *m.* garage (4)

garantía guarantee

garantizar (c) to guarantee

garganta throat (10)

gas *m.* gas; heat (12)

gasolina gasoline (14); **estación** (*f.*) **de gasolina** gas station (14); **gastar mucha/poca gasolina** to use a lot of/a little gas

gasolinera gas station (14)

gastar to use, expend (14); to spend (*money*) (8); **gastar mucha/poca gasolina** to use a lot of/a little gas

gasto expense (12)

gastronómico/a gastronomical

gato/a cat (2)

gaucho gaucho, horseman (*Argentina, Uruguay*)

gemelos/as twins

genealógico/a genealogical; **árbol** (*m.*) **genealógico** family tree

generación *f.* generation

general *adj.* general; **en general** generally, in general; **por lo general** generally, in general

género genre, type; gender

generosidad *f.* generosity

generoso/a generous

génesis *m. s.* beginning(s)

genio genius

gente *f. s.* people

geografía geography

geográfico/a geographical

geranio geranium

gerontología gerontology

gerundio *gram.* gerund

gestión *f.*: **hacer** (*irreg.*) **gestiones** to take steps, negotiate

gigante gigantic

gigantesco/a gigantic

gimnasio gymnasium

Ginebra Geneva

gira tour; **de gira** on tour

gitano/a gypsy

globo balloon

gobernante *m.* ruler, leader

gobernar (ie) to govern, rule (17)

gobierno government (14)

gol *m.* goal (*soccer*)

golf *m.* golf (9)
golfo gulf, bay
golpe *m.* blow; stroke; **golpe de estado** coup d'état
golpear to hit, strike
golpista *m., f.* rebel; *one who participates in a coup d'état*
goma rubber
gordo/a fat (2)
gorila *m.* gorilla
gorra cap
gozar (c) to enjoy
grabadora tape recorder/player (12)
grabar to record; to tape (12)
gracias thanks (AT); **Día** (*m.*) **de Gracias** Thanksgiving Day; **gracias por** thanks for (8); **muchas gracias** thank you very much, many thanks (AT)
gracioso/a funny
grado degree (*temperature; university*); grade (*in school*)
graduado/a *adj., m., f.* graduate
graduarse (me gradúo) (en) to graduate (from) (16)
gradualmente gradually
gráfico diagram, graph
gráfico/a graphic
gramática grammar
gramo gram
Gran Bretaña Great Britain
gran, grande large, big (2); great (2)
grandeza majesty, grandeur; greatness
granito granite
granja farm
granjero/a farmer
grasa grease; fat
gratificante gratifying
gratis *inv.* free, gratis
gratuito/a free
grave grave, important; serious
Grecia Greece
griego/a *n., adj.* Greek
gripe *f.* grippe, influenza
gris gray (3)
gritar to shout
grotesco/a grotesque
grumo lump
grupo group
guacamole *m.* seasoned avocado spread (*Mex.*)
guagua bus (*Cuba*)
guapo/a handsome; good-looking (2)
guaraní *m.* Guarani (*L.A. Indian language*)
guardar to watch over; to keep (7); to put away (*things*); to keep (*a secret*); **guardar cama** to stay in bed (10); **guardar un puesto** to save a place (7)
guardia *m.* guard, guardsman
guardián, guardiana caretaker, watchman
guatemalteco/a Guatemalan
guayabera *loose-fitting men's shirt* (*L.A.*)
guerra war (17)
guerrero/a *adj.* war; warlike
guerrilla band of rebels, partisans
guía *m., f.* guide (13); **guía** (*f.*) **telefónica** telephone book

guiar (guío) to drive; to lead
guineo *monetary unit of Puerto Rico, El Salvador*
guión *m.* script (13)
guirnalda garland, wreath
guisante *m.* pea
guitarra guitar
guitarrista *m., f.* guitarist
gustar to be pleasing (7); **¿le gusta... ?** do you (*form.*) like . . . ? (AT); **no, no me gusta...** no, I don't like . . . (AT); **¿te gusta... ?** do you (*fam.*) like . . . ? (AT); **me gustaría...** I would really like . . . (7); **sí, me gusta...** yes, I like . . . (AT)
gusto *n.* like, preference; taste (AT); pleasure; **a su gusto** to your taste; **buen gusto** good taste; **mucho gusto** pleased to meet you (AT)

H

Habana (La) Havana (*Cuba*)
habanera *slow Cuban dance*
haber *irreg. infinitive form of* **hay;** to have (*auxiliary*); **había** (**habías, había,** etc.) + *p.p.* I (you, he/she/it) had (*done something*); **he, has, ha viajado** I/you have traveled, he/she/it has traveled
habichuela bean
habilidad *f.* ability
habitabilidad *f.* habitability
habitación *f.* room (18); **habitación doble** room for two people (*hotel*)
habitante *m., f.* inhabitant
habitar to inhabit; to live
hábito habit
hablar to speak (1); to talk (1); **hablar por teléfono** to talk on the phone
hace + *time* ago (11); **hace** + *period of time* + **que** + *present tense* to have been (*doing something*) for (*a period of time*) (11)
hacer (*irreg.*) to do; to make (4); **hace años** years ago (11); **hace buen/mal tiempo** it's good/bad weather (5); **hace fresco** it's cool (5); **hace (mucho) frío (calor, viento, sol)** it's (very) cold (hot, windy, sunny) (5); **hacer autostop** to hitchhike; **hacer camping** to go camping (7); **hacer caso (a)** to take notice (of), pay attention (to); **hacer cola** to stand in line (7); **hacer ejercicio** to exercise (4); **hacer ejercicios aeróbicos** to do aerobics (10); **hacer el balance** to balance (*an account*); **hacer escalas** to have/make stopovers (7); **hacer la cama** to make the bed (9); **hacer la tarea** to do one's homework; **hacer las maletas** to pack one's suitcase (7); **hacer paradas** to make stops (7); **hacer planes para** + *inf.* to make plans to (*do something*) (9); **hacer un papel** to play a role; **hacer un picnic** to have a picnic (9); **hacer un viaje** to take a trip (4); **hacer una fiesta** to have a party (8); **hacer una pregunta** to ask a question (4); **no hacer caso (a)** to ignore, not pay attention (to); **hacerse** to become; **hacerse daño** to hurt oneself (11); **¿qué tiempo hace?** what's the weather like? (5)

hacia toward
hamaca hammock
hambre *f.* (*but* **el hambre**) hunger; **tener** (*irreg.*) **(mucha) hambre** to be (very) hungry (6)
hamburguesa hamburger (6)
hasta *prep.* until (4); **hasta luego** see you later (AT); **hasta mañana** until tomorrow, see you tomorrow (AT); **hasta pronto** see you soon; **hasta** *adv.* even; **hasta que** *conj.* until (16)
hay there is, there are (AT); **hay contaminación** there's pollution (5); **hay que** + *inf.* it's necessary to (*do something*) (13); **no hay** there is/are not (AT); **no hay de qué** you're welcome (AT); **no hay duda** there's no doubt
hebreo/a *adj.* Hebrew
hechizar (c) to bewitch
hecho *n.* fact, event (8); **de hecho** in fact (9)
hecho/a *p.p.* made, done; **hecho/a a mano** handmade
heladas *f. pl.* sleet, ice
helado ice cream (6)
hemisferio hemisphere
heredar to inherit
heredero/a heir, inheritor
herencia inheritance; heritage
hermanastro/a stepbrother/stepsister
hermano/a brother/sister (2); **medio hermano / media hermana** half-brother / half-sister
hermoso/a beautiful
héroe *m.* hero
heroína heroine
herradura horseshoe
hervir (ie, i) to boil
hidrocarburo hydrocarbon
hidrógeno hydrogen
hielo ice
hígado liver
higiene *f.* hygiene
hijastro/a stepson/stepdaughter
hijo/a son/daughter (2); *m. pl.* children (2)
hilo thread
hipopótamo hippopotamus
hipoteca mortgage
hispánico/a *n., adj.* Hispanic
hispanidad *f. community of Spanish-speaking cultures*
hispano/a *n., adj.* Hispanic
Hispanoamérica Latin America
hispanoamericano/a Hispanic American
hispanohablante Spanish-speaking
historia history (1); story
historiador(a) historian
histórico/a historic
hockey *m.* hockey (9)
hogar *m.* home, house
hoja leaf
hojear to leaf through
hola hello (AT)
Holanda Holland
hombre *m.* man (1); **¡hombre!** *interj.* well!, man!; **hombre de negocios** businessman (16)

homenaje *m.* homage, respect

honestidad *f.* honesty; decency

honrado/a honest

honrar to honor

hora hour; **¿a qué hora?** (at) what time (AT)?; **hora de** + *inf.* time to (*do something*); **por hora** per hour; **¿qué hora es?** what time is it? (AT)

horario schedule (11); timetable

horneado/a baked

horno oven (9); **al horno** baked; **horno de microondas** microwave oven (9)

horóscopo horoscope

hospicio hospice

hospital *m.* hospital

hospitalización *f.* hospitalization

hospitalizado/a hospitalized

hotel *m.* hotel (18); **hotel de lujo** luxury hotel (18)

hoy today (AT); **¿cuál es la fecha de hoy?** what's today's date? (5); **hoy es viernes** today is Friday (4); **hoy día** nowadays

huaquero/a grave robber

huelga *n.* strike (*labor*) (17)

huerta orchard; garden

hueso bone

huésped(a) (hotel) guest (18)

huevo egg (6)

huir (y) to flee

humanidad *f.* humanity; *pl.* humanities (1)

humanístico/a humanistic

humanitario/a humanitarian

humano/a *adj.* human; **ser** (*n. m.*) **humano** human being

humedad *f.* humidity

humilde humble

humor *m.* humor; **estar** (*irreg.*) **de mal humor** to be in a bad mood; **sentido del humor** sense of humor

húngaro/a Hungarian

¡huy! *interjection* ouch!; wow!

I

ibérico/a Iberian

ibero/a *n., adj.* Iberian

icónico/a iconic

ida: boleto de ida one-way ticket (7); **boleto de ida y vuelta** round-trip ticket (7)

idea idea; **cambiar de idea** to change one's mind

idealista *m., f.* idealist

idéntico/a identical

identidad *f.* identity

identificación *f.* identification

identificado/a identified

identificar (qu) to identify

idioma *m.* language

iglesia church

ignorado/a ignored

ignorante ignorant

ignorar to be unaware of

igual equal, same; **igual que** the same as; **(eso) me da igual** it's (that's) all the same to me

igualdad *f.* equality (17)

igualmente likewise (AT)

ilegal illegal

ilusión *f.* illusion

ilustración *f.* illustration

imagen *f.* image

imaginación *f.* imagination

imaginar(se) to imagine

imaginario/a imaginary

imaginativo/a imaginative

imitar to imitate

impaciente impatient

impacto impact

impar odd (*with numbers*)

imparcialmente impartially

impecable impeccable

imperfecto/a imperfect

imperio empire

impermeable *m.* raincoat (3)

impetuoso/a impetuous

imponente imposing

imponer (*like* **poner**) to impose

importado/a imported

importancia importance

importante important

importar to be important, matter; to import; **no (me) importa (nada)** it doesn't matter (to me) (at all)

imposible impossible

imprescindiblemente absolutely, necessarily

impresión *f.* impression

impresionante impressive

impresionar to impress

impreso/a *p.p. of* **imprimir** printed

impresora printer (12)

imprimir to print

improvisado/a improvised

impuesto tax

impulsar to launch; to impel, drive

impulsivo/a impulsive

inadecuado/a inadequate

inca *m.* Inca

incaico/a *adj.* Inca, Incan

incertidumbre *f.* uncertainty

incidencia incidence

incidente *m.* incident

inclinación *f.* inclination

inclinado/a inclined

incluido/a included

incluir (y) to include

inclusive *adj.* including

incluso *prep.* even, including

inconcebible inconceivable

inconveniente *m.* drawback, difficulty

incorporado/a built-in

incorporar to incorporate

incorrecto/a incorrect

increíble incredible; **es increíble** it's incredible (13)

incrementar to increase, augment

indeciso/a indecisive

indefinido/a indefinite

independencia independence

independiente independent

indicación *f.* instruction; direction

indicado/a indicated

indicar (qu) to indicate, point out

indicativo *gram.* indicative

indiferencia indifference

indígeno/a indigenous

indio/a *n., adj.* Indian

indirecto/a indirect

indiscreto/a indiscreet

individual *adj.* private (*room*) (18)

individuo individual, person

industria industry

industrializado/a industrialized

inesperado/a unexpected

infancia infancy (15)

infantil of, or pertaining to, a child or children

infección *f.* infection

inferior inferior; lower

infinitivo *gram.* infinitive

infinito/a infinite

influencia influence

influido/a influenced

influir (y) to influence

influjo influx

influyente influential

información *f.* information

informar to inform (17); **informarse** to inquire, find out

informática data processing

informativo/a informative

informe *m.* paper, report (11)

infundir to infuse, instill, inspire

infusión *f.* infusion, brew

ingeniería engineering

ingeniero/a engineer (16)

ingenuo/a innocent; naive

ingerir (ie, i) to eat, drink, ingest

Inglaterra England

inglés *m.* English (*language*) (1)

inglés, inglesa *n.* English person; *adj.* English (2)

ingrediente *m.* ingredient

inhumano/a inhuman

iniciar to initiate

injusticia injustice

injusto/a unjust

inmediato/a immediate

inmenso/a immense

inmigración *f.* immigration (18); **formulario de inmigración** immigration form

inmigrante *n. m., f.; adj.* immigrant

inmoral immoral

innecesario/a unnecessary

inocente innocent

inolvidable unforgettable

inquietante worrisome

inquilino/a tenant, renter (12)

inscribirse to register

inscripción *f.* registration

insertar to insert

insistir to insist; **insistir en** + *inf.* to insist on (*doing something*)

insolente insolent

insomnio insomnia

inspector(a) (de aduanas) (customs) inspector (18)
inspiración *f.* inspiration
inspirarse to get inspired
instalación *f.* installation
instalar to install
instantáneo/a instantaneous; instant
instinto instinct
institución *f.* institution
instituto institute; secondary school
instrumento instrument
insulto insult
intacto/a intact
integral: arroz (*m.*) **integral** whole grain rice; **pan** (*m.*) **integral** whole wheat bread
integrarse to join, integrate
integridad *f.* integrity
íntegro/a whole; integral
intelectual intellectual
inteligencia intelligence
inteligente intelligent (2)
intención *f.* intention
intensidad *f.* intensity
intensivo/a intensive
intenso/a intense
intentar to try (13)
interés *m.* interest; **tener** (*irreg.*) **interés en** to be interested in
interesante interesting
interesar to interest, be interesting; **me interesa(n)...** . . . is/are interesting to me
intergaláctico/a intergalactic
interior *n. m.; adj.* interior; inside; **ropa interior** underwear (3)
internacional international
internarse (en) to check into (*a hospital*) (10)
interno/a *n.* intern; *adj.* internal
interplanetario/a interplanetary
interpretación *f.* interpretation
interpretar to interpret; to perform
intérprete *m., f.* performer; interpreter
interrogativo/a interrogative
interrumpir to interrupt
intervención *f.* intervention
intimidad *f.* intimacy
intimista *adj., m., f.* "intimist," intimate (*refers to poetry*)
intranquilidad *f.* uneasiness, restlessness
introducción *f.* introduction
introducido/a introduced
introducir (*irreg.*) to introduce
introvertido/a introverted
invasión *f.* invasion
invasor(a) invader
invencible invincible
invención *f.* invention
inventar to invent
invernal *adj.* winter
inversión *f.* investment
investigación *f.* investigation; research
investigar (gu) to investigate
invierno winter (5)

invitación *f.* invitation
invitado/a *n.* guest (8); *adj.* invited
invitar to invite (6)
inyección *f.* shot, injection (10); **ponerle** (*irreg.*) **una inyección** to give (someone) a shot, injection (10)
ir *irreg.* to go (3); **ir a** + *inf.* to be going to (*do something*) (3); **ir a una discoteca / a un bar** to go to a discotheque / to a bar (9); **ir al cine / a ver una película** to go to the movies / to see a movie; **ir al extranjero** to go abroad; **ir al teatro / a un concierto** to go to the theater (9) / to a concert; **ir de compras** to go shopping (3); **ir de vacaciones** to go on vacation (7); **irse** to leave, go away
Irlanda Ireland
irónico/a ironic
irreal: lo irreal the unreal
irresponsable irresponsible
irreverente irreverent
irritación *f.* irritation
isla island (5)
Islandia Iceland
Islas Baleares Balearic Islands
Islas Canarias Canary Islands
Italia Italy
italiano *m.* Italian (*language*) (1)
italiano/a *n., adj.* Italian
izquierda: a la izquierda (de) to the left (of) (*directions*) (5)
izquierdo/a left (*direction*); **levantarse con el pie izquierdo** to get up on the wrong side of the bed (11)

J

jabón *m.* soap (18)
jamás never (6)
jamón *m.* ham (6)
Japón *m.* Japan
japonés *m.* Japanese (*language*)
japonés, japonesa *n.* Japanese person; *adj.* Japanese
jarabe *m.* (cough) syrup (10)
jardín *m.* garden, yard (4)
jarrita small jar
jefe/a boss (11)
jerez *m.* sherry
jeringa syringe
jijona *variety of wheat*
jipijapa *m. material used for making hats* (*Ecuador*)
jirafa giraffe
jornada: jornada completa full-time
jota jot; dance (*Sp.*)
joven *n. m., f.* young person; *adj.* young (2); **de joven** as a youth
joya jewel, jewelry
joyería jewelry; jewelry store
jubilado/a retired (*from work*)
jubilarse to retire (*from work*)
judía green bean
judío/a *n., adj.* Jew; Jewish
juego game
jueves *m. s.* Thursday (4)
jugador(a) player (9)

jugar (ue) (gu) (al) to play (*sports, games*) (4); **jugar a las cartas / al ajedrez** to play cards/chess (9)
jugo (de fruta) (fruit) juice (6)
jugoso/a juicy
juguete *m.* toy
julio July (5); **Cuatro de Julio** Fourth of July, Independence Day
jungla jungle
junio June (5)
junta council; board
juntarse to assemble, get together
junto a alongside of, next to; **junto con** along with
juntos/as together (15)
jurado jury
justicia justice
justificar (qu) to justify
justo/a just; fair
juvenil youthful
juventud *f.* youth (15)
juzgar (gu) to judge

K

kilo(gramo) kilogram (*approx. 2.2 pounds*)
kilómetro kilometer (*approx. .62 mile*)

L

la *definite article f. s.* the; *d.o. f. s.* you (*form.*), her, it; **a la una** at one o'clock (AT)
labor *f.* work
laborable: día (*m.*) **laborable** workday, weekday
laboral *adj.* pertaining to work or labor
laboratorio lab, laboratory
lacrimógeno/a: gas (*m.*) **lacrimógeno** tear gas
ladino *Old Castilian, spoken by Spanish Jews*
lado *n.* side; **al lado de** *prep.* alongside of (5)
ladrar to bark
ladrón, ladrona thief
lagarto lizard
lago lake
laguna lagoon
lámpara lamp (4)
lana wool (3); **es de lana** it is made of wool (3)
langosta lobster (6)
langostinos *m. pl.* shrimp
lanza spear
lanzar (c) to throw; to launch
lápiz *m.* (*pl.* **lápices**) pencil (1)
lapso lapse
largo/a long (2)
largometraje *m.* full-length movie
las *definite article f. pl.* the; *d.o. f. pl.* you (*form.*), them; **a las dos** at two o'clock (AT); **las demás** others (12)
lástima *n.* pity, too bad; **es lástima** it is a shame (13); **¡qué lástima!** what a shame! (13)
lata (tin) can; **¡qué lata!** what a bore!
latino/a *n.* Latin person; **América Latina** Latin America

Latinoamérica Latin America
latinoamericano/a *n., adj.* Latin American
latitud *f.* latitude
lavabo sink (4)
lavadora washing machine (9)
lavandería laundry; laundromat
lavaplatos *m. s.* dishwasher (9)
lavar to wash (9); **lavar los platos** to
   wash the dishes; **lavar las ventanas** to
   wash the windows; **lavar(se)** to wash
   (oneself); to get washed
lazo tie, bond
le *i.o. s.* to/for you (*form.*), him, her, it; **¿le**
   gusta...? do you like . . . ? (AT)
leal loyal
lección *f.* lesson
leche *f.* milk (6)
lecho bed (*of river*)
lechón (*m.*) **asado** roast suckling pig
lechuga lettuce (6)
lector(a) reader (*person*)
lectura *n.* reading
leer (y) to read (2)
legalización *f.* legalization
legumbre *f.* vegetable
lejano/a distant
lejía bleach
lejos *adv.* far away; **lejos de** *prep.* far
   from (5)
lempira *m. monetary unit of Honduras*
lengua language; tongue; **lenguas**
   extranjeras foreign languages (1); **Real**
   Academia de la Lengua Royal
   Academy of the Spanish Language;
   sacar (qu) la lengua to stick out one's
   tongue (10)
lenguaje *m.* speech, idiom
lentes (*m. pl.*) **(de contacto)** (contact)
   lenses (10); **llevar lentes de contacto** to
   wear contact lenses
lentitud *f.* slowness
lento/a slow
leña (fire)wood; **estufa de leña** wood stove
león *m.* lion
les *i.o. pl.* to/for you (*form.*), them
letra *s.* lyrics; letters, humanities; **letras**
   cursivas italics
letrero sign
levantar to lift, raise; **levantar pesas** to lift
   weights; **levantarse** to get up, stand up
   (4); **levantarse con el pie izquierdo** to
   get up on the wrong side of the bed (11)
ley *f.* law (17)
leyenda legend
liberado/a liberated
libertad *f.* liberty, freedom (17); **libertad**
   de expresión freedom of speech
libertador(a) liberator
libra pound
libre free; **al aire libre** outdoors, in the
   open air (9); **ratos** (*m. pl.*) **libres** spare
   (free) time (9); **tiempo libre** free time
librería bookstore (1)
libro book (1); **libro de texto** textbook (1)
licencia license (14); **licencia de**
   manejar/conducir driver's license (14)

líder *m.* leader
liga league
ligero/a light, not heavy (6)
limitación *f.* limitation
limitar to limit
límite *m.* limit (14); **límite de velocidad**
   speed limit (14); **fecha límite**
   deadline (11)
limón *m.* lemon
limonada lemonade
limpiaparabrisas *m. s.* windshield wiper
limpiar to clean (9); **limpiar la casa**
   (entera) to clean the (whole) house
limpio/a clean (5)
lindo/a pretty
línea line; **línea aérea** airline; **patinar en**
   línea to rollerblade (9)
lingüístico/a linguistic
lío mess; **lío de tráfico** traffic jam
líquido liquid
Lisboa Lisbon
lista list
listo/a smart (2); ready
literario/a literary
literatura literature (1)
litro liter
llamada *n.* call, phone call
llamar to call (6); **llamar por teléfono** to
   telephone; **llamarse** to be named,
   called (4); **¿cómo se llama usted?** *form.*
   what's your name? (AT); **¿cómo te**
   llamas? *fam.* what's your name? (AT);
   me llamo... my name is . . . (AT)
llano *n.* level ground, plain
llanta tire (14); **llanta de recambio** spare
   tire; **llanta desinflada** flat tire
llave *f.* key (11)
llegada arrival (7)
llegar (gu) to arrive (2); **llegar a conocer**
   to get to know; **llegar a ser** to become;
   llegar a tiempo to arrive on time
llenar to fill (up) (14); to fill out
   (*a form*) (16)
lleno/a full
llevar to wear (3); to carry (3); to take (3);
   to have been (*in a certain place for a*
   period of time); **llevar armas** to bear
   arms; **llevar gafas / lentes de contacto**
   to wear glasses / contact lenses; **llevar**
   una vida (típica, aburrida) to lead a
   (typical, boring) life; **llevar una vida**
   tranquila (sana) to lead a calm
   (healthy) life (10); **llevarse bien/mal**
   (con) to get along well/badly
   (with) (15)
llorar to cry (8)
llover (ue) to rain (5); **llueve** it's raining (5)
lloviznar to drizzle
lluvia rain
lluvioso/a rainy
lo *d.o. m. s.* you (*form.*), him, it; **lo**
   bueno / lo malo the good/bad news
   (10); **lo opuesto** the opposite; **lo que**
   what, that which (7); **lo siento (mucho)**
   I'm (very) sorry (11); **lo suficiente**
   enough (10)

loable laudable, praiseworthy
lobo wolf
local *m.* building; place; *adj.* local
localidad *f.* ticket (*theater, etc.*)
localización *f.* localization
localizado/a located
localizar (c) to find, locate
loco/a crazy, "nuts" (5)
locución *f.* expression, idiom
lógico/a logical
lograr to achieve; to gain, obtain, attain
Londres London
los *definite article m. pl.* the; *d.o. m. pl.* you
   (*form.*), them; **los demás** the rest (12)
loseta tile
lotería lottery
lubricar (qu) to lubricate
lucecita little light
lucha fight
luchar to fight (16)
luego then, next; **desde luego** of course;
   hasta luego see you later (AT); **luego**
   de after
lugar *m.* place (1); **tener** (*irreg.*) **lugar** to
   take place
lujo luxury (12); **hotel** (*m.*) **de lujo** luxury
   hotel (18)
luna moon; **luna de miel** honeymoon (15)
lunar: de lunares polka-dotted (3)
lunes *m. s.* Monday; **el lunes** on Monday
   (4); **los lunes** on Mondays (4)
Luxemburgo Luxembourg
luz *f.* (*pl.* **luces**) light (11); electricity; **Fiesta**
   de las Luces Hanukkah

M

maceta flowerpot
machismo exhaltation of masculinity
machista *adj., m., f.* he-man, chauvinistic
madera wood; **tocar (qu) madera** to
   knock on wood
madrastra stepmother
madre *f.* mother (2)
madrileño/a from Madrid; **callos**
   (*m. pl.*) **a la madrileña** *tripe specialty of*
   Madrid
madrina godmother
madrugada early morning, dawn
madrugar (gu) to get up early
madurez *f.* middle age (15)
maduro/a mature
maestro/a grade school teacher (16)
maestro/a: obra maestra masterpiece (13)
mágico/a *adj.* magic, magical
magnético/a magnetic
magnífico/a magnificent, wonderful
magos *m. pl.:* **Día** (*m.*) **de los Reyes**
   Magos Day of the Magi (Three Kings)
maíz *m.* corn
mal *adv.* badly; poorly (1); **caerle** (*irreg.*)
   mal a alguien to make a bad impression
   on someone (16); **llevarse mal (con)** to
   get along badly (with) (15); **mal-**
   educado/a rude, bad-mannered; **pasarlo**
   mal to have a bad time (8)

mal, malo/a *adj.* bad (2); **hace mal tiempo** it's bad weather (5); **lo malo** the bad news (10); **¡qué mala suerte!** what bad luck! (11)

Malasia Malaysia

maleducado/a ill-mannered, rude; poorly brought up

maleta suitcase (7); **hacer** (*irreg.*) **las maletas** to pack one's suitcases (7)

maletero porter (7)

maligno/a malignant

malvado/a evil, wicked

mamá mom, mother (2)

mancha stain, spot

manchego/a from La Mancha

mandar to send (7); to order

mandato command

mandón, mandona bossy

manejar to drive (12); to use (*a machine*) (8); to govern; **licencia de manejar** driver's license

manejo handling

manera manner, way; **de manera que** so that

manifestación *f.* manifestation

manifestar (ie) to show, reveal

manipular to manipulate, handle

manjar *m.* food; dish

mano *f.* hand (11); **darse** (*irreg.*) **la mano** to shake hands

mantel *m.* tablecloth

mantener (*like* **tener**) to maintain, keep up; to support; **mantenerse a distancia** to stay away

mantenimiento maintenance

mantequilla butter (6); **mantequilla de cacahuete** peanut butter

manual *m., adj.* manual

manufacturar to manufacture

manzana apple (6)

mañana *n.* morning (AT); *adv.* tomorrow (AT); **de la mañana** in the morning (AT); **hasta mañana** until tomorrow, see you tomorrow (AT); **pasado mañana** the day after tomorrow (4); **por la mañana** in the morning (1)

mapa *m.* map

mapuche *m. language of the Araucan Indians* (*L.A.*)

maquiavélico/a Machiavellian

máquina machine; **escribir a máquina** to type; **máquina de escribir** typewriter (12)

mar *m., f.* sea (7); **mar adentro** at sea

maratón *m.* marathon

maravilla wonder, marvel

maravilloso/a wonderful, marvelous

marca brand, make

marcar (qu) to dial; to mark

marcha march, walk

marcharse to go away, leave

mareado/a dizzy, nauseated (10)

marejada swell, undercurrent (*in ocean*)

mariachi *m.* street singer (*Mex.*)

marido husband (15)

marihuana marijuana

marinado/a marinated

marinero sailor

marino/a *adj.* marine

mariscos *m. pl.* shellfish (6)

marqués *m.* marquis

Marruecos *m.* Morocco

martes *m. s.* Tuesday (4); **el martes** on Tuesday (4); **el próximo martes** next Tuesday (4)

Martinica Martinique (*French Antilles*)

marzo March (5)

más more; most (1); **más... que** more . . . than (5); **más tarde** later

masa dough; mass, volume; *pl.* masses

máscara mask

mascota pet (2)

masculino/a masculine

masivo/a massive

matar to kill

mate: yerba mate maté (*tea, plant*)

matemáticas *f. pl.* mathematics (1)

materia subject (*in school*) (1); material

material *n. m.* material (3); *adj.* material

materialista *m., f.* materialistic

materno/a maternal

matrícula *s.* registration fees, tuition (1); registration

matrimonial *adj.* matrimonial, marriage

matrimonio marriage; married couple (15); **contraer** (*like* **traer**) **matrimonio** to get married

máximo *n.* maximum

máximo/a *adj.* maximum

maya *n. m., f.; adj.* Mayan

mayo May (5); **Cinco de Mayo** Cinco de Mayo (*Mexican awareness celebration*)

mayor older (5); greatest, greater

mayoría majority; **mayoría de edad** full legal age

me *d.o.* me; *i.o.* to me; *refl. pron.* myself; **me llamo...** my name is . . . (AT); **me gustaría...** I would like . . . (7); **no, no me gusta...** no, I don't like . . . (AT); **sí, me gusta...** yes, I like . . . (AT)

mecánico/a *n.* mechanic (14); *f.* mechanics; *adj.* mechanical

mecanización *f.* mechanization

medalla medal

media: (las tres) y media (three) thirty, half past (three) (*with time*) (AT)

mediano/a middle; average; **de edad mediana** middle-aged

medianoche *f.* midnight

mediante *adv.* by means of

medias *f. pl.* stockings (3); **par** (*m.*) **de medias** pair of stockings

medicina medicine (10)

médico/a physician (2); (medical) doctor (2); *adj.* medical; **seguro médico** medical insurance

medida measure, step; **a medida que** as, at the same time as

medio *n.* means *pl.* media; **medio ambiente** environment (14); **medio de comunicación** means of communication (17); **por medio de** by means of

medio/a *adj.* half; middle; **clase** (*f.*) **media** middle class; **media pensión** (*f.*) room with breakfast and one other meal (18); **medio hermano / media hermana** half-brother / half-sister; **Oriente** (*m.*) **Medio** the Middle East

medioambiental environmental

mediocampista *m., f.* halfback (*soccer, football, etc.*)

mediodía *m.* noon; midday

medir (i, i) to measure

mediterráneo/a Mediterranean

medula marrow (*bone*)

mejillón *m.* mussel

mejor better (5); best (5)

mejoramiento improvement

mejorar to improve

melancolía melancholy, sadness

mellizo/a double, twin

melodía melody

melodrama *m.* melodrama

membrana membrane

memoria memory

mencionar to mention

mendigo/a beggar

menguado/a timid; foolish

menina young lady-in-waiting (*at royal court*)

menor younger (5); least

menos less (5); minus; least; **al menos** at least; **(las tres) menos cuarto (quince)** a quarter to (three) (AT); **menos... que** less . . . than (5); **a menos que** unless (15); **echar de menos** to miss; **por lo menos** at least (11)

mensaje *m.* message (12)

mensajero/a messenger

mensual monthly

mensualidad *f.* monthly installment

mente *f.* mind

mentira lie

mentón *m.* chin

menú *m.* menu (6)

menudo: a menudo often

mercadeo marketing (*discipline*)

mercado market(place) (3)

merecer (zc) to deserve

merienda snack

mes *m. s.* month (5); **...al mes** . . . a month

mesa table (1); **poner** (*irreg.*) **la mesa** to set the table (9); **quitar la mesa** to clear the table (9)

meseta plain (*geographic*)

mesita end table (4)

mesón *m.* inn; tavern

mestizo/a of mixed blood

metafóricamente metaphorically

metal *m.* metal

metano methane

meteorológico/a meteorological

meteorólogo *m., f.* meteorologist

meter to put in; **meterse en** to interfere, get involved with

método method

metro subway; meter; **estación** (*f.*) **del metro** metro (subway) stop (18)

metrópoli *f.* city, metropolis
mexicano/a *n., adj.* Mexican (2)
México Mexico
mexicoamericano/a *n., adj.* Mexican-American
mezcla mixture
mezclar to mix
mi(s) *poss.* my (3)
mí *obj.* (*of prep.*) me (5)
micrófono microphone
microonda: horno de microondas microwave oven (9)
miedo fear (3); **tener** (*irreg.*) **miedo (de)** to be afraid (5)
miel *f.* honey; **luna de miel** honeymoon (15)
miembro member
mientras *conj.* while (10)
miércoles *m. s.* Wednesday (4)
migración *f.* migration
migrante *adj.* migrant
mil *m.* thousand, one thousand (3)
milagro miracle
miligramo milligram
militar *m.* soldier; **servicio militar** military service (17)
milla mile
millón (*m.*) (**de**) million (3)
millonario/a millionaire
milonga *traditional folk song* (*Argentina*)
mimado/a spoiled (*child*)
mineral: agua (*f. but* **el agua**) **mineral** mineral water (6)
minicuestionario miniquestionnaire
minidiálogo minidialogue
minifalda miniskirt
mínimo *n.* minimum
mínimo/a *adj.* minimum
ministro minister (*government*)
minoritario/a *adj.* minority
minúsculo/a minuscule
minusválido/a disabled (person)
minuto *n.* minute (*time*)
mío/a(s) *poss.* my, (of) mine (17)
mirar to look (at) (2); to watch; **mirar la televisión** to watch television (2)
miscelánea miscellany
misil *m.* missile
misión *f.* mission
mismo/a self; same (10); **ahora mismo** right now
misquito *indigenous language spoken in Nicaragua*
misterio mystery
misterioso/a mysterious
místico/a mystic
mitad *f.* half
mítico/a mythic
mito myth
mitología mythology
mixteca *m.* Mixtec (*indigenous language of Mesoamerica*)
mixto/a mixed
mocasín *m.* moccasin
moche *referring to pre-Inca civilization* (*Peru*)

mochila backpack (1)
moda fashion; **de última moda** the latest style (3)
modales *m. pl.* manners, behavior
modalidad *f.* way, manner
modelo model
moderación *f.* moderation
moderado/a moderate
moderador(a) *adj.* moderating
moderar to moderate
moderno/a modern (13)
modesto/a modest
modificación *f.* modification
modificar (**qu**) modify
modo manner, way; **de todos modos** anyway; *gram.* mood
molestar to bother (13); **molestarse** to get upset; **me/te/le molesta** it bothers me/you/him (13); **no vale la pena (molestarse por eso)** it's not worth it (to get upset about that)
molestia *n.* bother
molesto/a annoying
molido/a ground (*coffee*)
momento moment; **en este momento** right now, at this very moment
monarquía monarchy
moneda money, currency; coin
mono monkey
monopatín *m.* skateboard (12)
monstruo monster
monstruoso/a monstrous, outrageous
montaña mountain (7); **bicicleta de montaña** mountain bicycle (12)
montañoso/a mountainous
montar to ride; **montar a caballo** to ride horseback (9)
monte *m.* mountain
montón *m.* heap, pile
monumento monument
morado/a purple (3)
moralidad *f.* morality
moratorio moratorium
morcilla blood sausage
moreno/a *n., adj.* brunet(te) (2)
morir (**ue, u**) (*p.p.* **muerto**) to die (15); **morirse** to be dying (8)
moro/a *n.* Moor; *adj.* Moorish
mortal fatal
mosca fly
Moscú Moscow
mostaza mustard
mostrar (**ue**) to show, exhibit (7)
motivo motive, reason
moto(cicleta) *f.* motorcycle (12)
motor *m.* motor
mover (**ue**) to move
movilidad *f.* mobility
movimiento movement
mozo bellhop (18)
muchacho/a young man/woman; boy/girl
mucho *adv.* much, a lot (1); **lo siento mucho** I'm very sorry (11)
mucho(s)/a(s) *adj.* a lot of, many (2); **muchas gracias** thank you very much, many thanks (AT); **muchas veces**

frequently; a lot; **mucho gusto** pleased to meet you (AT)
mucoso/a mucous
mudanza moving (*from one residence to another*)
mudarse to move (*from one residence to another*) (16)
muebles *m. pl.* furniture (4); **sacudir los muebles** to dust the furniture (9)
muela molar; **sacar** (**qu**) **una muela** to extract a tooth (10)
muerte *f.* death (15); **pena de muerte** death sentence
muerto/a *p.p.* dead, died; killed
muerto: Día (*m.*) **de los Muertos** Day of the Dead (November 2)
muestra sample, example; demonstration
mujer *f.* woman (1); wife (15); **mujer de negocios** businesswoman (16); **mujer policía** female police officer; **mujer soldado** female soldier (16)
mula mule
mulato/a mulatto
muleta crutch
multa fine, penalty (18); **poner** (*irreg.*) **una multa** to give a fine/ticket
multimillonario/a multimillionaire
multinacional multinational
multivitaminas *f. pl.* multivitamins
mundial *adj.* world
mundo world
municipio municipality
muñeca doll (12)
muñeco puppet
muralista *m., f.* muralist
murciélago bat
muro wall
músculo muscle
museo museum (13); **visitar un museo** to visit a museum (9)
música music (13)
musical musical
músico/a musician (13)
mutuo/a mutual
muy very (1); **muy bien** very well (AT); **muy buenas** good afternoon/evening (AT)

N

nacer (**zc**) to be born (15)
nacimiento birth (15)
nación *f.* nation
nacional national; domestic
nacionalidad *f.* nationality (2)
nada nothing, not anything (6); **de nada** you're welcome (AT)
nadar to swim (7)
nadie no one, nobody, not anybody (6)
nahuatl *m. Aztec language*
napoleónico/a Napoleonic
Nápoles Naples (*Italy*)
naranja *n.* orange (*fruit*) (6)
nariz *f.* nose (10)
narración *f.* story, narration
narrar to narrate
narrativo/a *adj.* narrative

nasco/a *refers to ancient Peruvian civilization*
nata cream
natación *f.* swimming (9)
natal *adj.* native, of birth
nativo/a *adj.* native
natural natural; **recursos** (*m. pl.*) **naturales** natural resources (14)
naturaleza nature (14)
naufragar (gu) to be shipwrecked
náuseas *f. pl.* nausea
nave *f.* ship; **nave espacial** spaceship
navegar (gu) la red to "surf the net" (12)
Navidad *f.* Christmas (8); **árbol** (*m.*) **de Navidad** Christmas tree; **Feliz Navidad** Merry Christmas
navideño/a *adj.* Christmas
neblina fog
necesario/a necessary (2)
necesidad *f.* necessity; need
necesitar to need (1)
negación *f.* negation
negar (ie) (gu) to deny (13)
negativo/a negative
negocio business; **hombre/mujer de negocios** businessperson (16)
negro/a black (3)
neoyorquino/a *adj.* of or pertaining to New York
nervio nerve
nervioso/a nervous (5)
neutro/a neutral
nevada snowfall
nevar (ie) to snow (5); **nieva** it's snowing (5)
nevera refrigerator
ni neither; nor; **ni siquiera** not even
nicaragüense *n. m., f.; adj.* Nicaraguan
nido nest
niebla fog, mist
nieto/a grandson/granddaughter (2); *m. pl.* grandchildren
nieva it's snowing (5)
ningún, ninguno/a no, none, not any (6)
niñero/a baby-sitter (9)
niñez *f.* (*pl.* **niñeces**) childhood (9)
niño/a small child, boy/girl (2); **de niño/a** as a child
nivel *m.* level (14)
Niza Nice (*France*)
no no (AT); not (AT); **¿no?** right?, don't they (you, *etc.*)? (3); **no estoy de acuerdo** I don't agree (2); **no hay** there is/are not (AT); **no hay de qué** you're welcome (AT); **no, no me gusta...** no, I don't like . . . (AT); **no tener** (*irreg.*) **razón** to be wrong (3)
nobleza nobility
noche *f.* night; **buenas noches** good evening/night (AT); **de la noche** in the evening, at night (AT); **de noche** at night, by night; **esta noche** tonight (5); **Noche Vieja** New Year's Eve (8); **por la noche** in the evening (1); **todas las noches** every night
Nochebuena Christmas Eve (8)
noción *f.* idea, notion

noctámbulo/a night-owl
nocturnidad *f.* night life
nocturno/a *adj.* night, nocturnal
nogada *sauce made of nuts and spices*
nómada *m., f.* nomad
nombrado/a named
nombrar to name
nombre *m.* (first) name
nominado/a nominated
nopalito prickly pear leaf, boiled
norma norm; rule
normalidad *f.* normality
norte *m.* north (5)
Norteamérica North America
norteamericano/a *n., adj.* North American; from the United States (2); **fútbol** (*m.*) **(norte)americano** football
norteño/a northern
Noruega Norway
nos *d.o.* us; *i.o.* to, for us; *refl. pron.* ourselves; **nos vemos** see you around (AT)
nosotros/as *sub. pron.* we; *obj.* (*of prep.*) us
nota grade (*in a class*); note
notar to notice, observe
noticia piece of news (8); **noticias** news (17)
noticiero newscast (17)
novecientos/as nine hundred (3)
novedades *f. pl.* news (17)
novela *n.* novel
novelista *m., f.* novelist
noveno/a *adj.* ninth (13)
noventa ninety (2)
noviazgo engagement (15)
noviembre *m.* November (5)
novio/a boyfriend/girlfriend (5); fiancé(e); groom/bride
nube *f.* cloud
nublado/a cloudy, overcast; **está nublado** it's cloudy, overcast (5)
núcleo nucleus, core
nuera daughter-in-law
nuestro/a(s) *poss.* our (3); (of) ours (17)
nueve nine (AT)
nuevo/a new (2); **Día** (*m.*) **de Año Nuevo** New Year's Day
número number (AT); size; **número de teléfono** telephone number
numeroso/a numerous
nunca never (2); **casi nunca** almost never

O

o or (AT)
obedecer (zc) to obey (14)
obelisco obelisk
objetivo *n.* objective
objeto object; **objeto volante no identificado (OVNI)** unidentified flying object (UFO)
obligación *f.* obligation
obligado/a obliged, forced
obligatorio/a obligatory
obra work (*of art, literature, etc.*); **obra de arte** work of art (13); **obra maestra** masterpiece (13)

obrero/a worker, laborer (16)
observación *f.* observation
observar to observe, watch
obstáculo obstacle; limitation
obtener (*like* **tener**) to get, obtain
obvio/a obvious
ocasión *f.* occasion
occidental occidental, western
océano ocean (7); **Océano Atlántico (Pacífico)** Atlantic (Pacific) Ocean
ochenta eighty (2)
ocho eight (AT)
ochocientos/as eight hundred (3)
octavo/a *adj.* eighth (13)
octubre *m.* October (5)
ocular *adj.* eye, ocular
oculista *m., f.* oculist, eye doctor
ocupación *f.* occupation
ocupado/a busy, occupied (5)
ocupar to occupy; **ocuparse (de)** to be in charge (of); to attend (to)
ocurrir to happen, occur
odiar to hate (7)
odioso/a hateful, odious
oeste *m.* west (5)
ofender to offend, insult
ofensivo/a offensive
oferta offer
oficial *n. m., f.* official, officer; *adj.* official
oficina office (1); **oficina de empleos** employment office
oficio trade (16)
ofrecer (zc) to offer (7)
oído ear; inner ear (10)
oiga(n) hey, listen (*to get someone's attention*) (*form.*)
oír (*irreg.*) to hear (4)
ojalá (que) I hope, wish that (13)
ojo eye (10); **¡ojo!** watch out!; **ojo alerta** watch out, be alert
olímpico/a: juegos (*m. pl.*) **Olímpicos** Olympic Games
oliva olive
olmeca Olmec (*pertaining to ancient Mexican civilization*)
olvidadizo/a forgetful
olvidar to forget; **olvidarse (de)** to forget (about) (8)
once eleven (AT)
onza ounce
opaco/a opaque
opción *f.* option
opcional optional
ópera opera (13)
operación *f.* operation
operar to operate
operativo/a operating, effective
opinar to think, have an opinion
opinión *f.* opinion
oponerse (*like* **poner**) **(a)** to be opposed (to)
oportunidad *f.* opportunity
oposición *f.* opposition
optimista *n. m., f.* optimist; *adj.* optimistic
óptimo/a favorable, excellent
opuesto/a opposite

oración *f. gram.* sentence
oral oral (11)
órbita orbit
orden *f.* order, command; *m.* order
(*sequence*); **en orden** in order, orderly
ordenado/a neat (5); orderly
ordenador *m.* **Sp.** (**portátil**) (laptop)
computer (12)
ordenar to arrange, put in order; to order,
command
oreja ear, outer ear (10)
organismo organism
organización *f.* organization;
organización administrativa administrative organization
organizar (c) to organize
órgano organ
orgullo pride
orgulloso/a proud
Oriente (*m.*) **Medio** the Middle East
origen *m.* origin
originario/a native
originar to originate
orilla riverbank
oro gold
orquesta orchestra
ortográfico/a orthographical; spelling
os *d.o. pl.* (*Sp.*) you (*fam.*); *i.o. pl.* (*Sp.*) to,
for you (*fam.*); *refl. pron. pl.* (*Sp.*)
yourselves (*fam.*)
oscuro/a dark
óseo/a bony
oso bear
ostentar to display
ostra oyster
otoño autumn, fall (*season*) (5)
otorgar (gu) to grant, give
otro/a other, another (2); **otra vez**
again
OVNI (**objeto volante no identificado**)
flying saucer (UFO)
oxígeno oxygen
oye hey, listen (*to get someone's attention*)
(*fam.*)
ozono: capa de ozono ozone layer (14)

P

paciencia patience
paciente *n. m., f.* patient (10); *adj.* patient
Pacífico Pacific (Ocean)
padecer (zc) to suffer, feel deeply
padrastro stepfather
padre *m.* father (2); *pl.* parents (2)
paella paella (*dish made with rice, shellfish,
and often chicken, and flavored with saffron*)
pagar (gu) to pay (for) (1); **pagar al
contado** to pay cash (16); **pagar a
plazos** to pay in installments (16);
pagar en efectivo to pay cash (16)
página page
país *m. s.* country, nation (2)
paisaje *m.* landscape
pájaro bird (2)
pajilla soda straw
palabra word (1)
palacio palace

paleta palette
palomitas *f. pl.* popcorn
pampa pampa, grassland
pan *m.* bread (6); **pan integral** whole
wheat bread; **pan tostado** toast (6)
panadería bakery
panameño/a *n., adj.* Panamanian
páncreas *m. s.* pancreas
pandilla group of friends
pantalla screen
pantalón *m. s.* pants; *pl.* pants (3);
pantalones cortos shorts
papa potato (*L.A.*); *m.* pope; **papa frita**
(*L.A.*) French fried potato
papá *m.* dad, father (2)
papel *m.* paper (1); role; **hacer** (*irreg.*) **un
papel** to play a role (3); **papel para
cartas** stationery (18)
papelería stationery store (18)
paquete *m.* package (18); pack, packet
par *m.* pair (3); **par de zapatos** (**medias**)
pair of shoes (stockings); *adj.* even
(*numbers*)
para *prep.* (intended) for (2); in order to
(*do something*); for, by (*a specified future
time*); for a; toward (*a place*); **hacer**
(*irreg.*) **planes para** + *inf.* to make plans
to (*do something*) (9); **para ello** for that
reason; **para que** so that (15)
parabrisas *m. s.* windshield (14)
paracaidismo parachute jumping
parada stop; **hacer paradas** to make stops
(7); **parada del autobús** bus stop (18)
paraguas *m. s.* umbrella
parar to stop (14)
parcial partial; **trabajo de tiempo parcial**
part-time job (12)
pardo/a brown (3)
parecer (zc) to seem, appear (13);
parecerse to look like, resemble; **¿qué
te parece?** what do you think?
parecido/a similar
pared *f.* wall (4); **pintar las paredes** to
paint the walls (9)
pareja married couple (15); pair (15);
partner
paréntesis *m. s., pl.* parenthesis; **entre
paréntesis** in parentheses
pariente *m.* relative (2)
parque *m.* park (5)
párrafo paragraph
parrandero/a party-loving
parrilla grill
parroquiano/a customer, client
parte *f.* part; place; **de parte de** on behalf
of; **por parte de** on behalf of; **por todas
partes** everywhere (11)
participación *f.* participation
participante *m., f.* participant
participar to participate
participio pasado *gram.* past participle
partícula particle
particular particular; private; **casa
particular** private home
partida: punto de partida point of
departure

partido game (*in sports*), match; (political)
party
partir: a partir de starting from
párvulo/a small child, toddler
pasa raisin
pasado *n.* past
pasado/a *adj.* past, former (*with time*); **el
año pasado** last year; **pasado mañana**
the day after tomorrow (4)
pasaje *m.* passage, ticket (7)
pasajero/a passenger (7)
pasaporte *m.* passport (18)
pasar to spend (*time*) (5); to pass (*someone,
something*); to happen; **pasar la
aspiradora** to vacuum (9); **pasar por la
aduana** to go through customs; **pasar
tiempo (con)** to spend time (with) (15);
pasarlo bien/mal to have a good/bad
time (8); **se me pasó** it slipped my mind
pasatiempo hobby, pastime, diversion (9)
pascua Passover (8); **Felices Pascuas**
Merry Christmas; **Pascua (Florida)**
Easter (8)
paseable walkable
pasear to take a walk, stroll; **pasear en
bicicleta** to ride a bicycle (9)
paseo stroll, promenade; avenue; **dar**
(*irreg.*) **un paseo** to take a walk (9)
pasión *f.* passion
pasivo/a passive
paso step; pace; **ceda el paso** yield
pasta pasta; **pasta dental** toothpaste (18)
pastel *m.* cake, pie (6); **pastel de
cumpleaños** birthday cake (8)
pastelería pastry shop (18)
pastelito small pastry (18)
pastilla pill
pastor(a) pastor; shepherd; **pastor** (*m.*)
alemán German shepherd (*dog*)
pata paw
patata (*Sp.*) potato (6); **patata frita** French
fried potato (6)
paterno/a paternal
patinaje *m.* skating
patinar to skate (9); **patinar en línea** to
rollerblade (9)
patio patio; yard (4)
pato duck
Patricio: Día (*m.*) **de San Patricio** St.
Patrick's Day
patriótico/a patriotic
patrona: santa patrona patron saint
patrulla patrol, squad
pauta guideline
pavo turkey (6)
paz *f.* (*pl.* **paces**) peace (17)
peatón, peatona pedestrian
pecho chest
pedagogía pedagogy
pedazo piece, portion
pedir (i, i) to ask for, order (4); **pedir
disculpas** to apologize (11); **pedir
prestado/a** to borrow (16)
pegar (gu) to hit, strike (9); **pegarse
en/contra** to run into, bump (11)
peinarse to comb one's hair (4)

pelado/a peeled
pelear to fight
película movie (4)
peligro danger
peligroso/a dangerous (8)
pelo hair; **tomarle el pelo a alguien** to pull someone's leg
pelota ball (9)
pelotón *m.* squad, platoon; **pelotón de fusilamiento** firing squad
peluquero/a hairstylist (16)
pena punishment; trouble; **pena de muerte** death sentence; **no vale la pena (molestarse por eso)** it's not worth it (to get upset about that)
penetrante penetrating
península peninsula
pensar (ie) to think (4); to intend to (4); **pensar en** to think about
pensión *f.* boardinghouse (18); **pensión completa** room and full board (all meals) (18); **media pensión** room with breakfast and one other meal (18)
peor worse (5); worst
pequeño/a small (2)
percibir to perceive; to collect
perder (ie) to lose (4); to miss (*a bus, plane, social function, etc.*) (4)
pérdida loss, waste, damage
perdón pardon me, excuse me (AT)
perdonar to pardon, forgive
perdone pardon (11)
peregrino/a pilgrim
perezoso/a lazy (2)
perfecto/a perfect, fine
perfume *m.* perfume
periódico *n.* newspaper (2)
periódico/a *adj.* periodic
periodismo journalism
periodista *m., f.* journalist (16)
período period
perjudicar (qu) to harm, injure
permanente permanent
permiso permission; **(con) permiso** pardon me, excuse me (AT)
permitir to permit, allow (12)
pero *conj.* but (AT)
perro/a dog (2)
persa *n., adj.* Persian
perseguir (i, i) (g) to pursue, chase
persiana Venetian blind
pérsico/a Persian
persistir to persist, continue
persona person (1)
personaje *m.* character (*of a story, play*)
personal *n. m.* personal; personnel; **Dirección** (*f.*) **de Personal** personnel office (16); **director(a) de personal** director of personnel (16); *adj.* personal; **uso personal** personal use
personalidad *f.* personality
perspectiva perspective
pertenecer (zc) to belong
pertinencia relevance
perturbar to disturb

Perú *m.* Peru
peruano/a *n., adj.* Peruvian
pesado/a boring, dull
pesar to weigh; **a pesar de** in spite of
pesas: levantar pesas to lift weights
pesca fishing
pescadería fish market
pescado fish (*cooked*) (6)
peseta *unit of currency in Spain*
pesimista *n. m., f.* pessimist; *adj.* pessimistic
peso weight; *unit of currency in Mexico and several other Latin American countries*
pesquisa investigation
pesticida *m.* pesticide
petróleo petroleum, oil
petrolero/a *adj.* petroleum
petrolífero/a oil; oil-bearing
pez *m.* (*pl.* **peces**) fish (*live*) (12)
pícher *m.* pitcher (*baseball*)
picnic *m.* picnic; **hacer** (*irreg.*) **un picnic** to have a picnic (9)
pie *m.* foot (11); **a pie** on foot; **al pie de** at the bottom of; **levantarse con el pie izquierdo** to get up on the wrong side of the bed (11)
piedra stone
piel *f.* skin; *pl.* furs; **abrigo de pieles** fur coat
pierna leg (11)
pienso que... I think that . . . (4)
pieza piece; part
pigmento pigment
píldora pill
piloto/a pilot
pincho *tidbits broiled and served on skewers*
pintar to paint (9); **pintar las paredes** to paint the walls (9)
pintor(a) painter (13)
pintura painting (12)
pionero/a pioneer
Pirineos *m. pl.* Pyrenees
pirámide *f.* pyramid
pisar to step on
piscina swimming pool (4)
piso floor (12); **primer piso** second floor (first floor up); **segundo piso** third floor (second floor up); **tercer piso** fourth floor (third floor up)
pito: no me importa un pito I don't care a bit, I don't give a damn
pizarra chalkboard (1)
pizca pinch
placer *m.* pleasure
plan *m.* plan; **hacer** (*irreg.*) **planes para +** *inf.* to make plans to (*do something*) (9)
planchar to iron (*clothing*) (9)
planeación *f.* planning, designing
planear to plan
planeta *m.* planet
plano map; plain
planta plant; floor (*of a building*); **planta baja** ground floor (12)
plantación *f.* plantation
plantear to pose (*a question*)
plástico *n.* plastic

plata silver (*metal*)
plataforma platform
plátano banana, plantain
platicar (qu) to chat, discuss
plato plate, dish (4); course (*of a meal*) (6); **lavar los platos** to wash the dishes; **plato principal** main course
playa beach (5)
plaza square; place, space; **plaza de toros** bullring
plazo period, time; **pagar (gu) a plazos** to pay in installments (16)
plegaria prayer
plomero/a plumber (16)
pluralismo pluralism
población *f.* population (14)
poblar to populate; to cover
pobre poor (2)
pobreza poverty
poco *adv.* little, **un poco** a little bit (1); **poco a poco** little by little
poco/a *adj.* little, few (3)
poder *v.* (*irreg.*) to be able, can (3); **¿podría Ud. ... ?** could you . . . ?
poder *n. m.* power; **poder adquisitivo** purchasing power
poderoso/a powerful
poema *m.* poem
poesía poetry
poeta *m., f.* poet (13)
poético/a poetic
polémica *s.* polemics
policía *m.* police officer; *f.* police force; **mujer** (*f.*) **policía** female police officer
policíaco/a pertaining to the police
poliomielitis *f. s.* poliomyelitis
política *s.* politics (17)
político/a *n.* politician; *adj.* political (17); **ciencias** (*f. pl.*) **políticas** political science
pollo chicken (6); **pollo asado** roasted chicken
polo pole; **Polo norte (sur)** North (South) Pole
Polonia Poland
polvo dust
pomelo grapefruit
poner *irreg.* to put, place (4); to turn on (*with machines*) (11); **poner fin a** to put an end to; **poner la mesa** to set the table (9); **poner una multa** to give a fine/ticket; **ponerle una inyección** to give (someone) a shot, injection (10); **ponerse** to put on (*clothing*) (4); to become, get (8); **ponerse enfermo/a** to get sick
pontífico/a papal
popularidad *f.* popularity
popularizado/a popularized
por *prep.* in (*the morning, evening, etc.*) (1); because of; due to; around; for (*thanks for*); for (*a period of time*); in exchange for; per, by; along, through; during; on account of; for the sake of; **gracias por** thanks for (8); **por avión** by plane; **por azar** by accident; **por ciento** percent; **por completo** completely; **por Dios** for

heaven's sake; **por ejemplo** for example; **por eso** therefore, that's why (1); **por favor** please (AT); **por fin** finally, at last (4); **por hora (día)** per hour (day); **por la mañana (tarde, noche)** in the morning (afternoon, evening) (1); **por lo general** generally, in general; **por lo menos** at least (11); **por otra parte** on the other hand; **por parte de** on behalf of; **por primera (última) vez** for the first (last) time; **¿por qué?** why? (2); **por si acaso** just in case (11); **por suerte** luckily, fortunately; **por supuesto** of course; **por todas partes** everywhere (11); **por último** finally

porfiria porphyria (*a type of blood disease*)

¿por qué? why? (2)

porque because (2)

portarse to behave (8)

portátil *adj.* portable; **computadora, ordenador** (*m. Sp.*) **(radio) portátil** laptop computer (radio) (12)

porteño/a from Buenos Aires

portero/a building manager; doorperson (12)

portugués *m.* Portuguese (*language*)

porvenir *m.* future

poseer (y) to possess

posesión *f.* possession

posesivo/a *gram.* possessive

posgraduado/a *adj.* graduate; postgraduate

posibilidad *f.* possibility

posible possible (2)

posición *f.* position; status

positivo/a positive

postal: tarjeta postal postcard (7)

postre *m.* dessert (6)

potencia power

pozo well; pit

práctica practice

practicar (qu) to practice (1); to participate in (*sports*); **practicar deportes** to participate in sports

práctico/a practical

precedente *m.* precedent

precio price (3); **precio fijo** fixed (set) price (3)

precioso/a precious; lovely

precipitado/a hasty; reckless

precipitar to precipitate; to rush

precisamente precisely, exactly

preciso/a necessary

precolombino/a pre-Colombian (before Columbus)

predicción *f.* prediction

predominar predominate

preferencia preference (AT);

preferencial preferential

preferible preferable

preferido/a favorite

preferir (ie, i) to prefer (3)

pregunta question; **hacer** (*irreg.*) **una pregunta** to ask a question (4)

preguntar to ask (*a question*) (6)

prehistórico/a prehistoric

prejuicio prejudice, bias

preliminar preliminary

premiado/a awarded

premio prize

prender to switch on (*an appliance*)

prensa press (17); news media (17)

prensado/a pressed, compressed

prenupcial prenuptial

preocupación *f.* preoccupation, worry, care, concern

preocupado/a worried (5)

preocupante worrisome

preocuparse (por) to worry (about); **no se preocupe** don't worry (10)

preparación *f.* preparation

preparar to prepare (6)

preparativos *n. m. pl.* preparations

preposición *f. gram.* preposition

presenciar to witness, be present

presentación *f.* presentation

presentar to introduce; to present

presente *n. m.* present (*time, tense*); *adj.* present, current

preservación *f.* preservation

preservar to preserve

presidencia presidency

presidencial presidential

presidente/a president

presión *f.* pressure; **sufrir muchas presiones** to be under a lot of pressure (11)

prestado/a: pedir (i, i) prestado/a to borrow (16)

préstamo *n.* loan (16)

prestar to lend (7); **prestar atención** to pay attention

prestigio prestige

prestigioso/a prestigious

presupuesto budget (16)

pretender to claim

pretérito *gram.* preterite

pretoría praetorship, consulship (*Roman*)

prevalecer (zc) to prevail

previo/a previous

primario/a primary; **escuela primaria** elementary school

primavera spring (5); **vacaciones** (*f. pl.*) **de primavera** spring break

primer, primero/a *adj.* first (13); **a primera vista** at first glance, sight (15); **el primero de...** the first of (*month*); **por primera vez** for the first time; **primer piso** second floor (first floor up); **primera clase** first class (7); **primero** *adv.* first (of all)

primo/a cousin (2)

princesa princess

principal main; **plato principal** main course

príncipe *m.* prince

principiante *m., f.* beginner

principio beginning; **al principio (de)** at the beginning (of) (16)

prioridad *f.* priority

prisa haste, hurry; **tener** (*irreg.*) **prisa** to be in a hurry (3)

privado/a private

probabilidad *f.* probability

probar (ue) to taste, try

problema *m.* problem; **problema afectivo** emotional problem

problemático/a problematic

procedencia origin, source

proceder to originate

procedimiento procedure, method

procesión *f.* procession

proceso process

prodigio marvel, wonder

producción *f.* production

producir (*irreg.*) to produce

productivo/a productive

producto product

productor(a) producer

profesión *f.* profession (16)

profesional *n. m., f.; adj.* professional

profesionalismo professionalism

profesor(a) professor (1)

profético/a prophetic

profundizar (c) to deepen

profundo/a profound; deep

programa *m.* program

programador(a) programmer (16)

progresión *f.* progression

progresivo/a progressive

progreso progress

prohibición *f.* prohibition

prohibido/a prohibited, forbidden; **prohibido estacionarse** no parking

prohibir to prohibit, forbid (12)

promedio *n.* average

prometer to promise (7)

promoción *f.* promotion; publicity

promotor(a) promoter

promover (ue) to foster, encourage

pronombre *m. gram.* pronoun; **pronombre reflexivo** reflexive pronoun

pronto soon; **hasta pronto** see you soon; **tan pronto como** as soon as (16)

pronunciación *f.* pronunciation

pronunciar to pronounce

propano propane

propenso/a inclined, prone

propina tip (*restaurant*) (18)

propio/a *adj.* own, one's own (15)

proponer (*like* **poner**) to propose

propósito proposal; aim, object; **a propósito** by the way

propuesto/a *p. p.* proposed

próspero/a prosperous

protagonista *m., f.* protagonist, hero, heroine

protección *f.* protection

protector(a) protector

proteger (j) to protect (14)

protestar to protest (17)

protocolo protocol

provecho: buen provecho enjoy your meal

provenir (*like* **venir**) to come from

provincia province

provocar (qu) to provoke; to cause

proximidad *f.* proximity

próximo/a next; **el próximo martes** next Tuesday (4); **la próxima semana** next week (4)

proyectar to project

proyectil *m.* projectile

proyecto project

prudente prudent

prueba quiz; test; proof

psicoanálisis *m. s.* psychoanalysis

psicoanalista *m., f.* psychoanalyst

psicología psychology

publicar (qu) to publish

público/a *adj.* public (14); **servicio público** public service; **transporte** (*m.*) **público** public transportation

pueblo town

puerta door (1)

puerto port (7)

puertorriqueño/a *n., adj.* Puerto Rican

pues well . . . (2)

puesto position, place (*in line*) (7); job (16); **guardar un puesto** to save a place (*in line*) (7)

pulgada inch

pulido/a polished

pulmón *m.* lung (10)

pulpo octopus

pulverizado/a pulverized, powdered

punción *f.* puncture, stab

punto point; **puntos cardinales** cardinal directions (5); **en punto** exactly, on the dot (AT); **punto de partida** point of departure; **punto de vista** point of view

puntuación *f.* punctuation

puntual punctual

puro *n.* cigar

puro/a *adj.* pure (14)

Q

que that, who (2); **lo que** what, that which (7); **que** + *subjunctive* I hope + *verb form*

qué: no hay de qué you're welcome (AT)

¿qué? what? which? (AT); **¿a qué hora... ?** what time . . . ? (AT); **¿por qué?** why? (2); **¿qué hora es?** what time is it? (AT); **¿qué piensas de... ?** what do you think of . . . ?; **¿qué tal?** how are you (doing)? (AT); **¿qué te parece?** what do you think?; **¿qué tiempo hace?** what's the weather like? (5)

¡qué... ! what . . . !; **¡qué** + *noun*! what a . . . !; **¡qué bien!** great!; **¡qué desgracia!** what a shame!; **¡qué extraño!** how strange! (13); **¡qué lástima!** what a shame! (13); **¡qué lata!** what a bore!; **¡qué mala suerte!** what bad luck! (11)

quechua *m., f.* Quechuan; *m.* Quechua language (*Incan*)

quedar to remain, be left (11); **quedarse** to stay, remain (*in a place*) (5)

quehacer *m.* task, chore; **quehaceres domésticos** household chores (9)

quejarse (de) to complain (about) (8)

quemar to burn

querer (*irreg.*) to want (3); to love (*with people*) (10); **eso quiere decir...** that means . . . (10); **fue sin querer** it was unintentional (11)

querido/a dear; beloved (5)

queso cheese (6)

quetzal *m.* unit of currency in Guatemala

quiché *m.* Quiche (*Mayan Indian language*)

quien who, whom

¿quién(es)? who? whom? (AT); **¿de parte de quién?** who's calling?; **¿de quién?** whose? (2); **¿quién será?** who can that be?, I wonder who it is

química chemistry (1)

quince fifteen (AT); **menos quince** a quarter (fifteen minutes) to (*the hour*) (AT); **y quince** a quarter (fifteen minutes) past (*the hour*) (AT)

quinceañera *young woman's fifteenth birthday*

quinientos/as five hundred (3)

quinto/a *adj.* fifth (13)

quiosco kiosk (*small outdoor stand where a variety of items are sold*) (18)

quisiera... I would really like to . . .

quitar to remove, take away; **quitarse** to take off (*clothing*) (4); to take out, withhold; **quitar la mesa** to clear the table (9)

quizá(s) perhaps

R

rabino/a rabbi

ración *f.* ration

racional rational

racionalista *adj., m., f.* rationalist

racismo racism

radical *n. m.* stem, radical (*gram.*); *adj.* radical

radio *m.* radio (set); **radio portátil** portable radio (12); *f.* radio (*medium*)

radiografía X-ray

raíz *f.* (*pl.* **raíces**) root; stem, radical (*gram.*)

rana frog

rancho ranch

rápido/a fast (6)

raquetból *m.* racquetball

raro/a strange (8)

rascacielos *m. s.* skyscraper (14)

rato brief period of time; **ratos libres** spare (free) time (9)

ratón *m.* mouse (12)

raya: de rayas striped (3)

rayo ray; **rayos X** X-rays

raza race (*of people*); **Día** (*m.*) **de la Raza** Columbus Day

razón *f.* reason (3); **no tener** (*irreg.*) **razón** to be wrong (3); **tener razón** to be right (3)

razonable reasonable

reacción *f.* reaction

reaccionar to react (8)

reactor *m.* reactor

real real; royal; **Real Academia de la Lengua** Royal Academy of the Spanish Language

realidad *f.* reality; **en realidad** really

realismo realism

realista *n. m., f.* realist; *adj.* realistic

realización *f.* realization, fulfillment

realizador(a) movie director

realizar (c) to bring about, realize; to carry out

rebajas *f. pl.* sales, reductions (3)

rebelde *n. m., f.* rebel; *adj.* rebellious

rebelión *f.* rebellion

rebozo shawl, cloak

recado message

recambio: llanta de recambio spare tire

recaudar to collect, take (*as profit*)

recepción *f.* front desk (18); reception

recepcionista *m., f.* receptionist

receta prescription (10); recipe

recetar to prescribe (*medicine*)

rechazar (c) to refuse, reject

recibir to receive (2)

reciclable recyclable

reciclaje *m.* recycling

reciclar to recycle

recién + *adj.* recently; **recién casados** *pl.* newlyweds (15)

reciente recent

recipiente *m.* recipient

reciprocidad *f.* reciprocity

recíproco/a reciprocal

recoger (j) to pick up (*from a place*)

recomendación *f.* recommendation

recomendar (ie) to recommend (7)

reconciliación *f.* reconciliation

reconocer (zc) to recognize

reconocimiento recognition; gratitude

reconquista reconquest

recopilado/a compiled; abridged

recordar (ue) to remember (8); to bring to mind

recorrer to pass through; to cover (*territory, miles, etc.*)

recorrido term; distance covered

recorte *m.* clipping (*newspaper*)

recreación *f.* recreation

recrear to recreate

rector(a) (university) president

recuerdo memory; recollection; souvenir

recuperación *f.* recovery

recuperar to recover, recuperate

recurso resource; **recursos naturales** natural resources (14)

red *f.* network (12); **navegar (gu) la red** to "surf the net" (12)

redacción *f.* editorial department

redecorado/a redecorated

redoblar to roll (*a drum*)

redondo/a round

reducción *f.* reduction

reducir (*like* **producir**) to reduce, cut down

reemplazar (c) to replace

referencia reference

referirse (ie, i) (a) to refer (to)

refinado/a *p.p.* refined

refinería refinery

reflejar to reflect

reflexivo/a *gram.* reflexive; **pronombre** (*m.*) **reflexivo** reflexive pronoun
refrán *m.* proverb
refrescante *adj.* refreshing
refrescarse (qu) to become cool
refresco soft drink (6); *pl.* refreshments (8)
refrigerador *m.* refrigerator (9)
refugiado/a refugee
refugiar to take refuge
refugio refuge
regalar to give (*as a gift*) (7)
regalo present, gift (2)
regatear to haggle, bargain (3)
región *f.* region
registrado/a registered
registrar to search, examine (18)
regla rule
regresar to return (1); **regresar a casa** to go home (1)
regreso return
regular *adj.* regular; OK, so-so (AT); *v.* to regulate
rehidratar to rehydrate
reina queen (17)
reino kingdom
reírse (i, i) (de) to laugh (at, about) (8)
relación *f.* relation
relacionar to relate, connect, associate
relajar to relax
relativamente relatively
relicario reliquary; locket, memento
religión *f.* religion
religioso/a religious
reloj *m.* watch (3); clock
remarcable remarkable
remedio remedy
remodelado/a remodeled
remordimiento remorse, regret
remoto/a remote, distant; **control** (*m.*) **remoto** remote control (12)
remunerado/a remunerated, paid
rendir (i, i) to render; to give
renovación *f.* renovation
renovarse to be renewed, restored
renta income
renunciar (a) to resign (from) (16)
reparación *f.* repair
reparar to repair
repasar to review
repaso *n.* review
repente: de repente suddenly (10)
repetición *f.* repetition
repetir (i, i) to repeat
repetitivo/a repetitive
repleto/a full, replete
réplica copy, replica
reportaje *m.* article, report
reportar to report
reportero/a reporter (17)
reposo rest
representante *m., f.* representative
representar to represent (13)
representativo/a *adj.* representative
represión *f.* repression
reptil *m.* reptile

república republic; **República Dominicana** Dominican Republic
republicano/a *adj.* republican
requerido/a *p. p.* required
requisito requirement
res *f.* cattle, beef; **colita** (*f.*) **de res** oxtail
reseco/a overly dry; very thin
reserva reservation (18); **hacer reserva** to make a reservation
reservación *f.* reservation (18)
reservar to reserve
resfriado cold (*illness*) (10)
resfriarse (me resfrío) to get/catch a cold (10)
residencia dormitory (1); residence; residency
residente *adj.* residing; resident (*artist, etc.*)
residuo residue
resolver (ue) (*p.p.* **resuelto/a**) to solve, resolve (14)
respectivamente respectively
respecto: con respecto a with respect to
respetar to respect
respeto respect
respiración *f.* breathing
respirar to breathe (10)
respiratorio/a respiratory
responder to answer, respond
responsabilidad *f.* responsibility
responsable responsible
respuesta answer
restaurante *m.* restaurant (6)
resto rest, remainder
restricción *f.* restriction
resultado result; score
resultar to result, turn out
resumen *m.* summary
resumir to summarize
retablo *series of religious paintings*
retener (*like* **tener**) to retain, preserve
reto challenge
retórica rhetoric; speech
retrato portrait
reunión *f.* reunion; meeting; gathering
reunir (reúno) to unite; to reunite; **reunirse (con)** to get together (with) (8)
revelación *f.* revelation
revelar to reveal
reverente reverent
revisar to check, examine, inspect (14)
revisión *f.* examination, inspection; review
revista magazine (2)
revolución *f.* revolution
revolucionar to revolutionize
revolucionario/a revolutionary
revuelto/a *p.p.* scrambled (*with eggs*)
rey *m.* king (17); **Día** (*m.*) **de los Reyes Magos** Day of the Magi (Three Kings)
rezar (c) to pray
Ricitos (*m. pl.*) **de oro** Goldilocks
rico/a rich (2); tasty; **¡qué rico!** how delicious!
ridículo/a ridiculous
riesgo danger, risk
rígido/a rigid
rigor *m.* severity

riguroso/a rigorous
rincón *m.* corner
riñón *m.* kidney
río river
riqueza wealth; abundance
risa laughter
ritmo rhythm, pace (14); **ritmo acelerado de la vida** fast pace of life (14)
rito rite, ritual
rivalizar (c) to rival
robar to steal
robo robbery
robot *m.* robot
roca rock
rodaja slice, round (*bread, sausage*)
rodeado/a *p. p.* surrounded
rodilla knee
rojo/a red (3); **Caperucita Roja** Little Red Riding Hood
rol *m.* role, part
rollo bore, boring person, thing
Roma Rome
romano/a Roman
romántico/a romantic
romper (*p.p.* **roto/a**) to break (11); **romper con** to break up with (15)
ropa clothing (3); **planchar la ropa** to iron clothes (9); **ropa interior** underwear (3)
rosa *n.* rose; **(de color) rosa** pink
rosado/a pink (3)
rotación *f.* rotation
roto/a *p.p.* broken
rubio/a *n., adj.* blond(e) (2)
ruido noise (4)
ruidoso/a noisy
ruina ruin
Rusia Russia
ruso Russian (*language*)
ruso/a *n., adj.* Russian
rutina routine, habit; **rutina diaria** daily routine (4)
rutinario/a *adj.* routine

S

sábado Saturday (4)
saber (*irreg.*) to know (6); + *inf.* to know how to (*do something*) (6)
sabiduría wisdom, knowledge
sabor *m.* taste; flavor
sabroso/a savory
sacar (qu) to take out, remove (10); to get, receive (*with grades*); to take out (*money*); **sacar fotos** to take photos (7); **sacar la basura** to take out the garbage (9); **sacar la lengua** to stick out one's tongue (10); **sacar los rayos X** to take X-rays; **sacar una muela** to extract a tooth (10)
sacerdote *m.* priest
sacudir (los muebles) to dust (the furniture) (9)
Sagitario Sagittarius
sagrado/a sacred, holy
sal *f.* salt
sala room; living room (4); **sala de clase** classroom; **sala de emergencias**

(urgencia) emergency room (10); **sala de espera** waiting room (7); **sala de teatro** theater, hall

salario salary, wages (16)

salchicha sausage (6)

salero saltshaker

salida departure (7); exit

salir (*irreg.*) to leave, go out (4); to appear; to turn out to be; **salir a derechas** to turn out right; **salir (con)** to go out (with); **salir de viaje** to go on a trip

salmón *m.* salmon (6)

salón *m.* room, reception room; salon (*art exhibit*)

salsa sauce, relish; Latin jazz (*style, dance*)

saltar to jump

salud *f.* health (10)

saludable healthful, healthy

saludarse to greet each other (10)

saludo greeting (AT); **saludos y expresiones de cortesía** greetings and everyday expressions of courtesy (AT)

salvadoreño/a *n., adj.* Salvadoran

salvaje savage; wild

salvar to save

san *shortened form of* **santo; Día** (*m.*) **de San Patricio** St. Patrick's Day; **Día de San Valentín** Valentine's Day

sandalia sandal (3)

sandinista *m., f. refers to Nicaraguan revolutionary movement*

sándwich *m.* sandwich (6)

sangre *f.* blood (10)

sanitario/a sanitary; medical, health

sano/a healthy (10); wholesome; **llevar una vida sana** to lead a healthy life (10); **santo/a** *n. m., f.* saint; *adj.* holy, blessed; **Día** (*m.*) **del Santo** Saint's Day (*of the saint for whom one is named*); **Día de Todos los Santos** All Saints' Day (November 1); **santa patrona** patron saint

Satanás *m. s.* Satan

satélite *m.* satellite

satírico/a satirical

satirizar (c) to satirize

satisfacción *f.* satisfaction

satisfacer (*like* **hacer**) to satisfy

satisfecho/a satisfied

Saudita: Arabia Saudita Saudi Arabia

saxofón *m.* saxophone

se (*impersonal*) one; *refl. pron.* yourself (*form.*), himself, herself, yourselves (*form.*), themselves; **¿cómo se llama usted?** what's your name? (AT)

sea: o sea in other words

secadora clothes dryer (9)

secar (qu) to dry

sección *f.* section; **sección de (no) fumar** (non)smoking section (7)

seco/a dry; barren, arid

secretario/a secretary (1)

secreto secret

sector *m.* sector

secuencia sequence, series

secundaria secondary; **la (escuela) secundaria** high school

sed *f.* thirst; **tener** (*irreg.*) **(mucha) sed** to be (very) thirsty (6)

seda silk (3); **es de seda** it is made of silk (3)

sede *f.* seat, headquarters

sedentario/a sedentary

sefardí (*pl.* **sefardíes**) Sephardic (*Jews*)

seducir (*like* **producir**) to seduce

segregado/a *p. p.* segregated

seguida: en seguida right away, immediately

seguir (i, i) (g) to continue (14); to follow; **seguir (todo derecho)** to keep on going; to go (straight ahead)

según according to

segundo/a *adj.* second (13); **segunda especialización** *f.* minor (*academic*); **segundo piso** second floor (third floor up)

seguramente surely, assuredly

seguridad *f.* security, safety

seguro *n.* insurance; **seguro médico** medical insurance

seguro/a sure, certain (5); **es seguro** it's a sure thing (13); **estar** (*irreg.*) **seguro/a** to be sure, certain

seis six (AT)

seiscientos/as six hundred (3)

selección *f.* selection

seleccionar to choose

selectividad *f.* selectivity

sello stamp (*postage*) (18)

selva jungle

semáforo traffic signal, light (14)

semana week; **...a la semana** . . . a week; **día** (*m.*) **de la semana** day of the week; **fin** (*m.*) **de semana** (on the) weekend (1); **la próxima semana** next week (4)

semejante similar

semejanza similarity

semestre *m.* semester

senador(a) senator

sencillo/a simple

sendero path

sensibilidad *f.* sensibility; sensitivity

sensible sensitive

sensualidad *f.* sensuality

sentado/a: dar (*irreg.*) **por sentado/a** to take for granted

sentar (ie) to seat, lead to a seat; **sentarse** to sit down (4)

sentido *n.* sense; meaning; **sentido común** common sense; **sentido del humor** sense of humor

sentimentalismo sentimentalism

sentimiento feeling, emotion, sentiment

sentir (ie, i) to regret; to feel sorry (13); **lo siento (mucho)** I'm (very) sorry (11); **sentirse** to feel (8); **sentirse feliz/triste** to feel happy/sad

señalar to point out

señas *f. pl.* directions; address

señor (Sr.) *m.* Mr., sir; gentleman (AT)

señora (Sra.) Mrs.; lady (AT)

señores (Sres.) *m. pl.* Mr. and Mrs.; gentlemen

señorita (Srta.) Miss; young lady (AT)

separación *f.* separation

separar(se) to separate (15)

se(p)tiembre *m.* September (5)

séptimo/a *adj.* seventh (13)

ser (*irreg.*) to be (2); **es la (son las)... it's . . . o'clock** (AT); **fue una ganga** it was a bargain (steal) (3); **fue sin querer** it was unintentional (11); **llegar (gu) a ser** to become; **no seas (tan)... don't be (so) . . .** ; **no seas así** don't be that way; **¿quién será?** who can that be? I wonder who it is; **ser aficionado/a (a)** to be a fan (of) (9); **ser alérgico/a** to be allergic; **ser divertido/a, aburrido/a** to be fun, boring (9); **ser + en +** (*location*) to take place at (*location*) (8); **ser flexible** to be flexible (11)

ser (*n. m.*) **humano** human being

serie *f.* series

serio/a serious

serpenteante serpentine, winding

serrano/a mountain-dweller

servicio service (14); **servicio militar** military service (17); **servicio público** public service

servilleta (dinner) napkin

servir (i, i) to serve (4); to be useful

sesenta sixty (2)

sesión *f.* session

setecientos/as seven hundred (3)

setenta seventy (2)

severo/a severe; strict

sevillano/a Sevillian; **a la sevillana** Sevillian style

sexo sex

sexto/a *adj.* sixth (13)

si if (1); **por si acaso** just in case (11)

sí yes (AT); **sí, me gusta...** yes, I like . . . (AT)

siamés, siamesa *adj.* Siamese

sicología psychology (1)

sicólogo/a psychologist (16)

sicoterapeuta *m., f.* psychotherapist

siempre always (2)

sierra mountain range

siesta nap, siesta; **dormir (ue, u) la siesta** to take a nap (4)

siete seven (AT)

siglo century

significado *n.* meaning

significar (qu) to mean

significativo/a significant, meaningful

signo sign

siguiente following, next (5)

sílaba syllable

silencio silence

silenciosamente silently

silla chair (1)

sillón *m.* armchair (4)

simbólico/a symbolic

simbolizar (c) to symbolize

símbolo symbol

simpático/a nice (2); likable (2)

sin *prep.* without (4); **fue sin querer** it was unintentional (11); **sin baño/ducha** without bath/shower (18); **sin duda** without a doubt; **sin embargo** however, nevertheless; **sin escalas** direct (*flight*); **sin fondo** bottomless
sin que *conj.* without
sinceridad *f.* sincerity
sincero/a sincere
sindicato (trade) union
síndrome *m.* syndrome
sino but (rather)
sinónimo synonym
sintético/a synthetic
síntoma *m.* symptom (10)
sinuosidad *f.* sinuosity
siquiatra *m., f.* psychiatrist (16)
siquiera even; **ni siquiera** not even
sistema *m.* system; **analista** (*m., f.*) **de sistemas** systems analyst (16)
sitio place; room
situación *f.* situation
situado/a *p. p.* located
soberanía sovereignty, independence
sobre *n. m.* envelope (18); *prep.* about, above, on; **sobre todo** above all, especially
sobredosis *f. s.* overdose
sobrepoblación *f.* overpopulation
sobresaliente remarkable, outstanding
sobrino/a nephew/niece (2)
social: trabajador(a) social social worker (16)
socializar (c) to socialize
sociedad *f.* society
socio/a member; partner
sociología sociology (1)
socorro *n.* help
sofá *m.* sofa (4)
sofisticado/a sophisticated
sofocante stifling, oppressive
sofrito/a sautéed
sol *m.* sun (5); **hace sol** it's sunny (5); **tomar el sol** sunbathe (7); *monetary unit of Peru*
solamente *adv.* only (11)
solar *n. m.* plot, ground, lot
solas: a solas *adv.* alone, in private
soldado / mujer soldado soldier (16)
soleado/a sunny
soledad *f.* solitude
solemne solemn
solemnizar (c) to solemnize
soler (ue) + *inf.* to tend to, be in the habit of (*doing something*)
solicitar to solicit, ask for
solicitud *f.* application (form) (16)
solidaridad *f.* solidarity
solista *m., f.* soloist
solitario/a solitary
sólo *adv.* only (1)
solo/a *adj.* alone (7)
solsticio solstice
soltero/a single (not married) (2)
solución *f.* solution
solucionar to solve

sombrero hat (3)
sombrilla sunshade, umbrella
sombrío/a dark, somber
son las... it's . . . o'clock (AT)
sonar (ue) to ring; to sound, play (9)
sonreír (i, i) to smile (8)
sopa soup (6)
soplar to blow
sorprender to surprise, be surprising; **me (te, le, ...) sorprende** it is surprising to me (you, him, . . .) (13)
sorprendente surprising
sorpresa surprise (8)
sospecha suspicion
sostener (*like* **tener**) to support, sustain
soviético/a of the (former) Soviet Union
soy I am (AT)
su(s) *poss.* his, her, its, your (*form. s., pl.*), their (3)
subir (a) to go up (7); to get on (*a vehicle*) (7); to carry up; to raise
subjuntivo *gram.* subjunctive
submarino/a submarine, underwater
subordinado/a: cláusula subordinada *gram.* subordinate clause
subrayado/a underlined
subsecuente subsequent
subterráneo/a subterranean, underground
subtítulo subtitle
suburbio suburb
subversión *f.* subversion
sucesor(a) successor
suciedad *f.* dirtiness, filth
sucio/a dirty (4)
sucre *m. monetary unit of Ecuador*
sucursal *f.* branch (office) (16)
Sudáfrica South Africa
Sudamérica South America
sudamericano/a *n., adj.* South American
sudar to sweat, perspire
Suecia Sweden
suegro/a father-in-law/mother-in-law
sueldo salary (12); **aumento de sueldo** raise (in salary) (16)
suelo floor (9); **barrer el suelo** to sweep the floor (9); soil, territory
suelto/a loose
sueño sleepiness; dream; **tener (*irreg.*) sueño** to be sleepy (3)
suerte *f.* luck; **buena suerte** good luck; **¡qué mala suerte!** what bad luck! (11); **tener (*irreg.*) suerte** to be lucky
suéter *m.* sweater (3)
suficiente sufficient, enough; **lo suficiente** enough (10); **dormir (ue, u) lo suficiente** to sleep enough
sufijo *gram.* suffix
sufrimiento suffering
sufrir to suffer; **sufrir muchas presiones** to be under a lot of pressure (11)
sugerencia suggestion
sugerir (ie, i) to suggest (8)
Suiza Switzerland
sujeto subject (*gram.*)
suma sum, amount

sumamente extremely
sumo: por sumo completely, entirely
superficie *f.* surface
superindependiente extremely independent
superintendente *m., f.* superintendent
superlativo/a *gram.* superlative
supermercado supermarket
superstición *f.* superstition
supersticioso/a superstitious
supervisión *f.* supervision
suplementario/a supplementary
suplemento supplement
supuesto: por supuesto of course
sur *m.* south (5); **Cono sur** *southernmost countries of South America*; **Polo sur** South Pole
surgir (j) to spring up, arise
suroeste *m.* southwest
surrealista *adj., m/f.* surrealist
suscribir (*p.p.* **suscrito/a**) to subscribe
susodicho/a above-mentioned
suspender to cut off (*an allowance*)
sustantivo *gram.* noun (1)
sustentar to sustain, support
sustituto *n.* substitute
sustituir (y) to substitute
suyo/a(s) *poss. s., pl.* your, (of) yours (*form.*); his, (of) his; her, (of) hers; its; their, (of) theirs (17)

T

tabacalero/a related to tobacco
tabla chart, table
tabú *m.* (*pl.* **tabúes**) taboo
taco taco (*tortilla filled with meat, vegetables*)
tacón *m.* heel
tal such (a); **con tal (de) que** provided that (15); **¿qué tal?** how are you (doing)? (AT); **tal como** just as; **tal vez** perhaps, maybe (10)
talento talent
talla size
tallado/a *p. p.* cut; carved
taller *m.* (repair) shop (14)
talonario de cheques checkbook
tamaño size
también also (AT)
tambor *m.* drum
tampoco neither, not either (6)
tan as, so; **no seas tan...** don't be so . . . ; **tan... como** as . . . as (5); **tan pronto como** as soon as (16)
tanque *m.* tank (14)
tanto(s)/a(s) as much; as many; **tanto/a... como** as much/ many . . . as (5); **tanto** *adv.* as, so much; **no es para tanto** it's not that serious
tapa snack
tardar (en + *inf.*) to take time (*to do something*)
tarde *f.* afternoon, evening (1); **buenas tardes** good afternoon/evening (AT); **de la tarde** in the afternoon/evening (AT); **por la tarde** in the afternoon/evening

(1); **todas las tardes/noches** every afternoon/evening/night; *adv.* late (1); **más tarde** later; **tarde o temprano** sooner or later

tarea homework (9); task

tarifa tariff, rate; fare

tarjeta card (7); **tarjeta de crédito** credit card (16); **tarjeta navideña** Christmas card; **tarjeta postal** postcard (7)

tarta tart, pastry

tasca bar, tavern

tatuaje *m.* tattoo

tatuar (tatúo) to tattoo

Tauro Taurus

tauromaquia bullfighting

taxi *m.* taxi

taxista *m., f.* taxi driver

taza cup (11); **taza de cartón** paper cup

tazón *m.* bowl

te *d.o. s.* you (*fam.*); *i.o. s.* to, for you (*fam.*); *refl. pron. s.* yourself (*fam.*); **¿cómo te llamas?** what's your (*fam.*) name? (AT); **te gusta...** you (*fam.*) like . . . (AT)

té *m.* tea (6)

teatral theatrical

teatro theater; **ir** (*irreg.*) **al teatro** to go to the theater (9)

teclado keyboard

técnica technique

técnico/a technician (16)

tecnológico/a technological

tejer to weave (13)

tejido tissue, fabric; woven material (13); tissue

tela fabric, cloth

telediario newscast

telefonear to telephone

telefónico/a *adj.* telephone; **guía telefónica** telephone book

telefonista *m., f.* telephone operator

teléfono telephone; **contestar el teléfono** to answer the phone; **hablar por teléfono** to talk on the phone (1); **llamar por teléfono** to telephone; **número de teléfono** telephone number; **teléfono celular** cellular telephone (12); **teléfono del coche** car telephone (12)

telegrama *m.* telegram

telenovela soap opera

tele(visión) *f.* television, TV; **mirar la televisión** to watch television (2)

televisor *m.* television set (4); **televisor en colores** color TV

tema *m.* theme, topic

temática topic, theme

temblar (ie) to tremble, shake

temer to fear (13)

temeroso/a fearful

temperatura temperature (10); **tomarle la temperatura a alguien** to take someone's temperature

templado/a cool, temperate

templar to moderate

templo temple

temporada season

temporal temporary

temprano *adv.* early (1); **tarde o temprano** sooner or later

temprano/a early; young (*age*)

tendencia tendency

tender (ie) to tend to; to make (*a bed*)

tendido/a *p. p.* lying down

tenedor *m.* fork (6)

tener (*irreg.*) to have (3); **no tener razón** to be wrong (3); **tener... años** to be. . . years old (2); **tener (mucho) calor/frío** to be (feel) (very) warm/cold (5); **tener cuidado (de)** to be careful (about); **tener derecho a** to have the right to; **tener dolor de...** to have a pain in . . . (10); **tener éxito** to be successful; **tener fiebre** to have a fever (10); **tener ganas de** + *inf.* to feel like (*doing something*) (3); **tener (mucha) hambre** to be (very) hungry (6); **tener lugar** to take place; **tener miedo (de)** to be afraid (of) (3); **tener prisa** to be in a hurry (3); **tener que** + *inf.* to have to (*do something*) (3); **tener que ver (con)** to have to do (with); **tener razón** to be right (3); **tener (mucha) sed** to be (very) thirsty (6); **tener sueño** to be sleepy (4); **tener suerte** to be lucky; **tener vergüenza** to be ashamed

tengo I have (2)

tenis *m.* tennis (9); **cancha de tenis** tennis court; **zapato de tenis** tennis shoe (3)

tensión *f.* tension (11)

tentación *f.* temptation

teología theology

teoría theory

teórico/a theoretical

terapéutico/a therapeutic

terapia therapy

tercer, tercero/a *adj.* third (13); **tercer piso** fourth floor (third floor up)

terco/a stubborn, obstinate

terminación *f.* ending

terminar to finish (12)

término term (*verbal, payment*)

termómetro thermometer

termostato thermostat

terraza terrace, veranda

terremoto earthquake

terreno land, ground, terrain; piece or plot of land

territorio territory

terror (*m.*)**:** **película de terror** horror movie

terrorista *m., f.* terrorist (17)

tersura smoothness

tertulia social gathering

tesoro treasure

testigo *m., f.* witness (17)

testimonio testimony

texto text (1); **libro de texto** textbook (1)

ti *obj. (of prep.)* you (*fam. s.*) (5)

tiempo (verb) tense; time; weather; **a tiempo** on time (7); **al mismo tiempo** at the same time; **¿cuánto tiempo hace que... ?** how long has it been since . . . ?; **hace buen/mal tiempo** it's good/bad weather (5); **llegar (gu) a tiempo** to arrive on time (7); **pasar tiempo (con)** to spend time (with) (15); **¿qué tiempo hace?** what's the weather like? (5); **tiempo libre** free time; **trabajo a tiempo completo (parcial)** full-time (part-time) job (12)

tienda shop, store (3); **tienda de campaña** tent (7)

tiene he/she has; you (*form. s.*) have (2)

tienes you (*fam. s.*) have (2)

tierra land, earth

tigre *m.* tiger

tímido/a timid, shy

tinta ink

tinto/a: vino tinto red wine (6)

tío/a uncle/aunt (2)

típico/a typical

tipo *n.* kind; type; guy; character

tira cómica comic strip

tirar to throw

titular to title, entitle

titular *m.* holder (*of a credit card*)

título title; degree

toalla towel

tobillo ankle

tocar (qu) to touch; to play (*a musical instrument*) (1); **tocarle a uno** to be someone's turn (9); **tocar madera** to knock on wood

todavía still, yet (5)

todo *n. m.* all, everything; **ante todo** first of all; **de todo** everything (3); **seguir (i, i) (g) todo derecho** to keep on going; to go straight ahead (14); **sobre todo** above all, especially; **todo ello** all that; **venden de todo** they sell (have) everything (3)

todo(s)/a(s) *adj.* all, every (2); **de todas formas** anyway; **de todos modos** anyway; **en todo caso** in any case; **por todas partes** everywhere (11); **todas las tardes (noches)** every afternoon (night); **todos los días** every day (1)

Tokio Tokyo

tolerante tolerant

tolteca *m., f.* Toltec (*ancient Mexican civilization*)

tomar to take (1); to drink (1); to eat; **tomar apuntes** to take notes; **tomar el sol** to sunbathe (9); **tomar en cuenta** to keep/have in mind, take into account; **tomarle el pelo a alguien** to pull someone's leg; **tomarle la temperatura a alguien** to take someone's temperature

tomate *m.* tomato (6)

tónico/a tonic

tono tone

tontería silly, foolish thing

tonto/a silly, foolish (2)

tópico topic

toque *m.* touch

tórax *m.* thorax

toreo bullfighting
tormenta storm
toro bull; **corrida de toros** bullfight; **plaza de toros** bullring
torpe clumsy (11)
torre *f.* tower
torreja French toast
torta cake, torte
tortilla omelette (*Sp.*); tortilla (*round, flat bread made of corn or wheat flour*) (*Mex., Central America*)
tortuga turtle
tortura torture
tos *f. s.* cough (10)
toser to cough (10)
tostado/a toasted *p. p.* (6); **pan** (*m.*) **tostado** toast (6)
tostadora toaster (9)
total *m.* total; *adj.* total; **en total** in all
tóxico/a toxic
trabajador(a) *n.* worker; *adj.* hard-working (2); **trabajador(a) social** social worker (16)
trabajar to work (1)
trabajo *n.* job (11); work; written work; (term) paper; **trabajo de tiempo parcial/completo** part-time/full-time job (8)
trabalenguas *m., s., pl.* tongue twister
tractor *m.* tractor
tradición *f.* tradition
tradicional traditional
traducción *f.* translation
traducido/a translated
traducir (*like* **producir**) to translate
traductor(a) translator (16)
traer *irreg.* to bring (4)
traficar (qu) to traffic, deal
tráfico traffic (14); **lío de tráfico** traffic jam
tragedia tragedy
trágico/a tragic
tragicómico/a tragicomic
trago (alcoholic) drink (18)
traje *m.* suit (3); **traje de baño** swimsuit (3)
tranquilidad *f.* peace, tranquility
tranquilo/a calm, tranquil; **llevar una vida tranquila** to lead a calm life (10)
transbordador (*m.*) **(espacial)** (space) shuttle
transcurso course, passage
transeúnte *m., f.* transient
transformación *f.* transformation
transformado/a *p. p.* transformed
transición *f.* transition
transmisión *f.* transmission
transmitir to transmit; to broadcast
transparencia transparency
transportación *f.* transportation
transportar to transport
transporte *m.* (means of) transportation (14); **transporte público** public transportation
tras *prep.* after, behind
trascendental important, far-reaching

trasladar to transfer, move
traslado *n.* travel; move
trasplante *m.* transplant
tratado treaty
tratamiento treatment (10)
tratar to treat (give treatment); **tratar (de)** + *inf.* to try to (*do something*) (13); **tratarse (de)** to be a question of, be about
trato treatment
traumático/a traumatic
través: a través (de) through, by means of
travieso/a mischievous
trazar (c) to trace, outline
trébol *m.* clover
trece thirteen (AT)
treinta thirty (AT); **y treinta** thirty, half past (*with time*) (AT)
tremendo/a tremendous
tren *m.* train (7); **estación** (*f.*) **del tren** train station (7); **ir** (*irreg.*) **en tren** to go by train (7)
tres three (AT)
trescientos/as three hundred (3)
tributo tribute; **dar tributo** to pay tribute
trigo wheat
trimestre *m.* trimester; quarter
triste sad (5); **sentirse (ie, i) triste** to feel sad
tristeza sadness
triunfar to triumph, win
triunfo triumph; victory
trofeo trophy (12)
trompeta trumpet
trono throne
tropiezo mishap (11)
trozo piece, bit
tu(s) *poss. s.* your (*fam.*) (3)
tú *sub. pron. s.* you (*fam.*); **¿y tú?** and you? (AT)
tuberculosis *f. s.* tuberculosis
tubería pipes
tumba tomb
tumbarse to lie down
turismo tourism
turista *m., f.* tourist
turístico/a *adj.* tourist; **clase** (*f.*) **turística** tourist class (7)
turno turn; shift; **por turno** in turn
tuyo/a(s) *poss. s.* your, (of) yours (*fam.*) (17)

U

u or (*used instead of* **o** *before words beginning with* **o** *or* **ho**)
ubicuo/a omnipresent; ubiquitous
últimamente lately, recently
último/a last (7); latest; final; **de última moda** the latest style (3); **por última vez** for the last time; **por último** finally
ultramoderno/a ultramodern
ultravioleta *m., f.* ultraviolet
un, uno/a one (AT), a, an (*indefinite article*); **a la una** at one o'clock (AT); **cada uno/a** each one; **una vez** once (10)
único/a only; unique

unidad *f.* unity
unido/a united; **Estados** (*m. pl.*) **Unidos** United States
unificación *f.* unification
uniforme *adj.* uniform
unir to unite
universidad *f.* university (1)
universitario/a *n.* university student; *adj.* university, of the university
universo universe
unos/as some, several; a few
untado/a *p. p.* smeared, covered
urbanismo city planning
urbano/a urban
urgencia: sala de urgencia emergency room (10)
urgente urgent (8)
uruguayo/a *n., adj.* Uruguayan
usar to use (3); to wear (3)
uso use; **uso (personal)** (personal) use
usted (Ud., Vd.) *sub. pron. s.* you (*form.*); *obj.* (*of prep.*) *s.* you (*form.*); **¿cómo es usted?** what are you like? (AT); **¿cómo se llama usted?** what's your (*form.*) name? (AT); **¿y usted?** and you? (AT)
ustedes (Uds., Vds.) *sub. pron. pl.* you (*form.*); *obj.* (*of prep.*) *pl.* you (*form.*)
usualmente usually
utensilio utensil (6)
útil useful; helpful
utilizar (c) to use, make use of
uvas *pl.* grapes

V

vaca cow
vacacional *adj.* vacation
vacaciones *f. pl.* vacation (7); **estar** (*irreg.*) **de vacaciones** to be on vacation (7); **ir** (*irreg.*) **de vacaciones** to go on vacation (7); **vacaciones de primavera** spring break
vacilar: sin vacilar without hesitation
vacío/a empty, vacant
vacuna shot, vaccination
vahido dizzy spell
Valentín: Día (*m.*) **de San Valentín** Valentine's Day
valer *irreg.* to be worth; **no vale la pena (molestarse por eso)** it's not worth it (to get upset about that); **vale** OK, fine
válido/a valid
valiente brave, courageous
valle *m.* valley
valor *m.* value
valorar to value, appraise
vapor *m.* steam; **al vapor** steamed
vapuleado/a flogged, whipped
vaquero cowboy
vara rod, staff
variación *f.* variation
variado/a varied
variar (varío) to vary
variedad *f.* variety
varios/as *pl.* various, several
vasco/a *n., adj.* Basque
vaso glass (*for drinking*) (11)

Vaticano Vatican
vecindad *f.* neighborhood (12)
vecino/a neighbor (12); *adj.* nearby, neighboring
vegetal *m.* vegetable
vegetariano/a *n., adj.* vegetarian
vehículo vehicle
veinte twenty (AT)
veinticinco twenty-five
veinticuatro twenty-four
veintidós twenty-two
veintinueve twenty-nine
veintiocho twenty-eight
veintiséis twenty-six
veintisiete twenty-seven
veintitrés twenty-three
veintiún, veintiuno/a twenty-one
vejez *f.* old age (15)
velocidad *f.* speed (14); **límite** (*m.*) **de velocidad** speed limit (14)
velorio wake (*funeral*)
venado venison
vendedor(a) salesperson (16)
vender to sell (2); **venden de todo** they sell (have) everything
venezolano/a Venezuelan
venir *irreg.* to come (3); **el año que viene** next year
venta sale
ventaja advantage (10)
ventana window (1); **lavar las ventanas** to wash the windows
ventilación *f.* ventilation
ver (*irreg.*) to see; **a ver** let's see; **tener** (*irreg.*) **que ver (con)** to have to do (with); **nos vemos** see you around (AT)
veraniego/a *adj.* summer, summery
verano summer (5); **en verano** in the summer
veras: de veras truly, really
verbena verbena (*plant*); evening party
verbo *gram.* verb (1)
verdad *f.* truth; **de verdad** real; really; **¿verdad?** right? don't they (you, *etc.*)? (3)
verdadero/a true, real
verde green (3)
verdura vegetable (6)
vergüenza: tener (*irreg.*) **vergüenza** to be ashamed
verificar (qu) to verify
versificación *f.* versification
versión *f.* version
verso verse; line of poetry
vertedero dump, dumping place
vestido dress (3)
vestir (i, i) to dress; **vestirse** to get dressed (4)
veterinario/a veterinarian (16)
vez *f.* (*pl.* **veces**) time, occasion; **a veces** at times, sometimes (2); **alguna vez** once; ever; **de vez en cuando** from time to time (6); **dos veces** twice (10); **en vez de** instead of (16); **érase una vez** once upon a time; **esta vez** this time; **muchas**

veces frequently, a lot; **otra vez** again; **por primera (última) vez** for the first (last) time; **tal vez** perhaps; **una vez** once (10)
vía road, way
viajado: he, has, ha viajado I/you have traveled, he/she/it has traveled (7)
viajar to travel (7); **viajar al / en el extranjero** to travel abroad
viaje *m.* trip, voyage (7); **agencia de viajes** travel agency (7); **agente** (*m., f.*) **de viajes** travel agent (7); **buen viaje** have a good trip (7); **de viaje** on a trip (7); **hacer** (*irreg.*) **un viaje** to take a trip (4)
viajero/a traveler (18); **cheque** (*m.*) **de viajero** traveler's check (18)
vialidad *f.* highway system
vicepresidente/a vice president
víctima victim
vida life; **estilo de vida** lifestyle; **llevar una vida (típica, aburrida)** to lead a (typical, boring) life (10); **llevar una vida tranquila (sana)** to lead a calm (healthy) life (10); **ritmo acelerado de la vida** fast pace of life
vídeo video; **cámara de vídeo** video camera (12)
videocasetera videocassette recorder (VCR) (12)
vidrio glass
viejo/a old (2); **Noche** (*f.*) **Vieja** New Year's Eve (8)
Viena Vienna
viento wind (5); **hace viento** it's windy (5)
viernes *m. s.* Friday (4); **hoy es viernes** today is Friday
vietnamita *n. m., f.; adj.* Vietnamese
vigor *m.* vigor, strength
villancico Christmas carol
vinagreta vinaigrette (*dressing*)
vinícola *adj., m., f.* wine, wine-making
vino (blanco, tinto) (white, red) wine (6)
violar to violate
violencia violence (14)
violento/a violent
violín *m.* violin
virgen *f.* virgin
virtud *f.* virtue; **en virtud de** by virtue of
visado visa
visigodo/a Visigoth
visión *f.* vision
visita *n.* visit
visitante *m., f.* visitor
visitar to visit; **visitar un museo** to visit a museum (9)
vista view (12); **a primera vista** at first sight (15); **punto de vista** point of view
vitalidad *f.* vitality
vitamina vitamin
vivible livable
vivienda housing (14)
vivir to live (2)

vivo/a alive, living; alert; bright (*of colors*)
vocabulario vocabulary
vocación *f.* vocation
vocal *f. gram.* vowel
volante *adj.* flying; **objeto volante no identificado (OVNI)** unidentified flying object (UFO)
volcán *m.* volcano
volcar (qu) to overturn, capsize; to throw oneself into
vólibol *m.* volleyball (9)
volumen *m.* volume
voluntad *f.* will; wish
volver (ue) (*p.p.* **vuelto/a**) to return (*to a place*) (4); **volver a** + *inf.* to (*do something*) again (4)
vosotros/as *sub. pron. pl. Sp.* you (*fam.*); *obj.* (*of prep.*) *pl. Sp.* you (*fam.*)
votante *m., f.* voter (17)
votar to vote (17)
voz *f.* (*pl.* **voces**) voice; **en voz alta** out loud
vuelo flight (7); **asistente** (*m., f.*) **de vuelo** flight attendant (7)
vuelta tour
vuelto/a *p.p.* returned; **boleto de ida y vuelta** round-trip ticket (7); **de vuelta a** back in . . . , upon my (his, *etc.*) return to
vuestro/a(s) *poss. pl. Sp.* your (*fam.*) (3); (of) yours (*fam.*) (17)

W

walkman *m.* walkman (12)

Y

y and (AT); **y cuarto (quince)** fifteen minutes, a quarter past (*the hour*) (AT); **y media (treinta)** thirty minutes, half past (*the hour*) (AT); **¿y tú?** and you? (*fam.*) (AT); **¿y usted?** and you? (*form.*) (AT)
ya already, now; **ya no** no longer; **ya que** since, considering that
yate *m.* yacht
yerba mate maté (tea, plant)
yerno son-in-law
yo *sub. pron.* I
yogur(t) *m.* yogurt (6)
yunque *m.* anvil
yuppi *m., f.* yuppie

Z

zanahoria carrot (6)
zapatería shoe store
zapatilla slipper, houseshoe
zapato shoe (3); **par** (*m.*) **de zapatos (medias)** pair of shoes (stockings); **zapato de tenis** tennis shoe (3)
zapoteca *m. Mexican Indian language*
zona zone
zoo zoo
zueco clog, wooden shoe
zumo *Sp.* juice

Vocabularies

English–Spanish Vocabulary

A

able: to be able **poder** (*irreg.*) (3)
abroad **extranjero** (18)
absence **falta** (14)
absent: to be absent (lacking) **faltar** (8)
absent-minded **distraído/a** (11)
accelerated **acelerado/a** (14)
accident **accidente** *m.* (11)
account (*in a bank*) **cuenta** (16); checking account **cuenta corriente** (16); savings account **cuenta de ahorros** (16)
accountant **contador(a)** (16)
ache *v.* **doler (ue)** (10)
acquainted: to be acquainted with **conocer (zc)** (6)
actor, actress **actor** (*m.*), **actriz** (*f.*) (13)
address *n.* **dirección** *f.* (12)
administration: business administration **administración** (*f.*) **de empresas** (1)
adolescence **adolescencia** (15)
advance: in advance **de anticipación** (18)
advantage **ventaja** (10)
advice **consejo** (6)
advisor **consejero/a** (1)
aerobics: to do aerobics **hacer** (*irreg.*) **ejercicios aeróbicos** (10)
affectionate **cariñoso/a** (5)
afraid: to be afraid (of) **tener** (*irreg.*) **miedo (de)** (3)
after *prep.* (*with time*) **después de** (4); *conj.* **después (de) que** (16)
afternoon **tarde** *f.* (AT); good afternoon **buenas tardes** (AT); in the afternoon **de/por la tarde** (AT, 1)
again: to do (*something*) again **volver (ue) a** (+*inf.*) (4)
age: middle age **madurez** *f.* (15); old age **vejez** *f.* (15)
agency: travel agency **agencia de viajes** (7)
agent: travel agent **agente** (*m., f.*) **de viajes** (7)
ago: (time) ago **hace** + *time* (11)
agree **estar** (*irreg.*) **de acuerdo** (2)
ahead: straight ahead **todo derecho** (14); ahead of time **con anticipación** (7)
air **aire** *m.* (14); in the open air **al aire libre** (9)
airplane **avión** *m.* (7)
airport **aeropuerto** (7)
alarm clock **despertador** *m.* (11)
alcoholic drink **copa** (18), **trago** (18)

all *adj.* **todo/a** (2)
allow **permitir** (12)
almost never **casi nunca** (2)
alone *adj.* **solo/a** (7)
alongside of **al lado de** (5)
also **también** (AT)
always **siempre** (2)
am: I am **soy** (AT)
American: North American *n.; adj.* **norteamericano/a** (2)
among **entre** (5)
analyst: systems analyst **analista** (*m., f.*) **de sistemas** (16)
and **y** (AT)
angry **furioso/a** (5); to get angry **enojarse** (8)
announce **anunciar** (7)
another **otro/a** (2)
answer *v.* **contestar**
answering machine **contestador** (*m.*) **automático** (12)
antibiotic **antibiótico** (10)
any **algún, alguno/a** (6); not any **ningún, ninguno/a** (6)
anybody **alguien** (6); not anybody **nadie** (6)
anyone **alguien** (6); not anyone **nadie** (6)
anything: not anything **nada** (6)
apartment **apartamento** (1); apartment building **casa de apartamentos** (12)
apologize **pedir (i, i) disculpas** (11)
apple **manzana** (6)
appliance **aparato (doméstico)** (9)
application (form) **solicitud** *f.* (16)
appointment **cita** (11)
appreciate **apreciar** (13)
April **abril** *m.* (5)
aquarium **acuario** (12)
architect **arquitecto/a** (13)
architecture **arquitectura** (13)
are: you (*fam. s.*) are **eres** (AT)
argue (about) (with) **discutir (sobre) (con)** (8)
arm **brazo** (11)
armchair **sillón** *m.* (4)
army **ejército** (17)
arrival **llegada** (7)
arrive **llegar (gu)** (2)
art **arte** *f.* (*but:* **el arte**) (1)
artist **artista** *m., f.* (13)
artistic expression **expresión** (*f.*) **artística** (13)
arts and crafts **artesanía** (13)

as: as . . . as **tan... como** (5); as much/many . . . as **tanto/a(s)... como** (5); as much as **tanto como** (5); as soon as **en cuanto** (16), **tan pronto como** (16)
ask: to ask (for) **pedir (i, i)** (4); to ask a question **hacer** (*irreg.*) **una pregunta** (4); **preguntar** (6)
asleep: to fall asleep **dormirse (ue, u)** (4)
asparagus **espárragos** *m. pl.* (6)
aspirin **aspirina** (11)
assassination **asesinato** (17)
at **en** (AT); **a** (*with time*) (AT); at the beginning of **al principio de** (16); at the end of **al final de** (16); at least **por lo menos** (11); at times **a veces** (2)
attend **asistir (a)** (2)
attendant: flight attendant **asistente** (*m., f.*) **de vuelo** (7)
August **agosto** (5)
aunt **tía** (2)
automatic teller machine **cajero automático** (16)
autumn **otoño** (5)
avoid **evitar** (14)

B

babysitter **niñero/a** (9)
backpack **mochila** (1)
bad **mal, malo/a** (2); it's bad weather **hace mal tiempo** (5); the bad thing, news **lo malo** (10); what bad luck! **¡qué mala suerte!** (11)
baggage **equipaje** *m.* (7)
balance *v.* **balancear** (16)
balanced: in a balanced way **equilibradamente** (10)
ball **pelota** (9)
ballet **ballet** *m.* (13)
banana **banana** (6)
bank **banco** (16)
bar **bar** *m.* (9)
bargain *v.* **regatear** (3); *n.* **ganga** (3)
baseball **béisbol** *m.* (9)
basketball **basquetbol** *m.* (9)
bath **baño**; to take a bath **bañarse** (4); (hotel) room with(out) bath **habitación** (*f.*) **con/sin baño** (18)
bathroom **baño** (4)
bathtub **bañera** (4)
battery **batería** (14)

be **estar** (*irreg.*) (1); **ser** (*irreg.*) (2); (*to feel*) **encontrarse (ue)** (10); to be ___ years old **tener** (*irreg.*) ___ **años** (2); to be comfortable (*temperature*) **estar** (*irreg.*) **bien** (5); to be afraid (of) / in a hurry / right **tener** (*irreg.*) **miedo (de) / prisa / razón** (3); to be (very) cold / warm, hot **tener** (*irreg.*) **(mucho) frío / calor** (5); to be (very) hungry / thirsty **tener** (*irreg.*) **(mucha) hambre / sed** (6); to be sleepy **tener** (*irreg.*) **sueño** (3); to be on vacation **estar** (*irreg.*) **de vacaciones** (7); to be wrong **no tener** (*irreg.*) **razón** (3)
beach **playa** (5)
bean **frijol** *m.* (6)
beautiful **bello/a** (14)
because **porque** (2)
become + *adj.* **ponerse** (*irreg.*) + *adj.* (8)
bed **cama** (4); to get up on the wrong side of the bed **levantarse con el pie izquierdo** (11); to go to bed **acostarse (ue)** (4); to make the bed **hacer** (*irreg.*) **la cama** (9); to stay in bed **guardar cama** (10)
bedroom **alcoba** (4)
been: it's been (*time*) since . . . **hace** + *time* + **que** + *present* . . . (11)
beer **cerveza** (1)
before (*with time*) *prep.* **antes de** (4); *conj.* **antes (de) que** (15)
begin **empezar (ie) (c)** (4); at the beginning of **al principio de** (16)
behave **portarse** (8)
behind **detrás de** (5)
believe (in) **creer (y) (en)** (2)
bellhop **botones** *m. s.* (18); **mozo** (18)
below **debajo de** (5)
belt **cinturón** *m.* (3)
besides *adv.* **además** (6)
best **mejor** (5)
better **mejor** (5)
between **entre** (5)
beverage **bebida** (6)
bicycle **bicicleta** (12); (mountain) bicycle **bicicleta de montaña** (12)
bicycling **ciclismo** (9)
big **gran, grande** (2)
bike: to ride a bike **pasear en bicicleta** (9)
bill **cuenta** (6); **factura** (16)
bird **pájaro** (3)
birth **nacimiento** (15)
birthday **cumpleaños** *m. s.* (5); birthday cake **pastel** (*m.*) **de cumpleaños** (8); to have a birthday **cumplir años** (8)
bit: a little bit **(un) poco** (1)
black **negro/a** (3)
blond *adj.* **rubio/a** (2)
blood **sangre** (*f.*) (10)
blouse **blusa** (3)
blue **azul** (3)
board: room and full board **pensión** (*f.*) **completa** (18)
boardinghouse **pensión** *f.* (18)
boat **barco** (7)
body **cuerpo** (10)

book **libro** (1)
bookshelf **estante** *m.* (4)
bookstore **librería** (1)
boot **bota** (3)
border (*political*) **frontera** (18)
bore *v.* **aburrir** (13)
bored **aburrido/a** (5); to get bored **aburrirse** (9)
born: to be born **nacer (zc)** (15)
borrow **pedir (i, i) prestado/a** (16)
boss **jefe/a** (16)
bother: it bothers me (you, him, . . .) **me (te, le,...) molesta** (13)
boy **niño** (2)
boyfriend **novio** (5)
brain **cerebro** (10)
brakes **frenos** *m. pl.* (14)
bread **pan** *m.* (6)
break **romper** (*p.p.* **roto/a**) (11); to break up (with) **romper (con)** (15)
breakfast **desayuno** (4); to have (eat) breakfast **desayunar** (6)
breathe **respirar** (10)
bride **novia** (15)
bring **traer** (*irreg.*) (4)
brother **hermano** (2)
brown **pardo/a** (3)
brunette *adj.* **moreno/a** (2)
brush: to brush oneself (one's teeth) **cepillarse (los dientes)** (4)
budget **presupuesto** (16)
build **construir (y)** (14)
building *n.* **edificio** (1); apartment building **casa de apartamentos** (12)
building manager **portero/a** (12)
bump: to bump into **darse** (*irreg.*) **con** (11); **pegarse (gu) en/contra** (11)
bureau (*furniture*) **cómoda** (4)
bus **autobús** *m.* (7); bus station **estación** (*f.*) **de autobuses** (7); bus stop **parada del autobús** (18)
business **empresa** (16); business administration **administración** (*f.*) **de empresas** (1)
businessperson **hombre** (*m.*) / **mujer** (*f.*) **de negocios** (1)
busy **ocupado/a** (5)
but **pero** (AT)
butter **mantequilla** (6)
buy **comprar** (1)

C

cabin (*in a ship*) **cabina** (7)
café **café** *m.* (18)
cafeteria **cafetería** (1)
cake **pastel** *m.* (6); birthday cake **pastel de cumpleaños** (8)
calculator **calculadora** (1)
call *v.* **llamar** (6)
called: to be called **llamarse** (4)
calm **tranquilo/a** (10)
camera **cámara** (12)
campground **camping** *m.* (7)
camping: to go camping **hacer** (*irreg.*) *camping* (7)
campus (*university*) **campus** *m.* (12)

can *v.* **poder** (*irreg.*) (3)
candidate **aspirante** *m., f.* (16)
candy **dulces** *m. pl.* (6)
capital city **capital** *f.* (5)
car **coche** *m.* (2); car (tele)phone **teléfono del coche** (12)
card **tarjeta** (7); credit card **tarjeta de crédito** (6); (to play) cards **(jugar [ue] [gu] a las) cartas** (9); postcard **tarjeta postal** (7)
care: to take care of oneself **cuidarse** (10)
carrot **zanahoria** (6)
carry **llevar** (3)
case: in case **en caso de que** (15); just in case **por si acaso** (11)
cash *v.* (*a check*) **cobrar** (16); in cash **al contado** (16), **en efectivo** (16); *n.* **efectivo** (16)
cashier **cajero/a** (16)
cat **gato/a** (2)
catch a cold **resfriarse (me resfrío)** (10)
celebrate **celebrar** (5)
cellular (tele)phone **teléfono celular** (12)
cereal **cereales** *m. pl.* (6)
ceramics **cerámica** (13)
certain: (a) certain **cierto/a** (13); (*to be*) certain **seguro/a** (5)
chair **silla** (1); armchair **sillón** *m.* (4)
chalkboard **pizarra** (1)
change *v.* **cambiar (de)** (12)
channel (*TV*) **canal** *m.* (12)
charge *v.* (*someone for an item or service*) **cobrar** (16); (*to an account*) **cargar (gu)** (16)
check *v.* **revisar** (14); to check (*baggage*) **facturar** (7); *n.* **cheque** *m.* (12); traveler's check **cheque** (*m.*) **de viajero** (18); (*restaurant*) **cuenta** (6); by check **con cheque** (16); check in (to a hospital) **internarse (en)** (10); check-up **chequeo** (10)
checking account **cuenta corriente** (16)
cheese **queso** (6)
chef **cocinero/a** (16)
chemistry **química** (1)
chess **ajedrez** *m.* (4)
chicken **pollo** (6); roast chicken **pollo asado** (6)
child **niño/a** (2); **hijo/a** (2); as a child **de niño/a** (9)
childhood **niñez** *f.* (9)
children **hijos** *m. pl.* (2)
chop: (pork) chop **chuleta (de cerdo)** (6)
chore **quehacer** *m.* (9)
Christmas **Navidad** *f.* (8); Christmas Eve **Nochebuena** (8)
citizen **ciudadano/a** (17)
city **ciudad** *f.* (2)
civic **cívico/a** (17)
class **clase** *f.* (1); first class **primera clase** (7); tourist class **clase turística** (7)
classic(al) **clásico/a** (13)
classmate **compañero/a de clase** (1)
clean *v.* **limpiar** (9); *adj.* **limpio/a** (5); to clean the (whole) house **limpiar la casa (entera)** (9)

cleaner: vacuum cleaner **aspiradora** (9)
clear the table **quitar la mesa** (9)
clerk **dependiente/a** (1)
clever **listo/a** (2)
client **cliente** *m., f.* (1)
clock: alarm clock **despertador** *m.* (11)
close *v.* **cerrar (ie)** (4); close to *prep.* **cerca de** (5)
closed **cerrado/a** (5)
closet **armario** (4)
clothes dryer **secadora** (9)
clothing *n.* **ropa** (3)
cloudy: it's cloudy (*weather*) **está nublado** (5)
clumsy **torpe** (11)
coat *n.* **abrigo** (3)
coffee **café** *m.* (1)
coffeepot **cafetera** (9)
cold (*illness*) **resfriado** (10); it's cold (*weather*) **hace frío** (5); to be (very) cold **tener** (*irreg.*) **(mucho) frío** (5); to catch a cold **resfriarse (me resfrío)** (10); *adj.* very cold, frozen **congelado/a** (5)
collide (with) **chocar (qu) (con)** (14)
collision **choque** *m.* (17)
color **color** *m.* (3)
comb: to comb one's hair **peinarse** (4)
come **venir** (*irreg.*) (3)
comfortable **cómodo/a** (4); to be comfortable (*temperature*) **estar** (*irreg.*) **bien** (5)
communicate (with) **comunicarse (qu) (con)** (17)
communication: means of communication **medio de comunicación** (17); communications **comunicaciones** *f. pl.* (1)
compact disc (player) **disco compacto** (12)
complain (about) **quejarse (de)** (8)
composer **compositor(a)** (13)
computer **computadora** (*L.A.*) (12); **ordenador** *m.* (*Sp.*) (12); computer disc **disco** (12)
computer science **computación** *f.* (1)
concert **concierto** (9)
confirm **confirmar** (18)
congested **congestionado/a** (10)
congratulations **felicitaciones** *f. pl.* (8)
conserve **conservar** (14)
contact lenses **lentes** (*m. pl.*) **de contacto** (10)
content *adj.* **contento/a** (5)
continue **seguir (i, i) (g)** (14)
convertible *adj.* (*with cars*) **descapotable** (12)
cook *v.* **cocinar** (6); *n.* **cocinero/a** (16)
cookie **galleta** (6)
cool: it's cool (weather) **hace fresco** (5)
corner (street) **esquina** (14)
corporation **empresa** (16)
cost **costar (ue)** (12); how much does it cost? **¿cuánto cuesta?** (3)
cotton **algodón** *m.* (3)
cough *v.* **toser** (10); *n.* **tos** *f.* (10); cough syrup **jarabe** *m.* (10)

country **país** *m. s.* (2); country(side) **campo** (12)
couple **pareja** (15); married couple **matrimonio** (15)
course (*of a meal*) **plato** (6)
cousin **primo/a** (2)
cover *v.* **cubrir** (*p.p.* **cubierto/a**) (14)
crafts: arts and crafts **artesanía** (13)
crash (*computer*) **fallar** (12)
crazy **loco/a** (5)
cream: ice cream **helado** (6)
credit card **tarjeta de crédito** (6)
crime **delito** (14)
cross **cruzar (c)** (18)
cry **llorar** (8)
cup **taza** (11)
current **actual** (11)
custard (baked) **flan** *m.* (6)
custom **costumbre** *f.* (9)
customs **aduana** (18); customs duty **derechos** (*m. pl.*) **de aduana** (18); customs inspector **inspector(a) de aduanas** (18)

D

dad **papá** *m.* (2)
daily: daily routine **rutina diaria** (4)
dance *v.* **bailar** (1); *n.* **baile** *m.* (13), **danza** (13)
dancer **bailarín/bailarina** (13)
dangerous **peligroso/a** (8)
date (*appointment*) **cita** (11); (*calendar*) **fecha** (5); what is today's date? **¿cuál es la fecha de hoy?** (5)
daughter **hija** (2)
day **día** *m.* (1); day after tomorrow **pasado mañana** (4); every day **todos los días** (1)
deadline **fecha límite** (11)
dear (*term of affection*) **querido/a** (5)
death **muerte** *f.* (15)
December **diciembre** *m.* (5)
declare **declarar** (18)
delay *n.* **demora** (7)
dense **denso/a** (14)
dentist **dentista** *m., f.* (10)
deny **negar (ie) (gu)** (13)
department store **almacén** *m.* (3)
departure **salida** (7)
deposit *v.* **depositar** (16)
desk **escritorio** (1); front desk (*hotel*) **recepción** *f.* (18)
dessert **postre** *m.* (6)
destroy **destruir (y)** (14)
detail **detalle** *m.* (6)
develop **desarrollar** (14)
dictator **dictador(a)** (17)
dictatorship **dictadura** (17)
dictionary **diccionario** (1)
die **morir(se) (ue, u)** (8)
diet: to be on a diet **estar** (*irreg.*) **a dieta** (6)
difficult **difícil** (5)
dining room **comedor** *m.* (4)
dinner **cena** (6); to have (eat) dinner **cenar** (6)

director **director(a)** (13); personnel director **director(a) de personal** (16)
dirty **sucio/a** (5)
disadvantage **desventaja** (10)
disaster **desastre** *m.* (17)
disc: compact disc (player) **disco compacto** (12); computer disc **disco** (12)
disco **discoteca** (9)
discover **descubrir** (*p.p.* **descubierto/a**) (14)
discrimination **discriminación** *f.* (17)
dish **plato** (4); to wash dishes **lavar los platos** (9)
dishwasher **lavaplatos** *m. s.* (9)
divorce *n.* **divorcio** (15); to get divorced (from) **divorciarse (de)** (15)
dizzy **mareado/a** (10)
do **hacer** (*irreg.*) (4); to do aerobics **hacer ejercicios aeróbicos** (10); to do (*something*) again **volver (ue) a** (+ *inf.*) (4); to have been doing something **hace** + *period of time* + **que** + *present tense* (11)
doctor (*medical*) **médico/a** (2)
dog **perro/a** (2)
doll **muñeca** (12)
door **puerta** (1)
doorman **portero** (12)
dormitory **residencia** (1)
dot: on the dot (*with time*) **en punto** (AT)
double room (*in a hotel*) **habitación** (*f.*) **doble** (18)
doubt **dudar** (12)
downtown **centro** (3)
draw *v.* **dibujar** (13)
dress *v.* **vestir (i, i)**; *n.* **vestido** (3)
dressed: to get dressed **vestirse (i, i)** (4)
dresser **cómoda** (4)
drink *v.* **beber** (2); **tomar** (1); *n.* **bebida** (6); (*alcoholic*) **copa** (18); **trago** (18); soft drink **refresco** (6)
drive **manejar** (12); **conducir (zc)** (14)
driver **conductor(a)** (14)
drugstore **farmacia** (18)
dryer: clothes dryer **secadora** (9)
during **durante** (14)
dust *v.* **sacudir los muebles** (9)
duty: (customs) duty **derechos** (*m. pl.*) **(de aduana)** (18)

E

each **cada** (*inv.*) (4)
early **temprano** (1)
ear: inner ear **oído** (10); outer ear **oreja** (10)
earn **ganar** (12)
earring **arete** *m.* (3)
east **este** *m.* (5)
Easter **Pascua (Florida)** (8)
easy **fácil** (5)
eat **comer** (1)
economics **economía** (1)
economize **economizar (c)** (16)
egg **huevo** (6)
eight **ocho** (AT); eight hundred **ochocientos/as** (3)
eighteen **dieciocho** (AT)
eighth **octavo/a** (13)

eighty **ochenta** (2)
either: not either **tampoco** (6)
electrician **electricista** *m., f.* (16)
electricity **luz** *f.* (11)
electronic mail (e-mail) **correo electrónico** (12)
eleven **once** (AT)
embarrassed **avergonzado/a** (8)
emergency room **sala de emergencias/urgencia** (10)
emotion **emoción** *f.* (8)
employment office **dirección** (*f.*) **de personal** (16)
end: at the end of **al final de** (16)
end table **mesita** (4)
energy **energía** (14)
engagement **noviazgo** (15)
engineer **ingeniero/a** (16)
English *n., adj.* **inglés** *m.,* **inglesa** *f.* (2); English language **inglés** *m.* (1)
enjoy: to enjoy oneself **divertirse (ie, i)** (4)
enough **lo suficiente** (10); *adv.* **bastante** (15)
entertainment **diversión** *f.* (9)
envelope **sobre** *m.* (18)
environment **medio ambiente** *m.* (14)
equality **igualdad** *f.* (17)
equipment **equipo** (12)
era **época** (9)
eve: Christmas Eve **Nochebuena** (8); New Year's Eve **Noche** (*f.*) **Vieja** (8)
evening **tarde** *f.* (AT), **noche** *f.* (AT); good evening **buenas noches/tardes, (muy) buenas** (AT); in the evening **de/por la tarde, noche** (AT, 1)
event **acontecimiento** (17); **hecho** (8); recent event **novedad** *f.* (17)
every *adj.* **cada** (*inv.*) (4); **todo/a** (2); every day **todos los días** (1)
everything **de todo** (3)
everywhere **por todas partes** (11)
exactly (*with time*) **en punto** (AT)
exam **examen** *m.* (3)
examine **examinar** (10); (*search*) **registrar** (18)
excuse me **perdón** (*to apologize*) (AT); **con permiso** (*to get through*) (AT)
exercise *v.* **hacer** (*irreg.*) **ejercicio** (4); *n.* **ejercicio** (3)
expect **esperar** (6)
expend **gastar** (14)
expense **gasto** (12)
expensive **caro/a** (3)
explain **explicar (qu)** (7)
exploit **explotar** (14)
extract **sacar (qu)** (10); to extract a tooth **sacar (qu) una muela** (10)
eye **ojo** (10)
eyeglasses **gafas** *f. pl.* (10)

F

fact: in fact **de hecho** (9)
factory **fábrica** (14)
faithful **fiel** (2)
fall *v.* **caer** (*irreg.*) (11); to fall asleep **dormirse (ue, u)** (4); to fall down **caerse** (11); to fall in love (with) **enamorarse (de)** (15); *n.* (*season*) **otoño** (5)

family *n.* **familia** (2)
fan: to be a fan (of) **ser aficionado/a (a)** (9)
far: far from **lejos de** (5)
farm **finca** (14)
farm worker **campesino/a** (14)
farmer **agricultor(a)** (14)
fast **acelerado/a** (14); **rápido/a** (6)
fat **gordo/a** (2)
father **padre** *m.* (2)
fax (machine) **fax** *m.* (12)
fear *v.* **temer** (13)
February **febrero** (5)
feel **sentirse (ie, i)** (8), **encontrarse (ue)** (10); to feel like (*doing something*) **tener** (*irreg.*) **ganas de** (+ *inf.*) (3); to feel sorry **sentir (ie, i)** (13)
fever **fiebre** *f.* (10)
fiancé(e) **novio/a** (15)
fifteen **quince** (AT)
fifth **quinto/a** (13)
fifty **cincuenta** (2)
fight *v.* **pelear** (9)
file *n.* **archivo** (12)
fill (up) **llenar** (14); to fill out (*a form*) **llenar** (16)
finally **por fin** (4)
find **encontrar (ue)** (8); to find out (about) **enterarse (de)** (17)
fine *n.* **multa** (18); *adv.* **(muy) bien** (AT)
finger **dedo** (11)
finish **terminar** (12), **acabar** (11)
first *adj.* **primer, primero/a** (13); first class **primera clase** (7); at first sight **a primera vista** (15)
fish (*alive*) **pez** *m.* (12); (*prepared as food*) **pescado** (6)
five **cinco** (AT); five hundred **quinientos/as** (3)
fix **arreglar** (12)
fixed: fixed price **precio fijo** (3)
flat tire **llanta desinflada** (14)
flexibility **flexibilidad** *f.* (11)
flexible: to be flexible **ser** (*irreg.*) **flexible** (11)
flight **vuelo** (7); flight attendant **asistente** (*m., f.*) **de vuelo** (7)
floor **suelo**; (*building*) **piso** (12); ground floor **planta baja** (12); to sweep the floor **barrer el suelo** (9)
flower **flor** *f.* (7)
folkloric **folklórico/a** (13)
following **siguiente** (5)
food **comida** (6)
foolish **tonto/a** (2)
foot **pie** *m.* (11)
football **fútbol** (*m.*) **norteamericano** (9)
for **para** (2); **por**
forbid **prohibir (prohíbo)** (12)
foreign: foreign language **lengua extranjera** (1)
foreigner **extranjero/a** (1)
forest **bosque** *m.* (14)
forget: to forget (about) **olvidarse (de)** (8)
form (*to fill out*) **formulario** (18)
forty **cuarenta** (2)
four **cuatro** (AT); four hundred **cuatrocientos/as** (3)

fourteen **catorce** (AT)
fourth **cuarto/a** (13)
free **desocupado/a** (18); free time **ratos libres** (9)
freedom **libertad** *f.* (17)
freeway **autopista** (14)
freezer **congelador** *m.* (9)
French *n., adj.* **francés** *m.,* **francesa** *f.* (2); French language **francés** *m.* (1)
frequently **con frecuencia** (1)
fresh **fresco/a** (5)
Friday **viernes** *m.* (4)
fried **frito/a** (6); French fried potato **patata frita** (6)
friend **amigo/a** (1)
friendly **amistoso/a** (15)
friendship **amistad** *f.* (15)
from **de** (AT); from the **del** (2); from time to time **de vez en cuando** (6)
front: in front of **delante de** (5); front desk (*hotel*) **recepción** *f.* (18)
frozen, very cold **congelado/a** (5)
fruit **fruta** (6); fruit juice **jugo de fruta** (6)
full **completo/a** (18); full-time **de tiempo completo** (12)
fun *adj.* **divertido/a** (9)
function *v.* **funcionar** (12)
furious **furioso/a** (5)
furniture **muebles** *m. pl.* (4)
furthermore *adv.* **además** (6)

G

garage **garaje** *m.* (4)
gas **gasolina** (14); (heating) **gas** *m.* (12); gas station **gasolinera** (14), **estación** (*f.*) **de gasolina** (14)
gasoline **gasolina** (14)
general: in general **por lo general**
generally **por lo general**
gentleman **señor** *m.* (AT)
German *n., adj.* **alemán** *m.,* **alemana** *f.* (2); German language **alemán** *m.* (1)
get (obtain) **conseguir (i, i) (g)** (8); (become) + *adj.* **ponerse** (*irreg.*) + *adj.* (8); to get along well/poorly (with) **llevarse bien/mal (con)** (15); to get angry **enojarse** (8); to get bored **aburrirse** (9); to get divorced (from) **divorciarse (de)** (15); to get down (from) **bajar (de)** (7); to get dressed **vestirse (i, i)** (4); to get off (of) **bajar (de)** (7); to get on (*a vehicle*) **subir (a)** (7); to get sick **enfermarse** (8); to get together (with) **reunirse (me reúno) (con)** (8); to get up **levantarse** (4); to get up on the wrong side of the bed **levantarse con el pie izquierdo** (11)
gift **regalo** (2)
girl **niña** (2)
girlfriend **novia** (5)
give **dar** (*irreg.*) (7); to give a party **dar** (*irreg.*) / **hacer** (*irreg.*) **una fiesta** (8); to give someone a shot, injection **ponerle** (*irreg.*) **una inyección** (10); to give (*as a gift*) **regalar** (7)
glass **vaso** (11)

glasses (*prescription*) **gafas** (10)
go **ir** (*irreg.*) (3); to be going to (*do something*) **ir a** (+ *inf.*) (3); to go away **irse;** to go to bed **acostarse (ue)** (4); to go camping **hacer** (*irreg.*) **camping** (7); to go home **regresar a casa** (1); to go on vacation **ir** (*irreg.*) **de vacaciones** (7); to go out **salir** (*irreg.*) (4); to go out with **salir** (*irreg.*) **con** (15); to go shopping **ir de compras** (3); to go to (attend) **asistir (a)** (2); to go up **subir (a)** (7)
golf **golf** *m.* (9)
good *n.* **bien;** *adj.* **buen, bueno/a** (2); good afternoon/evening **buenas tardes** (AT), **(muy) buenas** (AT); good evening/night **buenas noches** (AT); good morning **buenos días** (AT); it's good weather **hace buen tiempo** (5); the good thing, news **lo bueno** (10); to have a good time **divertirse (ie, i)** (4)
good-bye **adiós** (AT); to say good-bye (to) **despedirse (i, i) (de)** (8)
good-looking **guapo/a** (2)
govern **gobernar (ie)** (17)
government **gobierno** (14)
grade (*year in school*) **grado** (9)
graduate (from) **graduarse (me gradúo) (en)** (16)
granddaughter **nieta** (2)
grandfather **abuelo** (2)
grandmother **abuela** (2)
grandparents **abuelos** (*m. pl.*) (2)
grandson **nieto** (2)
gray **gris** (3)
great **gran, grande** (2)
green **verde** (3)
greet: to greet each other **saludarse** (10)
groom **novio** (15)
ground floor **planta baja** (12)
grow **crecer (zc)** (15)
guest **huésped(a)** (18); **invitado/a** (8)
guide **guía** *m., f.* (13)

H

habit **costumbre** *f.* (9)
haggle **regatear** (3)
hairstylist **peluquero/a** (16)
half: it's half past (two, three . . .) **son las (dos, tres...) y media** (AT)
ham **jamón** *m.* (6)
hamburger **hamburguesa** (6)
hand **mano** *f.* (11); to hand in/over **entregar (gu)** (11)
handsome **guapo/a**
happen **pasar** (5)
happening *n.* **acontecimiento** (17)
happy **alegre** (5), **contento/a** (5); **feliz** (8); to be happy (about) **alegrarse (de)** (12)
hard **difícil** (5)
hard-working **trabajador(a)** (2)
hat **sombrero** (3)
hate **odiar** (7)
have **tener** (*irreg.*) (3); (*auxiliary v.*) **haber** (*irreg.*); to have a bad time **pasarlo mal** (8); to have a birthday **cumplir años** (8); to have (eat) breakfast **desayunar** (6);

to have (eat) dinner **cenar** (6); to have a good time **divertirse (ie, i)** (4), **pasarlo bien** (8); to have just (*done something*) **acabar de** (+ *inf.*); (6); to have (eat) lunch **almorzar (ue) (c)** (4); to have a pain in **tener** (*irreg.*) **dolor de** (10); to have a party **dar** (*irreg.*)/ **hacer** (*irreg.*) **una fiesta** (8); to have something to (say, do . . .) **tener** (*irreg.*) **algo que (decir, hacer...);** to have to to (*do something*) **tener que** (+ *inf.*) (3)
head **cabeza** (10)
health **salud** *f.* (10)
healthy **sano/a** (10)
hear **oír** (*irreg.*) (4)
heart **corazón** *m.* (10)
heat(ing) **gas** *m. s.* (12)
heavy (*meal, food*) **fuerte** (6)
help *v.* **ayudar** (6)
her *poss.* **su(s)** (3); (of) hers **suyo/a(s)** (17)
here **aquí** (1)
hi **hola** (AT)
highway **carretera** (14)
his *poss.* **su(s)** (3); (of) his **suyo/a(s)** (17)
history **historia** (1)
hit **pegar (gu)** (9)
hockey **hockey** *m.* (9)
hold **contener** (*like* **tener**)
home **casa** (2); at home **en casa** (1)
homework **tarea** (9)
honeymoon **luna de miel** (15)
hood (*car*) **capó**
hope *n.* **esperanza** (17); *v.* **esperar** (12); I hope that . . . **ojalá que** (+ *subj.*)... (13)
hors d'œuvres **entremeses** *m. pl.* (8)
horse **caballo;** to ride horseback **montar a caballo**
host, hostess **anfitrión, anfitriona** (8)
hot: it's hot (*weather*) **hace calor** (5); to be (very) hot **tener** (*irreg.*) **(mucho) calor** (5)
hot dog **salchicha** (6)
hotel: (luxury) hotel **hotel** (*m.*) **(de lujo)** (18)
house **casa** (2)
household *adj.* **doméstico/a** (9)
housing *n.* **vivienda** (14)
how **¿cómo?** (AT); how are you? **¿cómo está(s)?** (AT), **¿qué tal?** (AT); how many? **¿cuántos/as?** (AT); how much? **¿cuánto/a?** (AT); how much does it cost? **¿cuánto cuesta?** (3); how much is it? **¿cuánto es?** (3); how strange! **¡qué extraño!** (13)
humanities **humanidades** (*f. pl.*) (1)
hundred **cien, ciento** (2)
hungry: to be (very) hungry **tener** (*irreg.*) **(mucha) hambre** (6)
hurry: to be in a hurry **tener** (*irreg.*) **prisa** (3)
hurt **doler (ue);** to hurt oneself **hacerse** (*irreg.*) **daño** (11)
husband **esposo** (2); **marido** (15)

I

I am **soy** (AT)
ice **hielo**
ice cream **helado** (6)
if **si** (1)

illness **enfermedad** *f.* (10)
immediately **en seguida**
immigration **inmigración** *f.* (18)
impression: to make a good/bad impression on someone **caerle** (*irreg.*) **bien/mal a alguien** (16)
in **en** (AT); in (the morning, evening, *etc.*) **de la mañana (la noche,** *etc.*) (AT); **por la mañana (la noche,** *etc.*) (1); in advance **con anticipación** (18); in case **en caso de que** (15); in fact **de hecho** (9); in order to **para** (2)
increase *n.* **aumento** (12)
incredible **increíble** (13)
inequality **desigualdad** *f.* (17)
inexpensive **barato/a** (3)
infancy **infancia** (15)
inform **informar** (17)
injection: to give someone an injection **ponerle** (*irreg.*) **una inyección** (10)
inner ear **oído** (10)
insist: to insist (*on doing something*) **insistir (en** + *inf.*)
inspector **inspector(a)** (18); customs inspector **inspector(a) de aduanas** (18)
installments: in installments **a plazos** (16)
instead of **en vez de** (16)
intelligent **inteligente** (2)
intend **pensar (ie)** (+ *inf.*) (4)
interesting: to be interesting to (*someone*) **interesarle a uno**
interview *v.* **entrevistar** (16)
interviewer **entrevistador(a)** (16)
invite **invitar** (6)
iron *v.* **planchar** (9); to iron clothing **planchar ropa** (9)
is **es, está** (AT)
island **isla** (5)
isolation **aislamiento** (14)
Italian language **italiano** (1)
its (*poss.*) **su(s)** (3)

J

jacket **chaqueta** (3)
January **enero** (5)
jeans **bluejeans** *m. pl.* (3)
job **trabajo, puesto**
jog **correr** (9)
joke **chiste** *m.* (8)
journalist **periodista** *m., f.* (16)
juice **jugo** (6); fruit juice **jugo de fruta** (6)
July **julio** (5)
June **junio** (5)
just (*done something*) **acabar de** (+ *inf.*) (6); just in case **por si acaso** (11)

K

keep **guardar** (12)
key **llave** *f.* (11); (*on a keyboard*) **tecla**
kind **amable** (2)
king **rey** *m.* (17)
kiosk **quiosco** (18)
kitchen **cocina** (4)
know (*a fact; how to*) (6) **saber** (*irreg.*); (*someone; to be acquainted with*) (6) **conocer (zc)**

L

laborer **obrero/a** (16)
lack **escasez** *f.* (14); **falta** (14)
lacking: to be lacking **faltar** (8)
ladder **escalera**
lady **señora** (AT)
lamp **lámpara** (4)
landlord **dueño/a** (12)
language **lengua** (1); foreign language **lengua extranjera** (1)
laptop computer **computadora** (*L.A.*)/**ordenador** (*m.*) (*Sp.*) **portátil** (12)
large **gran, grande** (2)
last *v.* **durar** (17); *adj.* **último/a** (7); (in time) **pasado/a;** at last **por fin;** last night **anoche**
late *adj.* **atrasado/a** (7); *adv.* **tarde** (1)
later: see you later **hasta luego**
latest (most recent) **último/a** (7); the latest style **de última moda** (3)
laugh (at) **reírse (i, i) (de)** (8)
law **ley** *f.* (17)
lawyer **abogado/a** (16)
lazy **perezoso/a** (2)
lead: to lead a (healthy, calm) life **llevar una vida (sana, tranquila)** (10)
learn **aprender** (2)
least: at least **por lo menos** (11)
leave **salir** (*irreg.*) (4); to leave (*behind*) (in, at) **dejar (en)** (9); to take leave (of) **despedirse (i, i) (de)** (8)
left: on/to the left of **a la izquierda de** (5); to be left (*remain*) **quedar** (11)
leg **pierna** (11)
lend **prestar** (7)
lenses: contact lenses **lentes** (*m. pl.*) **de contacto** (10)
less . . . than **menos... que** (5)
letter (*correspondence*) **carta** (2); to write letters **escribir cartas** (2)
lettuce **lechuga** (6)
level **nivel** *m.* (14)
liberty **libertad** *f.* (17)
librarian **bibliotecario/a** (1)
library **biblioteca** (1)
license **licencia** (14)
life: to lead a (healthy, calm) life **llevar una vida (sana, tranquila)** (10)
light *n.* **luz** *f.* (11); *adj.* not heavy **ligero/a** (6)
likable **simpático/a** (2)
like **gustar** (7); do you like . . . ? **¿te (le) gusta... ?** (AT); no, I don't like . . . **no, no me gusta...** (AT); yes, I like . . . **sí, me gusta...** (AT); to very much like **encantar** (7); I would like to . . . **me gustaría...** (7); like that *adv.* **así**
likewise **igualmente** (AT)
liking (*fondness*) **afición** *f.* (9)
limit: speed limit **límite** (*m.*) **de velocidad** (14)
line **cola;** to wait in line **hacer** (*irreg.*) (*p.p.* **hecho/a**) **cola** (7)
listen (to) **escuchar** (1)
literature **literatura** (1)
little *adj.* **poco/a** (3); *adv.* **poco** (1); a little bit **(un) poco** (1)

live *v.* **vivir** (2)
living room **sala** (4)
loan *n.* **préstamo** (16)
lobster **langosta** (6)
lodging **alojamiento** (18)
long **largo/a** (2)
look (at) **mirar** (2); to look for **buscar (qu)** (1)
lose **perder (ie)** (4)
lot: a lot *adv.* **mucho** (1); a lot of *adj.* **mucho/a** (2)
love *v.* **amar** (15), **querer** (*irreg.*) (15); **encantar** (7); *n.* **amor** *m.* (15); to fall in love (with) **enamorarse (de)** (15)
luck: what bad luck! **¡qué mala suerte!** (11)
luggage **equipaje** *m.* (7)
lunch **almuerzo** (6); to have, eat lunch **almorzar (ue) (c)** (4)
lungs **pulmones** *m. pl.* (10)
luxury **lujo** (12); luxury hotel **hotel** (*m.*) **de lujo** (18)

M

ma'am **señora (Sra.)** (AT)
machine: washing machine **lavadora** (9); answering machine **contestador** (*m.*) **automático** (12)
made: it is made of . . . **es de** (3)
magazine **revista** (2)
major (*academic*) **especialización** *f.* (15)
make **hacer** (*irreg.*) (*p.p.*) (4); to make the bed **hacer la cama** (9); to make a good/bad impression on someone **caerle** (*irreg.*) **bien/mal a alguien** (16); to make a mistake **equivocarse (qu)** (11); to make plans **hacer planes para** (+ *inf.*) (9); to make stops **hacer escalas** (7), **paradas** (7)
mall: shopping mall **centro comercial** (3)
man **hombre** *m.* (1)
manager: building manager **portero/a** (12)
many **muchos/as** (2); as many . . . as **tantos/as... como** (5)
March **marzo** (5)
market (place) **mercado** (3)
marriage **matrimonio** (15)
married **casado/a** (2); married couple **matrimonio** (15), **pareja** (15)
marry **casarse (con)** (15)
masterpiece **obra maestra** (13)
matches **fósforos** *m. pl.* (18)
material **material** *m.* (3)
mathematics **matemáticas** *m. pl.* (1)
matter **cuestión** *f.* (16)
May **mayo** (5)
me *d.o.* **me;** *i.o.* **me;** *obj. of prep.* **mí** (5)
meal **comida** (6)
means: that means . . . **eso quiere decir...** (10); means of communication **medio de comunicación** (17); means of transportation **transporte** *m.* (14)
meat **carne** *f.* (6)
mechanic **mecánico/a** (14)
media: news media **prensa** (17)
medical office **consultorio** (10); medical personnel **personal** (*m.*) **médico** (10)

medicine **medicina** (10)
meet (*someone somewhere*) **encontrarse (ue) (con)** (10)
menu **menú** *m.* (6)
merchant **comerciante** *m., f.* (16)
message **mensaje** *m.* (12)
messy **desordenado/a** (5)
Mexican *n., adj.* **mexicano/a** (2)
microwave oven **horno de microondas** (9)
middle age **madurez** *f.* (15)
midnight **medianoche** *f.* (8)
military service **servicio militar** (17)
milk **leche** *f.* (2)
milkshake **batido** (18)
million **un millón (de)** (3)
mine, of mine **mío/a(s)** (17)
mineral water **agua** (*f. but el*) **mineral** (6)
mishap **tropiezo** (11)
miss *n.* **señorita (Srta.)** (AT); *v.* (*a function*) **perder (ie)** (4)
mistake: to make a mistake **equivocarse (qu)** (11)
modern **moderno/a** (13); modern life **vida moderna** (11)
mom **mamá** (2)
Monday **lunes** *m.* (4)
money **dinero** (1)
month **mes** *m. s.* (5)
more **más** (1); more . . . than **más... que** (5)
morning **mañana** (AT); good morning **buenos días** (AT); in the morning **de la mañana** (AT), **por la mañana** (1)
mother **madre** *f.* (2)
motorcycle **motocicleta** (12)
mountain **montaña** (7); mountain bike **bicicleta de montaña** (12)
mouse **ratón** *m.* (12)
mouth **boca** (10)
move (*residence*) **mudarse** (16)
movie **película** (4); movie theater **cine** *m.* (4); movies **cine** *m.* (4)
Mr. **señor (Sr.)** *m.* (AT)
Mrs. **señora (Sra.)** (AT)
much *adj.* **mucho/a;** *adv.* **mucho** (1); too much **demasiado** (9); as much/ many . . . as **tanto/a(s)... como** (5); as much as **tanto como** (5)
museum **museo** (3)
mushroom **champiñon** *m.* (6)
music **música** (13)
musician **músico/a** (13)
must **deber** (+ *inf.*) (2)
my *poss.* **mi(s)** (3)

N

name: what is your name? **¿cómo se llama Ud.?** (AT), **¿cómo te llamas?** (AT); my name is _____ **me llamo** _____ (AT)
named: to be named **llamarse** (4)
nap: to take a nap **dormir (ue, u) la siesta** (4)
nationality **nacionalidad** *f.* (2)
natural resources **recursos** (*pl.*) **naturales** (14)
nature **naturaleza** (14)
nauseated **mareado/a** (10)

near *prep.* **cerca de** (6)

neat **ordenado/a** (5)

necessary **necesario/a** (2); it is necessary (*to do something*) **es necesario/preciso, hay que** (+ *inf.*) (13)

need *v.* **necesitar** (1)

neighbor **vecino/a** (12)

neighborhood **barrio** (12), **vecindad** *f.* (12)

neither **tampoco** (6)

nephew **sobrino** (2)

nervous **nervioso/a** (5)

net: to "surf the net" **navegar (gu) la red** (12)

network **red** *f.* (12)

never **jamás** (6), **nunca** (2); almost never **casi nunca** (2)

new **nuevo/a** (2); New Year's Eve **Noche** (*f.*) **Vieja** (2)

newlywed *n., adj.* **recién casado/a** (15)

news **noticias** *f. pl.* (17), **novedades** *f. pl.* (17); newscast **noticiero** (17); news media **prensa** (17); piece of news **noticia** (8); the bad news **lo malo** (10); the good news **lo bueno** (10)

newspaper **periódico** (2)

next *adj.* (*in time*) **próximo/a** (4)

nice **simpático/a** (2), **amable** (2)

niece **sobrina** (2)

night **noche** *f.* (AT); at night **de la noche** (AT), **por la noche** (1); good night **buenas noches** (AT)

nine **nueve** (AT); nine hundred **novecientos/as** (3)

nineteen **diecinueve** (AT)

ninety **noventa** (2)

ninth **noveno/a** (13)

no *adv.* **no** (AT); *adj.* **ningún, ninguno/a** (6); no one *pron.* **nadie** (6)

nobody **nadie** (6)

noise **ruido** (4)

nonsmoking: nonsmoking section **sección** (*f.*) **de no fumar** (7)

north **norte** *m.* (5)

North American *n.; adj.* **norteamericano/a** (2)

nose **nariz** *f.* (10)

not **no** (AT); not any **ningún, ninguno/a** (6); not anybody **nadie** (6); not anything **nada** (6); not . . . at all **no... nada** (6); not either **tampoco** (6)

notebook **cuaderno** (1)

nothing **nada** (6)

November **noviembre** *m.* (5)

now *adv.* **ahora**

number **número** (AT)

nurse **enfermero/a** (10)

O

obey **obedecer (zc)** (14)

obligation **deber** *m.* (17)

obtain **conseguir (i, i) (g)** (8)

o'clock: it's _____ o'clock **es la _____, son las _____** (AT)

ocean **océano** (7)

October **octubre** *m.* (5)

of **de** (AT); of the **del** (2)

offer **ofrecer (zc)** (7)

office **oficina** (1); (*medical*) **consultorio** (10)

officer: police officer **policía** *m., f.* (14)

oil **aceite** *m.* (14)

old **viejo/a** (2); to be _____ years old **tener** (*irreg.*) _____ **años** (2); old age **vejez** *f.* (15)

older **mayor** (5)

on **en** (AT); on time **a tiempo** (7); on top of **encima de** (5); on a trip **de viaje** (7)

once **una vez** (10)

one **un, uno/a** (AT)

one way **de ida** (7)

only *adv.* **sólo** (1); **solamente** (11)

open *v.* **abrir** (2)

open(ed) *adj.* **abierto/a** (5); in the open air **al aire libre** (9)

opera **ópera** (13)

or **o** (AT)

oral **oral** (11)

orange *n.* **naranja;** *adj.* **anaranjado/a** (3)

order *v.* **mandar** (12), **pedir (i, i)** (4); *prep.* in order to **para** (2)

other *adj.* **otro/a** (2); *pron.* other people, others **los/las demás** (12)

ought **deber** (+ *inf.*) (2)

our *poss.* **nuestro/a** (5) (3); ours **nuestro/a(s)** (17)

out: to eat out **cenar fuera** (6)

outdoors **afuera** (5), **al aire libre** (9)

outer ear **oreja** (10)

outside *adv.* **afuera** (5)

outskirts **afueras** *f. pl.* (12)

oven **horno;** microwave oven **horno de microondas** (9)

overcast: it's overcast (*weather*) **está nublado** (5)

own *adj.* **propio/a** (15)

owner **dueño/a** (6)

ozone layer **capa del ozono** (14)

P

pace **ritmo** (14)

pack: to pack one's suitcases **hacer** (*irreg.*) **las maletas** (7)

package **paquete** *m.* (18)

pain: to have a pain in **tener** (*irreg.*) **dolor de** (10)

paint (the walls) **pintar (las paredes)** (9)

painter **pintor(a)** (13)

painting **cuadro** (13), **pintura** (12); (*general,* 13)

pair **par** *m.* (3)

pants **pantalones** *m. pl.* (3)

paper **papel** *m.* (1); (*report*) **informe** *m.* (11); term paper **trabajo** (12)

pardon **perdón** *m.* (AT); pardon me **discúlpeme** (*form. s.*) (11)

parents **padres** *m. pl.* (2)

park *v.* **estacionar(se)** (14); *n.* **parque** *m.* (5)

part: parts of the body **partes** (*f. pl.*) **del cuerpo** (10)

partner **pareja** (15)

part-time **de tiempo parcial** (12)

party **fiesta** (1); to give a party **dar** (*irreg.*)**/ hacer** (*irreg.*) **una fiesta** (8)

passage (*ticket*) **pasaje** *m.* (7)

passenger **pasajero/a** (7)

Passover **Pascua**

passport **pasaporte** *m.* (18)

pastime **pasatiempo** (9)

pastry: small pastry **pastelito** (18); pastry shop **pastelería** (18)

patient **paciente** *m., f.* (10)

patio **patio** (9)

pay (for) **pagar (gu)** (1)

peace **paz** *f.* (17)

peas **arvejas** (6)

peasant **campesino/a** (14)

pen **bolígrafo** (1)

pencil **lápiz** *m.* (1)

perform (a part) **desempeñar** (13)

permit *v.* **permitir** (12)

person **persona** *f.* (1)

personnel **dirección** (*f.*) **de personal** (16); personnel director **director(a) de personal** (16); medical personnel **personal médico** (10)

pet **mascota** (2)

pharmacy **farmacia** (10)

philosophy **filosofía** (1)

phone: to talk on the phone **hablar por teléfono** (1)

photo(graph) **foto(grafía)** *f.* (7); to take photos **sacar (qu) fotos** (7)

photographer **fotógrafo** *m., f.* (16)

photographic equipment **equipo fotográfico** (12)

physics **física** *s.* (1)

picnic: to have a picnic **hacer** (*irreg.*) **un picnic** (9)

picture **foto(grafía)** *f.* (7); to take pictures **sacar (qu) fotos** (7)

pie **pastel** *m.* (6)

pill **pastilla** (10)

pink **rosado/a** (3)

place *v.* **poner** (*irreg.*) (4); *n.* **lugar** *m.* (1); (*in line*) **puesto** (7); to take place (in/at *place*) **tener** (*irreg.*) **lugar, ser** (*irreg.*) (**en** + *place*) (8)

plaid **de cuadros** (3)

plans: to make plans (*to do something*) **hacer** (*irreg.*) **planes para** + *inf.* (9)

plate **plato** (4)

play *v.* (*instrument*) **tocar (qu)** (1); (*game, sport*) **jugar (ue) (gu)** (4); **practicar (qu)** (9) (*to sound*) **sonar (ue)** (9); to play (*perform a part*) **desempeñar** (13)

player **jugador(a)** (9)

playwright **dramaturgo/a** (13)

please **por favor** (AT); please (*do something*) **favor de** (+ *inf.*); pleased to meet you **mucho gusto** (AT), **encantado/a** (AT); to please **agradar** (13)

pleasing: to be pleasing **gustar** (7); **agradar** (13)

plumber **plomero/a** (16)

poet **poeta** *m., f.* (13)

police officer **policía** *m., f.* (14)

politician **político/a** (17)
politics **política** (17)
polka-dotted **de lunares** (3)
pollute **contaminar** (14)
pollution **contaminación** *f.;* there's
(lots of) pollution **hay (mucha)
contaminación** (5)
pool: swimming pool **piscina** (4)
poor **pobre** (2)
poorly **mal** (1)
population **población** *f.* (14)
pork chop **chuleta de cerdo** (6)
port **puerto** (7)
portable **portátil** (12)
porter **maletero** (7)
position (job) **puesto** (16)
possible **posible** (2)
post office **correo** (18)
postcard **tarjeta postal** (7)
poster **cartel** *m.* (12)
potato **patata** (*Sp.*) (6); French fried potato
patata frita (6)
pottery **cerámica** (13)
practice *v.* **practicar (qu)** (1); (*profession*)
ejercer (z); (*train for a sport*)
entrenar(se) (9)
prefer **preferir (ie, i)** (3)
preferable **preferible** (13)
preference **preferencia** (AT)
prepare **preparar** (6)
prescription **receta** (10)
present *n.* **regalo** (2)
press *n.* **prensa** (17)
pressure **presión** *f.* (11); to be under a lot
of pressure **sufrir muchas
presiones** (11)
pretty **bonito/a** (2)
price **precio** (3); fixed price **precio
fijo** (3)
printer **impresora** (12)
profession **profesión** *f.* (16)
professor **profesor(a)** (1)
programmer **programador(a)** (16)
prohibit **prohibir (prohíbo)** (12)
promise **prometer** (7)
protect **proteger (j)** (14)
protest *v.* **protestar** (17)
provided (that) **con tal (de) que** (15)
psychiatrist **siquiatra** *m., f.* (16)
psychologist **sicólogo/a** (16)
psychology **sicología** (1)
public **público/a** (14)
punish **castigar (gu)** (17)
purchase *n.* **compra** (18)
pure **puro/a** (14)
purple **morado/a** (3)
purse **bolsa** (3)
put **poner** (*irreg.*) (4); to put on (*clothing*)
ponerse (4)

Q

quarter: it's a quarter after (two, three . . .)
son las (dos, tres...) y cuarto (AT); it's a
quarter till (two, three) **son las (dos,
tres...) menos cuarto** (AT)
queen **reina** (17)

question **pregunta** (4); (*matter*) **cuestión** *f.*
(16); to ask a question **hacer** (*irreg.*) **una
pregunta** (4); **preguntar** (6)
quit **dejar** (16)

R

radio (set) **radio** *m.* (12)
rain *v.* **llover (ue)** (5); it's raining
llueve (5)
raincoat **impermeable** *m.* (3)
raise *n.* **aumento** (12); (*salary*) **aumento
de sueldo** (16)
rather *adv.* **bastante** (15)
react **reaccionar** (8)
read **leer (y)** (2)
receive **recibir** (2)
recommend **recomendar (ie)** (7)
record *v.* **grabar** (12)
record *n.* **disco** (12)
recycle **reciclar** (14)
red **rojo/a** (3)
reduction (sale) **rebaja** (3)
refreshments **refrescos** *m. pl.* (8)
refrigerator **refrigerador** *m.* (9)
regret **sentir (ie, i)** (13)
relative (*family*) **pariente** *m.* (2)
remain **quedar** (11); (*in a place*) **quedarse**
(5); (as a guest) **alojarse** (18)
remember **recordar (ue)** (8); **acordarse
(ue) de** (11)
remote control **control** (*m.*) **remoto** (12)
rent *v.* **alquilar** (12); *n. m.* **alquiler** (12)
renter **inquilino/a** (12)
repair *v.* **arreglar** (12); repair shop
taller *m.* (14)
report *n.* **informe** *m.* (11); **trabajo** (11)
reporter **reportero/a** (17)
represent **representar** (13)
reservation **reserva** (18);
reservación *f.* (18)
resign: to resign (from) **renunciar (a)** (16)
resolve **resolver (ue)** (14)
resources: natural resources **recursos**
(*pl.*) **naturales** (14)
responsibility **deber** *m.* (17);
responsabilidad *f.* (17)
rest *v.* **descansar** (3)
restaurant **restaurante** *m.* (6)
résumé **currículum** *m.* (16)
retire **jubilarse** (16)
return **regresar** (1); **volver (ue)** (4); to
return (*something*) **devolver** (16)
rhythm **ritmo** (14)
rice **arroz** *m.* (6)
rich **rico/a** (2)
ride: to ride a bike **pasear en bicicleta** (9);
to ride horseback **montar a caballo** (9)
right (*law*) **derecho** (17); on/to the right
of **a la derecha de** (5); right? **¿verdad?**
(3), **¿no?** (3); to be right **tener** (*irreg.*)
razón) (3)
ring *v.* **sonar (ue)** (9)
road **camino** (14)
roast chicken **pollo asado** (6)
role **papel** *m.* (13)
rollerblade **patinar en línea** (9)

room **cuarto** (1); (*in a hotel*) **habitación** *f.*
(18); dining room **comedor** *m.* (4);
emergency room **sala de emergencias
(urgencia)** (10); living room **sala** (4);
room and breakfast plus one other
meal **media pensión** *f.* (18); room and
full board **pensión** (*f.*) **completa** (18);
waiting room **sala de espera** (7)
roommate **compañero/a de cuarto** (1)
round-trip *adj.* **de ida y vuelta** (7)
routine: daily routine **rutina diaria** (4)
rug **alfombra** (4)
rule *v.* **gobernar (ie)** (17)
ruins **ruinas** *f. pl.* (13)
run **correr** (9); (*operate*) **funcionar** (12); to
run into (collide with) **darse** (*irreg.*) **con**
(11); **pegarse (gu) en/contra** (11); (*in a
car*) **chocar (qu) con** (14); to run out of
acabar (11)

S

sad **triste** (5)
salad **ensalada** (6)
salary **salario** (16); **sueldo** (12)
sale **rebaja** (3)
salesperson **vendedor(a)** (16)
salmon **salmón** *m.* (6)
same **mismo/a** (10)
sandal **sandalia** (3)
sandwich **sándwich** *m.* (6)
Saturday **sábado** (4)
save (*a place*) **guardar** (7); (*money*)
ahorrar (16)
savings account **cuenta de ahorros** (16)
say **decir** (*irreg.*) (7)
schedule **horario** (11)
school **escuela** (9)
sciences **ciencias** *f. pl.* (1)
script **guión** *m.* (13)
sculpt **esculpir** (13)
sculptor **escultor(a)** (13)
sculpture **escultura** (13)
sea **mar** *m.* (7)
search *v.* **registrar** (18); *n.* **busca** (1); in
search of **en busca de** (16)
season *n.* **estación** *f.* (5)
seat *v.* **sentar (ie)** *n.* **asiento** (7)
second **segundo/a** (13)
secretary **secretario/a** (1)
section **sección** *f.;* (non)smoking section
sección de (no) fumar (7)
see **ver** (*irreg.*) (4); see you around **nos
vemos** (AT); see you later **hasta luego**
(AT); see you tomorrow **hasta mañana**
(AT)
seem **parecer (zc)** (13)
sell **vender** (2)
send **mandar** (7)
separate (from) **separarse (de)** (15)
September **se(p)tiembre** *m.* (5)
servant **criado/a** (16)
serve **servir (i, i)** (4)
service **servicio** (14); military service
servicio militar (17)
set: to set the table **poner** (*irreg.*)
la mesa (9)

seven **siete** (AT); seven hundred **setecientos/as** (3)

seventeen **diecisiete** (AT)

seventh **séptimo/a** (13)

seventy **setenta** (2)

shame: it is/what a shame **es (una)/qué lástima** (13)

shampoo **champú** *m.* (18)

shave (oneself) **afeitar(se)** (4)

shellfish **mariscos** *m. pl.* (6)

ship **barco** (3)

shirt **camisa** (3); T-shirt **camiseta** (3)

shoe **zapato** (3); tennis shoe **zapato de tenis** (3)

shop **tienda** (3); (repair) shop **taller** *m.* (14)

shopkeeper **comerciante** *m., f.* (16)

shopping **de compras** (3); to go shopping **ir** (*irreg.*) **de compras** (3); shopping mall **centro comercial** (3)

short (*in height*) **bajo/a** (2); (*in length*) **corto/a** (2)

shortage **escasez** *f.* (14)

shot: to give someone a shot **ponerle** (*irreg.*) **una inyección** (10)

should **deber** (+ *inf.*) (2)

show *v.* **mostrar (ue)** (7)

shower **ducha**; to take a shower **ducharse** (4); (*hotel*) room with(out) shower **habitación** (*f.*) **con/sin ducha** (18)

shrimp **camarónes** *m. pl.* (6)

sick **enfermo/a** (5); to get sick **enfermarse** (8)

sickness **enfermedad** *f.* (10)

sight: at first sight **a primera vista** (15)

signal: traffic signal **semáforo** (14)

silk **seda** (3)

silly **tonto/a** (2); silly thing **tontería** (14)

since: it's been (*time*) since . . . **hace** + *time* + **que** + *present* (11)

sing **cantar** (1)

singer **cantante** *m., f.* (13)

single (*not married*) **soltero/a** (2); single room (*in a hotel*) **habitación** (*f.*) **individual** (18)

sink (bathroom) **lavabo** (4)

sir **señor (Sr.)** *m.* (AT)

sister **hermana** (2)

sit: to sit down **sentarse (ie)** (4)

six **seis** (AT); six hundred **seiscientos/as** (3)

sixteen **dieciséis** (AT)

sixth **sexto/a** (13)

sixty **sesenta** (2)

skate *v.* **patinar;** skateboard **monopatín** *m.* (12)

ski *v.* **esquiar (esquío)** (9)

skirt **falda** (3)

skyscraper **rascacielos** *m. s.* (14)

sleep **dormir (ue, u)** (4)

sleepy: to be sleepy **tener** (*irreg.*) **sueño** (3)

slender **delgado/a** (2)

small **pequeño/a** (2)

smart **listo/a** (2)

smile *v.* **sonreír (i, i)** (8)

smoke *v.* **fumar** (7)

smoking: (non)smoking section **sección** (*f.*) **de (no) fumar** (7)

snow *v.* **nevar (ie)** (5); it's snowing **nieva** (5)

so *adv.* **así;** so-so **regular** (AT); *conj.* so that **para que** (15)

soap **jabón** *m.* (18)

soccer **fútbol** *m.* (9); soccer field **campo de fútbol** (9)

social: social worker **trabajador(a) social** (16)

sociology **sociología** (1)

socks **calcetines** *m. pl.* (3)

sofa **sofá** *m.* (4)

soft drink **refresco** (6)

soldier **soldado/mujer** (*f.*) **soldado** (16)

solve **resolver (ue)** (14)

some **algún, alguno/a/os/as** (6)

someone **alguien** (6)

something **algo** (6)

sometimes **a veces** (2)

son **hijo** (2)

song **canción** *f.* (13)

soon: as soon as **en cuanto** (16), **tan pronto como** (16)

sorry: I'm (really) sorry **lo siento (mucho)** (11); to feel sorry **sentir (i, i)** (13)

sound *v.* **sonar (ue)** (9)

soup **sopa** (6)

south **sur** *m.* (5)

spacious **amplio/a**

Spanish *n., adj.* **español(a)** (2); Spanish language **español** *m.* (1)

spare: spare (*free*) time **ratos** (*pl.*) **libres** (2)

speak **hablar** (1)

speed limit **límite** (*m.*) **de velocidad** (14)

spend (*money*) **gastar** (8); (*time*) **pasar** (5); to spend time (with) **pasar tiempo (con)** (15)

sport **deporte** *m.* (9)

sports-loving **deportivo/a** (9)

spring **primavera** (5)

stage **escenario** (13); (*in life*) **etapa** (15)

stairs **escalera** (11)

stamp *n.* **sello** (18)

stand: to stand up **levantarse** (4)

start (*motor*) **arrancar (qu)** (14)

station **estación** *f.* (7); bus station **estación de autobuses** (7); gas station **gasolinera** (14), **estación** (*f.*) **de gasolina** (14); station wagon **camioneta** (7); train station **estación** (*f.*) **del tren** (7)

stationery **papel** (*m.*) **para cartas** (18); stationery store **papelería** (18)

stay *v.* **quedarse** (5); to stay in bed **guardar cama** (10); to stay (*as a guest*) **alojarse** (18), **quedarse** (18); stay (*in a hotel*) *n.* **estancia** (18)

steak **bistec** *m.* (6)

stepladder **escalera** (11)

stereo equipment **equipo estereofónico** (12)

stick: to stick out one's tongue **sacar (qu) la lengua** (10)

still *adv.* **todavía** (5)

stockings **medias** *f. pl.* (3)

stomach **estómago** (10)

stop *v.* **parar** (14); to stop (*doing something*) **dejar de** (+ *inf.*) (10); *n.* to make stops **hacer** (*irreg.*) **escalas** (7), **paradas** (7)

store: department store **almacén** *m.* (3)

stove **estufa** (9)

straight ahead **todo derecho** (14)

straighten (up) **arreglar** (12)

strange **extraño/a** (13), **raro/a** (8)

street **calle** *f.* (14), **camino** (14); street corner **esquina** (14)

stress *n.* **estrés** *m. pl.* (11), **tensión** *f.* (11)

strike *v.* (hit) **pegar (gu)** (9); *n.* (*labor*) **huelga** (17)

striped **de rayas** (3)

student **estudiante** *m., f.* (1)

study **estudiar** (1)

style: in the latest style **de última moda** (3)

subject (*school*) **materia** (1)

suburbs **afueras** *f. pl.* (12)

subway stop **estación** (*f.*) **del metro** (18)

suddenly **de repente** (10)

suggest **sugerir (ie, i)** (8)

suit **traje** *m.* (3)

suitcase **maleta** (7); to pack one's suitcases **hacer** (*irreg.*) **las maletas** (7)

summer **verano** (5)

sunbathe **tomar el sol** (9)

Sunday **domingo** (4)

sunny: it's sunny (*weather*) **hace sol** (5)

supper **cena** (6)

support *v.* **apoyar** (17)

sure **seguro/a** (5); it's a sure thing **es seguro** (13)

surf: to "surf the net" **navegar (gu) la red** (12)

surprise *n.* **sorpresa** (8)

surprising: to be surprising to one **sorprenderle a uno** (13)

sweater **suéter** *m.* (3)

sweep (the floor) **barrer (el suelo)** (9)

sweets **dulces** *m. pl.* (6)

swim **nadar** (7)

swimming **natación** *f.* (9); swimming pool **piscina** (4)

swimsuit **traje** (*m.*) **de baño** (3)

symptom **síntoma** *m.* (10)

systems analyst **analista** (*m., f.*) **de sistemas** (16)

T

table **mesa** (1); end table **mesita** (4); to clear/set the table **quitar/poner** (*irreg.*) **la mesa** (9)

take **tomar** (1); **llevar** (3); to take a bath/shower **bañarse/ducharse** (4); to take a nap **dormir (ue, u) la siesta** (4); to take a trip **hacer** (*irreg.*) **un viaje** (4); to take a walk **dar** (*irreg.*) **un paseo** (9); to take away **quitar;** to take care of oneself **cuidarse** (10); to take leave (of) **despedirse (i, i) (de)** (8); to take off (*clothing*) **quitarse** (4); to take out **sacar (qu)** (16); to take out the trash **sacar la basura** (9) to take photos **sacar fotos** (7); to take place in/at (*place*) **ser** (*irreg.*) **en** + *place* (8)

talk **hablar** (1); to talk on the phone **hablar por teléfono** (1)
tall **alto/a** (2)
tank **tanque** *m.* (14)
tape *n.* **cinta** (3) tape recorder/player **grabadora** (12); to tape **grabar** (12)
task **tarea** (9)
tea **té** *m.* (6)
teach **enseñar** (1)
technician **técnico/a** (16)
teeth: to brush one's teeth **cepillarse los dientes** (4)
telephone **teléfono** (1); cellular telephone **teléfono celular** (12); car telephone **teléfono del coche** (12)
television set **televisor** *m.* (4)
tell **decir** (*irreg.*) (*p.p.* **dicho/a**); to tell about **contar (ue)** (7)
teller **cajero/a** (16)
temperature **temperatura** (10)
ten **diez** (AT)
tenant **inquilino/a** (12)
tennis **tenis** *m. s.* (9)
tennis shoe **zapato de tenis** (3)
tent **tienda (de campaña)** (7)
tenth **décimo/a** (13)
terrorist **terrorista** *m., f.* (17)
test **examen** *m.* (3)
textbook **libro de texto** (1)
thank you **gracias** (AT); thank you very much, many thanks **muchas gracias** (AT); thanks for . . . **gracias por...** (8)
that *adj.* **ese/a** (4); that (over there) **aquel, aquella** (4); *pron.* **eso** (4); **aquello** (4); *conj.* **que** (2); that which **lo que** (7); that means . . . **eso quiere decir...** (10)
theater **teatro** (9)
their *poss.* **su(s)** (3)
there **allí** (4); there is, are (not) **(no) hay** (AT)
therefore **por eso** (1)
these *adj.* **estos/as** (2)
thin **delgado/a** (2)
thing **cosa** (1); the good/bad thing **lo bueno/malo** (7)
think **pensar (ie)** (4); **creer (y)** (2); I think so **creo que sí** (2)
third **tercer, tercero/a** (13)
thirsty: to be (very) thirsty **tener** (*irreg.*) **(mucha) sed** (6)
thirteen **trece** (AT)
thirty **treinta** (AT)
this *adj.* **este/a** (2); this one *pron.* **este/a; esto** (4)
those *adj.* **esos/as** (4); those (over there) **aquellos/as** (4)
thousand **mil** (3)
three **tres** (AT); three hundred **trescientos/as** (3)
throat **garganta** (10)
Thursday **jueves** *m.* (14)
ticket **boleto** (7), **billete** *m.* (7); (*passage*) **pasaje** *m.* (7)
tie **corbata** (3)
time **hora** (AT); **tiempo; vez** *f.*; (*period*) **época** (9); ahead of time **con anticipación** (7); at what time? **¿a qué hora?**

(AT); spare (*free*) time **ratos** (*pl.*) **libres** (9); from time to time **de vez en cuando** (6); full-time **de tiempo completo** (12); on time **a tiempo** (7); part-time **de tiempo parcial** (12); to have a bad time **pasarlo mal** (8) to have a good time **divertirse (ie, i)** (4), **pasarlo bien** (8); to spend time (*with*) **pasar tiempo (con)** (15); what time is it? **¿qué hora es?** (AT)
tip (*to a bellhop, etc.*) **propina** (18)
tire *n.* **llanta** (14)
tired **cansado/a** (5)
to **a** (AT); to the **al** (3)
toast *n.* **pan** (*m.*) **tostado** (6)
toaster **tostadora** (9)
tobacco stand/shop **estanco** (18)
today **hoy** (AT); today is _____ **hoy es _____** (4); what's today's date? **¿cuál es la fecha de hoy?** (5)
together **juntos/as** (15); to get together (*with*) **reunirse (me reúno) (con)** (8)
tomato **tomate** *m.* (6)
tomorrow **mañana** (AT); day after tomorrow **pasado mañana** (4); until tomorrow, see you tomorrow **hasta mañana** (AT)
tongue: to stick out one's tongue **sacar (qu) la lengua** (10)
tonight **esta noche** (5)
too much **demasiado** (9)
tooth **diente** *m.* (10); to extract a tooth **sacar (qu) una muela** (10)
toothpaste **pasta dental** (18)
top: on top of **encima de** (5)
tourist class **clase** (*f.*) **turística** (7)
trade (job) **oficio** (16)
tradition **tradición** *f.* (13)
traffic **tráfico** (14), **circulación** *f.* (14); traffic signal **semáforo** (14)
train **tren** *m.* (7); train station **estación** (*f.*) **del tren** (7); *v.* (*sports*) **entrenar(se)** (9)
translator **traductor(a)** (16)
transportation: (means of) transportation **transporte** *m.* (14)
trash: to take out the trash **sacar (qu) la basura** (9)
travel *v.* **viajar** (7); travel agency **agencia de viajes** (7); travel agent **agente** (*m., f.*) **de viajes** (7)
traveler **viajero/a** (18); traveler's check **cheque** (*m.*) **de viajero** (18)
treatment **tratamiento** (10)
tree **árbol** *m.* (14)
trip **viaje** *m.* (4); on a trip **de viaje** (7); round-trip *adj.* **de ida y vuelta** (7); have a good trip! **¡buen viaje!** (7); to take a trip **hacer** (*irreg.*) **un viaje** (4)
trophy **trofeo** (12)
try: **intentar** (13); to try to (*do something*) **tratar de** (+ *inf.*) (13)
T-shirt **camiseta** (3)
Tuesday **martes** *m.* (4)
tuition **matrícula** (1)
tuna **atún** *m.* (6)
turkey **pavo** (6)

turn (*a corner*) **doblar** (14); to be someone's turn **tocarle (qu) a uno** (9); to turn (*hand*) in **entregar (gu)** (11); to turn off (*lights, appliances*) **apagar (gu)** (11); to turn on (*machines*) **poner** (*irreg.*) (11)
TV set **televisor** *m.* (4)
twelve **doce** (AT)
twenty **veinte** (AT)
twice **dos veces** (10)
two **dos** (AT); two hundred **doscientos/as** (3)
typewriter **máquina de escribir** (12)

U

ugly **feo/a** (2)
uncle **tío** (2)
understand **comprender** (2); **entender (ie)** (4)
underwear **ropa interior** (3)
unintentional: it was unintentional **fue sin querer** (11)
university **universidad** *f.* (1)
unless **a menos que** (15)
unoccupied **desocupado/a** (18)
unpleasant **antipático/a** (2)
until **hasta** (4); *conj.* **hasta que** (16); until tomorrow **hasta mañana** (AT)
up to date **actual** (11)
urgent **urgente** (13)
use *v.* (*expend, use up*) **gastar** (14); **acabar** (14); **usar** (3); **manejar** (*a machine*) (12)

V

vacancy: no vacancy **completo/a** (18)
vacant **desocupado/a** (18)
vacation **vacaciones** *f. pl.* (7); to be on vacation **estar** (*irreg.*) **de vacaciones** (7) to go on vacation **ir** (*irreg.*) **de vacaciones** (7)
vacuum *v.* **pasar la aspiradora** (9); vacuum cleaner **aspiradora** (9)
VCR **videocasetera** (12)
vegetables **verduras** *f. pl.* (6)
very **muy** (1)
veterinarian **veterinario/a** (16)
videocamera **cámara de vídeo** (12)
view **vista** (7)
violence **violencia** (14)
visit *v.* **visitar** (9)
volleyball **vólibol** *m.* (9)
vote **votar** (17)

W

wagon: station wagon **camioneta** (7)
wait (for) **esperar** (6); to wait in line **hacer** (*irreg.*) (*p.p.* **hecho/a**) **cola** (7)
waiter **camarero** (6)
waiting room **sala de espera** (7)
waitress **camarera** (6)
wake **despertar (ie);** to wake up **despertarse (ie)** (4)
walk **caminar** (9); to take a walk **dar** (*irreg.*) **un paseo** (9)
Walkman *walkman m.* (12)
wall **pared** *f.* (4); to paint the walls **pintar las paredes** (9)

English–Spanish Vocabulary

wallet **cartera** (3)

want **desear** (1); **querer** (*irreg.*) (3)

war **guerra** (17)

warm: to be (very) warm **tener** (*irreg.*) **(mucho) calor** (5); it's warm (weather) **hace calor** (5)

wash (oneself) **lavar(se)**; wash the dishes/windows **lavar los platos / las ventanas** (9)

washing machine **lavadora** (9)

waste **desperdiciar** (14)

watch: *v.* **mirar** (2); to watch over **guardar;** to watch television **mirar la televisión** (2) *n.* **reloj** *m.* (3)

water **agua** *f.* (*but:* **el agua**) (6); mineral water **agua mineral** (6)

way: in a balanced way **equilibradamente** (10); in that way **así;** one-way **de ida** (7)

wear **llevar** (3); **usar** (3)

weather **tiempo** (5); what's the weather like? **¿qué tiempo hace?** (5)

weave **tejer** (13)

wedding (*ceremony*) **boda** (15)

Wednesday **miércoles** *m.* (4)

week **semana** (4); next week **la próxima semana** (4)

weekend **fin** (*m.*) **de semana** (1)

welcome: you're welcome **de nada** (AT), **no hay de qué** (AT)

well **bien** (AT); well (now) **pues...** (2), **bueno** (2)

well being **bienestar** *m.* (10)

west **oeste** *m.* (5)

what (that which) **lo que** (7); what? **¿qué?** (AT), **¿cuál?** (AT), **¿cómo?** (AT); what a . . . ! **¡qué** (+ *n.*)! (13); what bad luck! **¡qué mala suerte!** (11); what is _____ like? **¿cómo es _____?** (AT); what is your name? **¿cómo se llama Ud.?, ¿cómo te llamas?** (AT); what time is it? **¿qué hora es?** (AT); what's today's

date? **¿cuál es la fecha de hoy?** (5); what's the weather like? **¿qué tiempo hace?** (5)

when **cuando** (16); when? **¿cuándo?** (AT)

where? **¿dónde?** (AT); where (to)? **¿adónde?** (3); where are you from? **¿de dónde es Ud.?** (2)

which: that which **lo que** (7)

which? **¿cuál?** (AT), **¿qué?** (AT)

while **mientras** (10)

white **blanco/a** (3)

who *rel. pron.* **que** (2); *sub. and obj. pron.* **quien;** who? **¿quién?** (AT); *pl.* **¿quiénes?**

whom? **¿quién?** (AT); *pl.* **¿quiénes?**

whose? **¿de quién?** (2)

why **por qué;** why? **¿por qué?** (2); that's why **por eso** (1)

wife **esposa** (2), **mujer** *f.* (15)

win *v.* **ganar** (9)

window **ventana** (1); to wash the windows **lavar las ventanas** (9)

windshield **parabrisas** *m. s.* (14)

windy: it's windy (*weather*) **hace viento** (5)

wine **vino** (6); red (white) wine **vino tinto (blanco)** (6)

winter **invierno** (5)

wish *n.* **deseo** (8); **esperanza** (17); I wish that . . . **ojalá que** (+ *subj.*) (13)

with **con** (1); with me **conmigo;** with you (*fam.*) **contigo**

withdraw (*money*) **sacar (qu)** (16)

without **sin** (4)

witness *n.* **testigo/a** (17)

woman **mujer** *f.* (1)

wool **lana** (3)

work *v.* **trabajar** (1); **funcionar** (*machines*) (12); *n.* (piece of) work **trabajo** (11); work (of art) **obra (de arte)** (13)

worker **obrero/a** (16)

worried **preocupado/a** (5)

worry (about) **preocuparse (por)** (10)

worse **peor** (5)

would: I would like to . . . **me gustaría** (7)

woven goods **tejidos** (13)

write **escribir** (2); to write letters **escribir cartas** (2)

writer **escritor(a)** (13)

written **escrito/a** (11); written work **trabajo** (12)

wrong: to be wrong **equivocarse (qu)** (11), **no tener razón** (3); to get up on the wrong side of the bed **levantarse con el pie izquierdo** (11)

Y

yard **patio** (4), **jardín** *m.* (4)

year **año** (5); to be _____ years old **tener** (*irreg.*) _____ **años** (2); (*grade in school*) **grado** (9); New Year's Eve **Noche Vieja**

yellow **amarillo/a** (3)

yes **sí** (AT)

yesterday **ayer** (4); yesterday was _____ **ayer fue** _____ (4)

yet **todavía** (5)

yogurt **yogur** *m.* (6)

you *sub. pron.* **tú** (*fam. s.*) (AT); **usted (Ud., Vd.)** (*form. s.*) (AT); **vosotros/as** (*fam. pl., Sp.*); **ustedes (Uds., Vds.)** (*pl.*); *d.o.* **te, os, lo/la, los, las;** to, for you *i.o.* **te, os, le, les;** *obj. of prep.* **ti** (5), **Ud., Uds.;** you are **eres** (AT)

young **joven** (2); young lady **señorita** (AT)

younger **menor** (5)

your *poss.* **tu** (*fam. s.*) (3); **su(s)** (*form*) (3); **vuestro/a(s)** (*fam. pl., Sp.*) (3); (of) yours **tuyo/a(s)** (17), **suyo/a(s)** (17), **vuestro/a(s)** (17)

youth **joven** *m., f.;* as a youth **de joven** (9); (*young adulthood*) **juventud** *f.* (15)

Z

zero **cero** (AT)

Index

In this index, Study Hints and vocabulary topic groups are listed by individual topic as well as under those headings. **A propósito...**, **Notas comunicativas**, **Notas culturales,** and **Estrategia** sections appear only as a group, under those headings.

A

a
+ **el,** 108
+ infinitive, 78n, 398
personal, 79n, 83n, 127n, 188, 441
with pronoun objects of prepositions, 225, 262
A propósito
arranging for a place to stay, 527
asking for repetition, 149
being polite, 410
expressing agreement and disagreement, 116
expressing surprise and disbelief, 380
extending and accepting apologies, 352
food and food stores in Hispanic countries, 214
giving the opposite, 89
influencing others, 506
keeping conversation going, 271
more ways to describe social relationships, 454
pausing and taking a position, 310
refusing to answer a question, 482–483
saying what you don't know how to say, 246
speaking with medical personnel, 326–327
talking about what you need or have left, 433
using linking words, 56–57
writing personal letters, 181
abrir, past participle, 418
absolute superlative (**-ísimo/a**), 252
acabar de + infinitive, 194, 398, 422
academic subjects (*vocabulary*), 30–31
accent marks, 65, 97–98
accidents and mishaps (*vocabulary*), 329–330, 346–347
Ada, Alma Flor, 40
adjective(s)
agreement of, 72–73, 100, 418
clauses, 440
comparative forms of, 169
defined, 6, 71

demonstrative, 73, 138–139. *See also* Appendix 2
forms of, 72–73
gender of, 71–73, 96, 100, 418
listed (*vocabulary*), 61, 164
meaning after **ser** and **estar,** 66–67, 71, 163–164, 418
nominalization of, 306. *See also* Appendix 2
number of, 71–73, 100
of nationality, 72
ordinal numbers, 153, 389
past participle used as, 293, 417–418
plural, 71–73
position of, 72–73, 100
possessive (stressed), 99n, 496. *See also* Appendix 2
possessive (unstressed), 60, 99–100, 495–496
singular, 72–73
superlative forms of, 252, 283
¿adónde?, 285
adverbs
comparison of, 170
defined, 104, 332–333
ending in **-mente,** 332–333
listed (*vocabulary*), 332
mucho and **poco** as, 104, 332
position of, 333
superlative of, 252
ago (with **hace**), 335
agreement
of adjectives, 72–73, 100, 418
of articles, 34–36, 38, 184n
of possessive adjectives, 99–100, 495–496
of possessive pronouns, 496. *See also* Appendix 2
agua, used with masculine articles, 184n
al, 108
alguien, 196, 441n
alguno and **ninguno,** 196
Allende, Isabel, 458
Almodóvar, Pedro, 530
alphabet, Spanish, 4–5
Alva, Walter, 384
andar (*irregular*). *See* Appendix 4
Andean nations, 382–384

antecedent, defined, 440
apocopation
algún, ningún, 196
buen, 73, 196, 389
gran, 73
mal, 73, 196
primer, tercer, 389
appliances, household (*vocabulary*), 275–276, 291–292
aquel, 138–199
aquél. *See* Appendix 2
aquello, 139
-ar verbs, 40–43, 159, 199, 234, 257, 279, 366–367, 417, 467, 489–490, 513. *See also* Appendix 4; Subjunctive; names of tenses and parts of verbs
articles
definite, 34–36, 38, 153, 184n. *See also* Appendix 2
indefinite, 11, 34–36, 38, 184n
plural, 37–39
articles of clothing
definite article used with, 135
listed (*vocabulary*), 91
arts (*vocabulary*), 386, 405–406
automobiles (*vocabulary*), 415

B

b and **v,** pronunciation of, 129
bañarse, 34
banking (*vocabulary*)
become, with **ponerse,** 251
body, parts of
definite article used with, 329
listed (*vocabulary*), 302, 329
Bolívar, Simón, 298
buen(o), 73, 196, 389
but (**sino**), 89

C

caer (*irregular*). *See* Appendix 4
cardinal numbers, 14, 63, 96, 153
Caribbean nations, 298–300
Carlos, Juan, 530

O

object of preposition, defined, 155
object pronouns
    direct, 159, 191–192, 360–362
    double, 261–263
    indirect, 159, 224–226, 230, 261, 360–362
    order of, 159, 191–192, 200, 225–226, 360–362
    position of, 135, 159, 191–192, 225–226, 362
    reflexive, 133–135, 261, 316, 360–362
obligation, expressions of, 277
office, in the (*vocabulary*), 354
ofrecer (*irregular*), 226. *See also* Appendix 4
oír (*irregular*), 125–126, 362, 367, 491. *See also* Appendix 4
ojalá, 392, 494
order. *See* Word order
ordinal numbers, 153, 389
orthographic changes. *See* Spelling changes
otro/a, 73

P

para, 93, 126, 163
    summary of uses, 341–342
Paredes, Américo, 442
participle
    past, 417–418, 420–422
    present, 158–159
    See also Appendix 4
parts of body
    definite article used with, 329–330
    listed (*vocabulary*), 329–330
past narration, 278–279, 307–309
past participle
    formation of, 417–418. *See also* Appendix 4
    irregular, 418
    used as adjective, 418–419
    with **estar**, 418
    with **haber**, 421, 422, 424
past perfect indicative, 424
past perfect subjunctive, 517n. *See also* Appendix 3
past subjunctive
    formation of, 489–491
    uses of, 491–492, 494
pastimes, fun activities, and hobbies (*vocabulary*), 273–274, 291–292
pedir (*irregular*), 134, 159, 226, 238, 362, 367–368, 491. *See also* Appendix 4

pensar (*irregular*), 134, 362. *See also* Appendix 4
peor, 169, 332
perder, preterite of, 238
perfect tenses
    conditional perfect, 513n. *See also* Appendix 3
    future perfect, 467n. *See also* Appendix 3
    past perfect indicative, 424
    past perfect subjunctive, 517n. *See also* Appendix 3
    present perfect indicative, 421–422
    present perfect subjunctive, 422
    See also Appendix 4
personal **a**, 79n, 83n, 188, 441
personal possessions (*vocabulary*), 277
personal pronouns. *See* Pronouns
pets (*vocabulary*), 59
pluperfect subjunctive, 517n. *See also* Appendix 3
plural
    adjectives, 71–73
    nouns, 37–38
poco
    as adjective, 104
    as adverb, 104, 332
poder (*irregular*), 103, 129, 134, 159, 254–255, 467, 491, 513. *See also* Appendix 4
    meaning in preterite, 254–255, 370
polite expressions, 2–3, 410, 506
polite requests and statements with past subjunctive, 410, 492
poner (*irregular*), 125–126, 134–135, 254–255, 361–362, 367, 418, 467, 491, 513. *See also* Appendix 4
por
    summary of uses, 340–341
porque, 69
¿por qué?, 69
position
    of adjectives, 72–73, 99–100
    of adverbs, 332
    of object pronouns, 135, 159, 226, 362
possession with **de**, 68, 100, 165
possessive adjectives
    agreement of, 99–100, 495–496
    stressed, 99n, 496. *See also* Appendix 2
    su(s), clarification of, 100
    unstressed, 99–100, 495–496
possessive pronouns, 496. *See also* Appendix 2
preferences, expressing (**gustar**), 15–16, 229–230, 233, 391

preferir (*irregular*), 103, 134, 159, 238, 366, 368. *See also* Appendix 4
prepositions
    defined, 128
    expressing time, 128
    followed by **quien**, 314
    + infinitive, 120, 194, 444
    listed (*vocabulary*), 128, 155
    pronouns used after, 100, 155
    verbs requiring, 398
present indicative
    English equivalents of, 43, 77, 159, 467
    of **-ar** verbs, 40–43
    of **-er** and **-ir** verbs, 77
    of stem-changing verbs, 134–135
    See also Appendix 4
present participle
    formation, 159. *See also* Appendix 4
    in progressive forms, 158–159, 280
    of **-ir** stem-changing verbs, 159
    with object pronouns, 159
preset perfect indicative, 421–422
present perfect subjunctive, 422–423
present progressive, 158–162
    formation, 159
    using pronouns with, 159–161
present subjunctive
    formation of, 366–368
    meaning of, 365–366
    of irregular verbs, 367
    of stem-changing verbs, 367–368
preterite
    English equivalents of, 234, 254–255, 307–309
    of irregular verbs, 235, 253–257
    of regular verbs, 233–235
    of stem-changing verbs, 257–260
    versus imperfect, 279, 307–309
    words associated with, 308
    See also Appendix 4
primer(o), 153, 389
probability, future of, 470
producir (*irregular*). *See* Appendix 4
professions and trades (*vocabulary*), 460, 462, 478–479
progressive forms
    past (with imperfect), 280
    past (with preterite), 280n
    present, 43, 158–159
pronouns
    as object of preposition, 155
    demonstrative. *See* Appendix 2
    direct object, 191–192, 359, 361
    indirect object, 224–226, 230, 337, 359, 361, 401
    possessive, 496. *See also* Appendix 2

vosotros/as, 41
   commands, 361–362
vowels, 12–13, 33–34

W

weather (*vocabulary*), 151
will, in future tense, 467
wishes, expressing (**ojalá**), 392, 494
Wolf, Vicente, 137
word order
   in negative sentences, 43, 135, 196,
      200, 360–361

of adjectives, 72–73, 100
of adverbs, 333
of double object pronouns, 261, 359
of interrogatives, 47
of object pronouns, 135, 159, 192,
      200, 225, 359, 362
of perfect tenses, 421, 467n, 517
would
   in conditional tense, 230, 513
   in polite requests, 201, 410, 492
   meaning *used to*, 279–280, 308, 513
writing (*Clave para estudiar*), 325
written accent marks (*pronunciation*),
      65, 97–98, 159, 235, 361, 417

Y

y, pronunciation of, 12n
years, how to say, 153
yes/no questions, 46–48

Credits

Grateful acknowledgment is made for use of the following:

About the Authors

Marty Knorre was formerly Associate Professor of Romance Languages and Coordinator of basic Spanish courses at the University of Cincinnati, where she taught undergraduate and graduate courses in language, linguistics, and methodology. She received her Ph.D. in foreign language education from The Ohio State University in 1975. Dr. Knorre is coauthor of *Cara a cara* and *Reflejos* and has taught at several NEH Institutes for Language Instructors. She received a Masters of Divinity at McCormick Theological Seminary in 1991.

Thalia Dorwick is Publisher of Foreign Languages and ESOL for McGraw-Hill, where she is responsible for the foreign language college list in Spanish, French, Italian, German, Japanese, and Russian, as well as English for Speakers of Other Languages. She has taught at Allegheny College, California State University (Sacramento), and Case Western Reserve University, where she received her Ph.D. in Spanish in 1973. Dr. Dorwick is the coauthor of several textbooks and the author of several articles on language teaching issues. She was recognized as an Outstanding Foreign Language Teacher by the California Foreign Language Teachers Association in 1978.

Ana María Pérez-Gironés is an Adjunct Assistant Professor of Spanish at Wesleyan University, Middletown, Connecticut, where she teaches and coordinates Spanish language courses. She received a Licenciatura en Filología Anglogermánica from the Universidad de Sevilla in 1985, and her M.A. in General Linguistics from Cornell University in 1988. She is a coauthor of *¿Qué tal?*, Fourth Edition.

William R. Glass is Assistant Professor of Spanish at The Pennsylvania State University, where he teaches both undergraduate and graduate courses in language and applied linguistics. He received his Ph.D. from the University of Illinois at Urbana–Champaign in 1992 in Spanish Applied Linguistics with a concentration in Second Language Acquisition and Teacher Education (SLATE). Dr. Glass' research interests include second language reading theory and second language acquisition in tutored contexts. He is also a coauthor on *Manual que acompaña ¿Sabías que... ?*, another McGraw-Hill textbook series. Dr. Glass is currently a Sponsoring Editor for Foreign Languages at McGraw-Hill while on leave from Penn State.

Hildebrando Villarreal is Professor of Spanish at California State University, Los Angeles, where he teaches undergraduate and graduate courses in language and linguistics. He received his Ph.D. in Spanish with an emphasis in Applied Linguistics from UCLA in 1976. Professor Villarreal is the author of several reviews and articles on language, language teaching, and Spanish for Native Speakers of Spanish. He is the author of *¡A leer! Un paso más*, an intermediate textbook that focuses on reading skills.

Notes

Notes

Notes

Notes

Notes

Notes

Notes

Notes

ARGENTINA

población: 34.000.000 de habitantes
capital: Buenos Aires
moneda: el peso
idioma oficial: el español

BOLIVIA

población: 8.000.000 de habitantes
capitales: La Paz (sede[a] del gobierno),
Sucre (constitucional)
moneda: el peso boliviano
idiomas oficiales: el español,
el quechua, el aimará

CHILE

población: 14.000.000 de habitantes
capital: Santiago
moneda: el peso
idiomas: el español (oficial), el mapuche

COLOMBIA

población: 36.000.000 de habitantes
capital: Bogotá
moneda: el peso
idiomas: el español (oficial), el chibcha,
el araucano

COSTA RICA

población: 3.000.000 de habitantes
capital: San José
moneda: el colón
idioma oficial: el español

CUBA

población: 11.000.000 de habitantes
capital: La Habana
moneda: el peso
idioma oficial: el español

ECUADOR

población: 11.000.000 de habitantes
capital: Quito
moneda: el sucre
idiomas: el español (oficial), el quechua

EL SALVADOR

población: 6.000.000 de habitantes
capital: San Salvador
moneda: el colón
idioma oficial: el español

ESPAÑA

población: 39.000.000 de habitantes
capital: Madrid
moneda: la peseta
idiomas: el español (oficial), el catalán,
el gallego, el vascuence

GUATEMALA

población: 11.000.000 de habitantes
capital: la Ciudad de Guatemala
moneda: el quetzal
idiomas: el español (oficial), varios
dialectos maya-quiché

---

[a] seat